국가정보와 기업경쟁정보의 실제와 경영

정보경영론

우 정 지음

자료원

기업과 정보는 불가분의 관계
정보를 알면 경쟁에서 승리할 수 있어

모든 지식 생산물은 그 시대를 반영하는 가치와 트랜드, 사회 역사 발전 과정에서 창조되는 산물이다. 대부분의 책이 그러하듯이 저자의 생활 속에서 '정보'라는 개념을 정리하여 책으로 출간되기까지 거의 10년이 걸렸다. 생활의식 속에서 책상 속에서 머물던 자료들을 모아 평가하고 분석하면서 하나의 지식 체계를 갖추고 바깥 세상으로 나오게 되었다. 《정보경영론》이라는 주제는 난데없이 생겨난 것이 아니고, 이 시대가 지식정보사회라는 문명사적 변화, 정보가 바로 부의 이동의 핵심이라는 것에서 비롯되었다.

이 책을 기술하는데 영향을 준 사회 발전 모습은 모든 분야에서 혁명적 전환기였고, 특히 정보화시대요 디지털 자본주의 사회로 전환하는 시기였다. 구소련의 붕괴 이후 새로운 국제질서가 재편되는 가운데 미국의 헤게모니적 일극주의가 영향력을 확대하는 시기였다. 아프가니스탄 전쟁과 9·11 테러 사태 그리고 미국의 대 이라크 전쟁이 있었으며, 미국이 주도하는 반테러 전쟁이 계속되는 시기였다. 세계 각국은 불확실하고 복잡한 안보환경 속에서 군사력을 강화하는 한편, 국가. 기업의 정보 능력을 강화하고 있는 시기로 정리할 수 있다.

미래 학자들은 승자가 모든 것을 갖는(winner takes all) 세상이 될 것으로 예견한다. 이 시대 삶의 양식은 영토화, 코드화, 탈주, 노마드(유목)라고 규정한다. 그러면서 지식정보의 중요성은 아무리 강조해도 지나침이 없을 정도로 부의 원천이 되고 있다. 따라서 21세기의 화두는 지식정보사회이다. 정보를 이용하는 고객은 국가를 운영하는 정책 결정자들이나 기업의 경영진들이다. 이들은 양질의 정보에 의존해 국가를 경영하거나 경제를 이끌어가고 있다. 그래서 정확한 정보는 전쟁을 막을 수 있고 한 명의 희생자도 나오지 않도록 할 수 있다. 또한 기업의 경우 무한경쟁 시대에서 살아남을 수 있으며 부를 축적해 갈 수 있다. 정보 세기(Intelligence Age)에 있어서 인간 활동의 전 부문에 걸쳐 일어나는 정보에 관한 이해는 현시대의 생활 철학이기도 하다.

따라서 국가 정보기관들이나 대기업의 정보팀들은 한 개 뉴스나 추적하고 참고사항이 될 정도의 정보를 수집하는 기관은 결코 아니다. 정보기관의 임무는 현실 문제에 대한 사태 관찰이나 카탈로그를 만들며 코멘트 하는 조직도 아니다. 정보조직은 국익과 직결된 정보를 생산하며, 이를 토대로 사전에 경보하고 보호하는 안보의 파수꾼이라는 사실이다. 또한 기업들은 '경쟁 정보'를 통해 기업적 욕망을 채워갈 수 있다.

그러므로 현대국가에 있어서 정보 공동체들은 과거의 정치, 군사 정보수집 활동에서, 이제는 첨단기술을 비롯해 금융 등 경제정보수집으로 방향을 전환하고 있다. 심지어 안보개념이 마약밀매, 불법 밀입국, 수출통제 위반을 비롯해 생화학무기, SARS, AIDS, 구제역(口蹄疫), 광우병 등 치명적 질병에 대한 예방 능력을 포함하고 있다. 동시에 국가간 지적재산권, 가상공간을 통한 정보전이 더욱 가열되는 가운데 있으면서도, 한편으로는 외국의 자국내 산업정보 수집활동을 차단하고, 나아가 자국기업을 보호하기 위한 방첩활동을 강화하고 있다.

이런 배경에서 이 책은 정보를 잘 모르는 사람들이 갖는 의문, 다시 말해 지식 정보화시대에 살아가는 현대인들의 관심사와 생존을 위한 정보의 이론과 방법을 제공하는데 그 목적을 두었다. 특히 국가정보와 기업의 '경쟁 정보'를 이해하는 일종의 입문(prolegomena)서라고 할 수 있다. 《정보경영론》은 낯설은 서구의 이론들이 대부분이지만 또 우리의 상황이 이들 이론과 다르다고 해서 멀리할 수 없는 것이 우리들의 실존이다.

한편, 이 책의 내용들과 개념 구성은 크게 두 가지 입장에서 접근하였다. 우선 정보의 선진국인 미국 CIA와 영국의 MI 5 등의 조직들이 발전시켜 온 정보이론들에 기초하고 있다. 선진 국가들의 논리들이 이상적인 유형으로 보는 것은 아닐지라도 우리는 이들 나라가 발전시킨 제도와 전통 속에서 살아가는 제도의 학습자이기도 하다. 따라서 이 책에서는 특별한 비전(秘傳)들이나 사술(邪術)을 창조적으로 제시하지 않으나 그동안 축적돼 온 정보 이론과 정책, 조직의 운영을 토대로 하고 여기다 필자의 경험을 살려 재구성하였다.

또 하나는 기업에 있어서 정보의 필요성을 강조하면서 경쟁정보 차원에서 접근하였다.

기업 하는 사람은 경영을 모르고, 반대로 경영을 하는 사람은 정보를 잘 모른다는 말이 있다. 정보와 경영은 얼핏 서로 어울리지 않는 듯하지만 기업과 정보는 불가분의 관계에 있다고 할 수 있다. 정보를 알고 이를 사용하면 이익을 낼 수 있으며, 경쟁에서 승리할 수 있다.

이런 의미에서 이 책에서는 국가정보학적 내용을 중심으로 다루면서 기업이 필요로 하는 정보의 구조에서부터 정보팀들의 실제, 정보활동과 사용자를 위한 지식의 생산, 다양한 정보의 종류와 접근 방향을 제시함으로서 기업이 어떻게 정보를 다룰 것인가를 경쟁정보 차원에서 제시했다. 결국 정보는 국가와 기업에 있어서 의(義)와 이(利)를 동시에 지키기 위한 필요 지식이라는 점에서 그러하다.

그러나 아쉽게도 본 졸서 역시 책 장례식이 치러지는 세상에서 '이거다' 하고 내세울만한 결정적 이론서는 아니다. 또한 이 책에서 아시아적이며 한반도 중심의 독특한 가치관이나 안보환경, 권력 구조에 녹아있는 '정보의 바다' 를 제대로 다루지도 못했다. 다만 선행 국가정보이론과 경쟁정보의 준거들을 기초로 해서 21세기에 살아남는 우리의 정보문화를 창출해야 할 방향을 제시하고자 했다. 정보가 인간의 욕망대상이라는 점, 정보 경쟁에서 살아남을 수 있는 논리가 앞으로 계속 발전돼야 한다는 이유에서다.

따라서 앞으로의 문제는 우리사회에 맞는 정보경영에 대한 길잡이가 필요하다는 점이다. 분명히 우리의 정보경영론에도 '우리의 혼' 과 우리의 기본원칙이 발견되고 유지되어야 한다고 믿기 때문이다. 앞으로 한국적 정보경영에 관한 이론화가 이뤄지려면 한국 사회 및 정치 경제 영역들에 대한 경험적 연구가 축적돼야 하고 이를 바탕으로 개념화가 전제돼야 한다.

끝으로 정보교리는 패션처럼 자주 바뀌는 것이 아니어서 사회 역사적 문화적 정치적 요소들에 의해 정보 문화가 이뤄진다는 사실을 지적하고 싶다. 인류역사가 계속되는 한 개인과 기업 정보, 국가 정보들은 누군가에 의해 분석되고 시험되고 사용(소비)될 것이다. 또 누군가가 당신을 감시하고 있으며, 어떤 일에 반응하는가를 성찰하는 것은 현대의 생존 양식이다. 이런 까닭에 본 저서는 정부 기관, 기업, 대학, 취업문 등에서 새로운 정보의 수집과 분석 사용에 이르는 학문적 특성을 이해하고 대처하는데 조그마한 도움이 되기를 바라는 마음 간절하다.

2008. 3. 5.

분당(盆唐) 연구실에서   우 정

정보의 **의미**와 **구조**를 이해하고
자기 이익관리를 위해 읽어야 할 책

정보활동의 역사는 인류역사와 같이 해왔다. 특히 지난 100년간 정보의 세계는 상호 보이지 않는 전쟁의 연속이었다. 현대는 정보가 하나의 국력이요 자본이 되고 있다. 더구나 지식정보사회에서 정보의 수집과 분석, 전략적 사용(소비)에 이르는 전 과정을 이해하고 이에 적응하는 것은 현 시대의 삶의 조건이며 국가와 기업 차원의 핵심 경영 대상이 되고 있다. 하기 때문에 국가 및 기업단위의 고급정보와 비밀정보는 물론 우리들의 일상화된 인터넷, 유투브, UCC(사용자 제작 콘텐츠), 블로그 공간들을 통해 유익한 정보를 찾아내고 차별성 있게 이용하는 것은 각자의 몫이다.

이 시대는 빛의 속도로 사회가 변하고 있는 정보혁명의 세기라고 한다. 홍수처럼 쏟아지는 다양한 정보를 수집하고 분석해 지식 상품화하는 것은 특정 국가정보조직이나 초국적 기업의 전유물도 아니다. 누구나 정보의 공급자 내지 소비자가 될 수 있으며 자기 이익을 관리할 수 있는 세상이다. 정보는 속성상 흩어짐, 가벼움과 무거움, 많고 적음으로 연결돼 있기 때문에 이것을 부단히 찾아 수집하고 분석하고 먼저 이용하는 사람이 경쟁우위에 설 수 있고 당면한 문제를 해결할 수 있다.

저자 우 정(禹 晶) 교수의《정보경영론》은 국가정보대학원과 일반 대학원에서 고급정보이론 등을 평생 동안 강의한 경험을 토대로 현대 정보를 총체적으로 접근하고 있다. 국가단위의 국가정보 및 기업차원의 경쟁정보를 체계적으로 잘 짚고 정리해 이해하기 쉽도록 한 정보경영의 전 분야를 다루고 있다. 특히 미국 중앙정보국(CIA)과 영국 독일 등의 국가정보기관에서 발전시킨 이론과 방법뿐만 아니라 글로벌 기업들의 경쟁우위 전략, 경제정보전쟁에서 어떻게 승리할 것인가를 이해할 수 있는 귀중한 책이다.

　이 책은 총 11장으로 구성된 목차와 그 내용은 정보에 대한 새로운 통찰력을 제공하고 있는 정보학의 입문서로 손색이 없다. 불확실한 안보환경에 대응하고 국가와 기업의 정보능력을 향상시키기 위한 지침서로 추천 할 만한 책이다. 꼭 특정 정보전문가가 아니더라도 불특정 다수들, 네티즌들, 일반 시민들이 정보의 의미와 구조를 이해하고 자기 이익관리를 위해 읽어야 할 책으로 추천하는 바이다.

2008. 3.

안 응 모

(전 국가안전기획부 차장, 내무부장관)

정보경영론

제1부 정보 경영의 기초이론과 예비적 입문

제1장 정보와 정보 조직의 몇 가지 특징

CONTENTS

제3장 정보의 생산양식과 사용자의 관심

제6장　정보협력과 관계성

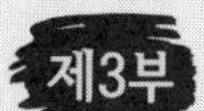

제3부　정보행위 : 정보수집과 분석 그리고 축적

제7장　정보의 자원과 출처

CONTENTS

제8장 첩보자료의 수집과 평가

제9장 정보의 생산 과정

CONTENTS

제1부

정보 경영의 기초이론과 예비적 입문

세계는 낯설고 복잡하며 일관성 없는 수수께끼로 가득 차 있다.
그러나 '세계상'은 전문적인 지식꾼들에 의해서 해석되고 이해된다.
영화나 소설 속에 나타나는 스파이 활동이나 비밀 지식들은
마치 신의 전지전능함과도 같이
신비롭고 놀라운 호소력을 지니고 있다.
궁극적으로 그들은 우리들의 인식 범위를 넘어서는
특별한 힘을 가진 것처럼 암시된다.
그리고 이들은 비밀스런 정보와 지식을 가지고
상대방의 마음을 꺾고 창으로 공격하며,
수레를 불사르는 힘을 발휘하고 있다.
정보경영은 바로 이것들을 이해하는 것이다.

정보와 정보조직의 몇 가지 특징

제1장
정보와 정보조직의 몇 가지 특징

현대사회는 탈산업사회로서 지식과 정보의 세기(intelligence age)라고 일컬어진다. 정보는 개인적 가치와 사회적 가치의 원천이며 하나의 특수한 상품이다. 그러하기 때문에 오늘날의 국가나 기업은 정보의 수집, 분석, 관리, 배분의 능력과 관련된 요인에 초점을 맞춰 가고 있다.[1] 혁명적인 지식창출과 부의 창출시스템에서의 정보공급은 개인과 국가에 있어서 필수 가결한 요소다. 국가경영이나 기업활동의 핵심이 되는 행정, 조직관리 그리고 금융, 유통, 설계, 통신 등의 전 분야가 정보시스템에 의해 경영되고 있으며, 이를 토대로 조직의 효율성과 생산성, 합리성을 증대시켜 가고 있다. 헤아릴 수 없는 세계의 복잡성과 위기들이 서로 연결되어 있어 정부의 국가관리뿐만 아니라 국제간 세력균형 및 이익관리에 있어서 국가정보전략(NIS : national intelligence strategy)이 필요시 되고 있다.[2]

그러면 정보화의 진전이나 공공재로서의 '정보'가 어떻게 권력을 낳고 기업에서 경쟁의 원천이 되는가. 이와 관련해 권력의 기반으로서 정보에 대한 생산과 활용 그리고 통제를 담당하는 '국가정보'에 대한 이해가 필요하다. 국가정보(national intelligence)는 국가의 생존뿐만 아니라 국가 이익과 세계를 상대로 살아가기 위한 주요한 수단이 된다. 냉전종식 이후

---

1) Wesley K. Wark, Twenty-First Century Intelligence(London and NewYork : Routledge, 2005), pp. 2~4.

2) Office of the Director of National Intelligence, Strategic Human Capital Plan : The US Intelligence Community Five Year(June 22, 2006), pp.1~2.

안보환경은 군사적 위협뿐만 아니라 경제적, 사회적, 환경적 위협 등으로 과거 냉전시기보다 오히려 복잡하고 불확실한 환경에서 국가안보를 지켜가야만 하는 상황이다. 미국의 경우 9·11 테러를 '정보의 대실패'로 평가하고 계속 경쟁정보 우위의 전략을 추진하고 있다. 즉 중앙정보국(CIA), 연방수사국(FBI), 국가안보국(NSA) 간의 정보활동체계를 정비해 가고 있다.[3] 나아가 2006년 이후 전문적인 인간자본화(HC : human capital)를 통해 다양한 국가정보 수집과 분석의 정밀성을 확보해 가고 있다.

그런가 하면 초국적 기업들은 경쟁정보 부서를 운영하여 글로벌, 국가별 차이에 따른 마케팅 전략, 기술개발 계획을 수립해 결정적 이익을 창출해 가고 있다. 세계화 속에서 시장환경의 동요, 불확실성, 복잡성에 직면한 기업들이 어떻게 경쟁우위를 유지하고 이익을 창출하고 있는가 하는 '경쟁정보'(CI : competitive intelligence)에 대해 집중하고 있다.

따라서 본 장에서는 포괄적 안보 개념을 바탕으로 한 국가정보가 왜 중요하고 무엇을 다루는가. 또한 기업 입장에서 경영정보프로세스를 어떻게 성공적으로 진행시킬 것인가 하는 문제들과 관련해 일반적인 정보의 준거 틀과 올바른 이해의 길―정보의 개념, 현상, 범위, 행위―등을 설명하고자 했다.

1-1. 정보의 준거와 올바른 정보 세계의 이해

정보란 광의의 의미로서 자료(data)와 첩보(information) 그리고 지식(knowledge)을 모두 포함하는 개념이다. 그러나 이것은 첩보로서의 '정보'(information) 그리고 이에 기반한 '정보사회(information society)'라는 개념과 본 연구에서 주로 논하고자 하는 지식으로서의 정보(intelligence)라는 개념들의 불확실성은 많은 문제점을 지니고 있다. 또한 이런 담론들에 대한 의견이 다르거나 선입견으로 인해 이에 대한 통일적 개념과 규범적인 토대가 아직 마련되어 있지 못한 상태이다. 게다가 이와 관련된 기존의 연구가 거의 없기 때문에 문제 영역을 새롭게 정리할 수밖에 없다.

이런 이유로 해서 이번 연구에서는 ▲정보·정보사회(information―information society)라는 것이 산업사회와 구별되는 사회구조라는 측면과 ▲동 정보사회와 구분되는 지식으로

---

3) Robert Bryant, "America Needs More Spies", The Economist, July 12-18. 2003. pp.34~35.

서의 정보(intelligence) 개념에서 기술하는 것으로 한정한다. 특히 자료, 첩보, 정보, 지식, 지혜의 의미들을 비교 설명했는데 이런 논의들은 상대방(국가, 기업)의 능력과 취약점들에 대한 정보를 수집하고 분석 활용할 수 있도록 하는 내용이다. 독자들도 읽어가면서 파악되겠지만 국가나 기업들은 정보부서(경쟁정보 부서)를 어떻게 조직하고 운영하며 존재 이유인 '정보 상품' 이 어떻게 생산되어 정책 결정자에게 전달되고 의사결정을 돕는가를 이해할 수 있어야 한다.

따라서 여기서는 정보 분야에서 정책 결정을 하거나 국가정책의 기초가 되는 지식정보를 중심으로 언급하고자 한다. 정보는 국가차원에서 국가 관리는 물론 기업의 목표를 실현하는데 필수적인 것이며, 또한 기업에 있어서 상품과 경영의 지식에 해당하는 경쟁정보 영역을 다루고자 했다.

1-1-1. 정보의 개념과 정보의 학문화 문제

우리는 정보를 어떻게 획득할 것인가 하고 고민하게 된다. 시사적이지만 당신은 밤에 은밀히 다른 나라 해안에 침투해 모래를 훔쳐 돌아오거나, 아니면 대낮에 피서객으로 위장해 약간의 모래를 몸에 묻혀 집으로 돌아오는 방법들을 택할 수 있다. 정보를 얻는 데는 장소와 때, 수단을 가릴 것 없이 광범위하다는 뜻이다. 그야말로 인간의 지적 활동은 모든 정보와 관련된 행동이라고 할 수 있다. 뿐만 아니라 현대사회에서는 정보가 일종의 '상품' (의사결정 자료)으로서 유통되며 지식정보사회에서 생존의 조건이 된다. 종래의 중심이 상품생산과 재화구축(K. Marks), 합리화(M. Weber), 사회발전(K. Popper), 기술(Raymond Aron)이었다고 한다면 정보사회에서의 핵심은 바로 정보 / 지식이 된다. 그리고 이런 정보 / 지식을 동원해 정책결정을 하게 되지만, 여기에는 컴퓨터가 동원되면서 이른바 정보세기를 만들어 냈다. 때문에 이와 관련된 용어들도 많아서 정보관리, 정보처리, 정보폭발, 정보혁명, 정보서비스, 정보소비, 지식경영 등 이루 헤아릴 수 없을 정도로 새로운 신조어들이 생겨났다.

◐ 정보의 개념

정보는 우리 시대에 있어서 물과 공기 같은 것이라고 볼 수 있다. 공기와 물이 없으면 살아갈 수 없듯이 정보는 인간 생활에서 필수적인 것이기 때문이다. 물론 정보는 무형의 재화여서 그 가치와 형태를 설명하기란 매우 어려운 것도 사실이다. 정보란 법률과 행정명령에 따라 정의되고 있지만[4] 어느 것도 그 용어에 대한 분명한 이해를 전달하고 있지 못하다. 일반적으로 정보를 정의할 때 그것이 출현하게 되는 불확실성 속에서 특정한 선택을 스스로 내리는 것으로 풀이하기도 한다. 또한 정보는 고립되어 있지 않고 정보는 홀로 존재할 수 없어서 '어떤 사건에 대한 불확실성 감소에 필요한 유형무형의 사실들' 로 정의되기도 한다.[5]

정보는 수신자나 사용자에게 의미 있는 형태로 처리된 자료(data)들이다. 현재와 미래의 결정이나 행동에 있어서 실재적이거나 가치가 있는 자료들로 설명된다. 슐츠키(A. Shulsky)는 정보에 대해 간단히 하나의 지식이요 첩보활동 및 조직을 포괄하는 개념으로 보았다.[6] 미국 중앙정보국(CIA)은 정보(intelligence)를 광의적으로 해석하고 있는데, 즉 정부가 그의 기능을 수행하기 위해 필요로 하는 이색적인 것(things)으로 사람, 장소, 사물 및 사건들에 대한 지식으로 정의하고 있다.[7] 그러하기 때문에 정보공동체에서는 정보(intelligence)와 첩보(information)를 엄격하게 구별해서 사용한다.

그런데 일반 사람들의 경우 영어 표현에 인텔리전스(intelligence)가 막연하게 비밀성을 갖는다는 것 외에 'information' 과의 차이점을 잘 구분하지 못하는 듯하다. 어원적으로 '뜻' 이라는 정(情)자와 '보고' 하다의 '보' (報)자가 들어 있어도 그 뜻을 잘 모르고 있다는 말이다. 한자로 '情報' 라고 하지만 중국에서는 '情報' 로 말하지 않고 '신식' (信息)이라는 말을 사용한다. 뉴스 혹은 소식을 전한다는 '信' 자와 소식이라는 '息' 자이다.[8] 그러므로

---

4) 국가정보조직과 활동에 대한 저술가로 대표되는 Sherman Kent의 저서 Strategic Intelligence for American World Policy(Connecticut : Hamden, Archon Books, 1965). pp.3~10을 참조.
5) 마쓰오카 세이고(松岡正剛), 『知의 편집공학』, 박광순 역, (서울 : 지식의 숲, 2006), P.33, 90.
6) 자세한 것은 Abram N, Shulsky, Silent Warfare : Understanding World of Intelligence, (Washington; Brassey's Book, 1993), pp. 1~3을 참조.
7) Commission on the Roles and Capabilities of the United States Intelligence Community, Preparing for the 21st Century: An Appraisal of U.S. Intelligence. 1996. p.5를 참조, 이하 저자명은 「CRCUSIC」로 하였다.
8) 다시 말해 정보라는 말은 한국과 일본에서 쓰이는 용어로서 영어에서는 'Information' 으로서의 Inform(알리다, 고지하다)의 뜻을 나타낸다. 또한 정보라는 단어는 적(敵)의 동정을 살핀다 적의 정세를 보고 한다. 즉 '첩보' 라는 뜻을 가지고 있다. 일본사람들이 프랑스 육군교범을 번역할 때(明治維新, 1876) Intelligence나 Information의 의미를 '첩보' 로서 옮겼는데 이는 적의 적정(敵情)을 살펴 이를 보고(報告)한다는 뜻에서 '적' (敵)자와 '고' (告)자를 떼어버리고 '정보'라고 번역했던 것이다.
이런 의미에서 '정보' 라는 단어는 원래 군사용어로서 1930년 이후부터 사용되기 시작했다. 그리고 군사정보(Intelligence)와 오늘날의 Information으로서의 정보는 상당히 다른 개념이다. 옛날의 '중앙정보부' 라고 할때의 정보(Intelligence)와 '정보통신부' 의 정보(Information), 또 중국의 信息産業部(정보통신부)와 같은 '信息' 의 뜻은 엄밀한 의미에서 다른 것이다.

인텔리전스는 광의의 information의 일부분으로 뜻하나 정보(intelligence)는 수집, 획득, 분석 등을 포함하는 모든 정보생산과정이 정책 결정권자의 필요에 의해 운영되는 것이다. 따라서 모든 intelligence는 곧 information이 되는 것이다. 그러나 모든 information은 바로 intelligence가 되는 것은 아니다.[9]

정보는 조직적 차원에서 목적의식적으로 생산한 '특수한 것'에 대한 지식이요, 은밀히 또는 비밀 수단에 의해서 수집되고 분석 평가된 것, 사용자를 위한 지식을 의미한다.

이렇게 볼 때 정보(intelligence)는 국가 안보적 이익을 증진시키고 외부로부터의 위협에 대처하는 정부의 정책입안과 시행에 관련된 첩보를 지칭하고 있다. 특별히 여기에서는 군사첩보를 우선으로 하면서 외교와 적대국의 정보활동에 관한 정보들이 강조된다. 그러나 정보는 효율성과 실효성에 따라 끊임없이 다양하게 취급되고 생산된다는 점에 유의하여야 한다. 리오타르(J. Llyotard)는 정보(지식)가 효율성과 실효성에 따라 생산되며, 정보는 상품(Commodity)으로 다루어지는 것이며 '포스트모던의 조건'으로 보았다.[10] 그러므로 지식과 정보는 국가 정보기관이나 국책 연구소에서 주요 가치로 취급되지만 현재는 폭넓게 다른 조직(정부 행정조직, 기업, 대학)으로 확대되고 있으며, 동시에 이를 취급하는 전문가의 역할도 크게 변하고 있다.

기업 차원에서는 정보경영(Information Resource Management)으로 알려진 용어로 적용되면서 정보는 가치와 가격을 가지고 있고, 기업 경영을 하는데 필요한 돈이나 인적 자원 그리고 물적 자원들과 동일한 자원으로 취급한다.[11] 기업은 인텔리전트해지고 있다는 평가다. 경쟁정보 전문가 협회(The Society of Competitive Intlligence Professional: SCIP)의 밀러(Stephen H. Miller) 등은 국가정보 혹은 안보 인텔리전스 사이클 모델과 방법들을 적용시킨 '경쟁정보'(Competitive Intelligence)를 발전시켜왔다. 경쟁정보를 강조하는 리안 파비(Lian Fabey)는 경쟁정보 목적에 대해 이렇게 정의하고 있다.

---

9) Mark M. Lowenthal, Intelligence From Secrets to Policy (Washington, D.C., CQ Press, 2000), pp.1~2.

10) John Baylis & Steve Smith, The Globalization of World Politics(third edition), (Oxford : Oxford University Press, 2005), P. 285.

11) Vincent, Mosco & Janet Wasco, The Political Economy of Information, 민글출판사(역), 『정보에 지배당한 사회』(서울 : 민글, 1994), p.45.

기업이 현재의 경쟁사, 새로 등장하고 있는 경쟁사, 잠재적인 경쟁사보다 한 수 앞서고 약점을 공격할 수 있도록 지원하고 자사의 경쟁 우위 요소를 파악하는 것이다.[12]

한 마디로 경쟁정보 방법론은 국가정보기관에서 발전시킨 방법들과 기술을 통해 정보소스의 식별, 수집, 분석, 저장하는 것뿐만 아니라 경쟁시나리오를 수립해 워 게임(war game) 등 최신 수단과 테크닉으로 경쟁정보를 생산 이용하려는 논리다. 음식에 칼로리가 있듯이 정보자료에도 다양한 가치가 부여돼 있어서 지혜 있게 사용하자는 것이다. 그러하기 때문에 사람들은 습관적이고 실천적으로 네트워크 환경에서 끊임없이 정보, 지식, 식견을 개발하고 공유해야 하는데 이와 관련한 지식정보의 피라미드 내지 정보가치의 층위를 표시하면 〈도표 1-1〉과 같다.

그러면 구체적으로 정보 현상은 무엇인가. 이를 이해하기 위해서는 심층적으로 무엇을 볼 것인가. 아니면 개별화되거나 인쇄된 자료들의 판단 기준은 사실적으로 어느 척도를 사

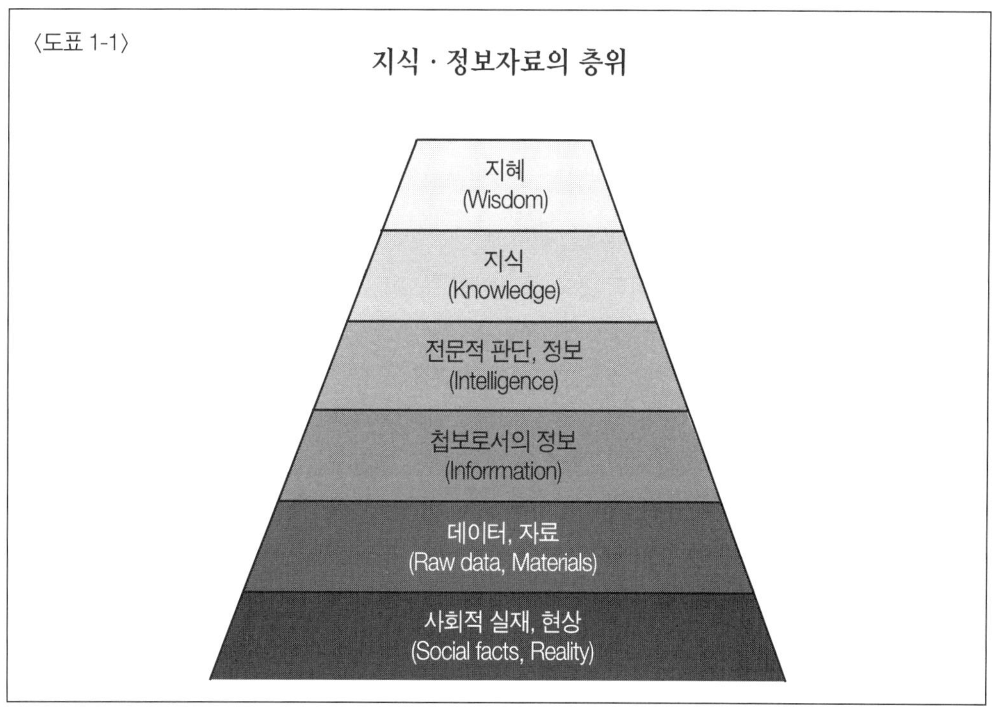

12) John E. Prescott and Sterphen H. Miller, Proven Strategies in Competitive Intelligence : Lessons from the Trenches, (New York : John Wiley & Sons, 2001) pp.3~4.

용해 측정, 평가, 분류할 것인가 등이다. 〈도표 1-1〉에서 보듯이 사회적 실제와 현상은 너무나 다양하다. 자기 공간만이 아니라 타자의 공간에서 넘쳐나는 잡동사니 정보는 주인을 찾아 대기하고 있는 상태이다. 그래서 정보는 '사냥 게임'일 수 있다. 상대방의 덫에 걸리지 않도록 조심해야 하는 이유가 여기에 있다. 또 모함정보에 빠질 수도 있으며, 험상궂은 사람들이 운영하는 야바위꾼들이 제공하는 정보에도 당할 수 있다. 따라서 정보 세계 역시 동원되는 언어적 의미가 중요한데 무엇보다 사회적 체계로서 의사소통 내지 상호작용이 진행되는 관련 용어들의 의미를 이해하는 것이 중요하다.

첫째로 정보의 출발점은 자료·데이터(data)로서 우리가 살고 있는 세계에서 지각된 정보(information)로서 이해할 수 있다. 이것은 계산되고, 분류되고, 측정되며, 위치가 정해지고, 크기에 따라 배열되고, 비중 있는 것 등으로 풀이된다.[13] 그러나 자료는 세상에서 일어나는 많은 사상(事象)이나 현상 모두를 뜻하는 것이 아니라, 우리의 필요에 따라 지각된 것을 지칭한다. 따라서 자료는 특정 사건이나 현상을 나타내고 있지만 그것을 필요로 하는 사람이 특별한 의미를 부여할 수 없는 무질서 상태로 있는 것을 의미한다. 예를 들어 데이터 자료들은 인쇄물, 사진, 통신, 방송 대화 자료 등의 원자료를 말한다. 이런 것들은 체계적이고 이해하기 쉽지만 그 의미를 부여할 수 없는 것들이다.

둘째로 첩보로서의 정보(information)라는 자료가 있다. 이것은 어떤 의미와 타당한 가치가 있는가 하는 불분명한 상태에 있는, 즉 가공되지 않은 공개된 지식으로서 누구에게나 전달되거나 쉽게 그것을 얻을 수 있는 상태에 있는 자료를 말한다. 어떤 상황을 인식하고 대처하기 위한 자료들이요, 데이터들의 집합이라고 할 수 있다. 그래서 첩보는 그 의미의 타당성이 검증되지 않은 상태일 수 있고 일반적으로 통용되는 지식이 될 수도 있으나 정보(intelligence)에 비해 포괄적이고 광범위한 개념으로 정리될 수 있다. 정리하자면 '첩보'(information)는 아직 사용하기 어려운 아직 내 것이 되지 못한 지식 혹은 잠재적 지식으로 남는 것이다.

셋째로 지식으로서의 정보(intelligence)는 국가적으로나 행정적 개념으로 정립된 것은 아니지만 정보는 무엇보다 사용자들이 의사결정에 있어서 필요한 사실적 지식을 의미한다. 특정 관심분야와 관련된 자료를 수집, 평가, 분석하고 해석한 결과물이다. 아무렇게나

---

13) Leo D. Carl, CIA Insider's Dictionary of US and Foreign Intelligence, Counter Intelligence & Trade Craft (Washington, DC : NIBS Press, 1996), p.143.

산재해 있는 정보(information)가 아니라, 어떤 '전략적 의도' [14]나 목적을 가지고 타당성 있게 분석적으로 체계화된 신뢰할 수 있는 의미를 지닌다. 가공된 정보는 우리가 살고 있는 생활세계 속에서 무언의 확실성으로 사용되기를 대기하고 있는 상태를 의미한다.

국가 안전 보장의 첩보나 비밀 내용을 담고 있는 지식을 정보, 즉 인텔리전스(intelligence)라고 부른다. [15] 반복되는 설명이지만 지식으로서의 정보에 관하여 슐스키는 "국가 안보적 이익을 증진시키고 외부로부터의 위협에 대처하는 정부의 정책 입안 및 시행에 관련된 첩보(information)"를 지칭한다고 했다. [16] 그래서 정보나 지식은 '정보'가 시의 적절하게 사용될 때, 또는 행동을 위한 지식(knowledge for action)이 되며, 이 단계에 와서 비로소 권력의 생산, 경쟁 우위를 창출하게 된다.

넷째는 지식(knowledge)의 범주로써 지식은 원래 비경쟁적이고 형태가 없고, 관계적이며 다른 지식과 어우러진다. 또한 지식은 무차별적으로 혼합이 가능하고 이동이 편리하며 상징이나 추상적인 개념으로 압축될 수 있다. 지식은 적은 용량에 저장할 수 있고 지식은 명시적이고 암시적일 수 있다. [17]

반면에 '지혜'는 지식을 바탕으로 자연과 인간 삶의 근본 원리나 새로운 가치관, 현명함 그리고 통찰력을 가지고 이를 현실에서 실행하는 역량을 의미한다. 모두가 다양한 지식을 모아 비전으로 연결시킬 수 있는 '지혜'가 필요한데 현대 지식정보 차원에서는 '지혜'를 지식의 범위로 해석하고 있다. 그래서 지식으로서의 의미에 가까운 지혜는 영원하며 근본적인 전체지(全體智)이고, 지식은 사용에 대한 구체적인 인식지(認識智)라고 할 수 있다. 하지만 정보가 지식이 되고 그런 다음 지혜로까지 발전하는 것은 우리가 생각하는 것만큼 쉬운 일이 아니다.

다음 〈도표 1-2〉에서 설명한 것처럼 데이터(data)·첩보(information)·정보(intelligence)·지식(knowledge)·지혜(wisdom)는 정보의 제공자 수준에서 그리고 정보의 사용자 수준에서 논의될 수 있다. 정보의 제공자 수준에서는 데이터·첩보·정보가 다루어질 수 있고, 사용자 수준에서는 지식과 정보 지혜가 다루어질 수 있다. 이 과정에서 특

---

14) 전략적 의도(strategic intent)란 조직이 추구하는 목표와 이익을 설정해 놓고 그것을 실현해 가는 원칙과 기준이다. 단순히 추상적인 야망이 아니라 국가이익, 승리의 본질을 위해 조직의 역량을 집중하는 것을 의미한다.

15) Open Source Solution Inc., Open Source Intelligence Handbook, '96 vol. 1. Open Source Solution Inc., 1996, p.2. URL-〔http://www.oss.net/proceedings.html〕

16) Abram N. Shulsky(1993), op.cit. pp.1~3.

17) Albin Toffler and Heidi Toffler, Revolution Wealth (NewYork : Alferd a. Knopf, 2006), pp.99~101.

〈도표 1-2〉   **첩보, 정보, 지식의 차이**

첩보(information)	정보(intelligence)	지식(knowledge)
단편적 사고 수동적(외부에서 수용) 지식창조의 매개자료 가치판단 및 정보체계	사실적 의도적 종합적 정보사용자의 욕구, 능동적 평가, 판단된 지식, 정부의 국가이익관리 가치	종합적 사고 능동적 (주체적 사고, 가공, 판단) 정보지식의 체계화, 포괄적 일반적 의사 결정 및 행동을 통한 가치 판단
제공자 수준	사용자 수준	

이한 것은 정보의 제공자 수준에서 주로 다루는 것은 기술적 측면이 강하고, 사용자 내지 소비자 측에서는 인간의 상호 작용이 주로 다루어진다는 점이다. 이러한 각각의 단계는 상호 작용을 통해 보다 정확하고 귀중한 정보를 양산하려는데 목적을 두고 있다.[18] 그러므로 전체론적인(wholism) 시각에서 '전체는 개별의 합보다 크다' 라는 입장에서 개별적 요소간의 상호 작용(feedback loop)과 개별요소가 존재하는 전체 시스템의 구축이 필요하다. 이는 최선의 결정을 유도하기 위한 노력으로 얼마나 양질의 정보를 생산하고 이를 바탕으로 정책결정을 내리는가는 바로 국가와 기업의 경쟁력을 높이는 원천이라고 할 수 있다.[19]

◑ 정보 세계상의 인식 문제

이제 상식적 화두로서의 정보를 어떻게 인식할 것인가를 다시 한번 생각해 보자. 정보를 어떻게 하면 '내 것으로 만들고 이를 이용할 수 있을 것인가' 하는 점과 연결되기 때문이다. 정보의 이미지는 사용자 및 목적에 따라서 그 의미가 너무나 크기도 하고, 또한 컴퓨터가 등장하고 통신이 크게 발전하면서 그 의미가 확대되기도 한다. 따라서 정보의 구조와 이미지가 갖는 성격을 중심으로 살펴보면 다음과 같다.

첫째, 정보는 지적 활동과 관련된 것이다. 모든 지적 활동의 뿌리에는 정보가 존재한다. 자연과학이 그렇고 인문과학, 사회과학, 공학 등 모든 지적 활동은 모두 정보와 관련된 활

---

18) Department of the Navy Chief Information Officer Knowledge vs Information" Harnessing The Power of Information (Department of the Navy, 1998), p.5.

19) Robert D. Steele, Information Concepts&Doctrine for The Future (Open Source Solutions Inc, '97.volume 2, 1997) URL-[http://www.oss.net/Proceed.html/] 참고.

동이라는 입장이다.[20] 정보를 대상으로 연구하고 모델을 만들어 갈 때 바로 정보는 어떤 정보 구조가 만들어지고 검증되면서 의미 있는 가치를 지니게 된다는 뜻이다. 또 기업에서도 정보는 곧 재화로서의 성격을 갖는다. 미국 기업들은 미 CIA의 방식을 적용해 핵심 인텔리전스 토픽(KIT : key intelligence topic) 결정 프로세스를 적용한다. 그것은 경쟁정보 차원에서 정보가 ▲전략적 의사결정과 행동의 방향 ▲조기경보의 역활 ▲지식·정보의 생산 ▲조직에서의 니즈(needs) 파악 ▲구성원의 상호작용을 원활히 하는 휴먼 인텔리전스 네트워크적으로 경영되며 총체적 이익을 관리한다. 생산된 정보는 알고 싶어하는 인간에게 답을 주는 것이다.[21]

둘째, 지식활동이나 정보생산에 따라 공통된 틀, 즉 정보 체계가 형성될 수 있다. 한 사건이 갖고 있는 개개의 영역은 다른 것 같지만 실제에 있어서는 공통된 정보체계가 작용한다. 유효한 정보란 사물과 같아서 좀처럼 바뀌지 않고 가치도 줄지 않고 유통된다. 네트워크의 확대로 빠른 속도로 돌아다니며 하나의 데이터가 커지기도 하고 압축되기도 하는 등 정보는 복잡하게 변화되고 있는 것이다. 아마도 우리가 정보에 고정된 가치를 부여하려고 할 때 그 같은 노력은 헛된 것일 수도 있다. 생산된 결과물로써 정보는 적절한 시기에 전파되고 행동의 기반이 될 수 있기 때문에 인텔리전스는 다양한 양식으로 생산되고 동시에 정보 사용자에게 효과적으로 전달될 수 있도록 생산하는 일이다.

셋째, 정보 세계상은 넓고 무한적이라는 점이다. 정보는 메타 수준의 인식을 필요로 하는 것이어서 사람들은 사물(현상)의 일부분이나 부수적인 것까지도 이해하지 못할 때가 많다. 정보의 가치는 컨텍스트(context), 즉 사물과 주변의 관계성에 따라 달라지게 된다. 그것도 컴퓨터 발전에 따라 인간이 가지고 있는 정보의 세계가 넓어지고 있는 것이다. 인간이 취급하는 정보의 세계는 크고 불가능한 영역이 존재한다는 것을 기반으로 해서 정보경영의 필요성이 제기된다.

그러하기 때문에 정보조직들(기업에서의 경쟁정보팀)은 상대방의 프로파일 구축과 업데이트를 통한 정보수집과 분석을 게을리 해서는 안 된다. 아무리 사소하게 느껴지는 정보업무라도 결코 소홀히 할 수 없으며, 다양한 정보소스는 있는 그대로 전달되고 정보제공자(생

---

20) 大須賀節雄, "情報學の 見取圖 : 人間と 機械のあいたの情報構造", 松岡正剛, 『情報文化の學校 :』(東京 : NTT出版社, 1998), pp.52~53.
21) Ulrich Beck, Die Feindlose Demokratie, 정일준(역) 『적이 사라진 민주주의 : 자유의 아이들과 아래로부터의 새로운 민주주의』(서울 : 새물결, 2000), pp.191~193.

산자)는 그 공로를 마땅히 인정받아야 한다. 모든 정보생산물은 조직과 구성원, 나아가 모든 사람의 일상생활에서 이용되고 유익해야 한다.

끝으로 정보문화는 어느 날 갑자기 생겨나는 것이 결코 아니다. 그것은 인텔리전스의 프로세스, 테크닉, 휴먼네트워크 수준, 정보유통체계 등을 통해 형성되는 것이다. 긍정적이고 생산적인 정보문화는 조직의 생존성과 진정성을 유지시켜 주는 핵심이 된다.

◐ 정보 경영의 학문화 방향

우선 우리는 정보를 적극적인 개념으로 삼아 접근할 필요가 있다. 정보는 우리의 경험세계뿐만 아니라 '메타성'을 갖기도 한다. 정보가 갖는 이미지(가치)는 사람에 따라 국가의 이익에 따라 다르게 나타나는 것이지만 정보에는 자체의 체계와 성질이 내포되어 있다. 세상이 빠르게 변하고 복잡해짐에 따라 정보의 가치나 내용도 달라지고 있다. 수많은 정보를 만나지만 이런 정보를 처리 소화하는데 적지 않은 노력이 필요할 뿐만 아니라 정보과잉 현상까지 일어나는 현실 속에서 알짜 정보를 생산하기란 여간 어려운 것이 아니다. 분석팀으로부터 생산된 정보보고서가 사용자들에게 많이 제공되지만 실제 이용 가능한 정보는 많지 않다는 뜻이다.

따라서 이런 정보를 다루는 학문으로서 「정보학」(Intelligence Science, Information Science)이 필요해진다. 결론부터 요약하면 정보학이란 "정보의 수집, 생산, 축적, 유통, 검색 등과 관련한 모든 작업과 수단을 포함하는 학문"이라고 할 수 있다. 정보, 지식(Intelligence / Knowledge)을 다루는 학문으로 경제학, 사회학, 심리학 등 학제간(學際間)의 경계도 넘나드는 '통섭'의 영역이라고 할 수 있다. 또한 '정보학'과 깊은 관련을 갖는 「정보기술」(Inrelligence Technology)이라는 과학적 용어가 있다. 이는 정보수집, 처리, 검색, 서비스 등과 관련돼 있는 컴퓨터 활용, 통신 기기, 정보장비를 비롯한 정보관리 시스템 구축과 관련한 이론이나 그 실체를 총칭하고 있다.

그러므로 '정보경영'이란 정보 조직을 관리하는 사람들, 정보 사용자들이 수행하는 기능에 초점을 두는 개념이다.[22] 최고정보사용자들의 지명을 받은 정보조직 관리자는 정보활

---

22) 필자는 국가 '정보경영'과 관련해 자생적인 이론과 방법의 정립이 쉽지는 않지만 ①시·공적으로 우리 한반도의 안보환경과 우리 민족자존에 기초해야 하며 ②극우적 민족주의나 정치적 파시즘의 도구가 아니라 ③한반도 안보체제의의 정체성과 부합되는 논리 ④계속되는 정보종속에서 벗어나려는 국민의 자주성에 기초하고 ⑤선진국들이 발전시켜 온 논리들 중에 민주성과 보편성을 지닌 내용을 중심으로 구성돼야 한다고 믿는다.

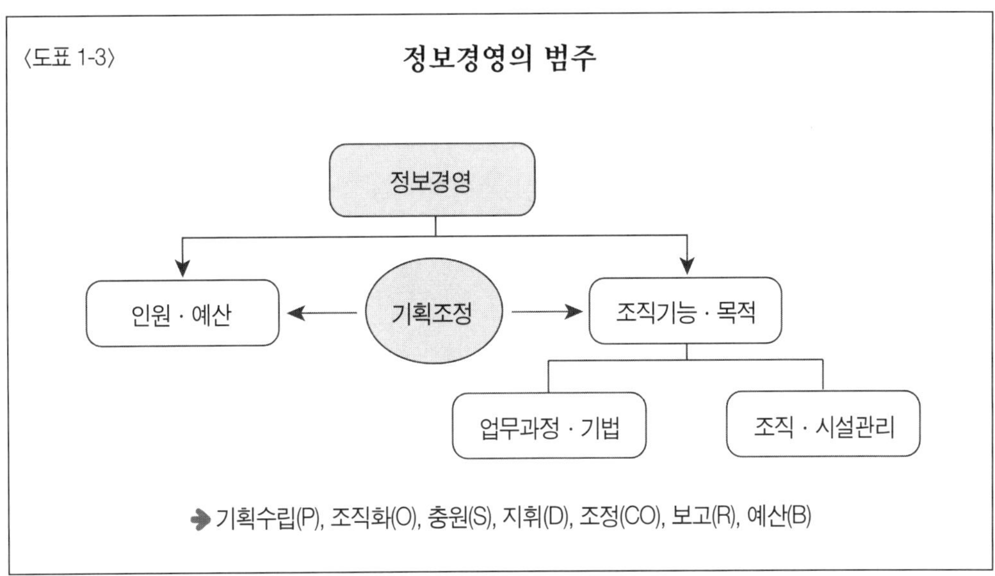

동을 기획(Planing)하고 조직을 구성 관리하며(Organizing), 재무관리(Financial Management) 및 인사관리(Working with people) 등 업무 일체를 다룬다는 측면에서 경영학과 크게 다를 바 없다. 1937년 미국인 조직학자 루터 굴릭(L. H. Gulick)은 경영과정 내지 경영기법과 관련해서 계획수립(planning), 조직화(organizing), 인원 충원(staffing), 지휘(directing), 조정(co-ordination), 보고(reporting), 예산(budgeting)이라는 개념들의 첫 글자를 따서 '포스드코르브'(POSDCORB)라는 이름을 제시했는데[23] 정보경영도 이와 비슷하다.

결국 정보경영은 정보기관의 임무와 목표를 수립하고 사용자의 요구를 달성하는 전략이다. 또한 정보경영좌표상 정보활동 및 지식정보를 생산하는데는 조직적으로 '수집자 — 분석자 — 사용자'라는 수직적 좌표로 생각할 수 있고, 수평적으로는 기능적 차원으로 경제사회와의 상호관계 속에서 정보를 생산하고 이를 통해 국가이익(기업이익)을 구현하는 것이다.

그런데 정보나 경영의 개념들 역시 정치, 경제, 사회 문화적 측면들과 결부되어 있어서

---

23) M. J. Shaw(others), "Distributed Artificial Intelligence for Multi-Agent Problem Solving and Group Learning" in Robert W. Blanning, David King, Organizational Intelligence : AI in Organizational Design Modelling Control (Washington : Computer Society Press, 1996), pp.128~129.

학제간 복합성을 동시에 띠고 있고 그 함축되는 의미 또한 크고 포괄적이다. 우리는 정보를 국가 이익, 기업 이익, 개인 이익들과 결부시킬 수 있는 반면에, 경영은 효율성과 생산성, 경제적 성공을 염두에 두는 개념이다. 정보생산 역시 정보조직에 속한 사람과 제도에 의해서 이뤄진다는 점에서 경영은 필수적이다. 정보조직의 기능 강화를 비롯해 지식정보 상품의 효율적인 생산 등과 관련해 경영은 중요하다. 곧 〈도표 1-3〉에서 보듯이 경영학의 기능적 수단을 정보 분야에 적용함으로써 가장 우선시 되는 국가목표나 기업이익을 확보하는 일이다.

따라서 '정보경영 및 정보활동'은 ▲국가이익을 가능케 하기 위한 구체적 정보활동에 필요한 제도, 법, 예산, 인원들에 대한 기획 조정 통제 ▲구체적이고 정확한 정보생산물(가령 특별보고, 정세보고 등)이 나올 수 있도록 하는 기능적 지위와 역할들의 규정 ▲생산된 보고서가 최종 사용자들에게 전달되고 정책결정을 돕는 문제 ▲생산물의 배포와 데이터베이스(D/B) 등이 포함된다.

단일화시켜서 정보를 수집 분석 배포하는 인원과 조직체계 등 정보환경을 국가 내지 범세계적 차원에서 운영하는 일이다. 더구나 정보우위의 요체인 관련 정보의 수집과 분석, 정보조직체계의 효율성의 고도화, 다양한 정보활동의 능력 확대로 상대방(적)의 의도를 파악하거나 차단하는 일련의 임무를 다루는 것이다. 그러므로 정보경영은 현실적인 목표와 광범위한 전략적 사고가 필요한 분야로써 정보경영의 학문화가 이루어져야 되는 배경 몇 가지를 살펴볼 수 있다.

첫째로 국가이익과 기업이익을 위해서, 아니 무한경쟁시대라는 국제적 환경변화에 반응하고 생존하기 위해서 정확한 정보경영이 요구되고 있다. 특히 국가이익(national interest)이란 자국 중심주의에 기초해서 개별적이며 구체적인 과제에 대한 안전이 보장되고 경제적 기술적 군사력을 토대로 한 번영을 통해 국민 생활을 풍요롭게 하는 것으로 이해할 수 있다. 결국 이에 부합되는 정보경영이 필요해지고 있다.

둘째는 기술적인 측면에서의 변화이다. 최첨단과학의 발전으로 조직의 다운사이징, 사회의 네트워킹 그리고 소프트웨어의 발달은 정보의 필요성과 사용의 극대화를 요구하고 있다. 정보통신기술의 발전은 인간의 욕구를 충족시키는, 황금방석처럼 마르지 않는 샘물처럼 세상의 많은 염원들을 제공하는 것으로 여겨진다. 그러므로 업무의 조정과 명령계통의 명확화, 규칙과 절차 등 계획적인 정보경영자의 역할이 요구된다.

셋째, 경제 사회적 측면에서 다양한 정보를 갖고 있는 사람이 세상을 지배하고 있다. 정

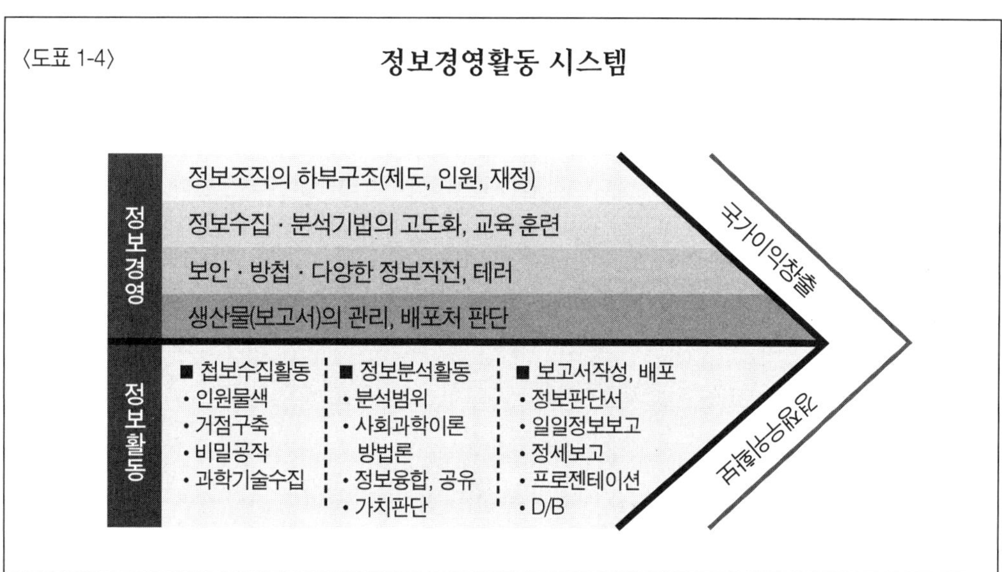

보를 제공하는 사람과 정보를 지키려는 사람이 공존하면서 사물의 세계를 지배하고 있는 것이다. 정보는 남을 지배하거나 무엇을 안다고 해서 과시하는 것이 아니라 정보를 공유하면서 함께 소비하는 것이다. 그래서 인텔리전스의 창출과 소비는 일종의 사회적 과정이라고 할 수 있다. 정보조직 역시 기업과 같은 대내외적으로 인정받는 브랜드 관리(brand management)가 더 없이 요구된다.

넷째는 기업차원에서 경쟁정보(CI : competitive intelligence)가 필요시 되면서 인텔리전스의 가치창출이 일반화되고 있다. 경쟁정보는 전 세계 기업조직 속에 내재화되어 있다. 경쟁정보 프로그램은 기업의 경쟁력을 확보하기 위한 활동으로 이것은 조직구성원의 인텔리전스 니즈를 파악해 기업경영에 적용하는 프로세스를 통하여 이뤄지고 있다.[24]

이상에서 '정보경영'은 오늘날 전 영역에서 더욱 중요해지고 있다. 정보에서도 학문적

---

24) 여기서 말하는 '경쟁정보' 란 과거의 산업스파이로서의 부정적인 이미지를 벗어나 합법적이고 윤리적인 방법에 기초해 경쟁사의 능력과 취약점에 관한 정보를 수집 · 분석 · 활용하려는 의도에서 발전된 이론들이다. 현재 글로벌 한 다국적 기업들의 경우 대부분 경쟁정보시스템(Competitive Intelligence System)을 보유하고 있는 것으로 파악된다. 이런 논의들은 1986년 미국의 소수 사람들이 모여서 경쟁정보전문가협회(SCIP, http://www.scip.org)를 설립한 이래 기업을 중심으로 발전된 이론이다. Liam Fahey, Robert E. Flynn, Gary Costly, John E. Prescott, Stephen H. Miller 등의 글들에서 찾아볼 수 있다.

제국주의가 확대될 가능성이 커지는 가운데 정보의 독점, 정보의 우위 개념으로 정보활동 조직을 강화하고 있다. 국가적으로는 대통령 및 각부 장관으로부터 최하위 구성원들에 이르기까지 오늘날 정책결정과 그 실천자들이 국가이익과 민족의 장래를 위해 양질의 정보를 생산 사용하는 과정이라고 할 수 있다. 기업차원에서는 기업 조직의 생존과 경쟁력을 갖추도록 하는 한편, 지식을 창조, 공유, 확산시켜가는 정보경영은 기업활동에 있어서 필요한 영역이다.

1-1-2. 정보의 현상 그리고 소재

현대 사회에서는 정보가 곧 사회 운영의 중심 원리가 되고 있다는 점을 누구나 인식하고 있다. 동시에 정보는 권력의 원천 및 기업에서의 생산성을 가름하는 핵심이 되고 있는 것도 주지의 사실이다. 따라서 정보가 새로운 경제적, 문화적, 정치적 가치로서 등장하면서 정보는 저장과 처리 그리고 전달과 접속의 형태도 날이 갈수록 크게 변하고 있다. 오늘날 정보는 인간의 모든 활동(정신적, 문화적, 사회적, 경제적, 기술적) 영역을 모두 포함하고 있으며, 의사결정과 정책수립에 필수요건으로 인식되고 있다. 그러면 정보와 관련된 현상들은 과연 어떤 것들이 있는가? 위에서도 언급했지만 정보라는 용어는 아주 특별한 내용을 가지고 있으나 일반적으로 '정보'는 다음과 같은 내용들이 포함되거나 생산되는 것을 의미한다.

- 문화의 세기를 상징하는 대내외 방송, 인쇄 매체, 정부 또는 민간출판물, 및 컴퓨터망을 통해 공개적으로 입수할 수 있는 첩보를 포함한, 그리고 활용 가능한 모든 자료를 포함한다.
- 특별히 관심이 있는 곳에 접근해서 얻어진 직접적인 관찰내용이나 촬영한 사진이 된다.
- 정부 관리가 다른 정부와 국제조직의 상대자로부터 획득한 비밀통신(privileged communication), 즉 공개적으로 획득할 수 없는 첩보를 포함할 수 있다.
- 지상에 있는 사람이 다른 방법으로는 도저히 접근할 수 없는 공중 또는 우주공간에서 촬영한 위성사진이 포함된다.
- 전자신호나 전자 발신파의 감청 내용 또는 이런 방법에 의해서 얻어지는 사물의 제원 등을 포함한다.
- 일반적 방법으로는 접근할 수 없는 장소나, 인원, 또는 사물에 대한 비밀스러운 모든 것들

을 의미한다.

이상의 정보 현상은 다시 미국 MIT공대 연구소 마이클 데르토우조스(Michael Dertouzos)가 말하는 이른바 '정보 시장' 의 개념에서도 다시 찾아볼 수 있다.[25] 그에 의하면 정보시장은 넓고 다양해서 우리가 필요로 하는 '정보'는 무한하다는 것이다. 또한 정보업무(information work)는 단순한 메모나 그림, 재무관리와 같은 정적인 것만으로 보지 않는다. 따라서 그가 설명하는 정보 내용은 다음과 같은 것들이 포함된다.

첫째로 많은 사람들은 정보를 감각기관(신경)을 통해 가공하고, 명령하고, 움직이고, 타이프를 치는 등 정보를 생산해 낸다. 정보란 사회현상의 포착뿐만 아니라 그 이면에 숨어있는 의미, 차이, 은폐를 밝혀내는 것이다. 사실 우리는 모두 같은 인간이지만 문화와 언어의 차이로 갈라져 있다. 상호 적대적이거나 기피하고 심지어 분쟁과 전쟁으로 치닫는 현실이다. 시장마다 상품이 있고 메시지가 있지만 마지막까지 생존하는 상품은 흔치 않다. 하지만 정보는 은폐된 곳에서 수많이 흐르고 도처에 존재하는 것이며, 시간에 따라 그 유효가치가 변하면서 생산되고 소멸된다.

둘째는 정보는 정적인 명사(noun)일 수도 있고 동사(verb)일 수도 있다. 그리고 각종 문서, 음성, 영상, 비디오는 명사정보이고, 이미지를 변형시키고 작업을 수행하는 컴퓨터 프로그램이나, 워드프로세스, 사진현상 등의 정보작업을 행하는 경우 이는 바로 '동사' 인 것이다. 즉 동사로서의 '정보업무' 자체가 정보영역이다. 이런 측면에서 정보활동은 좁은 의미에서 국가정보나 기업정보만이 아니라 사회문화 전반에 걸쳐 이뤄진다. 사회문화 전체가 정보에 대한 욕구를 충족시키려는 기호들로 가득 차 있다. 그 무수한 기호들을 읽어내고 수집하여 분석하는 것이 정보활동이다. 데르토우조스는 산업국가에서 정보업무가 차지하는 비중이 무려 GNP의 50~60%에 달한다고 주장한다.[26]

셋째로 그렇다고 정보는 그것을 담고 있는 물건과 동일하지는 않다. 가령 21권으로 된 한 질의 백과사전은 한 장의 CD롬으로 생산되었을 때 이는 백과사전 내용과 동일하다. 그러나 르누아르(Renoir)의 작품이 경매에 나오면 2,300만 달러이지만 이를 포스터로 복사한 것은 미술관 상점에서는 경우 10달러에 불과하다. 이 경우 둘 다 화폭에 그려진 동일한 정

---

25) Michael L. Dertouzos, What Will Be : How the New World of Information will Change our Lives(1997), 한국경제신문사(역) 『21세기 오딧세이』(서울 : 한국경제신문사, 1997), pp.88~90.
26) Michael L. Dertouzos, ibid.

보인데도 불구하고 그 값은 다른 것이다. 정보는 관심의 대상이다. 이와 관련해 정보의 몇 가지 쉬운 예를 다시 제시할 때 다음과 같다.

- 날씨와 시간이 하루 일과의 정보이다. 내일의 일기 예보는 항해하는 사람들에게는 필수적인 정보이다. 기상예보를 잘 이용하면 피해를 줄이고 돈을 벌 수 있다.
- 컴퓨터로 친 메모 쪽지도 하나의 정보이다. 하나의 메모는 엄청난 정보일 수도 있다.
- 대통령의 연설, 라디오 토크쇼나 방송도 모두 정보이다.
- 군대의 명령, 지휘관의 의료검진 결과도 하나의 정보이다.
- 신문에 게시되는 증권 소식은 투자자들의 좋은 정보이다

이렇게 볼 때 정보의 소재와 현상은 전 지구적이며 자연적인 현상들, 인간행동의 결과들 모두가 해당된다. 정보 소스가 어떻게, 어디서, 무엇이, 왜 일어나는가의 '기초조사'로부터 정보목표 성격에 따라 장기적이며 단기적인 접근의 대상일 수도 있다. 또한 언론사의 뉴스 보도와 안내 광고, 웹사이트, 개인 블로그에 이르기까지 정보활동의 목표는 무한적이다. 요는 정보의 선택능력과 우선순위를 결정하는 지혜가 필요한 때이다.

1-1-3. 정보의 범위

정보활동[27]의 목적은 일반적으로 정치, 경제, 국방, 과학기술, 환경 분야 등 정책결정에 필요한 정보를 수집하고 생산하는 일이다. 그래서 정보의 범위를 한정한다는 것은 무의미할 수도 있다. 이를테면 국가정보기관의 구성원들이나 해외파견기관을 중심으로 각종 정보를 수집하고, 나아가 암호 등 기타 특수 통신 분야를 중심으로 활동하는 것이 바로 정보활동이다. 기업에 있어서도 소비자 식별, 정보요구의 평가, 정보 소스 개발, 정보해석 등 모두가 정보활동에 속한다.

그리고 정보활동은 공개와 비공개 방법을 통해서 임무를 수행하되 인간 생명, 또는 건강

---

27) 정보활동(intelligence activity)이란 조직이 필요로 하는 정보를 수집하기 위해서 경제적, 기술적, 사회적, 환경을 파악하고 사용자의 정책결정에 필요한 정보를 제공하는 사람들의 활동을 의미한다. 다시 말해 단순한 자료를 모으는 것이 아니라 역동적인 과정을 의미하는데 인간정보원이나 첩보위성 등의 자원을 통한 첩보의 수집, 출처의 신뢰성 평가, 정보분석, 적시에 보안을 유지하는 작업 모두를 포함한다.

을 해치거나 주변 환경을 파괴해서는 안 된다는 규범 속에서 행하여진다. 곧 개인의 목적이나 비인간적 목적을 위해서는 정보활동을 할 수 없다는 윤리 문제가 그것이다. 그러나 정보의 범위를 한정적으로 요약하면 다음과 같다.

첫째, 국가정보의 경우 넓은 의미에서 국가를 경영하는 지식 전체를 포함한다. 각국의 정부는 전 방위적으로 필요한 정보를 수집, 분석해서 주요 사용자들에게 제공하게 된다. 세계의 많은 정보기관에 속해 있는 사람들은 매일 매일 일어나는 사건과 다양한 첩보와 정보에 접근하기 위한 노력이 강화되고 있는 것이다.

외교관 활동으로부터 기업의 통상 업무를 수행하는 무역전문가, 군사 전략을 계획하는 국방관계자들, 첨단 기술을 개발하는 과학자에 이르기까지 정보는 항상 그들의 의사결정에 토대가 된다. 특별한 사용자에게 있어서 이러한 정보의 가치는 필연적으로 정확성, 관련성 그리고 적시성에 의해서 좌우된다.

따라서 궁극적으로 유효하면서도 가용한 정보에 근거해서 의사 결정을 내리는 것은 사용자의 몫이다. 나아가 사용자가 국가정책에 대한 결정을 내리는데는 바로 정보기관이 내리는 판단에 따르게 되는 경우가 많아서 생산된 정보는 국가와 국민에 적지 않은 영향을 미치게 된다. 그러므로 '국가정보' 란 사전적 의미에서 볼 때 국가안보를 위해서 '비밀스런 첩보(information)' 로 해석할 수 있으며, 이를 위해 다양한 정보를 수집·사용하는 것을 의미한다.

둘째, 형태별로는 정태적(靜態的)인 기본정보가 있다. 셔먼 켄트(S. Kent)는 정보의 구성 요소를 정태적 요소와 동태적 요소로 나누어 설명했다.[28] 그중 정태적인 기본정보로서 '백과사전' 형태의 정보를 제시하였다. 그가 제시하는 내용을 보면 다음과 같다.

- 일반적 배경 : 지리적 위치, 국경선, 면적, 역사, 정부 및 행정 구조
- 국가의 자연적 특성 : 지형, 토양, 지면, 급수, 기후
- 사회적 요소 : 국민성, 언어, 행동, 인구 분포, 성, 취락, 보건, 사회구조, 예술
- 경제적 요소 : 경제구조, 농업, 공업, 무역, 상업, 광업, 어업, 통화제도, 과학기술
- 정치 : 권력구조, 정당, 인물, 지배 이념

---

28) S. Kent는 전략정보에 있어서 기본정보 요소를 독일의 고전적인 백과사전의 목차를 중심으로 필요한 요소를 제시했다. 자세한 것은 Sherman Kent(1965), op.cit. pp.11~12.

- 수송 : 철도, 도로, 항구, 비행장, 내륙수로, 해안
- 현존군사편제 : 전투서열, 군사시설, 보급 실태, 장비수준
- 특별사항 : 정부요인들의 이력(인물정보), 지리적인 특수용어, 하천, 호수, 운하 등의 해설

정보라는 용어의 탄생은 이것뿐만이 아니다. 정보의 일반범주에 속하는 지형이나 수로에 관한 첩보도 옛날부터 중요하게 다루어졌다. 일반정보에서는 한 나라의 하천이 흐르는 자연수가 음료수로 가능한가 또는 지질은 어떠한가 등 그 나라의 자연적 특성에 관한 첩보도 포함된다. 뿐만 아니라 그 나라의 역사, 특히 전쟁사나 정치사도 포함된다. 군사정보의 경우 기원전부터 예를 들면 아마겟돈(Armageddon) 전쟁 등에서 지형첩보가 적군의 성격이나 병력에 관한 정보보다 더 중요한 것으로 여겨졌다.

셋째, 동태적(動態的)인 정보들이 있다. 동사 형태 또는 동태적인 사항으로는 계속해서 변화되는 정보를 현재 시점에서 주시하는 것이다. 분명한 사실은 인간에게 있어서 완전히 정지된 사실은 실제로 아무 것도 없으며, 오직 생존을 위한 인간의 투쟁 가운데서 계속 '변화' 하는 것이 곧 사회라는 점이다. 특히 '정보'는 현용적인 측면으로서, 천태만상으로 변화해 가는 모습과 그 의미를 파악하는 일이다.[29] 그렇다면 정보를 현용적 측면에서 볼 때 인간의 활동 가운데서 주로 일어나는 것은 무엇이고, 정보관(IO : intelligence officer)은 그 변화를 어떻게 관찰하고 보고해야만 하는가? 그리고 매일 매일의 상황 진전에 대해 정보관으로서는 어떻게 처리해야 하는가라는 문제가 중요해진다.

이에 대해 셔만 켄트는 두 가지 방법으로 해답을 구하라고 설명한다. 하나는 관심사항이 있거나, 혹은 그렇게 되리라고 예측하는 사항을 우선 순위에 따라 열거하는 방법을 제시하고 있다. 그리고 또 하나는 어떤 현상이나 관심 사항이 세계의 군사적, 경제적, 정치적 문제들과 어떤 관련이 있는가, 아니면 삶의 정의를 향한 도덕적 열망이 실제로 어떤 변화를 가져오는 가에 대한 것이다. 이러한 측면에서 기본정보에 수록된 내용들의 변화를 주의 깊게 성찰하여야하는데 그 내용을 보면 다음과 같다.[30]

- 인물들의 등장과 몰락

---

29) S. Kent, ibid, pp.30~31.
30) S, Kent, ibid, pp.32~38,

- 지리적 상황들의 변화 모습
- 군사력의 규모나 질의 변화
- 경제에서의 정책, 산업구조, 생산 과정
- 정치권력 측면에서의 권력구조 변화
- 사회현상의 변화 추세
- 도덕적 신조나 애국심, 민족주의적 요소의 내용과 강약의 정도
- 과학 기술의 정책과 그 생산물 등에 대한 모든 대상

물론 위에서 열거한 내용들은 일반적인 것이다. 그리고 현용정보와 관련한 대상범위에서도 절대적인 해답은 없기 때문에 매우 넓은 것이다. 그러나 우리는 정보수집과 분석 활동에 있어서는 국가적, 기업적 차원에서 중요성을 가지는 사항들을 우선적으로 취급해야 한다는 점을 잊어서는 안 된다. 특별히 '국가적 · 기업적 이익' 이라는 기준에 의해 기본정보는 계속 보완되어야 하며, 현용정보는 정적이고 동적인 지식을 포함해 최신의 내용으로 계속 보완 유지함으로써 국가적 문제나 앞으로 제기될 문제를 해결할 수 있고 예측할 수 있는 자료로 축적해 가는 것이다.

1-2. 정보 조직의 임무와 현실 진단

어느 나라를 막론하고 국가의 이익과 세계에서의 상대적인 지위를 얻고, 이를 보호하기 위해서는 외부 세계에 대한 정보가 무엇보다 필요하다. 더구나 냉전시대에서는 국가이익을 지키고, 위기를 예방하며, 그리고 외교정책과 국방정책을 수립하기 위해서 양질의 정보가 요구되었고, 이에 기초해 각 국가마다 훌륭한 정보조직이 필요했다. 그래서 셔만 켄트 (S. Kent)는 정보를 하나의 '조직' 으로 규정하면서 정보조직은 '현안 문제에 관한 특수지식을 추구하는 사람들로 구성된 하나의 물리적 조직' 이라고 정의했다.[31] 이들 정보조직은 21세기 현대국가에서 필수적인 집단으로 이해되고 있는 것이며 계속 조정, 변형되고 있는 것이다.

---

31) S. Kent, ibid, pp.69~70.

또한 정보의 역할과 임무 역시 고정된 것이 아니다. 세계정세나 과학기술 발전 및 정보의 수요에 따라 크게 영향을 받는다. 그렇기 때문에 조직의 구성원은 늘 현시점에서 국가정책과 전략적 문제가 어떤 것인가를 알고, 이에 대한 유익한 지식을 생산해 내는 전문가들로 활동하고 있다. 만약에 음모를 꾸미는 외국 조직의 비밀 요원이 자국 내에서 성공적이고 안전하게 활동해온 반면에, 우리의 정보활동 내지 국내의 법 집행기관들이 외부의 침략과 테러를 예방하기에 충분한 정보를 생산하지 못했다면 그것은 바로 국가안보에 대한 위협을 방치한 것이나 다름없다.

따라서 보통국가라면 전통적으로 정보기관을 운용하는데 특별히 네 가지의 기능을 갖는다. 즉 수집, 분석, 공작, 방첩 기능이 바로 그것이다. 물론 이것들 이외에도 정부의 특정한 여러가지 기능에 대해 실질적인 정보를 지원하는 임무들을 포함하고 있다. 정보사회에서 국가정보기관이나 정보공동체들이 해야 할 임무는 다양한 것이지만 여기서는 몇 가지 사항만 제시했다.

1-2-1. 국가안보 정책의 목표와 가치 실현

어느 국가나 민족의 이익과 안보전략 목표를 달성하기 위해서 자국의 입장에 유리한 안보 환경을 조성하는 준비 태세를 게을리 하지 않는다. 모든 나라들이 불안정한 현재와 불확실한 미래에 대비할 필요성을 늘 느끼고 있다. 그래서 미국의 경우 군사전략의 조성—대응—대비 체제(shape—respond—prepare system)를 수립해 불확실한 미래에 대비하고 있다.[32] 즉 미국에 유리한 국제안보환경을 조성하고, 모든 형태의 군사적 위협에 대응하며, 불확실한 미래에 대비하는 것이다.

이와 같은 목적을 수행하기 위해서 미국은 국가의 전쟁목표를 '모든 영역에서 월등한 우위를 달성하는 것'(full spectrum dominance)으로 잡고 있다. 정보전쟁시대에 들어와서 전선(戰線)이 자주 이동하거나 모호해지면서 무기체계의 기동성과 생존성, 화력 등에서 상대적인 우위를 지킨다는 내용이다. 이라크전쟁(2003. 3~5) 수행에서 나타난 미국의 군사전략과 전술의 특징은 미 CIA의 특수공작 부대(SOG : special operation group)의 활동을 비롯해 첨단장비를 활용한 '실시간 통합 전장정보' 전이었다. 각 군간에 명령, 의사소통, 적시

---

32) Joint Vision 2020, WWW. DTIC. MIL/JV 2020/JVPub2. HTM

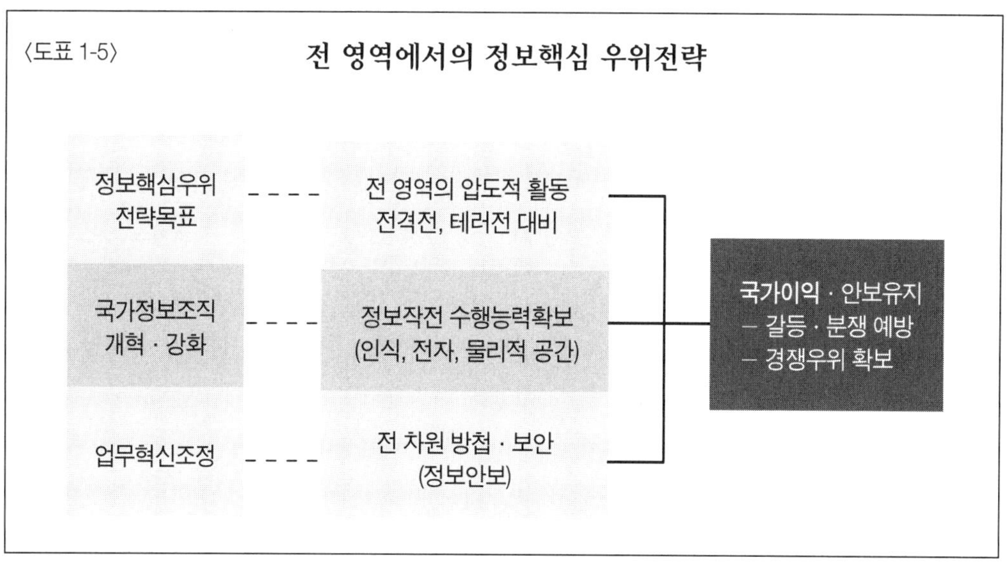

공중지원, 공격 속도의 조정, 병력배치의 유연성, 지휘통제 시스템(C4I)을 연결한 정찰과 타격복합체의 운영이었다. 따라서 정보전 및 정보 우위를 차지하는 구체적 내용을 보면 다음과 같다.

첫째, 어느 국가 조직보다도 정보 우위(information superiority)의 조직이 되도록 해야 한다는 것이다. 국가 관리 및 국가 이익을 확보하기 위해서는 전 영역에서 압도적인 정보조직으로 발전시킨다는 전략이다. 즉 평화시에는 국내외적인 갈등의 관리와 조정을, 그리고 위기 · 전쟁시에는 결정적이며, 어떠한 분쟁상황에서도 우월한 정보능력을 창조하는 것이다. 〈도표 1-5〉 21세기를 살아가기 위해서는 지금보다 더 신속하게 더 정확하고 더 결정적인 정보력이 요구되고 나아가 지속적으로 새로운 정보 역량을 구축해야 하는 것이다.[33]

둘째는 정보조직은 국가가 추구하는 목표와 가치를 보호하고 확대하기 위해 '정보전'에 대응하는 국방력과 정보공동체를 이룩해간다는 점이다. 국가가 추구하는 가장 중요한 요소 중에 하나는 국가의 주권, 영토, 국민을 보호하는 일이다. 물론 한 나라가 생존하는데 각 나라마다 다르겠지만 일반적으로 ①국가의 자주독립원칙, ②주변 및 강대국가들과의 친선유지, ③제3의 국가들과의 통일전선, ④군사동맹 유지 등이라고 할 수 있다. 분명한 것은 다

---

33) Bill Powell, "How George Tenet Brought the CIA : Back from the Dead" Fortune, Oct 13, 2003.

(多)국가(다자간) 협력에 의존하면서 한편으로 군사력을 포함한 억제력을 갖는 것이다. 이러한 상황에서 정보 · 지식은 불가결한 요소 중의 하나이다.

셋째는 계속 혁신을 위한 시스템적 사고(systems thinking)의 배양과 확대이다. 동시에 구성원들이 학습조직을 통한 '시스템적 사고'를 갖도록 분위기를 만들어 가고 있다. 양질의 지식정보를 생산하기 위해서는 총체적 사고와 함께 다양한 요소가 존재하는 전체 시스템의 장(field)을 마련하되 전 차원의 방호능력(full dimensional protection), 정보안보가 중요하다는 인식에서 비롯된 것이다. 국가 차원에서는 개별 주체들의 지식 역량도 중요하지만 그러나 그 방향을 한 곳으로 모으고 국가 경쟁력을 높이는 지혜와 리더십을 구축해가고 있다.

위 요약에서 시사하듯이 국가안보정책을 수립하는 데는 '국가정보판단' (NIE : National Intelligence Estimation) 에서 밝히고 있는 위협의 본질 및 그 발생가능성과 시기 판단, 국가 자체의 안보관리 능력과 군사 경제적 준비 상태, 대외적 관계—한국에서의 미 · 일 · 러 · 중 관계—에 미치는 영향분석, 초당적 국론 및 국민적 합의 등으로 요약된다. 미 CIA의 경우 실제로 규정된 국가안보를 담당하며 광범위한 정보기능을 수행토록 하고 있는 것도 같은 맥락이다. 정보의 기능은 원칙적으로 전략적 방향에 대한 실천과 가변성, 그리고 장애 요인을 찾아 신속히 대응하는 것이다.[34]

1-2-2. 정보조직의 주요 활동

현 시대는 정보전쟁에서 이길 수 있는 나라만이 국가를 지키고 국가간 경쟁에서 살아남을 수 있음을 반영한다. 따라서 정보조직의 기능을 크게 수집과 분석이라는 기능과 또한 국가정보조직에서 행할 수 있는 좁은 의미의 비밀공작 기능이 있고, 나아가 방첩과 심리전분야가 한층 중요시되는 상황이다. 정보 공동체(IC)들은[35] 위의 기본적인 기능을 중심으로 협력하고 조직되어 국가이익을 관리한다. 국가중앙정보조직을 강화하고 수집 분석 작전에 경쟁적으로 기여할 수 있는 조직으로, 어느 문제든지 대응할 조직적 인프라를 구축해 가고

---

34) Robert L. Suettinger, "Overview : History of Intelligencestimates" , http//www.dni.gov/nic/NIC , 2006. 8.20.
35) 정보공동체(IC)는 국가정보조직으로서 정보의 규범과 조직, 정보의 수집 생산, 그리고 시공적으로 사용자의 정책 결정을 돕는 모든 인적 물적 기술적 구성체를 의미한다. 또한 광의적으로는 중앙정보기관과 부문정보기관의 협력과 교류 · 상호작용 · 네트워크 등의 총체적 개념이다.

있다.[36]

이 같은 기능은 국가간, 기업간, 생존 차원에서 광범위하게 다루어지고 있으며, 기술경쟁에서 경쟁우위를 확보하고 국제경쟁력을 제고시키기 위한 적절한 정보전략을 수립해 실천하고 있다. 그래서 전 세계적으로 산업 스파이 문제가 종종 발생하는가 하면, 각국이 산업 비밀 보호에 나서는 등 이른바 경제·산업 정보전을 숨 가쁘게 벌리는 상황이다. 정보수집이나 그 활동은 자칫하면 큰 피해를 가져올 수 있다는 위험(risk)을 감수하지 않고서는 절대로 유익한 정보를 기대할 수 없는 활동이다. 정보주체들은 정보활동에 따른 리스크를 정확히 파악하지 못하거나 간과한 상태에서 그리고 위험을 조정할 대책을 수립하지 않으면 안된다. 각국에서 일어났던 '정보활동 사고'는 우리에게 중요한 교훈으로 남는다.

▶ 수집

정보수집(intelligence collection)은 정보조직의 당연한 기능 중의 하나이다.[37] 수집활동은 시장에서 물건을 선택하는 것과 같은 것이다. 여러 가지 수단을 동원해 정보조직들은 자신들이 필요로 하는 공개된 출처나 외교적인 접촉 그리고 획득하기 어려운 외국의 주요 인사 동향, 지지정보, 수많은 사건들, 활동들에 대한 정보를 수집한다. 그러나 이런 역할에는 복잡한 일들이 상상하기 어려울 정도로 얽혀 있다. 수집업무를 강화하기 위해서는 공개첩보들 뿐만 아니라 정부나 기업의 사용자들을 충족시킬 가치있는 첩보를 우선 수집해야 하는 것이다.

이때에 정보수집관들은 정보 시장(바다)에서 어떤 정보가 정부나 기업 차원에서 필요한 내용인가? 그리고 만약 수집할 필요가 있다고 하더라도 소요될 비용과 위험 부담을 감수할 수 있는가 하는 등을 검토해야 한다. 미국 정보공동체의 경우 국가안보국(NSA), 국가정찰국(NRO), 중앙정보국(CIA) 등은 수집해야 할 대상과 목표가 우방국이나 동맹국 그리고 기업간 경쟁 관계에 있을 때는 어떻게 할 것인가를 면밀히 검토하며 접근하고 있다.[38] 별다른 고려 없이 탈법적인 수단으로 수집을 행할 때 정치적인 부담이 될 수 있다. 또한 기업들의

---

36) Permanent Select Committee on Intelligence House of Representative One Hundred Fourth Congress, IC21 : The Intelligence Community in the 21stCentury. wwwadmin@www.access.gpo.gov/congress/house/html.

37) Bruce D. Berkowiz and Allan E. Goodman, Strategic Intelligence for America National Security (Princeton : Princeton University Press, 1989), pp.34~35.

38) Michael A. Turner, Why Secret Intelligence Fails(revised edition) (Washington, DC. : Potomac Books, 2006), pp.88~90.

요구 혹은 경쟁기업들을 고려해, 수집활동 여부를 결정하는 것이다.

구체적으로 현대 정보를 수집하는데는 공개출처정보 이외에 인간정보(HUMINT), 신호정보(SIGINT), 영상정보(IMINT), 과학(징후)계측 정보(MASINT) 등 주요 분야가 있다. 이러한 정보들은 국내외적 정치, 경제적인 부담을 갖게 한다. 그래서 국가정보기관들은 각 정보 수집 분야마다 엄격한 수집운영체계를 갖추고 있다. 다시 말해 수집목표는 정보요구에 기초한 훈련된 전문가에 의해 단기, 중장기 수준의 모든 문제 이슈들을 수집하는 것이다. 수집 요구(collection requirements)와 업무추진 과정에서 발견되는 부족한 첩보를 수집하거나 또는 기존 수집된 첩보를 보완하는 등의 자료를 수집하고 있다. 국가정보 수준에서는 통상 수집부서와 분석부서 혹은 국가첩보 및 분석센터를 운영하고 있다.

그리고 적정한 수집요구와 우선 순위에 따라 수집하고 있지만 기본적으로 기술적인 수집수단이나 인간정보 차원에서는 공개적으로 수집할 수 있는 것이 대부분이다. 정보분석 및 수집에 필요한 공개정보는 일상적인 방법으로 획득되는 것이지만(물론 공개첩보라 할지라도 접근하기가 쉬운 것은 아니다) 다른 한편에서는 상당한 비밀 수단이나 공작에 의해 수집해야 하는 경우가 많다.

- 정보 공동체 단위의 정보요구와 수집은 다(多) 첩보접근 방식을 취하면서 조직적으로 안전하게 전문 수집관들에 의해 수행된다.
- 전 조직 차원에서 첩보요구(RFI : request for information) 혹은 긴급상황 시 첩보 수집은 모든 자원을 동원해 집중적으로 실행한다.
- 과학기술 수집수단(TCA : technical collection assets)을 통해 기초자료들을 우선적으로 수집하고 분류해 분석 부서에 제공한다.

따라서 정보조직의 수집 역량이나 수단이 합리적이든 비합리적이든 간에 특정 정책 결정자나 정보 사용자들은 매우 신중하게 국가이익에 부합될 때에 수집 활용되어야 한다는 점이다. 동시에 정보 활동가들이 매우 숙련되고 재치 있다고 하지만 스스로에게 속고 마는 어리석음도 있다는 점을 잊지 말아야 한다. 결국 국가 정보기관의 경우 전반적인 국가이익과 관련되어 결정되어야 한다는 점이다.

◑ 분석

분석 및 생산(analysis & production) 기능은 정보조직의 실무적이고 실질적인 핵심 업무이다.[39] 이론적으로 분석관들은 다양한 수단을 통해 수집되는 첩보들을 제공받아 공개첩보와 조합해서 사용자를 위한 종합된 보고서로서의 '정보 분석'을 하게 된다. 다양한 수집수단에 의해서 입수된 첩보들을 기초로 해서 생산되는 정보(보고서)는 사용자의 요구에 의해서 작성되는 것이나 주로 정보공동체의 임무, 기능별로 통상적인 보고서로 작성해 사용자를 지원한다.[40] 특히 각 정보공동체(미국 CIA, DIA) 등은 제도와 규정 목적에 따라 정보 목표가 다를 수 있고, 국가 지역 세계 수준에 따라 상황보고 중·장기 정보보고서를 생산한다. 그리고 이들 공동체들은 경쟁적 분석을 통해 진실된 가치를 생산해 낸다.

그런데 정보 분석에는 '가치 창조'의 의미가 강하지만 분석 불능성이나 정보민감성, 분활의 곤란, 예측 불능성이라는 사회과학적 딜레마가 작용한다. 동시에 분석관 자신들이 다양한 첩보를 갖고 있더라도 이것을 종합해 정보사용자의 요구를 충족시킬 수 있을까 하는 의문이 제기된다. 그리고 만약 성보기관을 통해 입수한 첩보내용이 미미하고 부족할 때는 공개첩보만으로 정보사용자의 요구사항을 충분히 충족시킬 수 있을까 하는 의문이 생긴다. 또 분석관의 판단으로 종합보고서를 작성했더라도 이것이 얼마만큼의 정확성이 있는지 확인하기 어렵고, 이를 비밀로 분류해야 하는가 하는 문제도 있다.

구슬이 서 말이라도   꿰어야   보배다.

(첩보, 자료)   (분석)   (정보)

하지만 국가와 기업, 개인들은 현실 차원에 늘 직면해 있다. 현실적으로 나타나는 문제들에 대해 정보분석가들은 광범한 공개, 비공개 첩보를 통해서 어떤 사안에 대한 정보분석을 진행해야 한다. 정보기관은 분석의 전문성이 요구되고 또 공개출처로부터 분석된 것일지라도 특별히 보안에 유의해야 한다. 이러한 모든 활동은 조직의 두뇌로써 업무프로세스나 프로그램을 합리적으로 수립해 실천하고 부가가치를 높이는 일이다. 기본적으로 문맥의 흐름을 통해 정보 분석의 맥락을 이해할 수 있다. 참고적으로 정보보고서의 성격을 제시

---

39) ibid, p.36.
40) Michael A. Turner(2006), op.cit, pp.107~108.

하면 다음과 같다.

- 정보분석은 정보공동체(IC)가 추구하는 공동 목적을 실현하기 위한 구성원들과 사용자의 지침과 관심 정도에 따라 좌우된다.
- 정보보고서의 질과 양의 수준은 전자적 연결망의 수집수단체계, 수집내용의 수준, 전문 분석관의 지적 수준 그리고 과학기술 수단에 의해 영향을 받는다.
- 정보공동체가 폭넓게 자료를 수집하고 생산한 보고서를 국가정보평가회의(NIEC : national intelligence estimate council)가 계속 평가하고 중간관리자들의 적극적인 업무 지도, 사용자에 대한 직접적인 보고 체계가 확립 될 때 정보 상품의 질은 높아진다.

잠정 결론으로 정보를 분석한다는 것은 그다지 쉽지 않아서 합리적이며 객관적으로 분석하기란 매우 어렵다. 그러므로 정보 분석은 오랜 경험과 훈련이 필요하고 분석적 사고능력이 요구된다. 그러나 정보를 분석하는데는 사용자의 요구사항에 대한 이해와 타당성, 주제, 대상, 범위, 시간, 비용 등을 고려해 양질의 최종 보고서를 도출해 내는 것은 정보부서들의 일상적 업무다.

◑ 비밀 활동 (비밀첩보 수집)

여기서는 국가정보기관에서 사용되는 '비밀공작' (clandestine operation)에 대한 개념보다는[41] 비밀첩보 수집에 한해서 설명하고자 한다. 비밀활동은 말 그대로 비밀리에 이루어지는 활동이라고 할 수 있다. 정부나 기업이 임무를 수행하는데 있어서 부득이한 경우 제한적으로 국가나 사용자의 허가를 받아 은밀히 활동하는 것을 의미한다. 특정 국가나 기업에서 필요한 정보가 요구될 시 보통 비밀공작과 연관돼 추진되고 있으며, 비밀활동이 절대로 노출되지 않는다는 확실한 믿음이 있는 경우에 한해서만 수행되고 있다.

그러하기 때문에 비밀활동은 여러 가지 형태로 수행되는데 각종 특수 업무(간첩, 방첩,

---

41) 비밀공작은 어느 국가가 공개적으로 인정되지 않은 수단을 통해 외국의 정치, 군사, 경제 등에 관한 정보를 비밀리에 수지하고자 하는 행동을 의미한다. 여기에는 선전활동, 특정 국가내의 정치적, 군사적 세력에 대한 지원, 외국정부에 대한 기술 및 병참지원, 테러나 마약밀매 등과 같이 국가의 이익을 위협하는 불법 활동에 대한 진압작전 등이 포함된다. 이러한 활동은 냉전종식 후 비밀공작계획이나 그 규모가 현격히 줄어들고 있지만 정책적 필요에 따라 각 정보기관들이 전개하고 있다. 단 미국의 경우 비밀공작은 '명백한' 대외정책목적을 지원하는 경우에만 수행되도록 명시되어 있다. (자세한 것은 CRCUSIC, 1996. pp.17~18을 참조)

비밀전, 탈출, 저항운동 등)를 위해 운영되는 활동이다. 국가간의 관계, 조직간의 거래가 공개적으로 되지 못할 때 비밀활동을 보조적으로 사용되는 하나의 '지원 방법' 인 셈이다. 21세기에 들어와서도 불확실한 미래를 예측하고 대응하기 위해서 이 같은 비밀공작은 계속될 전망이다. 미국의 경우 정보공동체들은 국가정보부장(DNI)의 지휘를 받아 별개의 분리된 부서에서 비밀리에 추진되고 그 결과를 DNI에 보고하고 있다.[42]

● 현대 국가들은 국가안보와 이익 관리를 위해, 그리고 경쟁과 갈등관계에서 핵심적이며 비밀스런 정보를 얻기 위해 고도의 전문성을 갖춘 사람들을 통한 비밀활동을 전개하고 있다.

● 비밀공작 수집활동은 기본적으로 국가목표, 군사적 정보를 얻기 위해 수집 대상을 엄격히 제한하고 비밀리에 추진된다.

● 초국가적 단위의 수집 대상을 목표로 행하되 고위 간부들의 직접 지휘와 특수 전문가들에 의해 진행된다. 이 때는 실패시 최악의 위험성을 정밀 검토하고 진행한다.

다시 정리하면 이런 방법은 정책 목표의 달성 등 필수 불가결한 수준의 공격적인 방법으로 위험을 동반하는 활동이다. 때에 따라서는 비밀공작 활동을 하다가 실패한 경우도 많고, 만약 노출되었을 경우는 국내외적으로 쏟아지는 비난을 감당키 어려울 때도 많다. 그래서 비밀활동은 많은 예산이 들고 또 감독 관리 업무가 강하게 요구되는 부분이라고 할 수 있다.

◐ 정보 보호(방첩) 활동

정보보호 활동(counter intelligence)은 정보기관의 주요 기능으로서 정보업무의 성공을 좌우한다. 특히 국가정보의 기능적 영역이 보다 공세적인 영역이라 한다면 방첩활동(防諜活動)은 방어적인 국가정보활동으로서 외국인들이나 내국인들로부터 국가 및 정보기관을 보호하는 것을 의미한다.[43] 이런 점에서 각국 방첩기관들은 공격적인 임무(공격적 정보활동)와 방어적인 임무(방어적 정보활동)를 동시에 지니고 있다. 공격적인 임무로는 자국(기업)을 대상으로 한 공작 활동이나, 외국 정보기관들의 감청 활동 그리고 정보기관 내 협조

---

42) http//www.fas.org/irp/offdocs/dcid3-1.html 2006.7 5. 출력.
43) http//clinton6.nara.gov/2001/01/2001-01-05-fact.html. 2006. 7. 8 .

망 부식과 같은 활동을 막는 것이다. 또한 방어적인 임무로는 스파이 혐의가 있는 사건을 수사하고 정부나 기업에 대한 외국 정보기관들의 침투와 위협요소를 조사하는 것을 의미한다.[44]

그러므로 통상적으로 모든 정보기관들은 자체 내 직원들에 대한 조사나 심문 할 수 있는 기본적인 임무를 가지고 있고, 각 군이 운영하는 방첩부대 역시 각 군 자체 인원에 대한 방첩 수사권을 가지고 있다. 정보기관의 기능으로서 방첩업무는 외국 정보기관의 스파이 활동을 완전하게 관리할 수 없고, 또 내부자들의 보안사고도 철저히 막을 수 없는 한계성을 지닌다. 따라서 적(敵)의 정보활동을 차단, 저지하는데는 능동적 방법과 수동적 방법으로 나눠볼 수 있다. 능동적 방법은 적의 간첩, 범죄조직들을 추적 검거하는 의미의 '방첩'이고, 수동적 방법은 아국의 정보에 대한 적의 접근을 차단 보호하는 의미의 '보안'이다.

한국과 같은 경우 남북한 군사대치상황에서 적대국의 침투와 테러, 요인 암살, 국가전복 등 국가안보를 위협하는 대내외적 위해 요소를 방지하고 제거하는 활동까지를 국내보안 및 방첩개념으로 볼 수 있다. 그러나 실제로 수집된 첩보와 출처에 대한 보호가 조직적으로 이루어지지만 변칙적인 행위들로 인해 공작업무나 비밀활동 그리고 주요내용이 노출될 가능성은 얼마든지 많다.

이런 의미에서 방첩기능은 정보업무의 종합적인 측면에서 파악되고 있다. 방첩은 주로 ▲적의 수집활동과 공작활동에 대한 정보를 수집하고, ▲적이 침투대상으로 하는 주요 인물 시설 자료에 대한 방어책을 강구하며, ▲검거된 간첩이나 귀순한 자를 역이용해 적의 의도를 꺾는 이른바 역용공작과 기만공작 등 방첩활동을 포함한다. 방첩기능은 무엇보다 조직 내의 민감한 정보를 보호할 뿐만 아니라, 이중간첩 등을 통해서 자행될 수 있는 수집 및 분석업무를 혼란시키려는 책동을 방지하는데 그 초점이 맞추어져 있어서 실제 소속원들의 상호 유기적인 자세와 보안의식이 필요하다.

이상에서 정보활동이 우리에게 왜 필요하고, 어떻게, 어떤 방법으로 누구에게, 얼마나 정확하게 처리해서 무형의 새로운 지식·정보를 생산해 내는가를 이해하게 됐다. 그리고 정보는 국가안보 및 기업의 경영 차원에서 사용할 때 생존경쟁에서 살아남을 수 있다는 사실을 실감하게 된다. 정보의 요구(사용자), 정보의 수집, 분석, 생산과 관련한 내용의 요약은

---

44) Pat M. Holt, Secret Intelligence and Public Policy : A Dilemma of Democracy, (Washington, D.C, : CQ Press, 1995), pp.4~5, 109~124.

〈도표 1-6〉과 같다.

1-2-3. 정보의 역할과 필요성

역사적으로 얻어진 준엄한 결론은 정책 결정자들이 예상되는 안보 위기와 그 징후들에 대한 잠재적 대응방안 개발을 게을리 해서는 안 된다는 사실이다. 전쟁 발발 징후가 포착되었음에도 불구하고 이에 대한 대응을 제대로 하지 못할 때는 바로 민족이 비참한 고통을 받게 된다는 것은 너무나 자명한 일이다. 정보의 상업화와 사유화가 사람들의 생활을 지배하고 있는가 하면 국가의 정보정책은 더 강화되고 있으며 기업들은 경쟁우위라는 지형을 확보하기 위해 경쟁정보를 발전시켜가고 있다. 빌 게이츠(Bill Gates)는 그의 책 『생각의 속도』에서 정보업무는 '사고하는 작업'으로 표현한다. 정보의 흐름은 디지털시대 비즈니스의 으뜸가는 차별화 방책이며, 모든 비즈니스에 있어서 대부분의 업무는 '정보 업무'로 규정한다.[45]

이와 관련해 잠언적 교훈으로 현대 국가들은 자신들의 역사를 만들어 가기에 바쁘다. 더

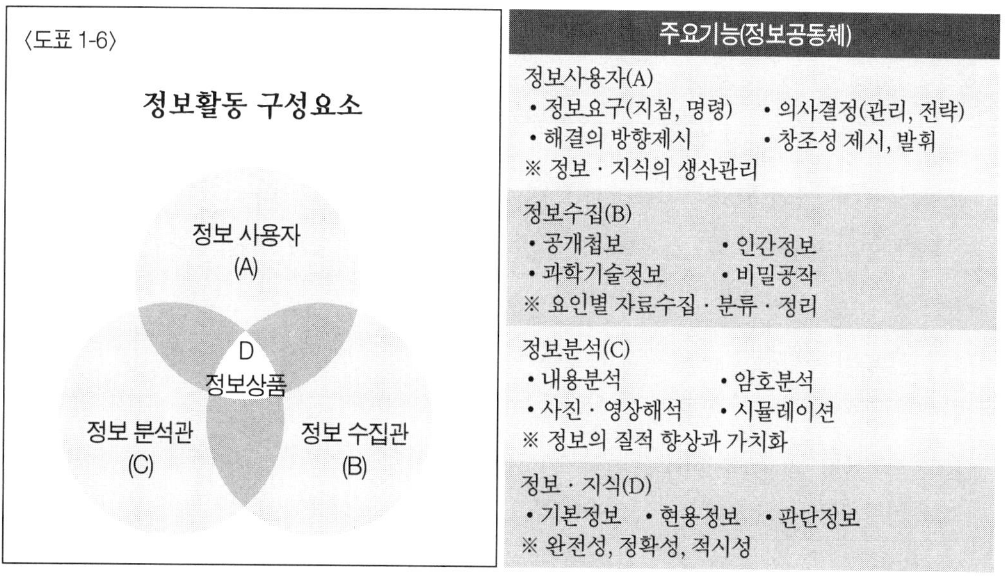

---

45) Bill Gates, Business @ The Speed of Thought : Using a Digital Nervous System (NewYork : Warner Books, 1999), pp.22~29.

〈도표 1-7〉 **정보의 필요성과 영역들**

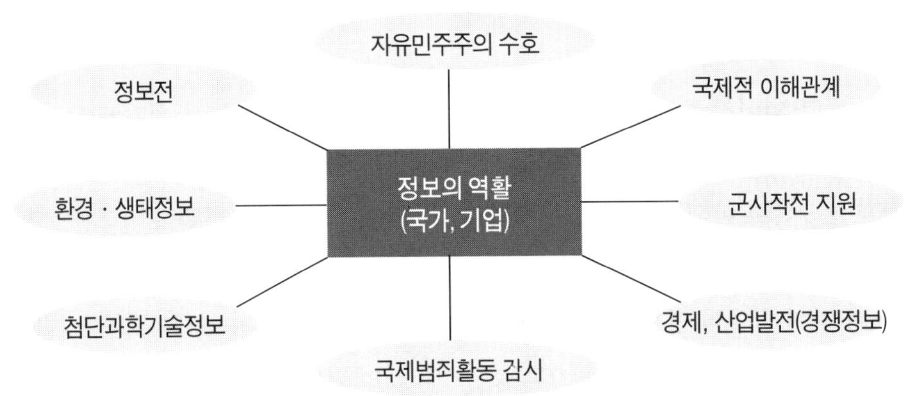

구나 2000년대 이래 각국 정보기관들은 군사정보와 핵 확산 방지 이외에도 경제, 과학기술 정보 수집 등 새로운 임무를 찾아 효율적으로 수행해 가고 있다.[46] 특히 미국의 경우 세계 모든 지역에다 정보요원을 배치하고 범세계적인 정보활동을 전개하고 있다. 다음 〈도표 1-7〉은 정보기관들이 왜 필요하고 어떻게 세계 문제에 대처하는가를 보여주고 있다.

자유 민주주의에 대한 보호

소련 등 현존 사회주의의 해체는 바로 마르크스 · 레닌주의의 붕괴로 찬미되면서 자유민주주의의 승리로 돌리었다. 자유민주주의가 오만 방자한 것으로 여기는 경향도 있지만 이제는 자유민주주의와 시장경제 등 전지구적 이데올로기가 지배하고 있다.[47] 물론 아직도 체제의 파동이 심화되는 '혼돈' 상황이 계속되는 가운데 지구촌은 평화나 체제안정 그리고 시민사회 형성에 대해서 회의적인 태도를 보이고 있다.

이런 의미에서 우리는 냉전시대 이후 군사, 경제, 정치 등 여러 측면에서 현시대의 가치인 자유민주주의를 확고히 지키는 일이 중요하다. 각국의 이해관계에 영향을 미칠 수 있는

46) The Council on Foreign Relations, Making Intelligence Smarter-The Future of U.S. Intelligence, http://www.copi.com/article/InteLpt/cfr.html(1998. 9.17)
47) Francis Fukuyama, The End of History and the Last Man, (NewYork : The Free Press, 1992), pp. xi~xxi.

외국의 위기상황들에 대한 조기경보 정보를 제공하는 것도 중요하다. 그리고 국내에서 일어나는 안보위협 요소들을 부단히 찾아내 정책 결정자들에게 적절한 대응을 할 수 있도록 정확한 정보를 제공하는 일이 필요하다.

◑ 국제적 이해관계의 평화적 실현과 감시 업무

웨스트팔리아(Westphalia)에서 국가간 협력체제(Concert of Nations)가 이루어졌다. 그리고 유엔과 그 산하 조직들은 국제간 위치와 역할을 정하고 조정하여 왔다. 그러나 현대는 '신세계 질서' 구축이라는 거대한 담론과 함께 국가질서유지에 대한 타국들의 위협과 간섭은 어느 나라를 막론하고 여전히 작용하고 있다. 각국 주권 기관들은 여러 나라들과 체결하는 쌍무협상 또는 다자간 협상에서 외교적 주도권을 확보하려는 경쟁을 벌이고 있다.

최근 열강들은 국제 질서에서의 유리한 입지확보를 위해 '동반자 관계' 구축 등을 모색하고 있다. 여기서는 주로 국가 간에 상호 존중과 호혜 평등을 그리고 상호 협력과 선린 우호 등을 모두 추구하고 있다. 한마디로 열강들은 '상호 의존과 견제'를 통해 자기들의 이해관계를 구축해 가고 있다.[48] 그러나 코소보 내전이나 민족분쟁, 미국의 대테러 전쟁에서 보듯이 국가간 분쟁으로 인해 평화유지 능력은 크게 감소하고 있으며, 약자인 '특정 집단' 들은 국제적인 보호를 받지 못하는 경우가 허다하다. 이런 의미에서 폭넓은 정보가 필요하다.

◑ 군사작전의 지원

우리의 '생활세계'가 평화와 안정의 상태라고 하지만 혼돈의 '군사적 충돌'은 계속되고 있다. 정보조직은 국가권력을 뒷받침하는 군사정보에 관한 수집을 최우선시한다. 여기에는 자국의 영토와 시설에 대한 보호는 물론 동시에 적대국의 공격 징후를 포착하는 일이 중요해졌다. 최근에는 기술 집약적 군대로서 '전사자(戰死者)의 수를 제로' 상태로 하는 것을 지상명제로 하고 있어서 '정보'는 그만큼 중요하게 되었다.

탈냉전 이후에는 각 군의 합동작전이나 국가연합작전 개념이 도입되어 공동으로 작전계획을 수립해야 하는 상황이 되었다. 뿐만 아니라 자국의 군대를 해외에 파견하는 사례도 많

---

48) 유럽에서의 NATO 확대로 러시아 입지를 악화시키고 아·태 지역에서는 미·일 군사동맹을 강화함으로써 미·일·중 간 군사력의 불균형을 야기시켰고 러시아는 독립국가연합(CIS) 제국과의 안보협력의 강화, 중국과의 '전략적 동반관계'를 모색하면서 미국의 패권주의에 대항하고 있는 형국이다. 그리고 일본은 소위 '주변지대'에서 '심장지대'로 진입을 기도하고 있다.

아지는 등 전쟁 양상도 크게 달라지고 있다. 1996년 미군 특수부대는 전 세계 167개 국에서 2,325건의 작전을 수행했다. 작전에 관계된 인원도 20,642명으로 한 작전 당 9명 꼴이라는 점에서 잘 나타난다.[49] 또 2003년 이라크전쟁에서 미 CIA의 정보활동은 '충격과 공포'(Shock and Awe) 작전에 크게 기여했다. CIA가 운영하는 특수공작부대(SOG : special operations group) 등이 적정정보의 수집 및 반정부활동요원들에 대한 매수, 심리전 등 비밀공작을 성공적으로 수행함으로써 이라크전의 조기 승리에 기여한 것이다. 미국은 9·11 테러 이후 첨단 기술정보와 인간정보 역량을 강화해가고 있다.

하여튼 군사작전에 대한 정보 지원을 정보기관의 최우선 순위에 두고 있다.[50] 정보기관은 1950~1960년의 미·소간 군비경쟁에서 보였던 폭격기 격차(the bomber gap)나 미사일 격차(the missile gap), 취약성의 창(the window of vulnerability)들을 찾아내는 것일 뿐만 아니라 현재는 지각(知覺)의 전쟁(perceptual wars)에 즉각적으로 대응해 가고 있다.[51]

◐ 경제정보의 수집 및 지원

헤게모니 유지의 핵심은 경제력이다. 경제가 쇠퇴할 때 '제국' 들은 하나같이 분열하거나 해체되었다. 그래서 모든 나라는 경쟁적으로 경제정보(economic intelligence)를 수집하고 분석하여 자국 내 경제 주체들을 지원하고 있다. 이 활동에는 외국의 경제, 국제경제 추세 그리고 무역협상에 필요한 정보 등 자국의 이익에 영향을 미칠 수 있는 전 분야에 초점을 맞추고 있다.

이러한 분야들은 대개 공개된 자료로부터 입수가 가능하지만 그러나 다른 나라들에 대한 접근이 어렵거나 정보 입수가 곤란할 때는 바로 정보기관이 이들의 공백을 메우고 있다. 물론 정보기관들이 입수하는 경제정보들이 사용자에게 별 도움이 안 되는 경우도 있다. 하지만 경제정보의 95%를 공개된 자료로부터 얻어지는 것을 감안할 때 경제정보 활동은 매우 중요하다. 나머지 5% 부분은 정보기관이 해결해야 하는 것이다.

---

49) Robert D. Kaplan, The Coming Anarchy : Shattering the Dreams of the Post Cold War(New York : Vintage Books, 2000), pp.105~106.

50) 이 같은 중요성은 미국 대통령 지휘각서에서 찾아볼 수 있다. 미국인의 생명을 보호하고 전투에서 미군을 지원하는 것이 미국 정부의 최고 우선순위로 규정하고 있다.

51) '지각의 전쟁' 이란 최첨단 무기의 싸이버네틱스 체제를 반영하는 초감도 방위망, 조기경보장치, 그리고 정밀한 유도무기 등에 의한 명중성이 높은 전쟁개념을 의미한다. 이런 개념은 James Der Derian, The Space of International Relations : Simulation, Surveillance, and Speed, International Studies Quarterly, vol.34, 1990. pp.295~310에서 볼 수 있다.

미국을 비롯한 선진국에서는 경제적인 경쟁을 돕기 위해서 해외에서의 정보활동을 주요 임무로 인식하고 있다.[52] 동시에 미국은 다른 나라들로부터 미국기업에 대한 스파이 활동을 감시하고 있다. 1990년대 이후에는 미국기업들이 타국 경쟁기업들의 뇌물수수, 임금착취 등과 같은 부당한 행위로 인하여 불공정한 경쟁의 피해를 받지 않도록 정보공동체들은 한결같이 전 산업 분야에 관여하는 사례가 늘어나고 있다.[53]

● 테러 및 국제적 범죄 활동에 대한 정보 수집

정보기관의 대응 임무는 지속적으로 확대되고 있으며 또 능동적으로 수행하여야 한다는 입장을 보이고 있다. 많은 전문가들은 하나같이 범세계적 범죄와 테러단체들에 대해서 한 국가만으로는 통제가 불가능한 '국제화' 추세를 보이게 될 것으로 믿고 있다. 미국의 경우 CIA, FBI, 국토안보부(DHS : Department of Home Land Security), 국방부의 대 테러 관련 부서를 강화하면서 대 테러통합정보기구인 「테러위협통합센터」(TTIC : Terrorist Threat Integration Center)를 2003년 5월 출범시켜 세계적 테러에 대비하고 있다.[54]

이렇게 정보기관들은 자국 국민들의 생명과 해외에 있는 시설들을 위협하는 '다국간 활동(transnational activities)'에 대한 첩보를 수집하고 분석하는데 특별한 노력을 기울이고 있다. 미국은 글로벌 안보전략 차원에서 부각된 ▲대 테러전, ▲대량살상무기 개발억제, ▲첨단기술 개발과 보호, ▲세계 빈부차이에 의한 국제범죄, ▲지역 패권국가의 성장 억제, ▲에너지확보 경쟁, ▲빈약한 사회 인프라, ▲각종 재앙적 질병문제 등과 관련한 정보기관의 임무를 강조하고 있다.[55]

이와 관련해 각국의 정보기관들은 자국 내 위협이 될 수 있는 국제범죄를 추적하고 있는데 외국인의 불법입국, 위조지폐의 유통, 금융기관 등에 대한 사기행각, 질병의 확산 등을 적발하여 세계평화를 유지해 가고 있다. 문제는 불량국가들이 테러집단을 구성하고 첨단무기를 손쉽게 장악할 수 있어서 계속 위협은 계속 될 것이어서 대 테러 및 국제범죄 관련 특수첩보는 날로 중요시되고 있다.[56]

---

52) CRCUSIC(1996), pp.22~23.
53) CRCUSIC(1996), pp.24~25.
54) Robert Bryant(2003) op.cit.
55) Office of the Director of National Intelligence(2006), op.cit, pp.3~4.
56) Robert D. Kaplan, Worrier Politics : Why Leadership Demands A Pagan Ethos (NewYork : Random House, 2002), pp.4~10.

◑ 기술주권 확립수단으로서의 최첨단 과학기술정보수집

새로운 과학기술은 경제발전의 핵심요소가 되고 있고, 기술정복은 전지구 차원에서 군사력과 같이 강대국의 위상에 필수적인 요소로 인식되고 있다. 국가의 독립과 안보문제도 알고 보면 바로 첨단기술과 직결되고 있음을 찾아 볼 수 있다. 군사력 외에 실질적인 과학기술 능력, 최첨단기술, 혁신적 기술개발 등에 대한 관심이 높아지고 있으며, 시장과 기술정복이 곧 영토점령과 같은 동일한 효과로 부상하고 있다.

오늘날 미국은 유일 초강대국으로서의 위치를 확보하고 민간과 군수시장에서의 입지를 강화하기 위해 최첨단 기술에 대한 주권을 강화하고 있다. 더욱이 미 행정부는 하이테크 산업을 전략산업으로 인식하고 있다. 동서 냉전체제가 소멸된 이후 기존의 정치, 군사, 경제목표에 의한 강대국의 기준도 변모하고 있는데 최첨단 과학기술정보가 국가간, 기업간 경쟁의 중요부문이 되고 있다. 그것은 정보사회의 핵심인 3D, 즉 디지털(Digital), 유전공학(DNA), 디자인(Design)이 그것이다. 또한 많은 과학자들은 7T를 강조한다. 7T는 인터넷(IT), 생명공학(BT), 환경기술(ET), 문화기술(CT), 나노기술(NT), 우주기술(ST) 그리고 경영기술(MT)로 구성된 첨단기술이 독자적으로 또한 서로 결합해야 한다는 인식이다.

따라서 이와 관련한 정보는 무한 경쟁체제에서 유리한 입장을 보장할 수 있는 전략적 가치 중의 하나이다. 한 나라와 기업이 첨단 과학기술 정보가 없으면 강대국의 정치, 경제, 문화적 지배를 감수해야만 할 위험에 직면하게 된다. 그야말로 훌륭한 기술이나 경쟁력 있는 산업체제 그리고 재정적 노하우(know/how) 등은 현대적 의미의 강대국을 특징짓는 중요한 요소이다. 과학기술정보는 특정분야에서 우위를 차지하는 것이며, 국제사회에서의 협상력(bargaining power)을 장악하는 지름길이 된다.

◑ 환경정보에 대한 수집 지원

오늘날 환경의 보호 내지 생태계 보호운동은 문명비판의 차원에서 새로운 사회운동으로까지 확산되는 추세이다. 이제까지의 환경 운동이 낭만적 녹색운동이었다고 한다면 이제는 지구를 살리는 차원의 '생태계 운동'(ecological movement)으로 확산되고 있다. 다시 말해서 '경제발전의 피로(development fatigue)'를 경험케 하는 환경문제는 이제 한 국가만의 감시나 통제, 행정력으로는 해결할 수 없게 되었다는 의미이다. 소련의 동해(東海) 방사능물질 투기라든가 체르노빌 핵폭발 사고 등은 곧 인접국에 대한 위협이 된다는 점에서 환경정보는 전 지구적 차원의 문제가 되고 있다. 일례로 중국사막지대로부터 날아오는 '황사' 역시 우리 자연환경에 막대한 영향을 미치고 있다.

실질적으로 1980년대 후반 냉전체제의 붕괴 이후 이데올로기 논쟁의 종언과 함께 환경문제는 국제사회의 정치 경제적 질서를 규정하는 새로운 쟁점으로 등장하게 되었다. 국내외적으로 많은 환경단체들과 국제조직들이 나타났는데 우선 국제환경 회의로서는 유엔인간환경회의(UNCHE : UN Conference on the Human Environment)를 통해 환경문제를 전 지구 차원 내지 정치적 차원의 문제로 격상시킨 것이 그것이다.

이제 각국의 정보기관들은 환경정보의 수집활동을 적법한 것으로 간주하고 있는데 미국은 정보기관들이 환경문제에 관여하는 것이 더 바람직하다는 견해를 갖고 있다. 각국의 정보공동체는 생태계 윤리학적 측면이나[57] 국제환경 협약의 준수여부를 감시하고 자국 내에서는 자연재해에 대처할 수 있도록 정보 및 영상자료를 이용하기 위한 환경감시기술이 개발되고 있다. 사실상 여러 나라들은 지구 온난화 현상이나 기타 여러 가지 환경문제를 정확히 분석해 낼 수 있는 엄청난 자료들을 축적해 가고 있다. 미국, 프랑스 등 선진 국가들은 위성프로그램을 통해 환경정보들을 수집하고, 이를 과학자들에게 환경연구용으로 제공하고 있는 실정이다.

◗ 정보전(Information warfare)의 대처

정보기관들은 기술 집약적이며 현대화된 방법과 통로를 통해 '정보전'을 벌이고 있다. 여기서 '정보전'이란 전문기관의 정보시스템이 다른 나라의 정보시스템에 기술적으로 접근하는 과정에서 벌어지는 일체의 활동을 의미한다. 정보전은 정부간, 기업간, 집단간, 또는 개인간에 벌어지고 있으며, 이런 양태는 향후 점차 세계적으로 확산 될 전망이다. 세계의 각국 정보기관들은 각종 정보전에서 '공격과 방어'에 필요한 정보관리 시스템을 개발하며 가상공간에서 정보전을 벌리고 있다. 가능한 방법을 동원해 상대편의 정보자료를 오염시키거나 왜곡시키고, 아니면 존안자료와 전자주소 등을 약탈함으로써 통신자유의 기본권을 침해하는 부작용을 낳고 있다. 정부의 모든 관리체제나 산업구조 등의 정보통제시스템(information control system)이 위협받고 있는 것이다.

---

57) 경제적 피로 및 자연에 대한 인간의 무한적 지배로 인해 지구 종말이 올 것이라는 자각 속에 생태적 파국을 피하고 인간의 생존을 위하여 벌리는 생태운동, 평화운동, 환경운동을 의미한다. 이런 견해들은 Anthony Giddens, Mordernity and Self-Identity : Self and Society in the Late Modern Age (Cambridge : Polity Press, 1991), pp. 221~223을 참조.

미국 같은 경우 정보시스템에 접근하려는 타국의 시도 등과 같은 '정보전'에 관련된 정보 수집은 정보공동체의 적법한 임무로 여기고 있다. 미국정보기관의 미래를 상세히 연구한 로봇 스틸레(Robert Steele)는 해커는 인터넷을 전쟁의 현대화된 통로로 인식하면서 이들 해커가 미국의 새로운 전사 집단으로 떠오르고 있다고 강조했다. 이를테면 C4(지휘, 통제, 통신, 컴퓨터)의 개념[58]을 창시한 미 국방부의 아더 셰브로스키(Arthur Cebrowski)는 현대전이 눈에 보이지 않는 전자전 양상으로 변모됨으로써 '정보의 진주만 폭격' 가능성까지 제기하고 있을 정도다. 결국 미래에는 대형탱크, 전폭기에 의존하는 야전형 산업시대보다 전자정보와 인간정보에 의존하는 기업스타일의 도시형 군대가 더 긴요하게 될 것이다.[59]

1-3. 정보조직의 역할범위 변화와 정보사용자의 역할

정보활동 업무는 세계에서 가장 오래된 직업 중에 하나이다. 일반적으로 정보기관의 조직적인 정보활동은 1909년 영국에서 시작되었다. 당시 영국은 정보기관에 대해 전·평시를 불문하고 타국의 정보를 탐지하고 자국의 이익을 보호하는 임무를 부여하였다. 영국이 정보기관을 운영하자 이를 본받은 독일은 1913년에, 러시아는 1917년, 프랑스는 1935년, 마지막으로 미국은 1947년에 정보기관을 만들었다.[60] 그 이후 약소국들도 독자적인 정보기관의 필요성을 인식하고 정부 내 조직으로 운영하게 되었다.

2000년대에 들어와서도 정보조직들은 더 강화되고 있다. 세계는 '성장의 한계'나 '경쟁의 한계'[61] 속에서 개별적인 경쟁이 치열해지면서 정보획득이 더 중요해지는데 따른 것이다. 인류의 '상상과 협력'의 패러다임을 추구하지만 세계화 속에서 정보전쟁은 더욱 치열

---

58) CI 체계는 다중화된 통신망과 컴퓨터를 결합한 정보통신체계의 고도화를 이룩하자는 군 작전수행의 핵심체계이다. 맥나마라(McNamara) 국방장관이 중시했던 C(지휘, 통제)는 닉슨 정권에서, C(지휘, 통제, 통신)으로 발전했으며 카터 정권하에서는 CI(지휘, 통제, 통신, 정보)로 확대되었고 이제는 C4I로 발전하고 있다. 이것은 바로 미국이 권력 강화를 위해 최신기술의 동향에 민감하게 반응하면서 전시엔 전투를 위한 생존성과 지속성을 유지하려는 것이다.

59) Robert D. Kaplan(2000), op.cit, pp.106~107.

60) 미 CIA는 1947년 해리 트루만(H. Truman) 대통령이 NSC(National Security Council : 국가안전보장회의) 산하에 발족시킨 대통령직속기관으로 2차 대전 종전과 함께 해체된 OSS(Office of Strategic Service : 전략사무국)의 후신이다.

61) '성장의 한계'는 70년대 '로마클럽 보고서'의 내용이고 '경쟁의 한계'는 1992년 포르투갈 리스본에서 채택된 '리스본 그룹 보고서'의 주제이다.

해지는 상황에 대처하려는 모습이다. 정보전에서는 승자와 패자를 가를 수밖에 없는 사실상의 윈-루스(win-lose)의 구조를 가진다. 미국 안보전략가 브레진스키(Zbigniew Brzezinski)는 9·11 테러는 정보력의 약화로 일어난 사건으로 해석한다. 정보의 실패는 미국 지도력의 약화를 초래함은 물론 정보의 부재는 안보정책의 근본적 결점으로 지적되고 있다.[62] 이런 의미에서 남보다 앞선 정보의 획득이나 이용에서 늦어질 때 뼈아픈 패배자라는 낙인과 함께 존재가치를 잃게 된다. 현실에 적극 반응하는 정보활동은 다름아닌 다른 사람과의 경쟁의 우위전략이고 자신과의 싸움이기도 하다.

게다가 9·11 이후 미국은 자국의 이익을 위해서는 '예방적 선제공격'의 가능성까지 강조했다. 이라크전(2003. 3. 20 ~ 5. 1)에서 보듯이 잠재적 위협에 대한 자의적 판단에 따라 예방적 선제공격이라는 새로운 안보개념이 최초로 적용된 사례로 꼽힌다. 미 '국가안보전략보고서'(2000. 9)는 자국에 대한 안보위협이 예상될 시 선제공격 가능성을 명시했는데 이는 강대국간에 혹은 분쟁국가간 선제공격의 명분과 정당성을 부여한 문서이다. 미국의 안보, 경제적 이익확보를 위해 필요하다면 유엔(UN) 등 국제사회의 반대에도 불구하고 일방적 군사력의 사용가능성을 보여주는 것으로 안보와 경제적 이익이 어떤 명분보다도 우선하며 동맹국개념도 수시로 변화될 수 있다는 냉엄한 현실을 보여준다. 따라서 이런 추세는 바로 올바른 정보의 흐름과 판단, 정보지원과 정보사용이라는 중요한 문제를 제기한다.

1-3-1. 국가안보 대상의 확대

국가정보는 국가안보를 담보하는 주요한 수단이다. 그러므로 국가안보의 개념과 목표가 변하게 되면 그에 따라 국가정보의 성격은 물론 수집의 대상과 그 범위가 변하게 된다. 모두가 공감하는 것처럼 2000년대 들어와 세계는 아직 핵 확산위협, 지역분쟁, 테러 등에 대한 국민적 요구를 충족시키는데 많은 어려움이 있고 '정권안보'와 관련된 문제들이 도사리고 있다. 이러한 도전은 냉전시의 확실성이나 예측성보다 더 어려운 상황[63]이 아닐 수 없

---

62) Zbigniew Brzezinski, "New America Strategies for Security and Peace", Center for American Progress, Speech, Oct 28, 2003.

63) 여기서 확실성이나 예측성은 동·서 냉전시 소련이라는 확실한 공격대상 목표가 있었으나, 현재는 구소련을 승계한 러시아 조차 정치, 경제, 사회적으로 불안한 상황인데다 세계 도처에서 예측 불가능한 지역분쟁이 일어나고 있다는 것을 의미한다.

다. 게다가 한 나라가 국제사회에서 자국의 입장을 유지, 강화하는데는 ▲국제정치 행위자로서의 영향력 유지 및 우호적 환경조성, ▲안보 위협가능성에 대한 억제, ▲국가관리에서의 사회질서 및 복지를 보호하는 것이라고 볼 수 있다

지금은 변화의 시대요, 창조와 파괴의 과정이다. 문제는 안보개념이 어떻게 변하고 어떤 것을 창조해 가느냐의 논의이다.

이를 위해서 한 나라를 가상의 적국으로 규정 견제한다는 이른바 '냉전 시대적 사고방식'(cold war mentality)을 형성하거나 또는 다자간 안보협력체제를 구축해 가며 자국을 관리하고 있다. 그 경향은 다음 몇 가지로 요약 설명된다.

첫째로 국가 안보와 관련된 대상영역이 확대되는 경향이다. 군사 안보와 더불어 비군사적 측면이 강조되거나 지구촌화되는 틀 속에서 국가간의 상호의존성이 증대되면서 국가안보의 관심영역이 커지고 있다. 국내외 정책의 구분이 모호해지면서 국가 안보의 대상이 정치, 경제, 사회 등 기존의 영역뿐만 아니라 기업차원의 경쟁정보 등 다양한 분야로 확대되고 있다. 이를테면 국가정보의 범위도 군사 상황뿐만 아니라 각국의 무역과 경제동향, 에너지 및 자원의 안정적인 공급문제, 식량수급문제, 환경문제, 금융동향 그리고 과학기술의 발전 등 다양한 분야들이 국가정보의 범위와 수집 대상이 되고 있다.

둘째는 국가 안보의 범위가 전방위화되고 있다. 적대국의 설정이 모호해지거나 적과 우방과의 경계가 혼란스런 상태에서 모든 국가들이 국가 안보의 대상이 되고 있다. 정책입안자들은 어떤 나라가 전략적 적국(strategic foe)인가 아니면 전략적 동반자(strategic partner)인가를 인식해야 한다. 예를 들어 중국과의 관계인식 같은 것이다. 중국에 대해 우리가 동반자 관계수립 가능성을 모색할 때 우리의 이익확보를 위해 중국이 갖는 의미를 성찰하는 것이다. 중국은 북한을 다루는데 있어서 우리의 도움이 되기도 하나, 전통적으로 북한이 한국이나 서방에 저항할 경우 중국은 자국의 이익에 따라 북한을 지원하는 것을 고려하는 것이다.

셋째는 국가이익을 확보하기 위한 국가전략 정보가 요구되는 상황이다. 여기서 전략적 차원의 국가정보는 정치, 경제, 사회, 문화 등 다방면에 대한 체계적인 포괄적인 정보로서 장래에 국가가 나아가야 할 비전을 제시하고 예측하기 위한 국가정보를 의미한다. 각국은 과학기술 발전과 함께 첨단정보를 획득하는데 막대한 예산을 투입하고 있다. 실례로 변화된 북대서양조약기구(NATO)의 경우를 보면 전쟁 규모에서 대규모보다는 소규모적으로, 전쟁비용도 고수준에서 저수준으로, 전쟁 발발 가능성과 빈도에 있어서는 저수준에서 고수

준으로, 전쟁 지속 기간은 단기간에서 장기간으로 진행되는 특성에 맞춰[64] 정보의 성격과 범위를 적용해 가고 있다.

비슷한 맥락에서 국가정보활동의 대상국이 증가됨에 따라 특정 소수 국가에 집중했던 국가의 정보력이 각국으로 확대되고 있음을 알 수 있다. 국가나 개인의 지도력에는 이를 뒷받침하는 군사력, 외교력 그리고 협상(negotiation)이나 협의(consultation)가 요구되는 것이며, 이 경우 무엇보다 신뢰할 수 있는 '정보'가 있어야 한다. 물론 정보판단, 정보분석을 잘 하도록 안내해 주는 규정들이나 틀이 있는 것은 아니다. 그럼에도 불구하고 어떤 시점과 장소에서 일어나는 현상들에 대해 지적오류나 결점들을 규명하는 것을 결코 중단해서는 안 된다. 어느 나라든지 국지전쟁이 세계전쟁으로 확대되거나 국제정치 경제 질서의 변동 시 적어도 '책임 있는 국가'로 행동하기 위한 압도적인 힘과 정보가 뒤받침 되는 지적 해결책(intellectual solution)을 강구해 가고 있다.

1-3-2. 정보프로세스에서의 정보사용자(소비자)들의 욕구와 마찰의 배경

사용자를 위한 지식을 생산해 내기까지는 많은 어려움과 예산, 장비의 지원도 여의치 않을 때가 많다. 또한 정보 사용자가 요구하는 목표달성을 낙관할 수 있지만 성공한다는 보장은 없는 일이다. 어떤 정보활동이 실패하는 경우 예산과 인명의 손실을 가져올 수도 있으며 국가이익을 크게 해칠 수도 있다.

하기 때문에 정보기관들은 자국에게 초래할 '마찰의 불균형'(frictional imbalance)을 조정하려고 노력할 것이지만, 그 마찰의 원천을 완전히 제거할 수 없을 것이다. 분명히 자신이 속한 국가, 조직은 상대방에 대해 이겨야 할 것이지만 실패와 함께 예산과 인명의 손실이 있을 수도 있다. 더구나 정책 결정자의 요구사항과 이를 실현하려는 말단조직이 처한 애매모호한 상황으로 인해 상당한 갈등을 겪게 된다. 전략적 환경의 변화와 상대방에 대한 불확실한 정보로 인해 특별한 도전을 받게 될 것인데, 그 내용들은 다음과 같은 요소들로 집약된다.

---

64) Gregory F. Treverton, Reshaping National Intelligence for An Age of Information, (Cambridge : Cambridge University Press, 2001), pp.20~34.

프로세스에서의 갈등 · 마찰의 원천

➡ 전략 환경의 불확실성과 우연성의 발생 가능

➡ 정보 사용자의 무리한 요구와 지나친 욕심

➡ 상대방 행위자들의 예측 불가능한 행동과 의도

➡ 정보기술 · 장비의 수준, 경쟁기술정보활동의 한계

➡ 소속 원들의 전문성, 충성도의 문제

➡ 궁극적 결과가 미칠 영향의 불확실성

따라서 정보는 정책 결정자나 지휘관에게 선택의 폭을 넓혀주는 반면에 적국이나 상대방에게는 선택을 보다 어렵게 하고 있다. 정보조직은 지적 · 조직적으로 기민성 있게 활동해야 한다는 당위성과 함께 융통성과 반응성으로 정보 사용자에게 응답해야 하는 이유에서다. 반면에 정책 결정자는 정보조직에 대한 권한과 지시를 행사하게 된다. 정보활동의 핵심 능력을 효과적으로 조정, 통제하는데 있다. 각 국가 간에 혹은 다(多)기관간의 정보협력이 증대되는 현실이고 세계상이 복잡해지고 있다는 점에서 중요하다. 정보조직에 대한 지휘통제는 바로 정보활동의 계획, 지시, 조정, 통제하는 것을 포함하고 있으나 더 중요한 것은 정보 사용자의 의사 결정이다.[65] 이를 위해서는 국가 차원에서 정보조직의 운영의 기술을 세밀히 검토할 필요가 있다.

우선 그것은 '정보시장'에서 승리하기 위해서는 무엇보다 정보 사용자의 조직운영 방향과 목표 제시가 있어야 한다. 정보조직의 책임자는 효과적인 의사 결정을 내리는 일이다. '의사 결정' 우위는 정보 사용자의 경험, 지식, 훈련 및 전달 그리고 참모들의 전문성을 비롯해 업무처리 과정의 효율성 등을 통하여 생산된 '정보'가 주어질 때 달성된다. 사실 정보조직에 종사하는 사람들은 정보환경에서의 변화를 읽고 의사 결정을 돕는 의미에서 '의사 결정 과정에 존재하는 인간'들이다. 더구나 정보 책임자는 국가관리 및 그 방향을 조정하고 통합하는데 중요한 기능을 갖는데 그것은 두 가지 의미로 부각되고 있다. 하나는 정보조직의 기능과 역할을 조정 · 통제하는 것이고 또 다른 하나는 정보체계와 그것을 잘 운영할 수 있도록 장비나 기술의 확보 및 이에 따르는 예산을 지원해 주는 일이다. 이 두 가지 사항

---

65) Henry S. Rowen, "Reforming Intelligence : A Market Approach", Working Group on Intelligence, The Consortium for the Study of Intelligence(Washington, DC : Consortium for the Study of Intelligence, 1994), pp. 240~249.

과 관련해 정보 책임자는 다음과 같은 상호 연관된 업무를 조정·통제해야 하는 것이다.

- 정보 책임자는 조직적 자원의 보존과 공유를 위해서 그리고 정보활동 능력을 현실에 맞도록 조정하고 새로운 목표의 공유는 물론 이를 지원할 수 있는 고도의 정보 장비들에 대한 이해가 필요하다. 경쟁대상국 혹은 경쟁기업보다 100배를 넘는 테크놀로지가 충족돼야 한다. 새로운 과학기술을 포착하여야 혁신적인 우위를 차지할 수 있다. 독립된 기술 감시 조직은 어렵더라도 경쟁대상이 되는 외부집단들에 대한 테크놀로지를 파악하되 컨퍼런스, 최신 논문, 학계와의 교류 등을 통해서 우위의 경쟁체제를 갖추도록 하는 것이다.
- 정보 책임자를 지원하는 참모들 혹은 정보 활동가들은 사회변화에 따른 특수상황을 판단하고 새로운 정보활동 기법들을 익히며 이에 동원되는 장비들을 사용할 수 있도록 훈련되어야 한다. 최고정보기관은 국내에서 분산되어 존재하는 부분 정보기관을 조정할 수 있어야 하고 하위기관들은 규모가 작고 기민하게 활동할 수 있도록 정보화, 네트워크화 되어야 할 것이다.
- 다국적 및 다 기관 파트너들과의 협력이 확대됨으로써 공동기획 능력, 기술적 호환성, 상호운용성, 효율적인 정보 공유 메커니즘에 대한 상황지식을 이해하고 지휘·통제해야 한다. 정보공동체간에 혹은 타국들과의 긍정, 부정적인 영향들을 확인해 자신들의 행동프로젝트를 보완하고, 나아가 기술영역의 변화를 모니터링 함으로써 보다 진화된 모델과 가치시스템을 구축할 수 있을 것이다.

아무리 강조해도 지나치지 않는 본질적인 사실은 인간이 조직을 움직이는 존재라는 사실이다. 시스템으로서의 인간이 안정되지 않으면 조직은 당연히 불안해진다. 사회적으로 혹은 조직적으로 어떤 부분을 계속 안정되게 지켜 나가고 어떤 부분은 계속 변화시켜 나갈 것인가를 결정하는 것은 매우 중요하다. 무엇이 조직자원인가를 찾아내서 이를 보호하고 공유할 것인가 하는 문제를 성찰하는 것이다. 특히 정보 상황은 지속적으로 변하고 예기치 않은 일들이 발생할 것이다. 이에 대처하는데 있어서 특수목적을 실현하는 전략 판단이 필요하고 나아가 조직의 정보화 과학화 첨단화를 꾀하여야 할 것이다.

1-3-3. 조직 구성원들에 대한 이상과 비전 제시

조직 구성원들에 대한 이상과 비전의 제시는 물론 조직자원의 보존을 위해서는 조직의 이익과 목표의 공유, 의사소통체계를 확립하는 일이다. 뿐만 아니라 정보 조직은 '인적 요소'들을 면밀히 검토해야 한다. 그것은 ①정보 책임자는 다양하게 구성되어 있는 조직의 응집력, 충성심, 현실성 등의 의미를 분석하고 이해한다. ②모든 수준의 의사 결정자들은 조직원이 정보활동 중 인내할 수 없을 상황에서도 중단하지 않고 지속적으로 활동할 수 있도록 하는 제2, 제3의 방법을 강구해야 한다. ③새로운 정보활동 기법, 정보 기술, 정보 시스템 및 처리과정은 명령 체계상 모든 수준의 사람에게 동일 수준으로 이해되어야 한다. 때문에 정보 책임자는 계선상에 있는 사람들에 대해 업무 절차, 훈련 등에 대한 교육·학습을 강화하는 일이다.

그다음으로 비전과 지시의 실천적 상황으로 전환을 독려하는 일이다. 정보활동과 의사 결정 과정을 돕는 토대는 결국 정보조직(기관)의 능력이다. 정보조직의 구현 목표는 국가이익 및 관리를 위한 정보 생산을 최적화하는 것이다. 높은 윤리의식과 국가관도 필요하다. 이러한 목표를 달성하기 위해서는 조직원들간의 상호 신뢰, 의리 그리고 충성심과 헌신성이 강조된다. 또한 현대사회는 상호 의존성을 갖는 것으로 국가간, 다기관간에 협력을 통하여 전 영역을 압도하는 정보조직으로 발전할 때 최고정책결정에 기여할 수 있다.

그리고 조직원들에 대한 반복적이고 지속적인 교육 및 학습체계를 통해 정보활동의 교리를 체득케 하고 조직의 혁신, 물자, 인력, 시설분야에서의 지원체계가 새롭게 확립되도록 해야 한다. 또한 이를 토대로 '의사 결정'에 기여할 수 있는 새로운 아이디어, 가상분쟁 시뮬레이션 실험을 통해 조직원들의 지적 변화(intellectual change)를 확립해 간다. 사실 지적 변화가 없으면 행동의 규범, 교리, 조직 및 지도자의 실질적 변화도 기대할 수 없다.[66]

이상·비전을 실제 상황으로 전환

➡ 새로운 지식정보 시대에서의 정보활동 개념 재정리

➡ 21세기 국제상황의 변화와 이에 적응할 수 있는 능력 배양

---

66) Robert W. Blanning, David R. King, Organizational Intelligence : AI in Organizational Design, Modeling, and Control (Washington : Computer Society Press, 1996), pp.160~167.

→ 전 영역을 압도할 수 있는 능력을 가진 국가정보조직의 유지

→ 정보전의 대비, 국가 간, 다기관 간 정보협력체계의 구축

→ 조직의 변화를 촉진하는 지적 혁신(intellectual innovation)의 필요

우리가 지금까지 살펴본 것은 정보업무의 확대성향과 정보판단 및 사용자의 조직 인원 관리를 어떻게 할 수 있는 가이다. 그러나 정보조직의 목적이 무엇이든 간에 정보경영의 아이디어는 떠오르게 마련이다. 정보사용자들은 조직 내의 구체적인 가치를 창조하고 실현해야 하는 수준을 알고 있다. 요는 정보를 생산하는 분석관과 이를 사용하는 최종 사용자의 관계가 어떠한가가 중요하다. 요지인즉 정보업무에서 정보를 생산하는 자와 사용하는 자는 공히 정보의 객관성과 그 판단의 완전성을 지켜나가야 한다. 정보는 지식을 위한 지식이 아니라 실제적인 행동을 위해 필요한 지식이다. 하기 때문에 정보전문가는 상급단위로부터 조직이 달성하고자 하는 정책목표, 실천계획, 운영부문을 파악함은 물론 많은 지침과 협조를 받지 않으면 안 된다.

만약에 정보를 사용하는 사람으로부터 적절한 지침과 신임이 없으면 정보기관은 필요한 지식을 생산할 수 없다. 만약 정보생산자가 정보경영자들의 의도를 모른다거나 그들로부터 지침과 신임을 받지 못하면 사용자를 도와줄 수 없게 된다. 하기 때문에 정보생산자와 사용자 양측이 서로 밀접하게 협조하고 조화를 이룰 때 당면한 문제를 해결할 수 있다. 어느 조직에서나 지휘는 하나의 기술(art)이며 과학(science)이라는 말이 있다. 정보조직에 대한 지휘 통제는 기술이나 물자 지원에 중점을 두는 것보다는 논리적, 개념적으로 접근해야 한다. 중앙과 부문 정보기관의 협력 및 공동작전은 인간과 기술, 발전되는 정보작전 능력에 달려 있다.

정보의 정치 경제학 그리고 사회적 에너지

제2장
정보의 정치 경제학 그리고 사회적 에너지

첩보영화나 소설에서 보면 배신과 발각된 은신처, 허구와 진실, 살인과 암살, 침투와 방어 등의 내용들이 전형을 이루며 진행되고 있다.[67] 그러나 사람들은 정보기관들로 하여금 국가안보는 물론 테러, 마약밀매 등으로부터 생명보호와 전쟁에서의 승리, 국익증진에 유리한 환경조성 그리고 사전 예측이 가능한 사회건설을 바라고 있다. 이러한 실현은 바로 정보의 수집과 활동에 달려 있다. 더욱이 정보화사회는 컴퓨터 등 외부와 전자공동체 내지 네트워크화 됨으로써 우리 생활에서 정보는 거역할 수 없는 힘의 원천이 되고 있다. 심지어 강대국들은 병력손실의 최소화를 위해 최첨단 장비를 동원한 '원격전쟁'을 추진하고 있다. 또한 인터넷을 비롯한 정보자료를 수집하고 처리기술을 적극 활용하는 등 정보망 속의 데이터를 신속히 검증하며 대응하고 있다.

이렇게 볼 때 현대는 정보가 바로 권력이요 국력으로 인식되는 상황이다. 산업경쟁력은 노동, 자본, 토지라는 생산의 3요소 만으로서는 부족하고, 생산을 뒷받침하는 조직의 구조, 특히 기업 활동을 유기적으로 결부시키는 정보는 물론, 이를 처리하는 정보시스템에 의해

---

67) 이런 첩보활동을 그린 책으로는 나이틀리(Phillip Knightley)의 「두번째로 오래된 직업 : 20세기의 스파이와 첩보활동(The Second Oldest Profession : Spies and Spying in the 20th Century)」, (New York : Penguin, 1986)가 있고 맥커리(Charles McCarry)의 「마지막 저녁식사 (The Last Supper)」, 모스(Robert Moss)의 「죽음의 광선(Death Beam)」, 영국 MI5(국가보안부) 출신 딕 화이트경의 생애를 소설화한 Tom Bauer의 「영국 스파이 대부의 생애 (The Perfect English Spy)」 등이 있다.

서 크게 좌우되고 있다. 경제학적 관점에서 볼 때 기존 생산의 3요소보다는 지식 · 정보가 생산의 넷째 요소로 더 강조되고 있다. 그 지식은 기존 생산요소에 비해 양적인 한계가 없어 앞으로 그 중요성이 더욱 커져갈 전망이다. 이 시대에 있어서 훌륭한 정보는 포도주요, 기름이며, 필요한 양식이 되고 있으며 삶의 양식이기도 하다.

2-1. 정보의 정치 경제학 이해

정치 경제학은 적어도 부의 생산과 분배라는 두 개의 서로 다른 가치를 다루며 발달하여 왔다.[68] 정보는 경제성장의 새로운 국면에서 핵심적인 공공재로 이해된다. 나아가 자유롭게 흐르는 정보를 자유주의적이고 원만한 의사소통이 이루어지는 미래의 민주주의를 달성하는 수단으로 여겨진다. 그래서 톰 스토니어(T. Stonier)는 "후기 산업사회에서 정보저장은 일국의 주요자산이며, 부의 거대한 원천"이라고 주장한다.[69]

뿐만 아니라 확대 재생산되는 정보는 신속하고 유연하게 처리되어 새로운 테크놀로지에 의해 재빨리 전송되고 배포되면서 돈벌이가 된다. 과학 기술적 지식, 자원, 교육, 의료, 공공보고서, 통계자료, 도서목록들은 모두 '정보상품'으로 변형되고 있다. 현대기술정보는 자본 및 정치 행정과 결합된 이데올로기의 제도화를 촉진한다. 또 과학기술은 사회제도나 가치구조를 변형시킨다. 그리고 정보와 기술은 '정치행위'에 영향을 미친다. 마르크스의 경우 생산력(기술발전)은 인간능력을 확장시키며 사회변혁의 시발점으로 보았다.

나아가 과학기술의 발전은 개인과 국가간 격차를 가져오고 국제정치 국가경쟁력에 결정적 영향을 미친다. 그러나 정보재(information goods)는 가치가 확정된 것도 아닌 불확정성의 성격을 갖는다. 정보의 불확정성은 바로 정보의 차별적인 소유와 행사라는 의미에서 정치경제학적 성격을 포함한다.

따라서 현대는 전문적인 지식, 앞서가는 정보가 생산의 근원이다. 특히 고급정보를 획득 처리하는 정보시스템(IS)이 필요하고 또 정보고속도로가 가져올 변화를 예측해야 한다. 그

---

68) 이를테면 고전경제학자들은 개인적 자유를 기반으로 한 부의 생산을, 마르크스 진영은 평등의 가치를 옹호해 왔다.

69) T. Stonier, The Wealth of Information : A Profile of the Post-Industrial Economy (London : Methuen, 1988), p.12.

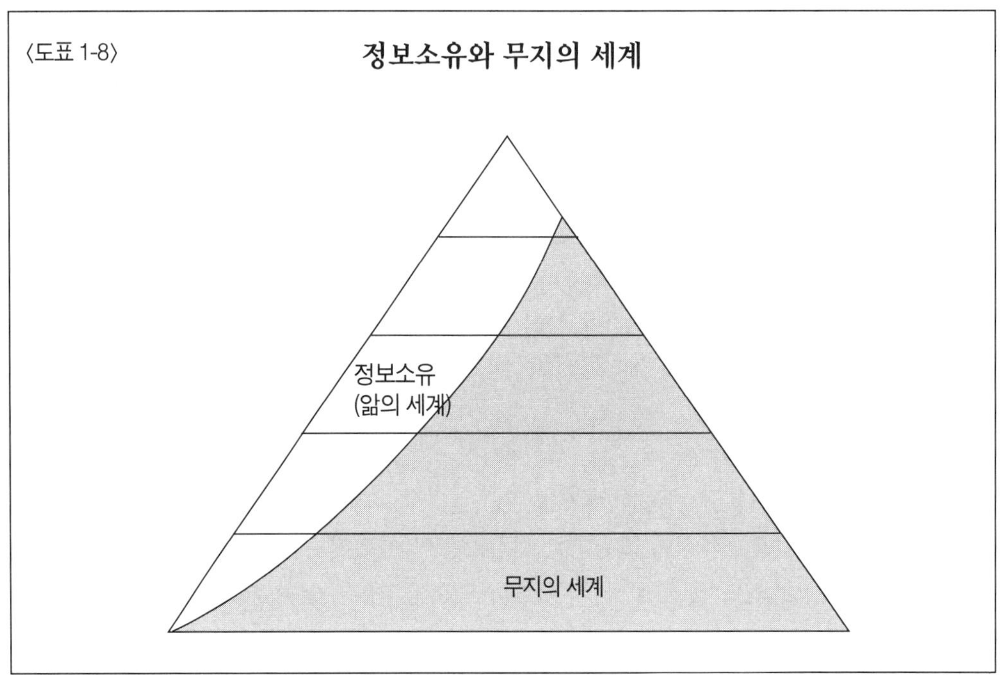

러나 정보처리 기술발달이 있어도 이런 새로운 기술 교육을 받지 않은 사람에게는 아무런 혜택도 가지 않는다. 정보의 정치 경제학(The Political Economy of Intelligence)적 관점은 이런 점에서 날로 중시되고 있다.

2-1-1. 자본과 권력으로서의 정보 : 생산 요소의 변화

산업중심의 자본주의 시대가 이제 지식·정보 주도의 탈자본주의 시대로 전환되고 있다. 지식·정보가 국가경쟁력의 새로운 원천으로 부상하면서 지속적인 지식창출과 혁신만이 경쟁 우위를 보장하게 되었다.[70] 이런 추세에 따라 레스터 서로우(Lester C. Thurow)는 국가와 기업은 지식책임자(CKO : Chief of Knowledge Officer)를 채용하라고 권면한다.

뿐만 아니라 산업혁명이 자본주의를 발전시켰다면 지식혁명은 고도의 자본주의와 금융

---

70) Ethan Barnaby Kapstein, The Political Economy of National Security : A Global Perspective (NewYork : McGraw-Hill, 1992), pp.181~183.

자본주의를 발전시켜가고 있는데 이는 콜럼버스의 신대륙 발견과 같은 '균형의 신세기' 에 돌입한 것으로 이해된다.[71] 정보지식은 무게도 없고 잡을 수도 없으나 세계를 움직이고 인간의 삶을 밝히는 불과 같은 존재가 되었다. 더구나 정보혁명을 바탕으로 지식의 경쟁력 강화와 가치창조의 핵심으로 자리 잡은 지식혁명(knowledge revolution)이 진행되고 있다.[72] 사람들은 국가이익과 경제적 부를 창출하는 경쟁수단에 대한 데이터를 수집 분석하고 이론화하는데 많은 노력을 기울이고 있다.

경제 발전의 원동력이었던 전통적 생산요소인 토지 · 노동 · 자본은 오히려 제약이 되고, 그 대신 지력이 단 하나의 중요한 생산요소가 되고 있다.

따라서 건전한 상식이 있다면 정치 경제학 또는 경제학은 원론적으로 부(富)를 다루는 지식의 중심을 지칭한다는 것을 이해할 수 있다. 정치 경제학은 부 이상의 어떤 다른 내용과도 관계가 없다는 점을 워커(F. A. Walker)는 이미 지적한 바 있다.[73] 정치 경제학에서 정보는 이데올로기적인 것이라기보다는 사회적 질서를 규명하는 원천이 되고 있으며, 부가 생산되고 소비되는 것을 반영한다.

이와 관련시켜 볼 때 정보의 정치 경제학은 정보를 가진 사람이 새로운 주인들로 자리 잡아 가고 있음을 나타낸다. 군사적, 정치적, 경제적, 문화적 권력에다 정보 권력이 성장하고 있는 것이다. 물론 정보가 사회를 동질화시키는 기능을 갖고 있지만 비디오기술, 비디오텍스, 컴퓨터화된 정보유통시스템들을 단지 사회동질화로 보기보다는 '특화' 를 가져오고 더 많은 변화의 상황(context)을 제공하게 된다.

그러나 우리가 이에 적응하며, 상호작용하기란 쉽지 않은 것도 사실이다. 정치 경제적 힘은 과거에도 위협적이었지만 현재의 '정보' 는 사회적 평등을 크게 위협하는 요소가 되고 있다. 극빈 계층이 아니더라도 가난한 노동자층과 중 · 하류층은 새로운 전자 네트워크 세계에 능동적으로 참여할 수 있는 자금과 학식과 시간이 부족하다. 따라서 빈부의 격차는 접속의 시대에서 정보의 불평등을 가져 올 가능성이 높다. 디지털 혁명은 첨단기술과 함께 사

---

71) Lester C. Thurow, Fortune Favors the Bold, 현대경제연구원(역)『세계화 이후의 부의 지배』(서울 : 창림출판사, 2005), pp.313 이하.

72) Michael J. Mazarr, The Five Paradoxes Business Competition in the Knowledge Era, Washington D.C. CSIS, Global Trends Research Paper, 2000.

73) F.A. Walker, Political Economy (London : MacMillan, 1988), pp.2~4.

이버스페이스를 만들어 수많은 사람들의 의사소통을 가능케 하지만 동시에 전자세계에서
일어나는 접속의 문제는 특이한 소외를 던져 준다.

그것은 첫째로 지식과 정보가 어떻게 권력관계를 형성하는가와 관련된다. 개인이나 조
직은 필연적으로 정보를 수집하고 사용한다. 우리의 생활 속에서 나타나는 여러 양태는 결
국 정보이며, 하나의 존재를 표시하는 것이고 지식의 축적이다. 정보는 감시와 지식, 권력
을 거래하거나 통제하는 것이기도 하다. 나아가 사회적 지식과 정보는 자원으로 변화되고
권력을 낳게 한다. 더욱이 거대하고 체계적으로 획득되고 처리되는 첩보는 바로 정보
(intelligence)로 가공된다. 그리고 이런 정보가 거대하게 축적될 때 비로써 정치적 의미를
소유하게 된다. 현대는 지식·정보가 사회성격과 구조를 변혁시키고 있으며, 정보·지식은
권력투쟁의 자리가 되었다.

둘째, 정보의 소유량과 사용량에 따른 카스트제도와 같은 계층이 형성되고 있다.[74] 자유
로운 사회에서 정보는 각 개인들의 기본 권리이며, 모든 사람들, 즉 모든 연령층을 불문하
고 사회활동 수준에서 필수적이다. 또한 정보조직이나 공공기관에서도 정보를 생산하고
공급하는 창구들의 다양성과 함께 그 수준 또한 차별화되고 있다. 그러나 정보에 대한 대중
들의 자유로운 접근이나 수준에 있어서는 많은 통제와 사용에 어려움이 있다. 정보를 수집
하고 사용하는 사람들은 사회적 계층이나 지식 정도에 따라서, 그리고 정보기술(컴퓨터처
리 등)이 부족한 사람은 자연히 소외될 수밖에 없으며 결국 신분적인 층화를 이루게 된다.

셋째는 감시와 통제에 대한 정보 이용이다. 인류의 위대한 혁명이라는 정보혁명은 권력
관계의 재편과 미셸 푸코(M. Foucault)가 말하는 '권력의 미시물리학'[75]이라는 관점에서도
정보는 주요 권력으로 등장하고 있다. 정보테크놀로지에 기초한 권력과 정치에 대한 현실
적인 관계는 바로 정보수집능력과 감시능력과 관계된다. 소위 전자망 사회(wired society)
혹은 네트워크 사회를 생각해 보면 알 수 있다.

이상의 내용들은 이미 소개되었던 원칙들이지만 우리의 현존은 일상생활에서 일어나는
모든 행동을 은밀하게 조사하고 관찰 감시 기록할 수 있는데, 이는 테크놀로지 시스템이 구
축되어 있음을 의미한다. 은행, 기업 등에서는 네트워크를 통해 개인이나 사회집단의 행동,
산업 거래 등 정보를 모으고 저장한다. 어느 공공장소에서나 감시카메라가 돌아가고 전화

---

74) 정보사회에서 컴퓨터에 의한 카스트체계 관련 논문은 Vincent Mosco & Janet Wasco 『정보에 지배당한 사회』
   (1994) p.126 이하에서 찾아볼 수 있다.
75) Michel Foucault, Discipline & Punish : The Birth of the Prison, (NewYork : Vintage Books, 1979), pp.24~27.

도청 등이 가능해져 이른바 '경찰컴퓨터 시스템의 시대'가 되고 있다.[76] 물론 전자망을 통해서 세상 모든 것을 볼 수 있고 들을 수 있다는 것은 아니지만, 그러나 틀림없이 정치적 자유의 문제와 경찰의 감시 그리고 누구든지 정보수집 대상이 된다고 할 수 있다.

이렇게 볼 때 현대판 '판옵티콘'(panopticon) 통제장치가 예전과는 비교할 수 없을 정도로 배제와 억압, 거부 장치가 마련되고 있다. 18세기 말엽부터 내려 온 판옵티콘이라는 제도는[77] 감옥이나 정신병원, 학교, 공장 등에 적용되는 제도적인 권력통치 장치였다. '판옵티콘'은 감시 받는 사람들에게 보이지 않으면서도 감시자의 중심에 있었다. 푸코 역시 판옵티콘은 권력의 흐름을 설명하는 건물로서 인간정신 감시를 하는 주요 이정표가 되었다고 설명했다.[78] 결국 정보는 현대의 '판옵티콘' 장치로 감옥이나 공장 사무실뿐만 아니라 사회 전체를 감시하고 통제하는 미세한 거미줄과 같은 권력으로 감시기능을 하고 있다. '판옵티콘 사회'는 일상적인 감시 그리고 강제적인 정보수집의 사회이며 정보-커뮤니케이션 네트워크 발전은 권력과 경제를 변화시킨다.

그러므로 정보란 지식의 원천으로 권력관계를 형성한다. 케네스 갈브레이스(K. Galbraith) 역시 정보와 권력관계를 고찰했는데 그는 세 가지 권력으로 나누어 설명하고 있다. 즉 ▲위협권력 ▲보상권력 ▲조건부 권력이 그것이다.[79] 첫번째의 경우 강제력에 의한 위협권력과 두번째의 보수가 뒤따르는 보상권력이 상호 연결되어 있다. 위협권력에 의한 강제, 명령, 지령을 핵으로 하면서, 이를 금전적으로 유인해 양자를 관련시킨다. 이것은 다름 아닌 정보에 의한 권력적인 조정을 의미하며 이를 기초로 해서 계층형 관계를 갖는 네트워크가 이루어진다. 반면에 '조건부 권력'에 의한 메커니즘은 공통목적에 대한 일체감 혹은 성취에 대한 공감이나 공명 등에다 금전적인 유인을 연결시킨다. 결국 보상권력과 조건부 권력을 연결해 협동이나 순응을 이끌어내면서 협력적 조정을 높여 가는 것이다.[80]

---

76) Vincent Mosco,& Janet Wasco, op.cit, p.85.
77) '판옵티콘'(원형감옥)은 제레미 벤담의 개념으로 감시탑을 중심으로 주위에 각방들이 연결되고 있고, 각방에 조명이 비쳐지고 있음으로 인해 사람들은 항상 자신을 감시하는 '감시자'가 있어서 탈옥하지도 못하고, 고립된 개인으로 의식하게 된다는 논리다.
78) Michel Foucault, op.cit, pp.171~174.
79) John Kenneth Galbraith(1918~)의 The Anatomy of Power(1983)」에서 권력을 위협, 보상, 조건부 권력으로 분류했다. 그리고 그는 The New Industrial State(1976)에서 대기업 체제에서의 강제, 금전적 유인, 일체감 등을 설명하고 있다. 또한 조건부권력(conditioned power)란 인간의 신념을 바꾸어 버리는 권력의 행사를 말한다.
80) 宮澤健一, 『업제화와 정보화가 기업을 바꾼다』신창호 (역) (서울 : 새날,1996). pp.131~132.

2-1-2. 정보 이용의 층위

뿐만 아니라 정보조직에 있어서 정보활동을 효과적으로 이해하기 위해서는 정보의 이용 계층을 명확히 인식할 필요가 있다. 그 이유는 정보의 가치가 곧 국가안보나 경제에서의 생산, 유통, 이용에 큰 영향을 미치기 때문이다. 또한 종래에는 정보가 정치 경제학의 대상이 되지 않았으나, 현대는 컴퓨터와 지식이 고도의 경제적 가치를 가지면서 새로운 '권력의 힘'으로 주목받고 있다. 곧 정보의 정치 경제학적 방법론에 기초해서 정보의 권력관계를 분석하지 않고서는 전 사회 영역에 대한 현상을 제대로 이해할 수 없다.

또한 지식 확산의 효과적인 메커니즘은 그 지식을 갖고 있는 사람이 사회적 이동을 주도한다고 할 수 있다. 이러한 이유 때문에 정보조직이나 기업의 역할이 중요하고 정보(지식)와 기술의 확산 메커니즘은 지식을 가진 사람과 그것을 필요로 하는 사람간의 상호작용이 강화된다. 그러나 이 정도는 아무 것도 아니다. 정보사회에서는 지식이 모든 부를 창조하는 원천이 되며 권력은 자본소유자가 아니라 지식소유자에게로 넘어가게 됨으로써(P. Drucker, 1992) 정보와 지식은 사회적 층위를 만드는 직접적 원천이 되고 있다. 국가는 정보지식을 둘러싸고 벌어지는 국가경영 내지 정부조직상의 관리라고 한다면 우리는 지식이 권력과 밀접한 관계가 있음을 미셸 푸코의 권력―지식(pouvoir―savoir)에서 찾아볼 수 있다.

따라서 현대 사회에서는 '정보'의 소유 여부, 정보의 생산과 이용에 따라서 계층 체계의 윤곽을 그려내게 된다. 정보를 사용하는 사람간에 사회적 거리감(social distance)이 생기고, 계층간 인식과 갈등의 감정이 일어날 수 있다.[81] 정보는 기술적 분업, 기능적 차이, 통제 능력의 소유 여부 등 사회적 관계에 따라 현대사회의 계층구조를 형성하는데 중요 역할을 한다.

정보사용의 층위를 나타내는 〈도표 1-9〉에서 보면 사회적 현실은 생활체제로서 정치, 경제, 사회, 문화, 군사, 과학기술 등의 정보 소스가 가득한 세계이다. 이러한 정보세계는 다음과 같은 조직 내 층위에 따라 생산되고 관리된다.

---

81) 이런 인식은 계층화의 기제를 함축하는데, 집단(계층)들 상호간의 거리감, 즉 멀고 가까움, 친근―소원의 정도, 그리고 사람들 서로가 경험한 이해의 정도, 우호, 비우호적 태도 등을 포함한다. 주로 G.Simmel로 부터 R.Park, E. Bogardus, M.Fishbein 등의 설명에서 '사회적 거리감' 관계를 볼 수 있다.

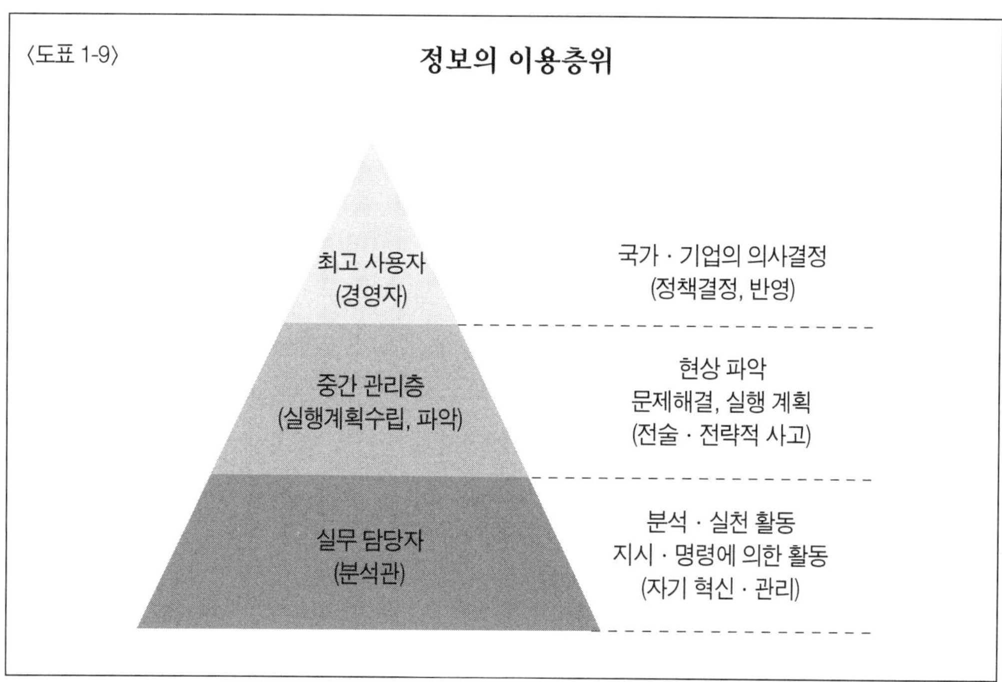

● 우선 실무담당자들에 의해 수집, 분석되어 기본정보와 현용정보가 생산된다.

● 이런 정보들은 중간 관리층에 의해 조정, 삽입, 수정되어 최종 보고서로 작성된다.

● 최고 정책결정 자에 올라간 보고서는 정책결정(의사결정)을 하는 정보(지식)가 되며, 다시 의사결정된 전략(정책)정보는 사회적 현실에 적용되는 것이다.

필자가 그토록 정보를 강조하는가 하는 물음에는 이유가 변명이고 변명은 구차할 뿐이다. 국가안보와 권력의 소유는 곧 정보의 많고 적음에 비례한다고 할 수 있기 때문이다. 나아가 현대사회는 국제화의 급속한 변화와 함께 경쟁이 심화되는 가운데 '정보격차(digitaldivide)'의 경우처럼 잘 나가는 측과 그렇지 못한 측과의 차이가 점차 커져갈 수밖에 없는 현실이 되고 있다. 이런 의미에서 정보를 다루는 것 자체가 과거에 생각했던 것처럼 '음울한 과학'이나 음지의 학문으로 보아서는 안 된다. 정보는 시 · 공을 초월해서 누구나 대가를 지불할 만한 대상이다. 상대방(경쟁자)들의 행동을 예측하고 통제할 수 있는 지식이요, 국가의 지식기반을 한층 높일 수 있는 수단으로서의 정보가치를 우리는 생산하고 소비해야 한다.

2-1-3. 정보 이용의 빛과 그림자

모든 사회조직은 경쟁이 없는 위치에 있지 않으며 현실과 먼 거리에 있는 것도 아니다. 국가와 기업이 처한 환경은 그 조직의 상관관계이며 성공적인 의사결정을 요구받게 된다. 스스로 적합한 위치, 경쟁적 우위의 위치, 목적론적 합리성(행위에 있어서)을 추구하게 되면서 코드화된 정보획득과 정보처리 시스템을 유지하고자 한다.

그러면 이런 중요성에도 불구하고 진실—비진실, 합법—비합법, 고통—즐거움의 코드가 교차되는 상황에서 정보이용의 빛과 그림자는 무엇일까. 사람들은 단순한 의·식·주의 수요를 넘어서 만족할 줄 모르는 욕망이 추구되면서 정보의 충족감은 더 잘하고, 더 빨리 하고, 더 싸게 하고, 더 경쟁해야 한다는 압박감에 시달리고 있다.

불행하게도 인간의 욕망이 그러하지만 현대사회 역시 평등사회를 요구한다. '정보의 평등'을 통해 정보의 소유, 이용, 이익의 차이를 없애 빈부격차와 인간소외를 극복하고자 한다. 우리는 일생동안 축적되어 온 불평등한 세계에 대한 분노가 가득 차 있는데, 또다시 정보의 불평등이라는 존재에 매여 있어서는 안 된다는 논리이다. 즉 정보를 독점하는 '특수자' (Das Besondere)가 보편자들을 지배하는 형국이 계속되어서는 곤란하다는 뜻이다. 이미 오래 전부터 익숙해진 정보의 필요성은 더욱 확대되는 반면, 정보 이용의 빛과 그림자는 현대 사회의 또 다른 문제를 낳고 있다.[82]

첫번째의 문제는 정보이용과 관련한 질문으로 정보는 무슨 소용이 있는가이다. 조직 내에서 정보처리는 어떻게 진행되고 이용되며 작동하는 가의 문제이다. 그것은 우선 국가정보차원에서 국제정치무대 혹은 권력차원에서 상호투쟁의 수단과 이익 관리의 핵심 요소로 이해될 수 있다. 자국의 위신을 고양하고 상대방을 제압하는, 너와 다른 무엇을 갖고 있다는 '한계 짓기'의 수단이 된다. 세계는 현실정치의 규범과 규칙들이 존재하는 가운데 각 국가 주체들은 권력의 소외를 극복하기 위해 상대에 대한 감시와 함께 직·간접 개입에 필요한 정보가 요구되는 것이다.

그다음은 감시적인 차원으로서 국제정치와 국내정치 내에서 적대적 세력 혹은 경쟁세력들에 대한 감시를 강화하는 수단, 일종의 공포분위기를 만들어 가는 규범적 권력으로서의 정보이다. 이것은 기술적 정보수집 차원에서 이해될 수 있다. 인간(죄수)들을 감시하는 권

---

82) Herbert Schiller, Information Inequality, 김동춘(역) 『정보 불평등』(서울 : 민음사, 2001), p.7이하.

력상황에 잡혀 있는 사람들을 예상할 수 있다. 정보활동공동체 내에서 과다한 약어 (acronym)가 사용되고 감시 첩보활동영역이 최첨단으로 기술화되고 일상화되면서 인간과 그 사회에 대한 감시는 더욱 세련되고 있다. 다시 말해 감시적 권력의 원천이 되는 컴퓨터 망, 다양한 도청장치, 무수한 레이다, 감시 카메라 등 첨단장치들이 인간의 생활세계를 위협하고 있다.

뿐만아니라 정보를 통해 시간적 공간적 움직임을 판단하는 역할이다. 첩보활동에는 숨 쉴 틈 없는 음모와 긴박한 작전들이 전개된다. 국제공항이나 항만에서 전개되는 감시활동은 매우 긴박한 시간과 공간의 싸움이다. 마약거래, 테러활동, 대량살상무기의 반입 등을 속도감 있게 포착하지 못한다면 안보의 창구가 무너지는 것이나 다름없다. 확신하건대 훌륭한 정보전문가라면 순간의 시간과 사건을 빠짐없이 적시성 있게 완전하게 파악해야 한다. 결국 국가지도자들이 상대국가의 의례적 행사나 협상을 벌리는 순간에도 정보활동은 계속되고 군 지휘관들은 적국의 목표를 향해 초고속 컴퓨터를 완전 가동시키고 있는 것이다.

두번째로 국가정보기관 내지 군 지휘관들에게 긴박한 상황에 대처하는 판단정보이다. 물론 정보기기들의 유기적인 운용을 강화할 수 있는 고도의 네트워크 장비로서 방위정보통신기반(DII : Defense Information Infrastructure)[83]을 갖춰가고 있는 것은 이러한 목적을 위해서다. 그 때문에 대부분의 정보체계들은 정보기관이나 군기관 그리고 민간기업간의 Lan 구축 및 업무시스템의 통합 등 업무추진 방식이 특수하게 강화되고 있다.[84] 고도의 정보화를 통해 전자정부의 실현 등 네트워크사회로 발전하고 있는 것은 바로 경쟁기술정보시대를 구축하는 길이다. 그런데 보다 높은 가치의 인텔리전스를 개발하는데 있어서 정보 조직이나 정보를 이용하며 살아가는 사람들의 시나리오는 두 가지로 요약할 수 있다. 하나의 시나리오로서 정보 역시 만인의 만인에 대한 투쟁의 상대로 각 활동주체가 처절한 생존투쟁 속에서 정보를 획득하며 살아가는 극단의 경우이다.

또 하나의 생존 시나리오는 현재 진행되는 생활 속에서 기업, 정부 등 각 주체가 비교우위를 바탕으로, 즉 남보다 정보를 더 많이 생산하여 이익을 확보하는 상태이다. 그러나 그

---

83) 예로서 일본의 DII는 육 · 해 · 공군 3자위대의 통합적이면서도 유기적인 운영체로서 네트워크의 광역, 대용량, 초고속화를 추진하는 개념이다. 방위성을 중심으로 중앙 OA네트워크시스템, CALS / EC(Continuous Acquisition and Life Cycle Support / Electronic Commerce, 생산, 조달, 운영지원 통합정보시스템 / 전자상거래) 등의 각 기관업무네트워크를 포함해 근본적인 집약과 일원화를 도모한다는 개념이다.

84) Martin Libicki, Who Runs What in the Global Information Grid, (CA : Rand, 2000), pp.11~ 15.

런 평가에 있어서 가장 중요한 것은 정보조직이 상생(相生)이나 사회계약을 바탕으로 한 공존의 시스템보다는 '만인의 만인에 대한 투쟁' 성격으로 처절한 경쟁관계에서 살아가는 조직들[85]이다. 하기 때문에 우리는 정보를 얼마나 많이 생산해 의사결정을 지원했는가가 아니라 의사결정을 통해서 나온 전략이 얼마나 국가이익과 기업 발전에 기여했는가가 가장 중요한 것이다.

셋째는 정보통신기술 발전에 따른 생활세계와 삶의 방식이 변화하는 것이다. 정보문화는 전문기술지상주의에 영향을 받는다. 과학기술의 발전은 기존사회에 대한 무제한적인 해체능력을 갖는다. 이런 신기술에 대한 의존과 더불어 조직이 변하고 사회가 변한다. 정보의 시대가 속도를 더해가면서 조직들은 정보를 더 생산하고 확산시킨다. 컴퓨터 산업의 발달과 함께 인터넷을 통한 네트워크는 전 지구화되고 있다. 세계적인 통신산업은 광범위한 부가 서비스를 제공하고 있다. 심지어 세계는 컴퓨터로 구동되는 인공 지능형 네트워크 구축에 들어가는 추세이다.

이와 관련해 개인과 국가 기업들이 스스로 확신을 갖도록 하는 선언이 있다. 즉 일본 오키나와 G-8서미트(2000, 7. 21~23)에서는 정보기술(IT)혁명을 사상 최초로 주요의제로 채택했다. '제2의 산업혁명' 으로 불리는 정보기술은 21세기를 향해 기존의 경제, 사회시스템을 크게 변화시킬 가능성이 있는 반면에 IT혁명에 늦어지면 부와 번영에서 멀어질 수 있다는 우려도 공존하고 있다. 오키나와 정상회담에서는 IT의 빛, 부분으로서 기회와 번영, 그림자 부분에서의 곤란한 문제들에 대해 논의했다.

하지만 IT는 아직 여러 면에서 국제적인 규칙이 정비되어 있지 않은 상태이다. 즉 소비자의 사생활 보호, 전자 상거래의 문제점처리, IT를 이용한 독창적인 사업에 주어지는 '사업모델특허' 의 인정기준, 전자상거래에서의 전자서명의 상호 인증방법에 대한 통일규칙이 미비한 상태이다.[86] 더구나 IT를 활용할 수 있는 사람(기업)이나 그렇치 못한 사람(기업)사이에 정보량의 격차가 생기고 그 결과로서 수입이나 사회적 지위 등에도 격차가 생긴다는 '정보격차' (digital divide)[87]도 미국 등에서 문제시 되고 있다.

---

85) The Group of Lisbon, Limits to Competition (Massachusetts : The Time Press, 1995), pp.xiii~xvii에서 시사 받을 수 있다.
86) 『讀賣新聞』, 2000年 7月 1日.
87) 정보격차의 핵심은 '누가 더 많은 정보를 취득 사용하고 있는가' 라는 것과 관계된다. 일반적으로 기회차원, 활용차원, 주체적 향유와 수용, 정보기기들에 대한 접근수준에 따라 불평등이 생겨나고 사람들의 삶이 변화된다고 본다.

어째든 불안의 수사학(修辭學)은 정보의 세계를 악화시킬 뿐이다. 다원론적 무지의 현상으로 현존을 보는 것은 온당치 않다. 분명히 IT 기술의 발전에 기초한 인터넷은 시간과 장소의 구애 없이 전 세계 사람들이 동시에 정보를 교환하고 교제를 가능토록 하고 있다. 이렇게 볼 때 '정보'라는 자산은 사람들에게 빛과 그림자를 동시에 던져주고 있는 형국이다. 지식 · 정보가 모든 부를 창출하는 원천이 되고 있으며 권력은 자본 소유자가 아니라 지식 소유자에게로 넘어가게 된 것이다.[88]

2-2. 정보 경영과 정책

세계 어느 나라를 막론하고 국익 추구 과정에서 다극화, 블록화 체제에 참여하고 있다. 특히 강대국들은 실리경쟁에서 전략적 제휴를 하거나 정치, 군사, 경제적 압력을 통해 경쟁 세력들을 교묘히 견제하고 있다. 또한 기업들은 정보를 효과적으로 이용해 경쟁력이 있는 제품을 생산해야 하고, 무한경쟁시대에서 살아가기 위해서는 '지식기반 경제'(Knowledge−based Economy)체제를 갖추어 가고 있다.[89] 국가나 기업은 적−동지라는 도식의 차이를 넘어 계속되는 불안과 위협, 공포로부터의 해방을 찾아가며 자기 가치들을 추구해 가고 있다. 이를 위해서는 어느 나라를 막론하고 강력한 정보능력의 유지가 필요해진다. 정보는 역사적으로 국가안보에 결정적인 역할을 해 왔고, 정보의 세기에 있어서도 계속해서 필요한 것이다. 정보정책과 정보공동체의 관계는 특수한 형태로서 각 정보활동과정에서 잘 나타난다.

이런 의미에서 '정보정책'은 국가나 기업차원에서 매우 중요하다. 다양한 정보조직은 현대사회 변화에 따라 정보역량을 확대하거나, 정보체제에 대한 구조조정을 단행하고, 정보산업기술(IT)의 개발 등 적어도 냉전시대나 산업사회에서는 볼 수 없었던 새로운 정책과 대응 마련에 온 힘을 쏟고 있다. 정보공동체는 사용자들의 정책방향과 선호에 의해서 활동하기를 원한다. 정책 결정자는 정보과정의 모든 단계에서 가장 중심부의 위치에 있다. 정책 결정 자는 정보를 지원 받으면서도 더 많은 것을 원하며, 정보의 과정을 통해서 정보의 세

---

88) Peter F. Drucker, Post-Capitalist Society, (NewYork : Haper Colins, 1992), pp.181~183.
89) OECD, The Knowledge-based Economy, 1996. pp.9~14.

계를 형성한다. 기업 경쟁정보 팀에 있는 사람들로 하여금 경영진의 인텔리전스 요구를 파악해 적절히 대응해야 하며 경영자는 인텔리전스 결과물을 창출토록 하는 처방전을 제시해야 한다. 하지만 여기서는 일반적으로 정책론에 언급하는 정책의 구성요소들—목표, 수단, 대상, 산출, 유형—을 모두 다룰 수는 없다. 다만 본 장에서는 정보정책에서 제한적으로 다루는 내용들에 한해 검토과정 수준으로 간단히 설명하고자 한다.

2-2-1. 정보 정책의 고려 요소

정보공동체의 운영은 정보조직들의 모델과 발전 방향을 설정하고 통합하며 이를 구성원들에게 주지시키고 동시에 사용자에게 가능한 지휘방향을 건의하는 등의 일상적인 업무를 통해 이뤄진다. 경영관리자들은 조직의 기능과 임무, 발전방향 등을 이해하고 조직에 필요한 기획 예산 인원을 관리하는 한편, 첩보수집, 분석 생산 그리고 연구 개발을 주로 다루게 된다. 미국의 경우 국가정보부장(DNI)을[90] 중심으로 이뤄지는데 조직간의 업무분담, 의견 충돌의 조정, 첩보수집 지시, 비밀공작, 자료평가, 분석 생산 등의 전반적인 문제를 중앙 집중적으로 운영한다.[91]

우리가 이미 지적하고 있듯이 세계는 끝없이 적절한 위치와 대상을 찾아 변동하고 있다. 크고 작은 실체(사회유기체)들은 그 무엇으로부터 둘러 쌓여 있거나, 결속하거나, 지지와 반대, 보호에 의하여 체제가 재구성되고 다양한 경계를 구분 지으며 발전하고 있다. 정보정책에서도 조직의 기능과 지향점, 의사결정에 관한 논의가 핵심을 이룬다. 따라서 정보정책은 대의명분, 의도, 상당한 권위, 민첩한 수단, 성공가능성 등 여러 체크포인트가 있을 수 있다. 몇 시간 뒤에는 허위로 입증될지도 모르는 이론과 계산이 의사결정의 토대가 될 때가 있다. 비극적인 의사결정을 내리는 경우고 있을 것이다. 그러나 일반 학문과는 달리 정보사용자들은 사회과학이론이나 방법대로만 행동하지 않는다. 다분히 전략적이고 지속적이며, 광범위한 문제에 초점을 맞춰서 행동하기 마련이다. 정보조직들은 사용자를 위해서 특수한 정보를 생산하고 경영진은 이런 정보를 소비하는 것이다.

---

90) 국가정보부장(DNI)의 역할과 권한은 미국 국가안보법(National Security Act)에 규정되어 있다. 정보공동체(IC)의 의장으로서 대통령 정보담당보좌관으로서 대통령과 수시로 만나 국가안전보장과 관련한 모든 이슈들을 다루고 정책결정을 권고한다.
91) wwwadmin@www.access.gpo.gov.

뿐만 아니라 세계 각국은 전통성과 역사성, 국제성에 기초한 발전을 해오면서도 상황에 따라 변신을 거듭하고 있다. 지도자들은 정보순환 과정에 입각한 활동을 계속하며, 자국의 이익을 위해 양적이고 질적인 개선을 서두르고 있다. 이를테면 미국 같은 경우 국방력 강화를 위해 C4ISR(지위, 통제, 통신, 컴퓨터, 정보, 감시, 정찰)을 중심으로 우세한 정보역량을 확대하고 있다. 이들 정보경영방식은 한마디로 시간전략, 비용전략, 효과극대화를 실현하려는 경쟁기술 프로시스템으로 무장하고 있다. 참고적으로 정보공동체의 지식, 정보발전의 정도, 방향, 조직의 대내외적 변화에 대한 전략적인 가치 창출과 관련한 정보정책에서는 다음과 같은 내용들이 다루어지고 있다.[92]

- 정보공동체 역할의 규정과 최고사용자에 대한 정보자문을 하는 문제
- 정보수집과 분석 요구에서의 우선순위를 설정하는 문제(PNIO 부여)
- 연간 국가정보 활동예산 및 편성의 문제, 그리고 정치권 의회와의 관계 설정
- 정보공동체 내에서의 예산지침 결정과 승인 그리고 동 기관들의 예산할당에 대한 사용통제와 사전 동의권
- 외국정부와 정보공동체(IC)와의 관계 설정 내지 정보협력
- 정보수집에 대한 전반적인 방향 설정과 지도

이러한 전략적인 체크 포인트들은 정보부서들의 자리 매김을 하는 내용들이다. 사용자들은 소속 부서들의 지속적인 성공을 거둘 수 있도록 하는 것이며, 의사결정을 잘 하기 위한 내용들이다. 따라서 정보정책에서는 무엇보다 글로벌 한 세계체제에서 국가의 공동가치인 '안보, 생존, 독립, 자유, 번영'이라는 목표에 맞추어 정보기관이 어떻게 국가를 관리하고 총지배인 역할을 할 것인가에 모아지고 있다. 이를 이해하기 위해서는 다음 〈도표 1-10〉과 같은 내용으로 요약할 수 있다.

위에서 지적되었듯이 전략적 의사결정과 이슈들은 현재 실행중인 행동을 위한 사용자(경영자)의 명확하고 구체적인 토픽들이다. 정보활동과 관련한 운영정책은 권한과 책임 배분을 비롯해 업무의 과정과 절차에 대한 기본 틀을 제공하는 것이어서 가능한 모호하지 않고 명확해야 한다. 더구나 정보활동의 잠재력을 합법적으로 극대화시키는 동시에 현재 각

---

92) Gregory F. Treverton(2001), op.cit, pp.15~18.

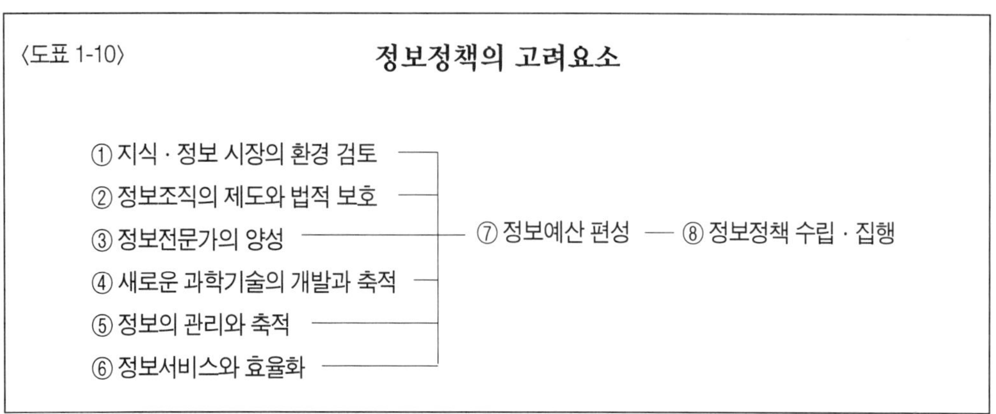

나라가 유지하고 있는 정보와 그 유지수단을 보호할 수 있어야 한다. 이런 면에서 정보활동은 사용자가 실패하지 않도록 하는 행동과 주제를 부각시키는 일이 중요하다. 또한 정보공동체가 유효한 정보를 수집하기 위해서 비즈니스 기회를 포착하는 것이지만 대개는 위협과 그 대응에 비중을 두고 정책을 수립하고 집행하는 것이다.

○ 정보 정책 결정 과정과 지침 부여

정보의 역할과 임무는 생물학적인 세계체제 속에서 일어나는 세계정세, 과학기술 및 정부의 목표와 그 실현에 따라 영향을 받는다. 정책 결정자들(대통령과 행정부 고위 보직자들)은 정보조직들이 무엇을 하고 어디에 그들의 역량을 집중해야 하는가를 결정하고 지시한다. 미국의 경우 국가이익과 관련한 정책결정 과정에 있는 핵심엘리트들[93]은 광범위한 정책개발과 함께 역사에 있어서 자신의 위치, 임무, 성공적인 삶 등에 관심을 갖고 있다. 특히 국무성의 주요 관심사는 미국의 정책적 이익을 지키고 확대하는 수단으로 외교관계를 유지하고자 한다.

그밖에 미 국방성은 적대국가, 잠재적 경쟁 국가들의 무력사용을 제지하고 어떤 위협도 가능한 범위 내 신속히 제거하는데 관심을 갖는다. 국내정치에 대한 국민들의 지지와 미국에 대한 힘의 우위를 높이기 위해 최고 사용자는 수준 높은 정보를 요구하고 있다. 그러나

---

93) 미국의 중요 정책결정위치에 있는 부서는 대통형, 각부 행정부처(특히 국무성, 국방성, 군 합참의장과 참모), 그리고 특정 이슈들에 대한 부처들(법무성, 통산성, 재무성, 농업성), 중앙부처에 있는 국가안전보장회의 참모, 정보공동체장, 예산의 수립과 통제, 감독기관으로서의 의회 등을 의미한다.

이러한 국가안전보장에 대한 정보활동은 법이 정한 바에 따라 주요한 지침을 받아 진행된다. 그 핵심은 국가안전보장회의(NSC)이라고 할 수 있다. NSC는 대통령, 부통령, 국무성 및 국방성 장관으로 구성되어 있다. 합참의장은 군 고문으로 참석하고, 중앙정보국장(CIA)은 NSC에 결정에 따르며 정보고문으로 참여한다. 또 NSC참모들은 민간인과 정치적 지명자로 구성되어 정보공동체를 이루고 있다. 주로 이들은 대통령에게 안보정책을 건의하고 그의 요구사항을 실천하면서 동시에 여러 부처 정보기관들 간의 조정을 위한 회합과 책임을 갖고 있다.[94]

그러나 정보활동지침 및 지도가 연속적이지 못하거나 집권 행정부의 교체에 따라 변화되는 경우가 있다. 정부교체나 정보기관장이 바뀔 때 정책이 변한다는 얘기다. 즉 정책 결정자들은 최선의 국가이익을 위한 전반적인 지침을 제공하되 정부의 현 정보수요를 충족시키기 위하여 정보수집 우선순위를 설정하고 이에 대한 결과를 정기적으로 평가하는 일이 확고해야 한다는 말이다. 조직과 국가를 운영 평가 하는데 있어서 체계 내에서 체제 자체의 준거와 그 환경을 토대로 진행하되 혹시나 반정보주의자(anti intelligence) 혹은 친정보주의자(pro intelligence)적 입장을 나타낸다면 이것은 것은 잘못된 일이다.

◐ 정책과 정보의 관계

정책 결정자들은 정보공동체의 필요성을 다 같이 인정하고 있다. 정보의 역할 또한 각부처마다 다양하며 가끔 부처 내의 상황에 따라 다양하기도 하다. 특히 행정부처는 정보를 사용하고 정책을 수립하는 핵심적인 위치라고 할 수 있다. 그러나 정치지도자들은 '정보공작'을 할 경우 이에 대한 최종적인 결정을 해야 하며, 만일 공작이 실패한다면 정치적 책임을 질 수 있는 사람들이다. 비극적인 의사결정으로 표출되었을 때는 자신들이 받아야 할 대가가 매우 크다는 점도 고려된다.

인텔리전스는 세계 다른 나라들의(there) 문제를 지금 우리가 서 있는 이곳(here)으로 옮겨와 그 의미를 판단하여 자국의 이익을 관리하는 일이다. 정보 조직들은 짧은 시간 안에 세계적으로 일어나고 있는 이슈들에 대한 상황판단은 물론 중, 장기 경향을 판단하되 업무적으로 사용자를 돕는 일이다.[95] 하기 때문에 인텔리전스 분석가들은 미래지향적인 방향을

---

94) Mark M. Lowenthal(2000), op.cit, pp.120~123.
95) Gregory, F. Treverton(2001), op.cit. pp.180~185.

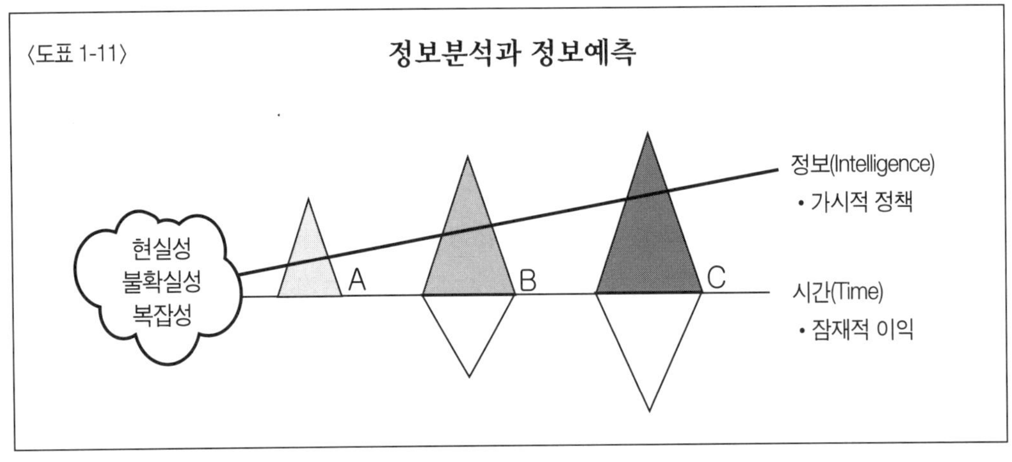

제시해야 하는데, 예를 들어 중국은 자신들이 처한 정치적, 역사적, 문화적 차원에서 우리에게 어떤 의미로 어떻게 영향을 미칠 것인가를 판단하는 것들이다. 정보 분석가들은 중국이 세계문제와 우리나라에 어떤 모습으로 대응해 올 것인가를 정책결정자들에게 제시하는 일이다. 그러나 이런 예측과 대응을 판단하는 정보보고서가 특별한 아이디어와 내용이 없다면 그 보고서는 사실상 가치를 인정받지 못하게 된다. 정보보고서는 특히 대외 정책에서 벌어지는 특정 이슈들에 대해 명쾌한 설명을 할 수 있어야 하기 때문이다.

〈도표 1-11〉은 이런 문제들을 설명하고 있다. 우선 정책결정 혹은 이익관리의 방향은 많은 자료부터 시작된다. 1차 자료들은 분류되지도 않았고 특별한 의미도 부여받지 않은 상태이다. 그러나 데스크에 올라오는 자료는 다양한 세계상을 나타내고 있는, 희미한 모습으로 분류되고, 가공되기를 기다리는 자료들이다(그림 중 A부분). 그 다음 단계는 자료가 분류되고 정상적인 자료로 인정되거나 기호(cod word)로 정리된 상태이다.(B부분) 분류된 자료는 비 분류된 첩보보다 확실한 것이고, 기호화된 정보는 최초로 특화된 것이며 가치 있는 정보들이다.[96] 마지막으로 전문가들에 의해 생산된 보고서는 정책 결정자(사용자)들에게 전달되고, 설명되고, 브리핑을 통해 사용자를 돕는 것이며, 이때 사용자는 자신에 찬 행동을 할 수 있다(C부분). 보고서는 가시적인 형태(문자, 그림, 기호)로서 정책의 방향이나 접근목표를 제시한 것이고 밑의 음영부분은 보고서가 지니는 간접적인 의미 내지 묵시적인

---

96) ibid, pp.183~185.

이익과 영향 등을 나타낸 것이다.

그런데 이러한 일련의 과정은 시간의 압력을 받는다는 사실이다. 업무형태를 보면 평상시처럼 한 주일 혹은 한 달간 그럭저럭 보내다가 급작스런 이슈가 닥칠 때 서두르는 것이 일반조직들의 행태이다. 그러나 인텔리전스의 세계서는 시간이 크게 좌우한다. 사용자들은 어떤 이슈들에 대해서 즉각적으로 대응해야 하기 때문이다. 보고서는 문제의 인지시각부터 짧은 시간 내 혹은 통제된 기간 내에 영향을 발휘할 수 있는 수단과 가치를 지닌 상품으로 생산되는 것이다.

우리가 살아가는 사회는 모든 이슈들과 연결되어 있거나, 단절되어 독립적인 영역으로 존재한다. 정보의 세계는 시·공에 구애 없이 퍼즐(puzzle)과 미스터리로 남아 있다. 하지만 정보보고서는 사용자의 요구가 있을 때 이에 응답하고 그들로 하여금 국가 관리와 기업의 이익을 창출토록 하는 것이다. 현실에 대한 계속적인 관심과 프로세스, 분석을 통해 정책에 기여할 수 있는 지식을 만들어 가는 과정이다. 참고적으로 이런 정책결정을 돕는 정보(보고서)의 형태와 의미는 크게 3가지와 연관돼 있다.

첫째는 보고서의 규모와 형태의 문제로서, 사소한 것이나 중요한 사건에 관계없이 사용자에게 관심을 갖도록 보고서를 올리는 경우가 있다. 일단 하찮은 자료 이를테면 비상식적인 자료이거나 공식적인 것이 아니더라도 상황 이슈들에 대한 이해의 단초를 제공한다. 정책 결정이나 이익 관리는 곧 현장의 메모 혹은 정보보고서에 나타난 내용을 읽고 어떻게 선택하느냐에 따라 좌우된다.

둘째는 외부와의 관계성으로 대부분의 정책결정은 국내 정책목표와 분리해 생각할 수 없다. 모든 국제적 이슈들은 자국과의 관계, 이익의 확보 혹은 상실의 문제와 관련되어 나타난다. 그리고 정보의 세계는 날마다 시간마다 변하는 현실들, 자국에 직·간접적으로 영향을 미치는 요소들이어서 이를 확인하는 작업이다. 하기 때문에 국제 사회적으로 일어나는 이슈들을 중심, 반(半)주변부, 주변부적 위치에서, 그리고 세계적-지역적 차원에서 정책결정을 돕는 각종 정보 보고서를 생산하는 일이다.

셋째는 정보(보고서)는 결국 사용자(일반 사람들을 포함해)들의 마음에 결정적 영향을 미친다는 사실이다. 정보자료를 통해서 불확실하거나 복잡한 이슈들을 이해하고 자신들의 입장을 결정하며 최종적으로 정책결정에 반영하는 것이다. 곧 정보(보고서)는 진실을 말해야 하고 정책 토론에 카메라 렌즈처럼 작용토록 하는 것이다. 예를 들어 미국의 국가정보위원회(NIC : National Intelligence Council) 보고서는 대통령으로 하여금 국가이익 관리에 매우 긴요한 보고서로 인정받고 있다. NIC는 그때그때마다 제기되는 세계적 이슈들에 대해 정확한 판단을 제시함으로써 정책결정에 큰 영향을 미치고 있다.

따라서 정보공동체는 정책의 객관성을 유지하는 것이 무엇보다 중요하다. 많은 정보관들은 다른 정치적 사건의 옹호자가 되기를 원하지 않는다. 정책과의 거리를 유지하면서 객관적인 정보를 생산하기를 원한다. 정보의 정치화를 우려하는 것이다. 또한 정책 결정자와 생산부서간에 의사소통관계가 미진하여 양측간에 상호의존성과 보완성의 인식 등 상호협력에 관한 이해가 부족하다는 사실도 작용한다. 그러므로 정보의 요구, 수집, 분석, 비밀공작 등에 대한 정책결정들은 정치적인 이유 등을 들어 의사소통이 방해받거나 지나친 간섭을 할 때 위험한 보고서가 생산될 수 있다.

◎ 정책결정과 정보공동체의 관계

국가적 정보조직들은 21세기에 들어오면서 정치사회의 민주화, 투명화되는 사회 속에서 업무를 수행한다. 정보활동과 관리상의 실패가 노출될 시 그리고 지도력의 부재 등으로 국민들로부터 비난 받기도 했다. 특히 스파이사건이나 정치공작이 노출될 때 정보조직들은 큰 타격을 받게 된다. 그러나 분명히 그 기능들은 여전히 필요하며 정부의 어느 기관으로도 대체가 될 수 없는 필요 조직으로 결론 짓고 있다.

그런데 정보소비자(consumers of intelligence) 혹은 정책 결정자들이 확실한 판단을 내리는데 있어서 심한 혼란을 겪는다. 정책 결정자들은 자신들이 판단하고 결정해야 할 사안이 주어졌을 때 충분히 정통하지 않은 탓도 있지만 '어떤 정책이 과연 유효한가'를 판단하지 못하고 어리둥절해 한다. 심지어 알기 위한 노력보다도 문제를 자각하지 않으려는 경우도 있다. 어떤 정책 결정자는 실패한 정보활동이나 잘못된 보고서를 내는 정보관을 따돌리는 일도 종종 있다. 하기 때문에 사용자의 정책결정과정과 정보생산물 사이의 괴리 문제는 결정적으로 심각한 문제를 야기한다.

그리고 전문 정보관들은 민간부문에 종사하는 사람들과 거의 교류관계를 맺고 있지 않기 때문에, 또 첩보수집업무라는 독특한 업무성격 때문에 주변 인물들을 멀리할 때가 많다. 이렇게 되면 세월이 흐르면서 자신도 모르게 새로운 사고의 원천을 상실하게 된다. 고립적인 행위와 분위기로 인해 타인들, 타부서에 대한 오만과 경시풍조에 빠질 위험성이 있다. 그러므로 조직의 지도자들은 늘 훌륭한 정보관으로서 갖춰야 할 판단력과 지도력을 갖춘 인물을 찾아내 등용하는 것이 요구된다. 동시에 정보사용자는 정책결정을 돕는데 있어서

미국 정부기관 주요 정보사용자	
백악관	의회(SSCI HPSCI)
국가정보부장(DNI)	무역대표부(USTR)
국가안보회의(NSC)	연방항공국(FAA)
국무부(DOS)	기획예산처(BPB)
법무부(DOJ)	연방비상사태관리국(FEMA)
재무부(TREAS DEPOT)	항공우주국(NASA)
에너지부(DOE)	국제개발처(AID)
국토안보부(DHS)	마약통제국(DEA)
국방부(DOD)	연방수사국(FBI)
농업부(USDA)	연방통신위원회(FCC)
상무부(DOC)	노동부(DOL)

상보된 보고서를 정책 결정자 입장에서, 정보생산자 입장에서, 전공분야의 일반학자 입장에서, 정책추진 실무자 입장 등 다면적 역할 측면에서 살펴볼 필요가 있다.

- 정보사용자는 정보보고서의 신뢰성, 활용성, 적시성과 함께 정치적 타당성이 내포되어 있는 가를 판단한다.
- 정보보고서가 정책결정에 사용할 수 있는 모델이나 적절한 분석 방법을 통해 도출한 판단이고 그만한 가치가 있는가를 이해한다.
- 문제의 설정 및 해결방향에 있어서 국가 및 소속기관의 기본 목표와 전략에 부합되는가를 검증한다.
- 특정상황을 잘 설명하고 예측하여 핵심정책을 추진하거나 건의할 수 있는 내용들인가를 판단한다.

그밖에 정책 결정자와 정보공동체의 관계는 상호 공생적으로 영향을 주고받는 관계이다. 정책 결정자는 정보공동체 구성원들의 조언을 받아들이며, 훌륭한 정보를 생산할 수 있도록 정책의 방향과 그들의 관심 분야를 경청하고 우선순위를 매겨야 한다. 양측간에 관계가 동등한 것은 아니지만 정보공동체는 정책 결정자의 존재가 없이는 그 업무가 성립되지 않는다. 정보공동체 자체는 정책에 의존하지만 정책은 정보의 지원 없이도 존재할 수 있기 때문이다.[97] 하여튼 미국의 경우 정부의 정책과 정보의 관계는 상호 유기적인 관계이며, 모든 수준에서 정책 결정자와 정보공동체의 관계가 협동적이다. 각국의 정보공동체들은 국가이익에 가장 잘 기여토록 하기 위해 하나의 정보공동체로, 그리고 정보활동은 모든 정부 부처와 기관들의 정책들을 총체적으로 지원하는 유일한 고도의 복합적인 정부활동으로 중요시되고 있다.[98]

2-2-2. 정보조직의 기능과 역할에 대한 법적, 제도적 보호[99]

오늘날 정보조직은 모든 정부부처와 여타 기관들의 정책 결정을 내리는데 있어서 총체적으로 기능할 수 있도록 하는 고도의 복합적인 조직으로 발전되고 있다. 정보조직은 정보를 수집하고 판단하는 정부의 한 기능으로 존재하기 때문에 만약 정보조직이 위로부터 어떤 지침을 받지 않는다면, 그것은 자칫 조직이 오도되거나 불신을 받을 가능성이 매우 높아지게 된다. 더구나 국가정보의 독점, 비밀성, 은밀성 그리고 지휘감독체계의 집중성 등의 성격을 갖는 정보기관이라는 점에서 때로는 최고정보 사용자로 하여금 국가정보기관을 임의대로 이용하거나 악용할 수도 있다.

따라서 국가정보기관에 대한 '민주적통제' 라는 문제는 매우 중요하다. 국가안보는 어느 집단이나 정파의 전유물이 아니라 국민 모두를 위한 공공재를 생산하는 조직이다. 하기 때문에 국가정보기관은 비정치화되고 탈정치화하여 국가안보를 수호하는 본연의 임무를 책임 있게 수행토록 하느냐 하는 문제가 중시된다. 곧 정보조직이라고 해서 탈법적이며 반인륜적인 활동을 하고 있는 것은 결코 아니라는 사실이다. 그러므로 다른 정부기관들과 같이 정부의 일정한 통제와 정보사용자들의 지침을 받아 활동하는 것이 오늘날의 추세이다.

그간에 정보에 대한 통제장치들은 국가정보기관의 주요업무인 비밀정보수집, 비밀공작, 방첩과 보안활동 등 국익을 위해 활동하는 만큼 이들 기관에 대한 법적 제도적 보호장치들이 계속 발전되어왔다. 그러나 정보기관은 국가정보의 첨병으로서 중립적 객관적 입장을 유지해야하지만 현실적으로 정치화의 성향을 보이거나 정치적 개입의 가능성은 불가피하

---

97) Mark M. Lowenthal (2000), op.cit, pp.129~132.
98) http://www.intelligence.gov/2-customers, 2006. 8. 4.
99) www.admin@www.access.gpo.gvo.2005. 6. 7

다는 현실주의적 입장이 있다.[100] 만약에 정보기관에 대한 통제가 지나칠 경우 정보기관의 활동이 위축될 것이고, 국가이익에도 부정적 영향을 미치게 될 것이라는 우려가 있다. 따라서 정보기관에 대한 '민주적 통제' 필요성이 제기되는데 여기서 논의되는 내용들을 보면 다음 몇 가지로 요약할 수 있다.[101]

- 국가정보기관의 존재 이유는 폭넓은 국가안보이지 결코 체제 유지나 정권 안보를 위해 존재하는 것이 아니다.
- 정보기관의 활동 범위에 대한 준거 틀을 만들어 불필요한 논쟁의 소지를 차단하는 것이 요구된다.
- 정보활동의 책임소재를 분명히 명시함으로써 조직 스스로 보호할 수 있도록 한다.
- 정보기관의 사회적 책임과 관련해 정보를 독점하고 있는 정보기관들이 무책임하게 행동하지 않도록 다양한 형태로 견제하고 감시하는 제도가 필요하다.
- 정보기관 역시 국민의 세금으로 운영된다는 점에서 정보예산 사용에 관한 적절한 통제와 평가가 있어야 한다.
- 정보기관의 특성인 전문성과 은밀성, 비밀성을 강조하더라도 민주적 절차에 따른 조직 운영이 되어야 한다.

이와 같은 상황에서 많은 나라는 정보기관에 대한 '민주적 통제' 장치들을 마련해 감시 기능을 강화하게 되었다. 정보기관에 대한 통제는 개인 또는 법률적 제도적 통제의 형태를 띠면서 이뤄지고 있는데 그것은 〈도표 1-12〉에서 보듯이 ▲최고 정책 결정자이면서 최우선 정보소비자인 국가수반의 감시와 통제 ▲정보기관 역시 행정부 내에 속한 특별 조직으로 입법부와 사법부에 의한 감시와 통제 ▲언론과 시민 단체의 감시와 견제 등으로 나눠 볼 수 있다.

첫째의 경우 정보기관에 대한 최고 사용자의 통제와 수단은 무엇보다 고유의 '인사권'으로 요약된다. 국가수반 혹은 최고 정책 결정자는 정보기관으로 하여금 자신이 원하는 정보들을 제공해 주기 바란다. 그러므로 신뢰할 수 있는 측근들을 책임자로 임명함으로써 정

---

100) ibid, pp. 288~290.
101) ibid, pp. 288~290.

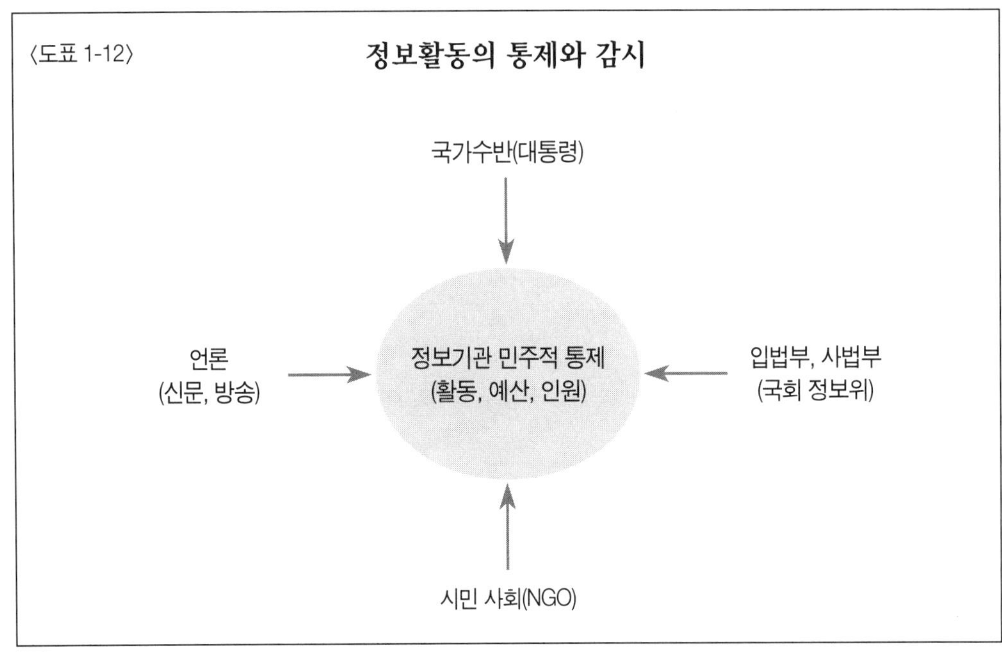

보기관의 조직적 이익과 국가이익을 확보하게 된다. 또한 최고 정책 결정자는 정보조직들을 새롭게 조정하거나 기능을 부여해 조직을 장악하고 통제할 수 있다. 나아가 행정명령을 통해 정보기관을 법률적으로 통제할 수 있다.

둘째는 입법부의 통제와 감시는 3권 분립의 '견제와 균형'의 원리에서 비롯된 개념으로써 정보기관의 오·남용을 방지하기 위한 예방적인 통제와 감시기능을 행한다. 행정부의 국가안보, 외교정책과 관련한 문제까지 입법부의 개입이 새롭게 등장하면서 정보기관에 대한 통제는 정당화되고 있다. 입법부의 정보기관 감시와 통제는 바로 정부 예산에 대한 심의와 승인에 따른 정보예산을 통제하고 사용 후의 집행결과를 의회가 감사(국정 감사)하는 방식을 취하고 있다. 미국의 경우 정보책임자들에 대한 인사청문회를 통해 의회의 승인을 받도록 하고 있으며, 입법부는 '법제화'를 통해 정보기관들을 적절히 통제해 가고 있다.

셋째는 언론 및 시민사회에 의한 통제는 '국민들의 알 권리' 차원에서 민주적 가치와 직결되는 문제이다. 앞에서도 언급되었지만 정보기관의 비밀성과 은밀한 정보활동은 언론의 공개성과 시민들의 알 권리와 충돌하게 된다. 그러나 국가에 대한 시민사회의 감시와 통제가 가능한 것은 오늘날 민주사회의 공통점이다. 비밀성과 공개성의 입장이 상호대립하고 갈등하는 관계이지만 정보기관에 대한 감시와 통제는 마땅하다는 입장이다.

그러나 대부분의 경우 국가이익과 관련해 국가기관의 은밀한 정책과 언론의 공개성은 상호협력하며 상호 각 기능을 인정하고 있다. 특히 언론과 정보기관은 어느 한계까지 서로 보완하고 보호하면서 자신들의 이익을 관리하고 확보하게 된다. 서로를 필요로 하는 특수 관계가 설정돼 상호 협력하고 공생하는 관계로 발전할 수 있다. 극단적인 경우이지만 언론 인들을 정보협력자로 활용하는 사례도 생기게 된다.

여하간 정보활동의 비밀성을 유지해 국가이익을 지키도록 하면서 동시에 적절한 수준에 서 비밀유지와 공개적 통제가 균형을 이루도록 하는 지혜가 요구된다. 미국의 경우 1980년 12월 제정된 정보감독법(Intelligence Oversight Act)을 중심으로 행정부 측에서는 대통령, 국가안전보장회의(NSC), 국회정보자문회의(PFIAB), 대통령이 임명한 정보감독위원회(IOB : Intelligence Oversight Board)를 통해 통제된다. 그리고 의회 측에서는 상·하원정보특별 위원회(SSCI, HPSCI)를 중심으로 '행정명령 EO12333'에 의해 감독이 이뤄지고 있다. 때로 는 특정문제(국가안위)가 발생할 시 예를 들어 미국의 9·11 테러 문제와 관련해 각계 최고 권위를 지닌 인사들이 참여하는 특별위원회(Blue Ribbon Commission)를 설치해[102] 정보조 직의 기능과 임무를 조정할 권고안을 대통령에게 전달하기도 한다.

하지만 정보기관에 대한 감시와 통제는 현실적으로 한계가 있을 수밖에 없다. 복수행위 자들에 의한 감시와 통제가 있지만 정보기관들의 불법적 탈법적인 행위들을 완전히 차단 할 수 없을 것이다. 요는 정보기관 차원에서 법이 정한 범위 내에서 그리고 기존 법률에 위 반하지 않는다는 구성원들의 '의지'가 필요할 뿐이다. 정보활동의 지침은 최고 사용자로부 터 내려와야 하며, 정책결정자의 지시가 있어야 하는 것이다.[103]

동시에 정보조직의 책임자는 정보조직의 내부적 차원으로 인사문제의 적절성과 업무통 제가 중요하다. 외부에서의 정보조직들에 대한 통제 감시 못지 않게 정보활동 전반에 대한 내부 차원의 합법성과 합리성, 효율성을 극대화해야 한다. 그리고 비밀유지를 위한 보안대 책 등 통제장치를 마련해야 한다. 정책 결정자로 하여금 다음과 같은 점을 염두에 두고 내

---

102) 미국은 9·11 이후 'Blue Ribbon Commission'을 한시적으로 설치했는데 구성원들은 민주, 공화 양당의 저명 정치인들과 일부 사회단체들을 참여시켜 정보기관이 행할 수 있는 임무와 개혁방향을 조언하고 있다.
103) 1969년 미국 국가안전보장회의(NSC) 창설은 바로 이러한 사실을 인식하고 정보기관들의 정책과 기능을 조정하 기 위해 창설된 것이다. 그리고 포드대통령은 1976년 다시 NSC 조직을 철폐하고 그 대신 '해외정보위원회' (CFI)을 창설했다. 해외정보위원회는 주로 정보수집과 생산의 우선순위를 결정하고 나아가 국가정보예산의 통 제는 물론 정보활동을 통제하게 되었다.

부를 통제하며 조직을 발전시켜나가야 한다.

　이를 위해서 ①조직에 대한 법적 지위부여를 통해 존재의 정당성과 사회적 안정감을 갖도록 한다. 국가정보기관의 조정이 어느 정도 확립되려면 헌법에 필요한 조항을 삽입하여 정보조직과 정보요원들에 대한 법적 지위를 보장해 주는 것이 필요하다. 그래야만 타 직종이나 타 기관을 대상으로 근무하는 정보요원의 신분을 철저히 보호할 수 있다. 나아가 정보사용자는 정보요원의 경력관리와 기능개발을 적극 후원하며, 직원들로 하여금 화상정보와 컴퓨터 등 첨단기술 장비의 활용이 가능토록 지원하는 일이다.

　②정보조직은 중앙집권적 체제의 유지가 필요하다는 점을 인식하고 정보공동체를 총괄해야 한다. 현대국가들은 조직의 분권화로 업무가 다양하게 분산되어 있다. 정보기관들도 마찬가지로 분화되어 되어가고 있다. 미국의 경우 크게 보면 정보기관들이 대부분 국방부 내에 속해 있다(국방정보공동체로 DCI). 그러나 국방부 산하에 NSA, DIA, NRO(국가정찰국), CIO(중앙영상정보국), 합동군사령부의 합동정보센터 등 13개 기관들이 있다. 물론 분권화의 결과는 정보를 통합하고 평가하는 업무가 다소 약화되거나 예산의 중복을 가져오게 되는 단점이 있다 하지만 크게는 정보공동체 내에서 각각 활동하고 있다. 따라서 중앙집권적 체계가 유지되어 국가수준의 부분정보기관을 통제할 수 있는 기술적 기능이 발휘된다. 물론 국방부 내 정보기관, 부분정보기관들의 권위를 배격하는 것이 아니고 IC 공동체의 상호결함을 시정하는 측면에서 누군가가 전반적인 체제를 총괄해야만 하는 것이다.

　③정보조직의 ‘정보화율’을 한층 높이는 일이다. 현대는 화상정보와 컴퓨터 등 첨단기술 장비의 보유를 통해 업무향상을 꾀하고 있다. 선진국들은 탈냉전시기에 다양한 전략을 짜내고 있다. 미국, 일본 등 선진국에서는 소프트웨어, 금융, 방송회사 등 지식을 다루는 기업들이 업계에서 두각을 나타내고 있다. 예로서 미국의 미래 국방전략의 경우 다국적 연합군의 역할 및 규모가 커질 전망이다. 미 육군이 다국가의 연합작전을 수행하기 위해서는 우선 ‘다국적군간의 전력호환능력’ (MFC : multinational force compatibility) 강화가 필수적이다. 미국은 국제 활동을 강화하면서 MFC을 향상시키기 위해 미 육군의 모든 국제 활동을 모니터링하고 관리하기 위한 조직 내 메커니즘을 구축하는 것, 임기응변적인 국제 활동이 아닌 효율적인 활동을 추진하기 위해 미국과 연합작전을 수행할 수 있는 나라들의 특성 및 경향을 예상하여 전력호환상의 객관적 평가시스템을 운영하고 있다.

　이런 면에서 타자의 무대를 지배하려는 법칙은 계속 재발견되고 재정의된다. 정보활동이라고 하면 대부분이 007시리즈의 제임스 본드와 같은 스파이를 연상할 수도 있으나 지금은 그러한 시대가 아니다. 정보기관에서 가장 중요한 것은 정보수집이지만 이를 분석할 전문가들의 역할 또한 중요한 영역이다. 그들은 한 장의 사진, 짧은 대화를 해독해 무엇이 일어날지를 예측하고 대응토록 하는 사람들이다. 미국의 CIA의 전체 구성원을 보더라도 분석관을 가장 많이 운영하고 있다. 그들은 군사전문가만이 아니라 정치, 경제, 역사학, 심지어 심리학 전문가 등으로 다양하게 구성돼 있다.

2-2-3. 정보활동 규제와 정보예산 편성의 고려 요소

정보활동에는 과연 어느 정도의 예산(정보비)이 소요되는 것일까. 다시 말해 한 나라의 정책결정이나 안전보장에 소요되는 경비는 어느 정도에 이를 것인가. 대부분의 국가에서는 정보활동에 소요되는 비용을 비밀로 하고 있기 때문에 이런 질문에 정확한 답을 얻을 수 있는 것은 아니다. 일반적인 활동비에는 비교적 적은 액수가 들어간다고 하지만 실질적으로 비밀정보활동 등 특수 임무 수행에는 많은 경비가 소요될 것으로 예상할 뿐이다.

참고적으로 정보예산도 미국의 경우 국방예산과 함께 상·하원에서 각 정보기관의 예산 규모와 각 사업계획들은 물론 차기 연도 예산사용계획을 승인하고 감사한다. 한국의 경우에도 이와 비슷해서 정보예산은 국회정보위에서 세입·세출 등 예산심의를 거쳐 확정된다. 그러나 많은 나라의 경우 예산회계특례법에 따라 예산과 예비비 등의 편성을 하지만 구체적 세목은 밝히지 않고 있다. 정보 예산이 공개되면 조직이나 인력규모가 노출되어 어느 선진국에서도 공개하지 않는 것이 관행으로 되어 있다

사실 정보기관들의 활동은 개인과 시민 사회의 영역을 침범한다든지 정보에 대한 잘못된 사용이나 지연, 회피 등의 어두운 면도 없지 않다. 하기 때문에 정보기관들에 대한 일부 비판자들도 많아서 1990년대 이후 동·서 냉전 구조가 붕괴된 상태에서 정보기관의 존재나 능력에 대한 의문을 제기하기도 한다. 그리고 그들은 기존의 인원과 예산을 감축해야 한다는 의견과 함께 조직의 개혁문제를 제기하며 공안통치 구조의 폐해를 주장하기도 한다.

꼭 그런 이유만은 아니지만 실제로 일부 나라에서는 정보예산을 감축하는 사례들이 있다. 일례로 미국의 경우 1989년 이후 정보에 할당된 재원이 21% 정도 줄어들었다.[104] 삭감된 액수는 비밀로 분류되어 정확히 알 수 없으나 그동안 소련 주도의 위협에 대처하기 위해

---

104) CRCUSI (1996), p.131.

수월하게 배정받았던 액수에 비해 적은 정보비를 가지고 탈냉전 세계를 감시할 수밖에 없게 되었다. 더구나 미국 클린턴 대통령 당시의 추진업무 중 우선순위에 올라있는 아프리카 후천성면역결핍증(AIDS) 감시, 유럽환경 정화 지원, 다국적 기구 및 평화 유지 등을 추구하는데 투입되는 고정 지출을 제외하면 정보활동에 있어서 핵심적 수집 및 분석 기능에 사용할 수 있는 자금은 70%까지 감소된 것으로 보고 있다.[105]

그래서 미국은 전반적으로 보수층의 지지를 받고 있는 무기 확산방지와 테러 퇴치와 같은 활동까지도 크게 억제 당하고 있으며, 이로 인해 러시아나 중국의 불길한 군비 기획 등을 비롯한 국가안보분야가 약화되지 않을까 하는 우려까지 나오기에 이르렀다. 평면적인 것이지만 미국의 경우 최근 10년간 정보예산은 다른 국방부분의 예산과 비교해 볼 때 예외적으로 다루고 있음을 보인다. 비정보 관련 국방예산은 1980년부터 1986년까지 실제금액으로 약 40%로 증가한 후 일정수준을 유지하다가 1980년보다 4% 감소한 현 수준으로 나타나고 있다.

그런데 예산 삭감을 강요받고 있던 국방부는 9 · 11 테러사태 이후 국방전략의 전면적인 재검토를 위해 예산증액에 나섰는데 미 의회도 이에 동의함으로써 최근 국방부와 군수산업체는 충분한 돈을 사용하게 되었다. 미국의 2002년도 국방예산은 2001년보다 500억 불이 증가한 3,435억 불에 이르고 있다. 이어 2003년에는 미사일 방어망(MD : missile defense)시스템을 구축하기 위한 예산을 포함해 20년 만에 사상 최고로 증액된 3,554억 불이었고 2004년 회계년도 국방예산은 4013억 달러(480조원)에 달하고 있다.[106] 이는 테러 사태 이후 첨단 하이테크무기 개발이 더욱 본격화 될 것으로 예고하고 있다.

일반적으로 정보 예산의 성격 전형(character-type)에 있어서는 의미가 약간 다르다. 옛날이나 지금에 있어서도 정보기관의 지휘관들은 점증하고 있는 새로운 정보요구를 충족시키기 위해 예산증액을 주장을 하고 있다. 그러나 이들은 향후 10년 동안 매년 15~20억 불의 예산이 추가적으로 할당되어야 할 것으로 짐작할 뿐 정확한 내용은 비밀에 붙여지고 있다.[107] 같은 맥락에서 미국은 9 · 11 테러 이후 국방예산에 있어서 2003년 회계년도 예산으로 20%를 증액했다. 정보예산은 대외비이지만 중앙정보국(CIA)과 국가안보국(NSA)등 13개 정보기관에 배정된 금액은 2002년도 약 350억 달러로 추정할 때 2003년에는 약 420억

---

105) 『世界週報』, 1996年 5月 7日.
106) 『문화일보』, 2002년 8월 2일. 및 2003년 11월 25일.
107) Washington Times, Feb 4, 2001.

달러에 이르고 2006년에는 500억불을 상회하고 있다.[108] 그 중에서도 조지 W 부시정부는 2003년도 CIA예산에만 50억 달러를 배정했는데 이는 전년도에 비해 50% 이상 증액한 것으로 총 정보예산의 10% 이상을 사용하는 것이다.

그러나 전문가들에 의하면 정보기관의 활동 경비 중 인건비가 50% 이상을 차지하고 있는 상황에서 순수 정보활동을 위해서 자유재량으로 사용할 수 있는 자금은 부족하다는 입장이다. 그러면서 그들은 비용절감을 위해서는 공개정보수집의 확대를 주장하기도 한다. 그것은 과거의 비밀정보수집과 비밀 거래를 통한 고비용 구조 대신에 다양한 공개정보와 다른 사회정보를 결합시켜주는 정보중개인(금융업자, 보험중개인, 미디어 구매자, 위키피디아, UCC, 회계사)을 통한 정보 수집확대를 주장한다.

정보공동체의 우수한 지휘부는 사실 공개출처의 첩보에 대해서 잘 이해하고 있다. 미국이 공개정보를 수집하는데 필요한 예산을 많이 투입하고 있는 것도 이와 무관치 않으며, 1940년부터 정보량의 80% 정도를 공개출처로 충족시키는 것으로 알려지고 있다. 미국의 경우 정보기관들의 공개출처 기여도에 대한 평가로서 최소한 정보생산물의 40%를 공개출처에 의존하고 있는데 그 비용은 정보예산 중에 1%를 차지하고 있는 것으로 예상한다.[109]

미국은 매년 공개출처에 2억 5천만 달러를, 그리고 비밀출처에 250억 달러를 각각 투입하고 있다. 이처럼 정보예산을 구분해 예산을 평가한다는 것은 큰 의미가 없지만 스파이와 첩보위성을 운영하는 예산이 상당부문 차지한다는 것을 의미한다. 첩보활동의 실패를 방지하는 것도 중요하지만 공개출처를 도외시한 첩보활동을 고집한다는 것도 반성해 볼만하다. 그러나 세계가 점차 복잡해지고 있는 상황에서 공개출처정보의 가치가 높아진다고 해서 비밀출처에 필요한 예산을 감축할 근거는 사실상 없는 것이다.

문제는 정보예산을 단지 효율성과 생산성만을 감안해 줄인다는 주장은 정보기관의 역할과 기능을 약화시키는 직접적 동기가 된다.

또한 1990년대 이후 탈냉전기라는 세계적 변동과 민주화 추세 속에서 정보조직의 개혁 논의는 미국 등 여러 나라에서 계속되어왔다. 그러나 이 같은 정보기관의 당파적 예산 삭감이나 단견적인 개혁은 결국 적의 공격 능력과 의도를 정확히 파악하는데 어려움을 가져온다. 나아가 정보기관을 불구로 만드는 가장 큰 요인이 되고 있다. 그러므로 정보기관을 불

---

108) Washington (Reuter, AP), House Approve Increasing Spy Agency Funds, July 25, 2002
109) CRCUSI(1996), pp.132~133.

구로 만들고 축적된 능력까지도 저해하고 있는 정치권의 단편적 정책과 관행을 탈피해야
할 것이다. 그렇다면 정보비 예산의 기준은 어떻게 수립해야 하는가. 물론 정부가 얼마를
정보비에 지출해야 하는지를 결정하는 정확한 기준은 없다. 그러나 다음과 같은 고려는 필
요하다고 보여진다.

- 국가안보적 측면에서 정보비 지출의 적정 수준을 평가하기 위해서는 외부의 위협과 그 위
  협에 대응할 어떤 역량에 따라 지출기준이 설정되어야 한다. 즉 주변국가의 전략적 의도와
  갈등적 수준에 맞추어야 한다.
- 부득이 예산을 긴축할 시 정부가 지출을 줄이려는 절박한 상황에서는 일반적으로 정보비
  투자를 제한하게 되지만 필요한 정보요구를 충족시키기 위해서는 국내외적 환경을 감안하
  더라도 정보비 감축은 매우 어렵다는 점을 고려해야 한다.
- 설사 비용절감효과를 얻기 위해서 건물, 통신시설, 인원감축과 훈련 등 하부구조의 비용을
  다소 축소할 수 있으나 고도의 인간정보, 사진정보, 신호정보, 통신정보수집 수단은 더욱
  필요하게 되고 또 개발해야 하는 입장에서 보면 전체적인 예산감축은 상당히 어려운 상황
  이 되고 있다.

이렇게 볼 때 각 분야별 정보에 대한 최종 사용자의 관심, 직·간접적 갈등 관리, 궁극적
인 전략 목표를 확인하는 국가정보프로그램이 어느 때보다 필요하다. 이때는 ▲인간정보
수집과 처리, ▲신호정보 수집체계 확립, ▲항공. 위성 사진수신 및 판독, ▲징후목표관리,
▲정보자료의 분석과 생산, ▲다양한 정보 소스의 확대, ▲행정지원요원의 운영 등과 관련
되어 예산이 책정되어야 한다. 영화 흥행 여부는 좋은 연기자, 배우와 돈만 있으면 절반은
끝난다는 말이 있듯이 국가정보조직의 경우도 훌륭한 리더십과 정보원 그리고 돈만 있으면
가능한 양질의 정보를 얻을 수 있는 것이다.

2-3. 국가정보 그리고 기업정보

대부분의 국가들은 자기들이 이용할 수 있는 능력과 권한을 가진 국가급 정보기관들을
운영하고 있다. 또한 현대사회는 정보 네트워크에 의한 정보지배체제로 구조화되어가면서

다양한 정보조직들을 동원하고 있다. 더구나 정보기관들은 역사적으로 국가 안보 관리라는 목표들을 공유하고 있다. 그것은 바로 정부기관으로 하여금 다른 방법으로 입수할 수 없는 첩보를 수집하고 이를 다시 가용한 첩보와 통합해서 정부를 위한 정보보고서를 생산하기 위해서다. 다시 말하면 정부는 정보기관을 통해 구할 수 없는 정보를 획득해 정책결정자의 불확실성을 줄이려고 노력하는 것이다.

정보에 대한 유혹은 기업에 있어서도 마찬가지다. 거기에는 다양한 게임과 규칙의 놀이가 있는 것이며, 때에 따라서는 기업차원의 위험한 정보 수집을 시도 할 수 있다. 응징하는 보복의 수단이 아닌 자기 스스로를 유지하기 위해 기업정보를 수집하고 이용하는 일이다. 정보 판단수준은 기업이익과 직결되며 기업차원에서 정의되기 때문에 기업정보판단과 정책목표는 불가분의 관계를 지닌다. 정보시스템을 기업구조의 경영과 분리하여 생각하는 것은 비현실적이다. 만약 기업의 경영과 분리될 때는 기업전략 목표가 표류하게 되고 기업 성장을 정상적으로 실현할 수 없을 것이다.

2-3-1. 국가의 기능으로서의 정보 업무

어느 나라 정보기관이든지 국가 안전을 유지하기 위해 지식과 경험, 기술을 축적해 왔다. 그러나 이런 축적이 어떻게 환경변화에 대응하고 발전시켜 나갈 것인가 하는 문제가 향후의 중요한 과제이다. 바야흐로 정보는 방위력 등 안전보장의 지원 요소가 아니라 그 핵심 요소로서 정보통신기술의 우열이 안보 방위의 성패를 결정하는 요인이 되고 있다. 2003년 이라크전쟁의 경우 전투정보국(CIAD : Combat Intelligence Application Division)의 특수공작부대(SOG)는 비밀공작활동을 통해 적(敵)의 정보를 수집해 보고함으로써 전쟁수행 기반을 마련했다. 개전 3개월 전부터 유럽의 비즈니스맨으로 가장해 바그다드, 바스라, 모슬 등 전략요충지에 잠입해 각종 타격시설은 물론 공격목표에 대한 현장정보를 수집해 실시간으로 제공했다. 종전 이후로는 인질구출, 저항세력 탐색, 유전보호, 지휘시설 및 미사일 발사대 파괴 등 연합군의 작전을 지원했다. 결국 정보우위의 군사전략이 주효했고, 국가기관들 간 정보공유시스템이 잘 작동되었다.

손자(孫子)에 의하면 '배고픈 사람처럼 계획을 짜고 또 치밀하게 계산하는 사령관은 전쟁을 피할 수 있다' 고 했다. 손자는 만약 어떤 수단이 전쟁을 피하기 위한 전략적 우위 확보에 필요한 것이라면 모든 사술(詐術)을 인정했다. 전쟁을 피하려면 선견지명이 필요하므로

스파이의 역할이 중요하다고 했다.[110]

　　"선견지명(先見之明)은 귀신이나 유령이 가르쳐 주는 것이 아니다. ……그것은 사람의 일이다. ……적의 정세를 잘 아는 사람이다. …… 따라서 가장 우수한 사람들은 스파이를 활용할 수 있는 선견지명이 있는 지도자와 유능한 사령관만이 위대한 과업을 달성할 운을 타고나는 것이다."

　　그러나 정보활동은 히스테리적이거나 드라마적인 활동의 대상이며 모든 전략의 움직임이다. 때로는 패러디처럼 작동하는 불가피한 행동으로 모든 국가에 있어서 정부의 한 주요 기능이다. 미국의 조지 워싱톤(George Washington)은 독립전쟁 시 정보를 아주 유효하게 군사목적에 활용하였던 인물이다. 그 이후 정보는 군사 작전의 불가결한 일부가 되었다. 그리고 현대에는 공식적으로 평화시는 물론 미국의 군사기획의 일부로 정보체계가 제도화되었다. 제2차 세계 대전을 기해 국가 정보영역은 실질적인 급성장을 이룬 분야 중의 하나이다.

　　모든 조직들은 자신들에게 던져지는 도전에 의해서 응전하도록 독촉 받는다. 그것은 다름 아닌 정보역량의 확대로써 미 CIA의 경우 1970년대 중반을 전후하여 모든 기능을 갖춘 완전한 정보기관으로 발전했다. 끊임없이 전문적이고 다양한 정보분석 능력을 구축했을 뿐만 아니라 기술정보(주로 영상정보), 인간정보(인간출처 및 스파이망), 신호정보(Sigint), 방첩업무 등에 두루 참여하며 국가이익을 챙겨오고 있다. 더구나 1980년대 이후 미국의 역대 CIA 부장(Wiliam Webster, Robert Gates, James Woolsey)들은 미국 기업과 해외시장진출을 지원하고 미국 기업에 대한 외국의 첩보활동을 근절하기 위해 정보력을 사용해야 한다고 주장했다.[111] 그 이후 미국의 정보공동체들은 전략적 견지에서 미 국가안보 이익에 직·간접적으로 영향을 미칠 수 있는 새로운 경제정보 및 방첩활동 전략을 마련해서 전 방위적으로 국가이익을 관리하고 있다.

　　21세기 세계질서는 냉전종식 이후 절대적 초강대국으로 군림해 온 미국의 위상은 정보의 독점과 실재적 적용에 따라 '유일 강대국' 체제가 유지되느냐 아니면 다극체제로 분열하느냐에 큰 영향을 미칠 것이다. 더구나 지구체계에서의 힘의 균형은 정보력에 기반한 ▲군사력 ▲외교적 역량 ▲경제력에 대한 국민의 지지도 ▲대외 경제협력 정도에 따라 좌우될 것이다. 미국은 사실상 정보 세상을 창출하고 있는 정보대국이다. 미국뿐만 아니라 이

---

110) Robert D. Kaplan(2002), op.cit, pp.41~43.
111) Asia Times, Jan 29, 1997.

시대는 기술과 생산력을 기반으로 인터넷과 무선위성, 대폭 확장된 전산 처리 능력, 광섬유 케이블, 인간 게놈지도, 유전공학 등이 한데 어우러져 지구촌 장터(global bazzar)를 형성하고 있다.[112] 이 같은 요소들은 국가 정보기관과 기업들의 정보 대상이다.

나아가 디지털 혁명이 빠른 속도로 진행되면서 현대 사회에서는 이미 다양한 문제들이 수없이 제기되고 있다. 인터넷 사생활 보호법의 제정 필요성, 개인 건강기록의 데이터베이스 구축, 유전 공학 기술의 윤리성, 인터넷 세금부과 문제 등 새로운 문제들이 곳곳에서 불거지고 있다. 디지털 혁명의 변화 속에 소비자들의 권리가 강해지고 있는 가운데 국가, 기업의 힘으로부터 자신들의 이익을 보호하기 위한 욕구가 높아지고 있다. 이러한 정보사회의 변화는 우리의 정신과 머리에 부담스런 존재들이지만 정보기관은 여기에 답을 해야 한다는 사실이다. 정보는 불가역적이고 축적되는 것이며 권력의 기반이다.

2-3-2. 정보기관의 유지 필요성

냉전 시대가 지나가고 지구촌화되고 있지만 막강한 정보기능은 계속하여 유지되어야 한다는 것이 지배적 견해이며, 이미 어떤 논쟁의 대상도 아니다. 21세기는 지난 어느 때보다도 위험과 불확실성으로 가득 찬 모습이 될 것으로 보이기 때문에 정보요구 수준은 절대적인 것이다. 더구나 우리나라의 경우 한반도의 지정학적 위치나 북한과 대치되고 있는 상황에서는 정보기능의 문제는 더욱 필요해지고 있다. 정부는 세계적 복합구조(complex system) 속에서 적절히 대응하기 위해서도 이런 변화를 명확히 파악하여야만 한다.

요는 필요한 정보를 얼마나 빨리 파악하고, 대응하는가가 민족의 발전과 국운을 좌우하게 된다. 정부는 일단 방향이 결정되면 그 결정이 미칠 영향과 결과를 간파하고 필요한 경우 구조조정을 할 수 있도록 해야 한다. 그렇다고 민주화가 촉진되고 세계화, 지구촌화가 진전된다고 해서 정보기관 등 국가권력기관의 활동을 축소해야 한다는 사고방식은 자칫 국가안보에 치명적 해악을 가져올 수 있다.[113]

---

112) Robert B. Reich, The Future of Success : Working and Living in the New Economy, (New York : Random House, 2000), pp.13~16.

113) 소련의 경우 고르바쵸프(Mikhail Gorbachev)는 당시의 개혁 및 서방과의 관계 유지를 위해서 국가권력기관을 약화시켜야 한다는 사고방식을 갖고 있었다. 그 결과 경제안보에 큰 손실을 가져오게 되었으며, 또한 최고급정보가 양적으로 감소되었으며, 나아가 일류 정보전문가들 수천 명이나 타국으로 빠져나갔고 주요 보안기관간에 협력관계도 파괴되고 말았다.

우리가 경험하는 것처럼 전 세계로부터 언론매체나 컴퓨터통신망을 통해 들어오는 공개 정보가 홍수처럼 쏟아지고 있다. 그러나 정부가 필요로 하는 정보는 그렇게 쉽게 얻어지는 것이 아니고 또 유용한 정보를 수집하기는 매우 어려운 상황이다. 그리고 일단 입수된 첩보를 다른 출처와 비교 종합하여 객관적인 평가를 할 수 있는 분석기능도 필요하다. 아니 국가와 기업이 언제 불행한 일이 발생할 지에 대한 구체적인 정보도 필요하지만 정보분석의 정확성은 더 높아져야한다.

이러한 제반 과정이 제대로 운영될 경우 많은 첩보는 지식정보로 창출되어 대통령으로부터 소대장에 이르기까지, 대통령으로부터 지방공무원에 이르기까지 각 수준의 의사결정에 있어서 적절하고 명확한 판단을 내릴 수 있는 상품이 된다. 정부가 확보할 수 없는 정보를 전문적으로 담당할 수 있는 주요부서가 존재하게 되는데, 그 이유를 다시 요약하면 다음과 같다.[114]

- 세계는 국경이 없다고 하지만 불법적으로 자국의 영토에 접근하는 것 자체를 막으려는 나라들이 대부분이다. 한국은 북한에 대한 접근이 거의 어렵고 미국은 중동 국가 몇몇 나라들에 대한 접근이 용이치 않은 경우가 바로 그것이다.
- 적대적이거나 갈등관계에 있는 나라들 간에는 결코 사전에 도발하거나 봉쇄정책을 밝히지 않고 은밀히 진행시키는 경우가 허다하다. 한마디로 남을 배제하거나 죽이는 행동이 계속되고 있다.
- 대부분의 국가들이 자국의 군사비용이나 군비 증강 기획과 관련한 예산명세를 공개 하지 않는 비밀주의를 채택하고 있다.
- 적대국가들 간에는 군사배치는 물론 군비관련 규모나 전략적 의도를 철저히 은폐하려 한다. 동시에 실시간내 반응하는 정보체계를 갖춰가고 있다.
- 국제협약이나 유엔결의안 또는 국제적인 행위 규범을 위반하는 나라들이 많으며, 오히려 자기들의 행위를 가능한 한 숨기려고 하고 있다.
- 테러, 마약거래, 스파이행위 등과 같은 불법적인 행동들이 항상 전지구적으로 일어나고 있다. 국제간 정보공유의 확대와 상호운용성이 증대되고 있다.
- 생태계 파괴 등 비인도적이고 재앙적인 요소들이 확산되고 있으나 이를 관찰하고 감시하기

---

114) Gregory F. Treverton(2001), op.cit. pp.31~43.

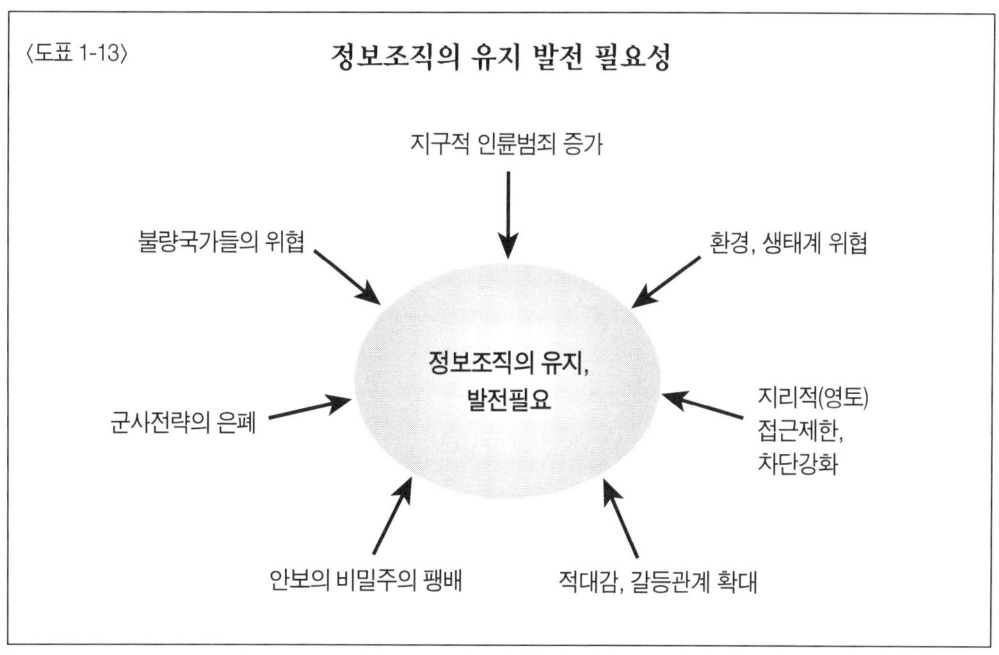

란 매우 어려운 실정에 있다는 점이다.

　물론 이런 내용들은 인류의 평화를 위해 성찰해야 할 대상이다. 본질적으로 정보에는 많은 한계가 있다. 고급 정보들은 '비밀자체'로 남아 있을 수도 있고 '전혀 알 수 없는 것' 들이기도 하다. 예를 들면 외국지도자가 어떤 마음과 정책을 가지고 있는지는 그 지도자가 말하지 않는 한 전혀 알 수 없는 일이다. 또한 어떤 지도자가 권력투쟁에서 승리해 권력을 장악하게 될지는 단시간 내에 판단하기 어려운 일이다. 경우에 따라서 맡은바 임무를 잘 수행하지 못할 때 국가정보기관이 해체되거나 그 명칭이 변경될 수 있다. 그러나 디지털 시대라고 하지만 정보기관의 재래식 형태의 임무나 그 중요성은 더욱 커질 것이다. 더욱이 국경선이 소멸되고 악당들이 호주머니에 폭탄을 넣고 다니거나, 아니면 컴퓨터를 이용해 수백만 달러를 훔치는 정보산업은 황금기를 맞이할 수도 있기 때문이다.[115]

　따라서 거듭 강조하거니와 어떠한 이유만으로 한 국가에서 어떤 위기나 전쟁이 일어날지 모르는 상황에서 국가 정보의 기능을 무조건 축소할 수 있다고 생각하는 것은 매우 위험

---

115) Robert D. Kaplan(2000), op.cit, pp.127~128.

하다. 원래의 정보조직의 운영이나 구조상에 문제가 있어도 성격상 정보조직의 유지는 불가피한 일이다. 오히려 정책결정 자들은 정보요원의 사기진작이 국익증대의 선결조건임을 인식해야 한다. 정치인들은 정보 요원의 고통을 이해하고 그들의 말에 귀를 기울여야 하며, 나아가 지식인은 정보요원을 경멸하지 말고 그들로 하여금 자신의 안전을 지켜준다는 사실을 장기적 관점에서 깨달아야 한다.

2-3-3. 기업과 경쟁정보

앞에서는 국가 차원의 정보조직에 대해 설명했다.

이제는 이런 고급정보는 기업에서도 생존의 수단이 되고 있으며, 닥쳐오는 '불확실성의 창' 을 제거하는 핵심요소로 작용하고 있음을 이해 할 필요가 있다. 추상적인 것이 아니라 기업과 정보는 불가분의 관계를 형성한다. 기업들은 가장 효과적이고 효율적인 방식으로 구매자들에게 설득력 있는 이미지를 전달하기 위해 정보를 수집하고 이를 이용하지 않으면 생존할 수 없는 시대가 되었다. 이제는 대량생산을 통한 산업주의 만으로는 부를 획득할 수 없는 시대, 즉 현대는 지식경제(knowledge economy)의 시대이기 때문에 정보가 무엇보다 필요하다. 세계적으로 지식경영이나 지식기반 경제 등 지식과 관련된 많은 논의가 이루어지고 있는 것도 결코 우연이 아니다.

더구나 범세계적으로 기업들은 여러 가지 위험을 무릅쓰고 잠재적인 이윤을 예상해서 정보를 모은다. 이러한 점에서 기업들과 그 정보수집가들은 국가정보기관과 거의 유사하게 운영된다고 할 수 있다. 실제로 많은 보험회사들은 잠재적인 고객에 접근하기 위해 고객정보만을 전문으로 수집하기도 하며, 첨단기기를 생산하는 업체는 경쟁사들의 개발정보나 상업적 메시지를 수집 분석하고 있다.[116] 세계기업들은 기업환경에 적응하고 생존하기 위해서 정보분석 프레임워크를 개발하고 있으며 '경쟁정보' (CI : competitive intelligence)를 핵심역량으로 발전시키고 있다. 미국에서 출간된 「일반인을 위한 인텔리전스 필수사항」(Intelligence Essential for Everyone, Krizan, 1999)이나 「분석 개요」(A Compendium of Analytic Tradecraft Notes, Directorate of Intelligence, 1997)는 인텔리전스의 가치에 대해 새롭게 인식하는 계기를 제공했다. 데이터를 기업성장전략에 이용할 수 있도록 인텔지전

---

116) Larry Kahaner, Competitive Intelligence(New York : Simon & Schuster, 1996), pp.201~204.

스로 전환하는 것을 중시한다. 인텔리전스를 통해서 기업이 전략 전술적으로 의사결정을 하도록 돕는 것이 경쟁정보다.[117]

경쟁정보란 기업의 생존과 번영을 위해 경쟁사의 모든 기업 활동과 관련한 정보를 수집, 분석, 평가, 예측하는 체계적이고 윤리적인 지침이다.

경쟁정보의 목적은 기업의 비효율적인 자원 운영을 개선하려는 비즈니스 요구에 의한 것이다. 경영정보에서는 시장에서 기업의 전략적 위치를 결정하는 요소를 다룬다. 기업능력은 연구 개발 생산절차, 생산라인, 마케팅, 자금, 판매, 배분 및 직원들의 능력에 관한 것이다. 그리고 상대방 기업의 운영 계획과 약점, 능력 등을 파악해 라이벌로 하여금 전략적 대책을 수립할 수 있도록 하는 것이다. 이러한 노력은 사용자의 의사결정을 돕는 것이며, 크게는 세계화 속에서 신자유주의적 경제법칙과 시장의 법칙에서 살아남기 위한 조치들이다.

따라서 정보는 기업의 다양한 경쟁력의 원천이며 의사결정의 배경이 되고 소비자들의 반응시간(response time)에 대응하는 핵심역량이다. 경쟁력을 갖추기 위해서 연구개발, 마케팅, 금융·재무 등의 정보는 새로운 '생산재' 중의 하나가 된다. 또한 기업들이 무한경쟁 시대에서 국제화−지역화, 안정−불안정, 호황−불황, 집권화−분권화, 통제−자율 등을 잘 조정하고 진로를 선택하기 위해서는 무엇보다 기업 정보가 필요하다.

◐ 지배적인 '경제재'로서의 정보

유엔 경제협력개발기구(OECD)가 내린 정의에 의하면 지식기반경제란 지식의 창출과 확산, 응용에 근거한 경제를 말한다. 무한경쟁시대에서 가장 중요한 요소는 다름 아닌 지식이라는 것이다.[118] 요는 경제발전을 근원적으로 해결할 수 있는 방안은 바로 새로운 지식과 정보의 효과적 창출 그리고 그 관리를 통해 국제경쟁력을 강화하는데 있다. 따라서 지식경제는 생산 활동에서 지식에 의존하는 경제 시스템으로 전환됨을 의미한다.

특히 정보 네트워크에 의한 구조개혁과 함께 정보가 지배적인 '경제재'로 등장했다는

---

117) http://www.kimbook.com/ciover.htm.
118) OECD, The Knowledge- based Economy(1996). pp.9~22.

소위 뉴에코노믹론[119](new economy)이 미국 등에서 일어나기도 했다. 이러한 논리는 미국이 실현한 정보공유형의 기업 시스템을 통해 다양한 이익을 최대한 수용하는 것을 의미한다. 세계경제에서 점차 우위를 점하고 있는 일본도 이 같은 변혁을 시도하고 있다. 이제 어느 나라나 정보의 독립 없이는 국가이익의 독립도 없고, 그리고 경제적 독립도 어렵다는 시각이다. 정보의 역량 강화는 엄청난 비용을 줄이면서 부가가치를 만들어 내는 것이기 때문이다.

그뿐만이 아니다. 세계 경제는 종래의 소비 주도형에서 투자주도형으로 성장패턴을 변화시키면서 경기의 활성화를 꾀하고 있다.[120] 이러한 현상은 이른바 '뉴에코노믹론' 으로 대표되기도 했지만 무엇보다 성장 패턴 변화는 '정보의 경제재' 에 힘입은 바 크다고 하겠다. 정보네트워크화가 그 벽을 타파함으로써 기업은 정보공유의 기반을 형성해 과거 분업과 개인주의 시스템에서 제대로 기능하지 못했던 다양성을 수용해 새로운 조직으로 변화되고 있다. 이는 또한 다양한 조직체계로부터 다양한 가치를 포함할 수 있었고, 나아가 글로벌화의 흐름에도 유연하게 대응할 수 있게 되었다. 그 결과 생산 공정의 합리화를 포함한 조직변화는 제조업뿐만 아니라 비제조업에도 영향을 미치기 시작했다. 이를 지원하는 정보화 투자는 최근 5~6년간 총액이 2배로 증가하고 설비 투자 전체에 점하는 비율도 30%를 초과하게 되었다. 정보에 의한 기업 관리는 계획, 경쟁, 통제, 조정, 의사결정, 지속성, 혁신 등의 효율성을 높일 수 있다는 뜻이다.[121]

물론 뉴에코노믹론에 대한 비판은 여전히 많지만 정보혁명을 기본 축으로 해서 선진국들의 경제는 새로운 자본주의 단계에 돌입한 것을 의미하며, 정보가 곧 지배적인 경제재로 등장하였음을 반영한다. 결국 정보사회에서는 자원의 제약을 극복하고 경쟁과 기술진보를

---

119) 이른바 '신경제' 란 미국경제가 1991년부터 한동안 유례 없는 장기호황을 구가하면서 나온 앨런 그리스펀 미 연방준비제도이사회(FRB)의장이 표현한 용어이다. 정보통신(IT)이 주도하는 신경제는 지속적인 생산성 향상과 시장의 투명성, 유럽의 정체성과 대비되는 경제성장률, 완전고용에 가까운 실업률, 물가안정 등을 내용으로 하고 있다. 그러나 2001년대에 들어와 미국의 회계부정, 수익 부풀리기, 내부자 주식거래를 통한 이득 챙기기, 정경유착으로 이어지는 일련의 스캔들로 '뉴 이코노믹' 에 대한 비판이 일어났다.

120) 미국의 성장패턴 변화는 공급면의 개혁에서 찾아볼 수 있다. 블랙 먼데이(Black Monday, 1987. 10. 19) 이후 미국은 대량생산방식으로 발생한 기업수준에서의 경영과 생산방식을 전면 개혁했다. 전통적 대량생산시스템은 세분화, 전문화, 표준화하는 특징이 있지만 이런 방법의 경우 ①상품의 생산방식은 곧 후발국의 추격을 받게 되었고, ②소비자는 고품질의 개성적인 상품을 요구하는 경향이 나타났고, ③생산공정이 거대화, 경직화됨으로써 효율성이 저하되어 결국 자기붕괴의 과정을 밟게 되었다. 그래서 IBM, GE, 코닥사 등은 구조조정(restructuring)을 통해 정보화, 컴퓨터 네트워크화를 추진했다. 정보의 공유와 분업시스템의 양립이 가능한 생산시스템으로 구축되어 이른바 다양성의 가치를 포괄하는 정보네트화 조직으로 변혁되었다.

121) OECD, National Innovation System(1996), pp.9~13.

가져왔는데 이는 다름 아닌 정보임을 증명해주고 있다. 과거 굴뚝산업시대와는 달리 지식정보생산시대는 정보에 의한 국가관리, 기업관리가 성공의 열쇠가 되고 있다. 정확한 정보판단에 입각해 객관적으로 접근하고 경영하는 것이다. 정확한 정보를 제공하는 인프라스트럭처, 신경망을 갖추는 것이 조직의 발전을 결정하는 핵심이다.

따라서 정부나 기업 모두는 실질적인 부가가치를 창출하기 위해 '지식정보관리'를 중요시하고 있다. 지식정보관리는 궁극적으로 국가발전을 위한 정보와 지식을 생산하고 이를 확보 저장하는 일련의 과정을 관리하는 업무이다. 그 방향과 내용을 제시하면 다음과 같다.

- 한 국가 내 정보기관이나 기업, 연구소 등 지식활동 주체들이 얼마나 효과적으로 외부 기존 지식들을 수집하고 있느냐 하는 점이다. 사실 미국 등 선진국들은 많은 정보를 생산하고 이를 축적하며 기업을 돕고 있다. 외국 기술에 종속되는 것은 잘못된 일이지만 외국 기관들이 생산하는 지식들이 우리 정보기관이나 기업들로 하여금 새로운 지식을 창출하는데 큰 바탕이 된다.

- 분석 생산된 정보가 그것을 필요로 하는 정부나 사회의 다른 부분에 얼마나 효과적으로 정책 결정에 이바지하고 사회적으로 확산되느냐 하는 문제이다. 한 개인이 창출한 지식은 그가 속한 조직 내에 효과적으로 이용되고, 나아가 국가내의 다른 정보공동체들이 그 지식을 공유할 수 있게 돼야 한다.

- 기업들은 2000년대 이후 경제의 핵심 기반이 되는 IT산업의 성장과 그 경제성 그리고 전자상거래에 미치는 파급 효과를 분석 대응하고 있다. 특히 IT부문의 성장, e-business[122] 등 새로운 형태의 지속적인 경제 유행을 분석 · 평가 · 대응해야 하는 것이다. 아울러 디지털 경제에 대응해 IT전문 인력 양성, 정보격차 해소 등을 통한 적극적인 정책적 대응이 필요하다.

끝으로 하나의 경고를 한다면 정보생산은 신의 성실에 입각한 의무로서 우리가 이를 지키지 않으면 도태될 수밖에 없다는 점이며 모든 이야기는 정보의 필요성을 강조한다. 현대 기업은 "성장에서 수익으로, 선택적 집중으로, 스톡에서 플로로"라는 새로운 패러다임으로 전환되고 있다. 새로운 지식 정보의 방향은 욕구를 충족시키는 일(on-demand), 리얼

---

122) e-비지니스는 고객, 직원, 공급업체, 유통업체, 제휴업체 등과의 회사 내외의 모든 상호교류를 인테넷으로 통합하여 추진하는 사업이다.

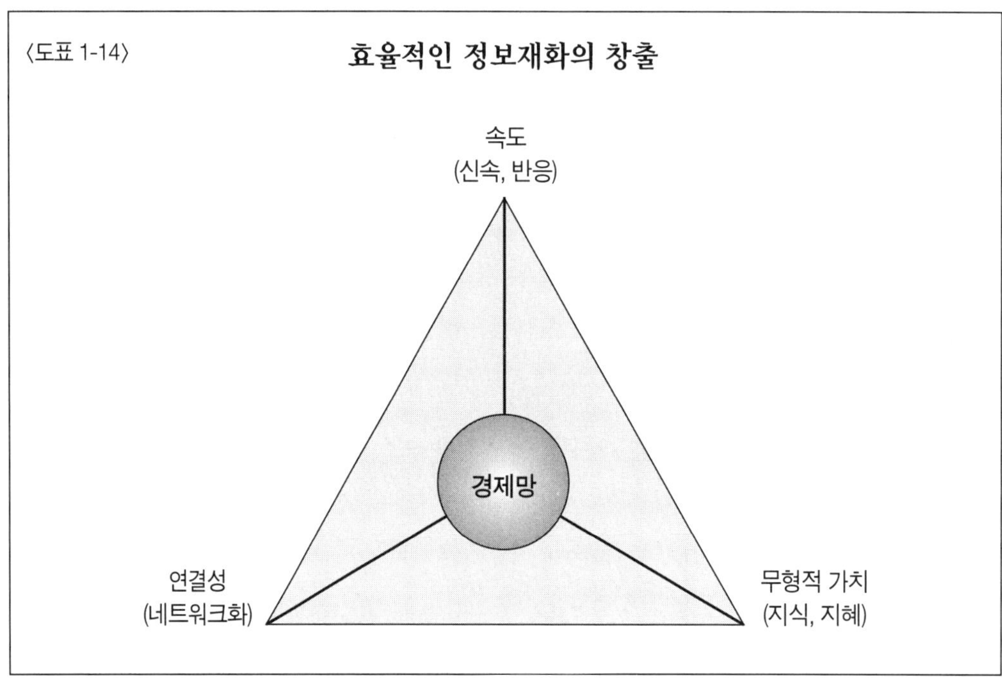

타임(real time)으로 정보가 획득되는 시대로 발전되고 있다. 동시에 첨단 기술과 지식을 얻기 위한 다양한 수단들이 빠르게 발전하고 있다는 사실이다.

○ 경쟁우위전략 및 경제전쟁에서의 대응

현대는 경제망(economic web)의 시대이다.[123] 그 의미는 경제속도의 증가, 무형적 가치의 추구, 연결성의 확산이 새로운 경제활동의 특징을 갖는다. 〈도표 1-14〉 동시에 이 시대는 현기증이 날 정도로 복잡하지만 네트워크가 성공을 보장하는 시대이다. 하버드 경영대학원 교수인 애덤 브랜드버거(Adam Branden Burger)는 이것을 '경제망' 이라고 정의했다. 그것은 곧 '네트워크 속에서 모든 사람이 가치를 창출하는 동시에, 그 가치에 대한 권리를 주장한다' 는 것이다.[124] 이런 네트워크가 가능한 것은 전자 기술 덕분이지만, 그러나 경제

---

123) 경제적, 기업적 요소들이 민첩성과 적응력을 높여 성장해야 한다는 의미에서 경제주체들의 네트워크화를 의미한다.

124) Stuart Kauffman, "The Evolution of Economic Web" in P. W. Anderson(eds), The Economy as an Evolving Complex System (Mass : Addison-Wesley, 1988), pp.125~137.

망의 본질은 역시 다양한 연결성이요 '관계' 에 있다.

따라서 이러한 '관계' 는 무엇보다 네트워크 커뮤니케이션의 가능성을 높이는 것이다. 동시에 지식과 경험의 거대한 융합에 의해서 이뤄진다. 그 내용은 ▲속도의 중요성으로서 예측과 계획에 의존하는 방식으로부터 융통성과 신속한 반사 작용을 도입하는 방식이 필요하고 ▲여기다 무형적 가치로서 기업의 전략, 생산하고 판매한 것의 비물리적 요소를 증가시키는 것을 지속적으로 행하는 것이 요구되며 ▲고도의 연결성으로 우리와 세계상의 대립이 아니라 각자의 발전이 보장되는 공동의 정보망, 경제망을 창출하는 능력을 의미한다.[125]

물론 백과사전적인 지식이고 구체적인 설명이 필요 없지만 경제의 성장을 유지하는데 있어서는 ▲저인플레와 저실업률의 유지 여부, ▲생산성의 향상 내지 하락이 일시적인가 혹은 지속적인가, ▲주식 시장의 활황과 수익에 따른 투자가들의 동향은 어떠한가, ▲국제 금융시장의 영향 정도는 얼마인가, ▲소비자들의 지출 규모와 소비자 물가지수(CPI : consumer price index)의 관계, ▲컴퓨터, 소프트웨어 및 다른 기술발전과의 연관성, ▲노동시장의 안정 여부 등이 집중적으로 고려되어야 한다. 여기서 강조하고 싶은 것은 경제논리가 아닌 정보의 건전한 잠재력을 말하는 것이다.

한편, 금융 위기로 인해 역시 전 세계적으로 연결되어 있는 신흥시장이 몰락하거나 투자심리가 경직되기도 한다. 아니면 미국의 다우지수(Dow-Jones average)의 폭락과 아시아에서의 홍콩의 항생지수(Hang Seng index)의 변동, 브라질의 헤알화(貨) 가치의 하락 등 전세계 금융체계가 흔들리는 경우가 많다. 이런 경제위기 때마다 많은 나라들은 경제회생을 극복하기 위해 국제협력과 정보교류를 강조한다. 기업은 금융위기 발생의 원인, 금융위기의 확산 여부, 경제회복을 위한 최상의 방법 등에 대한 정보수집 분석이 더 없이 필요하다.

선진국들은 경쟁정보 프로그램을 통해서 기업의 니즈 파악, 피드백 테크닉 향상을 꾀하고 있으며 경쟁정보 팀들을 운영하고 있는 배경이 된다. 기업들은 상호 반응하면서 상대방의 지식을 얻으려 노력하고 있는데 여기서는 아래와 같은 작업들이 요구된다.

첫째로 기업은 사회적으로 인구통계학적 접근을 통해 정치적 안정성 여부 그리고 주민들의 소비특성에 관한 세부적인 정보가 충족되어야 한다. 나아가 여러 경로를 통해 수집된 정보는 회사 수준의 통합적인 공동 데이터 베이스를 만들어 요소별 정보를 부단히 축적한

---

125) Stan Davis and Christopher Meyer, BLUR : The Speed of Change in the Connected Economy (Massachusetts: Perseus Book, 1998), pp.73~77.

다. 가령 인구이동 상태, 소비자들의 행위양식, 지리적 특성, 고객 관리 등에 관한 정보를 군집화하여 이른바 '정보관리 지도'를 만들어 운영하는 것이다. 중앙 도서관과 같이 수집되고 저장된 하나하나의 정보는 컴퓨터로 요새화된 정보은행을 만들어 전 구성원들이 사용토록 하는 일이다.

둘째로 전 세계적으로 이루어지는 인수·합병(M&A) 혹은 주식공개매입(TOB) 전략 차원에서 '기업적 정치력'에 대한 수집·평가이다. 다시 말해 기업으로 하여금 매수. 합병 전략에 대한 기업의 정치적 대응의 탐구이다. 인터넷 경제 체제에서 살아남기 위해서 인수·합병 전략이 일반화되고 있다는 사실은 어제오늘의 일이 아니다. 예로서 통신 혁명을 이끌어온 수천 개의 부품을 생산하는 시스코(Cisco)사는 2000년 5월 5일 '지능형 웹 전환 시스템'을 개발한 Arrow Point Communication 사를 인수했다.[126]

셋째는 기업의 구조 조정 등 '국제 제도간 경쟁'[127] 관계를 살펴보아야 한다. 각국은 국가·지역적 차원에서 무역 자유화를 진행시키는 지역 통합과 관련해 세계무역기구(WTO)에 의한 다각적 자유화를 보완해 가고 있다. 여기서는 주로 자국의 규제 완화 등 구조개혁을 통해 효율적인 제도를 구축해 가는 이른바 국가제도 간 경쟁이 심화되고 있다.

그것은 우리가 이해하고 있듯이 2000년대 이후 세계경제가 정보기술(IT)의 확산 등에 따른 구조변화를 겪고 있다는 사실에서 이해 될 수 있다. 글로벌화 경제체제에서는 개도국 역할이 확대되고 비 정부조직(NGO)의 활동이 활발해짐으로써 그 다양성이 심화되고 있다. 세계무역기구(WTO)는 무역관세, 투자, 서비스 등 포괄적 자유화를 지향하고 개별국가들은 그것을 통해 경제적 이익을 추구하도록 권장하고 있다.[128] 이런 이동의 모습들은 국민국가의 경제, 문화, 풍속, 자본, 정보를 넘어 상호협력이 확대됨을 시사한다.

넷째는 정보전쟁에서 지식전쟁으로 전환되고 있다는 사실을 인식하고 네트워크 경제에 대응하는 전략이다. 앞에서 정보와 지식의 관계를 설명하였지만 담론형식에 있어서 지식은 상품이라고 주장되는가 하면 기업적인 자산으로 평가되기도 한다. 요는 경영인이 지식을 경영하기 위해 지식정보가 필요하다는 공통적 인식을 갖고 있으며 정보지식은 돈과 같은 이미지로 작용한다. 따라서 현대사회에서 고립된 기업의 경우 정보전에서 단독으로 전

---

126) For Eastern Economic Review, May 18, 2000.
127) '국제제도간 경쟁'이란 글로벌 경제체제, 지역 통합, 시장 선행형으로의 상호의존이 심화되면서 자국의 구조개혁 특히 의료, 교육, 사법 등에 대한 개혁이 경쟁적으로 진행된다는 의미를 갖는다.
128) 『日本經濟新聞』, 2000年 5月 16日.

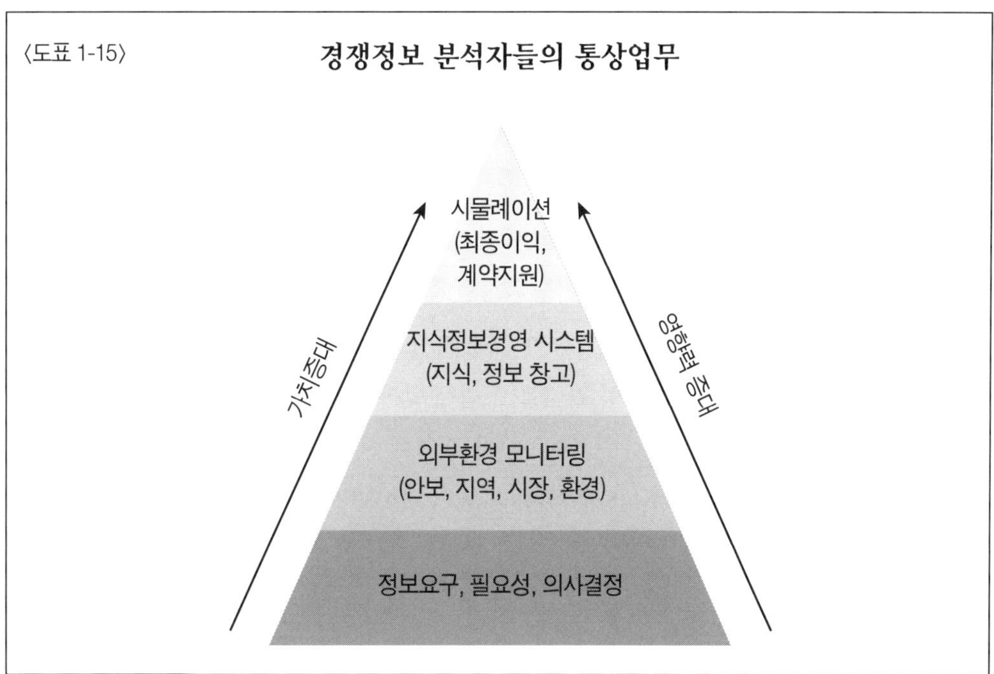

※ 자료 : John E. Prescott and Sterphen H. Miller(2001) p.82를 재구성

쟁을 수행할 수 없을 뿐더러 정보전쟁에서 승리하려면 매스 미디어활용, 훌륭한 연구기관의 운영, 소비자 시민단체들과 협력 체제를 갖추어 나갈 수밖에 없다. 이를 위해서는 무엇보다도 정보수집 능력에 앞서서 정보수행 능력이 더 중요하다는 사실을 인식해야 한다.[129]

  잠정 결론으로 위에서 설명한 내용들은 '경쟁정보' 영역에서 다루는 내용들이다. 경쟁정보는 시장기반경제체제에서 첩보(information)를 기업에 직접 사용할 수 있는 정보(intelligence)로 전환시키고 이를 근거로 글로벌 시장에서의 경쟁적 우위를 지키는 기술이다. 경쟁정보전문가 프레스코(Prescott)는 경쟁정보가 '경쟁역학에 대한 실행을 옮길 수 있는 통찰력을 개발하는 프로세스'라고 말한다. 국가정보와 마찬가지로 경쟁정보는 기업으로 하여금 조기경보, 전략의 수립, 실천을 돕는 지식을 생산하는 것이다. 그러므로 우수한 경쟁정보 전문가는 정보수집의 일상화, 전문화, 휴먼 인텔리전스 네트워크 운영, 다양한 분석방법, 프레젠테이션 등의 스킬을 개발할 필요가 있다.[130]

---

129) Alan D. Campen(others). Cyber War: Security, Strategy. and Conflict in the Information Age, (Virginia : AFCEA International Press, 1996), pp155~156.
130) John E. Prescott and Sterphen H. Miller(2001), op.cit, pp.1~6.

◐ 정보의 상업화

정보의 상업화는 두 가지 측면에서 살펴볼 수 있다. 하나는 국가 기밀이나 기업정보를 타자에게 불법적으로 팔아 넘기는 것이고, 또 하나는 정보를 정상적으로 생산해 판매하는 경우이다. 우선 고급정보를 지득하거나 소유한 사람이 개인의 이익을 위해 불법적으로 남에게 돈을 받고 팔아 넘기는 행위는 많은 예가 있다. 그 중에서도 CIA 관료였던 캠파일즈(William Kampiles)는 미국의 최첨단 첩보위성인 KH-11의 매뉴얼을 얼마 안 되는 돈 3,000달러에 소련으로 팔아넘겼다. 또 자동차 부품회사인 TRW의 전 고용원이었던 보이스(Christopher Boyce)는 1997년 위성 기밀을 소련에 팔아넘긴 혐의로 유죄판결을 받았는데, 그가 내통한 기밀들 중 하나가 KH-11과 유사한 위성에 관한 설명서였다.[131] 이런 행위들은 국가기밀이나 기업정보를 자기 이익을 위해 남에게 팔아넘긴 것이고 정보보안을 어긴 것이다.

물론 이런 정보장사는 어제오늘의 일이 아니다. 정보산업에 종사하는 사람들은 냉전이 해체된 이후에도 '합리화된 사업'으로 여겨지고 있다. 정보를 중심으로 조직의 내·외적 혹은 우리 것 그들의 것 구분이 혼란스러운 상태에서 거래되는 경우가 많다. 적대세력에게 비밀정보를 넘겨주는 것은 직장생활에서 쌓인 막연한 불만이나 큰돈을 벌어보겠다는 지극히 개인적인 욕심이 작용한 결과로 볼 수 있다. 또한 익명화된 자본주의 사회에서 개개인의 주체적 관여 혹은 협동을 통해 상호 작용으로 정보 상품을 판매하는 경우가 많은데 이제는 하나의 경제시스템이 되고 있다.[132]

또 다른 하나는 앞에서 말한 내용과는 판이하게 다른 것으로 정보화가 진전되면서 정보-지식은 점차 이윤을 추구하는 회사들에 의해서 가공되고 처리되어 상품으로 만들어지는 이른바 정보의 상업화가 이루어지고 있는 시대이다. 공공도서관이나 공공기관들이 제도적 장치들을 통해 유용한 정보를 판매하고 있는 것을 말한다. 정보에 바탕을 둔 새로운 산업들—금융, 오락, 통신, 비즈니스 서비스, 교육, 문화콘텐츠—은 현대 경제사회에서 차지하는 비중이 증가하는 가운데 미국은 그 비중이 25%를 넘어섰다. 더구나 생명산업 생물

---

131) J. Der Derian, "Spy versus Spy" : The Intertextual Power of International Intrigue, in James Der Derian & Michael J. Shapiro(eds), International/Intertextual Relations : Postmodern Reading of World Politics (Lexington: Lexington Books, 1989), pp.174~179.

132) Robert Kohler, "The Intelligence Industrial Base : Doomed to Extinction", Working Groupon Intelligence, The Consortium for the Study of Intelligence(Washington, DC: Consortium for the Study of Intelligence, 1994), pp. 303~307.

공학, 섬유류, 건축, 각종 소프트웨어들은 지적재산권이나 과학적 노하우로서 그 비중도가 15%가 넘고 있다.[133] 또 1990년대 초반 「브리태니커 백과사전」은 방대한 32권으로 구성돼 있는데 소비자는 총 1,600달러에 구입해야만 했다. 그러나 빌 게이츠 (Bill Gates)는 「인카타」(Encarta)라는 디지털 백과사전을 만들어 보급했다. 이 전자백과사전은 한 장의 CD롬에 수록해 49.95달러에 팔았다. 이 시디롬은 계속 업그레이드 할 수 있었고, 그 결과 1년 반도 안돼서 「인카타」는 전 세계 백과사전의 베스트셀러가 될 수 있었다.[134]

이렇게 국가나 기업들은 다 같이 경제적이거나 인구 통계학적, 지역적, 직업적, 문화적, 환경적, 군사적 정보를 포함한 전 영역의 정보를 제공하기 위한 정보서비스체제를 갖추어 가고 있다. 과학적, 기술적 데이터의 폭발적 확대로 인해 전 사회조직은 효과적이며 적시적인 정보를 필요로 하는 사람들에게 매우 효과적이다. 더구나 기업은 좀더 생생한 정보가 이윤을 창출하는데 있어서 핵심적인 요소로 지목되고 있다. 경쟁이 심해지는 글로벌 시장에서 이기려면 무엇보다 전체 경제사슬(entire economic chain)의 행태의 정보를 알아야 한다. 경제사슬의 문제는 원가, 가치창조의 사슬을 의미하나 여기에는 기업들 자체의 정보획득구조가 어떠한가를 알아내는 일이다.

이와 같이 정보의 세계는 만남의 장벽이 점차 낮아지는 것이며, 기업은 네트워크가 빠르게 확산되어 제품이나 서비스의 품질, 가격 조정, 기술력이라는 부가가치만이 순수한 판단에 기준이 된다. 미국 기업의 경우 1989년 인터넷에 연결된 기업은 10%에 불과하였지만 1993년 이후에는 이미 60% 이상이 온라인화되었다. 박람회 전문회사인 EDS사는 40만 대의 컴퓨터와 단말기를 95군데에 있는 데이터센터에 연결해 운영하고 있다. EDS사는 매일 5,120만 건의 거래와 자료 전송을 처리하고 49조 7천억 개의 데이터를 저장해 운영하고 있다. 이는 미국 의회의 도서관이 보유한 정보량의 45배가 되는 양이다.[135]

결국 미국 등 선진국들의 사회발전은 바로 가공된 정보를 생산하는 능력과 새로운 정보 부문의 이윤을 극대화하는 경제적, 문화적 환경을 창출해 가는데 있다. 예를 들어 지식관리시스템개발 업체인 트라시스코(www.trasysco.com)는 기업을 대상으로 경제·경영 관련 콘텐츠를 2001년 7월부터 판매하고 있다. 이런 발전은 곧 정보의 시너지 효과를 높이고, 새

---

133) Jeremy Rifkin, The Age of Access : The New Culture of Hypercapitalism Where all of Life is a Paid- for Experience (NewYork : Penguin Putnam, 2000), pp.55~60.
134) Jeremy Rifkin, ibid, p.87.
135) Jeremy Rifkin, ibid, p.18.

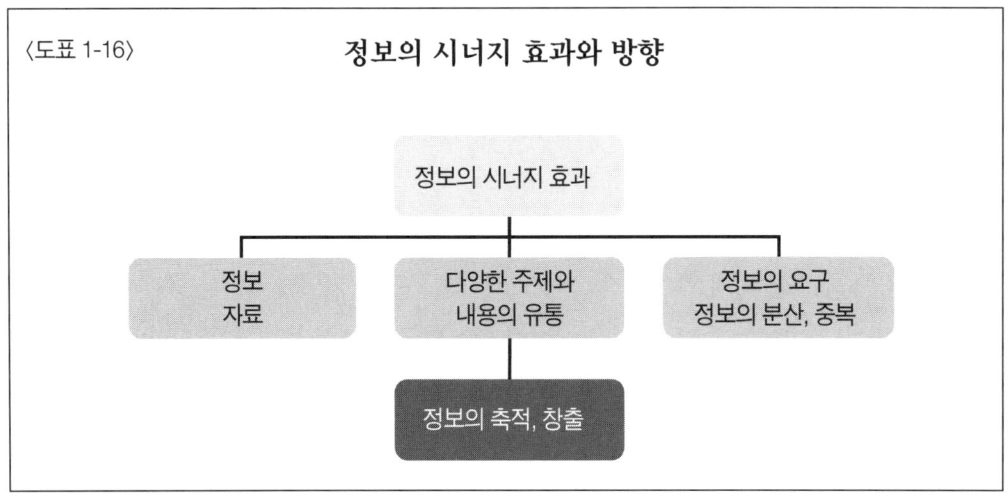

로운 지식과 통찰력을 발휘할 수 있는 능숙한 기업조직으로 발전할 수 있음을 반영한다. 따라서 정보의 상업화를 촉진하기 위한 시너지 효과를 표시하면 〈도표 1-16〉과 같다.

위 그림에서 보듯이 정보는 하나의 '사회상'에서 계속 발생하고 다양한 주제와 내용으로 우리의 생활세계 가운데서 유통된다. 그리고 정보는 분산과 중첩으로 유통되어 상호간 보완성 혹은 의존성이 존재하게 된다. 현대 사회의 다양한 조직들은 그들의 공동목적을 설정하고 조직적으로 정보, 지식을 만들어 내는 등 정보시스템을 가동시킨다. 이것은 정보의 시너지효과이면서 동시에 과거로부터 축적된 정보에 덧붙임으로서 한층 좋은 정보를 창출해 낼 수 있다. 또한 이렇게 생산된 정보들을 체계적으로 조합하고 분류함으로써 정보가 갖는 체계성과 축적이 가능해질 뿐만 아니라 정보 연결망을 통해 새로운 정보의 효과가 나타나게 된다.

기업정보 수집에 대한 저항과 윤리의 문제

기업들은 시장 점령 내지 시장 분할(segments)이라는 특수 목표를 세우고 이에 도달하기 위한 정보를 필요로 한다. 과거에는 경제가 마르크스적 입장에서 약탈 경제였다면 지금은 '정보의 약탈' 사회이다. 이제 정보약탈은 선·악의 대상이 되었으며 정의로운 것, 정상적인 것, 평화를 지키는 요소가 된 것이다. 그러다 보니 전통적인 개인의 사생활까지 위협하는 사례가 크게 나타나고 있다. 고객에 대한 전방위적 정보를 얻어내는 바람에 일반대중으로부터 저항을 받게 되는 경우가 허다하다.

더구나 기업의 경우 정보 수집에 큰 도전을 받고 있는데 국가정보조직들처럼 첩보 수집과 관련한 인간정보, 과학기술정보 그리고 전문분석기술 등 특별한 스킬을 갖고 있지 못하다. 기업마다 경쟁정보가 필요한 나머지 경제ㆍ산업정보를 수집할 경우 국가안보를 위한 첩보 즉 스파이 활동과 동일시하는 경향이 있어서 실제 행동에는 많은 문제가 따른다. 그만큼 한계가 있고 어려움이 많다는 의미이며 고심해야 할 사항이다.

그런데 실제로 초국가 기업들은 그 규모가 매우 커서 그 자체로서 몇 가지 국민−국가적(nation−state) 특성을 지니게 되었다. 회사 자체의 준 외교관 신분의 요원들은 고도의 효율성을 지닌 정보기관의 요원들처럼 행동하는 것이 그 예이다. 민간정보기관들을 분석한 「유령」(Spooks)의 저자 짐 호건(Jim Hougan)은 기업의 정보. 수집ㆍ분석에 대해 "다국적 기업의 정보 수요는 미국, 프랑스 등 여러 나라의 국가정보수요와 크게 다를 바 없다"고 지적한다.[136]

민간 부분에서도 많은 경쟁정보 팀들이 있다. 독일의 롤랜드 버거(Roland & Berger) 같은 기업들은 경쟁정보팀들을 합법적으로 운영하고 있다. 이들은 각각 자신의 독특한 방법으로 공개출처와 공개 소프트웨어, 공개 서비스 망을 이용하고 있다. 그런데 이들이 입수하는 방대한 양의 자료들이 완벽한 메뉴 형태가 아닌 무질서하게 떠밀려 돌아다니는 모래와 같은 형태일 수도 있다. 다시 표현하면 공동체 사이에는 여러 장막이 가로놓여 있고 각 공동체 내의 조직간에서도 많은 장막이 있으며, 심지어 개인간에도 차단 막이 있다는 사실이다. 그러나 경쟁정보팀들은 기업목표를 위해 그리고 기업이 어려움에 빠질 때 정보가 있는 곳을 속히 알아내고 혹시 놓친 부문이 무엇인가를 판단해 행동의 시간을 돕는 것이다.

문제는 서구 사회에서는 정부나 기업에 의한 정보수집에 대해 시민들의 항의가 크게 증가하고 있다는 사실이다. 미국의 기업공동체(Corporate Community)들은 사생활 침해에 대한 국민의 인식이 증가하는 것에 대해 크게 민감하게 대처하며 기업을 운영하고 있다. 사실 경쟁정보가 합법적인 출발에서 시작했더라도 범죄 행위로 돌변할 수 있어서 정보 획득에 사용되는 방법의 선택과 밀접한 관계가 있다. 정보를 얻기 위해 사용하는 수단이 법률에 위배된다면 이는 범죄 행위가 된다. 그러나 인간의 유혹은 계속되는 것이어서 경쟁대상자들

---

136) 이를테면 미국의 엑슨사, 체이스맨하턴 은행, 록히드 항공사, 일본의 미쓰비시사 등은 자체 정보수집활동이 우수해 국가정보수준 급으로 알려져 있다. 엘빈 토플러 『제3물결』, 이규행 (역) (서울 : 한국경제신문사, 1993) 참조.

에 대한 특별한 정보는 조직적으로 보호되므로 범죄적 수단에 의해 획득될 수밖에 없는 일이 생긴다. 산업 스파이로부터 핵심 정보를 지키는데 필요한 정보 분류는 그 비밀의 중요도에 따라 크게 3가지로 나눈다.

- 넓게 천천히 유포되는 정보이다. 이것은 기업의 생산에 관한 기술정보 및 기업의 이미지에 영향을 미치는 선전용 정보를 포함한다.
- 특별히 보호되지 않으나 활발하게 유포되지 않는 정보이다. 기업의 경쟁적 위치에 큰 영향을 미치지 않는 정보들, 이를테면 직원들의 야유회, 사내 식당의 메뉴, 또는 기업이 사용하는 팩스기의 제조업체 등이 포함된다.
- 타인들로부터 필히 보호되어야 할 정보가 있다. 경쟁상대로부터 또는 만약 기업이 법률(세금 조항, 수출금지 규칙 등)등을 어길 경우 정부로부터 제재를 받거나 국가에 의해 보호되는 정보이다. 여기에서는 매우 다양한 보호 등급이 있는데 예를 들어 연구결과의 특허권과 군비 생산과 같은 경우는 최고 비밀에 속한다.

더구나 글로벌기업들의 경우에도 전통적인 정보조직이 없는 상태에서는 기존의 공개적 방법인 다원적 출처방식으로 정보를 생산할 수밖에 없다. 기업들은 패러다임변화(paradigm shift)를 통해 공개정보에 심혈을 기울일 수밖에 없다. 사실 정보처리과정에서 일어나는 가장 중요한 변화는 비밀 출처를 계속 충분히 유지할 수 없다는 것과 정보공동체가 정보 사용자들에게 들어가는 첩보를 대부분 통제할 수 없게 된 사실이다. 무질서하게 흩어져있는 많은 공개 출처와 공개 소프트웨어, 공개 서비스망을 검색하는 일과 혼재되어 있는 많은 출처를 찾아 이것들을 복합적인 소프트웨어 내에서 통합하고 다시 이를 가공해 정보 사용자에게 질 좋은 서비스를 할 수 밖에 없다.

국내 상황에서 보면 국제통화기금(IMF) 체제 이후 기업들의 정보전은 총성 없는 생존 차원의 전쟁이다. 경제에 대한 정치권의 영향이 크게 미치는 현실 속에서 경제 사회 전 분야에 대한 판을 읽는 것은 기업의 생존과 직결돼 있다. 기업체 내에 정보를 다루고 생산하는 곳은 경영조정실(경조실), 기획조정실(기조실), 비서실에서 담당하며 기업 총수들의 직할 체제로 운영된다.

이 장을 마무리하면서 자본주의 국가에서 기업정보는 무차별적으로 유통된다는 사실이다. 심지어 경쟁이 격화되면서 악성 정보전의 하나인 '유비통신' 까지 일방적으로 생산되고 있다. 기업 정보전문가들이 증권가들이나 대기업주변에서 발 빠르게 뛰면서 정보를 생산하고 유통시킨다. 국내에서는 서울 여의도 증권과 금융가에서 '정보클럽' 들이 결성돼 하루 수십, 수백 건의 출처 불명의 정보를 쏟아내고 있다. 그러다 보니 정보를 독점하는 기업이 정보를 악용하거나 왜곡된 정보의 불균형적인 흐름은 이제 위험 수위를 넘게 되었다. 또 한 편으로는 기업체에서 정보전이 치열해 지지만 많은 중소기업들은 정보의 부족을 탄식하고 있다. 정보사용자는 때로는 전화기 앞에서 아니면 인터넷 등에서 정보를 얻고 상황보고가 들어오기를 기다리는 것이 오늘의 현실이다.

제3장

정보의 생산양식과 사용자의 관심

제3장
정보의 생산양식과 사용자의 관심

정보의 생산 양식과 관련해 정보기관의 능력에는 복합적이지만 수집과 분석이라는 두 가지 큰 기둥이 있다. 그리고 여기에 덧붙여 상대적으로 좁은 의미의 비밀공작(covert action)과 방첩기능을 추가해서 전반적인 정보기능이라고 할 수 있다. 정보세계에서 수집과 분석기능은 일반적으로 용인되는데 반해서 '비밀공작'은 논란의 대상이 되는 것도 사실이다. 또한 떠돌아다니는 전파신호를 수집하는 통신감청 활동도 논란의 대상 중의 하나이다. 팩스와 e메일, 인터넷으로부터 민감한 정보를 수집하는 데는 상당한 제약이 많고 정상적인 법적 절차를 따라야 하는 것은 물론이다.

그리고 국가이익 보호라는 목표를 수행하는 정보기관들이 상업적 영역에서 활동하며 경쟁정보를 획득하고 있는 것도 사실이다. 물론 이런 경우 국가기관이 첩보수집으로 얻은 정보가 사기업에 제공되는 것에는 실질적 문제가 있다. 그러나 이러한 활동은 자신들의 국가방위, 내부치안, 국가 번영과 문화 정체성을 보증하는 수단[137]이라는 점에서 정보가 필요한 요소이지만 동시에 다른 문제를 일으키기도 한다.

따라서 본 장에서는 이런 활동을 통해 얻어지는 정보의 생산 양식과 관련해서 우선 정보

---

137) Bill Gertz, Enemies : How America's Foes Steal Our Vital Secrets- And How We Let it Happen(New York : Crown Forum, 2006), pp.184~188.

의 구성요소, 정보의 요소별 분류, 사용목적에 따른 분류를 알아보기로 한다.[138] 이러한 요소들은 정보의 수요와 정보의 우선순위에 관계없이 정보기관의 기능이나 임무가 변하더라도 정보업무를 수행하는데 있어서 시의 적절한 정보를 생산해 내야 하는 대상이기 때문이다. 더구나 정보는 확실하고 명증된 것보다는 의심, 의문, 가설문제 제기 등에 잘 대답하도록 하는 양식이다. 정보의 시제는 현재 진행형이지만 그 의미와 분석의 시제는 언제나 동시성 내지 현재 완료형이면서 미래 지향적으로 제시하는 작업이다.

3-1. 정보의 구성 요소와 제반 특성

정보학에서 연구대상으로서의 가치는 인간관계와 관련된 가치가 아니라 정보의 객관성과 사실성, 당위성에 관한 것이다. 다시 말해 과학적 연구의 가장 중요한 목적은 정보를 잘 조직화하고 경험적 지식체계를 얻자는 것이다. 사회적 사실들을 성찰하고 이들을 질서 있게 배열하여 다른 것들과의 관련성을 찾아서 올바른 정보 판단과 정책결정의 객관성을 유지하는 일이다.

우리가 이해하고 있듯이 국가가 갖는 모든 행위의 무게는 어느 것들보다 더 무거운 것이다. 민족들을 구성하는 국가는 사회 문화, 도시 등 역사의 온갖 힘들을 동원할 수 있는 힘을 가지고 있다. 여기서 정보는 마르셀 모스(Marcel Mauss)가 말하는 '전체적 사회적 사실'(fait social total) 들에 대한 의미를 판단하는 일이다.[139] 이를 위해서는 무엇보다 정보생산자와 사용자간의 관계를 잘 구축하는 것이 매우 중요하다. 만약 정보기관 측에서 사용자들에게 가치 있는 정보를 지속적으로 제공하지 못할 때는 그 존재 이유가 사라지게 된다. 정보는 사용자의 요구를 잘 충족시키는 것으로서 보다 질이 높은 정보생산이 이루어지도록 해야 하는 것이다. 질이 높은 정보를 제공한다면 그 가치가 여러 측면에서 나타나게 되고 정보기관의 역할을 더 강화하게 된다. 단순히 정보만으로 어떤 결정적 판단을 내리기가 매

---

138) 이런 분류는 미국정보기관에서 분류한 것을 기준으로 설정하였다.

139) 모스(Mauss)는 심리적 요소보다 집단주의적 또는 구조적 교환 관점에서 네트워크를 분석하고 있다. 주로 교환을 수행하고 계약을 만들고 상호성을 이루는, 의무에 구속되는 규칙과 코드를 '사회적 사실'로 보았다. Jonathan H. Turner, The Structure of Sociology Theory, 전대환 외(역) 『현대 사회학이론』(서울 : 나남, 2001), p.324.

우 조심스럽지만 정보는 산소와 같은 것이다.

3-1-1. 정보의 가치 확대 방향

사회과학이 추구하는 실증성과 객관성, 측정 가능성이라는 측면에서 생각할 때 가치 확대의 문제는 주·객관적인 요소와 다양한 가치에 따라 논박을 받을 여지가 많다. 가치 중립화는 매우 어려워서 인식과 규범성에 입각하는 주관성이 개재할 가능성은 언제나 열려 있기 때문이다. 그러나 정보의 가치는 바로 가치판단이 되는 것으로서 특정한 문제를 판단하는 경우 그 가치판단은 불가피해진다. 더구나 국가안보정책이나 기업생존 전략에서 수집된 자료와 사실을 근거로 해서 이를 개념화하고 명제를 형성하고, 그리고 이론을 전개하는 등의 의미판단이 이루어지고 나아가 생산된 정보는 특정 가치로 작용하게 되는 것이다.

그러므로 우리의 습관으로 '좋은 게 좋은 것'이라는 식으로 생각할 수 있지만 정보에서는 그렇지 않다. 좋은 것에도 일종의 '악'이 있을 수 있고 부족한 것일 수 있다. 대책 없는 낙관론은 끝내 좌절을 불러올 수밖에 없을 것이다. 그런데 정보의 자원은 욕망에 비례한다. 얻고자 하는 욕망만 있다면 어느 정도 가능한 영역이다. 가령 수집, 분석, 평가해야 하는 산더미 같은 자료들이 많이 존재할지라도 핵심적인 이익을 위해서는 이를 잘 소화해야만 한다. 정보 판단에는 거의 소용되지 않거나 분석 평가할 만한 핵심요소가 결여돼 있을지라도 주관적 선입견을 배제하고 그것을 선별하고 존안하는 일을 중단해서는 안 된다. 불안전한 정보로 인해 그리고 분석과정에서 첩보의 보완이 요구될 때 축적된 자료들은 과실의 위험을 줄일 수 있기 때문이다.

정보는 일종의 편집이며 동시에 창조물이기도 하다. 예술에도 패러디(parody : 풍자적 모방)가 있고 문학에도 패스티쉬(pastiche : 여러 작품을 뒤섞은 혼성 모방)가 있다. 그리고 음악에는 샘플링(sampling : 작곡, 편곡용 연주 표본)이 있으며, 기업경영에도 타 기업의 성공 사례를 참조하는 벤치마킹(bench marking)이 있다.

마찬가지로 일본의 마츠오카 세이고(松岡正剛)는 지식이나 정보를 '편집 지식'이라고 설명한다. 그가 말하는 '편집 지식'이란 여러 가지 자료들과 사실을 조합하여 구성한 지식이나 정보를 의미한다. 그래서 정보를 생산하고 그 가치를 확대하는 사람은 '어중간한 중간'에서 동시대적인 한 부분, 사건을 편집하고 있는 것이다. 심지어 그는 '어디에선가 온 것, 누군가가 그렇게 생각했던 것'을 편집하고 있다는 점에서 본질적으로 인간은 '편집적

동물' 이라고까지 말한다.[140]

그러므로 정보의 질을 결정짓는 요소는 지식이나 정보를 잘 편집 분석하는 것으로 볼 수 있다. 무엇보다 국가정보에 있어서는 관련성(relevance), 적시성(timely), 정확성(accuracy), 완전성(completeness)을 갖추어야 한다. 그밖에도 보완성(complementariness), 명확성(clearness), 확인성(verifiability), 계량성(quantity ability) 등이 확보될 때 정보의 질적 가치가 높아지고 유용한 생산물이 된다.

▶ 관련성

관련성이란 둘 혹은 그 이상의 변수의 변화 정도를 알아내는 개념이다. 모든 생활사(life history)는 계기(繼起 : succession)와 계기(契機 : occasions)들이 이어지는 것이어서 모두 관련성을 갖는다. 현실적 존재들은 보다 복잡한 다중적 결합체(multiple nexus)를 이루고 있는데 각 현 실태가 통일성과 다양성 통합성 개별성 등의 범주가 있다. 따라서 하나의 사건들은 모두 어떤 형식, 양. 질적 패턴, 유동성과 영속성, 보다 적고 많은 정도의 성격을 뛰며 나타난다. 여기서 상호 연결에는 여러 사항들 간의 양립가능성과 모순성이 작용하기도 한다.

정보활동은 온·오프라인 상에서 지역, 국가별 무한 관계에서 생산과 소비 관계이고 정보생식능력의 발휘 여부에 따라 달라진다. 특히 정보는 이들의 관련성을 밝혀 사용자의 요구를 충족시킬 수 있는 것이어야 한다. 숨어있는 관련성을 밝히는 것이 핵심이며 가치를 높이는 일이다. 또한 정보가 정치적으로 이용되지 않도록 하면서 동시에 보편타당성을 잃지 않도록 하는 것이 중요하다. 국가나 기업에 있어서 정책을 수립하고 집행하는 것과 관련된 것으로서 의사 결정에 필요한 문제의 상황을 파악하고 진단함으로써 정보의 효용성을 높이는 것이다.

▶ 적시성

적시성은 일반적으로 시간의 개념과 결부된 요소들, 즉 존속(endurance)과 변화(change)들의 개념이지만 정보에서는 현재의 시간, 즉 변화하는 그 자체의 시간성(temporality)에 절

---

140) 마츠오카 세이고(松岡正剛), "21世紀の 編集知のために", 『情報文化の 學校』(東京 : NPT出版社,1998), pp.24~29.

대 영향을 받는다. 원래 행태주의 과학에서는 시간성의 법칙(temporal laws) 을 크게 중시한다. 시간이 가장 중요한 변수로 작용한다는 뜻이다. 인과관계가 시간적 격차를 두고 발생한다는 점(등간적 법칙 : interval laws)이나 어느 시점(零에서)의 상태에서 출발하여 어느 방향으로 발전되어 가는가 하는 관점 등을 고찰 대상으로 하고 있다. 이것들은 다시 말해 시간적 측면들을 강조하는 것으로서 실증적 사례간의 전후 순서를 밝혀 처리한다는 의미를 갖는다.

구체적으로 정보는 사용자가 필요로 할 때 그에 알맞게 적시에 제공되어야 한다는 원칙이다. 정보는 반드시 특정시기에 사용되는 것으로서 의사결정을 내리는데 있어서 그때그때 필요한 정보를 제공받지 못한다면 그 정보는 정보로서의 의미를 상실하게 된다. 손자(孫子)에 의하면 전쟁의 승리는 때맞춰 알맞은 정보를 확보하는 장수가 차지한다고 했다. 현재 우리들 삶 속에서 일어나는 문제들이 복잡한 나머지 시간을 허비하거나 어떤 일의 무관심은 그만큼 정보의 가치를 상실하는 것과 같다.

⭕ 정확성

정보 세계에서 '정확성' 은 정보 자료의 평가 및 분석에 중요한 영향을 미치는 기준이 된다. 정확성이란 정책 결정자가 무엇을 알고 무엇을 모르고 있는지 등에 대해 정확히 이해시키는 것을 의미한다. 정보는 의사 결정을 내리는 지식이기 때문에 그 내용이 사실과 얼마나 부합하느냐 하는 것이 중시된다. 만약 정보가 정확하지 못할 때는 엄청난 부정적 결과를 가져오게 되고 해독을 끼치게 됨은 물론이다. 그러나 정보는 언제나 '과오' 를 범하기 쉽다는 점을 간과해서는 안 된다. 정보에 관한 한 문제들이 마치 신과 같은 전능의 힘을 가져야만 대답할 수 있는 것도 있고, 또 어떤 경우는 제한된 시간 내에 도저히 답할 수 없는 경우도 많다. 하지만 정보사용자는 충분한 대답을 요구하고 있다는 점에서 정보생산자는 적기에 정확한 정보를 제공하는 것을 결코 잊어서는 안 된다.

그런데 정보의 정확성을 상실하게 되는 이유는 여러 가지가 있을 수 있다. 누차 지적하는 것이지만 ▲자료에 오류가 있거나 ▲자료 자체에 오류가 없지만 시간이 경과함에 따라 사실 내용이 변질되는 경우가 있고 ▲정보 생산자의 선입관이나 편견이 개입되는 경우가 있으며 ▲시간에 쫓기는 나머지 사실 확인을 하지 못할 때에 주로 발생한다. 그러나 더욱 중요한 것은 시간에 쫓겨 사용자의 의사 결정을 방해하거나 영향을 주기 위해서 의도적으로 정보를 왜곡하는 경우를 조심하여야 한다. 정보를 100% 정확하게 판단하고 작성하기란

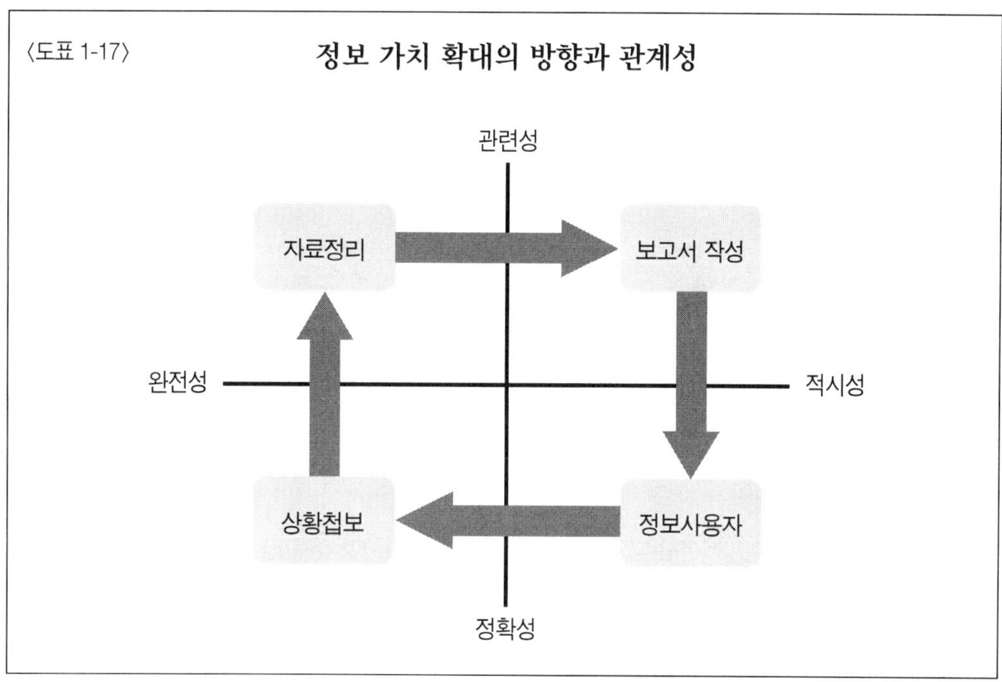

〈도표 1-17〉 **정보 가치 확대의 방향과 관계성**

그리 쉬운 일은 아니지만 설명. 논증의 문제는 타당화의 맥락과 논리적 엄밀성이 지켜져야만 한다는 점이다.[141]

◐ 완전성

원래 사회과학에서는 완전한 설명을 요구한다. 논증의 형식적 구조인 법칙이나 조건 등 모두를 명시적으로 설명해야 하는 것이다. 때문에 설명은 일정한 요건을 충족시켜야 함에도 불구하고 이것이 어렵다고 해서 이런 요구를 완화하거나 빼버려서는 안 된다. 단편적이거나 부분적인 지식이 되어서는 안 된다는 뜻이다. 또한 문제를 한 가지 방향으로만 다루거나 특정한 접근 방법에만 매달릴 때 좋은 정보를 생산하기는 어렵다. 그러나 훌륭한 정보는 정보사용자가 필요로 하는 것을 가능한 빨리 완전하게, 간결하게 파악할 수 있도록 하는 것이다. 덧붙이면 '완전성' 이라고 해서 정보의 내용이 복잡하거나 혹은 불충분한 것 그 자체가 전혀 안 된다고 말하는 것이 아니라 가능한 정보를 충분히 이해할 수 있도록 한다는 의

---

141) S. Kent(1965) op.cit, pp.194~195.

미이다. 정보 이용자가 원하는 정보를 사용하기 쉬운 형태를 모두 포함하고 있어야 한다는 원칙이다. 정보는 모든 사상(事象)을 묶어서 종합된 지식으로 생산하는 것이다.

의심할 여지없이 정보에 있어서 신뢰성과 적시성 정확성은 필요조건이 될 수 있으나 신뢰성과 정확성이 결여되면 그것은 이미 무가치한 첩보이거나 잡음(noise)일 뿐이다. 하기 때문에 정보를 하는 사람은 결코 무감각의 심성을 지녀서는 안 된다. 모순에 대한 둔감성, 수치에 대한 부정확성, 장황한 묘사 그리고 시간 내에 처리 못하는 과오를 범해서는 안 된다.

3-1-2. 정보가치의 변화와 정보함정의 극복

사람들은 참깨로부터 기름이 나오고 버터가 우유로부터 나온다는 사실쯤은 모두 알고 있다. 하지만 우리는 실제로 참깨와 우유를 처리 가공할 때만이 필요한 기름과 버터를 얻을 수 있다. 세상의 모든 것이 정보의 출처들이지만 그것을 목적의식적으로 깨달아 처리할 때만이 훌륭한 정보, 지식이 나온다는 말이다. 그러한 정보와 지식은 국가나 기업, 개인에 있어서 필요한 가치를 지니는 것이어서 끝없이 그 가치는 변화고 사용자를 기다리기 마련이다.

분명히 정보가 생산될 당시에는 정보의 가치가 충족되었으나 시간이 지나면 그 가치가 달라지게 된다. 그것은 정보가 본질적으로 개인 또는 집단과 관련된 사회 현상이기 때문이다. 그러므로 정보생산자는 정보의 대상이 되는 모든 사물과 현상의 변화과정을 추적하여 계속 확인함으로써 정보의 가치가 지속되도록 해야 한다. 목적의식적으로 사회를 성찰하고 필요정보를 수집하려는 자세가 되어있지 않으면 소용이 없다. 첩보는 당장 유효하지는 않더라도 그것을 일관되게 잘 정리하고 보관해 둘 때 유효한 분석과 정책결정 그리고 행동지침을 결정하는데 도움이 된다. 입수된 첩보가 즉각적인 행동을 요구하는 당면한 문제의 첩보(live information)는 아니더라도 언젠가는 이런 특수 첩보가 꺼져 있는 정보의 불씨를 되살릴 수 있는 부싯돌의 역할을 하게 되는 경우가 많다. 정보는 일종의 문제해결의 불씨가 된다는 점에서 '몰입'의 대상이기도 하다.

우리가 이해하고 있는 수확체감의 법칙은 정보에서는 설득력을 가지지 못한다. 전통적으로 수확체감의 법칙은 19세기 경제학의 중심개념이었다. 이 개념의 핵심은 생산에 있어서 규모의 경제학 즉 구매력, 노동시간의 조종, 에너지 효율 등으로 인해 규모가 커질수록 그로부터 발생하는 효과가 줄어든다는 것이다. 다시 말해 하늘 끝까지 성장하는 것은 있을 수 없다는 생각이었다. 그러나 후기 산업사회, 정보사회에서는 연결성 등 네트워크화가 이루어지고 나아가 SW의 개발과 무형가치의 확대 등으로 기존의 개념이 더 이상 유효하지 않다는 점이 확인되고 있다. 정보는 더 많이 사용할수록 더 많은 이익이 돌아온다는 사실에서 그러하다. 그러므로 정보는 잠재적이고 숨겨진 의도를 잘 확인하며 잘 편집 분석 사용할 때 큰 힘을 얻을 수 있다.

따라서 지식·정보라는 재화는 무형의 자산으로 비경합성과 비(非)배제성을 갖는다. 다이아몬드나 식량 등은 희소성에 따라 그 재화의 가격이 결정되지만, 그러나 비경합성은 다른 경제 주체가 추가로 소비하여도 경제주체들의 소비 가능성은 감소되지 않은 성질을 갖고 있다. 비배제성은 비용을 지불하지 않고 경제주체를 소비로부터 배제하기가 어렵다는 것을 의미한다. 산업사회의 상품은 사용하는 만큼 줄어들고 나누는 만큼 자기 몫이 감소한다. 하지만 지식 정보는 다른 사람이 사용하더라도 전혀 줄지도 않고, 오히려 공유할수록 그 가치가 증대한다. 지식과 정보는 '희소성'의 원리가 적용되지 않는 것을 의미한다. 이런 의미에서 정보의 가치는 다음과 같은 성격을 갖고 재생산된다.

첫째, 정보는 이동하는 자본이다. 전통적인 의미의 자본은 고정된 것으로서 더 이상 가치의 기반이 될 수 없었다. 사상 초유의 속도로 움직이는 사회, 경제, 과학기술 사회에서 진정한 가치는 멈춰 있는 것이 아니라 이동하는 정보이다. 곧 정부나 기업에서 생산되는 정보, 아이디어, 기술혁신과 같은 것들은 늘 이동하면서 실제 가치를 나타낸다.

"당신은 정보를 얼마나 소유하고 있으며, 이를 어떻게 이동시키며 적재적소에서 자본으로 대체하는가?"

둘째로 정보는 소유하는 대로 가공하고 소비재처럼 소모하는 것이다. 정보는 축적과 정체보다 흐름과 변화에 초점을 맞춰서 소비하는 것이다. 당신이 소유하고 있는 모든 지식 정보를 지속적으로 가동시킬 뿐만 아니라 가속도를 더해야 한다. 기업에서 자본을 쥐고 있는 것이 아니라 경제망을 형성하며 설비에 투자하고 가동시키듯이 정보 역시 빛의 속도로 가속화될 때 그 가치는 증가한다($E=mc^2$). 자본재가 소비재처럼 기능하는 경우와 같이 정보는 소비재처럼 사용되어야 한다는 점이다.

"정보는 소유하지 말고 이용해야 하는데 만약 정보를 소유하고 있다면 그것을 적절히 소모하고 이용하고 있는가?"

셋째로 그러나 정보의 함정은 어디나 있게 마련이다. 어떤 정보기관들이나 그들의 신조나 오만함에 관계없이 절대적 과오는 항상 일어날 수 있다. 만약 해외정보활동이 실패할 경우 국제 관계에 매우 난처한 입장에 처하거나 외교 관계에 심대한 영향을 미치게 된다. 그러므로 정보활동에 있어서 '성공문화'를 어떻게 만들어갈 것인가를 놓고 고민하지 않을 수 없다. 요지인즉 정보의 세계에서 성공의 문화는 불행하게도 어렵지만 비인간적인 측면이 있을 수 있다. 즉 조직 내부의 경직성과 비합리성, 정치적 이용 가능성들이 작용할 수 있다

"정보활동의 역사에서 보면 실패와 과오 그리고 그릇된 판단으로 가득 차 있다."

그런데 정보 자체는 바로 역설과 이면성(裏面性) 애매성을 갖는다. 말하자면 문제 해결의 열쇠이며 공포의 대상이요 매력과 거부 그리고 실패가 동시에 표출되는 것이다. 그 예들은 많지만 일본의 비밀 정보기관은 미국의 전쟁잠재력에 대해 잘못 판단함으로써 태평양전쟁을 일으켰고, 미국의 정보기관들 또한 진주만 사건(Bay of Pigs, 1941. 12. 7) 직전에 결정적인 경고를 하지 못했다. 또한 쿠바미사일 사건이나 이라크의 쿠웨이트 침공에 이르기까지 미국의 정보활동은 실패한 것으로 비판받고 있다.[142] 또한 소련의 KGB는 1982년 미국 CIA의 주도로 폴란드 자유화 노조 및 지하운동 단체들에 지원되는 최첨단 통신 장비들과 자금 조달을 알아채지 못했다. 북대서양조약기구(NATO)의 주 유고 중국 대사관 오폭 사건(1999. 5)은 정보판단의 잘못으로 인해 미국 · 중국 관계에 심각한 영향을 미친 바 있다.

그러나 정보기관 측에서는 자기들의 실패를 극소화시키거나 은폐시키려는 경향이 강하다. 정보활동의 반성사(反省史)가 소개되지만 실패의 사례들을 두려워하는 일종의 '도그마'로 잠재워져 있다. 실재적이거나 잠재적인 적의 의도를 예측하는데는 어떤 기준이나 방법이 수립되어 있지만 정확한 정보판단은 그렇게 쉬운 것이 아니어서 실패의 사실을 감추려한다. 따라서 정보조직에서도 구성원들 개개인의 인지정도와 지식수준, 경험과 지각수준에 따라 달라질 수 있다. 더욱이 분석관의 과거경험과 익숙해진 행위와 고정된 습관 등 이

---

142) Phillip G. Handerson, "Pearl Harbor and 9/11", Current History, Sep 2003.

른바 인지상 실패로 자기반사 이미지(거울이미지, mirror image) 혹은 집단사고(group thinking)들에 의해서 정보 왜곡이 일어날 수 있다.[143] 정보 수집이나 정보판단의 실패가 일어나게 되는 원인에는 여러 가지가 있을 수 있으나 다음과 같은 점이 지적된다.

그것은 첫째로 판단의 기초가 되는 첩보가 부족하다거나 반대로 너무 많은 자료 때문일 수도 있다. 상대방의 다양한 의도에 관한 첩보의 획득이란 사실상 인간으로는 불가능할 때도 많을 뿐만 아니라 자료의 선택이 곤란할 정도로 혼란스러운 경우도 많다. 더욱이 외교전략의 경우 완벽한 정보를 바탕으로 수립하기란 여간 어려운 것이 아니다. 심지어 훌륭한 스파이들의 활동 첩보, 지역 전문가 그리고 위성 정찰에도 불구하고 여전히 결정적인 암흑지대가 있다. 그것은 정보부족이나 정보과잉 뿐만 아니라 정보 자체가 갖는 혼란들 때문에 발생한다.[144] 한마디로 인간의 능력이나 지식수준은 정보활동에 있어서도 피할 수 없는 결함으로 작용하는 것이다.

둘째는 수집활동이나 분석평가에 있어서 지나치게 소심하거나 아니면 자신의 소망적 사고(hopeful thinking)에 의한 편견이나 선입관을 가지고 평가할 경우이다. 정보기관의 지도적 위치에 있는 사람들이 자신들의 이해관계나 입장이 다르다고 해서 정보내용을 폄하(貶下)시킬 수 있으며 객관적인 정보라도 그에 동의하지 않고 무시할 수도 있다. 또 조직 내 계층구조에서 자신에게 불리한 것은 멀리하고 유리한 것만 선택해서 정보를 생산하는 경우가 있을 것이다.

셋째는 정보조직 내 하급조직들에 대한 상위 부서의 지나친 간섭이나 그로인한 하급조직들의 자율성이 약화되는 경우이다. 예를 들어 상급부서 혹은 계급이 높다는 것만으로 부하직원에 대한 엄격한 복종을 강요하는 사태가 그것이다. 단지 계급이 낮다거나 하위조직이라고 해서 사실과 관계없이 영향력을 억제 당한다는 것은 정보판단의 실패의 단초가 될 수 있다. 또 조직적 위계질서 속에서 상급자의 취향에 영합하는 경향을 보일 때도 문제가 된다.

넷째는 정보활동의 중복성이다. 중복성은 정보활동에 있어서 어쩔 수 없는 본질적 문제이며 하나의 모순으로 남아 있다. 이러한 모순은 각 정보기관들에 만연돼 있는 기관별 위주의 경쟁심들에 의해 더욱 확대되는 경향을 갖는다. 바로 여기에서 정보의 왜곡이나 함정을

---

143) 문정인, "정보분석론", 문정인(편), 『국가정보론』(서울 : 박영사, 2002), pp.144~148.
144) Robert D. Kaplan(2002), p.38.

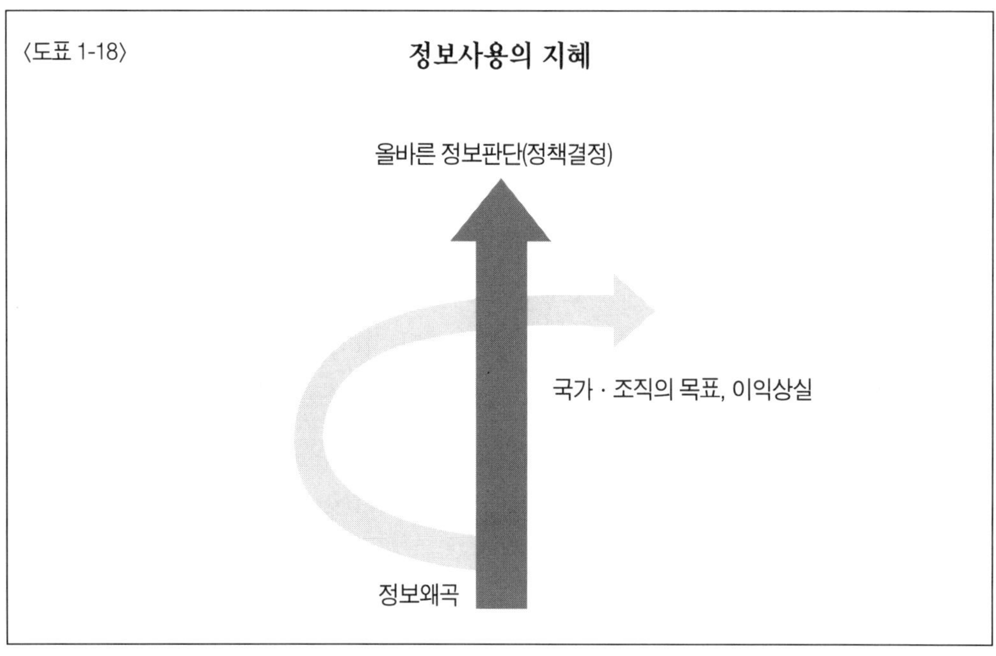

없애기 위한 노력은 현대 정보기관에서의 영원한 논쟁거리이다. 과거 냉전시대에는 적대적인 국가와 우호적인 국가의 구별이 가능하였고, 또 이와 관련한 안보 우선 정책이 고려돼 의사결정이 쉽게 이뤄졌었다.

그러나 탈냉전 시대에서는 이런 경계대상들이 모호해지면서 새로운 사건들이 발생하고, 또한 불확실성의 사건들이 반복되기 때문에 한층 어려움을 겪고 있다. 더구나 정보의 현상과 관련한 인접성, 관련성, 유사성을 간과하거나 토템적 사고에 젖을 때는 정보의 모순이나 왜곡된 정보를 생산할 가능성이 높아진다. 정보의 수집과 분석을 담당하는 사람들에게 정보의 오판이나 왜곡을 바로 잡아줄 수 있는 별도의 기구가 존재하지 않는다는 점도 정보왜곡을 부추기는 원인이 된다.

- 사회현상(특히 위험)에 대한 지식의 선택적 수용과 전달방식의 왜곡이 일어난다.
- 구체적이고 이론적 의미에서의 정보의 불확실성이 확대된다.
- 수집된 첩보자체의 오류와 이를 믿는 수집자의 실수가 일어난다.
- 잘못된 가정, 부적절한 분석기법을 적용했을 때 일어난다.

- 노력하지 않고 손쉽게 얻으려는 무능력의 결과가 쌓인다.
- 억압과 타성에 의한 피동적 정보행위가 습관화된다.
- 정보관 자신들이 스트레스를 피하기 위해 의식ㆍ무의식적 행동이 작용한다.

그런데 정보오류가 발생하는 책임은 바로 정보기관이 아니라 정책결정과정의 시스템의 문제가 있다는 점도 고려돼야 한다. 중요한 일은 정보활동의 실패가 정보기관의 근본적인 결함이 있어서가 아니라 오히려 사회의 복잡성과 조직 내에 복잡하게 얽혀있는 내부 모순들에 의해 일어난다는 사실이다. 미국 CIA의 경우 실패를 줄이기 위해서 가능한 개선방안을 항상 강구하고 있지만 여전히 정보의 왜곡은 존재한다. 다만 전문적 분석 및 첩보수집 공작부서 등을 망라해 국가정보판단(NIE) 및 국가정보위원회(NIC) 등을 운영하면서 정보의 실패를 줄이고 있는데[145] 그것은 ▲첩보의 계획적인 수집 내지 검토를 계속하고 ▲이용 가능한 모든 관계 자료의 종합과 평가를 실시하며 ▲중요한 정책결정판단보고서에 대한 엄밀성을 유지하며 생산하도록 교육될 뿐이다.

3-1-3. 정보 규모의 문제 그리고 생산자와 사용자간의 문제

고급정보는 정보사회에서 참으로 '유용하다'는 가치를 지닌다. 국가나 기업에 있어서 절대 불가결한 지식인 것이다. 그래서 이런 정보는 특수한 기술과 경험을 가진 전문가가 아니면 다룰 수 없다. 이런 의미에서 생산 보고자와 최종 사용자간의 관계 설정은 매우 중요하다. 국가정보기관 책임자(장)와 정보 최종 사용자인 대통령의 관계는 정보업무 수행에 있어서 처음과 끝의 관계라고 할 수 있다. 일반적으로 대통령과 정보책임자간의 관계가 지나치게 긴밀해지는 것을 방지하기 위해 '정보기관의 중립성'을 늘 강조하는 것은 당연한 일이다. 그러나 대통령과 정부책임자간의 관계가 멀어지면 정보가 제대로 활용되지 못하는 위험을 초래할 수 있다는 경고도 무시할 수 없다.

실제로 정보 활용과 관련해 제기되는 문제는 최고 정책결정권자의 정보오용이 아니라 정보를 제대로 활용(소비)하지 않는 점이다. 대통령과 정보책임자간에 관계가 소원해지면

---

145) Roy Godson, "Intelligence and National Security", in Richard Shultz(eds), Security Studies for the 1990s (Washington. D.C. : Brassey's. 1999) pp.220~222.

아무리 객관적이고 중요한 정보를 생산해 보고하더라도 정책에 활용되지 않으면 한낱 휴지조각에 불과한 것이 된다. 미국에서는 대통령과 정보책임자간의 관계에서 조지 테넷(George Tenet, 1997. 7~2004. 6간 DCI 역임) 국장은 최고 정책 결정자와 너무 가까운 나머지 이라크 WMD 정보판단의 오류를 가져왔다는 비난을 받고 있는 반면, 제임스 울시(James Woolsey, 1993. 1~1994. 12) 국장은 대통령과의 관계가 너무 소원해 정보기관으로서의 제기능을 수행하지 못하는 역작용이 있었다고 지적된다.[146]

그러면 사용자에 있어서 '정보의 규모' 는 어느 정도여야 하는가. 물론 정보는 헤아릴 수 없는 것이며 무한적인 것이다. 그야말로 방대해서 정보 홍수에 쌓여 있어 숙련된 정보 전문가들이 이 업무에만 몰두해도 충분히 이를 다 처리할 수 없는 것이 정보의 세계이다. 전자통신 인프라가 발전하지만 그 취약성은 증대되고 있으며, 경제가 세계화되는가 하면 분열된 갈등과 보이지 않는 조직력들이 작용한다. 하기 때문에 전통적인 비밀정보기관들은 점차 특정 공작계획을 세워 정보전을 벌리고 있거나 미국의 국가안보국(NSA) 같은 경우 방대한 감청 시설을 운영하고 있다. 어쨌든 정보의 생산은 사용자들로 하여금 국가와 기업의 이익을 창출케 하는 핵심요소이며 창조적 의사결정을 돕는 일이다.

이렇게 보면 정보의 규모는 인간의 욕심만큼 무한한 것이다. 다만 고급 수준의 정보를 위해서 우리는 늘 노력하고 있을 뿐이다. 다시 말해 역설적으로 정보가 없으면 국가나 기업, 개인 모두가 맡겨지는 임무를 충분히 수행할 수 없음을 의미한다. 정보를 수집하고 분석하는 일련의 과정, 특히 정보의 수혜자인 사용자나 일반 국민들에 이르기까지 정보에 대한 이해나 이용에 있어서는 여러 가지 다양성 속에 오류가 있을 수 있다.

여기서 강조하는 요체는 정보를 생산하는 사람과 사용자 사이에는 미묘한 관계가 있을 수 있다는 점이다. 사용자 입장에서 주어진 정보(지식)가 완전하고 정확하며 적시성이 부족하였다면 그 지식은 소용없는 것이 되고 만다. 뿐만 아니라 사용자가 이 같은 정보를 가지고 의사결정을 하였다면 엄청난 재앙을 가져올 수도 있다. 그러므로 정보는 실제적인 행동을 취하기 위한 지식이라는 점에서 '지침의 문제' (the problem of guidance)가 생길 수 있다. 한 가지 명백히 해둬야 할 것은 정보는 정책 목표를 설정하거나 정책을 집행하고 담당하는 것이 아니라, 다만 이러한 목적을 달성하도록 도와주는 역할이다. 정보의 임무는 정

---

146) Richard K. Betts, "The New Politics of Intelligence : Will Reforms Work This Time", Foreign Affairs. May/June 2004. pp.2~8.

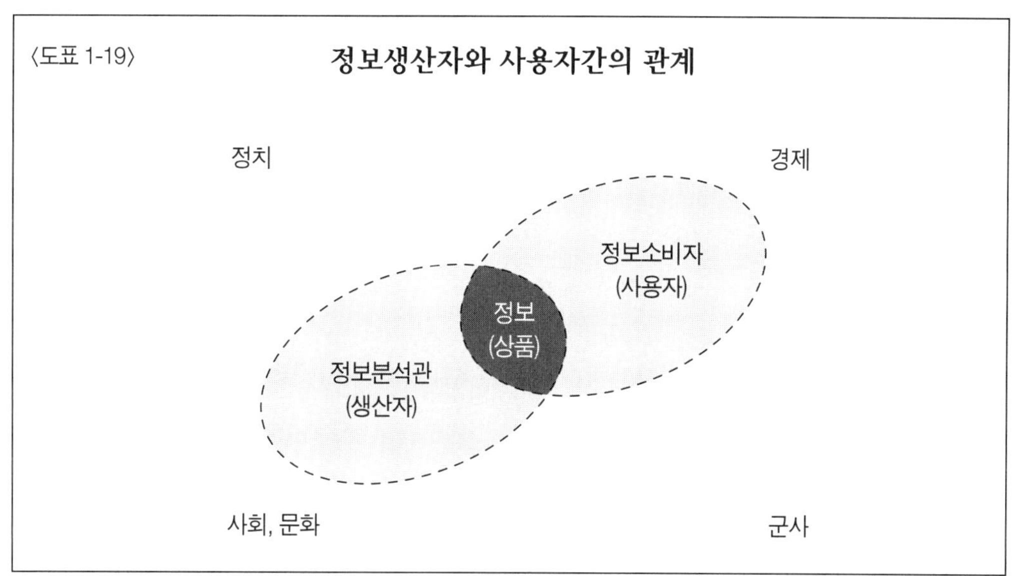

책 수립자들에게 충분한 사실, 지식을 알려주고, 그들이 간과하기 쉬운 사실에 대하여 주의를 환기시켜 주는 일이다.

위의 〈도표 1-19〉에서 볼 때 정보 분석관은 정치, 경제, 사회 등 현실 속에서 조직의 경쟁력과 국가와 기업 관리를 위한 정보를 생산해 제공하는 것(판매하는)이고, 다른 한편은 정보사용자(소비자)편에서 국가관리와 이익을 위해 쓰거나 조직의 강점을 보호하고 개발하기 위해 쓸 수 있다. 이때 정보 상품은 사용자에게는 현실적으로 변화하는 환경, 위험관리, 조직지식과 문화가 뭉쳐진, 즉 국가 관리와 경쟁적 이익을 극대화하기 위한 최적화과정의 결과물인 셈이다. 하기 때문에 정보 소비자와 생산자간에는 절대적인 신뢰와 충분한 의사소통은 물론 신뢰할 만한 아이디어, 조직의 유·무형 자산의 집합에 관심을 가져야 한다.[147]

- 정보 생산물(보고서)은 사용자와 기타 이해 관계자들에게 이익과 의사결정을 돕는데 사용하는 것이다.
- 정보는 현재 혹은 미래, 그리고 잠재적인 이익을 챙기고 발전할 수 있는 높은 기대와 창조 능력을 만들어 낸다.

---

147) Kees van der Heijden, Scenario(1996), 김방희 (역) 『시나리오 경영』(서울 : 세종연구원, 2000), p.96.

- 그러나 정보활동자체 뿐만 아니라 정보사용에서는 '치명적인 오류'를 범하기 쉽다는 점을 늘 잊어서는 안 된다.

이와 비슷한 원리로 정보 사용자와 생산자간의 상호 신뢰성이나 의사소통이 안될 때 비대칭적인 관계가 일어나게 된다. 맞춤 정보(User-tailored intelligence)를 원하는 측과 이에 답해야하는 생산자간에 의사소통의 문제가 생길 때 양질의 정보를 만들어 낼 수 없을 것이다. 그러므로 정보의 생산자와 사용자 사이에는 적절한 관계가 유지되어야 하며 혹시라도 형식적이거나 어떤 장애가 있어서는 안 된다. 임무를 주고 지식을 요구할 때 정보 조직은 충성스런 분위기 속에서 정확한 정보를 생산해 내야 함은 물론이다. 그 외에도 조직원간의 심리적인 갈등, 다시 말해 동료들 간에 갈등이나 지적 능력을 의심하여 낮게 평가하는 경우가 있다. 또한 개인의 지적 능력에 대해 모욕을 주거나 경시하는 태도는 소외감과 불쾌감을 불러 일으켜 결국 정보의 사용자와 생산자간의 괴리가 넓어질 수 있다.

또 다른 문제로 양자의 관계를 원활하게 하지 못하는 배경으로 '보안 문제'가 있다. 사용자의 욕망이 크지만 적시성과 긴박한 정책의 수립과 전략을 수립할 때 거의 비밀로 취급된다. 이때 생산자와 사용자가 어디까지 비밀로 유지하고 지켜가야 하는가의 문제가 발생한다. 정책이나 계획을 수립할 시 문제의 성격에 따라 비밀리에 업무를 수행하게 될 때가 많기 때문이다. 정보원(Agent)은 가치가 큰 유효한 첩보의 출처를 필히 개척해야 하고, 보호해야만 한다. 만약 외부에 고급 비밀 정보를 누설하거나 암시하는 일은 모든 활동을 실패로 이끄는 결과를 초래하게 된다. 정보사용자는 출처의 보호의무를 게을리 해서는 안 된다.

따라서 정보생산자들이 엄격히 비밀을 지키다보면 사용자들은 그 확실성을 오히려 의심하게 되고, 만약 비밀내용을 제공했을 때 정보사용자는 기밀을 누설하지 않는다는 보장도 없다. 고위층에 있는 사람은 무엇보다 비밀출처 내용의 보안을 위해서 꾸준히 노력해야 한다는 사실을 아무리 강조해도 지나침이 없을 것이다.

3-2. 정보의 분류

현대사회는 국가이익과 관련된 모든 정보업무에서부터 기업들의 경쟁정보 등에 이르기까지 다양한 활동이 이어지고 있다. 그야말로 지구촌에는 여러 개(n)의 정보가 생산되고 유통되는 것이다. 그런 점에서 모든 것은 정보활동이다. 자신의 결핍을 채워 줄 것이라는 기대치가 정보이다. 집에서, 학교에서, 자동차로, 지하철에서, 일터에서, 전문잡지에서, 아니 시라이꾼(넝마주의), 삐끼(호객꾼), 밤거리의 꽃 창녀 등 어둠의 사람들로부터 사회 문제를 알아낼 수 있다. 다시 말해 큰 집단이나 소집단에 관계없이 사람들이 살아가는 곳은 끝없는 정보의 세계이다. 이것들은 우리에게 다양한 정보를 제공한다.

그러므로 세상의 모든 인간과 사건들에 대해 극악한 눈으로 바라봐야 한다. 예언자와 같은 통찰력 있는 보고서들은 사용자들에 있어서 금송아지와 같은 것으로 여겨진다. 정보는 우리의 삶의 과정에서 깨달음과 능력을 제공한다. 이와 관련해 각국의 정보기관은 양질의 정보를 생산하고 전파하는 정보백화점들이다. 따라서 수없이 생산되는 정보는 사용목적에 따라 분류하거나 대상지역별 생산방법 혹은 분석적 유형 요소별 내지 기능적 분류 수집활동에 따라 분류된다. 정보의 범위는 전통적으로 국가가 행하는 안전보장과 관련된 정보업무에서 주로 다루는 국가정보(national intelligence)와 국가 부문정보(national departmental intelligence)[148]로 나눌 수 있다. 그러나 여기서는 국가정보에 한해 설명하되 정보의 분류가 무엇이며 그 목적은 무엇인가를 간단히 찾아보았다.

3-2-1. 사용 목적별 분류(보안정보, 정책정보, 전술정보)

정보는 사용 목적에 따라 크게 보안 정보(security intelligence)와 적극정보의 형태로서 정책정보(policy intelligence)로 나눌 수 있다. 모든 정보기관의 궁극적인 목적은 최고수준에 있는 정책수립자에게 외국정부가 곧 취하게 될 행동 방책을 알리는 임무이며 최고 정책수립자는 이러한 지식에 기초하여 자국정부의 정책을 결정할 수 있는 것이다. 또한 정책정보보다 낮은 단계의 전략정보(strategic intelligence)가 있고 군사작전에 필요한 작전정보(operational intelligence)가[149] 있다. 여기서 말하는 '작전' 이라는 단어는 전략과 전술 사이에 개재하는 가지각색의 이해관계와 활동을 나타내는 말이다.

---

148) 특별히 '국가정보' 는 국가의 안정보장과 이익을 관리하는 차원에서 최고 통수권자(대통령)를 중심으로 운영되는 국가정보기관의 정보를 의미한다. 또 '국가부문정보' 란 각 부문 정책에서 기초가 되는 정보로서 정부의 각 부처 및 해당 기관에서 생산되는 정보이다.

149) 흔히 작전정보라는 말은 원래 폰 빌로브(Dietrich Heinrich von Biilow)라는 프러시아 사람이 1792년에 만들어 낸 말로 알려져 있다. 그는 여러가지 전술을 통하여 특정한 단일한 행동을 통합하여 결정적인 정책형성에 이르는 중간단계를 실현하는 의미의 통합과정을 가리켜 '전술' 이라는 용어를 사용했다.

● 보안정보

보통 보안정보(保安情報)란 국가의 경찰기능을 위한 정보로써 국가의 안전보장에 위해가 되는 간첩 혹은 반국가 활동에 대비한 판단정보이다. 보안정보는 국가와 국민을 각종 위해(危害) 요소로부터 보호하는데 그 목적이 있다. 이런 의미에서 보안정보는 자국에 관계되거나 영향을 미칠 국내외의 보안사항을 모두 포함한다. 따라서 보안정보를 세분하면 다음과 같다.

- 방첩정보로서 외국정보기관이나 그 세력의 첩보수집활동, 테러, 전복, 태업 등 반국가 활동을 방지하기 위한 방첩(counter intelligence)이다. 즉 외국 정보요원들에 의한 자국의 첩보수집, 침투 등을 방지하는 것을 의미한다.
- 여기서는 외사정보(foreign affairs intelligence)로서 국내에 출입하는 외국인, 외국기관, 그리고 해외교포들의 입국에 따른 반국가 활동으로부터 국민과 국가를 보호하기 위한 정보가 있다.
- 내국민에 의해 야기되는 내란, 폭동, 전복 등 위해 행위로부터 국가와 국민을 보호하기 위한 보안정보가 있다.

우리가 이해하고 있듯이 최근에 스파이 행위를 하는 특화된 회사들, 사설 보안 회사들의 수가 세계적으로 증가하고 있다. 이들 회사들은 보안전문가들이나 명탐정가들을 고용해 합법-비합법적인 수단을 동원하고 있다. 더구나 2000년대 이후 국가정보기관들의 보안업무는 국제범죄와 테러 경제사범들에 대한 의무로 점차 전환되고 있으며 효율적인 국내 정보수집기능을 더 필요로 하고 있다.[150] 요약하면 보안정보는 자국민의 기본권보호는 물론 안보정책의 핵심으로 많은 국가들은 방첩기관들을 운영한다. 경쟁정보와 산업스파이 그리고 적국의 간첩 암해분자들의 행위에 맞서 싸우는 기관들이다.

● 정책정보(전략정보)

정책정보는 국가이익의 수호와 국가안전보장을 위한 정책의 수립과 그 집행을 위한 배경지식이 되는 정보이다. 국가의 정치, 외교, 군사, 경제, 과학 등 각 분야의 제반 정책의 수

---

150) Robert Bryant(2003), op.cit.

립과 집행을 위한 정보가 이에 속한다. 특히 정책정보 가운데서도 안전보장과 국가이익수호와 관련되는 정보를 특별히 '전략정보'(strategic intelligence)라고 한다. 여기서 말하는 전략정보란 국가급 및 국제적 수준에서 국가안전보장과 국가이익과 관련되는 외교, 국방, 경제 등의 정책과 전략을 수립하는데 필요한 정보이다.

원래 전략정보에서는 육·해·공군의 높은 단위에 있는 참모들이 전략계획이나 군사정책을 만들어 내는데 도움이 되도록 하는 정보이다. 주로 적(敵) 또는 잠재적인 적의 전략적 능력, 취약점, 가능한 행동방책, 또는 의도를 파악해서 아국의 능력과 취약점을 판단해 그 대책을 수립할 수 있는 정보를 다루게 된다. 더구나 최근의 정책정보에는 국가안보뿐만 아니라 경제적 측면이 중시된다. 예를 들어 무기 수출이나 군사기술 유출 내지 다른 나라로의 이전에는 전략적 측면과 상업적 측면을 고려해 볼 수 있다.

우선 그 전략적 측면은 ▲자국의 전략적 경쟁상대국 혹은 적대적인 국가들의 군사력을 약화시키거나 견제세력으로 육성하기 위해 제3국을 지원하는 것이고 ▲무기 수출지역이나 군사기술을 전수 받은 국가에 대한 자국의 정치적 영향력을 확대하려는 것이다. 반면에 상업적 측면은 ▲재래식 무기수출로 외화를 획득하면서 국내 군수산업을 일으키는 것이고 ▲외부의 고정고객을 확보해 이에 상응하는 연구·개발 프로그램의 추진을 활성화하는 것이다. 예를 들어 국제무기 시장에서의 경쟁을 통해 자국 군사기술의 발전을 촉진시키려는 의도를 판단함으로서 국가이익과 사업적 이익을 다 같이 지키려는 것이다.

◑ 전술정보

전술정보(tactical intelligence)는 국부적이거나 전문화된 성격을 가지고 있는 지식을 의미한다. 이런 정보는 일반적으로 정책수립자나 전시의 군 단위 지휘관들에게 직접적으로 중요한 의미를 주지는 않지만 어떤 특수한 정보사항을 보충하고 촉진하기 위해 끊임없이 사용되는 지식이다. 또한 전술정보에서는 본질적으로 국가급 단위에는 별로 중요하지 않은 현상이나 지식을 다루게 되지만 취급 범위가 극히 작전전술 단위 부대에 한정되어 있는 것이 특징이다.

또한 표현상 전시에는 전술정보를 군사적인 측면에서 전투정보(combat intelligence)라고 부르기도 한다. 이런 전투정보에서는 전술적인 의미에서 적에 관한 지식으로 현실적이거나 잠재적인 적의 모든 군사적 측면에 관한 정보이다. 여기에서는 화력진지의 위치, 교두보, 적의 규모, 지휘관들의 개인적인 성격, 적의 전술 등에 관한 지식이 포함된다

〈도표 1-20〉 　　　　　　　**전략·전술정보의 비교**

전략정보 : 인텔리전스(intelligence)		전투정보(combat information)
● 국가정보	● 전술정보자원	● 단순한 첩보수준의 탐지활동 　정찰, 전투징후 탐지, 레이더 탐색
● 국가전략조정 　통제 　 － 전차원이용 　　 가능한 정보 　 － 요구에 의한 　　 정보충족	● 지역적 　전술적 조정통제 　 － 군 작전지휘에 　　 필요한 정보지식	● 작전통제 조정 　 － 군사작전 징후포착정보 　 － 인텔리전스전 단계의 첩보 　 － 인텔리전스를 생산하기 위한 자료

3-2-2. 대상 지역별 분류(국외, 국내정보)

　현실적으로 어느 국가 지도자든지 무정부 상태를 극복하고 국가의 안보와 권력을 행사하려는 국가주권의 확립, 정권차원의 안정을 추구하려는 체제적 권력(systemic power)을 형성하게 된다. 권력이 미치는 구체적인 지역을 중심으로 국가관계, 의사결정, 군사 전략적 상호작용을 하면서 국가이익을 관리하게 된다. 따라서 이런 상호작용, 정보활동 대상이 자국 중심으로 이뤄지는가, 아니면 타국을 대상으로 하는지의 여부에 따라 국외정보(foreign intelligence)와 국내정보(domestic intelligence)로 나눌 수 있다.

�‍◑ 국외정보

　국외정보는 현실적으로 타국의 제 사회상을 대상으로 하는 정보를 의미한다. 국외정보는 세계 여러 나라가 모두 대상이 되지만 특히 우리와 같은 경우 4강을 중심으로 그 나라의 모든 요소를 수집 분석하게 된다. 그리고 개별 국가의 정체성(주체성)은 국제적 혹은 초국가적 구조들에 의해서 매개되고 규정된다는 의미에서 정보는 다시 국외보안정보와 국외정책 정보로 나눌 수 있다.

　첫째, 국외보안정보는 자국의 안전에 위해(危害) 요소가 되는 대상국가의 간첩, 테러, 선동, 태업 등에 관한 정보이다. 대상국의 특수 정부기관의 조직, 활동 등에 대해 탐지하는 것이 주요 내용이다. 국외보안정보에서는 국제적인 테러조직, 마약범죄 집단 등 국제 음모와 관계되는 사항도 포함된다.

둘째, 국외정책 정보는 전 세계적으로 증대되는 상호의존성과 관련해 외국의 정치, 경제, 사회, 군사, 과학 등에 관한 폭넓은 정보이다. 이는 외국인과 외국 정부가 무엇을 어떻게, 왜 행동하는가를 다루게 된다. 국외정책정보는 궁극적으로 외국으로 하여금 자국의 이익과 안전보장에 대한 행동을 알아내는 정보이다. 국가의 주권적 통치를 무시하는 간섭행위들과 그 힘들에 대한 정보판단으로 아래 내용을 포함한다.

- 각 국가들의 생존적 안보 전략과 국방정책 그리고 동맹 관계
- 지정학적 특수성에 기반 한 국가체제의 성격과 취약점
- 주요 국가들의 기본정보(역사, 권력 구조, 경제, 무역정책, 군사, 외교, 사회문화 등)
- 국가 – 시민사회의 협력과 갈등 관계(사회정치질서)
- 국제관계, 국제기구 등 초국가적 기구들에 대한 참여수준과 영향력 정도

◉ 국내정보

한 국가가 제 기능을 하는 데는 어떤 보편적 욕구(needs)와 요건(requisites) 이 있다. 욕구나 요건은 필요한 자원을 확보하고 순환시키는 일을 비롯해 유용한 물질을 생산해 내는 일이다. 이것은 또한 권력과 상징을 통해서 내적 활동을 규제하고 통합하는 일을 돕는다. 그리고 국가는 각 체계수준들 – 집단, 공동체, 지역 – 을 관리하며 각종의 요구와 요건을 충족하는 기능을 가지고 있다. 이러한 형태의 요구 요건들을 목적론적으로 다루는 분야가 바로 국내정보이다.

구체적으로 사람들의 삶의 조건들과 관련돼 다루는 국내정보는 자국내의 모든 것을 대상으로 하는 정보이다. 국내정보 역시 체계의 각 부분들을 유지하기 위한 욕구, 정보와 물질을 생산하고 분배하는 일들 그리고 정치적으로 규제하고 통제하려는 욕구들과 관련해 국내보안정보와 국내 정책정보로 나눌 수 있다. 전자는 국내에 침투한 간첩, 기타 반국가 활동세력과 그 추종자들에 의한 국가에 대한 위해 행위로부터 국가의 안전을 보장하는 정보이다. 후자는 국내에서 보안정보사항을 제외한 국내정책분야, 즉 경제, 정치, 군사, 과학기술 등 국가계획 수립과 집행에 관계되는 정보이다. 참고로 국내정보에서 관심 갖는 분야는 아래와 같다.

- 국가전략 차원에서 작동하는 정치적 권력관계의 변화와 특징, 제도들의 기능적 영역

- 사회적 집단들의 연대 요소들, 각 사회 조직들의 공동체적 행동과 의식
- 반체제, 반사회적 이데올로기적 성향과 주민들의 반응성
- 물질적 생산 구조와 경제 행위들(시장, 회사, 금융, 노조)

3-2-3. 생산방법별 분류

정보판단이나 정책결정을 할 때 이색적이며 특수한 정보가 늘 요구된다. 그러므로 외교정책, 경제, 군사, 과학기술 등 여러 부문에 걸쳐 정보활동이 이뤄지며 그 결과는 보고서로 생산하는 것이다. 그러나 최근의 경우를 보면 국가이익, 공공ㆍ민간 이익, 민간 상업적 이익의 구별이 어렵다는 사실에서 정책결정이나 그 조정이 그리 쉽지는 않다. 표면상으로 보면 전술적 중요성을 나타내면서도 동시에 전략적 중요성을 갖게 될 수도 있으며, 때에 따라서 최고정책결정에 직접 영향을 줄 수도 있다. 때문에 첩보의 편집, 합성, 의미 부여를 통해 생산된 정보물들은 사회를 관리하는 힘들과 관련된다. 이때 가장 순수 형태의 정보보고서는 생산방법을 기준으로 할 때 기본정보(basic intelligence), 현용정보(current intelligence), 판단정보(speculative evaluative intelligence) 등으로 대별할 수 있다.

◑ 기본정보

기본정보는 자연스러움과 원시성(primordiality)의 요소들을 지닌 것으로 이해된다. 기본정보는 일종의 통치 목적(경제, 행정정책, 법과 정치권력의 동원)으로 합리적 조작이 가능한 백과사전적 내용들을 의미하며 대부분 기본정책의 핵심요소가 된다. 기본정보란 모든 현상의 정태적인 상황을 일반적으로 기술한 정보를 의미한다. 지리, 정치, 경제, 사회, 군사, 인물, 가치관 등 국가기본 정책 등과 같이 비교적 변화가 적은 정태적이고 기본적인 사항을 내용으로 하고 있다. 기본정보는 말 그대로 일반적 지식으로서 현용정보나 판단정보를 생산하는데 기초가 되는 정보이다.[151]

하기 때문에 기본정보는 사회적 틀, 구조보다는 자연적 틀이며, 물리적 수단인 영토, 생태, 자연적 사건들이 포함된다. 또한 기업 차원에서는 부의 창조를 위한 기초정보

---

151) Bruce W. Watson (ed), United States Intelligence : An Encyclopedia (New York : Garland Publishing, INC. 1990), p.37.

(foundation information)라는[152] 용어를 사용할 수 있는데 여기서는 경영 진단의 도구로서 현금 흐름과 유동성, 대리점 현황, 상품의 재고 숫자, 총매출액 등의 정보를 의미한다. 시사적이지만 기본정보는 계속보완 유지되어야 한다. 인문·사회과학적인 내용들을 기본으로 하면서도 특정 목적의 지식과 정보를 생산하기 위한 기초판단 자료가 되고, 이어 실질적인 사회상을 분석평가 할 수 있는 발생론적 구조로 작용토록 하는 것이다.

◯ 현용정보

현용정보(現用情報)는 어떤 프로그램에 근거를 두거나 편집 지식의 구조를 알지 못하더라도 사회현장에서 일어나는 현상에 대해 새롭게 만들어내는 작업이라는 점에서 어쩌면 즉흥성의 지식이나 현장에 대한 판단이다. 간단히 표현하면 현용(현안)정보는 다른 보고서와 달리 다가올 미래를 예측하는 것, 움직이는 정보라고 할 수 있다. 따라서 현용정보란 모든 사상(事象)의 동태를 현재의 시점에서 설명하는 정보로서 즉시 이해관계 되는 어떤 '사건'에 대한 정보이며, 동시에 사용자에게 그때 그때의 정세 및 동향을 알리기 위한 정보이다.[153]

또한 현용정보는 생정보(raw intelligence), 시사정보(current reportorial intelligence), 수시정보(occasional intelligence), 정기정보(periodic intelligence) 등으로 나눠볼 수 있다. 이는 모두 최근 사항에 대한 분석결과이면서 요약된 정보를 의미한다. 이때는 정보분석 내용이 조직의 임무·목표·가치에 적합한가. 이익에 미칠 영향과 장애는 무엇인가. 현재 진행되는 변화를 판단해 현용정보보고서를 작성하는 것이다.

- 생정보는 구체적인 분석을 할 만한 시간적 여유가 없을 때 보고되는 긴박한 사건에 대한 정보이다. 일례로 어떤 국가에 쿠데타가 일어났다든지, 군사적으로 주요작전을 취했을 경우 설명적인 분석을 할 시간이 없을 때 긴급히 보고되는 보고를 '생정보'라고 한다.
- 시사정보는 현용정보 중 하나의 사건이나 사실이 표면화되는 '시사성'을 띄게될 때 올리는 보고서를 시사정보라고 할 수 있다. 사회가 계층적으로, 정치적으로, 중심과 주변부로 변화

---

152) Peter F. Drucker, Management Challenge for the 21st Century(New York : Haper Business, 1999), pp.116~121. 드러거는 그밖에 부(富)의 창조를 위해 기초정보 외에 생산성정보, 역량정보 그리고 희소자원의 배분에 관한 정보로 보았다.
153) Bruce W. Watson, op.cit, p.141.

되는 기능체계의 사건들을 다루는 것이다.

- 수시정보는 전체사항을 종합 평가한 것이 아니라 어떤 사안에 대한 일반적인 것으로 그때 그때의 특징 등 현실문제에 관한 정보이다. 시간구조상에서 일어나는 사변적인 성격, 부분 단위의 관계들을 다룬다.
- 정기정보는 1일, 주간, 월간 등 일정기간을 단위로 하여 계속 진행 중인 특정 사안에 대한 종합보고서 형식을 띄고 있다. 보고서 형식의 적절성과 시각성, 사실 확인의 제시, 시뮬레이션 모델변수들을 다룬다. 보통 대통령 일일정보 보고(PDB : the Presidential DailyBrief), 국가일일정보(NID : National Intelligence Daily)보고를 통해 주요사항을 보고한다.[154]

◑ 판단정보

판단정보(判斷情報)는 특정문제를 체계적이고 실증적으로 연구하여 미래에 있을 어떤 상태를 예측하고 판단하는 정보를 의미한다. 기본정보와 현용정보에 비해서 더욱 더 추리적이며, 논리적 사고력을 필요로 한다. 분석관은 선견지명(先見之明)을 갖추고 특정사안에 대한 예측과 판단을 근거로 사용자에게 예고하거나 대응책을 강구토록 하는 정보이다. 그래서 판단정보는 우선 국가안전보장에 영향을 주는 어떤 사태나 문제의 발생을 예상해서 이에 대비하기 위한 대응 방책을 제시하여야 한다. 여기서는 교범적으로 ▲대상국(집단)의 전략적 능력은 무엇인가, ▲대상 국으로 하여금 전략적 능력을 약화시키는 특수 취약점(specific vulnerabilities)은 어떤 것인가에 대한 해답을 구할 수 있어야 한다.[155]

특히 정보판단은 언제나 군사력이나 외화 유통, 동맹국들의 원조 등 정상적인 영역에 초점을 맞추고 있으나 사실은 정보가 정책결정을 지원하는 데는 '강점' 들보다 상대방의 '약점' (취약성 평가)이 어디에 있는가를 밝혀내는 일이다. 그러므로 의사결정의 핵심인 정치적 문제 즉 국가들의 자원 충원구조 등의 분석이 중요시된다. 그런데 이와 관련해 우리가 지식을 명백히 하기 위해서 적어도 3가지 용어들로 전략적 능력과 특수 취약점, 가능한 행동방책 또는 의도에 대해 정확히 이해하지 않으면 안 된다.

구체적으로 판단정보의 최종 목적은 ▲상대국이 능동적으로 취할 수 있는 가능한 행동

---

154) Mark M. Lowenthal, Intelligence : From Secret to Policy(2000), pp.47~48.
155) S. Kent(1965), op.cit, p.8.

방책(probable courses of action)은 무엇인가, ▲타국의 행동방책에 대한 아측의 가능한 구체적인 대응 방안은 무엇인가 하는 문제이다.[156] 이렇게 볼 때 판단정보는 권력행사와 저항의 문제, 정당성과 합리성의 문제, 생산관계의 갈등 등 정치적 코드들에 대한 판단이다. 예를 들어 한반도 평화정착 노력에도 불구하고 전쟁이 재발할 경우 중국이 어떠한 태도를 취할 것인가에 대한 정확한 판단을 내려야하는 경우가 있을 것이다. 물론 이와 관련한 선택은 국가이익에 따라 다양해질 수 있다.

3-2-4. 정보 요소별 분류

정보는 내용상으로 볼 때 어느 학문 분야에 속하는 지식이냐에 따라서 다양하게 분류될 수 있다. 설명구분은 정치정보(political intelligence), 경제정보(economic intelligence), 사회정보(sociological intelligence), 군사정보(military intelligence), 첨단과학기술정보(scientific-technical intelligence), 인물정보 등 요소별로 분류할 수 있다. 이러한 분류는 숨겨진 진실과 지식, 의미들을 드러나게 하는 과정으로 이해될 수 있다. 그러나 여기서는 국가정보기관에서 다루어지는 정치, 경제, 사회, 군사, 인물정보 업무내용을 간략하게 살펴보고 기업차원에서는 경제, 산업, 경쟁정보를 제4부에서 상세히 다루었다.

◐ 정치정보

전략정보와 동일한 수준의 정치정보는 현용정보로서 정치적 요소에 관한 제정보를 의미한다. 즉 정치단체나 정계인물들이 어떠한 형태와 방향으로 분열하고 집합되는가를 분석판단하는 영역이다. 정치현상은 매우 복잡하기 때문에 논리적인 문제이기보다는 경험적인 요소가 더 작용하기도 한다. 그만큼 정치적 요인을 일반화하기가 어렵다는 뜻이다.

그러나 정치정보는 다양한 정치집단들의 이념의 변화를 관찰해야 하고, 특히 정당별 중앙과 지방의 정치지도자들의 관계가 어떻게 맺어지고 있는 가를 분석한다.[157] 권력자가 권력을 통해 인적자원을 확보하고 자신의 제도적 상징적 권력을 통해 장관을 임명하고 후계자도 임명할 수 있는 '권력자원' 의 실제들을 수집하고 분석하는 일이다. 특히 정치지도자

---

156) S. Kent(1965), op.cit, p.39~40.
157) Hans J. Morgenthau, Scientific Man Versus Power Politics(Chicago : University of Chicago Press, 1946), pp.130~131.

들에 대한 국민의 지지도와 잠재적 반대의 정도가 어떠한가를 판단하는데 이때는 4가지 징후 포착에 기초한다. 즉 ▲공표된 정책적 입장 ▲의전행사에서의 참석과 서열 ▲공식연설과 언론에서의 언급빈도 ▲경력과 교우 및 사회관계 등이다. 결국 정치정보는 정치집단과 제도에 의해 해결되는, 현실 세계의 사회, 경제, 정치문제가 해결되는 과정이요 정책에 대한 가차판단을 하는 것이다.

물론 정치현상은 너무 복잡해서 어떤 규칙성도 발견할 수 없다는 '복잡성' 이라는 용어가 사용되는 것도 사실이다. 정치의 복잡성은 곧 인간행태의 불확정성에 근거한다고 할 때 정치행위자의 예측 불가능한 행태에 대한 일반화가 어렵다는 뜻도 된다. 그래서 권력을 강화하기 위해서는 믿을 수 있는 참모들뿐만 아니라 행정 관료들을 꾸준히 통제할 수 있는 광범한 감독능력이 필요하다. 그래야만 법의 지배가 확립될 수 있을 것이며 만약 이것이 어려우면 정치적 혼란을 겪게 될 것이다.

그러나 정치 현상의 일반화가 불가능하거나 정치학의 과학화가 불가능하다는 것은 아니다. 정치정보의 대상은 정치현상의 복잡성을 단순히 논리적이며 사회과학적인 접근뿐만 아니라 주관적이고 경험적인 문제들도 검토할 수 있어야 한다. 정보를 하는 사람은 정치학이 바로 정책과학으로서 주요 정책을 달성하기 위한 목적, 수단과 관련되어 있다는 점에서 정치행위자들의 역할, 욕구, 기대, 갈등들에 대한 사회적 맥락을 다루게 되는 것이다.

◯ 산업정보

산업 및 경제 정보는 정보 영역에 있어서 큰 차이가 있는 것은 아니다. 경쟁정보에서는 이 두 가지 영역들을 함께 묶어 다루고 있다. 사용자가 요구하는 니즈, 조직의 프로세스를 위해 필요한 지식, 그리고 산업 발전의 경향과 미래의 잠재적인 수익을 파악하기 위한 지식정보를 생산하는 것이다. 산업정보는 경영자 혹은 사용자로 하여금 의사결정에 대한 믿음과 신뢰, 이익극대화, 경쟁우위를 지킬 뿐만 아니라 최종 이익확보와 '실천 행동' 에 기여하는 정보를 말한다.

따라서 산업 정보 수집을 위한 국가정보기관은 물론 민간정보 활동의 강화는 필연적이며, 나아가 이들과 공존하는 국가총력정보체제의 구축이 불가피해지고 있다. 종전에는 국가안보협력의 중요성 때문에 각국으로 하여금 자국 내 우방국의 산업정보활동에 대해서는 관대한 자세를 보여 왔으나 이제는 적과 우방국의 개념이 모호하게 된 현 상황에서 외국정보기관의 산업정보활동은 더욱 조직적이고 지능적으로 수행되고 있다. 한마디로 세계 각국은 이에 대응하기 위해서 국가정보기관의 산업, 경제정보수집 활동과 자국 내 산업기술을 보호하기 위한 방첩활동의 강화는 필수적인 업무로 취급되고 있다.

우리나라의 경우 지금까지 '산업정보' 혹은 '산업정보활동' 에 대한 학문적 설명이나 그 의미가 정형화된 것은 아니다. 다만 산업정보(industrial intelligence)란 용어는 학계나 언론계 그리고 정보기관에서 일상적으로 사용하고 있으나 사용자의 편의에 따라 조금씩 상이한 의미로 사용되고 있다. 예를 들어 과거에는 정보의 사용자 중심으로 국가정보인 경제정보와 기업경영을 위하여 기업주가 사용하는 경제정보, 산업정보, 기업정보(enterprise intelligence), 또는 경영에 필요한 정보의 의미로 경영정보(management intelligence), 나아가 기업경쟁력강화를 위한 경쟁정보(competitive intelligence)라는 용어를 포괄적으로 사용하기도 한다. 그러나 냉전체제의 종식으로 산업정보의 필요성이 제기되면서 산업정보를 '산업의 생산성이나 경쟁력의 유지와 강화를 위해서 사용될 수 있는 정보' 라고 정의되면서 그 중요성이 강조되고 있다.

앞의 설명에서 보듯이 우리나라에서는 경제정보와 산업정보를 서로 다른 의미로 사용되는 듯 하다. 경제정보는 내용에 따른 분류로서 '경제에 관한 정보' 를 의미한다. 일반적으로 다른 나라의 경제적 의도, 능력, 취약점 및 가능한 행동방책을 파악하는 정보인 반면에, 산업정보는 '산업의 생산성이나 상대적 경쟁력의 강화를 위해서 사용되는 정보' 라는 의미로 사용되고 있다. 다시 말해 산업정보는 '산업의 생산성 향상이나 경쟁력의 유지 강화를 위해서 사용되는 경제 및 과학기술에 관한 정보' 라는 의미로 정의되고 있다.[158] 하기 때문에 경제정보전을 이해하기 위해서는 어구의 분명한 정의가 필요하다.

- 우선 '경제안보'(security of economy)는 노동, 자본생산성의 지속과 장기적 성장을 통해 국민에게 보다 높은 생활수준을 제공하는 것이며 사회안전을 배경으로 한다.
- '경제정보'(economic intelligence)는 각국의 과학기술이나 재정, 자산, 경쟁력 등을 포함하는 정책 또는 상업상 정보를 말한다. 미국 정보공동체는 경제정보를 '정부기관이 작성하여 정보사용자들에게 제공하는 재화와 용역의 생산 분배 및 소비 노동 금융 조세제도 국제경제체제와 관련된 정보라고 설명한다.[159]

---

158) 염돈재, "국가정보기관과 산업정보", 문정인(편), 『국가정보론』(서울 : 박영사, 2002), pp.216~217.
159) Leo D. Carl, International Dictionary of Intelligence (Mclean : International Defence Consultant Service, 1990), p.184.

● '경제정보전'은 경제정보획득을 위해 외국정부 혹은 대리인을 통해 이루어지는 비합법, 비밀, 불법적인 수단이 동원되는 형태를 갖는다.

따라서 미국 CIA가 관계하는 경제정보 관련 정보수집에 있어서는 내용상 '산업정보활동'(industrial intelligence activity) 혹은 '산업정보 수집'이라는 용어보다는 '경제정보수집'이라는 용어로 표현한다. 미국, 캐나다 등 외국에서는 경제적 이익증진을 위해 합법적인 활동은 경제정보활동이라고 지칭되나 불법적인 활동일 경우 경제첩보활동(economic espionage), 경제스파이(economic spy), 사기행위(sharp practice), 산업첩보행위(industrial espionage), 비즈니스 스파이(business spy), 산업스파이 행위(industrial spy) 등으로 지칭된다.[160] 결국 산업스파이와 경제스파이는 별 차이가 없는 개념이지만 산업스파이는 활동 주체인 민간업체에 고용된 스파이로 이해되는 반면에, 경제스파이는 배후에 정부기관이 있어서 체포시 양국관계에 영향을 미치게 된다는 점을 염두에 둔다. 그러나 우리나라의 경우 경제 활동의 주체가 정부기관이든 민간 기업이든 활동 내용이 합법적 혹은 비합법적이든 구별 없이 모두 산업정보활동이라고 지칭된다. 따라서 산업정보의 업무대상을 요약하면 다음 〈도표 1-21〉과 같다.

다만 경제정보와 산업정보의 차이점은 우선 산업정보를 취급하는 사람이 경제정보를 다루는 사람보다 다양하다는 점이다. 여기다 산업정보의 업무대상은 '경제전'(economic warfare)의 대상인 과학기술이나 정치, 사회 현상 등 다양하나 특별히 경제제재와 통제를 실현하는 것, 무기 공급 규칙과 이중과세 상품의 결정, 상품시장 개발 및 국제금융시장의 사건들이 포함된다. 그리고 정보사용자의 관심에 따라 정보의 분석, 평가 및 대책이 달라질 수 있다.

◯ 경제정보

미국 정보공동체에서는 산업정보라는 말 대신 경제정보활동이라는 용어가 자주 등장하고 있다. 경제적 이익을 확보하기 위한 목적으로 활동할 경우 보통 '경제정보활동'이라 지칭하고 불법적인 활동일 때는 경제첩보행위(economic espionage) 혹은 경제스파이, 비즈니스 스파이라고 부른다.

---

160) Leo D. Carl, ibid, p.184.

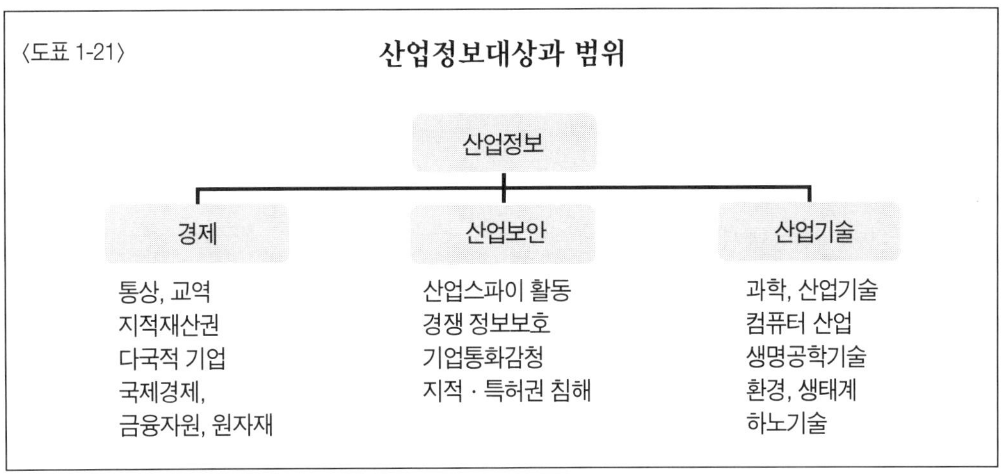

우리가 알고 있듯이 경제면에서 시장경제체제가 범 세계화되면서 경제폐쇄주의와 중상주의는 쇠퇴하고 자유무역주의가 일반화되고 있다. 그리고 냉전체제의 종식으로 경제중심의 국제질서가 재편되는 가운데 불확실성 속에 무한 경쟁시대가 확대되고 있다. 각국은 국가경쟁력 제고를 위한 경제정보의 역할이 계속 증대되고 있는 상황에서 기업의 도산, 고용구조의 붕괴, 설비 투자의 축소, 공공투자의 결핍 등 전반적인 침체를 겪는다는 의미에서 모든 경제 실상은 정보대상으로 간주된다.

이렇듯 경제정보는[161] 군사정보나 외교첩보 못지 않게 중요시된다. 경제정보는 각국의 재정정책에 관한 자료로부터 특허에 이르기까지 광범위하다. 특히 중요한 것은 한 나라의 재정 상태와 외국무역, 그 중에서도 공업, 자원, 농업 등과 관련된 첩보이다. 또한 경제정보에서는 노동문제에 관한 것도 중요시 된다. 노사관계는 때때로 사회 불안 내지 혁명단계로까지 진전되는 실력충돌이나 무장폭동을 수반하는 정치적 분쟁을 유발할 수 있다. 때문에 외국인 투자가들은 안정되고 깨끗한 정보를 선호한다. 왜곡된 정보와 부패가 있다면 경제 위기를 불러일으키며 외국인 투자유치는 더욱 어려워진다.

더구나 시장경제체제와 자유무역주의가 지구화 됨에 따라 경제권은 투자, 무역금융거래가 급속도로 변하고 있다. 따라서 경제정보는 국가의 경제현상과 제요소에 관한 정보로서

---

161) 경제정보의 이해는 Ethan Barnaby Kapstein, The Political Economy of National Security : A Global Perspective (NewYork : McGraw-Hill, 1992). Phillip Zelikow, "American Economic Intelligence : Past Practice and Future Principle", Intelligence and National Security, vol.12, Jan 1997. pp.164~175를 참조.

경제적인 능력과 취약성, 그리고 가능한 행동방책 또는 의도에 관한 지식을 망라하는 개념
이다. 이와 관련 다음과 같은 기본적 요소들이 망라된다

- 국내경제에 미치는 지역적, 범세계적 경제기구 및 활동 양태(정부, 비정부간)
- 일국의 경제현상에 대한 지식
- 경제현상이 자국, 그리고 타국의 안보와 직결되는 경제협력 및 관련 조약
- 국익과 관련되며, 경제정책 수립 및 집행에 필요한 요소(연간 교역량, 교역대상)
- 다국적 기업의 수 및 활동 사례
- 외국자본의 유치, 외국인의 자국 내 증권투자 실태

참고적으로 경제정보의 개념이 다양하다는 의미에서 우선 경제학과의 차이점을 확인할
필요가 있다. 경제학은 경제 원리나 법칙을 연구하는데 목적이 있다면 경제정보는 경제학
의 연구결과인 원리나 법칙을 원용하여 국가정책을 수립하고 집행하는데 필요한 지식을 획
득하는데 그 목적이 있다. 또한 기업정보와의 차이점은 경제정보가 국가경제활동을 운영
하는데 요구되는 지식인 반면에, 기업정보나 가계정보는 기업, 가게활동에 필요한 지식이
란 점에서 의미상 약간의 차이를 나타낸다. 그리고 앞에서 설명한 산업정보의 경우 산업을
육성 발전시키고 경쟁력을 제고시키는데 필요한 특정의 지식을 의미함으로써 경제정보와
는 수준 및 정보활동의 목적에서 다소 차이가 있음을 드러낸다.

◑ 군사정보

군사정보는 한 국가의 군사정책과 전략, 그리고 군사행동에 중대한 영향을 미치는 정보
로서 군사적인 능력, 취약점, 행동방책 또는 의도에 관한 정보로 요약된다. 군사정보는 또
한 국가정보의 한 요소별 정보로서 국가정책을 수립하는데 필요한 군사적 배경지식이라고
할 수 있다. 결정적 군사정보의 수집이나 분석 실패 시 상대측의 도발 혹은 전쟁으로 직결
될 수 있다는 의미에서 국가안보에서의 절대적 위치를 차지한다. 이러한 명제는 중국의 손
자(孫子)와 아테네의 역사가 투키디데스(Thucydides), 클라우세비치(Kare von Clausewitz,
1780~1831) 등의 전쟁관에서 잘 증명해 주고 있다.

따라서 군사정보에서는 외국군의 규모, 능력, 위치, 배치 및 전략 · 전술을 수립하고 군사
작전을 수행하기 위한 정보를 망라한다. 군사정보는 주로 국방부(미국의 국방성 정보국

DIA), 각 군의 정보기구와 통합사령부 그리고 전투부대의 전술정보부대들이 필요로 한다. 기타 다른 정보조직들, 예컨대 미국의 경우 NSA, CIA, CID(Combat Intelligence Division, 전투정보처) 등은 국방부가 필요로 하는 정보를 지원하고 있다. 이러한 조직들은 정치, 군사적인 문제, 주요 군수조달문제, 병력배치 계획들과 관련해서 국방정책 입안자들에게 필요한 지식을 제공함으로서 군으로 하여금 병력의 조직, 훈련, 장비를 갖출 수 있다.

또 다른 해석으로서 탈냉전시대에 있어서 미국의 방위전략상 세 가지 기본 원칙을 보면 ▲부상하는 위협을 예방하는 일이고, ▲실제적 위협을 억제하며, ▲예방과 억지가 실패할 경우 군사력을 동원해 위협을 격퇴한다는 것이다.[162] 그리고 미국은 선제공격전략을 유지하면서 대량살상무기 확산을 막는 것으로 적의 기만과 기습, 비대칭공격에 대한 보호, 원거리 공격력의 제고, 전진 배치 등을 통해 신속 대응한다는 계획이다.[163]

우리가 다 알고 있듯이 현대전은 총력전으로서 국가의 총 역량이 집중되며, 이것이 전력화될 때 바로 군사 전력(戰力)이 된다. 경우에 따라서는 무기개발에 대한 투자를 늘여 상대방의 무기체계를 구식으로 만들어 버릴 수 있는 국방과학기술을 개발하고 있다. 이러한 국방력에는 현존군사력뿐만 아니라 정치, 경제, 군사사상 등 국력의 요소가 모두 포함되고 있기 때문에 광의의 군사정보에는 이 모두를 포함시키고 있다.

그러나 협의의 군사정보에서는 군사전력을 제외한 다른 요소들은 포함시키지 않는 것이 보통이다. 전쟁사가인 볼프람 베테(Wofram Wette)는 역사적 개념으로 전 방위적 경계주의를 말한다. 이는 현 국제상황을 현실적 위험과 장래의 위험으로 가득한 하나의 거대한 장(場)으로 해석한다.[164] 특히 세계 각국의 주요 국가정책 및 전략 수립 시에는 주적(主敵) 및 주변 국가들의 군사정보가 필수적인 기본 자료가 된다. 더구나 현재의 남북한 군사 대치 상황과 통일 이후 주변국들과의 관계를 고려할 때 군사정보는 안보의 핵심적 위치를 차지한다는 점에서 아무리 강조해도 지나침이 없는 요소이다.

특별히 전쟁 상태 내지 무력 투쟁을 분석하기 위해서는 전쟁징후 판단이 요구된다. 이것은 적의 공격징후와 시기, 방법 등에 대한 정보수집이 우선이다. 전쟁의 성격은 상대방에

---

162) 미국 William J. Perry 전 국방부 장관은 신방위 전략으로 이 같은 3단계를 제시하고 이를 뒷받침하기 위해서 우수인력과 첨단기술 확보를 통한 군사력 우위가 필요하다고 강조했다. 자세한 것은 Foreign Affairs, Nov-Dec, 1996 참조

163) 2002년 이후 발표한 미국의 '안보전략'과 The Wight House, The National Security Strategy of The United States of America(March 2006), pp.8~12.

164) Ulrich Beck(2000), op.cit, P.220.

대해서 보다 먼저 공격을 개시하는 경우로서 기습이나 선제(先制)공격이 가능한 상태(제1
격)와 공개적인 선전 포고에 의한 공격이 있을 수 있다. 이때의 전략적 징후로서는 다음과
같은 것이 포함된다.

- 정치적으로 외교관의 소환, 국교 단절, 정치적 압력, 불가침 조약의 재강조, 또는 혁신의 요
  구, 국내보안의 강화, 비밀수집 활동, 침투 등이 나타나고 있다.
- 경제적으로는 전략물자의 비축, 식량저장, 무역장벽의 조성, 증강된 경쟁, 국내물가통제,
  화폐조작, 파업 및 노동자선동, 정보통신망의 통제, 기상보고의 변화 등이 나타나고 있다.
- 사회 심리적으로는 군사보복 또는 경제적 위협, 특수집단(정당, 정권)에 대한 비방 선전, 국
  내의 언론검열 통제가 나타난다.
- 군사적으로는 군사력 증강, 총동원령, 군사력 대기 군부대의 전방이동, 점령지대에서의 준
  군사행동 증가, 야전 기동훈련의 증가, 민방위훈련 등이 빈번해진다.

결국 군사정보는 정책결정 자에게 대응 전략을 돕고 전쟁방지와 전쟁을 하지 않고 승리
할 수 있는 기회를 제공하는데 있다. 군사정보는 전쟁 중에 아군의 계획과 행동의 기초가
되며, 전쟁 후에는 아측에 유리하게 전쟁을 종결할 수 있는 자료가 된다. 어느 나라나 역사
적으로 내려오는 적에 대한 경계와 갈등이 한 국가의 최우선 순위를 차지하는 것은 변하지
않는 현실성이다.

◯ 사회정보

보통 인간은 결코 고립되어 혼자살 수 없는 동물로서 하나의 집단을 형성하며 살아가는
사회적 동물(homo socious)로 풀이된다.[165] 여러 개의 집단과 개인이 모여 하나의 사회를
이루며 발전해 가는 것이다. 또한 사회생활은 사회 구성원간에 끊임 없이 이루어지고 있는
사회적 상호작용(social interaction)이라는 과정이며 유효한 안정 장치를 강구하고 각각의
목표를 향해서 뛰고 있는 것이 우리 사회이다.

따라서 사회에 대한 연구(사회학)는 사회라는 범주 내에서 일어나고 있는 인간의 모든

---

165) 인간이 사회적 동물이라 함은 인간이 태어나면서부터 사회의 한 구성원이라는 뜻이 아니고 인간이 태어날 때
    사회성(sociality)의 소질을 가지고 태어난다는 의미를 갖는다. 자세한 것은 Peter L. Berger and Thomas
    Luckman : The Social Construction of Reality (NewYork : Gorden City Doubleday, 1966), P.129이하를 참조.

행위를 연구하는 것으로 정치학이나 경제학보다 훨씬 더 포괄적인 면을 갖고 있다.[166] 실질적으로 사회는 사회적 행위나 사회적 관계, 사회적 질서를 포함하며 사람들이 만나고 말하고 거래하는 등의 사회 집단을 이루며 살아가고 있다. 사회정보에서는 이러한 사람들의 성격과 역할, 그리고 계층. 계급은 물론 사회적 제도를 다루게 된다. 또한 다양한 사회범죄, 일탈행위들을 망라하며, 인구 이동, 사회 변동 등을 집중적으로 다루게 된다.

이런 점에서 사회정보(sociological intelligence)란 인간의 사회적 행위와 이를 토대로 하여 이루어지는 사회제도, 인간관계, 사회문제 등 사회적 현상에 대한 총체적 지식을 다루게 된다. 사회정보는 사회문제에 대해 왜(how)라는 해답을 얻기 위해 연구하는 것이어서 하나의 분석적(analytical)인 입장을 띄게 된다. 사회정보의 대상과 범위를 요약하면 다음과 같다.

- 사회적 대립(계층간, 지역간, 이념간)심화로 인한 체제위기 촉진 요인
- 시민단체들의 정책결정참여과정과 그 수준
- 현실 정치활동과 관련한 사회. 정치적 자유화(독립적인 사회조직 활동 여부)
- 사회세력(학원, 노동, 종교, 농민 등)들의 불만과 갈등양태
- 알권리, 말, 정보에 대한 일반인들의 접근성 확대여부
- 소비 단체들의 소비자 보호운동과 영향력 상태
- 노동조합의 결성 및 독립적인 조직으로서의 노동운동 양태

결론적으로 자연세계와 달리 사회체계는 객관적인 실재들로서 어떤 사물이나 고정된 것이 아니라 사람을 중심으로 해서 이루어져 있다. 사람들은 의식과 의지에 따라서 자신들의 목표와 임무를 수행하는 것이어서 사회정보에서는 주로 사회현상과 변동과정, 그 결과를 설명하고 예측하는 것을 주된 대상으로 한다. 특히 사회현상의 원인과 과정을 밝히고 그것의 성질과 구조는 물론, 사회발전의 법칙 등을 얻어내는 지식활동이라고 할 수 있다. 따라서 사회정보는 사회문제 해결과 사회 안전을 위해 필요한 것이며, 이에 참여하는 정보관은

---

166) 구체적으로 사회구조적 문제들, 즉 사회구성원간에 지속적으로 유지되고 있는 사회적 관계의 제양상을 연구(구조주의)하거나 개인중심의 행위나 심리상태(심리학접근), 그리고 사회현상을 하나의 과정(process)으로 보는 태도(상징적 상호작용론), 인간사회를 하나의 체제로서 적응기능, 통합기능, 목적성취기능, 잠재기능에 따라 구성(기능주의)되고 발전한다는 내용들이 중심을 이룬다.

국가와 기업, 사회정의를 위해서 일하는 사회적 행위(social action)차원인 셈이다. 교훈적으로 사회정보를 다루는 사람에게는 친사회적 활동이 요구되기도 한다.

◐ 인물정보(개인 신상정보)

정치 분야에 있어서는 분석 대상국의 중요한 인물에 대한 지식이 결정적으로 중시된다. 국가정보에서는 이를 인물정보(biographical intelligence)라고 부른다. 이러한 형태의 첩보는 각 기관에서 따로 따로 수집하거나 또는 각종 전문적인 정보기관에서 수집하기도 한다. 외교부에서는 외국인에 관한 인물전기 기록철(biographical file)을 보유하고 있는가 하면, 군 기관에서는 외국의 육·해·공군 지도자들에 대한 인물 정보철를 유지한다. 기업측면에서는 주요 CEO들의 인물정보는 물론 그들의 주요 경영전략들을 기록 유지하거나 시장을 관리하는 사람들의 차별성을 발견하고자 한다.

정보가 있는 곳이면 어디서나 경쟁적 이익을 창출하려는 핵심 인물들이 포진하고 있다는 것을 누구나 알고 있다. 일국의 정부 고위층이나 CEO와 관련된 인물 정보에 대해서는 전술적이라기보다 전략적으로 중요하다. 예를 들어 현직 대통령이 사망했을 때 가능한 한 그의 후계자로 예상되는 인물 전원에 대하여 파악하는 것은 절대적으로 필요하다. 후계자로 지목되는 사람들의 성격이나 경력 등 모든 자료가 필요한 것이다. 또한 가장 중요한 출처는 해외여행을 했거나 국제학술회의에 참석하면서 외국인을 만난 교수들의 인물평가도 다양한 목적과 이익창출로 연계시킬 수 있다. 사업가도 마찬가지로 그들이 제공하는 내용들은 매우 유익한 정보가 될 수 있다. 쉬운 예로서 Who Who' s 와 같은 인물 사전이나 다른 참고 문헌들을 찾아서, 아니면 국내외 신문에 소개되는 '중요 인물 동정' 에서 그들의 신분과 학·경력, 그리고 주요 관심사항과 구체적 활동 내용들을 정리할 수 있다.

재강조하거니와 최고의 핵심정보는 많은 데이터가 아니라 사람에게서 나온다는 사실이다. 언론사와 기업들, 정부 기관에서 나오는 데이터들이 많지만 소프트한 것, 정성적인 (qualitative) 내용들은 휴먼소스 네트워크로부터 얻을 수 있다. 그러므로 인물정보를 유지하는 데는 그 대상으로 정부관료, 정치가, 외교관, 육해공군의 고급장교, 언론인, 통신원, 핵물리학자, 과학자, 기업경영자, 고급 기술자, 작가 및 예술가, IT전문가, 종교인, 사회운동가 등을 꼽을 수 있다. 또한 여권 및 사증 발급, 주민등록증, 병적 기록증, 은행의 고객정보, 운전면허증 등을 신청할 때 나타나는 인적 사항을 참고할 수 있다.

한편, 외국 현지와 우리와의 장벽을 초월할 수 있는 수단을 마련하기 위해 인적 문화적 기술적 교류를 강화하기 위해서도 인물정보 구축이 필요하다. 이러한 노력은 아직 미흡하지만 우리나라 일부 기업들도 중국 내 신규사업 진출을 위해 중국 내 인맥 데이터베이스를 구축하고 있는 것이 좋은 예다. 이 데이터베이스는 중국 공산당의 주요 간부들과 중앙 정부의 고위 관료, 각 성(省)과 간부들, 유명 경제인에 대한 상세한 정보를 담고 있다. 정보기관이나 기업은 전조직이 활용할 수 있는 개인신상 정보시스템(NADIS)을 구축하는 것도 좋은 방식이다. 개인 신상정보시스템에 대해 철저한 비밀을 유지하되 필요 인물을 검색 하고자 할 때 즉시 확인할 수 있도록 유지하는 것이 필요하다.

3-3. 사용자의 관심과 예측정보

필요한 정보가 어느 날 갑자기 툭 튀어나오는 것은 아니다. 상품의 제조 과정이 있듯이 정보의 생산 또한 여러 채널을 통해 가공되는 최신상품과도 같다. 전통적으로 제조업체들은 가격이 맞고 질이 좋은 상품을 내놓고 시장 관리를 하며 구매자에 대한 지속적인 서비스를 하며 업그레이드 해가고 있다. 마찬가지로 정보를 수집하고 분석해 유효한 정보를 생산한다는 것도 이와 비슷하다. 사용자들이 부가가치를 높일 수 있고 조직을 설계 운영하며, 수익(국가 이익)을 찾도록 하는 것이다. 정보관이 사용자들로부터 새로운 일을 부여받아 그 작업을 한다면 그것은 사용자에 대한 '서비스' 를 제공하는 것으로 생각할 수 있다. 더구나 '맞춤 정보생산' 이 되도록 최고의 가치를 지니는 생산물을 내놓아야 한다. 당신은 "자신이 창출한 가치(정보)가 누구에게 얼마나 돌아가고 이용되는가" 라는 질문에 항상 대비해야 한다.

정보조직들은 우선 정보전략 수립에서부터 세련된 정책수립, 일관성, 지구력 등을 갖춰야 한다. 게다가 정보가 갖는 성격으로서의 관계성, 직접성, 정확성, 신속성, 편집성 등을 고려해야 한다. 정보는 '선택과 집중' 이라는 측면에서 쓸데없는 정보는 과감히 버리고 핵심정보에 주력해 사용자의 관심에 집중되어야 한다. 뿐만 아니라 국가수준급의 정보를 생산하는 데는 기업에서의 경쟁정보(CI)와 지식경영의 통합이 필요하다. 기업이 추구하는 효율성과 통합성, 비용효과를 증진시킴으로서 비즈니스에서의 승리를 이룩하고 있음을 우리는 알 수 있다. 정보조직들이 부단히 타이밍에 맞는 업데이트, 객관적인 정보요구와 이에 맞는 분석력, 신중한 권고사항들을 담아 최고 사용자들에게 제공될 때 그들은 조직 관리를 잘할 수 있다.

그러나 이참에 지적 해 둘 것은 정보조직(혹은 기업의 경쟁정보 부서)은 본질적으로 수동적인 성격을 갖는 점이다. 사용자의 요청이 있을 때에만 정보를 찾아서 분석하고 이를 사용자에게 전달하는 경우가 있는데 이런 태도는 사실 일반적인 것이다. 또 기업의 상업적 보호막이 있듯이 국가정보에도 지나친 간섭이나 통제가 있을 때 정보커뮤니케이션이 방해받게 된다. 따라서 정보사용자와 정보생산자간에는 항상 틈이 생기는 경우가 많다. 이 같은 경우는 국가급 정보기관이나 대기업 수준에서 다같이 나타나는 문제들이다.

3-3-1. 안보 우선의 국가이익 관리

정보사용자들의 관심은 조직의 목적과 원칙, 가치와 환경 등에 따라 다르겠지만 글로벌적이고 복잡한 경쟁체제에서 자국의 안보와 기업의 시장 확대, 그리고 세계에 대한 역량을 최대로 확대하는 일이다. 그 중에서도 정보기관의 중요 활동 중에 하나는 끊임없이 제기되는 국가정보판단일 것이다. 정보활동의 중요한 일 중의 하나인 종합기능은 최고 정책수립자나 전략가들을 위하여 준비하는 정보의 요약과 판단이기 때문이다. 이것을 보통 미국에서처럼 국가정보판단(NIE)이라고 부른다. 이 독특한 기능은 조직 내 훈련된 전문가들이나 몇몇 정보기관의 대표로 구성되는 위원회가 수행한다.

미국의 경우 대외정책의 우선순위를 결정하는 것은 국가정보판단(NIE)에 기초한다. 자국의 이익으로서는 핵무기확산의 방지, 마약 등의 미국 유입과 미 근로자들의 일자리를 보호하는 것이 가장 중요한 목표들이다. 우선 순위에서 밀리고 있는 항목들은 대부분 '이타적 국제주의'(altruistic internationalism)와[167] 관련을 갖지만 미국이 분명한 이익 우선순위에 근거하여 자국의 국제사회의 참여 방식을 결정할 수 있는 선택적 포용전략(selective engagement)을 선호하는 형편에서 안보 우선의 국가정보판단은 매우 주요한 업무이다. 세계 정보조직들이 많은 고통과 비판, 사회적 자원이 부족함에도 불구하고 끊임없이 성장하며 독립적으로 운영하고 있는 이유도 여기에 있다.

뿐만 아니라 국가와 기업의 생존과 지속 가능성을 위협하는 것에 대한 포괄적 안보를 지

---

167) '이타적국제주의' 란 우방국의 안전보장, 세계적 인권증진과 보호, 시장개방, 약소국 보호, 민주주의 정착, 저개발국의 생활수준의 향상 등을 의미한다.

키기 위해서 '국가정보판단서'가 생산되고 사용자들에 의해 정책적으로 집행된다. 미국 CIA 경우 2차 대전시 예일대 역사학 교수 서만 켄트(S. Kent) 박사를 중심으로 정보판단서를 작성했고 대통령과 국가안전보장회의(NSC)에 보고되었다. 그리고 영국의 경우도 전시내각(War Cabinet)에 요약된 판단보고서를 작성 제출했는데 여기서는 저명한 역사학자 아놀드 토인비(Arnold Toynbee) 교수가 임명된 바 있다.

그렇다면 이제 우리들 한번 상상해보자. 현대 사회에서의 조직구조의 세련화, 프로세스의 단순화와 기술 문화의 변화는 모든 것을 수술대 위에 올려놓아졌다고. 그야말로 팽창, 혁신, 스피드의 세계가 진행되고 있다는 점이다. 그뿐인가. 비지니스에서 벤치마킹이 이뤄지고 있는데 벤치마킹은 자기조직들의 부족함을 깨닫고 시장 접근의 기회와 속도, 조직을 바꿔나가는데 힘이 되고 있다. 동시에 국가 혹은 기업조직들이 인텔리전스 활동에 부합되도록 '허브와 바퀴살'(hub & spoke)처럼 조직을 조정하고 있다.

마찬가지로 세계 정보조직들 역시 글로벌 체제에서 일어나는 수많은 사건 혹은 프로젝트가 발생하는 대로 투입되고 있다. 글로벌 정보조직들은 지역별, 임무별, 기능별로 운영되고 있는 가운데 가능한 테크놀로지로 무장하고 있다. 한 나라의 국가안보와 기업의 이익을 확보하는데 있어서는 다양한 접근방식과 수많은 출처를 확보하지 않으면 생존할 수 없기 때문이다. 안보 우선의 국가 이익관리를 위해 이제 정보조직들은 민간, 기업의 힘을 활용하는 '시장의 원리'를 접목시켜 가고 있다. 시장과의 커뮤니케이션은 정책결정의 숨겨진 기둥으로서 정보를 하는 사람들은 시장의 요구 상황을 의도적으로 살펴봐야 할 이유가 여기에 있다.

3-3-2. 예측정보 판단에 주력

냉전 종식 후 힘의 구조가 다극화되고 불확실성이 만연하는 현 세계에서 예측정보의 필요성은 매우 높아가고 있다. 더구나 정보기관의 최고정보책임자(CIO)들은 급격한 세계 변화에 따른 적시성 있는 대안의 개발, 환경문제, 테러, 마약 등 새로운 정보환경에 대처할 수 있는 예측정보의 신뢰도 향상을 위해 노력하고 있다. 예측정보 역시 국가정보에서의 중요 영역으로 국가정보판단서(NIE)의 일종이다.[168] 정책결정 자에게 미래적으로 생각하고 대안

---

168) 미국 NIE의 보고서 형태는 http//www.cia.gov/csi/book/html을 참조할 것.

적 정책과 그 결과를 제시한다는 점에서 정보행위에서 매우 중요한 요소로 여겨지고 있다. 그러므로 정보기관은 현실을 확인하고 예정된 미래의 수준을 예측해야 한다. 모든 형태의 정보활동에서는 장래에 대해 큰 관심을 가지고 있다는 점에서 정보전문가는 훌륭한 예견자로 활동하는 것이다. 정보를 경쟁우위 확보에 활용할 수 있도록 하는 이른바 스마트한 예측적 통찰력(predictive insight)이 요구된다.

○ 예측정보의 의미와 필요성

개구리의 뛰는 모습을 예측하기 어렵듯이 사회 현상을 모두 판단하고 예측하기란 여간 어려운 일이 아니다. 더구나 사회적 공간에는 인간의 행위, 존재, 사유양식이 지배하는 것이며, 또한 목표에 대한 실행과 조정이 이루어지는 기본 틀이 있지만 부정적인 속임수와 장난, 유혹, 그리고 조작들이 있을 수 있다. 다시 말해 타인, 타 기관, 타 국가들 간에 대한 기만과 의도된 조정이 작용한다. 브로델(Fernand Braudel)의 시간성(역사성)에 보이는 '표면의 출렁거림' 이 작용하는 것이 현존인데[169] 이 현존은 우리에게 희망을 안겨주기보다 우려와 의심을 불러일으킨다.

전투에서는 가끔 '혼미의 안개' 가 전개되는 것처럼 정보세계 역시 '미래의 안개' 가 가득 차 있다. 장차 무엇이 일어날 것인가라는 질문보다는 현재 과거 미래 등에서 항상 무엇이 일어나고 있는가에 대한 접근이다. 전략정보생산에서 '미래의 안개' 를 제거하는 것은 가공할 불안에 대한 처방일 수 있다. 정보만 가지고 국가적 기업적 목표를 충족시키려 하지만 거기에는 역설과 혼란이 있을 수 있다는 얘기다.

따라서 우리가 세계 경제 활동이나, 구소련 붕괴 및 중동 국가들에서 나타나듯이 누구도 미래를 알 수 없으나 정보를 하는 사람들이나 모든 정책을 수립하는 사람들은 끊임없이 무엇인가 예측을 하게 된다. 이때는 실험과 관찰, 분석을 통해 가능한 오류를 줄일 수 있는 열린 자세가 요구되면서 엄격한 사회과학적 방식이 동원되어야 함은 물론이다.

그러면 우선 예측정보란 무엇인가. 이미 암시하였듯이 예측(예보)이라는 것은 '안개' 때문에 보이지 않는 시야를 제거하고 앞날을 길게 바라보는 것이다. 하지만 우리가 지속적으로 주기적으로 판단한다지만 편향적이고 주관적 수준에서 예측하게 됨으로서 어려운 문제들이 여전히 존재한다. 그래서 모로네이(M. J. Moroney)는 예측정보 기술에 대해 '완전한

---

169) Fernand Braudel, On History(Chicago : University of Chicago Press, 1980), pp.xxxiii이하.

기술보다는 타당한 기술'이라고 지적한다.

예측정보는 적시적으로 가장 손쉬운 자료와 방법을 통해 최초의 사용자에게 실질적인 이익을 주기 위해 도출된 유용한 지식이다.

그렇다면 예측정보가 왜 필요한가. 한마디로 미래를 알기 위한 최상의 기호 중에 하나이다. 정보관들은 자신들의 견해에 관계없이 즉 좋고 싫든 간에, 또 아무리 자료가 없다고 해도 정해진 기일 내에 조직이 원하는 예측을 해야 하는데 그런 예측정보는 다음과 같은 성격과 내용을 담고 있다.

①예측정보는 가능한 판단과 선택을 돕는 것이다. 더욱이 정책 결정자는 잘못된 예측으로 인해 예기치 않게 큰 재난을 가져올 수가 있다는 점을 유의해야한다. 많은 정보 분석가들은 수많은 첩보가운데 옳고 그른 것을 걸러내고 '실제'를 밝혀내는데 현재까지 입수한 자료를 통해 전체 '상황'을 예측하고 대응책을 마련하게 된다. 하지만 우리는 종종 전체 윤곽을 파악하는데 어려운 경우가 많다. 예측정보는 있을 수 있는 일과 발생 가능한 일에 더 깊은 관심을 가지며 입수된 사실로부터 출발하게 된다. 예측정보는 힘의 구조가 복잡해질수록 미래 예측에 있어서 불확실성이 증대되고 있는 상황에서 즉 안개 상황을 제거하는 일이다.

②예측정보는 가능한 평가와 결과를 분석하면서 정책적 대안을 제시하는 것이다. 예측정보의 역할은 정보 사용자에게 이용 가능한 사실을 예시하고, 이러한 사실을 적용할 수 있도록 대안의 제시와 그로 인한 결과를 예측하는 일이다. 현상이 아무리 명확하다 할지라도 예상할 수 없는 우연성이 있을 수 있어서 미래에 대한 예상은 잘못될 수 있다는 점을 간과해서는 안 된다. 다시 말해 오리무중(五里霧中)에 빠지는 것을 피하는 일이다. 국가와 기업이 어디로 가고 있는지 국제사회가 돌아가는 현상을 잘 파악할 때 정확한 예측을 할 수 있다.

③불확실성 속에서 정책 결정자가 미래를 준비할 수 있도록 도와주는 것이 예측정보이다. 미국 국가정보위원회(NIC)는 세계적으로 복잡해지고 불확실성이 증대하는 상황에 대해 다양한 방법으로 대처해 오고 있으나, 중요한 것은 단순한 예언보다는 상황적 대안 시나리오에 역점을 두고 정책적으로 미래를 판단하고 있다. NIC는 미래를 점쟁이처럼 예측하는 것이 아니라 국익에 중대한 영향을 미칠 발생 가능한 사태의 범위와 결과를 설정하고, 그

결과에 사회과학적 의미를 갖도록 백분율 수치 등으로 설명하고 있다.

지나간 많은 사례들을 말할 수 없지만 전문가들의 미래에 대한 예측 또는 예언이 과거보다 정확도가 떨어지는 경우가 많다. 미국 정보공동체는 소련의 경제침체를 정확히 예측했으나 경제적 붕괴 속도까지는 예측하지 못했다. 하여튼 예측정보는 정보의 발생에서부터 공유, 응집, 민감성을 유지할 때 '예측 불능성'의 문제를 해소시킬 수 있다. 제2차 대전 이후 정보의 전파속도 및 질에 있어서 괄목할 만한 성장이 있었던 것도 예측하기 위한 정보조직의 발전이 있었기 때문이다.

◐ 예측정보의 생산

현대사회의 화두는 인간의 욕망이 무한적이라는 점이다. 이는 폭발하는 가장 뜨거운 텍스트이자 문화 현상인 동시에 사회적 징후들이다. 국가들의 욕망도 이와 마찬가지다. 국가정보판단서(NIE)를 생산하는 국가정보위원회(NIC)는 미국의 경우 CIA, DIA, 육·해·공군, 해병대, NSA, 국무부 정보단, 에너지 분야 정보단, 내무부, FBI에서 나오는 미래 예측 견해들을 종합 평가하고 조정해서 예측정보를 생산한다. 뒤에 감춰진 절차가 있지만 예측정보생산은 전문적인 정보기구와 지식인들에 의해 그리고 정교한 정보장비들에 의해 생산되고 사용된다.

이들 NIC에 참여하는 기관의 수뇌는 국가국외정보위원회(NFIB : National Foreign Intelligence Board)를 구성하며, NIE를 대통령이나 고위관리에게 보고되기 전 이를 검토하고 승인하고 있다. 특히 NIE는 언론 등 공개되지 않은 정보를 정책 결정자와 관련 기관에 제공하며 언론인들이 보통 간과하는 중장기 차원에 초점을 맞추고 있다. 그리고 이러한 예측정보생산은 국가안보와 외교 차원뿐만 아니라 안보의 위협 요소로 등장하는 민족분규, 종교 갈등, 테러, 대량파괴무기 확산 등 다양해지고 있으며, 탈냉전 이후는 마약, 뇌물, 지구환경 문제 등 국가번영을 위협하는 요소들로 그 영역이 날로 확대되고 있다. 그러나 보다 정확한 예측정보를 한다는 것은 그리 쉬운 일이 아니다.

실제로 미국 CIA나 군 정보기관 어느 쪽도 1950년 한국 전쟁의 발발을 예측하지 못했고, 동경의 맥아더(D. MacArthur) 사령부도 북한과 중국의 태도를 예측하는데 번번이 실패했다. 1950년 10월 CIA 부장에 취임한 스미스(Walter B. Smith) 장군은 새로운 형태의 국가정보판단서(NIE)를 생산케 하여 정보공동체 내에서 유효한 합의를 도출케 한 바 있다.[170] 특히 냉전 시기에 예측을 요하는 사건은 소련과 관련이 있는 것들이 많았는데, 정보공동체(IC)는 소련제 신무기의 양과 질을 파악하는데 종종 오류를 범함으로써 소련 군사력을 과대평가 하거나 과소 평가 한다는 비난을 받았다.

또 다른 예측정보의 예들도 있다. 경제예측에 대한 어려움인데 일예로 여러 나라들이 경제예측을 내놓지만 그 예측이 빗나가고 있음을 많이 볼 수 있다. 최근 인터넷을 비롯한 정보통신기술의 발달에 힘입어 소비자 및 기업인들은 상상도 할 수 없을 만큼의 경제정보를 구할 수 있지만 미국의 경우 10조불(兆弗)에 달하는 미국의 경제규모를 고려 할 때 신속 정확하게 양질의 정보를 취사선택할 수 없는 상황이다.[171] 결국 경제정보를 분석해 올바른 정책을 추진하더라도 성공 여부에 대한 평가는 '미네르바의 올빼미'[172]가 황혼녘에 날듯이 그것은 후대의 몫이 될 수 있다.

분명히 물질적으로 인간은 정보하는 동물로서 완전한 형태의 예측은 곤란하나, 새로운 정보가 들어오고 진전사항이 있을 때는 기존의 예측들은 최근의 것으로 대체되고 보완된다. 이런 대체 작업을 연속적으로 계속하게 될 때 예측정보는 더욱 정확해진다. 그러나 미래에 대한 예측의 경우 우리가 더 멀리 보려고 할 때 그 예측 가능성은 점차 낮아지고 불확실성이 증대된다는 점이다. 〈도표 1-22〉 중기보다는 장기전망에서 더 불확실해지는데, 그런 점에서 전략적으로 판단하고 계획을 수립하는 것은 위험한 일이다. 결국 의사결정자가 책임 있는 결정을 하는데 있어서 필요한 통찰력을 발휘할 수 없게 된다.

◑ 예측정보와 분석관의 상상력

앞에서도 언급했듯이 1980년대 소련의 국력을 담당한 분석관이 소련의 국력을 약화시키려면 어떠한 조치가 필요했는지를 자문해 보고 여기에 맞는 색다른 '유형 평가'를 내렸다면 소련 붕괴 가능성에 대해 정확히 평가할 수 있었을 것이다. 물론 분석의 배후(이면)에는 모든 가정을 검증하는 것이 불가능하나, 미래가 어느 정도 과거의 모습이나 역사적 경험을 재현해본다는 가정은 가능할 것이다. 따라서 예측정보를 하는데 있어서 100% 들어맞는 이론과 방법은 없을 것이다. 완전이라기보다는 정보세계에서는 유용하다는 편이 좋을 것이

---

170) Joseph S. Nye, Estimating the Future(Washington, D.C. : Consortium for the Study of Intelligence, 1994), pp.7~13.
171) Business Week, "A Crisis in Capital Spending"(March 5, 2001), pp.33~34.
172) 독일의 철학자 G.W.F 헤겔이 『법철학 비판서설』에서 한말로 역사는 그 시대가 지나야 비로서 올바르게 평가할 수 있다는 뜻이다.

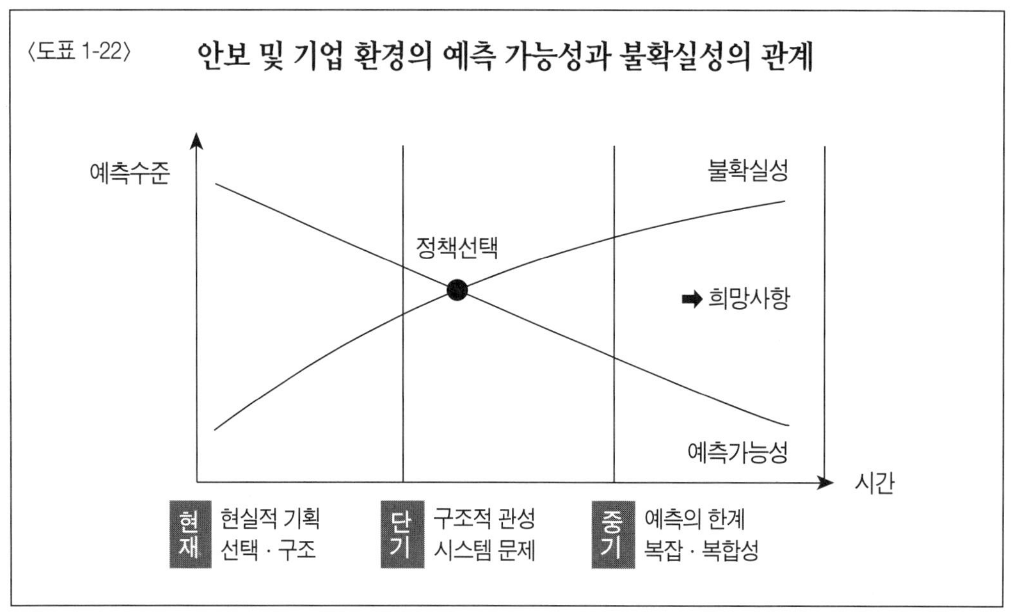

다. 더욱이 국가안전보장이나 기업의 생존전략에서 예측정보와 관련된 대안들이 놀라울 정도로 미약하다. 정보의 예측을 위해 다음사항을 참고할 수 있을 것이다.

- 자료와 가설은 타당하며 신뢰성이 확보되었는가
- 아측에 비해 상대측의 문화, 경제, 정신상태 등 국민 정서들은 어떠한가
- 예측정보에 필요한 자연과학, 사회과학에 관한 지식이 충분한가
- 분석관들의 지적수준, 축적된 경험, 높은 상상력, 정보판단의 완전성 등 창조적 예지를 갖고 있는가

그리고 정보판단에 있어서 기본적인 방법은 인지심리학의 기초인 인식영역현상 (threshold phenomenon)에 관한 논리로부터 나온다. 예를 들어 어떤 사람에게 바늘로 찌르기를 할 때 어느 순간까지는 아프다는 감각을 느끼지 못하다가 어느 순간을 지나면 아프다는 '인식 영역' 을 느끼는데[173] 이 지점이 정보의 대상이 된다. 경제 영역에서 볼 때 상품

---

173) 이런 현상을 최초로 연구한 학자는 독일의학자 구스타프 페히너(Gustav Fechner, 1801-87)이다.

의 판매와 이익의 감소 현상이 오래 계속되다가 어느 순간 목표 수준에 도달하지 못하는 경우, 즉 판매부진을 심각히 느낄 때 우리는 불경기 혹은 불안정이라고 인식되는 것과 같은 논리이다.

그러므로 정보의 세계에서는 '토템적 사고'는 부적절하지만 환상적 사유는 가능하지 않을까 한다. 예측이 어렵다고 그것을 포기할 수 없기 때문이다. 우리가 안고 있는 여러 가지 모순을 모두 청산하는 것이 아니라 그 모순과 함께 살아가는 것이 현실 사회이다. 그러므로 인과적 사고체계로부터 분석적 사고로의 순환을 통해서 모순을 찾아내는 등 정보의 세계에 맞는 가능한 예측정보를 생산해야 한다. 이를 위해서 몇 가지 부연할 것이 있다.

첫째로 국가정보공동체는 정책 결정자들이 예측의 위험성을 갖도록 경고할 뿐 아니라 정보수집관에게 더 깊은 정보수집의 필요성을 알려주고, 국가정보관(NIO)은 정보공동체 내 쟁점을 조정하는 것과 국가정보기구의 집행위원회에 정보를 제공하여 정보수집 활동이 용이하도록 해야 한다. 결국 예측과정에서 기밀보다 답변하기 어려운 '난제'의 비율이 커지는 문제는 공개 자료와 외부의 정보를 통해 그 난제들을 해결할 수 있을 것이다.

둘째로 분석관들은 '예측'을 정확히 하기 위해 외부의 의견을 수렴하거나 외국 문헌들도 정통하게 검색할 필요가 있다. 고위 분석관들은 외부로부터의 조언을 청취하거나, 국외 훈련을 통해 다양한 경험을 갖도록 한다. 그리고 많은 전문가 그룹들과 회합을 가지며 접근하도록 한다. 때로는 대학, 연구소 등 두뇌집단, 민간 기업 연구소, 사회단체, 언론기관에서 작성한 공개출처 자료에서 유용한 정보를 얻도록 한다. 이들 자료들은 기밀 자료와 결합할 때 유효한 판단을 내릴 수 있다.

셋째로 예측정보의 보고 형태는 간단히 요약하거나, 브리핑 자료로 보고하는 것이 바람직하다. 예측정보는 정책 결정자가 꼭 읽도록 하기 위해 브리핑, 면담 등을 통해 내용을 전달토록 하는 방법이다. 바쁜 일정으로 인해 정보보고서가 읽기 힘들거나 급한 사안이 아닐 경우 결국 버려지는 것을 막기 위해 2~3페이지 분량의 '요약문'을 만들어 상보토록 한다. 또한 민감한 예측정보는 노출될 경우 정책집행이나 외국에 큰 타격을 줄 수 있으므로 제한적으로 배포, 관리해야 한다는 점을 잊어서는 안 된다.

결론적으로 미래를 뚜렷하게 보이는 때는 결코 없다. 미래가 불확실해 보인다는 사실은 그만큼 정보가 필요하다는 뜻이다. 그 불확실성의 배경에는 무지ㆍ경직성ㆍ무관심ㆍ일관성 결여 등이 포함되며 충분히 객관적인 것이다. 단순한 위험기피에만 관심을 돌릴 때 더 심한 불확실성에 빠질 수 있다. 그러므로 정보는 일어난 사태(사건)에 대한 사후조치가 아니라 사전 예방으로서의 정보가치를 깨달아야 한다. 정보는 예측의 핵심이기 때문이다.

3-3-3. 정책 수행에서의 일반 행정 기능의 배제

정보의 세계는 조직의 존재 근거에 따라서 정보목표의 설정, 조직과 인간 자체의 모순, 정보처리, 테크놀로지의 왜곡, 지식 활용의 부족, 조직문화 등과 관련한 문제들이 제기된다. 뿐만 아니라 정보사용자들은 사람을 어떻게 관리하고 지식을 생산하고 아이디어를 식별해 이를 행동으로 실천할 것인가 하는 문제들, 또한 생산된 지식정보를 대내외적으로 잘 활용할 수 있는가 하는 문제를 놓고 늘 고민하게 된다.

이와 관련해 두 가지 선(先)이해가 필요하다. 우선 '생산된 정보'에 대한 평가 내지 문제점을 사용자들은 과연 어떻게 생각하는가의 문제이고, 또 하나는 정보사용자들이 정책결정을 해 가는데 있어서 효용의 한계와 주의할 요소들이 무엇인가 하는 점들이다. 다른 말로 그것은 정보사용자들로 하여금 많은 보고서들을 받고 정책결정에 사용하지만 늘 부족하다는 생각으로 요약된다. 다시 작은 실수를 범하지 않기 위해 아래 사항을 이해할 필요가 있다.

- 사용자는 정보의 내용이 너무 부실하다고 생각하는 경향이 있다. 그렇다면 정보의 깊이가 없고 대부분 언론 매체나 다른 정부기관에서 다룬 일방적인 견해를 다루지는 않았는가.
- 신뢰도 문제로서 첩보를 수집하고 보고서를 작성한 사람들이 과연 해당 업무에 얼마나 경험이 많고 다른 경쟁 조직들보다 뛰어난 능력을 갖고 있는가.
- 내용의 핵심(의미)을 잘 포착해서 사용자 요구에 맞도록 작성했는가. 짧은 시간 내에 전체 내용을 잘 파악할 수 있도록 요약되었는가. 아니면 장문의 에세이 형식으로 작성되어 즉각적인 판단을 흐리게 하지는 않는가.
- 정보보고서가 사용자가 원하는 시간에 제공되었는가. 아니면 얼마간 걸려서 사건적 효용성이 상실되었을 때 올리지는 않았는가.

그다음으로 살펴볼 영역은 사용자 입장에서 정보를 어떻게 사용하고 관리하는가의 문제이다. 그것은 조직의 공개나 정보사용에 있어서 신중해야 하기 때문이다. 국가정보기관이 노출되거나 홍보되는 것은 본질적으로 정보수집 분석 기능을 저해한다. 또 정보기관이 정책수행의 기능까지 맡게 될 때 그 기관이 수집하고 분석하여 배포하는 '정보'의 범위와 질이 현저하게 위축될 수밖에 없다. 정보란 그것이 어느 쪽에 유리하든 불리하던 공정하게 사심 없이 관리될 때 본래의 의미를 갖는 것이기 때문이다. 한 나라의 정보기관이 정보수집기능을 뛰어넘어 정책수행의 일원적 기능을 맡게 될 때 그 정권의 안보정책은 시비거리를 만들 수 있다. 정보기관장이 자기들 구미에 맞지 않는다는 이유로 이 정보는 빼고 저 정보는 묵살하기 시작하면 그 나라는 정보의 편식증(偏食症)에 시달리게 되고, 그것은 나라의 안전을 어렵게 할 수도 있다.

따라서 정보를 하는 사람에게 있어서 '핵심적인 사건'을 파악하는 일이야말로 매우 중요한 것이며 개인적인 판단이다. 변화의 정도는 방법론상으로 확률 이론을 생각할 수 있는데 정상 확률 분포 내의 정상적인 변화와 예외적 특별한 사건에는 차이가 있다. 일정기간 내 정상적으로 변화는 것은 정상 확률 분포 내에 있는 것이고, 그러나 예외가 발생해 허용 확률 밖으로 벗어나면 그것은 파악의 대상이고 수집과 분석의 목표가 된다.

이런 점에서 구성원 모두는 정보생산구조를 필히 이해할 필요가 있다. 사용자는 '책임있는 위치'에 있으며 소명(calling)의식이 요구된다. 정책 결정자는 정보지식을 토대로 단호한 의도와 결정을 해야 하고 되 돌이킬 수 없는 절대적 결단에 대비해야 한다. 절대적 결단을 내릴 때는 흔히 운명론, 가학성, 공포 같은 감정이 교차할 때도 있는 것이다. 그만큼 정책 결정자는 정보보고서 사용에 있어서 신중해야 하고 어렵더라도 결코 스팩터클이 아니라는 점을 간과해서는 안 된다는 사실이다.

끝으로 어려운 질문이지만 과연 정보판단의 위험 부담은 얼마나 되는가. 정책 오류 시에는 그야말로 인간의 시간, 창조성, 기회의 손실 등 엄청난 대가를 치르게 마련이다. 예를 들어 교통시스템의 모델을 잘못 설계했다고 할 때 위와 같은 손실은 물론 생태계와 생활 스타일에까지 엄청난 큰 부담을 준다. 하기 때문에 젊고 패기에 찬 정보요원들이 긍지를 가지고 정보조직의 문화를 바꾸고 창조할 수 있게 하는 지휘가 이뤄지도록 해야 한다. 정보책임자들의 책임과 권한을 확실히 하면서 통제권을 부여해야 한다는 의미이다. 국가의 정보활동에 대한 투자를 통해 국가이익을 극대화하기 위해서는 영감과 통찰력을 갖춘 지휘가 필요하다는 결론이다.

제2부

훌륭한 정보조직의 구축과 경영

정보조직은 사회 각 부문에서 상호협력,
공존하는 '친구 관계'로 발전해 가고 있다.
때문에 정보조직들이나 기업들은 이제 국가이익과 국민들을 위해
뭔가 양질의 정보와 상품을 제공해야 한다.
정보생산관리자들은 모든 것을 보고,
모든 것에 대응하는 능력을 갖고 있어야 한다.
정보조직은 모든 사람의 두뇌가 모인 '지식 정보 센터'요,
신념이 확실한 '정신적 정보 센터'로 운영되어야 한다.
어떤 환경이나 교육, 문화, 규범을 들먹이는 것보다
'정신력과 충성심'이 더 값진 것이다.
그리고 좋은 정보를 얻으려거든 겸손해야 한다.
정보를 얻은 후에는 더욱 겸손하고 신중히 행동해야 한다.

정보조직의 이론과 실제

제4장
정보조직의 이론과 실제

첩보는 어느 나라 정부나 기업이 모두 필요로 하고 있으며, 따라서 어느 나라 정부에서도 여러 종류의 정보활동을 주관하는 부서가 우선적으로 설치된다. 엄밀한 의미에서 정보기관은 하나의 특수화된 조직이다. 현안 문제들에 대한 특수지식을 추구하는 사람들로 구성된 하나의 물리적 조직이라는 의미이다. 이 조직은 다른 국가들을 관찰하여 그 나라의 과거와 현재 그리고 미래의 가능한 사실들을 설명할 수 있도록 준비하는 곳이다.

그리고 하나의 지식으로서 생산된 정보는 정책을 결정하는 사람들에게 유용한 것으로 되어야 하며, 끊임없이 제기되는 당면 문제에 적합한 지식을 생산해야 한다. 유효한 지식을 생산해 내는데는 무엇보다 조직이 우수해야 하고 또 유능한 전문가들로 구성되어야 한다. 정보조직은 세계적 리서치 기관(total research corporation)으로 활동하는 것과 흡사하며 그렇기 때문에 국가정보기관의 경우 특수한 틀 속에서도 '열린 보편성' 을 지향할 필요가 있다. 만약에 이렇지 못하거나 정보생산이 지연되고 정보의 통제권을 잃을 경우 왕관을 넘겨주는 것과 매한가지가 된다.

4-1. 정보조직의 정의와 주요 관점

사회 조직은 학자들의 관심 영역에 따라 다르겠지만 ▲환경 적응을 통한 조직 목표와 조직규칙이 결정되고 ▲누적적 경험 효과를 통해 조직 구성원들의 생산 활동이 이루어지며, ▲조직원들의 인지적, 신념적, 그리고 새로운 발견과 아이디어에 의해서 조직의 발전이 촉진된다.[1] 그러나 정보조직은 이와 같은 조직 원리에 근거해서 카오스나 복잡성 사회에서 불확실성을 해소하는 한편, 알고 싶어하는 사용자에게 지식정보로 대답하는 방법을 제시하는 조직이다. 다시 말해 정보전문가 집단에 공유된 지식을 통해 생산된 정보를 국가와 기업에 희망과 도움을 제공하는 기관이다. 정보조직이 하는 일은 정보수집, 정보 분석, 비밀공작, 방첩활동 등 4가지의 기능을 통해 최고 정책결정자를 위한 '해결하는 정보'(solution intelligence)를 생산하는 것이다.

하기 때문에 전통적으로 기업이나 정보조직문화는 마치 '고슴도치 컨셉' 처럼 엄격한 규율의 문화가 작용한다.[2] 그러면서도 예측 불가능하고 복잡한 상황변화에 대처하는 남다른 조직의 발전과 지식창조기관으로 활동하게 된다. 정보 처리에 마땅한 조직으로 전환되어야 하며 유효한 지식과 정보를 창출해야만 한다. 그래야만 높은 수준의 정보 창출력과 신속 대응력을 가진 조직으로 지식을 창출 관리할 수 있다. 이를 위해서는 우선 개인 차원에서는 상당한 자율성을, 조직차원에서는 상호교류와 구조의 중시를, 방법론적 측면에서는 상호지식에 기초한 인과론적 접근이 필요하다. 그리고 조직 관리자는 정보 창출의 중심적인 역할을 수행하는데 있어서 전략적인 거시정보를 포함해서 미시정보와 결합시킬 수 있는 능력이 있어야 한다.

그러면 정보조직들이 자신들의 가치를 만들고 자산으로 지켜 나가려면 어떤 조직 인프라가 필요할까. 일본 마츠오카 세이고(松岡正剛)가 말하듯이 관리자는 '정보의 동물'이며 '편집하는 동물'들을 어떻게 조직하고 운영하는가 하는 것이다. 곧 정보문화의 핵심인 메시지의 수집, 분활, 결합, 축적들을 성공적으로 진행하기 위해서이다. 따라서 본 장에서는 정보조직을 다루되 행정적인 면은 다루지 않는다. 다만 ▲정보조직의 이론과 중요성, ▲생산성 향상을 위한 조직관리, ▲분석관, 수집관들의 이상적인 자질을 구축하는데 한정해서 기술했다.

---

1) P. Shrivastava, "A Typology of Organizational Learning System", Journal of Management Studies, Vol.20, 1983, pp.7~20. I. Nonaka, "A Dynamic Theory of Organizational Knowledge Creation", Organization Science, Vol.5, 1994. pp.14~27.

2) Jim Collins, Good to Great : Why Some Companies Make the Leap…and Others Don' t(New York : Haper Colins Pub, 2001), pp.90~92.

4-1-1. 전문가 집단으로서의 정보조직과 그 성격

앞에서도 언급된 것이지만 정보조직은 여러 가지 기능을 가지고 있는데 주로 ①첩보의 수집(collection)이나 획득(procurement) ②첩보의 분석평가(evolution), ③필요한 기관에 대한 보고서의 배포(dissemination), ④방첩으로서의 보호 · 감시(surveillance)의 기능을 하는 중앙집권적인 조직이라고 정의된다.[3] 이중 ①~③번까지는 적극적인 정보활동(positive intelligence)이라고 부르며 ④번째의 기능은 소극적인 정보활동(negative intelligence)으로 알려져 있다. 방첩임무는 아측의 비밀을 보호하는 활동이며 인가 받지 않고 비밀에 접근하는 사람들을 체포하거나 금지시키는 활동이라고 정의할 수 있다. 이는 바로 정보의 방어기능이 되는 것이다.[4]

미국에서는 CIA가 최고의 정보기관으로서 적극적 정보활동을 하는 반면 소극적(보안)정보 활동은 전투정보센터(CIC : Combat Intelligence Center)나 연방수사국(FBI)에 맡겨져 있다. 미국 CIA는 고급정보를 대통령에게 제공하거나 권고하는 등 많은 영향을 미친다는 점에서 CIA는 미국의 최고의 정보기관이다. 영국 역시 유명한 군사정보기관이며 대영제국의 주요한 보안(소극적) 정보기관으로서 MI-5라는 부서를 운영하고 있다. 일반적으로 국가 급 중앙정보기관이 담당하고 있는 적극적인 정보활동의 내용은 대체로 3개의 주요 부서를 중심으로 운영된다.

- 일반 공개 자료로서 첩보자료를 개척하여 연구하고 분석하는 곳, 즉 공개정보 분석활동이다. 순수정보활동(intelligence proper)으로서 공개적으로 획득할 수 있는 출판물, 참고자료의 개척, 해외방송의 청취, 해외신문이나 잡지내용의 분석, 정부 및 민간 기업과의 협력운영, 해외여행자 면담조사 등을 통해 유효한 정보를 축출해 낸다.
- 비공개적인 방법으로 첩보를 수집하는 것을 임무로 하는 비밀첩보활동(secret intelligence)부서가 있다. 쉽사리 입수하기 어려운 비밀 자료들은 입수하기 위해 시장에

---

3) 정보 조직은 평범한 행정과정의 결과로서 생성되는 조직이 아니라 복잡한 기구와 정책 결정자들의 깊은 고려에 의해서 생성되는 조직이다. 그래서 대개의 경우 정보조직은 중앙집권적 형태를 갖게 된다. 미국의 경우 국가안전보장에 관계되는 정부의 몇 개 부처와 국외 정보활동을 조정할 목적으로 중앙정보국(CIA)을 만들고, 이를 국가안전보장회의(NSC)지휘 하에 두고 운영한다.

4) http:www.intelligence.gov/2-counterint.shtml, 2006. 8.26.

서의 가장기업체를 운영하거나 침투공작을 하고, 아니면 가장 활동(under cover work)에 필요한 기술적인 편의를 제공해 첩보 수집을 한다. 그리고 수집된 첩보는 전문가들, 특수 분석관(specialist)이나 판단관(evaluator)들에 의해서 책임지고 평가돼 정책 수립자에게 제공된다.

● 정보기관의 또 다른 임무 중의 하나는 심리전 공작활동을 전개하는 것이다. 여기서는 백색, 회색, 흑색으로 알려진 여러 가지의 선전 활동을 수행한다. 곧 심리학적 차원에서 심리학자들과 정신과 의사들을 동원해 상대국의 국민들의 정서와 지배층들에 대한 심리적 프로필을 작성 운영하는 것이다.

그런데 이러한 활동과 조직의 운영은 뛰어난 아이디어와 네트워크수준에서 성패가 좌우된다. 보이지 않는 가치들(안보 가치, 위협 제거 수단)을 위해 비밀 열쇠를 만들고 암호 메시지를 통해 지식정보 메시지를 생산한다. 따라서 정보조직은 지식정보를 생산하는데 있어서 두 가지 측면 즉 과학적 관리와 또 다른 인간관계관리에 따라 성공 여부가 결정된다. 전자는 과학적인 '표준 관리' 방법을 의미하는데 과학적인 표본 추출, 통계분석 등 실증주의적 방법을 의미하며, 후자는 인간들의 자율성, 협동성, 팀웍, 창조성, 유연성을 강조하는 내용들이다. 이런 요소들이 조직 속에서 시스템적으로 잘 작용할 때 비로소 최고사용자 수준의 챔피언을, 경쟁정보 부서를 운영하는 챔피언을, 조직 내 여러 부서에서 일하는 부서 챔피언을 만들 수 있다.

그다음에 고려할 것은 정보조직(경쟁정보 포함)의 성격과 구성의 문제이다. 사회적으로 나타나는 많은 조직들은 시간을 두고 시스템적으로 확장되고 조정된다. 다양하고 상이한 구조, 상황적 환경 속에서 많은 조직들은 드 라. 블라슈(De la Blache)가 말한 '실천 가능주의'(possibilism)를 추종하며 목적 지향적 행동을 하게 된다.[5] 더구나 공식적 조직(formal organization)은 구성원의 지위가 명백히 명시되어 있고 등급이나 위계 그리고 봉급의 많고 적음이 명문화되어 있다. 조직의 규모들로써 조직 구성원의 숫자는 그 조직체를 움직이는 권위 등급의 정도와 상하간의 인간관계에 의해서 형성되는 이른바 2차적인 인간관계의 성질을 갖는다.

---

5) Stuart Clark, "The Annales Historians" in Quentin Skinner, The Return of Grand Theory in Human Sciences (Cambridge : Cambridge University Press, 1985), p.182.

〈도표 2-1〉   **정보활동의 개념과 분류**

분류	핵심업무	주요요소 / 과정	비고
적극적인 정보활동 (공격적 정보활동)	첩보의 수집, 획득 활동 첩보의 평가, 정보 분석	일반공개자료개척, 연구분석, 비공개적, 비밀첩보처리 첩보의 개연성, 정확성, 신뢰성	순수정보활동 비밀첩보활동 정보공작
소극적인 정보활동 (방어적 정보활동)	방첩 · 보안	아측 비밀의 보호, 정보보안	수동적, 방어적

정보조직의 경우 다른 조직들과 다르게 국가 공동체적 소명 의식을 갖고 헌신하는 조직이다. 이런 조직만이 '정보적 성격이다' 라고 할 수 없지만 일반적으로 조직의 융통성보다 이른바 관료조직 형태로 운영되는 것이 보통이다. 일반 행정관료 조직과는 다르게 업무 특성상 철저한 비밀주의와 엄격한 감독 하에 업무가 이루어지는 특징을 갖는다. 다시 말해 조직 편제(organizational chart)에 의한 지위로 운영되고 있으나 각 담당업무의 차단성과 전문분야별, 기능별 복잡성을 띄고 진행된다. 이런 점에서 정보조직은 다음과 같은 전문 집단으로 구성된다.

첫째로 정보조직은 정보 수집관과 본부 직원으로 구성된다. 특히 국가정보기관은 전문적인 해외파견요원을 두고 해외정보를 수집한다. 외국에 주재하는 육 · 해 · 공군 무관처럼 주 외국공관에 설치되는 경우도 있고 독립기관으로 설치 운영되어 본부의 해외거점으로서 업무를 수행하는 경우도 있다. 이러한 기관들은 일반적으로 현지 공관장들에 의해서 지도되며 대상국에 관한 첩보를 직접 수집하거나 제보자를 개척하고 운영해서 첩보수집을 해오도록 고무하면서 자기 자신들의 공작망을 유지 · 운영하기도 한다. 이들은 주요도시에 주재하면서 수집과 보고업무를 맡고 있어서 '현용정보' 를 다량으로 제공하는 공급자가 된다. 해외에서 활동하는 공개된 해외 수집관, 이를테면 국가정보는 해외 정보관과 무관(武官), 상무관(商務官), 과학관과 같은 공관요원으로 운영되고 있는데 이들은 고도의 업무 처리 능력과 수집할 정보목표에 대한 정확한 이해와 기동성을 요구받고 있다.[6]

또한 국가정보조직은 본부직원의 경우에도 정보수집과 분석활동을 동시에 담당하고 있다. 수집활동을 하게 될 때는 매일 매일의 해외 라디오 방송이나 해외통신, 해외의 주요 신

---

6) S. Kent, Strategic Intelligence for American World Policy (Princeton : Princeton University Press, 1965). pp.69~72.

문들 그리고 해외파견요원들로부터 들어오는 온갖 전문과 보고서 등을 정리하고 분류하게 된다. 분석활동에서는 매일 입수되는 자료들을 처리하는 동시에 매일 일어나는 주요 사건들과 관심사항에 대해서 거의 빠뜨리지 않고 정밀 분석하게 된다. 본부 직원들도 국내외적으로 일어나고 있는 주요 문제들을 깊이 인식하고 분석에 임하되 주제에 대한 정밀성과, 완전성, 예리함이 요구된다. 아울러 첩보에 대한 공정하고 객관적인 분석을 잘 처리할 수 있는 능력의 소유자라야 훌륭한 정보를 생산할 수 있다.

둘째로 정보기관은 대학의 교수단과 흡사한 조직으로 볼 수 있다. 셔먼 켄트(S. Kent)는 정보기관이 깊은 연구와 냉철한 사고력을 지닌 교수단과 적지 않게 흡사하다고 했다.[7] 대학기관에는 일반화된 지식만이 아니라 조직 구성원 모두에게 공유되는, 즉 개인 또는 전문가별 소수가 보유하고 있는 방대한 인지적 지식 체계가 존재한다. 대학 교수단들은 많은 경험, 직관, 통찰력과 같은 암묵적 지식(暗默的 知識)[8]을 분야별로 소유하고 있다.

정보조직원들 또한 대학 교수들과 같이 전문 분야별 특수 지식을 생산하며 국가이익을 관리한다. 켄트는 정보조직일지라도 정보관들에게 학문적 자유를 보장해 주어서 우수한 재능과 기발한 상상을 할 수 있도록 해야지, 자유를 제한해서는 안 된다고 했다. 정보기관 역시 진리연구에 따르는 어려운 문제들을 잘 이해하고, 나아가 정보업무발전과 국가조직원으로서의 존경심을 가진 조직이 되도록 하는 것이다.

셋째는 신문사와 같은 성격을 가지고 있다. 셔먼 켄트(S. Kent) 역시 신문사의 주요일간지들이 매일 일어나는 사건과 의미를 파악해 보도하듯이 정보기관 또한 신문사와 아주 흡사한 조직으로 보았다. 정보기관은 신문사처럼 마감 시간을 엄격히 지켜야 하고, 사태를 주시하여 보고함은 물론 요약, 분석해서 신문을 만드는 것과 같은 맥락이다. 뿐만 아니라 신문사들도 외국 특파요원을 운영하고 있다. 정보기관도 신문사처럼 해외에서 자체로 개척하는 출처도 있고, 또 세계적인 통신망도 가지고 있다. 신문사들은 그들대로의 마감 시간에 맞추어서 수백만 단어에 달하는 뉴스를 취급하며 각 분야 담당관들이 자기 영역에의 업무에 매달려 뉴스를 만들어 내고 있다. 그리고 신문사들이 기사의 편집과 통제, 인쇄, 배포 등과 같은 문제들을 처리하듯이 정보기관들 또한 이러한 일들을 처리함으로써 신문사들과 흡사하다는 점이다.

---

7) ibid, p.74.

8) 암묵지(tacit knowledge)란 기록되지 않은 지식으로 직원의 머리 속에 담겨져 있으나 조직에 가장 중요한 역할을 하는 지식이다.

넷째로 정보조직은 훌륭한 기업조직과 같은 성격을 가지고 있다. 켄트(S. Kent)는 정보조직을 기업조직에 비유했다.[9] 정보생산의 경우도 원료(자료)와 노동(분석)으로 상품(정보)을 생산하는 조직체라는 것이다. 기업은 우선 각양각색의 소비자(사용자)의 요구에 맞는 상품, 곧 고객을 만족시키기 위한 상품을 만들기 위해서는 훌륭한 기업이 되어야 한다. 정보상품의 경우 어떤 고객은 반제품(개요, 요약보고)을 원하기도 하고 어떤 사람은 완제품(특별보고)을 원할 때도 있다. 기업은 소비자의 요구를 반영하며, 예견해서 상품을 만들어내는 것과 같이 정보기관도 사용자의 관심을 다양하게 충족시켜야 한다. 기업활동에서 의사결정과 그 결과가 시간상·공간상 차이가 심하고 그 행위자(지식 생산자·사용자) 또한 다양한 것처럼 정보조직의 경우 각 구성원이 갖고 있는 정보를 얼마만큼 잘 이용하고 의사결정에 얼마나 기여하는가 하는 점이 중요하다.

다섯째로 정보조직은 시장적 성격을 갖기도 한다. 정보조직은 일반 공직기관과 같이 제도적 편제에 의해 조직되고 있으며 동시에 직원은 조직의 원리를 존중하고 이에 복종하는 조직문화를 갖고 있다. 일반 행정조직과는 다르게 정보조직은 융통성을 가지고 정보처리에 적응하는 즉응성을 요구받는다. 그러나 시장 기능이 수요와 공급에 의해 결정되듯이 임무와 기능의 과다 여부에 따라 정보조직도 리스트럭처링(restructuring)되어야 하고 벤치마킹(benchmarking)되고 있다. 요는 재능 있고 실력 있는 사람을 귀신같이 찾아내 그 능력을 100% 발휘할 수 있도록 하는 인력 관리가 중시된다. 똑똑한 사람을 전선에 잘 배치해 운영할 때 '정보 상품'은 고급화될 수 있다.

정보상품은 어떤 자료(출처), 어떤 장소, 어떤 목적 그리고 어떤 형태로 생산되고 배포되는가에 따라 유통된다. 그러하기 때문에 가정주부(정보관)가 시장에 나갈 때 구입할 상품(자료)을 생각하고 나갔다가 더 좋은 물건(자료)이 있을 때는 이를 재조정하여 구입하게 된다. 그리고 이것을 가지고 음식을 만드는 것(정보)과 같이 정보조직은 상황이 변하면 주저없이 조직을 바꿔 양질의 정보를 생산할 수 있도록 재정비 해가고 있다. 다른 사람에게 자신이 갖고 있지 못한 정보를 수집하고 그것을 분석하는 과정에서 정보원은 무엇을 알고 무엇을 모르는지 분명히 깨달아야 하며 그 빈 공간을 채워서 보다 완전한 정보를 생산해 낼 수 있어야 한다.[10]

---

9) S. Kent(1965), op. cit, pp. 75~76.
10) http//www.cia.gov/csi/book/shermankent/4estimat.html, 2006. 8. 27.

따라서 정보관들 특히 수집관들은 자신들이 하는 행위가 문제 해결의 열쇠가 된다는 긍정적이고 사명감 있는 행위로 인식해야 하며, 어떤 문제의 정확한 판단과 근거를 계속 확인하고, 보고서 작성에서 사실의 나열이 아닌 긴장감 있는 부드러운 문체로 구성되어야 하며 독특한 정보 즉 암시성과 예측성, 관련성 등으로 세상에 대해서 발언하는 것이다. 결국 정보관들은 본능적인 문제해결 방법에 대한 성찰과 대안의 제시가 있어야만 성공할 수 있고 나라와 민족 그리고 기업을 위해 일한다고 할 때 그들에게 영원한 위로가 되는 것이다.

이러한 설명들은 '이해의 정보학'으로서 정보기관의 성격을 제한적으로 나타내는 것이다. 하지만 이는 전·평시(戰·平時)를 막론하고 모두 적용된다는 사실이다. 실제로 정보기관의 활동이 여의치 않거나 생산된 정보가 맞지 않았을 때는 분명히 국가나 기업은 대참패를 당하게 된다. 정보조직은 시장 메커니즘으로는 실현될 수 없는 독자적인 역할을 수행하고 있다는 의미에서 그리고 다양한 생활 속에서 정보활동을 함으로써 국가이익과 기업활동을 지켜갈 수 있다. 물론 조화로운 통일을 보증해 주는 우세한 제도나 조직은 사실상 찾아보기 어렵지만 불순한, 적어도 허상적인 정보활동은 자제되어야 한다는 의미다.

여하튼 소비하는 인간(homo consumption)으로서 다양한 상품을 소비하듯 국가와 기업을 관리하는 사람들 역시 개인적 입장에서, 정치적 효용성을 염두에 두고 정보요구를 하고 이를 소비한다. 이것도 계획 없이 즉흥적인 상황판단에 필요한 정보를 요구하고 있어서 어쩌면 패스트푸드점을 찾은 고객처럼 많은 양의 '정보'가 금방 나오기를 원한다. 그런데 이와 같은 충동이나 파우스트적 충동은 밑으로부터 핵심이 빠져버린 보고서, 아니면 그럴듯하게 위장된 내용이 올라올 수 있다는 위험성이 있다. 그렇기 때문에 정보기관 내지 정보를 다루는 사람들은 '정보의 정치화'(politicisation of intelligence)를 막아야 한다. 돌출적이며 별난 사람들은 자신들이 작성한 정보보고서가 정책 결정자들이나 국민들에게 충격적인 것이 되기를 바라고, 나아가 정보의 효용성을 과시하고 싶어한다. 이것은 일종의 '정치화'의 다름 아니다. 또한 어떤 사람은 무사안일주의에 빠져 제도와 업무에 안주하는 순응주의자들이라는 속성을 나타내는데 이것 또한 정보조직의 특성을 망각한 사람들이다.

4-1-2. 전 영역을 압도하는 정보조직

조직의 발전을 검증하고 그 전략들이 조직에 어떻게 투영되고 영향을 미치는가 하는 문제는 어제오늘의 문제가 아니다. 대부분의 조직 관리에 있어서는 수많은 처방들이 제시되어왔고 적용되어 왔다. 우선 사회체제에 대한 이해가 필요한데 니클라스 루만(Niklas Luhmann)은 조직 관리는 조직 체계에 대해 복잡한 사회체제에서 필수적이라고 보았다. 그는 기능적 영역(정부, 법률, 교육, 경제, 종교, 과학)과 조직에 대한 가입과 탈퇴의 규칙, 그리고 의사 소통·상호 작용(화폐, 진실, 권력, 사랑 등)이 이루어지는 곳으로 이해했다.[11] 또한 조직체계에 대해 모스 존즈(Moss-Jones)는 ▲사고체계의 역할(role of mind-sets), ▲리더십 그룹(leadership group), ▲시스템 사고(system thinking), ▲사람과 학습(people and learning), ▲조직의 적응력(organization adaptiveness) 등을 강조한다.[12]

위에서 지적하는 처방들은 조직 내의 수많은 개별적 실행들을 통해 구축되며 이 개별적 실행들은 각 조직체들의 규범과 제도들, 실천들, 지식요구들에 의해 강화되고 통합된다. 이같은 지식 요구들이 없다면 조직관계가 형성된다고 해도 일시적이고 불안정한 통합이 될 수밖에 없다. 특히 정보조직들은 사회체제의 본질적인 특성들에서부터, 국소적이고 특수한 지식을 발견하는 조직이어서 일반 행정조직들과는 많이 다르다.

따라서 정보조직은 칸트(Immanuel Kant)가 말한 '누적적이고 진보적인 지식'을 통해 매우 불가능하지만 '완전한 구성체'로 최대한의 좋은 조직으로 향해야만 살아남을 수 있다. 상황적, 구조적 실재들은 하나의 살아있는 시스템이고 새로운 구조의 발현을 통해서 자기조직화가 이루어지며 동시에 기능과 역할이 조정된다. 이 때문에 조직의 관리기법들은 21세기에 들어와 새로운 이론으로 대체되어가고 있는데 주로 세계 최고의 조직으로 사용가치(경제적)의 확대 그리고 개인과 조직들의 열정과 헌신으로 이뤄질 때 무한한 핵심 역량을 발휘할 수 있다는 것이다.

이렇게 지구적 전략 환경이 급변하는데 따른 대응과 도전은 바로 국가와 기업의 생존전략이라고 할 수 있다. 어느 국가를 막론하고 정보조직의 궁극적인 목표는 국가 통수권자(최고 정책 결정자)가 요구하고 지시하는 바를 달성하는 것이다. 모든 국가나 대기업에 있어서 이런 목표는 전 영역을 압도하게 되는 중요한 요소이다. 이런 의미에서 정보조직은 일종의 '거대 지식기계'[13]로서 전 영역을 압도하는 조직이 필요한 시대이다.

---

11) Niklas Luhmann, Trust and Power (New York : John Wiley & Sons, 1979), pp.4~7.

12) Jones. J. Moss, The Learning Organization(Corby : Institute of Management,1992), pp.27~30

13) 거대기계지식이라는 개념은 Florian Rotzer, Megamachine Wissen(1999) 박진희(역), 『거대기계지식』(서울 : 생각의 나무, 2000)서 빌려왔다. 플로리안 뢰처는 인터넷 기술은 전인류가 이용할 수 있는 거대한 지식보고의 건설, 혁신, 지식의 자유로운 소통에 기여한다고 보면서 슈퍼컴퓨터가 등장하는 것을 거대한 지식기계의 출현으로 보았다.

여기서 말하는 전 영역(full spectrum dominance)이란 원래 군사적 용어이다. 이는 한 국가에 있어서 독자적 행동이나 타 국가들 및 다국적 기관들과 한 파트너가 되어 군사작전이나 외교적 활동을 벌일 때 특정한 적국이나 잠재적 갈등 국가에 대한 관리 및 통제할 수 있는 능력을 말한다. 특히 군사작전의 경우 전략군을 투입하고 대량살상무기를 사용하는 분쟁이나 주요 전구 전쟁(major theater war), 지역 분쟁, 소규모 우발 사태를 포함한 전 범위에서의 전략적 억제 태세를 갖추는 것을 의미한다.[14]

다시 말해 미국의 경우 유연적이면서 '전 영역 압도'라는 명칭이 갖는 의미는 '미국의 군사력을 특정한 상황에 맞도록 짜여진 전력과 결합하여 우주, 해양, 육지, 공중 그리고 정보 등 모든 영역에 걸쳐 자유로운 상태에서 신속하게 지속적이며 동시 작전을 수행할 수 있다'는 의미를 갖는다. 이러한 실례는 2001년 아프간에서의 대테러전과 2003년 이라크전을 통해서 잘 나타난다. 압도적 전력은 미군이 1990년대부터 추진해 온 '군사 혁신'(RMA : Revolution in Military Affairs)에 따른 것이다. 아프간전과 이라크전에서 재래식 군대로는 RMA화된 군대에 맞서서 대적할 수 없다는 문제점이 드러나면서 정보 및 정보 네트워크 중심의 전쟁(NCW : Network Centric Warfare)의 중요성을 깨닫게 되었다. RMA나 전 영역 압도는 정확한 '상황 인식'에 기반하는데 첨단 센서를 통해 전장의 아군 위치뿐만 아니라 적군의 위치 규모 및 공격 위치를 거의 실시간으로 파악하여 최적의 시점과 장소에서 최적의 무기와 병력을 통해 승리를 거둔다는 전략이다.[15]

압도적 정보운영이 가능할 때 어떠한 전쟁수행에서도 승리할 수 있으며 평시에 있어서는 불순 세력을 몰아내고 반국가단체들을 와해시킬 수 있다는 확신이다. 여기다 정보활동을 원활히 하기 위해 정보환경을 개척하거나 또는 국내외 거점을 동원해 정보 우위를 달성할 수 있도록 하자는 것이다. 특히 위기 상황의 특징은 평상시와는 다르게 신속한 결정을 내려야 하는데, 만약에 어떤 결정을 내리고 실천하다가 이를 다시 되돌리기는 거의 어려운 상태다. 긴급한 상황에서 시간과 공간의 압박 속에서 지도자는 주저함이 없이 운명의 주사위를 던져야 하는 것이다.

---

14) 미국의 Joint Vision 2020, American Military : Preparing for Tomorrow. WWW. DTIC. MIL /JV2020 /JVPUB2.HTM.

15) 江畑謙介, "專守防衛, 國際貢獻, 美日安保堅持の 自衛隊が 指つべきの RMA用 裝備" SAPIO (2003. 8. 20 / 9. 3), pp.8~10.

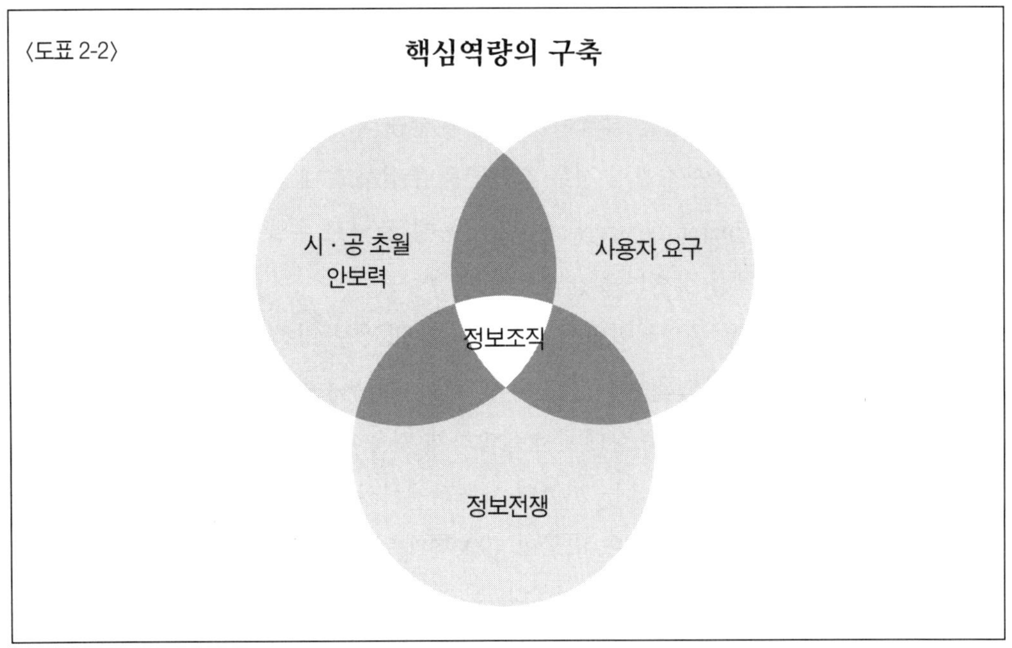

압도적 정보운영이란 국가나 정보 사용자가 부여하는 과업을 달성하기 위해 결정적인 정보역량을 통해 시·공간상에서 유리한 위치를 획득할 수 있는 정보조직의 능력을 말한다. 곧 광범위하게 운영되는 조직을 통해 정보수집 및 적에 대한 활동을 억제하고 기만하여 정보전에서 승리하는 것이다.

결과적으로 정보우위의 상태는 바로 압도적 정보운영이 가능해지는 것으로써 최고 결정자를 돕는 요인이 된다. 일본의 경우 현대 정보통신기술 혁명의 핵심은 고도의 네트워크 환경과 컴퓨터시스템에 두고 있다. 생존 기술의 진보와 함께 순수 안보적 관점에 입각한 대응이 강력히 요구됨은 물론이고 각 군부대가 정보기술통신 시대를 맞아 그 능력을 유감없이 발휘하기 위해서는 방위성과 자위대 전체의 정보화를 추진할 필요가 있다고 강조한다. 군사력을 비롯한 모든 분야에 대한 정보화 추진은 결국 사회의 정보화 및 전자정부 실현에 대응하며 방위 행정을 원활히 하고 효율적으로 수행한다는 의미에서도 필요하다고 지적된다.

이상의 내용을 다시 요약하건대 압도적인 정보운영을 할 때 정보역량을 신속하게 동원하거나 시간과 공간상에서 상대방(적)에 대한 통제와 관리를 확보할 수 있다. 나아가 전쟁에서 결정적 전투력의 운영을 가능케 하고 전투 공간이나 정보전쟁에서 유리한 위치를 차지하게 될 것이며 반대로 적의 편에서는 불리한 위치에서 대응하게 만드는 것이다. 〈도표 2-2〉 그러므로 정보활동의 실패시 그 결과는 너무나 명료하다. 국방분야에서 정보를 제대로 파악하지 못하는 것은 죽음을 의미하는 것이나 다름없다.

4-1-3. 정보 우위의 전략

도널즈 럼스펠드(Donald Rumsfeld) 미국 전 국방부장관은 2001년 1월 상원 인준 청문회의에서 "국방부의 당면한 문제 중 한 밤중에 당신을 잠에서 깨울 정도로 걱정스러운 일 하나만 언급해 보시오?"라는 의원들의 질문에 그는 한마디로 '정보활동' 이라고 대답했다.[16] 이 말의 의미는 부적절하고 불완전한 정보활동을 하게 될 때 단순히 국방부장관의 잠을 설치게 하는 차원을 넘어 진주만, 한반도, 베트남에 이르는 실제 세계에서 악몽이 다시 살아날 수 있음을 보여주는 경고의 대답이었다.

이런 의미에서 정보조직은 무엇보다 정보우위(information superiority)와 혁신 역량에 의해서 좌우된다는 점을 일깨워 준다. 정보수집과 분석능력 내지 정보 처리와 통신네트워크는 모든 정보조직의 핵심역량이 된다. 21세기의 첫번째 전쟁이라는 미국의 테러와의 전쟁, 아프가니스탄에 대한 공격은 특수부대와 정보에 의존하는 '집약적 정보전' 으로 설명된다. 전 역사과정에서 보더라도 국가지도자들, 특히 군사 지도자들의 경우 정보우위는 전쟁에서 승리를 가능케 하는 가장 핵심적인 요소로 간주되었다. 결론부터 말해 정보조직으로 하여금 전 영역에서 압도적 조직이 되려면 무엇보다 전략적 상황에 대응할 수 있도록 변하느냐 못하느냐에 따라 달라진다. 정보우위를 확보하고자 하는 각국의 노력은 변하지 않을 것이지만 그것을 추구하는 목표의 성격과 그 범위, 그리고 규칙들은 나라마다 다를 수 있다.

그러므로 정보 환경에 있어서 질적 수준의 변화로 말미암아 과거에 생각했던 더 많은 정보, 더 좋은 정보를 축적하는 것 등 정보우위라는 기존의 개념들은 최근에 들어와서 약간 흔들리고 있다. 왜냐하면 '우위' 라는 말은 단순히 자기 측에 유리한 불균형 상태 내지 그

---

16) Washington Times, Jan 27, 2001.

조건만을 의미하기 때문이다. 정보우위는 본질적으로 한시적인 것이며 통합적인 정보조직들의 정보작전(information operations)을 통해 어떻게 유지될 것인가에 따라 달라진다. 이런 의미에서 정보우위를 지키기 위해서는 다음과 같은 지침을 고려할 수 있다.

첫째로 '정보우위'라는 상태는 바로 상대방보다 우위의 지식 및 의사결정 과정의 효과적인 전환이 가능할 때에 경쟁력 있는 조직으로 작용할 수 있다는 의미를 갖는다. 정보조직(혹은 군의 합동군)은 우위의 정보를 우위의 지식으로 전환하고 이를 이용하여 필요한 정책수립과 의사결정우위를 달성할 수 있게 하는 것이다. 이런 의미에서 정보는 이제 사회적 게임의 규칙을 결정하는 요소가 되고 있으며 정보는 '속도의 전쟁'에서 필수 불가결한 요소가 되고 있다.

우리는 이와 비슷한 표현으로 '유사시'(有事時)라는 말을 자주 사용한다. 유사시라는 말은 두 가지를 포함하고 있다. 우선 실질적이며 본격적인 유사, 즉 A라는 나라가 전쟁을 일으켜 B 나라를 침범하는 것이고, 그 다음은 평시에 일어나는 유사로 나눌 수 있다. 예를 들어 북한이 간첩을 남파하거나 비무장지대(DMZ)에서 도발을 일으키는 사태는 평시에 있어서 일종의 유사(有事)이다. 한반도의 경우 지금은 엄밀히 말해서 '전시'(戰時)가 아닌 평시(平時)인 바 우리는 전시의 '유사'보다 평시에 '유사'가 현실적으로 더 많이 일어나고 있다. 만약에 북한의 간첩선이 남해안에 침투한 것을 10여 시간 지나서야 군경이 출동했다면 이는 평시에 유사(有事) 대응 체제가 잘 못되었음을 반영하는 것이다.

둘째로 네트워크 중심(network- centric)의 조직으로 운영되는 것이다. 정보기술의 발전에 따라 정보조직은 완벽하게 동시화된 정보수집과 처리, 감시와 정찰기능, 그리고 재래식 유형의 정보활동을 통합하는 네트워크 중심으로 발전돼 가고 있다. 여기서 말하는 네트워크 중심의 조직은 범세계적 정보격자(格子) 개념이 발전함에 따라 형성된 개념으로 정보네트워크 전쟁(NCW)은 유고슬라비아 공습(1999년)과 아프간전과 이라크전쟁에서 입증되었다.

정보 전력은 정보처리 과정과 인력이 범세계적으로 상호 연결되는 단말기 대 단말 셋트(end−to−end set)를 이를 통해 전투를 지휘하고 정책결정이 가능토록 정보가 흐르는 것을 의미한다. 이러한 변화에서 국가이익을 실현시키려면 정보환경에서의 다른 나라, 다른 조직들보다 상대적인 이점을 지속적으로 유지할 수 있도록 정보통신기술을 개선할 뿐만 아니라 조직의 혁신과 교리의 발전을 함께 병행해야 한다. 그래야만 각국이 가지고 있는 안보기구가 제 기능을 다할 수 있다.

셋째로 정보우위란 불확실성 내지 마찰을 제거하는 것이다. 물론 정보우위란 결코 완벽한 정보를 의미하는 것이 아니라 전쟁터에서 안개(fog)를 제거하는 것과 같은 것이다. 그러나 이때 현실적으로 정보체계와 처리과정 그리고 이들의 운영 자체가 정보전쟁에서 때때로 예기치 않은 마찰과 안개의 원인이 될 때도 있다. 아니 On line과 Off line상에서 예기치 않은 문제들이 야기될 수도 있다. 그러므로 정보우위는 어느 국가나 생존 능력을 유지하기 위해 근본적으로 요구되는 능력이다. 21세기에 모든 국가들은 정보우위의 지식을 사용해서 의사결정의 우위를 달성하는 것이며 최첨단의 정보체계를 갖는 일이다. 정보조직이나 군사작전이 이렇게 운영될 때 압도적 정보활동의 잠재력을 극대화할 수 있다.

넷째로 정보우위란 새로운 형태의 자본으로 지적자본, 인적자본, 조직자본의 최대 개발 및 그 활용에 있다. 훌륭한 관리자의 자질은 오늘과 내일, 공간을 잘 관리하는 일이다. 전통적 공장, 생산 설비, 금융 등의 자본은 이제 그렇게 큰 의미가 없다는 사실은 여러 곳에서 강조된 바 있다. 조직의 최고 관리자는 고정된 틀에서 하루 빨리 벗어나는 것이 필요한데 '변화와 충격 BLUR' 에서 제시하는 내용은 우리에게 많은 시사점을 던져주고 있다.[17]

①지적자본이란 소속원들의 두뇌 능력으로써 지식, 지혜가 아주 간편한 소프트웨어 혹은 서류와 같이 이동 가능한 형태로 전환되는 것을 의미한다. 지식창조 기업, 인텔리젠트 기업, 지적자본, 일하는 지식, 노하우 경영 등에서 찾아볼 수 있다. 이들 저서들은 지식의 경제적 역할을 강조하는 가운데 기업의 경쟁력은 무엇인가를 알고 지식 정보를 어떻게 사용하는가에 달려 있음을 제시한다.

②인적자본은 사람들이 가지고 있는 기술과 지식 그리고 사람들간에 형성된 관계, 심지어 도덕심, 존경심과 같은 문화적 요소들을 의미한다. 사람들이 만나고 대화하고 업무 처리를 하며 사람이 바뀌는 과정과 시간 속에 창출되는 자본이다. 그러므로 구성원의 통찰력과 혁명적인 사고, 진정한 생산 능력 등이 모두 인적자본에 포함된다.

③조직자본은 해당 기업(조직)의 표준 공정 체계, 정책 등 여러 해 동안 수많은 사람들이 축적해 온 경험과 지식을 의미한다. 심지어 톰 슈튜어트에 의하면 '조직자본은 밤에도 퇴근하지 않은 지식' 으로써 엄청난 보물 주머니와 같은 것으로 해석한다.

따라서 무형적 자본은 측정하기 어렵지만 지식, 인적, 조직 자본들은 경제적 이윤 국가이

---

17) Stan Davis and Christopher Meyer, BLUR : The Speed of Change in the Connected Economy(Massachusetts: Perseus Book, 1998), pp.154~162.

익을 창출하는 진정한 에너지라는 사실을 부인해서는 안 된다. 현대사회에서 특히 시장경제에서의 기본 정신은 경쟁이라고 한다면 정보의 기본 정신은 획득과 독점이다. 정보를 내가 먼저 독점하면서 상대방에 대한 영향력을 확대해 가는 것을 의미한다. 또한 정보를 한 곳에 가두어 두는 것은 불가능하다. 관리자는 물질문명 속에서 정보문명을 성찰하면서 까다롭고 복잡한 '타자'들을 탐구해야 한다. 가두어 놓은 정보를 계속 탐구하고 이용하는 자세를 견지하기 위해서다.

결론적으로 정보우위의 조직과 그 유지를 위해서는 구성원들의 지적 소프트웨어와 정보 마인드웨어를 갖춰야 한다. 정보를 하는 사람은 피터 드러거(Peter Drucker)와 플로리아 뢰쳐(Florian Rotzer)가 말하는 '지식노동자'(knowledge worker)들이며 산업사회에서의 노동자와 구별되는 새로운 야만인일 수도 있다.

4-2. 정보(지식)의 생산과 조정 통제

현실적 문제에 대한 불안과 결핍이 가중될수록 정보에 대한 욕망은 상대적으로 커지기 마련이다. 때문에 정보조직들은 지식을 창출하고 획득하며 그리고 이를 토대로 국가와 기업을 관리하고 정책 결정자들의 의식과 행동을 돕는 조직으로 성장하는 것이다. 조직은 개인이 갖고 있는 지식(개인지, personal knowledge)을 조직적 지식(조직지, organizational Knowledge)으로 전환시킬 수 있는 여건을 마련해 가고 있다. 그러나 안타깝게도 개인적 지식들이 조직 전체의 지식으로 공유되지 못하고 조직원이 떠난다든지, 그 많은 자료들이 개인의 자료함에서 사장(死藏)되어 버리는 경우가 계속 발생한다. 그러므로 정보관리는 개인, 집단, 시스템 차원에서 계획적이며 의도적으로 이루어지도록 해야 하는 것이다. 정보지식의 생산은 매우 복잡한 활동이어서 축적되는 자료의 소유와 관리는 자유주의적이기보다는 정원사의 꽃가꾸기와 같은 것이다.

4-2-1. 정보의 순환 과정

우리가 모두 인식하고 있듯이 지금 이 시대는 정보 부족 상태라고 하기보다는 오히려 정보 과잉의 시대로서 조직에 필요한 정보를 적시에 획득, 축적, 유통(배포)시키는 것이 매우 중요하다. 지금 유통되는 많은 '정보'는 좀더 정보다워지기를 바라고 무엇인가에 쓰여지기를 원한다. 개인, 국가, 기업 심지어 문학예술 세계 등 전 부분에서 쓰여지기를 기다리고 있다. 정보활동의 프로그램들은 경쟁상대국(기업)들이 무엇을 하고 있는가에 대한 단순한 데이터 요약이나 분석에서 벗어나 상대방의 미래 행동을 예측하고 그것이 국가 혹은 기업 전략에 미치는 의미를 파악하고 사용하는 일이다.

그렇다면 사람들이 기다리는 정보들은 어떻게 순환되는가. 이와 관련해 정보순환에 대해서는 여러 가지 단계로 구분할 수 있으나 보통 사용자의 정보요구 ➜ 정보 자료의 수집 ➜ 정보의 종합 평가 ➜ 정보 분석 및 생산 ➜ 보고 및 배포·축적의 단계를 거치게 된다.[18]

이런 순환과정에서 우선 분석관은 사용자의 사용 목적과 의도(계획 방향의 문제)에 대해서 관심을 갖는다. 사용자의 구체적인 지침에 의하여 수집과 분석 방향이 설정되기 때문이다. 핵심 사용자의 요구와 직접적으로 관련이 없는 것은 가능한 피하면서 정해진 범위 내에서 효율적으로 관리하는 일이다. 이때는 무엇보다 인텔리전스 커뮤니케이션이 필요한데 이를테면 다양한 정보 소스의 검토, e메일 브리핑, 간부회의 등 여러 형태로 사용자가 원하는 것을 반영토록 한다. 특히 정보사용자는 필요한 정보의 내용과 정책결정을 포함하는 정보의 필요를 파악해 요구한다. 정보순환 과정에서 간과할 수 없는 내용을 간단히 살펴보면 다음과 같다.[19]

①사용자의 정보요구(intelligence needs) 단계로서 어떤 전략적 가치가 부여되는 정보를 요구한다. 필요한 정보가 무엇이고 어디에 사용할 것인가를 파악하고 이를 수집, 분석하도록 한다. 이때는 ▲문제의 진단, ▲문제를 풀어갈 실제 행동계획, ▲믿을만한 정보를 획득할 수 있는지의 여부, ▲목표와 비전을 달성하기 위한 최고 사용자들의 분명한 입장이 서 있어야 한다. 그러하기 때문에 정보사용자들은 늘 정보수집과 생산을 위한 계획을 설정하고 제시해 주어야 한다. 조직 목표와 비전이 전 구성원들에게 인식되어야 하며 조직원들의 역할, 관리 체계, 보상 등의 검토가 우선 필요하다. 그래야만 분석·생산자는 사용자의 요구사항을 충족시킬 수 있는 유효한 정보를 생산할 수 있다.

---

18) 지식(정보)생산과정은 정보의 요구, 정보의 획득, 정보의 분석, 정보의 축적, 정보의 서비스 등으로, 그리고 정보 확인, 수집, 각색, 조직화, 적용, 공유, 창조 등의 프로세스로 나누기도 한다.

19) Bruce D. Berkowiz and Allan E. Goodman, Strategic Intelligence for America National Security(Princeton : Princeton University Press, 1989), pp.30~38, Mark M. Lowenthal, Intelligence From Secrets to Policy (Washington, D.C., CQ Press, 2000), pp.40~48종합.

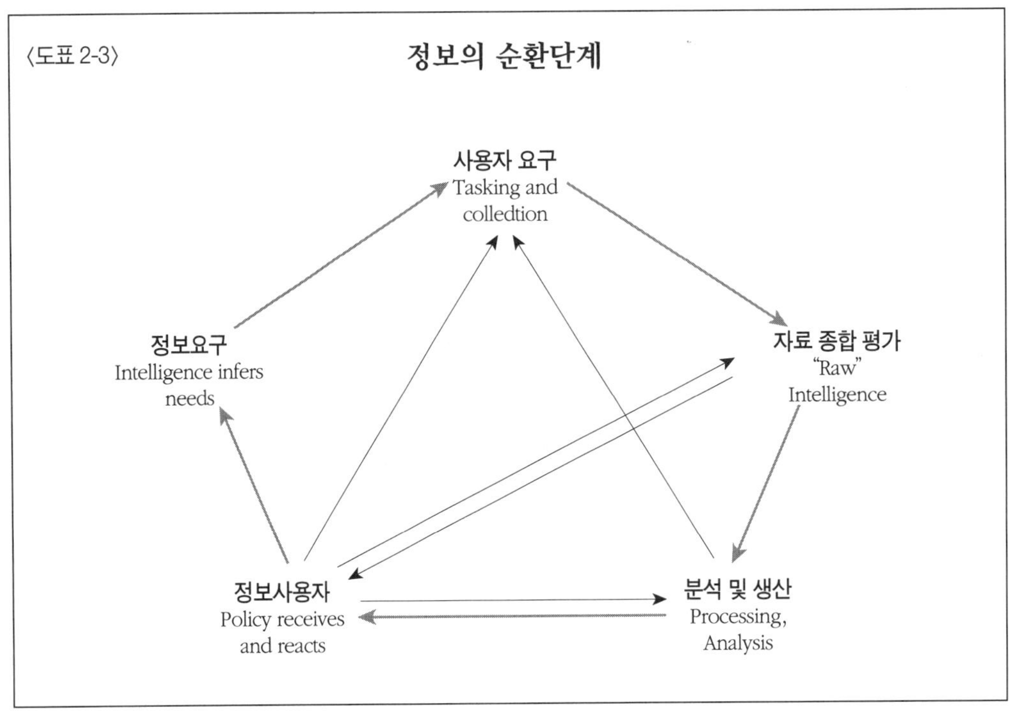

②통상적 자료수집 단계에서는 비밀공작, 데이터베이스 검색 등을 통해서 수집하게 된다. 여기서는 정보수집방법의 특별한 데이터주의(主義)가 있는 것은 아니지만. 다만 ▲분석관의 개인적, 조직적인 관심과 이에 기초한 책임 분담, ▲수집 과정과 출처에 대한 보호, ▲지속적인 자료검색과 피드백, ▲유능한 수집관의 확보와 지속적인 훈련, ▲데이터와 이론의 점검, 조직의 자유롭고 창의적인 분위기와 환경 등이 포함된다.

③수집된 자료를 종합 평가하는 단계이다. 공개출처와 비밀출처 자료(인간정보, 기술정보)들의 신뢰성, 기만정보 등에 이르는 모든 자료를 평가한다. 다양한 출판물을 비롯해 특수한 정보 소스, 휴먼 네트워크를 통해 통찰력이 담긴(경쟁적) 자료들을 세밀히 평가하는 것이다. 그리고 부족한 자료가 무엇인가를 판단하며 계속 보완해 가는 과정이다.

④정보의 분석 및 생산 단계이다. 보고서는 의사결정을 지원하는 판단정보 및 미래예측 상황을 밝히는 것이다. 정보생산에서는 ▲조직의 목표를 소중히 여기고, ▲조직의 전략적 방향을 분명히 인지하며, ▲집단적 정보생산이 요구되는 시스템 사고와 지식을 동원해 정보를 종합적으로 해석하고, ▲조직을 관리하는 사람은 담당자에게 책임과 권위 등을 부여

한다. 특히 분석주의라고 하는 의미가 있지만 현실과 사상(事象)의 최소 단위까지 분석하여 '진실'을 밝히도록 하는 것이다. 적당한 사회과학적 방법과 이론에 입각해 개인의 창의성과 경험적인 분석을 통해 정보를 생산하는 것이다.

⑤정보사용자에게 보고하고 배포하는 단계이다. 생산된 정보를 정책 결정자 등 사용자에게 배포하고 관련 부서에 유통시킨다면 이 보고서는 ▲문제의 정확한 인식과 해결하는 지식으로 작용하고, ▲의사결정과 정책시스템실현을 위해서 제공되며, ▲사용자의 정보사용 확대와 정책결정을 위해서, ▲정보공동체 내지 관련기관에 대한 신속한 전파로 진행된다. 또한 보고 및 배포 시는 실질적인 정보사용자가 누구인가를 식별하는 것이 중요하다. 고급의 지식정보는 최고 사용자로부터 시작되고 사용자에서 끝나는 것이 일반적이다. 그러나 사용자 중에는 두 범주의 사용자가 있다. 하나는 전략적인 사용자(최고 사용자)이고 다른 하나는 전술적인 사용자이다. 전자는 국가와 기업을 관리하는 최고 사용자로 장기적인 안목과 생존전략을 수립하는 사람들이고, 후자는 당면한 의사결정의 효과를 높이기 위해 해당 정보를 그때그때 사용하는 중간 관리직에 있는 사람들이다.

⑥조직 내의 모든 정보를 공유(sharing)할 수 있도록 생산된 보고서들을 축적하는 단계이다. 생산된 지식을 공유하기 위해서는 LAN망, 데이터베이스를 구축함으로써 일반 정보인 경우 모든 조직원이 검색할 수 있게 하는 정보 검색과 저장, 분석을 용이하게 한다. 그러면서 정보시스템을 통해 정보사용자로 하여금 정책결정의 정확성, 민첩성, 안전성이 보장되도록 계속 수정된 정보가 삽입돼야 한다. 고급비밀들은 별도의 보안 지침을 통해서 보관하거나 유통시킨다.

결국 정보조직은 지식의 창출, 자료의 수집, 정보의 보호를 강하게 하는 조직이어야 한다. 특히 '지식 정보의 축적과 통합'은 조직의 생산성을 높이는 수단이다. 그래서 ▲정보의 자유로운 내부 교류(의사소통), ▲정형화된 정보 관리와 통제, ▲실용적이며 적시에 접근할 수 있는 경로 찾기의 구조화, ▲네트워킹 개념으로서의 하드·소프트웨어의 결합, 프로젝트 활동, 노하우의 공유를 통해 조직 활동을 지원하는 것이다.

4-2-2. 정보조직들의 조정기능과 관리

여기서 말하고자 하는 조정기능과 관리기능이란 한 국가 내 여러 정보기관의 업무를 조정하거나 관리한다는 의미의 지도 또는 관리적인 성격을 의미한다. 즉 중앙정보조직이 부분정보기관의 활동을 조정, 감독하는 업무를 지칭한다.[20] 예를 들어 미 국가정보부장(DNI : Director of National Intelligence)의 경우 미 국가안보의 중책을 맡고 있는 CIA, 행정부 6개 부서와 함께 육·해·공군성 및 국토안보부에 대한 전반적 정보활동을 지도 관리함을 의미한다.[21]

중앙정보조직은 국가가 추구하는 목표에 대한 공감이나 책임성과 설득을 통해 협동과 순응 등 '협력적 조정'이 이루어지도록 하고 있다. 이를 위해서는 정보공동체(IC)나 네트워크의 틀을 만들어 운영하고, 동시에 그 성격과 역할을 결정하는 것이 된다. 그러나 이 경우 정보공동체 내에 작용하고 있는 개인의 공명심이나 집단 이기주의라는 문제가 발생하기도 하며 도덕적 해이(解弛)라든지 역(逆) 선택이라는 문제가 수반되기도 한다.[22] 따라서 정상적인 국가의 경우, 정보조직에 대한 조직과 관리 기능을 통합할 수 있는 중앙정보조직이 요구되는데 그 이유를 간단히 요약하면 다음과 같다.

첫째는 정보화 시대로 들어오면서 사회적 분업이 촉진되었지만 정보조직들은 오히려 '통합의 방향'으로 바뀌고 있다는 점이다. 지금까지 분업의 형태로 정보조직들이 대량 정보수집, 대량 생산체제로 분립하여 이른바 독자적인 형태로 발전해 왔으나 이제는 정보공유를 위해 '연결의 정보망'으로 구성돼 가고 있다.[23] 다시 말해 각 정보기관의 노하우를 중심으로 조직간, 주무 부처간의 결합을 통해 상승 효과와 시너지 효과 등이 발휘되도록 하고 있다.

둘째는 조정과 관리의 효과는 이제 비용의 절감을 넘어서서 '공동 생산과 공동 소유'라

---

20) 중앙정보조직(Central Intelligence Group)은 국가차원의 국가안전보장과 관련된 정보업무를 총체적으로 완수하는 국가정보위원회(National Intelligence Authority)에 대해서 책임을 지는 중앙정보기관(CIA)을 의미하며 부분정보(Departmental Intelligence)란 정보지식을 생산하는 각 부처 내 정보기관을 의미한다. 이를테면 미국에서 국무성 정보조사국(Office of Intelligence Research) 육군성의 정보국(Division of Intelligence) 등이 부분정보기관에 속한다.

21) 미국 CIA의 조정업무는 ①상호 다른 부처의 관할분야를 침범하지 않도록 업무의 중복을 피하도록하며 ②각 부처가 자기의 관할임무를 임의로 결정하는 것을 막는 일 ③각부처의 관할범위를 결정하고 규정하는 일 ④정보보고서의 질적 수준과 이것이 국가목표에 맞게 생산되는지의 여부 ⑤부분정보기관간의 어떤 결함이 발생할 가능서의 방지 ⑥국가차원의 다양한 첩보수집활동과 정보분석의 관리기능 등을 포함한다. 그러나 이러한 조정활동을 수행함에 있어서는 각 기관의 고유한 '기초적인 실무에는 간섭하지 않는다'는 대원칙을 준수하고 있다.

22) 도덕적해이(moral hazard)란 보험업계에서 자주 쓰는 용어로 피보험자는 보험에 가입함으로써 안정감을 얻는 동시에 자신의 행동이나 위기가 발생할시 예방을 위한 노력을 게을리 한다는 것이며, 역 선택(adverse selection)은 거래자 사이에 정보가 치우쳐 있을 때 상대의 무지(정보결핍)를 이용해 스스로의 입장을 유리하게 이끌고자 하는 행동이 나타나는 것을 의미한다.

23) '연결의 정보망'으로서는 광범한 네트워크를 만들어 조직의 운영, 내부자원의 활용을 통한 '정보의 공동생산과 소유'을 가능케 하는 결합체를 의미한다.

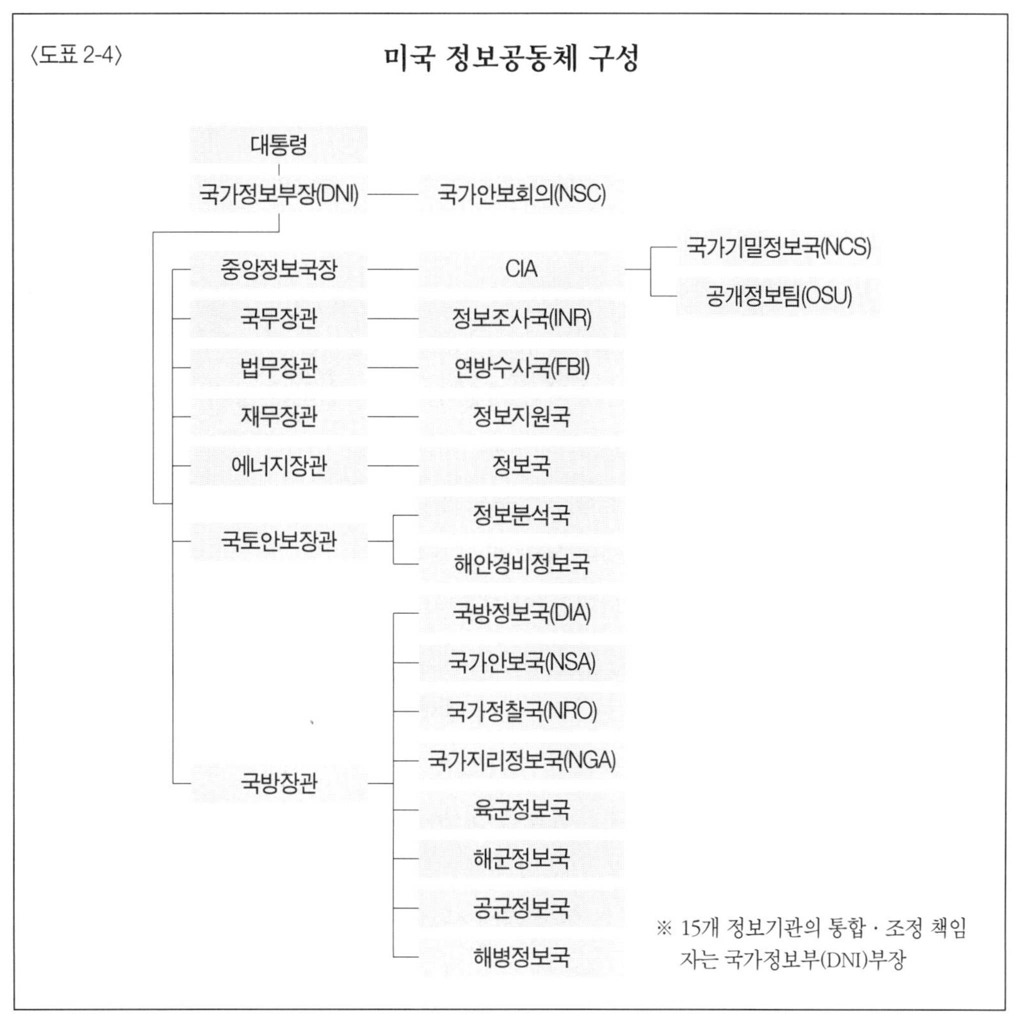

는 양식으로 변하고 있다. 연결의 정보망을 통해 하나의 정보공동체로서 중복적인 생산을 피하기 위해서이다. 정보시장에서 자원을 다양하게 연결시킴으로써 조직 활동을 확대하거나 합리화시킬 수 있다. 하나의 조직이 폐쇄적인 것이 아니라 각각의 부분정보 기관간에 정보를 교환하는 것이다. 여기서 중앙과 부분조직을 연결하는 데는 무엇보다 제3의 조정시스템과 같은 네트워크를 구성하는 것이다.

결국 정보의 발생에서부터 사용하는 단계까지 시너지 효과를 갖기 위해서는 부분적인 중첩을 가능한 줄이되 상호간의 보완성 혹은 의존성이 깊은 것을 찾아내 이를 공유할 수 있도록 하는 것이다. 필요한 정보를 생산토록 조정하는 시스템은 바로 정보의 '조정 · 관리'

라고 할 수 있다.

셋째는 정치, 경제, 사회 등 학문적인 구별이 낮아지고 있다는 점에서 오히려 중앙정보조직으로서의 강화 필요성이 제기된다. 산업에서도 업제(業際)간의 간격이 엷어지는 것처럼 [24] 지식의 영역도 종합화되고 있다는 점에 유의하여야 한다. 하나의 구별된 칸을 만드는 것이 아니라 다면적인 지식 형태로 발전되고 있다는 점에서 지식·정보의 융합과 조직간 협력의 관계를 더욱 강화해나가야 한다는 의미이다.

더구나 정보는 누구나 가질 수 있고 복사도 가능하다. 정보는 공동의 소비, 공공재로서 성격을 갖고 있다. 또한 정보는 기관에 따라 사용자의 관심에 따라 상대적 가치성을 갖고 있으며, 때문에 관심사에 따라 평가도 달라진다. 그밖에 정보 주체에 따라서는 특별한 활동에 따라 새로운 정보를 단독으로 사용하는 경우도 있다. 그러나 정보활동은 일종의 공공 이익적인 사업(public interest business)이 돼야지 정치적 독점이나 개인의 이익을 위한 것이어서는 안 된다는 의미에서 정보계(情報系)의 시스템화가 추구되고 있다.

물론 정보고속도로가 확대되고 정보의 집중을 강화시킨다지만 정보 영역에서 벌어지고 있는 갈등의 문제, 그리고 정보에 대한 폭과 질에 대해 객관적으로 정의하기 어려운 성격을 갖고 있다. 그 결과 각 기관별 정보에 대한 가치를 매기는 것이나 개별 정보의 질을 확인하는 것은 매우 어렵다. 그러나 현재의 모습들은 정보를 ▲조직에 의한 조정과 관리, ▲사용자에 의한 조정, ▲정보공동체들에 의한 조정과 관리를 원활하게 한다는 의미를 갖는다.

따라서 많은 나라에서 국가 내 혹은 기업 내에 산재해 있는 정보를 중앙에서 집중조정하고 관리할 수 있고 정보의 시너지를 창출할 수 있다고 믿는다. 그럴 때 정보생산과 관리에 있어서 벤치마킹이 이루어 질 수 있고, 나아가 정보를 광범위하게 상호교류 할 수 있으며 생산성과 함께 효율성을 높일 수 있기 때문이다. 그 방향과 의미를 제시하면 다음과 같다.

● 정보조직에서의 조정기능과 관리는 중앙정보조직으로 하여금 각 부분별 기관의 직원, 편제, 존재 목적, 정보 생산 활동 등 관리 분야를 검토 평가하고 우선 순위를 결정하는 전체

---

24) 미야자와 겐이치(宮澤建一)는 오늘날 산업사회는 업제화(業際化), 정보화, 그리고 국제화가 급진전적으로 진행되고 있다고 주장했다. 여기서 '업제화' 란 산업, 업종, 업태라는 의미가 있는 것으로 이제가지의 업종 울타리가 정보화에 의해 낮아짐으로써 이들 업종들은 상호간 진출이나 새로운 경합관계, 그리고 협력관계를 발생시키고 있는 형태로 발전함을 의미한다. 또한 이와 유사한 용어로는 지식융합화(知識融合化), '상업의 융합화' 라는 의미도 동시에 포함하고 있다. 자세한 것은 미야자와 겐이치, 「업제화와 정보화가 기업을 바꾼다」, 신창호(역) (서울 : 새날, 1996)을 참조할 것.

프로세스의 실행이 요구된다.

- 정보는 최신의 내용으로 활용하기 쉽고 실천의 토대가 될 수 있도록 한다. 인원과 조직을 정예화하여 정보를 빨리 입수 처리하고, 그것을 바탕으로 결정적인 행동을 할 수 있도록 돕는 것이다.
- 국가 혹은 기업 차원의 이익이 상대방으로부터 기습을 당하여 실패하지 않도록 조정 대비한다. 급격하게 변화하는 글로벌 체제에서 위기관리 체제를 수행토록 하는 것은 결정적 재앙을 막는 길이다.
- 정보의 정확성과 엄격성을 유지하며 사용자가 편견을 가지고 의사결정을 하지 않도록하며, 또한 유용한 정보가 사장되거나 빛을 잃어 가는 것을 방지하도록 한다.

이와 같은 중앙정보 조직들의 조정기능과 관리문제는 바로 정보커뮤니케이션이고 프로세스이며 각 활동주체를 설득하는 일이다. 정보활동의 전략은 바로 실천의 전략이요 경쟁우위의 활동일 뿐만 아니라 정보프로그램은 환상의 전략이거나 제스처가 아닌, 현상(사건)에 대한 정밀분석의 대상이고 지각의 대상이다. 이런 지식과 정보는 세계를 변화시키는 것이고 동시에 사태의 추이를 판단하고 대응토록 하는 수단이 된다. 국가 간에 기업 간에 경쟁조직 간에 얽혀있는 이해관계와 징후를 발견하고 조정하며 대응토록 하는 그 자체이다.

4-2-3. 정보조직의 독립성과 민주적 조정 통제

앞에서 설명한 정보조직에 대한 조정 기능과 맥을 같이 하는 주제이다. 정보 업무의 조정 통제는 조직의 운영에 대한 권한과 지시를 행사하는 것이다. 어떻게 하면 각 구성원들과 주어진 기능을 효율적으로 통합 운영하고 유지해 나가는 가의 문제이다. 정보를 단지 센세이셔널리즘으로 보아서도 안 되고 개인이익과 정권유지를 위해 사용되는 것도 바람직하지 않아서 조직을 어떻게 스마트화하고 능력을 극대화시키는가의 문제는 바로 정보조직의 생존과 직결된다.

그런데 일반적으로 국가정보조직에는 정보활동에서의 독립성과 외부로부터의 조정통제라는 기본적인 성격이 작용한다. 우선 정보기관의 독립성은 조직 목표의 독립성과 수단의 독립성으로 나눠볼 수 있다. 전자는 법률과 제도에 의해 활동목표가 명시적으로 규정돼 있다는 점에서 정보기관의 독립성은 수단의 독립성을 의미한다. 물론 대통령이 지명하는 정보기관장에게 정보활동과 조직을 맡긴다는 점에서 수단의 독립성은 훼손될 수 있다. 정치권의 요청과 압력에 따라 안보정책이 달라질 수 있기 때문에 정보기관장의 임기는 정치적 입김에 좌우되지 않도록 임기를 보장하는 경우도 많다. 혹시 정권에 대항할 정보책임자가 정권실세들에 의해 해임되는 것을 방지하기 위해서다.[25]

하지만 엄밀하게 정보기관장의 역할과 관련해 정부에 대한 '협조' 인가 아니면 '독립성' 인가하는 문제가 있다. 물론 정부는 정보기관장에게 협조를 요구할 수 있다. 대통령은 최고통치자이고 미국의 국가정보부장(DNI)은 농장의 관리자와 같은 관계라고 할 수 있으며 모든 공직자는 대통령의 뜻을 받들기 위해 그 자리에 있다. 아무리 유능한 정보기관장이라도 정권의 이해를 얻지 못하면 이상적인 정보활동이나 안보정책을 펼치기 어렵다는 점에서 다음과 같은 규정성을 갖는다.

- 정부와 대통령은 정보기관의 독립성을 명확히 보장할 때 정보조직은 국민으로부터 신뢰받을 수 있고 가능한 정치적 영향권에서 벗어 날 수 있다.
- 모든 공직자는 대통령의 뜻을 받들기 위해 그 자리에 있다. CIA국장이나 국방부장관은 선거에 의해 선출된 공직자 아닐뿐더러 선거에서 표를 의식할 필요도 없다. 다만 사용자에게 공정한 중개자 역할을 하며 증거에 의해 움직여야 하는 정부의 한 고위직이다.
- 정보기관장이 '한 시대의 정권' 과의 협조는 불가피한 것이 사실이다. 최고통치권자와 집권당이 추진하는 국가안보정책 틀 안에서 행동할 수밖에 없다. 이런 점에서 정보기관의 독립성이란 좁은 의미에서 정부 내에서 독립한다는 의미로 해석할 수 있다.

덧붙이면 분명히 정보조직의 운영 역시 정치력의 원천이다. 대통령은 최고의 비밀정보를 사용할 권한을 가지고 있는 최고위층이다. 대통령은 최고의 비밀정보를 사용할 권한을 가지고 있는 최고위층이다. 정보기관장은 대통령에게 실질적 '협력' 이 필수적이지만 정보활동 수단의 자율성은 어느 정도 인정되어야 한다. 정보조직은 '한 시대의 정권' 에 대해서 진실을 말하는 용기, 정보의 왜곡 없이 국가의 이익실현을 위해 충성하는 조직으로 정치적 계산 없이 모종의 브레이크 역할을 하는 조직이 훌륭한 정보기관이다.

---

25) 가토이즈루, 야마이로츠네요, BERNANKE' S FRB, 『세계의 경제 대통령 버냉키 파워』 (서울 : 달과 소, 2006) pp. 27~29

또 하나는 정보활동에 대한 조정 통제의 문제이다. 오늘날의 정보 환경은 가시성과 불가시성이 동시에 작용하고 있다. 또 과거와 달리 사회 다원화와 함께 의사소통 경로는 오히려 직·간접적으로 더 확대되고 있다. 때문에 정보에 대한 새로운 수요자들과 공급자가 늘어나고 상호 협력관계의 유지가 중요해지고 있다. 우호적인 수요자와 공급자 관계가 있는가 하면 적대적인 수요와 공급자관계가 있으며, 상호 경쟁적으로 영향을 미치기도 한다. 이런 상황은 정보 환경의 변화가 얼마나 크게 변해 가는가를 나타내는 것으로서 무엇보다 '좋은 정보' 가 의사결정을 잘할 수 있다는 점에서 다양한 정보활동과 기능을 여하히 조정할 것인가를 놓고 의견이 분분하다.

조정 통제는 정보조직의 최고 지휘관이 임무 달성을 위해 구성원 및 예산, 시설에 대해서 조정하고 지시하는 것이다. 이때는 정보 기관장이 최고 통치권자가 요구하는 것을 수행하기 위해 기획하고 지시·조정할 때 사용하는 인력과 장비, 통신시설 및 절차의 배합으로 행사되는 것을 의미한다.

의미가 그렇다면 정보 기관장은 조정 통제를 해 나가는데 있어서 조직의 운영, 행정체계 및 실천수단의 성격들을 지속적으로 평가해야만 한다. 동시에 업무적으로 조직원들의 나태함도 막아야한다. 사람이 항상 일하도록 되어 있는 것은 아니어서 게으름을 가능한 체계적으로 방지하는 일이다. 더불어 외부세계와의 의사소통을 통해 자신들의 지식을 개발하고 조직의 지식을 더욱 정교화 하는 일이다. 세상 '사건' 에 대해 기밀하고도 내적으로 일관된 견해를 모아보고 개인적 통찰력을 강화하면서 조직의 정신적 모델을 확장할 필요가 있다. 이러한 평가를 위해서는 다음 세 가지를 고려 할 수 있다.

첫째는 조직에 대한 지휘 대상과 지휘 메커니즘(리더십)의 작동방식이다. 기관장은 어떻게 인력과 장비를 융통성 있고 적응성 있게 조정하며 지시할 것인가에 대한 이해가 필요하다. 또한 지휘관을 보좌하고 있는 참모들을 비롯한 구성원들이 충분한 능력을 발휘할 수 있도록 훈련되어 있는가. 혹은 사용자가 요구하는 의도를 잘 파악해 대처할 수 있는가에 대한 평가이다. 그렇지 못할 때는 럭비공처럼 튀는 사건들, 전장의 바다를 바람직하게 통제할 수가 없다.

둘째로 조직을 운영하는 정보 체계가 잘 운영되고 있는 가이다. 조직을 학습하는 조직(learning organization)으로 운영되도록 한다. 내부의 정보 유통이 잘되어 융통성 있는 구조로 유연해지고 적절한 그리고 보상체계가 잘 이룩되어 있는가 등을 살펴봐야 한다. 그러나 정보조직이라고 해서 지나치게 폐쇄되거나 경직돼서는 안 된다. 지나치게 폐쇄된 비밀주의적 조직은 초월성이 완벽하게 사라진 사회이며 총체적으로 획일화되고 동질화된 조직일 뿐이다. 오히려 시·문학적 사유, 철학 등의 교양 세계를 확대하는 것도 필요하다.

셋째는 지휘관과 참모들, 그리고 전구성원들로 하여금 조직이 부여하는 목표를 달성하기 위해 상호의존적인 관계, 상호간의 신뢰와 의지가 확보되고 있는 가이다. 특히 조정통제의 지속적인 효과를 고양하기 위해서는 무엇보다 상호 의존성이 확대될 때 시너지가 발생하며 구성원 모두가 목표 이상의 능력을 발휘할 수 있다. 조직의 문화는 리더에 달려 있다. 리더의 긍정적인 에너지와 낙관성이 전직원의 힘을 모을 수 있다.

이제 마무리하면서 지적해 둘 말이 또 있다. 그것은 조직에 대한 지휘가 곧 하나의 기술(arts)이고 조정 통제는 또한 과학(science)이라는 말이다. 정보기관에서의 조정 통제는 기술이나 물자, 시설에 중점을 두는 것이 아니라 인간적인 관점 내지 인간적 요소들이 더 중요하다고 볼 수 있다. 그렇기 때문에 정보기관에서의 관리자는 ▲조직원의 충성심에 기초한 응집력을 분석하고 이를 이해한다. ▲어떤 수준의 의사결정들이라도 신뢰하고 인내하고 긍지를 느낄 수 있는 새로운 커뮤니케이션의 분위기로 구성원의 참여를 유도한다. ▲구성원들로 하여금 새로운 기술, 정보 시스템에 기초한 처리 과정을 습득케 함으로써 지휘관의 의사결정과정(절차 등)을 이해토록 한다. 분명히 공식적 정보 조직 내에서 당파적 사조직 혹은 인맥 편 가름 같은 현상은 본래의 기능과 역할을 상실하는 것이며, 나아가 정체성 시비를 초래할 수 있다. 이런 점에서 조직 관리자는 항상 닥쳐오는 어려움을 극복하는 지혜가 더 없이 요구된다.

4-3. 정보 조직들의 모순과 역설에의 대응

정보활동에서 가장 중요한 것은 '아무나 생각하지 못하는 것을 생각 한다'는 발상의 전환이 필요하다. 이는 매우 어려운 일이지만, 그러나 국가 안보에는 불가결한 요소이다. 국제사회에서 부유한 고객들, 아니면 가난한 나라들의 입맛이나 생활 정도, 민중들이 우선적으로 매달리는 기초 상품, 혹은 그들이 추구하는 목표가 무엇인가를 찾아 나서는 것이 정보의 역할이다. 그리고 다른 나라를 주의 깊게 바라보는 것, 남의 조직이나 기업을 바라보는 것, 여기에는 분명히 정보활동 기법이 동원되는 것이다.

　그런데 우리가 경험하고 있듯이 오늘날 누구에게나 엄청난 사건들이 일어나거나 동일한 도전이 몰려오고 있다. 세계 환경 변화는 거대하고 다양하며 불확실성 그 자체이다. 그래서 경외감을 느낄 정도로 많은 조직들의 경우 다운사이징(downsizing), 리스트럭처링(restructuring), 벤치마킹(benchmarking), 리엔지어링(reengineering) 등 수많은 경영혁신 방법들이 소개되고 있다. 그러나 이러한 기법들도 기본적으로 환경이 바뀌고 문제의 다양성에 대한 살아남기 위한 임기응변적인 처방일 때가 많다. 관행적인 사고로서는 어쩔 수 없이 다가오는 급격한 변화의 시기를 상실할 수 있다는 점에서 환경 변화의 '민감성'을 파악해 최적의 전략을 찾아내는 것이 오늘날 거대 조직들의 특성이다. 결국 사회체제의 변화 추동력은 상호 작용이며 세계화의 질서 속에서 작용하기 마련이다.[26]

　이런 배경에서 정보조직들도 진정한 기적이 아니더라도 끊임없이 경영 혁신이 이뤄져야 하며 유사시에 대비하는 것이 필요하다. 정보조직은 각국 상황에 따라 여러 가지로 그 기능과 역할이 다르게 변하고 조직이 정비되고 있지만 일반적으로 정보의 수집, 생산, 유통, 공유를 체계적으로 순환시키는 조직적 특성을 갖는다. 동시에 훌륭한 새로운 조직으로서의 발전을 추구하는 이른바 조직의 이념형(ideal-type of organization, 가치.이념)을 설정하고 그 관계성을 만들어 가고 있다. 다양한 '관계성' 속에서 '내가 있는 곳'이 바로 정보의 전선이라는 점을 염두에 두고 관계성을 만들어 가는 노력은 바로 정보의 가치와 비례한다.

　그러나 정보조직들은 그 조직을 운영하는 권한이 상층부에 고도로 집중되어 있는데 이런 특성은 일반 조직들과 크게 다르다. 상층부에 집중된 권한의 규칙들은 지도력과 막강한 힘을 발휘하게 되지만 때로는 불공정하거나 '법의 지배'를 파괴하는 경우가 일어나게 된다. 이른바 프랑스 앙리 페욜(Henri Fayol)이 말하는 '상황의 법칙'(the law of situation)을 만들어 어떤 상황도 무리하게 해결하려는 힘의 원리가 나타나게 되면서 모순과 역설이 일어나게 된다. 그만큼 현대 사회가 물질주의 사회요 권력 사회라는 상징성 속에서 정보조직들이 어떻게 균형을 맞춰 나갈 것인가 하는 문제는 한 국가의 안보와 역사 발전에 큰 영향을 미치는 요인이 된다.

---

26) Michael J. Mazarr, "Toward a Global Social Contract : Human Nature, Complexity and International Relations", CSIS Global Trends Research Paper 2000. Washington D.C.

4-3-1. 새로운 환경 변화

사회체제는 하나의 유기체라고 하지만 현대는 너무나 복잡하고 급진적이며 모순적인 상황으로 가득 차 있다. 하나의 조직이 공동의 목표를 달성하기에는 여러 모순과 혼란이 가중되는 가운데 조직의 정체성 위기까지 유발할 가능성이 높아지고 있다. 게다가 세계화 속에서 혹은 신자유주의적 공세 속에서 금융 자본가와 산업 자본가들이 성장해왔다면 21세기는 이와 비견되는 '정보 자본가' 들이 지배적인 입지를 구축해가고 있다.

오늘날의 시점에서 보면 국경이 무의미해지고 개인과 소기업으로 권력이 이동하고 있는 것도 정보기관에 직·간접적으로 미치는 영향이다. 개인의 창의성을 존중하고 기업가적 정신이 확대되며 정보의 무한 재생산으로 인한 지적 소유권의 성격이 변화되고 있지만 오히려 정보조직들은 그만큼 은밀한 정보활동이 어려워지고 있다는 얘기다. 만약에 정보가 막히거나 통제되면 국가나 기업은 말할 나위 없이 병들게 마련이다. 정보조직으로 하여금 정보활동이 여의치 않거나 장기간에 걸쳐 축적된 여러 가지 모순을 해결하지 못하면 막대한 손실을 가져오는 것은 자명한 일이다. 곧 '의도하지 않은 결과' 들이 나타나게 되는데 이것은 조직 운영을 둘러싼 갈등이요 합리성을 해치는 왜곡의 심화 단계이다.

미국의 경우 정보공동체가 비대해지거나 제 역할을 하고 있느냐에 대한 지적이 제기돼왔다.[27] 즉 기술부문에 대한 과도한 예산에서부터 분석에 악 영향을 줄만큼의 과도한 첩보 수집, 과도한 비밀 분류를 지적한다. 그리고 기업 차원에서도 비즈니스 인텔리전스를 생산 전파 축적해 가는 것이지만 불만족한 상태이거나 아주 미약한 수준이다. 기업들은 글로벌 시장에서 살아남기 위해서 조직을 계속 혁신하지 않으면 안 된다는 위기의식을 갖고 있다. 많은 기업 조직들이 시장 정보의 수집, 사실적 정보를 찾기 위해 기업의 신경망을 구축하거나 디지털 프로세스를 통해 급격한 변화에 대응해 가는 전략을 구사하고 있다. 과거의 제한된 사고방식이나 비밀 유지 차원에서 정보를 독점하거나 단순한 자료 정리만으로 끝날 때는 기업은 경쟁우위를 지킬 수 없다. 다음 〈도표 2-5〉는 국가조직이나 기업이 왜 계속 변화하지 않으면 안 되는가를 나타낸 설명이다.

그런데 정보조직의 지도력이란 영향력의 행사 혹은 차이를 만들어 가는 것이나 다름없

---

27) 미 CIA Porter J. Goss국장의 "Speech and Testimony", 22 September 2005, https://.www.gov/cia/public-
affairs/speeches/2005.

〈도표 2-5〉   **국가 및 기업조직의 변화**

폐쇄적 태도(과거)	전향적 태도(현재)
• 정적인(명사)정보업무	• 동적인(동사)역동적인 정보활동, 통찰력
• 부분적 · 제한적 업무	• 전방위적 · 고부가가치 활동의 토탈 업무
• 아날로그 사고	• 디지털사고 · 행동, 프로세스
• 정보접근의 한계. 폐쇄	• 접근 · 접속의 무제한성 · 용이성, 공개적
• 소수참여 의사결정구조	• 전구성원의 참여 공조시스템
• 관습적인 보고서 수동적인 작성	• 능동적 · 전략적 · 옵션분석의 내재화
• 계급적, 도제식 업무처리	• 팀 · 중심활동, 창의적
• 네트워크의 저밀도 관계망	• 고밀도, 의사소통적 관계망

다. 지도력이란 오직 어떤 특정 상황에서 조직의 발전전략에 영향을 끼치고 일정한 방향으로 이끌어가는 것이다. 국가와 기업들은 경제적, 군사적 우위의 유혹을 받을 때마다 핵심정보를 갈구한다. 국가를 초월한 경쟁네트워크가 확장되면서 '당신보다 내가 더 이익을 챙긴다' 는 이익적 갈망이 지배한다. 다양한 컨텐츠와 정보가치가 기존의 물질적인 상품보다 더 힘을 발휘하는 시대가 되고 있다. 또한 문명사적으로 세계화와 탈냉전 시대에 접어들면서 정보 세계는 이전과 사뭇 다른 양상으로 나타나고 있다. 구체적으로 3가지 차원에서 변화를 겪고 있다고 하겠다.

첫째, 안보개념 및 안보 추구 방식의 변화이다. 이는 세계화 추세 속에서 어느 국가든지 완전히 자율적인 경제 및 안보정책을 수립할 수 없기 때문에 안보 개념이 과거의 군사안보 및 쌍무적 군사동맹 위주에서 다양화된 종합적 안보 내지 국제협력체제로 변화되고 있다. 국가이익의 상대성과 국제 질서의 상호의존성이라는 한계가 지배하고 있는 것이다. 경쟁주의 원칙 하에서 정보격차의 확대는 격차의 자본주의, 차별의 정보사회 경향을 강하게 나타나게 된다. 그렇게 되면 사회적으로 정보의 불평등 심화를 초래하게 될 것이고 국가정보의 결핍이 심화될 때 곧 타국에 대한 정보의 종속을 가져오게 될 것이다.

둘째, 국가와 시장 사이의 경계 변화이다. 국가보다 시장의 조직 기능과 배치 기능이 강력한 추동력을 형성해 가고 있다. 시장기능은 비이성적이고 비효율적인 구시대의 권위주의적 의식 형태를 제거하거나 변화시키는 거대한 힘으로 작용하고 있다. 국제관계에서 다원화된 관리체계, 경제 및 시장의 개방, 안정을 추구하는 사회, 정치, 경제적 질서는 자연히

국제정보 환경 변화와 위협 요소

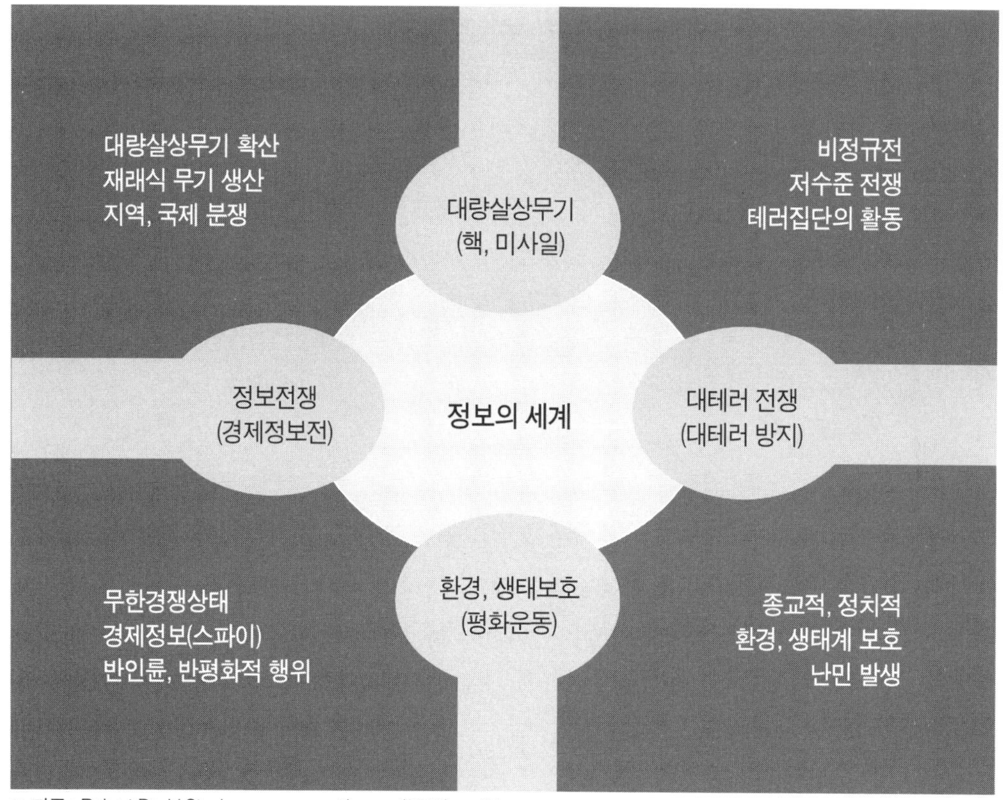

※ 자료 : Robert David Steele, www.oss.net/papers(2000), p. 67.

자유주의와 개인의 도덕적 자율이 지배하게 되어 한 국가 지도자의 고집이나 경직된 제도로는 안정을 지킬 수 없게 되었다. 민주화되고 합리적 사유가 지배하게 되는 시민사회로 발전해가고 있다는 점에서 냉전 시대와 달리 국가기관의 일방적 정보 독점이나 그 행사가 어려워지고 있다.

셋째, 국제 사회가 불균형적이지만 유기적인 국제 질서가 거대한 융합력을 발휘하고 있다. 분명히 현대 지구촌은 부등가 교환 관계이지만 전세계와 특정지역, 중심부와 주변부 간에, 부국과 빈국 간에 정치, 경제, 문화에 이르는 전영역이 새로운 유대 관계를 창출해 가고 있다. 더욱이 현대는 미국식 '세계적 시장화' 속에 미국의 자국 이해 중심주의 혹은 미국 제일주의(American First)가 세계를 덮고 있다. 미국이 생산하는 가치와 대중 문화사조를 보편적으로 받아들이는 현실, 구조 개혁이라는 이름 아래 미국식 시장주의, 경쟁주의가 추구되고 있는 현실에 있어서 우리가 추구해야 할 방향은 무엇인가를 성찰하는 자세가 요구된다. 단순한 정보조직들의 성공적인 운영이나 정보의 홍수가 곧 황금 알을 낳는 것만은 아니라는 얘기다.

더구나 전쟁과 갈등의 해결 방향이 변하고 있다. 즉 첨단 기술의 발달로 인한 전쟁 비용의 천문학적 증가는 전쟁의 방향을 바꿔 놓고 있다. 전쟁의 대안으로 무역과 경제외교 방식을 선택하고 있는 것이다. 상호 의존적 무역은 국가 간의 상호 이해를 증진시켜 불투명성을 감소시키고 교역 비용을 낮추어 상호 오해에 기인한 전쟁발생 가능성을 줄일 수 있을 것으로 예상된다. 또한 교역은 교류 협력의 상을 통해서 일종의 '파급효과'를 도출해 냄으로써 무역 파트너들 간의 상호 침투와 함께 다양한 연대 관계를 강화시켜 나가고 있다.

이런 점에서 정보 내용의 오판이나 한쪽의 지식만을 전달하는 것은 실로 위험의 존재를 잉태하는 것이나 다름없다. 정보조직은 미래의 국가 관리를 위해서, 그리고 현실적 대안을 마련하기 위해서는 다양한 문제들에 대한 대답을 할 수 있어야 한다. 하기 때문에 정보를 한다는 것은 웃음의 즐거운 학문이 결코 아니며 오히려 아기 출산과 같은 산모의 고통과 같은 것이다. 다행히 위안의 말을 한다면 정보관들은 사용자들의 욕구를 충족시키기 위한 다양한 길을 찾아내거나, 위기의 탈출구와 지름길, 아니면 욕구를 포기하거나 변신을 돕는 '제안자'로 작용 하는 사람들이다.

참고적으로 향후 정보 업무의 형태도 크게 변화될 전망이다. 미래 지향적으로 사람들은 민간부문에서 자신의 능력을 입증한 뒤 국가급 정보공동체에서 일할 수 있게 될 것이다. 이들 대부분의 상근 직원이 되기보다는 재능과 특수임무에 따라 근무지와 기능을 부여받게 될 것이다. 정보자원은 단순히 과학기술에 기반한 정보수집으로부터 획득하는 것 못지않게 공개출처 획득으로 전환될 것이다. 정보의 비밀성은 고도의 국가비밀 이외에는 사회단체, 정부, 문화 영역들과 함께 공유 가능한 일반 정보물로 유통될 것이다. 다른 말로 표현하면 전형적인 스파이는 그대로 존재하겠지만 종래의 수집중심에서 앞으로는 분석중심으로 전환 될 것이고 정보소비자 시대로 전환될 될 것이다. 또 기술정보에서 인간정보로, 첩보수집에 적용된 기술에서 분석처리 기술로, 엘리트(사용자) 한 사람을 위한 정보생산에서 정보를 필요로 하는 다수에게로 전파되는 이른바 정보 서비스 시대로 변할 것이다. 대부분의 보고서들은 공개출처를 이용한 '대외비'나 일반 문서로 전파되고, 종래의 특수 비밀분류는 다만 '배포 제한' 정도의 정보 생산으로 전환될 것으로 보인다. 덧붙여 두는것은 정보자료의 위계구조(material hierarchy)에 있어서 좋은 정보(good), 더 좋은 것(better), 최고(the

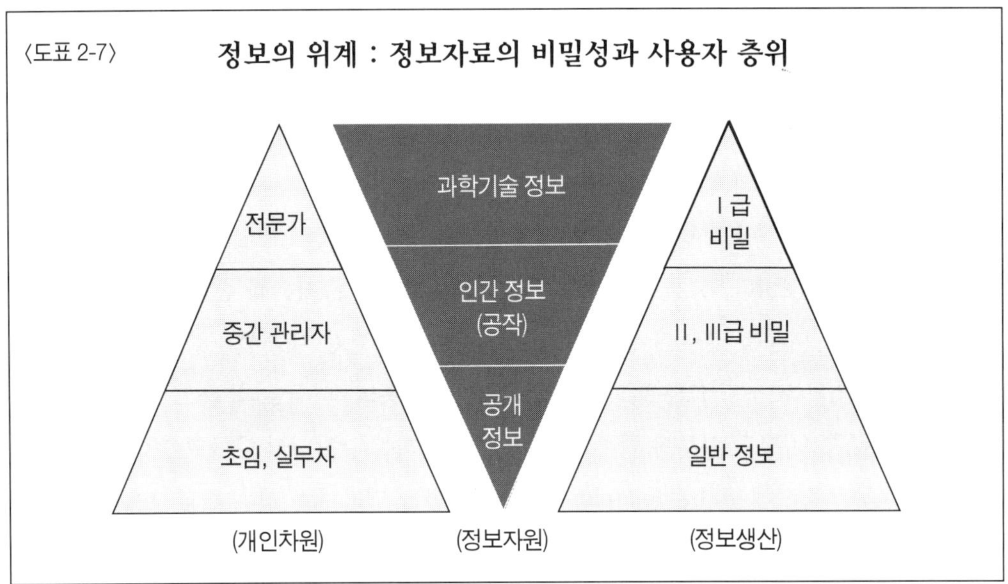

※ 자료 : Robert D. Steele, OSS, www.oss.net/paper/white, p.66

best) 정보를 구분할 수 없지만 일반적으로 정보의 위계는 과학기술에 의해 얻어진 비밀정보가 공공정보, 공개정보, 인간정보보다 우선적으로 보호되고 관리된다. 〈도표 2-7〉 향후 비밀스러운 과학정보 수집 기술은 날로 향상 될 것이다.

4-3-2. 조직 관리의 누적적 모순

모든 조직은 항상 순조로운 과정을 통해 굴러가는 것은 아니다. 조직은 자체의 시스템의 유지와 성장에 필요한 지식을 창출하고 확산시키며 발전하게 된다. 동시에 새로운 도전에 응전하면서 인간의 사유 양식과 존재 양식, 나아가 행위양식에 따라 조직이 변화되며 적응해 간다. 지식이나 정보는 그 조직의 세계관을 반영하는 중요한 자원이다. 그런데 이것이 권력관계를 형성하거나 정치화되거나 지나치게 경쟁이 가열될 시에는 국가 이기주의나 부처 이기주의, 그리고 '개인화' 된 모순을 낳게 된다. 그러면서 모든 조직은 그 자체가 기능적이면서 아울러 갈등적 관계 속에서 변질 될 수 있으며, 결국 새로운 모순을 야기시킬 수 있다.

따라서 정보의 수집이나 정보판단의 실패는 늘 있게 마련이다. 미국 CIA 역시 수집관들의 구조적 문제는 한두 가지가 아니라는 점을 보여준다. 그것은 ▲정확한 첩보출처의 개척이 곤란하다는 사실이다. 공작국(DO)들은 정보요원을 물색 · 고용 · 운영하는 일선 첩보수집 부서로서 믿을 만한 첩보원(source)을 늘 물색하고 확보해 간다. 하지만 특정 임무를 수행할 수 있는 사람을 구하기란 그리 쉽지 않다. ▲조직의 문제로서 조직 내의 어려운 진급제도에 따른 공작관들의 사기 저하가 있다. 공작관은 적대국의 첩보원을 포섭해 A급 정보나 대상자를 귀순시켜서 역으로 이용하는 등의 큰 공로를 세울 때 진급이 유리하다. 해외 공작관들은 2년간 1명 이상의 가용한 첩보원을 포섭하는 임무를 부여받고 있지만 여간 어려운 일이 아니다. ▲우수 인재를 채용(recruit)하는데 한계가 있다. 미 CIA는 대학 교수 추천제를 통해 비공식 채용 제도를 활용해오고 있다. 그러나 우수한 학생들이 탈냉전 이후 정보기관들에 대한 매력을 잃어가면서 응시를 기피하고 있다는 점이다. 더구나 보통 CIA 공작관 양성은 약 6년 정도 소요된다는 점에서 훌륭한 공작관 확보가 매우 어려운 상황이다. ▲고참직원, 연로한 공작관들의 무사안일주의적 분위기가 지배한다는 지적이다. 체력이 좋고 젊은 직원은 새벽 2시경에 협조자를 만나 밤새 첩보를 수집하고 아침 8시에 출근해 첩보 보고서를 작성할 수 있다. 실질적으로 공작관의 왕성한 체력과 유효수명은 입사 후 20년 정도로서 45세 전후가 적당하다. 그러나 노년의 공작관들은 젊은 사람보다 상대적으로 효율성이 떨어지는 것은 당연한 일이다. ▲유관 기관들과의 데이터베이스 통합 관리의 허점이 있다. 정보교류를 통한 종합 시너지를 발휘토록 해야 하지만 보안 문제 등으로 사실상 정보협력이 형식적이거나 제한적으로 이뤄지고 있는 점 들이 지적된다.[28]

앞에서 설명했듯이 우리는 정보시스템의 역동성보다 구조적 모순을 이해하기 위해서 대규모 네트워크상에서, 즉 변화하는 정보환경, 사회 경제적 자원의 한계, 정보의 생산 수준, 테크놀로지 등 모든 측면을 고려할 때 그 모순들은 매우 민감한 것이고 조직의 실패를 초래할 수 있다. 정보의 왜곡은 말할 것도 없이 사회 현상(사건)에 대한 설명, 예측, 대안을 제시하지 못하게 되며 나아가 국가이익과 조직의 목표를 상실하게 된다. 따라서 이런 문제들을 극복하고 성공적인 조직 문화와 그 조직 관리를 위해서는 다음과 같은 심층적 이해가 필요하다.[29]

그것은 첫째로 정보조직의 변화는 이른바 '불연속적 불균형'(punctuated equilibrium

---

28) Robert Baer(2005), op.cit. pp.67~70.
29) 정명호, "학습과 모순 : 조직변화의 새로운 지평", 삼성경제연구소(편), 『학습조직의 이론과 실제』(서울 : 21세기 북스, 1996) pp.107~108.

model)에 가깝게 일어나고 있다는 사실이다. 이는 조직 변화의 이론들 중에 다원주의에 근거한 점진적 진화론이나 조직변화 자체를 회의적으로 보려는 생태학적 관점보다는 정보조직을 지나치게 안정된 균형을 이루려는 특성을 갖는다. 또한 단기적이고 급진적인 정치적 변화와 함께 격동기에 따라 조직의 재편이 이뤄짐을 볼 수 있다. 그러나 정보 조직으로 하여금 성공적인 변화로 연결될 수 있는지의 여부는 곧 모순과 역설에 얼마나 합리적으로 대처할 능력을 갖고 있느냐에 좌우된다. 사실 구조조정차원 혹은 정치적 변화기에 급격한 조직 개편이나 인원 감축은 법적 행정적 소송에 휘말릴 가능성이 높다.

그러나 구성원의 반발과 부작용이 없는 개혁은 있을 수 없다. 뭔가를 얻으려면 다른 무엇을 잃을 수밖에 없기 때문이다. 조직을 개혁한다는 것은 모든 것을 바꾸고 부순다는 의미가 아니라 잘못된 것을 정상화한다는 의미가 더 많다. 그래서 개혁은 끝이 없는 것이며 고통스러운 것이다. 무엇보다 정보를 관리하는 중간층으로부터 상위관리자들의 열린 마음과 중립적 입장에서 조직 개혁을 부단히 추진하는 것이 중요하다.

둘째는 조직적 방어기제(organizational defensive routine)가 잘돼 있어야 강한 조직이 될 수 있다. 조직은 계획된 변화만이 있는 것이 아니라 의도하지 않았던 결과를 가져 올 가능성도 많다. 균형적으로 점진적인 변화가 진행되어 조직의 안정을 유지하더라도 조직의 위기는 외부의 영향이나 조직의 심층 구조의 균열로 인해 기존의 관성을 잃게 될 때가 많다. 따라서 외부 세계의 변화추세나 정치체제의 불연속적 변화는 정보조직에 큰 영향을 미치게 되는데 이때 조직의 혼란을 어떻게 수렴하고 성공적인 균형 모델을 찾을 것인가의 문제가 제기된다. 조직의 목표와 국가이익, 집단적 사고에 의한 판단과 함께 구조적인 변화를 추진하면서 창의적이고 일상적 적응학습체제로 나갈 때, 그리고 정보조직다운 특수목적(tailor-made) 프로그램을 만들어 추진할 때 조직적인 방어기제를 창출할 수 있다.

셋째는 정보조직은 최고 경영자가 갖는 신념과 지휘 스타일에 따라 급진적인 조직개혁이 이루어지는 경우가 많다. 무엇보다 조직이념을 확고히 하면서 지휘관의 결단력(determinism), 정책의 일관성(consistence), 인간관계의 신뢰(confidence)가 더 없이 중요시 된다. 스티븐 코비(Stephan R. Covey)는 경영 혁신의 열쇠는 제도나 기술보다는 사람에게 있다고 했는데 이는 인간중심의 조직경영을 강조한 것이다.

따라서 현대 사회에서는 최고 경영자가 갖추어야 할 덕목을 많이 거론하고 있다. 그것은 한 분야의 전문 지식도 필요하지만 사물의 핵심을 보는 통찰력과 강력한 리더십을 중시해야한다는 새로운 경향이다. 일본인들에게 일본 역사상 최고의 경영자로 꼽히는 오다 노부가(織田信長)는 남보다 깊은 통찰력과 리더십을 가지고 있었던 인물로 존경받고 있다. 일본 중세 때의 떠돌이 무사였던 그는 낭인들(탁발승, 상인, 예술가, 거지, 떠돌이, 농민)을 통해 정보를 수집하고 이를 실전에 사용하는데 주저하지 않았던 것이다. 특별히 정보의 중요성을 간파했던 사람이다.[30]

넷째로 조직은 모두 두뇌 작업 집단으로서 일반 학습보다는 실질적 참여를 통해서 전문가가 되는 이른바 '경험의 축적을 통한 지식 생산' 의 담지자들로 구성되어야 한다. 가장 효과적인 정보 지식 활동은 주어진 업무와 격리된 것이 아니라 '일을 통한 학습' 관행에 따라 축적된다는 사실이다. 때로는 조직과 개인, 집단성과 개별성, 경쟁과 협동, 안정과 불안정, 그리고 관리자와 하급 직원 간에 일어나는 긴장과 충돌들을 극복해가면서 전문화되고 관료화되어 간다.

또한 조직원들의 고용의 부적합상태를 나타내는 경우도 적지 않다. 직원은 그런 대로 충원되고 있으나 중·장년관리직이 과잉인 반면에 젊은 전문직이나 하위직은 모자라는 상태가 나타나는 이른바 '부적합' 의 문제가 제기된다. 하기 때문에 정보수집과 생산은 그 조직이 갖고 있는 심층구조와 함께 조직의 내적 모순과 역설을 해결하고 전원이 공감하는 인사, 지위 고뇌를 함께 해결하는 다원적 접근이 필요하다.

그동안 많은 국가들은 그들 사회의 안전, 자치, 번영, 행동의 자유를 위해 어떤 위해로운 요소들을 제거하는데 주력해 왔다. 또한 정부와 기업 모두는 구조개혁 조정을 추진하면서 효율화와 업무프로세스 개혁(BPR : Business Process Restructuring)을 추진해 왔다. 기업의 경우 지식경영시스템 구축을 통해 정보의 이용가치를 높이는 지식정보 집약형 조직으로 발전시켜 나갔다. 경제사회적 환경의 복잡화, 경쟁가속화 속에 고비용 저효율구조를 탈피하기 위해 위계적 서열구조를 단축하거나 계선 조직의 결정과정을 축소하고 있다. 정보중심의 조직구조(information-based structure)는 전통적인 계층구조를 넘어 경영계층과 실질적 정보를 수집하고 분석 전달하는 정보중계의 계층들로 나눠야 하는데 이는 감독의 한계와 커뮤니케이션의 한계를 극복하기 하기 위한 변화다. 다음 〈도표 2-8〉는 정보기술의 활용으로 정보의 전달범위가 넓어지는 수평형 조직이나 거미줄 형으로 크게 변하고 있음을 보여준다. 각 팀제운영은 팀 자체를 하나의 유기체로 여기고 내부 구성원 간에 대화를 많이 하

---

30) 이런 모습은 도몬후유지(童門冬二), 이정환(역), 『오다노부가의 카리스마 경영』(서울 : 경영정신, 2001), pp.19, 34~36 참조.

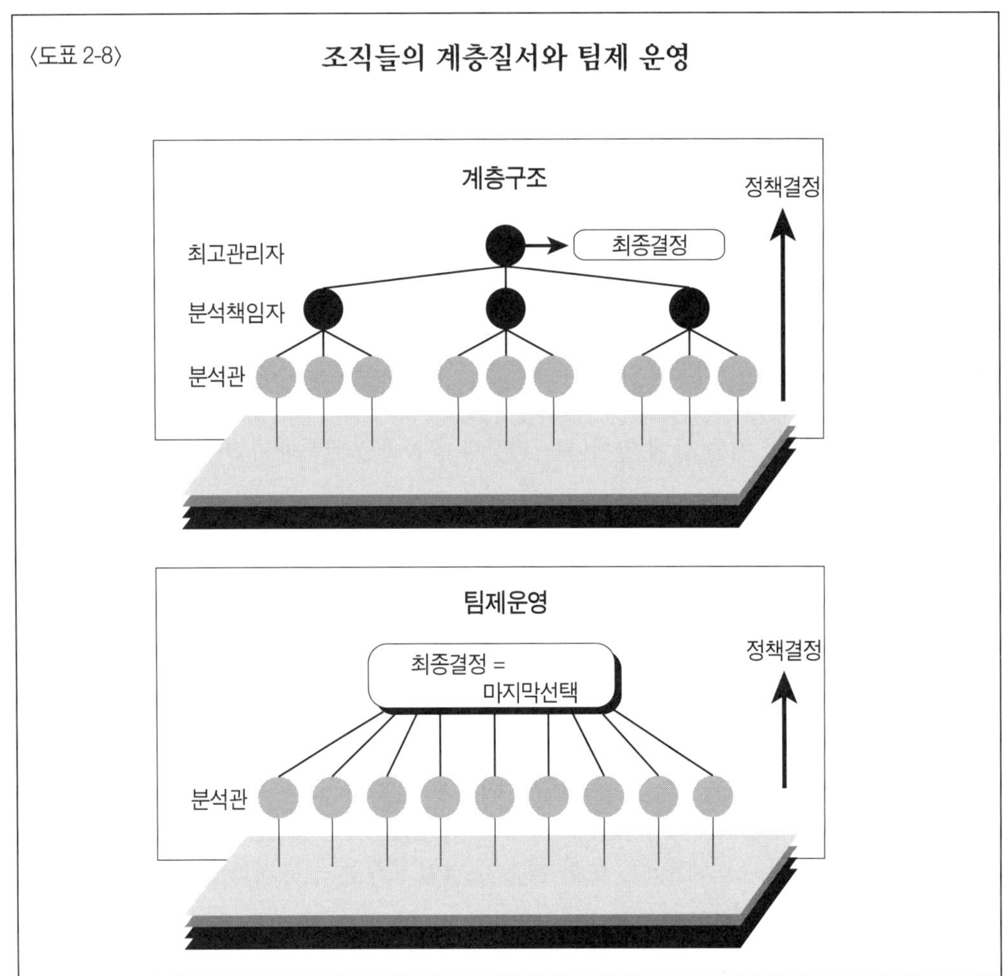

※ 자료 : M. J. Show, 1996

고 생각을 공유할 때 가장 좋은 판단을 낼 수 있는 장점을 갖고 있다.

4-3-3. 모순 관리와 대안의 모색

앞에서 정보조직의 실패 원인에 대해서 간단히 살펴보았다. 그러면 실패와 모순을 어떻게 극복하고 대안을 마련할 것인가. 그것은 귀찮고 까다롭지만 매우 중요한 과제이다. 지식은 개인이나 조직이 가지고 있는 것을 통합하고 최대한 활용해서 새로운 지적 자산을 확대하는 일이다. 기업은 지식경영(knowledge management)을 통해서 부가 가치를 창출하는 것이고 정보조직도 고립된 시스템이나 개인지식을 개별 창고(silo)에서 계속 발굴해 정보보고서 작성에서 나타나는 문제 해결과 자료의 갈증을 해결하는 일이다.

사회적 혼란 속에서 정보조직들 역시 새로운 도전을 잘 흡수하고 부조화 속에서도 생존해가는, 그리고 필요하다면 해체될 수도 있다는 점을 잊어서는 안 된다. 실질적 합리성이 결여된 아니 보수주의자들에 의해 지지되는 '결단주의'로만 나가는 것도 곤란하다. 정보(화)는 권력이 자신의 목적을 위해 작용하는 경우가 있는데 만약 그렇다면 정보조직들이나 기업들은 운영 과정에서 분명히 모순적인 측면이 확대될 것이며 이것이 축적되어 갈 때 그 조직 내 효율성이 급격히 떨어지게 된다.

일반적으로 모순이 쌓이게 된다는 것은 한쪽을 추구하면 한쪽은 희생되어야 하는 경우에 자주 일어난다. 그러나 조직의 모순을 관리하고 창조적인 조직으로 발전해야한다는 단순한 논리는 흑백 논리, 양자 택일의 관리가 아니라 모순되는 요소를 함께 추구하는 방식, 일관성보다는 역설적인 요인들을 공존시켜 가는 방향이 선호된다. 일방적인 선택의 독재보다는 공존의 관계로 이끌어간다는 이야기다. 그렇다면 구체적으로 지금까지의 정보조직의 관리와 기업의 경영 추구 과정에서 나타나는 여러 모순 상황을 우리는 어떻게 해결해야 하는가. 간단하지는 않지만 다음과 같은 사항을 성찰할 필요가 있다.

우선 고전적인 스파이로는 현대 사회에서 나타나는 문제들, 즉 계속되는 전쟁, 게릴라전, 경제전, 테러 문제, 문화 전쟁에 쉽게 대처할 수 없을 것이다. 스파이들에 의한 첩보수집량이 계속 유지되어야 할 것이지만 이것들 만으로서는 이 같은 형태의 전쟁에 초점을 맞출 수 없을 것이다. 요는 비공개 비밀정보수집 못지않게 공개정보수집수단을 최대한 이용할 수 있도록 하는 것도 요구된다. 군대의 공개출처 활용의 평가, 시민단체의 정보욕구를 충족시킬 수 있는 가상정보 공동체의 구성은 국가정보 전략 수립에 매우 긍정적일 수밖에 없다. 미국 등을 비롯한 선진국들은 정보조직 발전을 위해 4가지 요소에 관한 전략을 수립해 개선해 나가고 있다.[31]

- 무료 인터넷과 같은 접속 문제 및 채널을 대폭 확충할 인프라 구축이 고려되고 있다.
- 분산돼 있는 공개출처 기관을 하나의 공동체로 구성하고 있다. 만족스런 액세스와 타당성 있는 접속망을 확보함으로써 공개출처 공동체 속에서 특정 조직(예로서 미국의 NSA)과 연

---

31) Robert D. Steele, OSS(1998), op.cit, p.68.

결해 처리 할 수 있다.

- 표준 절차 및 투자조정의 문제이다. 만약 이것이 안될 경우 어떤 국가도 지금까지의 구식 첩보 구조를 버리고 현대적 첩보 조직을 채택할 수 없다.
- 지휘, 통제, 통신, 컴퓨터 등 4C에 대한 보안이 중요하다. 이 요소는 정보기관의 생존과 신뢰성에 있어서 절대적으로 중요하다. 조직 내는 물론 민간 분야와의 정보 통로를 마련해야 한다.

물론 오늘날 국가적인 정보 공동체를 운영하고 있는 나라들이 말 그대로 불가능한 것이 없는, 첩보영화에서 처럼 이상적으로 운영하는 나라는 거의 없다. 대부분의 국가는 하나의 국가급 정보기관 내지 군 정보기관, 그리고 민간정보기관들이 있지만 서로 간에 의사소통이 안 되는, 아니 서로를 무시하는 몇 개의 정보기관들이 목적을 달리하며 운영된다. 그러나 정보 수사기관이나 비즈니스정보 공동체들이 지나치게 이기주의에 빠지거나 정보를 독점할 때 정보의 왜곡을 가져올 수 있다. 또 인간의 의사소통에는 바보의 벽이 작용하기도 한다. 일본의 뇌 전문가이며 도쿄대학 명예 교수인 요로 다케시가(養老孟司)가 쓴 「바보의 벽」은 인간의 의사소통 문제를 제기한다. 즉 현대인의 60~70%가 '바보의 벽'에 가로막혀 벽 밖의 세상을 보려하지도, 들으려하지도 않는다는 것이다. 사람들은 근원적으로 자기가 믿고 싶은 것만 들으려하고, 내가 항상 옳다는 착각을 하고 있다고 주장한다. 다시 말해 자기가 알고 싶지 않은 것에 대해서는 스스로 정보를 차단한다는 논리이다.[32] 사실 이렇게 되면 정보의 흐름이 왜곡 되거니와 정보 판단의 실패로 인해 국가안보와 이익을 지킬 수 없다.

이러하기 때문에 정보기관들은 협력적 공동체를 형성해 기관 간의 장벽을 허물어 기본적인 정보협력은 물론 가능한 정보의 공유가 이뤄질 수 있도록 노력하고 있다. 정보통합문화를 만들어 가는데 다음과 같은 요소들이 고려될 수 있다.

첫째로 조직의 이념형으로서 현실을 보는데 있어서 보수주의적인 것도 아니고 공상적 개혁주의자도 아닌, 그리고 감상주의적 행동도 아닌 자유 시장경제를 바탕으로 한 (근대적) 개혁주의의 정책을 개발해야 한다. 어떤 사람은 정보 시대에도 특정 가치가 존재하는가 하고 의문을 나타나기도 하지만 그렇지 않다. 민주화의 진전과 정보의 이용 가능성의 증대는

---

32) 요로 다케시(養老孟司), 『바보의 벽』, 양억관(역) (서울 : 재인, 2003), pp.15~20.

오히려 상대주의적인 위험을 안고 있다. 그러하기 때문에 지식. 정보란 사람들의 생각이 끝없이 이어져 내려오는 가운데 하나가 충족되면 또 다른 정보가 필요해진다. 사람들은 끝없는 '정보 욕구'를 찾아다니는 것이어서 자유 시장경제를 바탕으로 한 온갖 정보로부터 배우고 또 그것으로부터 지혜를 얻어내고자 한다.

그런데 정보란 많은 경우 정치성(the political)을 띤다는데 문제가 따른다. 정치성이란 정치가 있기 전에 그 속에 내재해 있는 이념이나 제도를 초월하는 상태이다.[33] 하기 때문에 지휘관들은 정치성을 초월하여 강한 리더십(political will)을 발휘토록 한다. 자기혁신(self-conviction)과 비전을 가지고 원칙을 고수해 갈 때 닥쳐오는 어려움을 극복할 수 있다. 사실 일반 대학의 교수와 과학자들, 언론인 등의 지식인들이 비평적 사유와 진리를 말하는 '일반적 지식인'들이라고 한다면 정보를 다루는 사람들은 안토니오 그람시(A. Gramsci)가 지칭하는 일종의 '유기적 지식인' 아니면 '비적(秘的) 지식인'에 속한다는 사실이다.[34] 곧 정보를 직업으로 하는 사람은 일반적 지식인이 아닌 것이다.

둘째는 조직 차원의 대안으로서 조직 구성원이나 기술체계, 관리제도 등과 관련한 조직 지식은 바로 가치사슬(value change)로 형성되고 있다. 특정 가치사슬은 현실세계의 복잡성을 적절히 흡수할 수 있고 상호 이익적 조직으로 설계될 때 유지된다. 정보조직 등 사회 조직이 다 그러하지만 중견 간부들의 전문성, 지휘능력, 판단능력을 발휘할 수 있는 환경을 형성되지 못할때 가치사슬의 충돌을 야기한다.

이렇게 되면 지속적으로 가치를 창출하지 못하게 되어 결국 어떤 정부 조직이나 기업은 소멸할 수밖에 없다. 가장 확실한 방법은 기업의 경우 시장에 대한 정보를 수집하고 다른 기업과 의견을 교환함으로써 가치 사슬을 형성해 가는 것이다. 국가정보조직 역시 전체국가 이익을 위해 활동하는 것이어서 다차원적 조직으로 변화돼야 한다.

셋째는 개인 차원에서 현재 주어진 상황을 잘 이해하고 경쟁가치(competing value)를 인식해 가는 자기개발, 혁신이 필요하다. 보수 대 혁신, 참여 대 무관심이 아닌 '동시공존'의 자세로 조직의 모순을 극복해야 한다는 의미다. 단기적으로 우왕좌왕하는 인기 형(popularism)으로 인해 보편적인 진리와 질서가 훼손돼서는 안 된다. 이 뿐만이 아니라 조직은 경쟁력을 계속 유지하는 길이 생존의 수단이다. 갈수록 정보의 중요성이 커짐에 따라

---

33) 여기서 말하는 '정치성'이란 '정치'와 구별되는 개념이다. '정치'는 이념, 이론, 제도의 차원에서 접근하기만 '정치성'은 정치적 이면의 의미 곧 정치적 제도와 권력구조 안에서 작용하는 초월적 개념이다.

34) Antonio Gramsci, Selections From Prison Notebooks(SPN)(London : Lawrence & Wishart, 1971), pp.177이하.

다른 경쟁자가 먼저 획득할 것에 대비해야 한다. 이를 위해서는 모든 구성원이 전문 지식인으로서 정보전문가가 돼야 한다. 일반적 지식인이 아니라 구체적인 안목을 갖고 정보기술로 무장하고 총체적 관점과 폭넓은 전망을 만들어 낼 때 경쟁가치를 취할 수 있다. 정보를 직업으로 하는 사람은 에펠탑의 아름다움만 볼 것이 아니라 그 탑의 상징성, 의미, 시각적 언어를 찾아내 설명할 수 있어야 한다. 하기 때문에 정보조직의 문화는 경직성이나 좁은 안목과 전망의 결여 등을 적극적으로 극복할 때 만들어진다.

넷째는 조직 내 개인들 간에 쌓인 문제점을 올바르게 파악하되 필요한 시스템사고(system thinking)의 차원에서 이해하고 그 대안을 찾는다. 오늘날 기업조직은 다양한 형태와 제도들, 예로서 덩치가 큰 조직, 보잘 것 없는 작은 조직, 아니면 최근에는 전화나 모뎀 따위로 연결된 조화로운 공간이 아닌 가상조직을 운영하는 사람들도 많아지고 있다. 요는 어떠한 조직이든 간에 개방적이며, 정보를 잘 입수하고 사용자에게 전달하는 한편 국민과 기업에 적절히 서비스하는 시스템사고가 필요하다. 마치 '시장교환' 처럼 좋은 정보(상품), 나쁜 상품, 낡은 것과 새로운 것들이 공존하며 교환되듯이 조직구성원은 조직 내 뿐만 아니라 외부와의 교환을 통해서 자신들의 약점을 깊이 있게 이해하고 균형 잡힌 공동체 의식을 가져야 한다. 정보조직의 경우 On-Off라인의 정보활동에 맞는 시스템적 사고가 더없이 요구되는 시대이다.

다섯째, 정보조직의 특성에 맞게 조직원들이 지표로 삼아야 할 공통의 준거 틀(common frame work)과 언어를 정립할 필요가 있다. 정보활동은 매우 다양하고 인간과 권력관계에서, 그리고 과학기술발전 정도에 따라 각국 나름의 역사적 차이성을 가지고 있다. 때문에 정보에 대한 다차원적 정의가 가능해지고 그 의미들의 변이성으로 인해 혼란을 자주 겪을 때도 있다. 요는 중심이 허물어지는 시대에 각국이 정보처리, 정보체계와 정보기술의 발전 속도가 다름으로 인해 정보분석이나 정보협력 등에 어려움이 많다. 따라서 조직의 시너지를 확대하고 구성원간의 의사소통을 원활히 하기 위해서는 정보와 관련된 교리, 조직, 교육 훈련, 시설, 물자 등에 이르기까지 전 분야를 망라한 준거 틀과 사용 단어(언어)를 체계화할 필요가 있다.

- 정보조직은 내·외부의 자극과 상황 변화에 대처하는 지도력 확립과 개혁을 추구한다.
- 그물망처럼 각 시스템의 구축과 빠른 응답체계, 상호의존적인 조직으로 발전하도록 한다. 다양한 정보차넬을 운영하여 여러 차원의 정보를 통합하는 인프라를 구축한다.

- 끊임없이 부가 가치를 높이는 정보생산과 고객에 맞는 정보를 제공한다.
- 필요할 때 언제나 변화가능하고 성장할 수 있는 정보저장 능력이 필요하다.
- 정보문화로서 실패를 감수하는 이른바 '실패의 자유'도 보장되어야 한다.

이상의 설명은 참 시원한 대안은 아니지만 정보시대에 걸 맞는 정보조직이 안고 있는 모순과 대안에 관한 모두의 고민을 간단히 설명했을 뿐이다. 어쩌면 정보시대의 정보조직의 발전방향에 대한 만병통치처방은 있을 수 없다. 그러나 분명한 것은 세상에 대해 무엇인가 요구하면 세상은 그 대답을 해오기 마련이다. 따라서 현대의 정보조직은 양질의 정보를 기초로 해서 조직의 존재여부가 결정된다는 사실을 잊지말아야 한다.

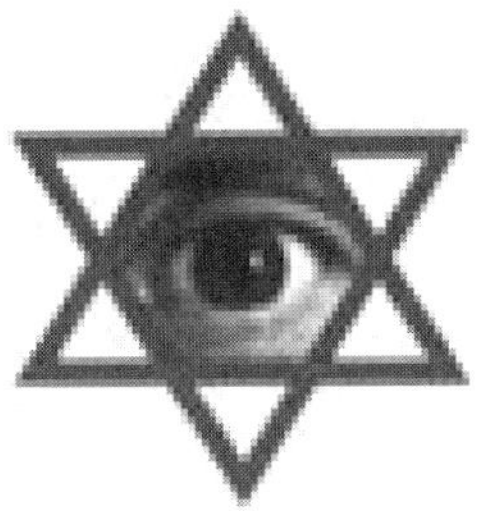

제5장

정보조직과 인력관리

제5장
정보조직과 인력관리

어느 조직이든 조직의 목표와 유기적 관리를 위해서 합리적 선택을 하게 된다. 마이클 헥터(Michael Hechter)는 집단연대성이론(solidarity theory)을 통해 합리적인 자원을 극대화하려는 행위자들이 어떻게 집단의 규범적 구조를 창출하고, 그리고 이러한 구조에 대해서 묶여 있는지를 설명하고 있다.[35] 그는 우선 조직의 이익과 영향을 극대화하는 자원 혹은 재화를 얻기 위해서 타인들에 의존하거나 타인들과의 협력을 중시한다. 구체적으로 ▲질서의 기본 문제가 확립되어야 하고 ▲사회적 통제 즉 여론 감시, 제재의 수단이 필요하며 ▲보다 포괄적인 보상적 조건들이 확립되어야 한다는 것이다.

정보조직들 또한 이와 같은 논리와 규범들, 그리고 정보시장을 위해 '협동선'을 이루며 사용자를 위한 지식을 생산한다는 의미에서 맥을 같이 한다. 정보조직들은 헥터가 명명하는 '보상적 집단'(compensatory group)이라기보다는 국가목표를 실현하는 연대성과 책임감이 강한 '의무적 집단'(obligatory group)에 더 가깝다. 구성원들은 연대성과 복종을 통해서 쉽게 획득할 수 없는 재화(정보)들를 생산함으로서 국가와 최고 정책 결정자들에게 기여하는 것이다. 특히 국가정보조직(미 CIA의 경우)은 대통령의 정책 결정을 돕는 특수한 조직으로서 분명하고도 일관성 있게 정보업무를 추진하고 있다. 국가안전보장회의(NSC)는

---

35) Michael Hechter, Principle of Group Solidarity (Berkeley : University of California Press, 1987), pp.47~51.

정보에 대한 분명한 방향을 제시해 주고 정보의 수집분석 업무에 대한 지침을 제공하고 있다. 다시 말해 정보기관들이 어떤 정보를 수집해야 하는지, 국내외 안보문제를 어떻게 분석해야 하는지, 아니면 공개적으로 입수할 수 있는 정보인가 혹은 적대 국가들에 대한 비밀정보인가 등을 분명히 밝혀주는 일이다. 미국은 이러한 목적을 실현할 뿐만 아니라 초경쟁(hyper-competition)에서 승리할 수 있는 가장 비밀적이며 밀교적(esoteric)정보전문가를 확보해 운영하고 있다.[36]

따라서 이장에서는 정보 공동체들의 중앙 집중적 관리 개념에 기초해서 정보활동에서의 실패 및 운영적 측면에서 나타나는 결함들을 최소화하기 위혜, 나아가 정보업무의 연속성을 유지하고 직원들의 경력 관리와 고위 간부들이 특별히 주목해야 할 인력관리 사항들이 무엇인가를 찾아보았다.

5-1. 직원선발과 실무적응의 훈련

정보를 한다는 것은 생의 비밀을 하나하나 열어 가는 것이며 굳게 닫힌 '세상일' 들의 의미를 획득해 가는 것이다. 그래서 우리 모두는 정보 문화 속에 살아가는 존재들이라고 해도 과언이 아니다. 정보문화가 상대적으로 광범위하고 잘 조직되어 있을 때 사람들에게 정체성을 주고 방향을 제시 할 수 있게 된다. 게다가 과학기술발전에 따른 정보사회와 시장논리는 우리들에게 창의적 활동을 요구하며 사람들로 하여금 이에 적응해 살아가도록 강요하는 상황이다. 스트레스 받는 일이지만 현대인들에게 창의와 적응이라는 이중 부담을 안겨주고 있는 것도 사실이다.

5-1-1. 선발과 교육(전문화 과정)

선진 국가들은 물 흘러가듯 유통되는 정보화 기반 구축을 서두르고 있다. 또한 이를 통해 고부가가치인 지식정보를 생산해내는 경쟁 속에서 발전되고 있다. 때문에 지식정보사

---

36) Office of the Director of National Intelligence, Strategic Human Capital Plan : The US Intelligence Community Five Year(June 22, 2006), pp.5~6.

회에서는 무엇보다 유능한 정보전문가가 필요하다. 케이시(William Casey) 전 미 CIA국장은 공작원을 모집하는데 있어서 CIA의 규정을 바꾸었다. 그것은 직원들의 창조성을 발휘하지 못하게 하는 딱딱한 행동 방식과 지나치게 조심성을 요구하는 것으로 보고 요원들에 대해 '적극성'을 강조하는 내용으로 바꿨다.[37] 더구나 미 CIA는 9·11사태 이후 정보공동체 내 모든 구성원들이 다양한 정보 요소에 민첩하게 대응하고 어떤 전쟁에서도 승리할 수 있는 전사(talent), 그리고 다층적 위계구조에서 소프트한 리더십을 발휘하도록 하면서 국민과 국가에 대한 봉사와 협동, 책임 있는 인간자본을 만들어 가야한다는 요구였다.[38]

이스라엘 정보기관 모사드의 정보요원 모집 광고에서도 이를 발견할 수 있다. 자격 요건으로 '어떠한 상황에서도 태연한 표정을 지을 수 있는 배우의 자질'을 갖춘 스파이를 공개 모집 한다고 했다. 특히 대담성과 통찰력, 감수성을 지녀야하며 주위사람들을 고무시키고 조정할 수 있는 능력자, 불가능 하리만큼 다양한 능력과 배우의 자질을 지닌 사람을 찾는다고 했다.[39] 물론 이러한 만능의 정보 전문가를 양성한다는 것은 그다지 쉬운 일은 아니다. 일반적으로 정보요원의 리쿠르트 사이클(the recruitment cycle)은 적당한 인물발견하기(spotting), 평가하기(assessing), 육성하기(developing), 임무부여(delivering the final recruitment pitch) 순으로 진행된다. 아울러 정보 전문가를 양성하기 위해서는 지속적이며 체계적인 교육과 투자가 필요하다. 참고적으로 입체식 정보관리자를 양성하는 전문화 과정의 교육내용을 제시해 보면 다음 〈도표 2-9〉와 같다.

또한 앞장에서 직업으로서의 정보 전문가의 자격 요건과 특성, 헌신성과 윤리성에 대해 언급했다. 여기에 더 붙여 설명하는 것은 정보조직의 생산성과 효율성을 유지하기 위해서는 일류의 소프트웨어 전문가를 양성 운영해야한다는 점이다. 전 세계적으로 소프트웨어 산업분야는 불과 수년 전에도 상상하지 못했던 영역이다. 세계 주요 소프트웨어 제조업체들은 전 세계적으로 약 50만 명의 소프트웨어 전문가가 부족할 것으로 전망하고 있다. 독일과 미국을 비롯한 선진국 기업들의 경우 소프트웨어전문가 확보에 혈안이 되어 무자비한 물색작전을 펼치고 있는데서 알 수 있다. 이들 소프트웨어 전문가들에 대해 미국의 경우 연

---

37) Peter Schweizer, Victory : The Reagan Administration's Secret Strategy That Hastened The Collapse of the Soviet Union (NewYor k: The Atlantic Monthly Press, 1994), pp.87~88.
38) Office of the Director of National Intelligence, Strategic Human Capital Plan : The US Intelligence Community Five Year(June 22, 2006),p.8~9.
39) Financial Times, July 10, 2001.

〈도표 2-9〉 **정보 관리자의 전문화 과정**

사회적 경험	이론과 원리학습	실무경험축적	부가가치생산 (지식 · 정보)
· 대학전공 · 사회생활 · 세계관 · 감성지수 ※ 개인적 가치	· 사회과학이론 · 컴퓨터이용 · 정보학이론 · 조직 · 행동양식 ※ 학습과 이론개발	· 분석경헙 · 현장경험 · 계획능력 · 자료수집, 축적 ※ 책임과 권한	· 분석 전문화 · 수집전문화 · 인간개발전문화 · 정보활용 ※ 지식활용, 창출, 적용
일반적 지식활동	지식정보활동 (정보의 갈증 해결능력)		정보 전문관, 지식 관리자

봉 12만 불을 제공하겠다며 강력한 스카웃 제의를 하고 있다는 점에서 그 중요성을 이해할 수 있다.[40]

이런 의미에서 소프트웨어 전문가들은 정보전에서도 당연히 '정보의 제왕'으로 활용되고 있다. 과거 산업사회와는 달리 경쟁기관(회사)건물에 침입하지 않고서도 인터넷을 통해 상대방의 데이터망으로 접근할 수 있는 세상이 되고 있는데 대한 대응이다. 오늘날 수많은 기업들이 수천 개의 전산기를 세계전산망에 연결해서 업무내용을 교환하고 있다는 점을 고려할 때 전문가 양성은 조직의 사활이 걸린 문제 중에 하나이다. 아무리 소프트웨어의 중요성을 강조해도 지나친 일이 아니다.

결론적으로 첫눈에 사람을 보는 즉시 그를 신뢰하고 더 이상 의심하지 않으면서 평생토록 어긋남이 없는 사람을 얻는 것은 결코 쉬운 일이 아닐 것이다. 모든 분야가 그러하지만 특히 정보 분야에서는 높은 식견(판단), 담력(용기)이 큰 사람이 필요하다. 시쳇말로 '미치지 않고서는 불가능한 작업'을 해내는 사람으로 하나의 정보 매니어가 필요한 세상이다.

---

40) 소프트웨어들을 개발하고 프로그램을 변경할 수 있는 전문가들은 주로 기계공학, 전자, 엔지니어, 경영학, 인사운영, 컴퓨터처리기술 등에 있어서 핵심적인 위치에 있는 사람들이다.
　향후 컴퓨터소프트웨어 전문가에 대한 수요는 우선 소프트웨어관련 회사에서 50%, 그 다음으로 전자산업, 공공기관, 은행, 무역업 등에서 30%를 차지할 것으로 보인다. 그래서 최근 미국, 독일기업들은 소프트웨어 전문가 부족현상을 해소하기 위해 인도, 말레이시아, 폴란드, 헝가리, 한국 등으로부터 인재를 물색하는 경향까지 보이고 있다.

5-1-2. 실무 적응의 문제

정보를 한다는 사람이 수많은 사회 현상과 사물에 대해 무관심을 보인다면 정보활동의 근본적 접근 자세가 아니다. 정보를 직업으로 하는 사람은 고독한 혼자만의 사유와 행위의 삶이라고 할 수 있다. 정보전문가는 어떤 편견과 인습을 타파하고 권위적 겉치레에 도전하며 새로운 무엇을 발견해 가는 사람이다. 따라서 정보원에 대한 실기 교육은 정보활동을 하는 직접적 성공의 열쇠가 된다. 조직 내의 문화와 시스템의 상호 운용성을 인식하고 업무처리 방법에 있어서 다른 조직문화와 차별화 된 특이한 정보시스템을 통해 조직의 효용최대화를 꾀해야 한다. 일반적으로 현재 정보교육은 ▲실전에서 능력을 시험 선별할 기회가 없이 이론과 교과서적으로 이루어지고 있고 ▲발상은 일반적으로 고정되어 있어 교육 훈련도 구습을 벗어나지 못한 상태이고 ▲학습은 일방적 강의 전달식으로 이루어지고 있으며 ▲다른 공직자들과는 달리 삶의 존재 가치가 통제되거나 이데올로기적 세계관이 강하게 지배하는 모습을 보인다.

기업 차원과 비교해 볼 때 기업들은 치열한 경쟁으로 살아남기 위한 '작은 전투'를 벌리며 개개인의 능력과 경험이 끊임없이 개혁되는데 비해, 정보조직원들은 그러지 못하다는 평가를 받고 있다. 물론 이러한 비교 평가는 여러 부문에 따라서는 다른 결과가 나오겠지만 일부를 제외하고는 자질이 미흡하다거나 지식수준이 낮다는 의견도 만만치 않다. 하기 때문에 끊임없는 실무 교육의 실행과 인적구성의 조화가 분명히 필요하다. 정보활동에 있어서 젊음도 중요하지만 그러나 고품질의 상품(정보)을 만들어 내는 데는 '늙음'에 있는 경험자들이 오히려 정보적 실수를 줄일 수 있는 것도 부인할 수 없다.

따라서 정보 전문가의 자질은 국가나 기업의 안위와 성장에 영향을 미친다는 점에서 직원 선발 시부터 소수 정예화하고 일류 대학의 대학원이나 세계의 각종 대학에 유학시켜 폭넓은 시야를 갖도록 하는 것이 생존의 길이다. 그렇다면 실무적응의 인재를 양성하는 문제란 무엇인가. 결론부터 말하면 정보수집과 정보분석에, 그리고 정보관리와 보존에 완전히 적응해 가는 사람을 양성하는 것이다. 단순한 데이터수집이나 자료의 교환, 그리고 PC의 운영 기술만이 아니라 데이터 모으기, 정보공유, 정보전달 등의 네트워크화를 고도화하고 비밀 보호 장치도 마련해 가는 창조성이 따라줘야 한다. 어떻게 업무 프로세스와 프로그램을 합리적으로 운영할 것이며 특수하고 고도의 장비운영은 물론 그 시스템들을 이용해 정보소비시대에 부응하는지의 문제가 핵심이다. 이를 위해서는 몇 가지 사항을 고려해 볼 수 있다.

첫째로 개개인은 현실 인식에 기초한 '조직으로서의 두뇌'에 빨리 적응하도록 한다. 모든 구성원은 다른 국가나 다른 조직들과 경쟁하는데 있어서는 무엇보다 긴장감 있게 조직문화에 엑세스해야 한다. 개인적 차원에서는 매우 고통이겠지만 조직이 원하는 창조성과 부가 가치를 올리려면 정보활동도 하나의 비즈니스처럼 시장 속에서 활동하는 것이다. 정보를 하는 사람은 피를 흘려보지 못한 경험이 없어도 마음의 눈(心眼)으로 보고 자기를 극복하는 태도가 중요하다. 호텔에서 일하는 전문 호텔리어(hotelier)들까지도 다른 호텔에 묵을 때 그 호텔의 서비스 태도, 청결 수준 등 이것저것을 살펴보는 것은 당연한 직업병과 같은 것이다.

둘째는 보편적 활동을 뛰어넘는 '특기 있는 전문가'로 활동토록 준비하는 일이다. 네트워크 사회요 심한 경쟁사회라는 엄연한 현실에서 정보 시스템의 보편화를 넘어 특수한 조직에 맞는 실무적응의 훈련이 요구된다. 네트워크 사회에서는 개인과 조직을 막론하고 특수성을 갖지 않으면 네트워크에 끼워주지 않는다. 나아가 정보를 한다는 것은 세계상에

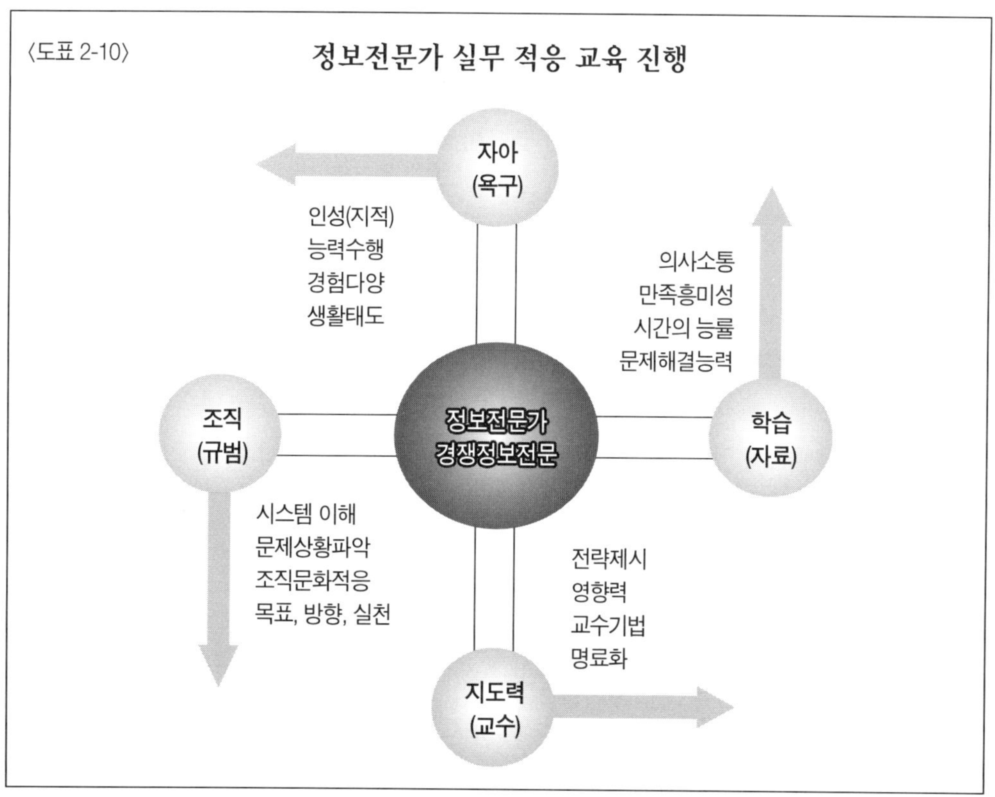

'주의와 관심'을 가지면서 끊임없는 현장 체험의 과정이다. 무엇보다 리더가 조직원의 입을 막아서는 안 된다. 조직의 통제가 강한 나머지 아무 변명도 하지 못하게 만들면 참으로 희망이 없는 조직이 되고 말 것이다.

셋째는 5감(感)에 의한 현실적 체험과 경험의 누적을 통한 기묘한 훈련이 필요하다. 현재 각자 머릿속에 진행되고 있는 지식의 이동을 실제에 적응시켜보는 훈련이 있을 때 실패를 줄일 수 있다. 정보활동의 실패는 '심사숙고'의 상태라는 것보다는 오히려 '주의 산만'한 상태에서 온다는 사실을 염두에 둘 필요가 있다. 정보의 실패를 줄이기 위해서는 채용 시부터 가장 스마트한 사람을 고용하는 것이다. 이를테면 정보요원 채용 시 지망생들에게 서울 종로 거리의 신호등이 얼마나 설치되었는가를 물을 수 있다. 물론 막연한 질문이지만 지망자는 막연한 설명을 하려고 하거나 우물쭈물하는 사람은 부적격자일수도 있다. 정보화시대요 인터넷 시대에서는 다소 틀리더라도 논리적이고 사고력을 보이는 답변을 2~3초 내에 내놓아야 한다.

이상의 내용을 다시 요약하자. 우리는 현실적 삶 속에서 공간적으로 보통 여기(here)와 저기(there)로 구분하고 있다. 우리가 살아가고 있는 이 세상(here)이나 저기(there)는 모두 정보적 사실들이 존재하는 장소들이다. 현실적응의 훈련이 자의적이든 강제적이든 혹은 토론을 위해 논지를 펴 나가는 일은 모두 생물학적으로 익히는 것이며 정보를 찾아내는데 도움 된다. 나아가 사람이 현실에 존재하는 한 가지 버전(version)과 다양성을 기르는 것은 정보세계에서 매우 중요한 일이다. 누구나 정보적인 경험이 풍부하다면 국제 시장에서의 상품과 화폐의 이동만이 아니라 정보가 어떻게 이동하는가. 특히 경제정보가 어떻게 상품의 가치를 높이고 있는가를 판단할 수 있을 것이다. 실제로 정보를 하는 사람은 국가와 기업을 돕는 사역자(minister)들이요 청지기들이다. 한 가지 먹이를 얻는데 누구보다 빨리 나꿔챌 수 있는 경쟁력이 있을 때만이 정보 전문가로서 인정받는 것이다.

5-1-3. 인적 자원의 관리방향 [41]

일반적으로 전문인들의 성격을 보면 대규모 조직에 고용되더라도 조직체 내에서의 위계

---

41) www.admin@www.access.gpo.gov(2002. 2. 4)

나 관료제적 업무에 연연하지 않는 성격을 갖는다. 이른바 공식기관이나 군 조직보다 더 많은 자율성을 가지고 일하기를 원한다. 그러나 정보관(IO)은 일반적 지식인이나 외교관과 다르다는 점을 인정해야 한다. 정보기관은 폭넓은 식견과 충성심, 그리고 전략적 두뇌를 가진 사람으로 구성된 조직이다. 높은 판단력과 전문성을 가진 조직으로 발전토록 해야 한다. 전문 인력을 양성해야 하는 이유를 다음과 같이 설명할 수 있다.

첫째, 정보조직은 강력한 관리자를 필요로 한다. 정보활동은 고도의 전문성과 판단력을 요구하고 있다. 그 이유는 때때로 국가안보의 위험요소를 수반하기 때문에 다른 어느 조직보다도 강한 관리자를 필요로 하기 때문이다. 국가정보기관이 요구하는 정보전문가는 한마디로 매사에 유능하며 냉정한 판단력과 결단성이 있어야한다. 그리고 특정 역할(예를 들면 비밀공작)에 대한 식견은 물론 그들이 활동하고 있는 주변조직들에 대한 폭넓은 안목을 가진 사람이어야 한다. 이를 위해서 검증된 인물을 발굴하여 관리직에 배치할 수 있다. 요는 정상에 있는 지도자의 능력, 정보의 가치를 누구보다 깊이 이해하고 정보야말로 국가를 지키는 핵심역량으로 인식하는 인물이 필요하다. 아무리 우수한 분석관이나 정보수집시스템이 있어도 그 정보를 정확히 정책에 반영하지 않고서는 의미가 없기 때문이다.

둘째, 정보조직의 계속성을 유지하기 위해 정치적 변화에 크게 영향을 받지 않는 경험 있는 고위관리가 필요하다. 여러 나라에서 보면 국가정보기관의 장(長)이 정부부처의 관리들처럼 자주 바뀌는 사례가 있는데, 이로 인한 정보기관의 피해가 심각해 질 수 있다. 또 기관장이 바뀔 때마다 특정인의 지휘체계 밑에 있었다는 사실 하나만으로 그 직원을 인사조치하거나 단죄하는 일도 일어나고 있다. 물론 한사람이 장기간 관리하는 것은 바람직하지 않다. 그러나 새로 부임한 장(長)이 들어오면서 직원들에 대한 관리지침을 자주 변경함으로써 직원들이 활동목표를 상실할 때가 있고, 또한 어리둥절할 때도 있다. 곧 인텔리전스라는 점을 잘 이해하는 지도자가 어느 때 보다 요구되는 시대이다.

셋째, 정보요원들을 선발하고 훈련시키는 교육시스템을 향상시켜야 한다. 요원들에 대한 교육은 조직전체가 장기적인 차원에서 생존해 가는 수단이다. 이것도 특수 교육차원에서 외국어 구사능력을 갖도록 하거나 특수 사업을 수행할 수 있는 특기활동을 익히도록 한다.[42] 우스꽝스러운 행위(comedy)가 노출되거나 이성을 망각한 나머지 조직의 규정과 목

---

42) 러시아 연방보안부(FSB)의 특수부대중 하나인 '브임펠'의 경우 1명을 양성하는데 5년간 소요되고 이 기간에 100만 불의 경비가 소요되고 있다. 그 결과 전 요원이 3개 이상의 특기와 외국어 구사능력을 갖추는 유능한 정보요원으로 양성된다.

적을 해치는 일은 철저히 방지돼야 한다. 하기 때문에 교육 훈련은 직무 개발의 연속적인 과정으로 수행되어야 한다. 정보활동 기법 개발뿐만 아니라 목적의식과 가치관을 기르는 수단으로 활용되어야 한다. 결국 정보조직은 검증된 인물의 배치와 훈련이 필요하고 성공의 비결이기도 하다.

뿐만 아니라 관리자는 환경변화에 따른 인력충원이 계속되지 못하거나 예산 감축으로 인한 조기퇴직 시 발생할 수 있는 전문 인력의 부족 현상을 염두에 두고 인력관리를 해야 한다. 정보기관들의 위축과 더불어 신규 임용이 줄어들거나 감축이 시행되더라도 축적된 전문 인력의 손실은 조직의 기능을 약화시킬 수 있다. 어떤 부서는 상급자나 전문가들이 모두 물러나고 하급직만 남게 될 때 업무의 전문성과 지속성을 유지할 수 없게 된다는 점이 지적된다.

또한 늘 강조되는 것이지만 정보조직은 무엇보다 인사 관리의 공정성과 투명성 유지가 필수적이다. 무능한 직원을 정리한다고 하면서 승진의 기회가 공평치 못할 때 관리자나 일반직원 양측으로부터 엉망이라는 비판을 받을 수 있다. 다시 말해서 인사평가제도의 관리를 통해 건실성과 경쟁력확보가 관건이다. 사실 정보조직의 위계질서는 엄격하지만 관리자와 하급자간에 구축된 장인 도제식(徒弟式)은 하나의 관료제적이거나 봉건제적인 면도 없지 않아 많다. 인력구조 속에서 전문성, 기능별로 다양성을 갖추지 못해 조직의 생산성을 높이지 못하는 경우도 있다.

따라서 관리자들 역시 조직을 보다 잘 관리할 수 있도록 하기 위해 지휘 · 관리 훈련을 받을 필요가 있다. 관리자들 중 일부는 새롭게 등장하는 직원들의 지식수준이나 아이디어를 받아들일 수 없는, 챗(chatting의 준말)을 즐기는 i제네레이션 시대를 이해하지 못하는 경우가 있다. 말을 바꾸면 적절한 관리훈련을 받지 않았거나 주어진 관리 임무를 수행할 능력이 없는 관리자들이 있을 것이다.

또 다른 문제가 있다. 그것은 구성원에 대한 감축이나 재조정으로 인한 불만이 발생할 시 민감한 정보내용을 누설하거나 차별 대우 운운하며 법정 소송을 제기할 것에 대한 고려이다. 예를 들어 비밀정보 업무를 수행했거나 정보장비 등 계약업무에 종사했던 사람이 해고를 당했을 때를 대비해야한다. 가끔 직장을 예기치 않게 떠나는 사람들이 분노한 나머지 '토사구팽' (兎死狗烹) 당했다는 서운한 감정을 가지고 떠날 수 있다. 반대로 관리자는 공을 세운 조직원에 대해서는 아낌없는 격려를 빼놓아서는 안 된다. 미국 CIA는 1995년도에 당시 과테말라 인권유린관련 사실을 의회에 보고하지 않았다는 여론에 휘말려 파면 당했던

CIA 간부 테리우드에게 35년 재직 동안의 우수 활동을 인정해 명예 '수훈 정보 훈장'을 수여하며 격려했다.[43] 부연하자면 정보 인재들이 설사 그 직업을 떠나더라도 그 사람들이 갖고 있는 경험과 지식을 계속 활용할 수 있어야한다. 떠나더라도 그 정보망을 떠나서는 살 수 없다는 실존적 존재들임을 고려해 계속 관리하는 자세가 요구된다.

5-2. 정보 전문가로서의 자세와 자격

최근에 들어와서 다양한 정보가 일부 계층이나 권력자의 독점이 아니라 대중적이고 다양한 시민들을 향해 제시되고 유익하게 쓰여 지고 있다. 따라서 사회 및 정부기관에서 만들어내는 각종 정보들을 효율적으로 수집하고 체계적으로 분석, 생산, 축적하여 사용자는 물론 국민들에게 언제든지 쉽고 빠르게 제공될 수 있어야 한다.

하기 때문에 국가 조직이나 기업에 있어서 정보를 생산하고 관리할 정보전문 인력의 양성은 필수적이다. 이와 관련 국가정보기관에서 일하고 있는 지식전문가는 태어나는가 아니면 시간을 두고 만들어 지는 가이다. 대부분이 그러하듯이 정보전문가 역시 세월을 두고 만들어지는 것이다. 다만 모든 구성원들이 일반적 지식인들과 달리 직업적 정보마인드와 함께 남다른 정보요원으로서의 교육을 통해 만들어진다. 특히 모험심과 용기 지혜를 구하는 사람의 경우 남다르게 두각을 나타낼 수 있다. 호기심(혹은 질투심)은 정보를 하는 사람들에게 있어서 일종의 생명과 같은 것이다. 동시에 정보를 하는 사람은 자신도 모르게 빠지기 쉬운 유혹을 멀리해야 한다는 점도 지적하고 싶다.

5-2-1. 정보환경 변화에 따른 전략 상황의 이해

어느 시대를 막론하고 세계 상황과 안보 환경은 정보조직에 있어서 중요한 함의를 지닌다. 현대 경쟁 조직에서 업무체제는 정보기술의 차이뿐만 아니라 시간성과 정보화 능력이 좌우하는 일종의 패러다임의 변화를 나타낸다. 사실 유일 강대국인 미국의 힘을 떠받치고 있는 버팀목은 군사력과 경제력, 과학기술과 정보력이라고 할 수 있다. 미국 CIA는 3개 기

---

43) Christian Science Monitor, April 6, 2000.

등 중 정보를 맡고 있는데 대규모 정보공동체들에게 필요한 기능과 활동을 부여하고 있다.

더구나 어느 나라나 정책 결정자의 의사결정을 높이기 위해서 전략적인 연구를 게을리 하지 않는다. 인간정보 네트워크뿐만 아니라 미국의 경우, 극소(極小) 전자학, 데이터 네트워크, 소프트웨어 프로그램 등 핵심적인 정보기술을 이용한 강력한 정보체계와 군의 방위체계를 과학기술적으로 갖추어 가고 있다. 수없이 많은 감지기들로부터 수집된 정보를 종합하여 정책결정자가 사용할 수 있도록 하고 있다. 전체적으로 미군의 기동성, 속도전, 잠재성, 불가능성에 대한 시험과 도전을 거듭 해가면서 지구적 전장(戰場)의 모든 부분을 조정하고 통제할 수 있도록 하고 있다.

그러나 미국은 때때로 CIA 등 정보기관의 개혁방안을 내놓고 결론을 벌린다. 특히 공작국(DO)의 역할과 관련 믿을 만한 첩보원(정보 소스) 개척이 미흡하거나 잘못된 첩보를 근거로 국가정보판단서(NIE)를 제출한다는 비판이 그것이다. 이를테면 비밀 공작국은 이라크전에 앞서 후세인(Saddam Hussein)이 대량 파괴 무기를 보유하고 있으며 핵개발을 추진하고 있다는 잘못된 정보를 제공함으로써 이라크전이 일어나게 되었다는 지적이다.[44] 따라서 우리는 21세기 정보환경 변화에 따른 전략상황을 이해할 수 있는데 이를 몇 가지로 요약하면 다음과 같다.

첫째, 정보 전사들을 통한 국가위기 관리를 강화하고 있다.

미 CIA의 경우 기업전문가들을 영입하여 ▲특정업무에 필요한 인터넷통합과 그 기술의 적용 ▲보안 및 사생활 보호와 관련한 신기술의 개발 ▲그 동안의 CIA가 축적해 온 자료를 보다 잘 활용하기 위한 데이터 탐색기술연구 ▲CIA의 컴퓨터시스템의 현대화 등 몇 개 분야에 걸쳐 집중 육성하고 있다. 선진 국가들은 그들의 가치관과 안보 및 경제적 이익을 확보하기 위해 국제 파트너들과 함께 다양한 개입을 추진해 가고 있는 것이다.

둘째, 정보전쟁에서 보다 우월한 경쟁 우위를 확보해가고 있다. 잠재적 적국이나 경쟁적 갈등관계에 있는 국가들 간에는 모든 군사, 산업 기지는 물론 우수한 기술을 확보하기 위해, 그리고 어떠한 형태의 분쟁에 있어서도 결정적이며 우월한 지위를 확보할 수 있는 능력을 추구한다. 선진국들은 모든 분야에서 상대국(적국)보다 광범한 기술적 이점을 유지 해가려고 애쓴다. 이를 위해 군용위성을 비롯해 상업위성 및 디지털 통신, 그리고 인터넷의 사용을 전 영역으로 확대해가고 있다. 사실 이러한 정보산업 기술은 상대국들보다 새로운

---

44) Robert Baer, "Wanted: Spies Unlike Us" Foreign Policy (March/April 2005), pp.66~68.

능력을 보다 저렴한 비용으로 이용하기 위한 수단이다. 무한 경쟁시대에 살아가기 위해서 각국은 정보사용자, 정보 활동가, 정보기술 및 그 조직의 효율성을 극대화 하고 있는 것이다.

셋째, 세계는 국가나 기업들의 관리 능력이 날로 발전함에 따라 잠재적 적들이나 경쟁관계에 있는 국가들로 하여금 자신들의 조직이나 체제에 어떻게 반응할 것인가를 예측해 대응해 가고 있다. 설사 우수한 능력이나 기술을 가지고 있다하더라도 그런 균형 상태는 결코 고정적인 것이 아니기 때문이다. 따라서 정보경영자는 핵심 인텔리전스 토픽이 무엇인가를 간파해야 한다. 상대방들은 특정의 강한 국가나 조직에 맞서서 비대칭적 접근(asymmetric approach)에 매달리거나 틈새 능력(niche capability) 혹은 틈새 전략(niche strategy)을 개발해 나가고 있음을 유의해야 한다.

넷째, 각국 정보기관들은 기본 정보자체를 포함하여 정보를 수집하고 처리하며 전파하는 개인과 조직 및 체계들의 집합인 정보 환경을 유기적으로 구축해 가고 있다. 우선 안보 이익과 정치활동은 불가분의 관계라는 전제 속에 ▲인류사회의 모든 정치활동은 일정한 지리적 환경 속에서 이루어지는 '지역성'을 띠고 있다. ▲국가들 사이에는 보다 안정된 질서를 만들려는 안보수단이 강구되지만 국가이익의 상대성과 그 한계가 있으며 ▲그러므로 국제정치와 지리적 환경, 국가이익의 상대성에 따른 '내재적인 관계'를 중시하며 대응하고 있다. 결국 정보정책이란 국방정책과 외교정책, 경제적 이익의 확보 등 당면하고 있는 자국 이익을 어떻게 확보해 나갈 것이라는 점에 모아지고 있다.

다섯째, 가상정보 공동체를 사용하는 것도 중요하다. 여기서 가상정보공동체란 국가정보에서 검증된 방법을 민간부문으로 전환하고 정보 자산을 보호하면서 네트워크상에서 원격교류가 용이하도록 하자는 뜻이다. 정보자산을 암호화하는 동시에 네트워크를 구성하여 모든 시민과 단체가 공개출처 정보에 접근할 수 있도록 만드는 것을 의미한다. 예를 들면 '위키피디아'(wikipedia)와 같이 세계적으로 생산되는 지식, 각 나라마다 민간 부분이 소유하고 있는 정보, 정부가 직접 생산하는 정보, 그리고 정보 공동체들이 갖고 있는 정보들을 끌어내 사용할 수 있는 방법이다. 이는 정보조직들로 하여금 정보개혁을 가능케 하고, 한편으로는 국가안보문제에서도 인터넷상 가상공동체가 더 없이 중요하다는 점을 인정하고 있다.

덧붙이면 오늘날 정보 공동체는 80% 이상을 공개정보에서, 다양한 공개출처를 사용하기 위해서 연간 약 100억 달러 또는 그 이상의 비용을 지출하는 것으로 평가된다. 미국의 경우 국내 비즈니스 공동체가 연간 1천억 달러 정도를 쓸 것으로 예상할 때 전 세계적으로 연간 총 1조 달러 이상을 공개출처로부터 획득 사용하는 것으로 추산된다.[45]

다시 요약하건대 국제 환경의 변화에 따른 안보정책은 ▲위기가 악화되기 이전에 잠재적 문제들을 조기 해결하는 지혜 ▲가능한 문제의 핵심에 접근하여 신속히 해결하는 능력을 보유하며 ▲문제 발생 이후 가급적 빨리 위협에 대처하는 힘과 수단을 보유하는 전향적 자세로 접근하고 있다. 더구나 미국의 경우 예방적 방위(preventive defense) 개념을 도입해[46] 국가와 개인의 안전 문제를 다루고 있는 것도 이 같은 전제와 무관치 않다. 세계문제의 복잡성과 불확실성, 민족 분쟁 등으로 인한 세계 안보문제를 해결하기 위해 서는 특별한 정보가 뒷받침되어야 한다는데는 의심의 여지가 없다.

5-2-2. 직업으로서의 정보전문가

적어도 영어 표현으로 'Professional' 이란 단어는 정보전문가들에 있어서 아주 적절한 용어이다. 모든 요원들은 다양한 정보를 취급할 수 있는 높은 식견과 전문 직업인으로서 활동하고 적절한 대우를 받아야 하는 것이다. 아울러 정보 맨은 정보기구를 잘 다룰 수 있는 기술과 윤리성을 가지고 있음은 물론 일반국민들에게 봉사할 수 있는 가치 있는 전문 직업이라고 할 수 있다. 동시에 정보전문화 교육은 개인으로서 사물을 비판적으로 생각하는 그 의미탐색과 방법을 배우는 일이다. 직원들은 새로운 과제에 대응하기 위한 총체적 자산을 스스로 얻도록 하는 교육이 요구된다. 국가와 기업의 경쟁적 원천은 이제 물질적 자원에서 인간자본(human capital)으로 급속히 전환되고 있음을 깨달아 실천하는 일이다.

참새 백 마리도	잘 기르고 훈련시키면	호랑이 눈깔도 뺄 수 있다.
(구성원)	(교육, 훈련)	(전문가)

---

45) Robert D. Steele, Open Source Intelligence : Executive Over View, Oct. 1998. OSS, www.oss.net/papers/white. p.65.

46) 미국의 국방부장관이었던 페리(W. Perry)가 최초로 사용한 신조어로 예방적 방위는 예방의학(preventive medicine)으로 비유되고 있다. 예방의약은 건강유지를 돕고 질병의 발생을 억제하여 수술이 불필요하도록 해주는 것처럼 예방적 방위 역시 평화를 유지하고 전쟁을 방지하며 군사적 대립을 방지한다는 뜻이다. 이와 관련된 글은 "Perry Speech at Harvard Explains" Preventive Defense (1996. 5. 14), http://www.USIS-istale.org il/publish/press/ Defense.

특히 강조하고 싶은 것은 진정 '정보 전문가'라고 한다면 우선 정보 수집관, 분석관, 데이터베이스 구축 등을 종합적으로 활용할 수 있는 사람들을 의미하나 실질적으로 활동하는 지식정보 전문가들을 세분화하면 다음과 같다.

- 정보관(I/O; Intelligence Officer) : 정보조직 내에서 부여받은 정보관리 업무를 수행하면서 전문 정보를 수집, 검색, 조정하는 사람을 총칭한다.
- 정보 분석관(Intelligence Analyst) : 자료를 분석, 평가하는 사람으로서 필요목적에 따라 정보를 분석 생산하는 사람을 의미한다.
- 정보 전문관(Intelligence Specialist) : 정보 분야에서 전문가적인 식견과 고도의 정보판단 능력 및 정책적 주제에 대한 해결 능력이 있는 사람을 의미한다. 이들은 전략적인 의사결정을 보다 효율적으로 수행할 수 있는 사람들이다.
- 최고 정보책임자(CIO : Chief of Intelligence Officer) : 국가급, 기업 차원의 최고 정보관리자로서 기업이나 정보조직 내에서 '정보 관리자'로 지정돼 정보의 생산과 보안을 담당토록 하고 있다. 기업 내 CIO는 그룹 내 사람들에게 기업정책, 기업전략, 기업의 의사결정에 관한 예리한 통찰력과 사전 예비지식을 제공한다. 이들이 기업의 이익을 증진시키고 보다 앞서가는 기업으로 살아남을 수 있도록 관리하는 정보 전문가들이다.
- 최고 지식관리자(CKO : Chief of Knowledge Officer) : 기업이 사업 목적을 충실히 수행할 수 있도록 지식전략을 수립하고 실행하는 사람을 지칭한다. 예컨대 기업이 전략적 선택을 하는 과정에서 필요한 정보를 관리하고 정책수립에 필요한 각종 분석기법을 개발하며 기업 구성원의 개발 능력을 찾아내 핵심 지식정보를 공유케 하는 것이다. 이러한 CKO는 90년대 초부터 지식을 자산으로 활용하면서 도입된 직종이다. 지금은 「포천지」(Fortune)가 선정한 500대기업 중 약 100개 기업에서 지식관리자 또는 이와 유사한 직위를 만들어 활용하고 있다.

그런데 정보 업무에 종사하는 사람은 다른 직종과 달리 특별한 헌신성과 충성심을 요구받는 위치에 있다. 정보전문가의 자질은 과거 어느 때보다도 현대 사회의 걸 맞는 다양한 임무와 기술을 가져야 하지만 특히 어떤 '작전'에서도 성공할 수 있는 적응력, 정확한 판단력, 진취적 사고, 다국적 문제에 대한 이해 등을 요구받고 있다. 현대 훌륭한 조직은 무엇보다 자질이 탁월한 인재에 의존하게 되는 것이어서 정보 맨이 갖춰야 할 기본 자질을 다음과 같이 제시 할 수 있다.

우선 정보전문가는 임무 성격상 조직에 대해 사심 없는 봉사 정신과 충성심이 요구된다. 정보활동을 하려면 가장 가혹한 상황에서도 비정상적인 헌신과 희생을 필요로 하기 때문이다. 용기와 지성으로 무장된 전문가로 구성될 때 정보조직은 총체적으로 조직력이 향상되는 것은 당연하다. 법적으로 공인된 만인의 개인주의가 찬양되고 있지만, 그러나 거대 조직에서는 개인을 전체 조직에 예속시키려는 조직의 욕구가 강하게 나타나고 있다. 물론 공동체적 인간과 자율적 운영에 대한 요구와 어떻게 양립할 수 있는가의 문제도 따르게 된다.[47] 하지만 정보활동은 홉스적인 '만인에 대한 만인의 투쟁' 의 장에서 승리하기 위한 것이고, 나아가 국가에 대한 탁월한 진실 게임에 참가하는 것이다. 정보활동이 크게 성공했을지라도 이를 세상에 내놓을 수 없음을 이해해야한다.

여기다 정보 전문가는 다양한 종류의 기술을 소유해야 한다. 구성원의 개별적 전문성과 조직의 핵심 역량이 조직의 능력을 확대시킬 수 있다. 최신 기술을 습득하고 활용할 수 있을 때에 실제 '합동 작전' 도 가능해지고 총체적 능력을 발휘할 수 있다. 동시에 정신적 기민성(mental agility)도 가지고 있을 때 강력한 시너지를 창출할 수 있다. 비유적으로 말해 정보를 하는 사람은 어쩌면 사격장에서 총을 겨누며 표적을 응시하는 상태와 매우 흡사하다고 할 수 있다. 표적을 정확히 맞춘다는 것은 유효한 정보를 수집하는 것과 같은 것이기 때문이다.

그리고 기업의 경우는 최고 정보 관리자를 지정해 창조적 상상력과 가치증진을 추구하는 것이 경쟁력을 확보하는 길이다. 오늘날 기업들이 세상에서 살아남기 위해서는 기업 내에도 정보 전담 부서가 있어야 한다는 말이다. 세계 곳곳으로부터 들어오는 혼란스럽고 논란의 여지가 많은 성격의 정보들이 쏟아져 나와 실무자들을 어리둥절하게 만든다. 따라서 기업 내 CIO는 기업이 당면한 최악의 어려운 문제를 해결하는데 실질적인 도움을 주도록 정보를 생산해 내고 관리해야 한다. 그러기 위해서는 다음의 세 가지 사항을 염두에 둘 필요가 있다.

- 최고정보책임자(CIO)는 시의 적절하고 선견지명이 있으며, 설득력 있는 최상의 정보보고

---

47) Ulrich Beck, 『적이 사라진 민주주의 : 자유의 아이들과 아래로부터의 새로운 민주주의』(서울 : 새물결, 2000), pp.24~26.

서를 생산해야 한다. CIO가 관련 첩보를 수집 분석하여 경영진에게 보고하지 않는다면 누가 할 것인가. 사실 CIO는 경영자를 대신해서 정책의 입안을 돕고 조직의 모든 정보를 보호하는 책임을 지는 위치에 있다.

- CIO는 업무수행능력을 최고도로 향상시켜 보았지만 끝내 경영진의 목적에 미치지 못했다는 결론에 도달했을 경우 이를 효과적으로 수행할 수 있는 특단의 행동계획도 수립하는 것이 필요하다.
- 조직 내 모든 기밀을 최선봉에서 24시간 지킨다는 보안과 방첩에 대한 경계를 늦추지 말아야 한다.

그밖에 정보 전문가는 '문화적 소양'을 필요로 한다. 정보 수행의 다양한 방법과 용어선택, 논리체계, 나아가 박식한 지식을 소유해야만 목적을 이룰 수 있고 동시에 실패의 위험에서 빠져 나올 수 있다. 정보조직의 활동은 구성원들 모두가 조직의 정신이자 기록이라 해도 과언이 아니다. 세계적으로 일어나는 모든 '세계상'에 대해 새로운 경험과 분석을 통해 국가와 조직의 생존에 대응하여야 한다는 점에서 계속 성찰의 대상이다. 따라서 특별한 정보 문화에서 강조되어야 할 요소는 다음과 같다.

- 모든 정보활동의 임무와 방법에 관한 기본적인 원칙을 배우고 이를 견지한다.
- 조직 내 특수용어들에 대한 정확한 이해와 의사 결정 체제를 습득하고 내면화한다.
- 끝없는 논쟁의 활성화 및 합의, 결론 과정을 중시하는 조직문화를 구축한다.
- 새로운 사회과학이론과 분석의 방법들, 그리고 다른 나라 기업들의 정보활동을 정확히 이해한다.
- 논리적이며 명확한 판단을 내릴 수 있는 문장의 구성 능력을 키운다.

끝으로 외국에서 활동하는 정보관들은 세계 시민(world citizen)으로서 서로 다른 문화를 편안하게 느낄 수 있어야한다. 동시에 문화적 감수성을 한층 높이도록 하는 훈련이 필요하다. 외국어 실력 없이는 국제적 기능을 발휘할 수 없으며, 의사소통에 문제가 된다. 미국 의회 보고서는 9·11 예방 기회를 상실한 이유로 아랍어 등 제3국의 언어 문화 전문가를 확보하지 못한 것으로 지적했다. 조지 W 부시(Bush)대통령은 2002년 9월 CIA에 3세계 언어가 가능한 인간 정보망 구축을 위해 전 세계 80여 개국에 비밀활동을 허가하는 극비지시를 내렸다.[48] 인간 정보망 구축을 위해서는 다(多)언어 구사 인력(multilingual manpower) 양성 등 의사소통능력의 실질적인 기반 강화가 필요하다는 조치이다.

5-2-3. 조직의 이념과 행동의 준거

정보를 하는 사람들의 충성심은 어디서부터 나오는가. 왜 사람은 특정 대상에게 남다른 충성을 하는가 라는 질문을 생각해 볼 수 있다. 보통 사람들은 선천적으로 국가와 민족에 대한 충성심(loyalty)을 결여하는 사람이 있지만 대부분 충성의 가능성을 갖고 있다. 상호간의 온정과 의무, 그리고 상부상조의 의식은 점차 확대돼 큰 단위의 집단, 인종, 국가의 구성원으로 확인되는 삶을 살아가게 된다.

키스 해럴(Kieth Harrell)의 『태도의 경쟁력』에서 보면 정보를 하는 사람들에게 많은 시사점을 제공한다.[49] 그것은 다름 아닌 내 성질대로 살아가는 것이 아니라 성질을 죽이고 '태도'를 스스로 창조하라는 것이다. 이를 위해서는 나만의 태도를 과감히 버리고 '교본' 대로 자기 태도를 새롭게 구축하라고 충고한다. 만약 인간관계가 원만하지 못하거나 인생에서 실패했다면 태도의 정비가 필요하다고 지적한다. 자동차의 엔진 오일을 갈 듯이 태도를 바꾸라는 것이다. 부정적인 경향의 태도를 버릴 수 있는 용기와 훈련이 필요하다는 얘기로서 정보를 하는 사람들은 목소리는 낮으나 위엄이 느껴지는 사람, 시선은 따뜻하나 섣부른 타협을 용납하지 않는 엄격함이 있어야함을 암시한다.

특별히 정보전문가로의 특별한 임무와 자세는 첩보활동에 있어서 핵심적 요소다. 우리는 가끔 희망과 꿈, 비전, 목표 등을 이야기하면서도 사실은 임무, 사명(mission)이라는 말에 대해서는 주저하기가 쉽다. 그러나 역사상 훌륭한 사람들은 자신들만의 확고한 사명감을 갖고 있었다. 그 사명은 자신의 존재 이유와 삶의 근거가 되기 때문에 어떤 유혹과 고난에서도 자신을 지켜 나갈 수 있는 힘이 되는 것이다. 또한 정보를 하는 사람은 평범한 사회 현실 속에서 유효한 정보를 찾아낼 줄 알아야 한다. 정보 마인드가 있을 때 '평범함' 속에서 재발견되는 보화들이 있으며, 여기서 어떤 '이미지'를 포착할 때 비로소 주어진 임무를 다할 수 있다.

---

48) Phillip G. Handerson, "Pearl Harbor and 9·11", Current History, Sep, 2003.
49) Kieth Harrell, Attitude is Everything : 10 Life Changing Steps to Turning Attitude into Action, 이상원(역)『태도의 경쟁력』(서울 : 푸른숲, 2001), p.7이하.

많은 예를 들 수 있지만 영화 'Mission Impossible' (브라이언 팔마 감독, 1996년 작품)에서 보면 불가능해 보이는 현실 속에서 사신(死神)의 숨소리를 계속 들으면서도 끝없는 정보 찾기에 목숨을 걸고 있다. 스파이 영화에 나오는 사람들은 공포 영화(예를 들어 미국 만화, 펫숍 오브호러즈—Petshop of Horrors)에서 볼 수 있는 것처럼 어둠(dark) 위험(danger) 마약(drug) 죽음(death)이 따르고, 때로는 용(dragon) 악마(devil) 꿈(dream) 등의 6D 단어가 표출되기도 하다. 도저히 접근할 수 없는 공간을 향해 침투하는 첩보원의 활동들, 후퇴와 전진, 충돌과 좌절 등을 반복하며 끝내 성공하는 모습은 가히 경탄할 만하다. 그러므로 이렇게 말할 수 있다. 현대감각에 맞는 정보원의 특징은 매나 비둘기가 아니라 올빼미가 되어야 한다고. 국가안보와 기업이익을 확대하는데 있어서 정실주의나 파쇼주의가 아닌 어둠 속에서도 불확실한 사회 현상을 확실히 볼 수 있는 올빼미 같은 것이다. 이를 충족시키기 위해서는 다음과 같은 자질과 행동방식이 요구된다.

첫째로 최상의 상상력을 통한 정보의 획득이다. 곧 '생각하라, 존재하라, 수집하라, 분석하라' 라는 지침이다. 아름다운 꽃은 먼저 소유하고자 하는 사람에 의해서 절단되는 것처럼 특별한 정보(idea)는 남에 의해서 절취되거나 변형되던가 아니면 왜곡되기도 한다. 정보는 칸트 철학에서 보이는 '상상력의 유희' 라는 자유가 없이는[50] 좋은 정보를 경험할 수 없다. 미국 CIA 등 정보기관들은 정보판단을 내릴 때 수집된 증거(evidence)를 절대시하던 자세에서 벗어나 상상(imagination)을 통한 실현 가능성이나 가설(hypothesis)을 중시한다.

미국의 전 국방장관 도널즈 럼스펠드(D. Rumsfeld)나 조지 테넷(George Tenet) 전 중앙 정보국장은 9·11 테러를 당한 원인으로 첩보의 부족이 아니라 정보 분석가들의 상상력 결핍으로 꼽고 있다.[51] 뉴욕 무역센터가 테러범들에 공격 대상이 될 것, 항공기 납치기도와 관련 첩보들이 있었으나 테러범들이 항공기를 납치해 무역 센터에 대한 자살공격을 감행할 것이라고는 누구도 전혀 상상하지 못했다. 이른바 '상상의 실패' 를 지적하는 것이다.

둘째, 정보관(관리자)은 사회와 정치 무대라는 공간에 가급적 나타나지 않고 멀리 떨어져서 경험과 이론, 텍스트로 무장한 상태에서 조직의 규범과 의도를 실현해 가는 사람들이다. 맡겨진 임무를 어떻게 수행하고 그 방법이 무엇인가를 찾아내 능동적으로 실천하는 사람들이다. 따라서 "정보 전문가들이여! 현대 사회에 숨어있는 이면(裏面)을 포착하라. 개인

---

50) 여기서 상상력의 유희라는 자유는 칸트가 말하는 감각적인 자유미 내지 순수미의 상상력보다는 현존하는 상상력 즉 표상의 상상력(흉내와 모방)으로서 인간존재의 능력이나 기능으로 간주되는 상상력을 의미한다.

51) NewYorker, Feb 10, 2003.

집단들의 소통적 연결망을 잡아라. 지식(정보)을 정책적으로 변형시켜라"는 경구는 정보하는 사람들에게 귀중한 말이다. 진정 주인(사용자, 권력자)의 섭리를 충성스럽게 집행하는 해석학적이며 실천적인 사람들이다. 정보수집 활동에는 도덕과 현실이라는 '위선적 잣대'가 있을 수 있지만, 그러나 항상 국익이라는 명분하에 참여하는 업무다. 지금까지와는 다른 방식으로 사유하며 행동하고 실험하고 싸워나갈 때 현장에 있지 않으면서도 목적을 달성할 수 있는 것이다.

셋째는 상대방(敵)의 입장에서 생각해 보는 태도가 중요하다. 정보업무는 항상 위험을 안고 있는 업무라는 점에서 고도의 인내와 훈련이 필요한 분야다. 전 미국 CIA 국장 케이시(William Casey)가 지적했듯이 정보업무는 항상 위험한 것으로 우리는 실전에서 위험과 함께 살아야 한다고 했다.[52] 또 테닛 CIA 국장은 인간의 속성상 자기식대로 생각하려는 속성을 가지고 있다면서 "우리들 자신의 생각에서 벗어나 적(敵)들이 생각하는 방식으로 생각"할 때 위험을 예방할 수 있다고 권고한다. 마치 악성 테러리스트들을 첨단장비만으로 검거한다는 것은 불가능해서 결국 완벽한 훈련을 받은 정예 요원들 입장에서 적에 대처하라는 것이다.

넷째로 정보생산자는 정책 결정자들에게 분석 평가된 정보대로 행동하도록 설득하는 작업도 필요하다. 훌륭한 정보는 미래를 정확히 예측하지 못하더라도 지도자가 닥쳐오는 위기의 심각성과 그 대안을 찾아내는 능력을 발전시킬 수 있도록 돕는 것이다. 정책 결정자들은 지금과 같이 빨리 변하고 있는 시기에 시간이 경과함에 따라 정보가 쓸모없게 된다는 것을 명심해 행동할 시간을 놓치지 않도록 한다.[53]

이상에서 조직의 이념과 행동의 준거 양식에서 조심할 요소는 ▲지나친 명예욕 때문에 실적을 올리기보다는 지위만을 유지하고 싶은 욕망 ▲명예와 인기를 얻고 싶은 유혹 ▲명쾌함과 확실성보다는 두리 뭉실, 혹은 적당주의에 빠지고 싶은 유혹 ▲경쟁과 갈등의 인식보다 좋은 것이 좋다는 식의 지나친 무사안일주의 ▲취약성과 약점을 감추려는 유혹에 빠지는 경우이다. 사람들에게 있어서 부정적 태도와 오만함은 늘 나타나게 마련이고 조직의 강점 구축에 장애가 된다. 그러므로 지금 여기(now-here)에서 수많은 타자들의 목소리와 글쓰기와, 사물의 핵심을 꿰뚫어보는 지혜가 무엇보다 요구된다. 지금까지의 전통적인 업

---

52) Peter Schweizer(1994), op.cit, pp.13~14.
53) Washington Times, Jan 27. 2001.

무진행 방식이나 비즈니스 관행으로서는 인텔리전스 활동을 원만히 수행할 수 없다는 것을 발견하는 일이다.

5-3. 복잡 적응 시스템으로서의 특성과 발전

일반적으로 사람들은 공통된 관심과 목적을 중심으로 하나의 조직을 형성해가고 있다. 사람들은 직접적인 대면 관계에서 총체적인 인격체를 지니며 살아가고 있다. 더욱이 이 세상은 복잡한 계층 구조를 형성하고 있는 가운데 우리들은 그 속에서 살아간다. 게다가 다양한 과학기술 등은 각 시스템을 구성하고 있는 복잡한 연결망으로 되어 있다. 동태적으로 이런 시스템은 끊임없이 변화하고 있으며 사람들은 새로운 구조들을 창출해내며 그 속에서 존재한다.

같은 맥락에서 복잡한 시스템을 갖추고 있는 현대 국가 정보조직 역시 특정사회 집단으로 공통된 관심을 중심으로 의사소통을 하는 하나의 정부를 구성하는 조직이다. 이들 집단들은 독특한 규범과 제도, 그리고 통제의 메커니즘을 가지면서 환경 변화에 끊임없이 대응하는 자기 조직화와 적응, 혼돈 속에서 생존해 가는 조직이다.

특별히 조직론적 관점에서 보면 '정보조직' 은 국가의 이익을 가져올 수 있는 상품(정보)을 생산하며 정보 공동체(시장)에 공급하는 그룹을 의미한다. 정보 역시 인간 · 기계간의 인터페이스, 순환적 인과성을 띄며 사이버네틱 회로에 연결되어 재구성되거나 포지션이 정해지고 있다.

5-3-1. 복잡 적응 시스템의 적용

현대 사회는 정보화와 시스템화 등의 경향이 크게 나타나면서 사회구조 자체가 다원화되고 복잡성의 정도가 날로 심화되고 있다. 이와 관련해 정보사회의 사회문화적 도구가 되는 복잡계(complex system)라는 용어가 널리 쓰인다. 원래 동 용어는 오스트리아의 천체물리학자인 에리히 얀츠(E. Jantsch, 1929~1980)가 '자기 조직화하는 우주' 에서 주장한 이론이다. 그는 우주의 복잡성이 증가함에 따라 개체의 자발성을 드러내는 '발생성' (emergence)이라는 성질을 사회가 갖게 되었다는 것이다. 즉 저절로 질서나 구조를 형성해

가는 자기 조직성, 불연속적 존재로 비약하는 진화의 성질을 갖는 것으로 설명한다.[54]

현대 사회를 이렇게 복잡계의 성질에 대비시키는 배경에는 무엇보다 인터넷 혁명에 기인한다. 정보혁명이 사회의 복잡성, 창조성, 자기 조직성을 높여 진화를 추동하고 있다는데 기초한다. 다사카 히로시(田坂廣志, 일본 종합 연구소 대표)는 현대의 시장이 '복잡계'의 특성을 갖고 있다고 보았다.[55] 한 업종의 상품만으로는 지탱할 수 없는 '상품 생태계'가 형성되며, 이런 시장은 분석이 불가능하고 시장 스스로가 질서를 형성하기 때문에 계획의 효과가 없으며 시장의 작은 변화로도 상품 생태계 전체가 변화되면서 진화된다고 주장한다. 그는 이런 특성에 맞춰서 실행되어야 할 '복잡계 전략'으로서 소의 컨소시엄 인큐베이팅 전략을 제시하기도 한다.[56] 현대사회는 종래의 사고방식이나 조직관리 방식으로서는 잘 들어맞지 않는 블록이 너무나 많다는 설명이다. 하기 때문에 정보환경 분석에 있어서 제일 큰 문제는 복잡성, 불확실성을 어떻게 해결할 것인가 하는 문제로 모아진다.

경험적으로 정보수집 활동이나 여건을 어렵게 하는 것은 사회적 본질이 복잡하다는 것이며, 따라서 불확실한 미래를 감안해 어떤 현상의 차이를 파악하여 근본대책을 세우기란 매우 어려운 것이다. 정보조직들은 이런 난관을 극복하여 다양한 출처의 개척과 우수한 정보 분석 능력을 확보해 정보사용자에게 늘 제공함으로써 복잡한 상황을 해결토록 하는 당위성을 갖는다.

이런 문제를 누구나 심각하게 간주할 수밖에 없는 이유가 많겠지만 주로 주어지는 첩보들, 텍스트들은 일종의 '잡종성'을 가지고 있기 때문에 정보조직들은 어려운 상황에 빠질 때가 많다. 정보는 시장과 같은 장소를 초월해 자연스러운 흐름, 자체의 고유 성격(의미), 그리고 재생산되는 현상학적 특징을 지닌다는 점에서도 그렇다. 따라서 정보를 이상주의(형이상학)적으로 접근하는 것이 아니라 경험적인 지식이나 사실성, 그리고 재편집되는 형태에서 이해하는 것이 필요하다.

우리가 성찰하고자 하는 말은 바로 복잡성 속에서도 정보가 공통적으로 필요한 재화의 성격을 갖는다는 점에서 이해될 수 있다. 정보는 공통적 투입(general imput)의 요소로서 어떤 정책 결정에 덧붙여진 것 이상의 의미를 갖고 있으며 무한한 잉여가치를 만들어 내고

---

54) Erich Jantsch, The Self-Organizing Universe : Scientific and Human Implications of the Emerging Paradigm of Evolution, 홍동선(역), 『자기 조직하는 우주』(서울 : 범양사, 1995). pp.58~71.

55) 田坂廣志, "コンソエシアムという 戰略", 松岡正剛, 『情報文化の 學校』(東京 : NTT出版社, 1998), pp.332~333.

56) ibid, pp.337~338.

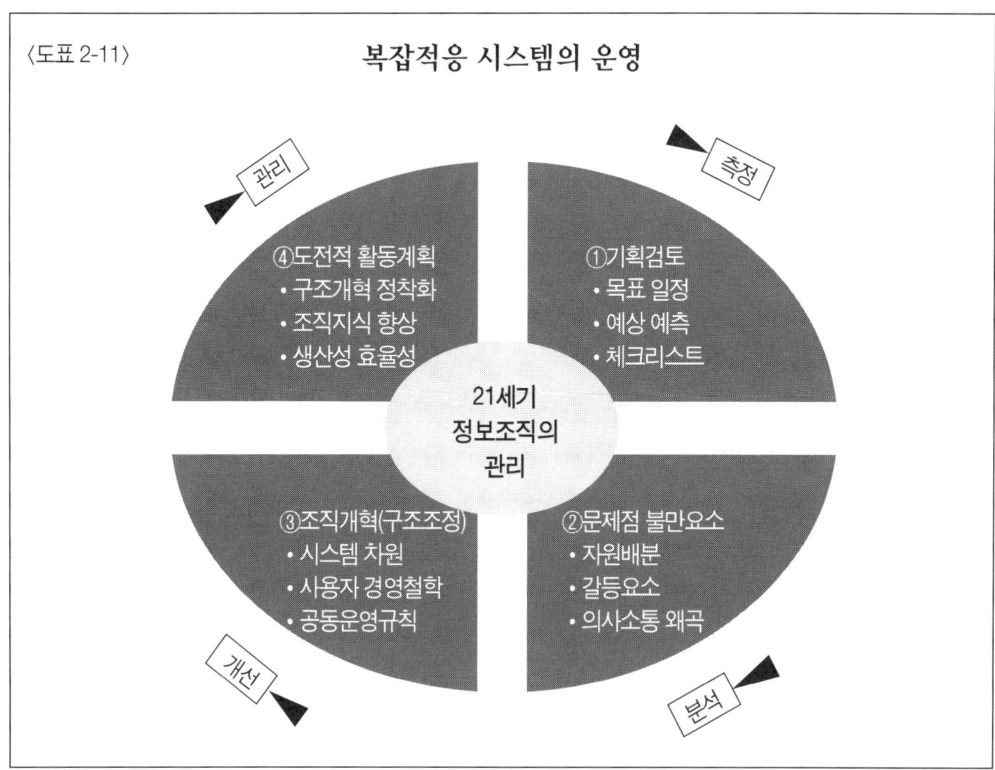

있다. 정보는 인간의 욕구에서부터 출발해 우주의 끝에 가서야 끝낼 수 있는 현대 사회의 기호가 아닌가 한다. 이런 배경에서 정보조직을 살아있는 복잡 시스템으로 이해할 때 조직관리에 새로운 시사점을 발견할 수 있을 것이다. 위의 〈도표 2-11〉 우리는 복잡성을 넘어 성공적인 해결책을 찾는데 몇 가지 도움이 될 요소를 제시해 주고 있다.

첫째는 끊임없이 살아 움직이는 시스템으로서의 정보조직이다.[57] 조직원들의 인간관계는 생물체처럼 움직이는 복잡한 시스템 속에서 이뤄진다. 최근 급격한 경제사회구조의 변화로 인해 정보조직의 유연성과 적응력을 강조하는 것도 이런 이유에서다. 특히 복잡성을 이해하기 위해서는 각 부문, 그리고 이를 기반으로 하는 전체에 대한 분석적 사고가 있어야 한다.

---

57) 박형규. 이장우, "복잡성 과학과 기업조직의 관리", 『복잡성 과학의 이해와 적용』 (서울 : 삼성경제연구소, 1997), pp.80~81.

이런 현실과 관련해 드러거(P. Drucker)는 지식정보 전문가들로 하여금 ▲나의 강점은 무엇인가, 즉 잘못하는 것보다 자신의 직업, 직능, 가치, 의사결정에서 얼마나 성취와 만족감을 갖는가. ▲나는 어디에 속하여 있는가, 즉 조직 내에서 기회에 있어서 직위에 있어서 자신이 처한 경력생활에 대한 반성적 인식이다. ▲내가 조직에 기여할 것은 무엇인가. 조직 인간으로서 자신이 수행할 과업, 충성심, 해야만 하는 대상과 집중력의 정도가 무엇인가를 성찰해야 하는 것을 제시하고 있다.[58]

둘째, 복잡계에 다른 불확실성에 대한 명확한 인식이다. 세상은 넓고 우리가 관찰하는 현상에 대한 해석의 가능성 또한 무한하다. 제한된 인원과 조직의 능력 안에서 가장 효과적인 가치를 생산해 대응한다는 것은 여간 어려운 일이 아니다. 그러나 불확실성의 확실한 이해―위험과 구조적 불확실성, 미래 예측 곤란―를 통해 핵심적 불확실성을 차별화 시켜 나가는 일이 중요하다. 인과관계상의 유추를 통해 어떤 패턴을 찾아내고 정신적인 모델을 만들어 나가는 것이다. 체계적이며 워크 로드(work road)를 만들어 고품질의 보고서, 사용자 만족을 향상시키는 일이다. 요인과 요인 사이의 인과관계를 착안하며, 그리고 복잡한 관련성을 정리하고 집약해서 문제를 단순화 시켜 풀어나가야 한다.

셋째는 정보조직이 갖는 특별한 능력에 대한 평가이다. 눈앞의 임기응변적인 대응이 아닌 조직(기업)의 강점과 약점을 정확하게 평가해 빠지기 쉬운 매너리즘과 관료주의를 타파해야 한다. 문제해결 능력에 있어서 '우선순위'와 조직의 '약점'을 관련시켜 더 높은 성장을 위한 조직혁신 프로그램을 수립 실행한다. 그래야만 정보는 보고 싶고 알고 싶고 이해하고 싶다는 인간적 욕망의 덩어리를 해결해 줄 수 있다. 무엇을 보고 싶고 세상을 알고 싶고 상대를 이해하고 싶다는 말은 바로 욕구의 문제를 해결하고자 하는 인간성의 다름이 아니다.

끝으로 이 장에서 모든 수준을 모두 다루지는 못하지만 국가 목표가 달성되도록 정보조직의 운영(경영) 기법이나 구성원들이 사회 현장에서 보이지 않은 위력을 발휘하도록 해야 한다는 점을 강조하고 싶다. 요는 조직이 추구하는 목표들에 대해 달성할 시기, 목표설정의 기준, 추진 엘리트들의 창의성, 보고 체계 등이 시스템적으로 작동되어야 한다는 사실은 중요한 요소다. 더구나 정보조직은 ▲사용자 관심에 대한 만족이 이뤄지도록 하며 ▲사업목표 설정에 대한 과학화를 이루고 ▲전 조직의 존재성을 계속 확인하는 일이다. 정보조직이

---

58) Peter Drucker(1992), op.cit, p.164.

입법 행정 사법부 어디에도 속하지 않는 제 4부에 해당하는 것처럼 여겨지기도 하지만 국가적 사회적 책임을 다하는 조직이어야 한다. 이제는 정보조직이 어떤 예외, 특혜, 성역으로 여겨지는 특수 지대가 아니다.

5-3-2. 조직 혁신과 학습조직

정보조직의 변환(transformation)을 위한 결정적 요소로서 기술혁신을 꼽을 수 있다. 경제, 과학기술시대를 통하여 국가안보는 자국이 보유한 기술혁신역량에 의존해 왔으며 앞으로도 계속 그렇게 될 것이다. 그러나 정보조직은 기술혁신뿐만 아니라 조직 및 그 개념의 혁신이 중요하다는 점을 결코 잊어서는 안 된다. 현대 조직들이 글로벌 멀티그룹으로 진화하는 추세에서 정보조직들은 시간 공간 국적을 초월해 언제 어디서나 누구와도 경쟁할 수 있는 능력을 갖춰야 하는 것이다.

그런데 여기서 말하는 혁신이란 간단히 요약해서 어떤 임무를 수행하기 위하여 새로운 수단과 새로운 방법을 조합하는 것을 의미한다. 현실적으로 혁신은 새로운 수단을 정보활동에 적용하거나 옛날 방법이라도 전혀 새로운 방식으로 재결합하거나, 또는 벤치마킹방법을 통해 이룩할 수 있다는 점을 내세운다. 군대의 경우 작전의 교리, 전술, 훈련, 지원활동 및 기술을 통합하여 새로운 작전능력을 창출하는 것으로, 국가기관의 경우도 이와 마찬가지다. 그렇다면 정보기관들 역시 왜 이런 혁신이 필요하고 학습조직화 되어야 하는가. 그 답은 앞에서 지적한 내용과 중복된 감이 있지만 아래와 같은 내용일 것이다.

첫째로 혁신의 과정이 효과적으로 성공하려면 구성원에 대한 지속적인 학습(learning)이 필요하다. 여기서 학습이란 상호협력과 교류의 수단으로서 조직(군대)의 목표, 작전, 교훈, 연습, 모의실험 과정을 말하고 있으나 이때는 반드시 환류 장치(feedback mechanism)를 거쳐서 늘 재평가되어야 한다. 이유인즉 정보조직이나 기업들은 현재의 조직구성 및 예산에 관한 심의뿐만 아니라 실험 과정에서 발생하는 오류와 실패에 대한 합리적인 허용 오차를 염두에 두면서, 그리고 위험을 수용할 수 있어야 하기 때문이다. 이제는 하드웨어나 소프트웨어도 중요하지만 다양한 정보의 가치를 제대로 판단하고 분석할 줄 아는 '브레인 웨어' 가 매우 중요시되는 시대이다.

둘째는 대기업의 연수원 내지 다른 정부기관에 속한 교육 기관과의 끊임없는 교류이다. 기업 혹은 경제관련 교육기관과 전문적인 교육 훈련 계약을 체결해 리더십과 다양한 분석

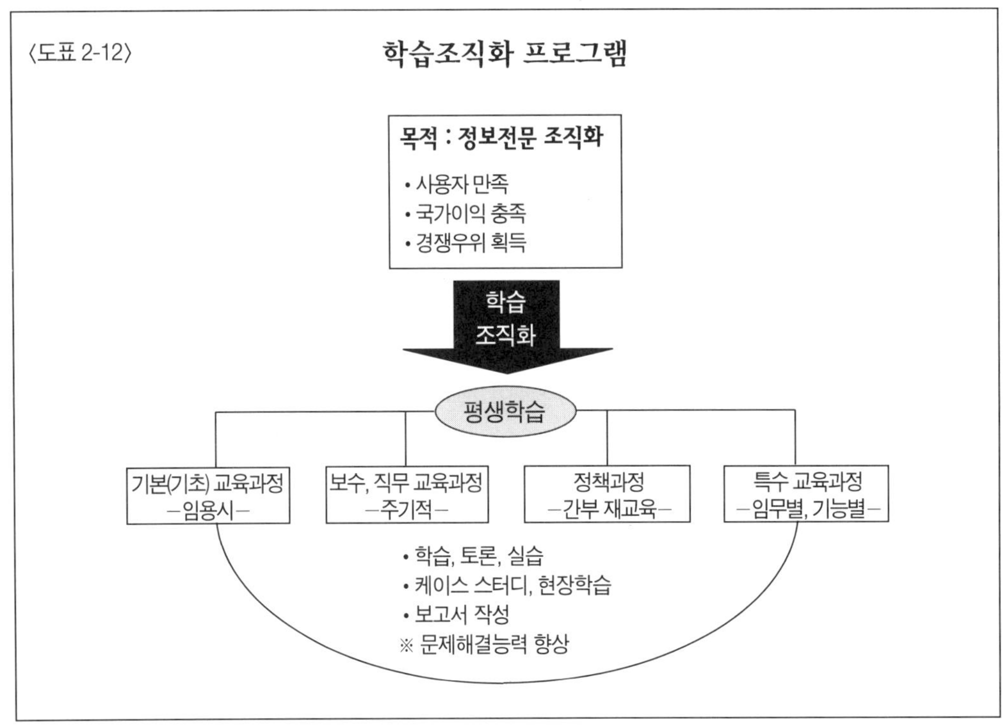

방법, 실패와 결함의 예방법, 소프트웨어교육 등을 실시하는 것이다. 또한 계속적인 변화 촉진과 개선, 그리고 지식의 축적을 위해 해외 교육의 확대를 실시함으로서 사용자에 대한 만족을 향상시키고, 생산성과 효율성을 증대시키며, 프로세스 능력 등 지식정보조직으로 발전하도록 한다. 나아가 교육훈련 뒤에는 사후 관리를 통해 학습효과를 현장에서 적용토록 해 업무 개선에 참여케 함으로서 비용 대 효과의 문제를 해결할 수 있도록 하는 일이다.

셋째로 조직원들에 대한 새로운 능력 평가, 정보활동 능력의 극대화이다. 불확실성에 대처하는 열쇠는 가능한 한 많은 정보에 의존할 수밖에 없다. 그러므로 정보책임자(지휘관)가 평가해야 하는 것은 새로운 아이디어의 유효성, 새로운 개념의 이해와 그 적용의 가능성, 잠재적 적들의 능력평가, 새로운 기술의 투자 대 효과, 그리고 새로운 능력을 추구하는 조직차원의 평가 등이 따라야 한다. 정보 책임자는 예상되는 안보 환경(혹은 기업환경)에서 떠오르는 경제적, 정치적, 기술적 요소들을 분석한다는 맥락에서 이러한 평가를 소홀히 해서는 안 된다.

넷째로 혁신 과정에서는 자원과 시간을 효율적으로 사용해야 한다는 점이다. 오류에 대한 허용오차가 매우 크거나 불확실성을 줄이지 않고 단지 '욕심'만으로 진행한다면 생산적이고 혁신적인 결과를 가져올 수 없다. 높은 이상과 새로운 개념, 능력, 기술일지라도 어설픈 예측만 가지고 진행하면 실패의 위험이 클 수밖에 없을 것이다.

따라서 혁신은 전조직의 활동 분야를 포괄하여 추구되어야 한다. 궁극적으로 모든 개인이나 조직들은 오류를 줄이고 예측하지 못했던 상황이 발생하더라도 곧 회복이 가능하도록 융통성 있는 접근 방법들을 발전시켜야 하는 것이다. 정보를 하는 사람들은 분명히 과학자의 한 사람으로서 하버마스(J. Habermas)에서 보이는 신(神)들이 아무 것도 귀띔해주지 않는 성상(normal)을 향해 가는 것이나 다름없다.[59] 그야말로 '사유의 정신'이 필요한 분야가 정보활동이다. 정보는 행동과 실천 그리고 비범한 사고력이 동원되는 행동의 정보학(behavioral intelligence science)이다.

5-3-3. 신축성과 융통성의 발휘

모든 사회조직들은 나름대로 합리적으로 밀려오는 많은 문제를 해결하고 상호관계를 고려하면서 효율의 최적화를 꾀하려고 한다. 그러기 때문에 사회조직들은 바람직한 기술을 만들어 내고 어떤 기대치를 설정해 성장 발전해 가는 것이다. 그러나 합리적인 판단이나 바람직한 선택 내지 불필요한 갈래를 과감히 처리하며 사회문제를 원하는 대로 해결하기란 그렇게 쉽지 않다. 커뮤니티라는 틀 속에서 어떻게 융통성을 발휘해 합리적인 문제 해결을 할 것인가 하는 문제는 끝없이 제기되고 있다. 게다가 정보조직은 폐쇄성과 중앙 집중적인 조직성을 띤다는 점에서 보이지 않는 왜곡구조가 나타나기 쉽다. 그 해결 방식을 어렵게 하는 이유야 많겠지만 그 동안 쌓여 온 과거의 마이너스 유산들이 들어와 있기 때문이다.

따라서 정보조직을 성공적으로 운영하며 새롭게 창조하는 일은 바로 정보 관리자들의 융통성(flexibility)과 신축성이라고 할 수 있다. 실제로 융통성이 있다면 전략적 환경 변화와 잠재적 적들과의 갈등관계에 있는 경쟁국들의 도전에 적절히 대응할 수 있고 새로운 기술을 활용할 수 있을 것이다. 그러면 정보조직에서 융통성이란 무엇인가. 융통성은 인간관계에서의 접촉을 만들어내고 원만한 관계를 유지하며 가치와 정보를 교환하는 힘이다. 이

---

59) Scott Lash, Sociology of Postmodernism, 김재필(역), 『포스트모던이즘과 사회학』(서울 : 한신문화사, 1993). p.113.

때는 자아의 정체성과 고유한 위치와 역할, 가치에 따라 합리적으로 수용하거나 배제시키며 사회적 관계를 변형시켜나가는 관계이다. 특히 정보활동에 있어서의 유연성과 융통성의 요구는 정보요원의 태도와 관점의 변화만이 아니라 정보기구 자체의 변화와 개혁과도 관련되어있다. 무엇보다 정보요원들은 사회의 급격한 변화에 적응하는 자세가 필요하다는 얘기다.

해결책이 간단치 않지만 급격한 변화에 적응하기 위해 정보기구의 운영과 행정절차 정보활동의 재량권이 하위직에까지 확대돼야만 한다. 정보조직들은 상부구조에서 하부구조로 내려가는 경직된 지휘체제로부터 하부구조에다 재량권과 창의성이 부여되는 정보활동이 되도록 한다.

그런데 여기서 강조하고자 하는 요체는 정보의 세계 역시 사회적 관계를 형성한다는 사실이다. 여러 요인들 즉 A · B · C · D 간의 기묘한 연줄로 이어져서 일방적 또는 상호관계 속에서 자신들의 위치를 재확인하고 발전시켜 나간다. 그러나 이들 관계는 마찰을 일으키기도 하고 분쟁을 겪는, 순응과 비순응 관계를 나타내기도 한다. 이때에는 다층적 관계 망 속에서 당사자들 간에 협력과 상호 신뢰가 진정 있는가, 아니면 상대를 강제하느냐에 따라 융통성이 요구된다. 조직에 필요한 정보가 무엇이며 누구를 대상으로 어떻게 수집할 것인가 하는 판단은 결국 전문지식과 함께 하부단위에서 수집하고 분석한 정보에 의존하게 되는 것이다

그러므로 융통성의 발휘에는 무엇보다 정확한 정보지식이 뒷받침이 되어야 한다. 융통성은 단지 조직의 핵심 역량이나 전통 속에서 생겨나는 것은 아니며, 전 조직의 문화 등 총체적인 힘의 시너지가 나타날 때 바로 융통성의 원천이 된다. 따라서 그 함의들을 정리하면 다음과 같다.

첫째는 조직과 그 구성원을 운영함에 있어서는 '울타리형 조직' 보다는 융통적이며 개방형 조직으로 발전시켜 나가야 한다. 현대의 조직들은 관료적 집중과 비효율 부분의 확대를 방지하기 위해 개방형 경영체제로 변하고 있는 것도 이를 반영한다. 또한 세계화 속에서 기업이나 정부는 '구조적 세계관' 으로부터 역사성과 시간성이 강조되는 프로세스 세계관으로 전환되고 있다. 따라서 CIO는 업무방향을 제시하고 실천적 리더로서의 역할을 해야 하지만, 여기에다가 더 보탤 것은 정보 지식의 공유와 유통을 원활히 해 가는 리더십이 요구되는 상황이다.

둘째는 조직 내 상하간에 혹은 구성원들 간에 일어나는 가치충돌을 조정하는 일이다. 정

보조직은 사용자의 요구가 있을 때 상품 가치(정보)가 생겨나는 법이다. 정보시스템은 상품의 제공자(seeds : 씨앗)와 그것을 필요로 하는 사람간의 '관계'에 따라 좌우된다. 이런 관계에서 정보의 생산과정은 그 자체로서 효율화와 상품화가 이뤄지며 정보교환의 장을 만들어 가는 것이다. 이때에 중요한 것은 자유로운 개인과 집단의 요구 내지 명령관계의 충돌을 조정하는 일이다. 이른바 개별적인 타인과의 관계에서 나타날 수 있는 가치충돌을 잘 해소해 나가는 지혜가 필요할 것이다.

셋째는 구성원들간 상호공감 시스템의 형성 체계화이다. 정보조직은 원칙상 집단주의로서 근대적 의미의 개개인의 행위나 의식은 제약을 받게 마련이다. 우리가 앞에서 수차례 지적했듯이 현대는 복잡계나 프랙털(fractal : 불규칙)이라는 개념이 강하게 나타나고 있다. 다양성의 네트워크화가 지배하는 세상이라는 것이다. 그러다 보니 정보조직 내에서도 개인의 자리 매김이 '전체 속에 함몰'되는 상황이 일어나게 된다. 결국 정보조직도 개인의 창조성이 발현되도록 하면서 동시에 축구 경기처럼 '팀워크 운영'이 필요하다. 구성원들과 경영진의 팀워크를 통한 시너지(synergy, 결합)효과가 빛을 발할 때 강력한 조직이 될 수 있다.

이런 문제에 대해 일찍이 푸코는 '통제적 이성'을 비판한 바 있다. 푸코의 도덕관은 획일적 규범이 점차 산업사회에서 강화되어 가는 것을 극복하려는 자세를 보여주고 있다. 산업사회의 이성은 곧 획일적 통일적 규범성의 일반화와 다름없다는 것이다. 즉 산업사회의 이성을 '통제적 이성'(la raison riqulatrice), 도구적 이성으로 보았다.[60] 정보조직의 간부들이 직원을 일개의 개미로 보면서 자신들은 베짱이라고 생각해서는 안 된다는 말이다.

정치를 하는 사람들이여 형벌을 쓸 필요가 어디 있는가. 그대들이 덕을 사랑하면 백성들도 덕을 사랑할 것이다. 윗사람의 덕은 바람과 같고 평민의 덕은 풀잎과 같다. 풀잎들은 그 위에 바람이 불면 반드시 고개를 숙이게 되어있다.(論語 제12편 19절)

따라서 정보조직들 역시 시장 메커니즘을 시사 받을 수 있어야 한다. 개개인의 주체적 관여는 물론 조직적 협동의 강화와 함께 톡톡 튀는 아이디어, 그리고 제각각의 행태나 실패

---

60) 푸코는 '지식의 의지'에서 합리주의가 지배하면서 생체적 권력(bio-power)이 인간을 조정하고 있다고 비판했다. 이런 결과로 인해 인간으로서는 '자유인의 긍지'가 상실되고 나아가 '이성'이 도구화되었다는 점을 지적한다.

의 오류를 감수하는 등 보다 인터랙티브하고 상호 보완적인 공감 시스템으로 나갈 때 융통성을 발휘할 수 있다. 경쟁만으로 서로 불행해지는 (실패의 아픔)사태에서 벗어나 보다 즐겁게 하는 '화(和)'의 조직으로 전환돼야 한다.

정보협력과 관계성

제6장
정보협력과 관계성

무엇보다 정보수집 세계를 이해하려 한다면 동양에서 중시하는 '관계성' 구축이 매우 중요하다는 사실을 알게 될 것이다. 이것은 쌓이는 인간관계의 표상이고 교환의 관계이기 때문이다. 심포니 지휘자로부터 영화감독, 학자, 과학자, 노동자에까지 다양한 관계 인물과 친분 관계를 맺고 특히 정부 고위관리들과 돈독한 관계를 구축해 나갈 때 결정적인 정보협력 체제를 유지할 수 있다.

여기서 정보협력의 관계성은 바로 외부로의 지향성이라는 말과 통한다. 조직의 니즈를 지속적으로 반영하기 위해 대학 연구소나 정부 기관들과의 밀접한 관계망을 구축하는 일이다. 다시 말해 정보의 본질은 컨텍스트(context) 즉 사물과 주변의 '관계성'이라고 할 수 있다. 인과관계는 다양한 아이디어를 받을 수 있고 목적의식적인 연구를 완수할 수 있다. 또한 여기에는 정보사회의 상징인 네트워크가 바로 작용한다. 이 네트워크는 '자기가 더 많이 내놓을수록 재화가 증식되며, 반대로 타인과 공유하지 않으면 죽어버린다'는 원칙이 있다. 일상화된 네트워크 사회, 인터넷이란 '컨텍스트'에서 이루어지는 미디어로서 풍요와 강함이 생겨나는 공간으로 볼 수 있다.[61]

따라서 정보협력은 다국적 및 다기관들의 파트너들과 만남으로서 공동 기획하는 능력,

---

61) 伊藤穰一, "縁と信用の ネットワエク", 松岡正剛, 『情報文化の 學校』(1998), pp.72~73.

기술적 호환성 내지 상호 운영성의 개발, 그리고 효율적인 정보공유 메커니즘 등을 구축해 가는 길이다. 주로 솔루션의 개발, 조직의 기능과 전문화를 위한 업무의 시너지 창출, 비즈니스 활동지원, 지리적 강점의 연계 등은 기업 간에 가능한 협력분야들이다. 그러나 정보의 나눔에는 조심할 것이 많다. 정보 세계에서 다국가간에 혹은 여러 기관간에 '호혜적 이타주의'를 지킨다는 것은 사실상 어렵다. 어떤 보상을 받지 못하는 협력은 쉽게 깨질 수 있기 때문이다. 한마디로 이익을 놓고 밀고 당기는 관계가 바로 정보협력의 성격이다.

6-1. 성공적인 협력체계 구축 방향

정보협력은 안보분야에서 매우 중요하다. 기업들의 경우 파트너 선정과 전략적 제휴는 일반화되어 있다. 특히 국가 안보와 관련해 자국에 대한 잠재적 위협과 명백한 위험의 변화가 있을 시 동맹국간 정보협력에 대한 보다 긴밀한 협조와 통합이 요구된다. 상대국의 장관급에서 말단 관료들에 이르기까지 관심을 기울이고 후원하는 프로그램이 마련될 때 협력의 장(場)은 확대될 수 있을 것이다.

정보교환을 목적으로 하는 정보협력은 일종의 의사소통이며 정보자본이 된다. 정보협력의 핵심은 신뢰로서 협력체계는 이런 신뢰가운데 호혜성의 원리(reciprocracy)가 작용하게 되는 것이다. 과거의 정보사용 목적이 극단적으로 '정복'의 욕구를 충족시키려 했다면, 현대는 정복보다는 '협력'의 틀 속에서 경쟁의 전쟁터에서 살아남고, 그리고 국가이익을 확보하기 위한 행위일 뿐만 아니라 복잡한 세상에서 살아남기 위한 행동이다. 하기 때문에 일찍이 정보는 생산기술의 발전과 함께 중요시 되어왔다. 국가이익과 개인의 삶을 지키고 이를 재생산하기 위해서 인간의 필요에 의해서 정보활동은 계속돼 왔고 상호협력도 증대되어 왔다. 정보협력은 너 죽고 나 살자가 아니라 너 살고 나 산다는 마음자세 속에서 이뤄질 때 성공할 수 있다.

6-1-1. 정보협력의 의미와 정보대상(고객)과의 관계 강화

좋은 정보에는 '보이지 않는 손'이 작용한다. 정보를 생산하고 소비하는 것은 바로 '사람'이기 때문이다. 정보를 하다보면 자기가 상대할 대상들이 바로 협력자들이고 피가 <u>흐르</u>

고 감정이 통하는 사람들이라는 점을 알게 된다. 그런데 상대하는 사람이 때로는 논리적으로 설명되지 않는 부분이 있을 수 있다. 만나는 사람이 별로 뛰어난 사람도 아니고 또한 그렇게 믿을 만한 사람이 아닐 수도, 그리고 기술이나 전문지식이 있는 사람이 아닐 수도 있다. 하지만 경쟁 관계에서 주도적으로 성장한 기업이나 전문가들을 파트너로 선정하는 새로운 협력체계 수립은 필요한 요소다.

의심할 여지없이 외부와의 협동체계를 구축하기 위해서는 그 사람들의 이야기를 겸허하게 경청하고 그들로부터 아이디어를 구해야 한다. 복잡계와 불확실성의 현실을 이해하려면 자기개방과 함께 적극적으로 타인에 대한 포용자세로 새로운 이야기꾼(narrative navigation)이 되어야한다. 이야기 문화 속에서 새로운 정보협력이 가능하고 고객을 만들어 갈 수 있는 것이기 때문이다. 사실 정보사용이든 상거래를 하든 평판을 잃어서는 안되는데 초점을 좁혀서 상대국들과의 성공적인 협력을 위해서 아래 원칙들이 필요하다.

- 정부 및 비정부(NGO) 차원에서 상대국들과의 호혜성 원칙 속에 협력을 확대, 심화시키도록 한다.
- 최고위급으로부터 하위 관료에 이르기까지 정기적인 접촉을 활성화시킨다.
- 단순한 사진 찍기 혹은 서류상의 협력이 아니라 상호간 실질적인 이익을 가져다주는 협력을 추구한다. 침묵적인 지식이 아니라 생생한 지식과 경험을 중심으로 커뮤니케이션하며 '의미 있는 것'으로 만들어 가는 것이다.
- 겸손한 사람이 최고의 정보를 얻는다. 주지는 않고 빼앗기만 한다는 평가를 받는 것이 아니라 상대방으로부터 좋은 정보를 얻기 위해서는 이쪽도 그에 상응하는 정보를 풀어놓아야 한다. 정보의 기브 앤드 테이크(give and take)도 중요하지만 무엇보다 좋은 정보를 얻으려면 겸손해야 한다.[62]

사실 어느 나라든지 두 개 이상의 사회가 어우러져 살아가고 있다. 외부로부터 들어오는 '침입자'의 특징적인 문화와 자국의 토착적이고 고유한 민족사회가 그것이다. 이들 두 개 사회는 어려움 없이 합쳐져 있지만 약탈과 커다란 이익이 충돌하는 세계이다. 그러면서 지

---

62) 시카가와 시키오(坂川山輝夫), 『귀를 열어 실속을 챙기는 사람, 입을 열어 발등을 찍는 사람』, 최윤정(역) (서울 : 중앙M &B, 2001), pp.241~242.

역적인 공동체가 유니버설(universal)해지며 글로벌 스탠드화되고 시스템화되어 통합돼 가고 있다. 그러나 정보의 세계는 협력의 필요성, 가능주의(possibilism)에서 출발한다는 점에서 다소 다르다.

정보협력에 있어서는 국가와 타 기관간에 역동적인 관계를 만들어주는 하나의 장치이고 틀이다. 비슷한 맥락에서 부정적인 '정보거래'도 있을 수 있고 국가 간의 정보협력 내용이 제3국에 유출되는 경우도 있다. 가령 미국 CIA는 소련 KGB로부터 입수한 정보를 대 중공정책에 이용하기 위해 중공 당국에 제공하는가하면, A국을 굴복시키기 위해 A국의 적대적인 B국의 군사정보를 제공하는 것들은 바로 '정보거래'의 한 실례들이다. 그로므로 적어도 그 같은 무분별한 정보공유는 위협적인 단체나 불량국가 등으로 흘러갈 것에 대한 특별한 주의가 요구된다. 더구나 핵심정보(경쟁정보)는 전략적 기능이지 전술적 기능이 아니다. 전략적 아이디어가 잘못되었거나 경쟁상대에게 누설될 시 엄청난 위기가 초래되는 것은 말할 나위 없다. 그렇다면 국가정보조직들의 경우 '흐르는 정보'를 토대로 효과적인 정보협력과 정보사용자와의 관계는 어떠해야만 하는가. 실례를 통한 확증을 제시하지 않지만 아래와 같은 요소들을 이해하는 것이 요구된다.

첫째, 수집관 자신이 쓸데없는 자만심과 고정관념에서 벗어나는 것이 중요하다. 이제까지 무시했던 것들로부터 '사람의 아이디어(마음)'을 파악해야 한다. 인간의 능력은 제한적이어서 개인 한사람으로는 인지한계(認知限界)가 있을 수밖에 없다. 인간이라는 실존은 '나'와 모두 다른 것이다. 그러므로 타인으로부터 도움이 되는 지식과 유용한 정보를 얻을 수 있도록 노력해야 한다. 사유의 특이성들을 받아들이며 상호 교류할 때 국가이익을 실현할 수 있는 것이다.

둘째, 정보대상(고객)과의 관계 강화이다. 상대방과 친구가 되는 것, 별로 도움이 안될 고객은 과감하게 차단하는 것, 전략 수립 내지 생각만 할 것이 아니라 실제로 실천해보는 것을 게을리 해서는 안 된다. 잠재적 위협에 대한 정보력 향상과 경쟁력 있는 분석 결과를 도출하고 나아가 상호보완적 시각에서 정보협력 강화를 정책화하여야 한다. 신을 발견하기 위해 신앙을 경험해야 하는 것처럼 타자들과의 경험을 통해서 무지의 바이러스를 제거할 수 있는 것이다.

셋째, 국제간 협력은 각국들이 분쟁을 해결해야한다는 믿음을 공유함과 동시에 공동과제를 해결하기 위해서 협력할 때만이 가능하다. 한 국가의 정보자료와 여론에 대한 통제력이 느슨해지는 정보화시대라는 점을 고려해야 하지만 무엇보다 장기적 안보체제구축뿐만 아니라 금융과 경제 현안 및 비군사적 분야(법집행공조, 마약 유통 차단, 항공기 납치, 조난 구조)에서의 외교와 협력 등을 우선 필요로 한다.

넷째, 특정의 정보협력은 불분명한 위협과 더욱 복잡해지는 정책결정에 대응하고 안보 위협에 대한 중요정보의 수집과 분석에 협력하는 것이다. 정보 가치를 상호 공유함으로써 만들어지고 또 저렴한 비용으로 무한히 복제 생산할 수 있다는 전제가 있다. 정보협력은 많은 사람들의 지식이 섞이고 새로운 아이디어가 추가될 때 수학적 창출력이 높아지게 마련이다.

적대국을 붕괴시키기 위해 동맹국들간에 이뤄졌던 정보협력은 탈냉전이후 그 대상이 사라졌다고 하더라도 국제 환경변화 및 국익에 따라 계속 강화되고 있다. 미국의 경우 향후 국제적 협력관계를 개선하기 위해 탈냉전 이후에도 러시아인들 5만명 이상이 미국 정부가 후원하는 교육 및 교환에 참여했고, 수천 명의 러시아 법관과 법조인들이 미 국제개발국 (USAID)의 후원 프로그램을 통해서 법과 윤리에 대한 자신들의 이해를 증진시켜가며 협력 체제를 구축해 가고 있다.[63] 또한 9·11테러 사건 이후 테러 방지를 위한 각 국간의 정보 교환 협조는 바로 정보협력과 국가이익을 지키기 위한 조치들이다.

6-1-2. 정보의 상호교환성

현대 사회는 '정보제공자와 사용자가' 간에 명확한 경계를 정할 수 없다는 점이다. 인터넷을 통한 상호 의사소통이 이루어지는 것은 정보제공자와 사용자간에 경계가 모호해 지는 가운데 상호교체성(inter changeability)을 갖는 것이다. 정보공유는 특정인(혹은 조직)의 정보독점을 배제하면서도 조직의 목적을 위한 수단이다. 나아가 각자 역할분담으로 가치 있는 정보를 수집하고 타국의 전략정보를 교환함으로서 잠재적 적들을 감시하거나 국제 범죄와 같은 범국가적 사안들에 대한 정보협력이 확대되는 것이며 이는 양자 간 더없이 중요한 프로세스이다. 심지어 같은 건물 내의 다른 부서의 사람들과, 혹은 그곳 사람들과 함께 점심 식사를 하면서 타부서와의 협력을 강화할 수 있다.

의심할 여지없이 정보협력은 일종의 조우(遭遇)와 접촉을 통해서 일어나는 관계이다.

---

63) Woodrow Wilson International Center for Scholars 에서 발표된 Leon Fuerth의 제안 연설문 "Russia's Future : Progress, Prospects, and U.S.Policy" wwics.si.edu/NEWS/speeches/Fuerth.htm (2000. 7. 31)

'조우' 는 서로 다른 이해관계나 세력들이 만나게 되면서 일어나는, 때로는 상상을 초월하는 현상들이다. 사회적 '접촉' 은 공간(지역)에서 사회적 거리를 두고 다른 세력들과 직접 만나는 상태이다. 그리고 조우와 접촉의 순간에 실제로 양측은 서로를 관찰하며 서로에게 관찰 당하게 된다. 이런 조우와 접촉—대립, 갈등, 타협, 배반, 변절, 적대, 저항—이 계속되면서 실제 정보의 생산과 이용 등의 변화는 계속 생겨나고 상호교환성이 유지된다. 또한 각 부문 정보기관마다 정보의 양도 다르지만 동시에 필요한 자료를 찾아내는 능력도 다르다. 그러나 정보기관별 조직의 구조와 절차에 따라 정보를 생산하는 방식이 약간씩 다르지만 상호협력을 이뤄 가는 자체가 하나의 트랜드다.

그런데 정보협력 내지 정보 수집망은 각국과의 연계가 강화되면서 여러 차넬의 네트워크를 통해서 이뤄지고 있다. 지난 20여 년간 지역 연구, 국제관계 연구가 촉진되면서, 또 기업의 해외진출 등으로 인해 정확한 정보에 접근할 수 있게 되었고, 나아가 각국 사정에 밝은 전문가들도 크게 성장하고 있다. 따라서 정보적 시각과 관심만 있다면 어느 한 나라의 국한되지 않고 각 나라의 내부로부터의 자발적 협조자를 구할 수 있으며 다양한 지역들과의 협력분위기를 조성할 수 있다. 더구나 2001년 9월 11일 테러사태 이후 세계의 변화는 개개인의 안전보장조차 정보, 금융, 경찰 등 모든 분야에서 긴밀한 국제협력을 필요로 하게 되었다. 그것은 일국만의 국가 표준(national standard)으로 해결할 수 없는 문제들이 증가하고 있음을 의미한다. 국내 안전을 지키기 위해서도 국제협력과 지역협력이 절실히 요구되는 시대에 우리는 살고 있다.[64]

뿐만 아니라 정보의 공유와 상호교환성은 실질적인 '동맹관계 강화' 를 의미한다. 어떤 지역 내의 국가들 사이에 군사적 강제력을 갖춘 두 개의 국가 혹은 다자간 안보시스템을 구축하기 위해서다. 그러나 무엇보다 정치적 공감대가 형성돼 있지 않으면 그 정보협력이나 정보공유의 지속성은 불투명해진다. 다국간에 효율적인 정보교류, 정보공유, 기타 협력을 위해서는 군사 분야에서의 조기경보체제의 구축, 공통의 위협적인 요인 분석, 국가이익에 대한 세부적인 정보를 공유해야한다. 평상시 정보 공유를 활성화하는 것은 실질적인 동맹관계 위에서만 가능한 일이다.

이렇다 보니 정보협력(intelligence cooperation)이라는 말은 경우에 따라 매우 신중해야 한다. 예를 들어 미국정부에서 한국정부로 정보가 일방적으로 흘러 들어오는 것은 정보지

---

64) Business Week, "Privacy in an Age of Terror" (Nov 5, 2001), pp.39~43.

원이라 해야지 정보협력이라고 할 수 없다. 정보협력은 국가이익에 따라 양방향으로 오가는 것이다. 서로 주고받는 정보협력이 되기 위해서는 정보종속에서 벗어나야 한다는 사실을 간과해서는 안될 것이다.

마치 유통 업자와 공급자간의 긴밀하고도 지속적인 관계를 필요로 하는 것과 같이 상호이익을 나누는 협력, 그러나 정보협력을 원활하게 하되 상대측과 차별화 된 엄격성이 당연히 유지될 때 성공을 거둘 수 있다. 여기서 차별화된 개성은 이익의 본질을 지킨다는 의미다. 미국에 있어서 많은 정보 보고서의 경우 자국용 보고서 형태(U.S Only)와 자국, 특정국가 겸용 보고서(U.S-ROK Only)등을 구분해 정보협력을 하고 있는 것도 차별성과 정보공유의 엄격성을 나타내는 방식이다.

그밖에 로버트 오만(Robert J. Aumann) 이스라엘 히부리 대학 명예교수는 '협조적 게임' 이론을 제시한다. 동 이론은 장기적인 관계에서 얻는 이익이 일회적인 관계에서 얻는 이익보다 더 크기 때문에 협력의 유인이 존재한다는 것을 수리학적으로 분석한 이론이다. 협상 당사자들 간에 '공통된 지식' 이 있다면 한쪽에만 이익이 되는 거래는 발생하지 않는다는 것이다. 공통된 지식이란 모든 당사자가 특정한 사실을 알고 있고 있을 뿐만 아니라 상대방 역시 그 사실을 알고 있다는 점을 충분히 인식하고 있는 지식이다. 반복되는 거래를 통해 협상 당사자들이 상대방에 대해 충분히 알기 때문에 무리한 요구를 하지 않고 협력적 관계를 형성할 수 있게 된다는 지적이다.

이런 사실을 감안한다면 세계 여러 나라가 처한 현실적인 문제들, 즉 평화유지문제, 테러리즘의 대처, 늘어나는 국제 범죄, 환경오염 등의 여러 가지 문제에 대한 협력으로 각 나라는 상호안보구축과 정치안정을 추구할 수 있다. 각 국가들은 자신들뿐만 아니라 상대방의 주권을 상호 존중해야 하는 한편, 테러 상황 등에 처한 인명을 구조하는 일과 재난을 최소화하는 등의 공동 이익을 얻을 수 있다. 이런 점에서 사람들을 서로 연결하고, 정보를 주며, 이익을 함께 나누며, 협력해 상호 콘텐츠를 교환하는 것이다. 그러므로 정보교류 협력을 뜻하는 'coordinating' 이라는 단어가 많이 사용되지만 지금은 아이디어를 함께 모은다는 공동 합작의 'collaboration' 이라는 단어도 자주 쓰이고 있다.

여하간에 각 나라들과의 정보협력으로 자국의 정책결정과 위기관리, 국가이익을 확보할 수 있는 방법이다. 주로 이런 협력유지는 미국의 경우 대통령안보 보좌관이 정보협력 강화를 정책화하고 정보교류의 창구가 되고 있다. 국가간 안보동맹관계는 바로 정보의 동맹이며 필요한 정보를 상호교류 하는 일로써 일정한 창구를 통해서 이뤄진다. 하지만 국가 간에 정보교류회의 등을 통해서 필요한 정보를 교환할 때 국가이익이 크게 걸린 정보에 있어서는 사실상 '협력적 게임'이 어려운 것도 부인할 수 없다.

6-1-3. 사회적 관계 중시와 상호 신뢰성

위에서 언급한 것 외에도 정보협력을 성공적으로 수행하기 위한 요소들은 많다. 그것은 무엇보다 인간관계의 신뢰성이다. 조직이라는 울타리 속에서 싸울망정 서로에게 보상을 얻고 서로 무엇인가를 교환하자는 것이다. 정보란 흐름이고 교환이며 비즈니스이기 때문이다. 이익을 추구하고 경쟁사를 제압하며 보다 빨리 정상에 오르기 위한 경쟁이 정보 비지니스의 정신적인 가치이다. 또한 정보는 일(work)이 아니라 '일상'이며 이것은 개인적인 관계로부터 일어난다. 정보 역시 개별적인 관심과 섬세한 배려에 의해서 영향을 받는다는 말이다. 지나친 경쟁의식 보다 관계의 원칙으로서 자신의 커리어 관리를 잘 할 때, 그리고 무엇보다 심리적 코드가 맞는 '인간관계'가 원만히 구축 될 때 성공할 수 있다.

우리가 이해하고 있듯이 지금은 복잡계 네트워크 이론이 등장하면서 미시 세계로부터 거시세계에 이르는 네트워크 개념으로 세계를 설명하고 있다. 정보사회는 모든 것은 연결돼 있고 모든 것은 서로 영향을 받는 링크(link)와 접속(access)의 세계이다. 좁은 세계에서 보면 평균 6사람을 거치면 지구촌 어느 누구와도 연결된다고 한다.[65] 인터넷 웹 페이지들은 평균 19번 클릭하면 모두 연결된다. 인간사회의 네트워킹 과정에서 때로는 야유, 조롱, 안티, 이합집산이 일어나면서 상호 묶임과 풀림의 관계가 이뤄진다. 사회에 존재하는 각 상징, 물질, 감정뿐만 아니라 사람, 위치, 행위자들이 연결되며 사회적 구성을 하게 된다.

이렇게 볼 때 인간사회는 사회질서에 따라 아첨하는 입술이 아니라 인륜(人倫)의 관계가 정형화되고, 이것이 인간관계의 기준이자 출발점이 된다. 공자는 일찍이 "군자지교(君子之交)는 담여수(淡如水)하고 소인지교(小人之交)는 감약례(甘若醴)니라"(군자의 사귐은 담박하기가 물과 같고 소인의 사귐은 단술과 같다)고 했다. 곧 인간관계의 중요성을 강조하는 말이다. 실제로 인간관계의 성공에 있어서는 진정으로 상대방에 대해 생각하라, 이해하라, 숙고해라, 검토하라는 것이다.

중국 같은 나라의 경우 인간의 행위를 규제하는 것으로 형(刑)과 예(禮)가 있다. '형'은

---

65) Mark Buchanan, 『NEXUS : 여섯개의 고리로 읽는 세상』, 강수정(역) (서울 : 세종연구소, 2003), pp.49, 63.

어디까지나 보조적인 기능에 불과하고 '예'를 중시한다. 인간의 역할에는 상호간에 예를 기반으로 하는 인간 '관계'(關係)가 더 중시되는 것이다. 인간관계는 '예'와 규범이 작용하는데 이를테면 군신(君臣), 상하(上下), 부자(父子), 직업위계(職業位階) 등 구분에 따라 개인의 위치를 정하고 직분에 충실하는 사회의 등급 질서가 유지되고 있다. 그래서 중국 관리들과 인간관계를 유지하고자 할 때는 만남의 '의전'(儀典)의 이해가 중요하다. 정부 기관을 상대로 로비를 할 때 상대하는 관리의 지위 고하에 따라 자신의 사회적 서열이 정해진다는 점을 고려해야 한다 .

또한 중국에서 성공적인 인간관계 유지 내지 로비 관행과 관련해 브리티시 아메리칸 토바코(British American Tabaco)사의 광동성 출신인 브랜다 쵸(Brenda Chaw)는 이렇게 지적한다. "만약 중국인들과 첫 만남을 가질 때 그들을 대상으로 로비활동을 전개하려한다면 당신은 당장 한계에 부딪치게 될 것이다. 이런 성급한 행동을 자제하고 '중국적인 관습'에 익숙해져야 한다"고 했다. 우선 장기적이며 점진적으로 중국 관리들 및 그 가족과의 친분관계를 조성하고 서로의 가정을 방문하면서 저녁 식사를 같이 하는가 하면, 그들의 생일도 챙기는 등의 배려를 해주는 것이 중요하다고 지적했다.[66] 혹시나 성급한 나머지 중국 관리들에게 개인적으로 향응을 제공하는 것은 매우 위험스러운 일로서 단순히 중국 사회에서 '선의적이고 협조적인 구성원' 관계만으로는 우호적인 친분관계를 구축하기 어렵다. 더욱 조심할 것은 중국에서 지나치게 돌출적인 행동을 하는 것은 적(敵)을 만드는 행위와 마찬가지이기 때문에 가능한 돌출 행동을 피해야 한다는 것이 일관된 지적이다.

다음의 예에서도 다시 이해해 볼 수 있다. 국내 SK그룹은 중국에 진출하여 현지 기업화 전략을 '관시'(關係)구축에서 찾으며 필요한 장기 투자 전략을 세워 진출하고 있다. 중국에서 사업을 하려면 '사람'에 대한 장기적인 투자가 필요하다는 인식이다. 중국 내에 또 하나의 SK그룹을 만드는 것이지만 한국 기업의 중국화가 아닌 '중국인에 의한 중국인을 위한 중국인 기업'을 만든다는 입장이다. 그야말로 인간관계는 얼굴 ─ 코드화를 통해 '드러남'의 의미 작용을 해 가는 과정이다. 얼굴에 흐르는 미소, 불쾌한 찡그림에 함축적으로 들어 있는 '기호'들을 읽는 것이다. 이런 점에서 정보협력과 교환은 바로 '사람'에 대한 관심과 이해 정도에 따라 다르게 나타난다.

그 비슷함을 넘어 정보협력은 대상국의 국민성(national characters)에 대한 이해, 개인의

---

66) The Economist, Feb 17~23, 2001.

인격적 특성을 말하는 개성(personality)도 중요하지만 대다수 국민들이 공유하고 있는 인격적 특징을 살펴봐야 한다. 인간 '관계' 는 사회적인 관계로서 정보협력에 있어서도 쌍방간의 '관계' 를 통해서 이루어지기 때문이다. 정보를 하는 사람은 비판적이고 성찰적인 사고와 문제해결 능력, 그리고 창조성과 대인관계의 통찰력을 개발하는 노력이 필요하다. 인간관계를 통한 정보활동은 세상 속에 잠겨있는 의미와 그 차이의 세계를 풀어서 상품(지식)을 생산해 내는 것이기 때문이다.

- 이해관계에서 상호 서로를 어떻게 보는가?
  - ➡ 사회적 감정의 혈연적, 학연, 지연, 혹은 국제관계에서 우방, 동맹, 갈등 관계
- 어떤 분야에서 뛰어나고 도움을 받을 수 있나?
  - ➡ 협력관계 유지의 핵심가치 그리고 차별성과 이익차원
- 신뢰성과 진실성이 진정으로 있는가. 특히 핵심엘리트들의 성향은 어떠한가?
  - ➡ 본심을 속이는 일, 빠른 응대 등의 반응과 양측간의 거리감 확인
- 인간 · 조직간에 있어서 협력 차원의 수준은?
  - ➡ 부분적인 최적화인가 혹은 전 조직적인 최적화로 발전할 수 있는가의 판단

이런 관점에서 볼 때 '관계' 가 없는 것은 아무도 전화하지 않고 연구실에서 쪽배처럼 홀로 있는 사람들과 다름없다. 어떤 이는 자유로워지기 위해서 사람들과의 사회관계를 끊어야한다고 말한다. 그러나 우리가 문명사회에서 살아가는 것 자체가 삶이고 접촉이다. 저녁 식사를 초대받는 것은 바로 누구와의 관계를 유지하는 것이다. 만일 우리가 한없이 외로운 생활을 고집한다면 다양한 가치를 얻을 수 없음은 물론이다. 혼자의 시간에도 가치가 있지만 외톨이로는 다양한 세계상을 결코 만날 수가 없다.

6-2. 다(多)기관간의 정보 협력

현실 세계는 일상적 만남의 관계여서 이를 흔히 '사회' 라고 한다. 그리고 모든 존재들은 집합체로 혹은 상호간의 파악에 의해서 서로를 포섭한다. 그렇기 때문에 사람들은 실재적이고 개별적이고 집단적인 사실들을 통해서 인과적인 관계를 맺으며 살아간다. 여기서 타

기관 협력은 단지 자립적 기관이라는 의미보다는 수학적 개념의 다수성 속에서 각 구성요소에 참여하는 주체들이 통일성을 갖는 것을 의미한다.

특별히 정보기관에서의 '다협력'은 상당한 복잡성과 지배적인 특성을 유지하는 가운데 진행된다. 그것은 아름다운 메타포이지만 두 개 아니 그 이상의 유기체가 존재한다는 것은 우리의 이상을 실현해 가는 장(場)이 넓다는 뜻이다. 하기 때문에 각 기관간에는 어떤 목적을 실현하기 위해 타 기관과의 협력이 중요하다. 지나친 말로 들리겠지만 정보의 세계에서 공생(symbiosis)이라는 말은 내버려야 할 대상이다. 세계상은 '위험의 제도화'로 가득 차 있어서 정책 결정자나 사용자들은 불확실성 내지 위험과 싸운다는 점에서 '공생'이라는 가치는 무시 될 수 있다.

또한 각 주체가 처한 위험을 분석한다는 것은 장소와 시간, 연구소, 방법론적 접근 방식과 직업맥락에 따라 얼마든지 변할 수 있는 것이어서 다 자간의 협력과 조정은 성공과 실패의 양면성을 갖는다.

그렇다면 다기관간의 조정(inter agency coordination)이란 무엇을 의미하는가. 한정적 함의는 각 기관이 서로 독립성과 행동의 자유 및 조직의 목적을 견지하는 가운데 다양한 의견, 상충되는 이해관계의 조정, 서로 이질적인 우선 순위를 극복하고 나아가 국가 목표를 이룩하기 위한 제반 협력을 의미한다.[67] 사실 각 조직들은 빈번한 연락과 업무협조를 통해 이해관계의 조정, 공동목표의 달성을 위해 협력기관들 간의 통신망, 기획, 상호 운용성을 보다 강화하고 있다. 미국 정보공동체의 경우 일주일 단위로 모이거나 전화 및 보안 패키지를 통해 최신정보를 공유한다. 다기관간의 정보협력은 국민의 요구에 부응하고 국가통수기구가 부여하는 목적을 달성하기 위해 투명성 원칙에 따라 통합된 국가 관리를 해 가는 것이다.

그런데 실질적으로 다기관간에 정보협력은 목적한대로 그리 쉽지 않다. 9·11테러를 예방하지 못한 것은 바로 미국 정보, 수사기관 간에 정보공유가 잘 되지 않았고 또 첩보들을 애매 모호하게 처리했다는 비판에서 알 수 있다. 즉 비밀기관인 미 CIA, 국가안보국(NSA)을 비롯해 FBI, 연방 이민국(INS : Immigration and Naturalization Service) 등 관련 기관들이 지나친 경쟁 속에 '선택적 인지'만 했을 뿐 실질적인 정보공유와 협력을 하는데 실패했

---

67) 다기관조정(interagency coordination)이란 원래 미 국방성을 중심으로 어떤 국가목적을 달성하기 위하여 개입 중인 미 정부기관들, 비정부 기구들, 개인 자원 봉사 조직들, 지역조직 및 국제조직 등과 국방성 사이에 이루어지는 협력을 의미한다.

다는 지적이다.[68] 사실 훌륭한 정보일지라도 특정조직과 개인 취향에 따라 정보가 생산되고 소비되는 것으로 때로는 권력의 생산 유지를 위해 정보를 독점하는 경우도 많다. 하기 때문에 다음의 요소들을 염두에 두고 조직간 협력방안을 강구할 때 정보의 실패를 줄일 수 있을 것이다.

첫째로 각 기관의 '위치 지워짐'에 따라, 다시 말해 하나의 국제적 사회적 위계질서 속에서 추종적인(subservient)인 협력인가, 아니면 지배적인 협력관계인가 하는 점이다. 부족함이 없는 완전한 조직은 불가능해서 어느 국가, 타 기관에 종속적인 지위인가, 혹은 자율적인 조직인가에 따라 협력의 방향과 수준이 달라질 것이다. 개인과 조직은 모두 자기 실현이라는 목적을 갖고 있지만 서로는 상대방에게 무엇인가 간청(solicitation)을 하는 것이고, 동시에 조작함과 조작당하는 경우가 있다. 이것은 도덕적 관계라기보다는 일반화된 상호적 관계라고 할 수 있다. 결국 각 기관(개인)들은 서로에 대해 고압적인 자세로부터 벗어나 상호 이해하고 각자의 반응을 기대하며 서로 조정할 수 있게 되는 것이다.

둘째는 의사소통행위(communication action) 자체가 원만하고 생산적인가 하는 점이다. 다 자간의 협력은 상호 가지고 있는 경험, 과거로부터 내려오는 제도와 규범에 영향을 받는다. 그리고 현실 속에서 생겨나는 문제들과 이익을 확보해 상호 '만족'을 만들어 가기 위해 협력적 여건들을 만들어 가는 것이다. 상호간의 느낌을 통해 상호 이해 지평으로 가는 상호 교통(intercommunication)인 셈이다. 현대 상호작용론자들(Arnold Rose, Sheldon Stryker, Alfred Linde Smith)이 말하는 요지처럼 제 상호작용, 재평가, 재정의, 그리고 재 계획이 일어나는 것이다. 상대방에게 믿음을 심어주고 인간관계를 잘 유지하려면 먼저 '남의 말을 잘 듣는 사람'이 되는 것, 그래서 일본의 시카가와 사키오가 지적한 '대화의 주도권을 포기하라'는 역발상의 전환도 나온다.[69] 정보의 기술로서의 듣기라는 것은 냉정한 대화 전략이라고 할 수 있다.

셋째는 법과 제도를 적용해 가는데 일어나는 자의성의 문제이다. 즉 다기관간의 협력을 위한 교류 시스템을 위한 법과 제도의 문제이다. 상호 기관간의 관여와 제휴 혹은 협력에 있어서는 각 조직의 지향성과 목적이 다른 환경과 제도가 지배한다. 이런 틀 속에서 각 조직들은 움직이는 생물과 같아서 시간과 공간 속에서 살아 움직이고 있다. 따라서 협력은 양

---

68) Phillip G. Handerson, "Pearl Harbor and 9·11" Current History, Sep. 2003.
69) 시카가와 시키오(坂川山輝夫), op.cit, pp.17~22.

〈도표 2-13〉　　　　　**다자간 협력 관계의 발전 단계**

단 계	세 부 과 제
정보공동체적 협력구축단계	공동의 목적 확인
협력심화단계	표준분야협력단계, 공동연구정보센터 운영 교류협력기구 창설, 전자통신망상호연결, D/B구축, 상호교류 방문
협력완성단계	특수이익공동사업 추진

쪽 내지 다기관간의 간별적 차이들을 포괄하는 일정한 유사성을 요구하고 유지하게 된다. 협력의 중요성을 느끼지만 혹시나 역작용 내지 혐오가 없는지를 판단해 그 부작용을 줄이면서 동일한 위치(지위, 역할)로 접점을 찾아가는 것이다. 예를 들어 지하 경제활동이나 자금 세탁 등을 방지하기 위해서도 경찰차원만의 협력이 아니라 은행 간의 정보교환이 가능한 협력체제 구축을 시도해 보는 것이다.

또 다른 의미로 다기관간의 협력은 바로 '협상' 능력과 관련된다. 협상(negotiating)을 위한 원칙도 다양한 것이 사실이다. 이질 문화 간의 협상, 상호 의존적 국제관계의 소통, 기업인들의 투자협상(상담)의 형식들이 그것이다. 적대적 혹은 갈등 관계에 있는 당사자 간의 협상에서 주로 동원되는 대화형식은 첫 대면부터 협상자체의 전략에 의존한다. 적대국 혹은 경쟁국간에는 협상개시부터 진정한 입장을 숨긴 채 상대방에 대한 무조건 요구, 으름장, 허세, 위협을 통한 장애를 조성하거나 시한설정을 통해 '최종 양보할 점'(bottom line)을 파악하는 형식을 취한다. 따라서 의사소통의 차넬을 확보하기 위해서는 하버마스(J. Habermas)가 말하는 이념형으로서의 '이상적 대화 상황'(ideal speech situation)을 고려할 수 있다. 담화 행위에서 중시되는 규칙과 규범, 가치와 묵시적 이해 등에서 말하는 '이해성', 말한 내용이 참이라는 '진실성', 기존하는 규범이나 가치에 맞춰 옳은 것이라는 '적절성', 그리고 진실되게 말했다는 '성실성'이 요구된다.[70]

---

70) Jurgen Habermas, The Theory of Communication Action vol Ⅰ, trans, Thomas McCarthy (Boston : Beacon Press, 1983), pp.102~113.

물론 의사소통과 협력의 장애가 되는 법과 제도가 일부 존재할 것이지만 무엇보다 조직의 내적 요인, 사회적 욕구, 그리고 안정적인 네트워크를 창조하기 위해 다자간 협력 차넬이 필요하다. 여기서는 ▲협력의 명확한 기대 ▲공통적 상황에 대한 정의 ▲협력 대상의 변경과 포기의 잠재성 ▲다양한 행위 경향과 협력의 준거 틀 등에 대한 평가를 통해 협력의 길을 모색한다. 때로는 다자간 전화 회의 서비스(tale-conference) 방식을 통해 A·B·C·D 기관간에 모든 정보를 주고받을 수 있으므로 시간과 비용을 절감하는 등의 효율을 극대화 할 수 있다.

결과적으로 다기관간의 협력을 통한 이점을 확보하기 위해서는 ▲각 기관간의 격차에 따라 자연스럽게 나타나는 시혜자와 수혜자라는 이분법적인 자세에서 벗어나 상호 자존심의 손상을 가능한 회피한다. ▲경쟁적 관계 혹은 갈등이 발생할 경우 갈등의 확산과 악화를 방지할 수 있는 메커니즘이 확립이 필요하다. ▲협력이 양자간에만 국한되는 것이 아니라 다자간 협력의 틀 내에서 제도화함으로써 보다 일관되고 견고한 협력 관계를 구축할 수 있어야 한다. 그러나 인간관계에서나 조직간 문제에서 자신만의 이익을 위해 나타나기 쉬운 '양다리' 뿐만 아니라 '여러 다리'를 걸치는 다중 플레이가 있음을 항상 염두에 두고 협력하는 자세가 요구된다.

6-3. 다(多)국가간의 정보 협력

국제간의 정보협력은 일종의 접촉의 경계를 넘어 '길 트기'와 같은 것이다. 길 트기는 바로 심리학자 프로이드(Sigmund Freud, 1856~1939)가 말하는 '심리'를 유도하는 길을 의미하는 것으로써 저항과 갈등을 줄일 수 있는 방법이다. 하지만 인간적 길을 튼다는 것은 경우에 따라서 강압적으로 트는 것일 수도 있고, 저항을 극복하며 상호협력 함으로서 평탄한 길을 뚫는 방법도 있을 것이다. 그리고 돌출적인 행동으로 협력의 길을 망칠 수 있는 행동도 많이 일어나게 마련이다.

오늘날의 시점에서 볼 때 국가 간 협력이란 연락 창구를 통해 안보체제 협력에 필요한 '정보협력'을 의미한다. 국가 간에는 교섭, 협상, 양보 등의 과정을 거쳐 국제문제를 해결하게 되는데 이때 필요한 정보를 중심으로 상호 협력하는 일이다. 영어를 사용하는 국가들(미국, 캐나다, 영국, 호주, 뉴질랜드)끼리 정기적이며 공식적으로 정보협력회의를 열고 상호관심사를 논의하는데 이때에 다국간 불가분의 일체 이익이나 정체성을 확고히 할 수 있다. 협력당사자들 간의 이해 가능한 이념이나 가치관을 공유할 때 현실적으로 설득력을 높일 수 있다. 국가간 협력은 운명의 공동체와 같은 혈맹 관계, 피가 물보다 진한 관계를 의미하는 협력도 있지만 일반적으로 군사 안보적 측면의 동맹 관계와 경제, 사회적 협력관계로 나눠볼 수 있다.

그러나 국가간 협력에는 여러 가지 제약 요인이 따르게 마련이다. 각국의 필요에 따라 정보공유의 문제, 공통의 예규 및 정책조정 등과 관련된 중요 사안들이 다르기 때문이다. 각국간 정보주체들은 자신들의 국가이익에 따라 정보활동 목표가 다를 수 있다는 말이다. 또한 정보기술 수준이 다양할 것이므로 상호 정보협력에는 한계가 있을 수 있고 때에 따라서는 분명히 서로 경계심까지 갖게 된다. 그만큼 상호간 맞춤식 접근 방법(tailored approach)의 마련이 곤란하다는 뜻이다.

뿐만 아니라 정보협력에는 불평등 교환 관계가 작용하는 것도 엄연한 현실이다. 정보수집과 관련해 최첨단 과학정보 수단들이 선진화된 나라들은 그만큼 양질의 정보를 수집할 수 있을 것이고, 또한 인간정보수집수단을 보유하고 있을 경우 고도의 특화된 정보를 수집해 사용할 수 있을 것이다. 그러므로 안보차원의 필요정보는 강대국에서 지원받을 수 있으나 이들 나라에 대해 지나치게 의존하고 있는 약소국가들은 정보의 종속 상태를 가져 올 수도 있다. 나아가 미국과 같은 나라들은 다 국간 파트너들에게 민감한 정보와 정보원(출처)의 보호를 위하여 동맹국들일지라도 정보공개를 꺼리는 경우가 많다. 전략적 협력이 반드시 '협력의 필요'에 따라 이뤄지는 것이 아닐 수도 있다. 기회주의적인 발상이나 안보적 필요성 혹은 경제적 위기를 모면하기 위한 돌파구로서 잠시 활용할 수도 있기 때문이다.

따라서 다국가간(multilateral) 정보협력의 전반적 효율성은 상호 국가이익의 일치, 조직, 절차, 기술 간의 일치가 가능해 질 때 서로 바라는 상호협력을 극대화할 수 있다. 무엇보다 정보협력은 국가간에 동등성과 공동체 의식에서 이뤄질 때 가능하다. 정보협력의 본질은 양측 모두가 활기찬 공동체로 생존하면서 전략적 이익은 물론 자국 사활적 가치가 걸린 문제를 해결하는데 있다. 그리고 정보협력은 국가의 안정뿐만 아니라 도덕적 기준을 지탱하기 위한 방법이 되기도 한다.

예를 들어 21세기 아시아, 동북아 지역을 살펴볼 때 동북아에서의 다국간 안보체제 형성 가능성은 많이 지적되어 왔지만 이렇다 할 성공을 거두지 못하고 있다. 아태지역 국가들이 공동으로 안보공동체(security community)라는 새로운 안보 개념을 창조해야 한다는 논의가 있지만 아직 구체적이지 못하다. 그 이유는 동 지역이 역사적 불신과 적대감이 작용하는 나머지 단기적, 일방적 이익만을 고려하는 경향이 팽배하기 때문이다. 그러므로 국가간 협력 타협은 사실 약자의 또 다른 표현이 될 수 있으며 이런 '협력의 습관' 은 결국 끌려 다닌 다는 비판을 받을 수 있음을 암시한다.

또 다른 실례에서 찾아볼 수 있는데 이를테면 미국과 일본이 1997년에 체결된 「미ㆍ일 방위 협력지침」은 안보동맹을 강화하기 위한 상호신뢰 구축과 전제 조건들이 충족되는 가운데 이뤄졌다. 여기서 상호신뢰구축 차원이란 합동작전 운영상의 조건들인 '표준운영절차' (SOP : standard operating procedure) 내지 교진 규칙(ROE : rules of engagement) 등이 마련돼야한다. 하지만 일본으로서는 「평화헌법」 9조와 관련한 법적 논쟁이 일어나면서 헌법개정의 목소리까지 높아지고 있는 형편이다. 안보협력의 전제조건들로 지목되는 양국 통합작전, 동맹국가 간의 시설과 서비스의 상호 이용, 통신망의 구축, 정보공유 등을 실현해 갈 때 성공 할 수 있는데 이를 위해서는 '평화헌법' 개정이 필요하다는 주장이다.

더 자세히 말하면 미ㆍ일 양국간에 효과적인 통합 작전이 가능하기 위해서는 지난 코소보 사태 시 연합국이 보여준 것과 같이 Link 16통신망[71], 합동 전술정보 전파체계(JTIDS : joint tactical information distribution system)를 활용하는 실시간 디지털 전술통제시스템에 의존한 통합은 정치적 주권과 자주성을 크게 훼손시킬 수 있다는 측면과, 미ㆍ일 간 군사작전 능력의 차이로 전면적인 통합작전이 어렵다고 지적된다. 미국의 경우 출처의 보호와 수집 방법의 기밀을 유지하기 위해 동맹국들간에도 정보 공유의 등급을 매기고 있다는 점은 매우 시사적이다. 다시 말해 영국, 호주, 캐나다 등 주요 맹방 국가들과의 정보협력 관계를 유지하는 수준과 NATO 동맹국들 간에 정보협력에서 정보공유의 등급이 다르다는 이야기다.

이렇게 국가 간 정보협력의 가정은 등가물과 사용 가치 및 교환 가치가 중요하지만 그것이 매우 어려운 것도 사실이다. 중동에서 미국의 전쟁 경험들에서 찾아볼 수 있듯이 미국 CIA는 전통적으로 중동지역 내 각종 국제협상과 휴전 및 협정의 이행을 감시하는 역할을 해왔다.[72] 미국의 CIA는 이스라엘의 모사드와 전통적인 협력을 해온 것으로 확인된다. 미

---

71) Link 16 통신망을 이용한 아날로그 접속방식은 공중조기경보기(AWACS), 합동감시표적 공격레이다 체제(JSTAR) 등과 연결되어 막대한 정보량을 신속하게 전달하는 통신체계를 의미한다.

72) 전 미CIA국장 Robert Gates는 New York Times에 기고한 글에서 국제협정 체결과정에서 CIA의 개입사례를 공개했다. Washington; AFP, Oct 29, 1998.

CIA는 모사드가 유태인 중심의 종교적 일체성을 가진 세계에서 인정받고 있는 정보기관으로 보고 전 세계에 걸쳐 있는 유대인의 정보망을 이용하고 있다. 대신 중동 문제에 관한 한 모사드는 미국의 위성 정보망을 통해 이라크, 시리아 등의 핵 개발 계획에 대한 고급정보를 얻을 수 있었다

예를 들었지만 각국들이 정보 분야에서 적극적으로 협력하면서 정보를 수집하고 교환하여 정책결정에 기여하도록 해야 하겠지만 상호간에 내재하는 여러 차이점을 찾아 낼 필요도 있다. 정치적 주권의 문제, 기술적 문제, 통합작전시의 임무와 역할 등의 차이를 감안하는 관계국들 간의 조정 작업이 선결돼야 한다. 동시에 다자간 협력을 위한 상호 조심해야 할 요소들은 한두 가지가 아니어서 그 내용을 보면 다음과 같은 것들이다.

- 상대방의 전략적 의도와 태도를 정확히 파악한다.
- 정치적인 문제는 상당한 민감성을 갖는다는 점에서 정치적 접근은 피한다.
- 상대방을 우선 신뢰하고 인정하되 상대를 무시하거나 상대에 대한 비난보다 상대의 사회적 상황을 이해한다.
- 철저히 적법하게 접근한다. 지나치게 편법을 사용하면 마찬가지로 편법에 당하게 된다.
- 철저한 시나리오에 의해 접근한다. 곧 한건주의로 협력하는 것은 오래 계속될 수 없다.
- 다 자간에서의 경쟁은 불가피해서 협력 가능한 '대상(주제)'에 대한 사전 준비를 잘한다.
- 양측 간 오고가는 담론·언어에 유의한다. 말을 조심하지 않으면 협렵 자체가 어렵게 된다. 협력은 오히려 전쟁으로 이용될 수 있다.
- 정보협력의 핵심은 정보자산(첨단 정보장비)의 운영과 기술 협력에 있음을 인식해 가능한 운영 노하우를 전수 받아야 한다.

이상에서 우리의 질문은 각국 정보조직들이 어떻게 효율적으로 협력하는가의 문제이다. 물론 역사를 돌아보면 파트너십의 구축이 그리 쉬운 것이 아니다. 하지만 더 중요한 것은 양쪽사이에 '협의의 틀'을 제도화시키는 것뿐만 아니라 양측의 공동의 목표를 도출해 내는 일이다. 지속적인 관계 속에서 동반자 관계를 형성토록 하자는 것이다. 이런 파트너십이 점차 발전할 때 장기적 동반자관계로 조직화될 수 있다. 제한적이지만 국가 대 국가간의 성공적인 협력의 가능성을 제시하면 〈도표 2-14〉와 같다.

첫째, 상대국(A)과의 선별적인 협력을 추진하는 경우이다. 물론 모든 영역에서 상대국과

〈도표 2-14〉 **정보협력 및 소통의 관계**

정보의 양		정보의 질(객관성, 정확성)	
		+	−
정보의 양	+	지속적 상호작용 (I)	갈등 · 대립적 상호작용 (II)
	−	간헐적 상호작용 (III)	상호작용 불가(적대적 구조화) (IV)

① 정보의 양 · 질의 개선으로 당사국간에 지속적 상호 작용(I)
② 정보의 양(불량 정보)은 많으나 질이 떨어지는 상황-갈등 · 대립적 상황(II)
③ 진실 정보는 많으나 정보의 양이 적은 경우 간헐적 상호작용(III)
④ 정보의 양과 질이 떨어지는 경우 상호작용 곤란- 상호 비이성적 대립, 폭력(IV)

협력할 수 있다는 생각은 지나친 이상일 것이다. 이것도 상대방(강대국의 경우)에 대해 비굴하지도 않고 오만하지도 않는 입장을 견지하기란 보통 일이 아니다. 분명히 정보를 하는 사람은 국민, 국가적인 이미지를 떠올리는 '국가주의적인 사고'에 젖어있기 때문에 진실된 협력은 기대하기 어렵다. 때문에 분쟁요인을 단지 조정 가능한 요소만을 부각시키면서 사사건건 대립하는 것이 아닌, 선별적인 협력을 택하게 된다.

둘째, A국과의 경쟁과 갈등이 불가피한 것임을 인정하되 자신이 속한 B국은 A국과 똑같은 방식으로 상대방을 대해서는 안 된다. B국은 국익을 최우선시 하면서 A국을 포함한 전 세계 모든 국가들과 우호적인 연합 관계를 구축해 나가는 것이 필요하다. A국이 불합리하게 B국을 견제 봉쇄하려 해도 A국과 대립하기보다는 국제적 기반을 강화하면서 A국과의 행동을 피해 나가야한다는 한계성을 지닌다.

셋째, B국은 민간 차원의 교류 활성화를 통해 혹시 A, B국간의 분쟁과 갈등 요인이 존재할 시 이것을 완화시키는 대화 자세가 필요하다. 과학기술의 발달로 인해 세계 각국의 민간 부문의 역량은 급속히 확대되고 있다는 점에서 민간 차원의 협력을 강화하는 것도 한 방법이 된다. 요는 다각적으로 교류와 협력을 추진할 때 다국가간 관계에 큰 영향을 발휘할 수 있는 것이다.

그런데 정보의 성격에 따라 협력의 방향이 달라질 수 있다. 앞의 〈도표 2-14〉에서 보듯이 양측간 혹은 다자간 교환하는 정보의 양과 질이 공동의 상호 작용 혹은 갈등 관계에 영향을 미친다. 양국의 국익 문제와 관련돼 일어나는 사건들에 대해 혹시 왜곡된 정보를 제공하거나 아니면 진실된 정보를 아주 제한적으로 교환할 시 지속적인 상호 작용이 불가능 할 것이다. 정보의 양은 물론 정보의 질까지도 나쁘다고 할 때 그 관계는 적대적 관계이거나 상호 작용이 불가능한 관계이다. 그러나 정보의 양과 질(객관성, 정확성, 적시성)에 있어서 모두가 긍정적이고 이익을 줄 때는 지속적 상호 작용이 원만하게 이뤄질 수 있을 것이다.

끝으로 이상의 설명이 추상적으로 흘렀지만 정보활동의 주체들은 국가이익을 위해 합리적 판단의 기초 위에서 정직하고 성실하게 접근하는 정보경영의 원칙이 이뤄지도록 해야 한다. 더구나 오늘의 시점에서 돌아볼 때 정보는 국제 사회의 전체성 속에서 작용하는 '관계'를 구성한다는 점에서 더욱 유의하여야 한다. 정보는 협력이라는 제한된 틀 속에서 긴장의 실타래를 풀어 가는 '새로운 열쇠'로 작용하는 것이기 때문이다. 유효한 정보는 국제 관계에서 초월적 물신성을 지닌다고 할 수 있다.

제3부

정보행위 :
정보수집과 분석 그리고 축적

너희가 정보를 아느냐.

말할 것도 없이 너희가 정보를 알면 세상이 보일 것이다.

좋은 정보는 상대방의 활을 꺾을 수 있다.

당신들은 좋은 자료(꿀)를 만나거든

지체 없이 수집하고 분석해야 한다.

당신은 이웃집(대상, 목표)을 자주 다니며

진실된 접촉을 하되 거짓 증거해서는 안 된다.

거짓보고 하는 사람은 결국 환난을 가져오고

패망을 가져오게 된다.

먼 곳일수록 어려운 곳일수록

그곳에서 오는 좋은 기별(寄別 : 정보)은

목마른 사람(사용자)에게 냉수 같은 것이다.

정보의 자원과 출처

제7장
정보의 자원과 출처

정보는 국가나 기업에 있어서 혈액과도 같은 역할을 하며 현대사회를 변화시키는 핵심적 요소 중의 하나이다. 정보란 인간의 창조적 지식 활동의 소산으로 늘 객관적인 가치를 보장받는 독창성 내지는 우수성을 갖는 자료로 여겨진다. 정보는 특정 사건이나 현상을 잘 나타내는 것이지만 그것을 필요로 하는 사람들에 따라 특별한 의미를 부여받거나 아니면 무의미한 상태의 원자료로 남게 된다. 이런 정보의 자원은 참으로 다양하고 그 성격은 다면적이며 정보의 소재 또한 일정하다거나 규칙적인 것도 아니다. 그렇다고 아무 곳에서나 정보를 입수할 수 있는 것도 아닐 뿐더러 입수가 불가능한 상황에 빠질 때도 많다. 이러한 이유로 인해 우리는 정보에 대한 사전확인을 하고자 할 때나 가치 평가를 할 경우에 있어서도 상대적일 수밖에 없는 한계성을 지니고 있다.

다음 장에서 언급되고 있지만 정보의 자원과 출처 문제는 '첩보 수집'에서 다루는 핵심 사항이다. 첩보의 수집은 치밀한 기획과 지시과정을 통해 필요한 정보자원을 개발하고 수집하는 일련의 정보활동이다. 국가정보목표 우선순위에 기초하거나 그때그때 사용자의 정보요구에 따라 첩보 기본요소(EEI : essential element of information)를 작성해 수집하는 것이 원칙이다. 긴장 조성 시 혹은 정세변화로 새로운 정보가 요구될 시 정보요구 부서(본부)는 특별첩보수집요구(SRI)를 통해 필요정보를 수집하게 되는데 수집된 모든 정보는 최고 사용자(대통령)에게로 모아진다.

이러한 정보자원들 중에서 필요한 첩보를 수집하는 방법(INTs)에는 공개출처정보(open source)와 비밀출처(covert source)로 나눌 수 있다. 또한 전통적으로 두 가지로 나눠지는데 하나는 과학기술적 수집방법에 기초한 기술정보(TECINT), 이를테면 영상정보수집(IMINT) 신호정보수집(SIGINT) 과학(징후)계측정보(MASINT)를 들 수 있고, 다른 하나는 비 기술수단인 인간정보(HUMINT) 수집방법이 그것이다. 그러나 탈냉전 이후 지식정보사회로 진입하면서 공개출처 정보(OSINT)수집 등도 동시에 중요시된다. 이와 관련 본 장에서는 정보자원이 무척 다양하지만[1] 공개출처 정보, 인간정보, 과학(징후)계측정보 수집수단들에 한해서 설명하고자 한다.

7-1. 공개출처정보(OSINT)

정보의 세계는 자료 모두, 사회 전체, 기호 전체를 망라한다. 이들 자료들은 점진적으로 혹은 갑자기 출현했다가 불시에 사라질 수도 있다. 물론 세상의 모든 정보를 통째로 완벽히 정리한 자료는 없다. 따라서 다양한 형태로 분류되는 정보자료는 우리의 필요에 따라 지각된 것만을 지칭하는 것으로 그것은 ▲계산되고 분류되고 ▲측정되고 ▲비중이 주어지고 ▲위치가 정해지고 크기에 따라 배열되는 과정 속에 자료 정리와 목록이 매겨진 것 등을 말한다.

정보조직이 추구하는 목표와 방향을 결정하는데 있어 사용자의 영향 내지 요구가 중요하지만 그래도 기본적으로 생산자 단위에서 질 좋은 정보자료가 뒷받침 되어야 한다. 현대 조직들은 한정된 자원과 능력을 가지고 다양한 정보를 획득할 수 있는 방안을 강구할 수밖에 없는데 그것은 정보의 수집과 분석에 관련된 것이다. 수집된 첩보들은 전문가들에 의해 분석되고 체계화돼서, 또 다른 정보를 생산해 냄으로써 확실한 지식이 되고 정보가 된다. 생산된 정보는 정책 결정자나 대중 속으로 파고 들어가 인간의 소통과 가로지기 등으로 확대되며, 나아가 정보는 국가안전보장과 경제발전을 위해 존재하는 가치들이 된다.

---

[1] 정보자원은 일상생활에서 보이는 모든 현상을 의미한다. 이를테면 메모나 편지, 연구 성과물, 학위논문, 신발명 기술보고서, 특정사건에 대한 전망과 예측, 참고자료, 백과사전, 문헌 등 모두를 포함한다.

7-1-1. 공개출처 정보의 의미와 범위

그러면 공개정보자료란 무엇인가. 그것은 정보화의 진전에 따라 수많은 정보가 공개되고 있는 상황에서 일반인의 접근이 용이한 수많은 자료 모두를 의미한다. 정보통신기술의 발달로 인해 소위 공개첩보의 양과 유용성이 엄청나게 증가하고 있는데 각 나라들의 정치상황, 경제문제, 사회, 자원, 교역, 금융문제, 그리고 인구통계 등 다양한 자료들이 지역마다 국가마다 시기별로 발표되고 있다.

이런 의미에서 모든 정보는 연구실, 도서실에서 시작된다고 해도 지나친 말이 아니다. 책에서, 문자에서, 신문에서, 동영상에서 그리고 비디오 테이프를 통해 유통되며, 때로는 그 많은 정보들 중 일부는 길 잃은 자료들처럼 떠다니다가 주인을 만나게 된다. 주인은 목적 의식적인 주제를 갖고 접근할 때 한 개의 '담화'가 자신에게 들어오게 된다. 조용하고 절제된 공간이겠지만 끝없이 열려진 문자들로 구성되거나 영상, 신호, 기호, 언어로부터 정보는 시작된다고 할 수 있다.

그러나 필자가 끌어내고 싶은 관심은 이렇게 떠다니는 정보들이 경우에 따라, 사람에 따라 진주와 같다는 사실이다. 정보의 홍수 시대라고 하지만 그 중에서도 분명히 뛰어난 것이 존재하기 때문에 현대사회가 무의식적으로 쏟아내는 거대한 양의 쓰레기 속에서도 유효한 정보가 들어있다는 의미다. 정보기관들은 공개출처로부터 얻은 첩보일지라도 매우 실질적인 것이며 어느 면에서는 정보공동체가 제공하는 첩보보다 더 세부적이거나 값진 것일 수도 있다. 유명한 칼럼니스트들은 직원들을 풀어 쓰레기더미를 뒤지도록 하는 것은 잘 알려진 사실이다. 공개정보자료는 다양한 의미를 포함한다는 의미에서 쓸데없는 첩보는 거의 없다는 사실이다.

따라서 공개출처정보(OSINT : Open Sources Intelligence)란 합법적으로나 윤리적으로 이용할 수 있는 다양한 언어와 뉴멀티미디어로 된 출처이다. 지금까지 일반적으로 비밀에 부쳐졌던 국가정보처리과정, 이를테면 정보수요분석, 수집관리, 출처의 타당성 검증, 그리고 다중출처의 취합 등을 걸쳐 산출된 결과도 바로 공개출처 정보인 것이다.[2]

---

2) Robert Steele, On Intelligence : Spies and Secrecy in an Open World(Virginia : AFCEA International Press, 2000), pp.108~112.

<table>
<tr><td>개방(외부)세계로부터</td><td>조직내부로부터</td></tr>
<tr><td>❖ 공개출처</td><td>❖ 정보수요 분석</td></tr>
<tr><td>❖ 공개소프트웨어</td><td>❖ 수집 관리</td></tr>
<tr><td>❖ 공개된 서비스 내용</td><td>❖ 출처의 타당성 검토</td></tr>
<tr><td>❖ 다양한 콘텐츠</td><td>❖ 출처의 보호</td></tr>
</table>

앞장에서도 설명되었듯이 기업정보와 국가정보 또는 군사정보에 대해 논의할 때도 보통 분석대상이 되는 자료(data), 첩보(information), 정보(intelligence)로 분류하고 있다. 이들 자료들을 근거로 국가정보조직이나 군 정보조직들은 사용자를 위한 지식을 제공하게 된다. 사실상 정보생산물의 90~95%는 공개정보로부터 생산해 낸다는 점에서 정보조직들은 공개정보라는 다원적 출처에 의존하는 것이 지금까지의 현실이고, 따라서 아래와 같은 함의를 지닌다.

- 공개정보는 일반적이며 민간 수준에서 필요한 공개정보와 국가비밀정보의 생산을 위한 첩보로서 정보생산 약 90% 이상을 공개출처에 의존한다.
- 그러나 민간분야에는 어떤 특정 문제나 특정출처에 적합한 전문가들이 많으나 이들이 생산한 보고서를 특정 정보기관에서는 사용할 수 없는 경우가 있다.
- 데이터 보다 데이터 분석이 중요하다. 기업실적이나 안보관련 첩보를 수집하지만 더 중요한 것은 이를 잘 분석해서 정보상품으로 가공하는 일이다.
- 민간 분야에서는 정보의 필요성보다는 어떤 추세(경향) 때문에 비밀스럽게 다루어 왔던 정보처리 과정에 대해 잘 모르는 부분이 많다.

따라서 OSINT는 가용한 출처를 최대한 활용하는 것으로 이해된다. OSINT 생산에서는 먼저 민간 분야의 풍부한 출처와 소프트웨어, 서비스와 과거 비밀로 여기던 정보처리 과정을 통합하려고 노력한다. 그러나 정보사용자들은 공개출처 만에 크게 의존하는데 한계를 느끼고 있다. 정책결정과정에서 자료의 부족 혹은 정보의 불균형이 초래될 때 더 비밀스런 자료를 가끔 요구하게 된다.

이때 국가 인프라를 포함한 국가정보기관은 비밀조직을 통해 위험을 감수하면서 행동에 옮길 수 있다. 그러나 이익갈등과 사회구조가 복잡한 상황에서 비밀수집 역량이 충분히 발휘되지 못할 때가 많다. 그렇다고 OSINT는 스파이를 이용하거나 첩보위성 또는 여타 민감한 수집수단을 대신하는 것은 아니다. OSINT는 분명히 다원적 출처 중에서도 비밀스럽게 수집, 분석되는 결과와 혼돈해서는 안 된다.[3]

- 공개출처정보는 굴러다니는 참고 서적이나 뉴스 기사를 오려 붙인 단순한 수집 자료가 아니다.
- OSINT는 스파이나 첩보위성 또는 여타 민감한 수집 수단의 내용이 아니다.
- OSINT는 창의력과 목적의식적으로 일상의 경험들이 포함된 자료들로부터 특별히 생산되는 '그 무엇'을 의미한다.

따라서 공개출처정보 중에서 좋은 자료 발견은 마치 보물찾기와 같아서 보는 즉시 손에 넣는 저스트 투잇(just do it) 방법이 요구된다. 아울러 공개정보 수집은 자신만의 스킬한 노하우를 익혀야 하고 정보수집의 접근 방법을 습득할 필요가 있다. 이와 관련돼 각국의 정보기관은 공개정보수집과 관련해 몇 가지 변화 모습을 보이고 있는데 그것은 다음과 같다.

①미 CIA와 같은 여타 정보기관들은 공개정보의 신뢰성이 다소 떨어지지만 공개정보를 보다 많이 활용할 수 있도록 기능의 변화를 추진하고 있다. 미국은 그 동안 공개정보의 부정확성으로 인해 이를 사용한 정보기관의 또 다른 취약점으로 부각되어 왔다. 예를 들어 1999년 미국 CIA의 지도 작성 실수 때문에 북대서양조약기구(NATO)가 유고주재 중국대사관을 오폭함으로써 크게 비난받았다. 그러나 이러한 사례에도 불구하고 국가정보기관이 공개정보를 더 많이 선택하고 검증하고 조직적으로 이용해 가는 추세를 나타낸다.

②민간 부문 측의 분석 결과를 얻어 활용하자는 것이다. 정부와 기업들의 장기간(30~40년)에 걸친 변화 및 예측 분석, 경쟁력에 대한 비교와 추이, 프레임 워크로 정리한 것, 해석 분석된 자료나 기사 등이 포함된다. 텍사스에서 운영되는 민간정보회사인 「오픈 소스 솔루션」(Open Source Solution)사에서 생산하는 민간부문의 분석결과를 사용할 때 예산 규모를 줄일 수 있다는 것이다.

③공개정보의 양과 질, 검색 가능한 출처수가 다양해지는 것과 관련해 기업 데이터베이

---

3) ibie, pp.115~118.

스를 개발하거나 금융 신용정보, 부동산보유 기록, 자동차 등록정보, 기타 신상정보 등을 수록한 상업데이터베이스와 연결해 방대한 데이터를 수집, 분석하고 있다. 미국의 FBI의 경우 1999년부터 '디지털 폭풍' (Digital Storm)이라는 시스템을 포함하는 대대적인 정보기술 확장을 추진하여 방대한 기업 데이터베이스구축 작업에 나선 바 있다.[4] 요는 개인의 사생활을 침해하지 않으면서 정보수사당국과 시민 개인 간 이해의 균형을 이룩할 것인가 하는 문제가 있지만 공공의 사이버 위협, 그리고 경제 번영을 위해서는 민·관이 서로 노력해야 한다는 점이 강조된다.

아울러 기업들의 정보팀들이 직면하고 있는 상황도 이와 비슷하다. 기업들도 기존의 방식, 낡은 자료에 의존하면서, 그리고 낙후된 지식을 활용해서 임시방편 식으로 문제를 해결할 수는 없다. 기업 경영인들이 결코 OSINT를 무시한 나머지 간부 몇 사람의 직관적인 판단에 매달리는 태도는 위험하다. 그렇다고 OSINT는 관리자로 하여금 직관적인 판단을 내리는데 귀중한 자료이긴 하지만 그것만을 가지고 경영을 하라는 것이 아니다. 더 중요한 것은 정보경영에서 얼마나 많은 정보가 필요한가. 아니면 조직이 얼마나 많은 정보를 처리할 수 있는가 등의 중요한 질문과 함께 비효과성이나 비효율성을 줄이기 위한 노력이 필요하다. 사실상 살아 있는 경험은 우리들의 탁월한 자산이며 경영자들은 작은 차이를 발견하는 핵심적 위치에 있다고 할 수 있다.

그러나 문제의 정확한 핵심이 무엇이든 간에 거대한 기업일지라도 국가정보기관과 같은 다원적 출처(통신정보, 영상정보, 인간정보, 지리정보 등)들을 운영할 조직이나 재정, 그리고 전문지식을 갖춘 인력도 없을 것이다. 도서관 같은 공공 기관으로부터의 수집이 가능하겠지만 정보전문가들의 양성, 상용 영상자료의 이용, 재정적이며 법적인 문제 등을 감안할 때 감당할 수 없는 복잡한 문제를 안고 있다. 그러나 기업들도 부단히 경쟁정보 차원에서 기본 자료들을 수집, 분석할 수 있는 유능한 인력 배치는 필요하다. 특정 상황의 영상정보(IMINT), 신호정보(SIGINT), 인간정보(HUMINT)들로부터 충분히 도움을 받을 수 있도록 관심을 기울여야 한다.

◯ 공개출처의 시장과 개발

사회 체제는 끊임없이 변하고 팽창 소멸하는 과정을 겪는다. 인간의 사회적 행위가 정

---

4) Washington Times, April 6, 2000.

치, 경제, 시민 사회 등의 영역에서 이뤄지면서 거대한 사회적 자원으로 축적된다. 이러한 체계와 구조들을 설명하고 분석하는 내용들은 다양한 의미 작용을 일으킨다. 마찬가지로 공개출처시장에서도 정보는 계속 팽창하고 소멸하는 과정 속에서 이동한다. 정보 고객들이 변함없이 관심을 갖고 있는 상황에서는 정보 공동체 및 기업체들은 물론 국민과 정부, 그리고 국가이익을 지키는데 공개출처정보가 상당한 가치가 있음을 인식할 필요가 있다.[5] 따라서 공개출처들로부터 다음과 같은 내용을 탐색할 수 있다.

① 기본 출처로서의 공개출처 시장

산업 비밀과 첨단 기술 등 고급 정보를 수집하는데 있어서 가장 흔히 사용되는 방법은 전통적 미디어 혹은 뉴 미디어, 광고물, 독서물, 팸플릿 등을 통해 공개적으로 정보를 수집하는 일이다. 또 광고, 무역잡지 기사, 무역전시회, 세미나 자료 등을 통해 얻을 수 있다. 자료의 범위는 가격정보, 카탈로그, 발간자료, 연구보고서, 심지어 신문사 등의 인물자료가 망라된다. 사실 기업 단위의 연례보고서를 비롯해 각종 특허자료, 기업 또는 정부의 홈페이지, 마케팅 자료 등은 산업스파이들이 노리는 대상이다. 산업정보들은 기업 출판물을 탐독할 때, 경제 단체들의 회의 정보를 입수하거나, 산업박람회, 세미나 등에 참석하면 쉽게 수집할 수 있고, 전문집단의 회원으로 가입하면 더 좋은 정보를 얻을 수 있다.

② 인터넷 – 공개 소프트웨어

첩보를 처리하는 기술은 컴퓨터와 함께 크게 발전한 검색 소프트웨어와 시각적 소프트웨어 등일 것이다. 포탈 사이트(Naver, Daum, Yahoo, Nate, Pandora.TV), 인터넷 전자우편, UCC(사용자 제작 콘텐츠), 블로그(개인 홈페이지)들이 이에 속한다. 물론 경험적으로 볼 때 대부분의 웹사이트를 통해 자료를 얻지만 만족한 자료는 그리 많지 않다. 미국의 실리콘벨리의 인터넷 검색포털 '구글(Google)'은 수십 만대의 컴퓨터를 24시간 가동하며 전 세계 인터넷상의 정보를 끌어와 그 의미와 비중들을 평가 분석 제공하는 '정보발전소'로 작용하지만[6] 공개출처에 사용되는 자료 파일의 형식문제 혹은 검색 프로토콜(protocal)의 문제, 인터넷 자체의 문제 등 작은 부분에서조차 표준화가 잘 되지 않은 상태이다. 더구나 프로그램 설치나 실행능력이 부족하다거나 조직 내 시스템관리자들의 무능력으로 인해 공개출처의 수집과 생산에 많은 제약이 따른다. 그러나 자료의 과잉 축적이 계속되더라도 실

---

5) Robert Steele(2000), op.cit, pp.105~119.
6) 우메다 모치오(梅田望夫), 이광우(역), 『웹 진화론』(서울 : 재인, 2006), pp.24~34.

질적으로 처리 능력이 부족하거나 기대치가 낮다고 하더라도 문제를 해결하는데 큰 도움이 된다. 무엇보다 점차 적합한 소프트웨어가 개발됨으로써 공개출처 정보를 창출할 수 있는 능력이 향상되고 있다. 인터넷의 익명성은 전자우편 검색 엔진, 토론 등을 통해 필요한 자료를 수집할 수 있고 누구에게나 개방되어 있다는 점에서 민감한 정보까지 얻을 수 있다.

③ 공개 서비스 자료로부터의 수집

서비스라는 것은 출처나 소프트웨어와는 달리 수십 년간에 걸쳐 습득된 인간의 전문지식에 관한 것이다. 현대 공공 기관의 대 국민 서비스는 실시간으로 제공되고 있는데 이들 공개 서비스에서는 자료 중심의 서비스, 인간 중심의 서비스, 지리정보 자료의 시각화 등을 들 수 있다. 따라서 그 내용을 간단히 예시할 수 있는데, 우선 자료중심 서비스는 공개출처 영역에서 가장 중요한 부분이다. 주제별 이해가 가능하고 언어에 자질이 있는 온라인 검색사, 문서 검색 등을 동원해 수집할 수 있다. 온라인 시스템을 다루는데 능숙하고 지엽적인 주제를 다루며, 이해하기 어려운 명령어들을 사용하는 수많은 온라인 시스템을 활용해 다양한 정보를 수집하는 것이다. 그리고 이런 업무를 향상시키기 위해서도 특정 분야에 대한 지식을 갖고 있어야하며 영어 이외에 다른 언어로 작성돼 있는 원자료를 신속히 평가할 수 있는 외국어 능력자도 필요시 된다.

■ 컴퓨터 검색사의 활용
 – 중심적 출처로서 각 시스템의 구조를 이해하는 노력
 – 문제의 주제정보 파악 능력(학습, 사회과학이론 등 키워드 검색)
 – 외국어 능력이 우수한 사람을 통한 접속의 확대
■ 대상 자료 검색(검색 엔진 사용 : naver, yahoo.com, alta vista.co 등)
 – 조직(기업)내부의 문서 출처 확인(정보저장소, 사이트접속)
 – 저작권 준수로 법적 시비 가능성의 제거
■ 데이터베이스 구축 및 디지털화(지역, 조직, 요소별)

한마디로 정보화 시대에서 국가기관이나 기업 차원에서 그 위치가 '빅 브러더' 일지라도 아웃소싱을 통해서 돈이 될 수 있는 유효한 정보를 구입한다. 일례로 미국의 경우 1974년 '사생활 보호법' 이 제정된 이후 범죄자를 제외한 일반 시민들의 정보 입수가 금지된 연방수사국(FBI)이나 연방국세청(IRS : Internal Revenue Service) 등 국가기관들이 민간 기업들로부터 정보를 대량 사들이고 있다.[7] 특히 2만 여명의 연방국세청 직원들은 자신의 사무실 컴퓨터를 이용해 IRS와 계약을 맺는 초이스 포인트(Choice Point) 등 민간정보회사 데이터에 접속해 납세자들의 자산, 교통법규위반기록, 전화번호부 등 각종 정보를 검색하고 있다. FBI 수사관들도 초이스 포인트사가 개설해 준 전용 웹사이트(www.cpfbi.choice point online for the FBI) 들어가 각종 정보를 얻어 활용하고 있다.

그러나 특정 문서검색 역시 복잡한 것이어서 많은 경험이 요구된다. 검색로봇이 실시간으로 인터넷을 돌아다니면서 정보를 찾아주지만, 문서의 대부분이 전산화돼 있지 않으며, 온라인상에 올려져 있지도 않다. 많은 자료들이 물론 법률이나 윤리문제에 저촉되지 않으면서 입수할 수 있는 자료들이지만 말과 같이 쉽게 얻어지지 않는다. 금융정보, 학교연감, 학술논문, 심지어 작성 중인 논문 및 두뇌 집단들의 논문이 블로그나 웹사이트에 올라오지만 이를 검색 활용 하는 데는 많은 노력이 요구된다.

그 다음에는 인간 중심의 서비스를 받아 처리하는 경우이다. 관련 전문가들을 대상으로 직접 대화하거나 전화를 걸어 질문을 하면서 첩보를 얻어내는 숙련된 수단을 말한다. 전화조사를 통한 어떤 '경향' 을 알아보고자 할 때는 특별한 주의와 기술이 요구된다. 목적과 필요성에 따라 전문가 집단에 전화를 할 것인가 아니면 무작위적으로 시민을 대상으로 할 것인가, 혹은 어떤 주제로 질문 할 것인가. 아니면 질문 내용 전체를 밝히지 않으면서도 적절한 사람으로부터 타당한 첩보를 얻을 수 있는지를 알아보는 것이다.

이때 주의할 것은 민간 조사자와 시장 조사자들 모두가 사회 현상들에 대해 과소 평가되기도 하고 과대 평가되기도 한다는 점이다. 하기 때문에 질문에 응답하는 사람들이 찰나적, 일시적, 우연적 측면을 가질 수 있다는 점을 간과해서는 안 된다. 가상공간에서도 마찬가지여서 검색엔진을 통해 카데고리, 웹사이트, 웹페이지 등에서 다양한 정보를 얻을 수 있지만 다음 사항을 고려해 진행해야 한다.

■ 인간정보 수집전문가(Human Collection Specialists)
　　- 필요시 전화조사를 할 수 있는 전문가
　　- 민간 여론기관의 특정 이슈에 대한 조사가 가능한 사람
　　- 주기적인 시장 조사를 해본 경험자

---

7) 『문화일보』, 2001년 4월 14일.

■ 인간정보처리전문가(Human Processing Specialists)

- 자유스럽게 처리 가능한 인터넷검색 기능자

- 상용영상처리, 지도검색, 시각화(이미지화)에 능통한 사람

- 데이터베이스, 다중 출처의 처리가 가능한 전문가

- 비밀번호 및 인증서 암호 관리 전문가

이렇게 볼 때 인터넷 세계에서 필요한 정보를 검색활용하는 데는 사람을 잘 선발해 활용해야 하는 점이다. 기존 정보의 전산화 혹은 네트워킹에 대한 노하우나 그것을 개발할 수 있는 인력들에 대한 교육 문제가 제기된다. 디지털화가 급속히 진행되는 시대에서는 실질적으로 정보검색은 물론 사회과학적 조사를 해본 경험자가 필요하다. 경험이 풍부한 사람을 통한 디지털화, 공개정보의 생산은 정보통신 인프라나 인력의 효율적인 활용이 매우 중요하다는 점을 일깨워준다.

끝으로 지리정보자료와 위치확인 시스템의 시각화와 입체화이다. 이는 민간 분야의 영상정보와 국가 비밀영상자료 및 지리자료들을 충분히 통합해서 정보 수요를 충족하는 것이다. 지리정보시스템(GIS : Geographical Information System)은 지도에 관한 속성정보를 컴퓨터를 이용해 해석하는 시스템으로 지도정보시스템이라고도 한다. 여기서 취급하는 정보는 인구 밀도나 토지 이용 등의 인위적인 요소, 기상조건이나 지질 등 자연적 환경 요소 등이 망라된다.[8]

또한 이와 비슷한 원리로 개발된 위성항법장치(GPS : Global Positioning System)가 있다. 동 시스템은 원래 군사용으로서 미사일의 정확도를 높이는 기술이었다. 세계 어느 곳에서나 위치를 추적할 수 있도록 위성으로 구성해 놓은 시스템이다.[9] 미국의 GPS는 세계 유

---

8) 지리정보시스템 중 가장 대표적인 것은 교통정보시스템(TIS)이 있다. 동 TIS는 지능형 교통체계를 통해 육로, 항공, 해로 관리 등의 정보를 알려주고 있다. 또한 토지정보시스템(LSI)는 토지자원의 이용현황과 건물, 주택, 인구에 관한 정보까지 총괄해 제공하고 있다. 우리나라의 경우 정부는 국토공간의 정보화작업을 위해 국가지리정보체계(NGIS)구축사업을 시행하고 있다. GIS관련 정보는 지오매니아(www.geomania.com)가 있고, GIS소프트(www.gissoft.com)가 GIS엔진을 토대로 축적 5000대 1 규모의 전국지도 데이터를 보유 제공하고 있다.

9) 위성항법장치(GPS)는 미국이 지상 20,200km(지구 중심으로부터 26567.5km)에 원궤도에 6개 위성을 배치해 운영하는 것이다. 각각의 위성에는 6천년에 1초 정도 틀릴까 말까한 3개의 원자시계를 탑재했으며, 지상으로부터 자신의 위치와 시간을 기록한 전파를 송출한다. 이는 땅위의 한 지점에서 동시에 4~6개의 위성으로부터 내려오는 전파를 수신할 수 있도록 하기 위한 것이다. 미국의 미사일이 수천 km 떨어진 곳에서 발사해 목표물을 1m 정도 벗어나지 않게 명중시킬 수 있는 것도 미사일에 목표물 좌표를 입력해 놓음으로서 초당 수십번씩 자신의 위치를 확인하며 방향을 스스로 조정하기 때문에 명중률이 높은 것이다.

일의 위성항법 시스템으로서 원자시계로 조정되는 신호전달 방식을 갖고 있다. 군사적으로 미사일이 목표물의 경도와 위도 등 좌표가 입력된 전자지도를 내장한 뒤 GPS을 활용해 목표물을 찾아갈 수 있기 때문에 정확한 폭격이 가능하다. 군사용으로 개발된 GPS운영 기술은 최근 민수용으로 확산되면서 자동항로 안내, 수mm 물체의 정확한 측량, 지하 매설물의 위치 확인, 지도 제작 등 다목적 활용이 일반화되고 있다. 더 나아가 미국은 우주를 소유하는 자가 세계를 지배한다는 논리에 따라 GPS의 활용을 극대화하기 위해 28개의 GPS인공위성을 운용하고 있다. 또 유럽연합(EU)은 '갈릴레오 프로젝트' 를 수립 2008년까지 30개의 인공위성을 띄워 GPS체제를 구축할 계획이다.[10]

- 산업 분야에서 도로망, 지하 매설물, 토지이용 등의 지도 제작
- 군사 분야에서 군사 훈련, 무기유도, 포대, 군사 장비 이동 등의 포착
- 운송 분야에서 항공항법, 공항감시, 전천후 착육 시스템, 대중교통시스템, 차량위치 확인 등에 이용
- 휴대 전화 GPS서비스가 상용화되면서 상대방의 위치 확인 가능

이러한 상용영상자료들과 GIS, GPS 시스템들과 최신 컴퓨터 소프트웨어들을 이용해 실행 가능한 가상현실을 만들어 낼 수 있다. 기업들도 적당한 비용으로 GPS측정 장치를 통해 컨테이너나 운송장비에 부착하여 항상 정확한 위치를 파악할 수 있다. 마치 정보기술(IT)과 영화가 만나 최첨단 3차원(3D)애니메이션이 시너지효과를 나타내며 각광을 받고 있는 것과 마찬가지이다.[11] 더욱이 국가의 비밀영상자료는 물론 국방정보의 필요성이 증대되면서 이들 자료에 대한 새로운 시각과 비교 분석 방법을 널리 사용하고 있는 추세이다. 지리정보자료 등은 현실감 있는 3차원의 영상을 만들어 사용할 수 있도록 시스템화되고 있다.

결론적으로 국가정보기관의 적극정보 활동의 하나인 공개출처정보는 정보 수요를 정확히 판단하고 적절한 출처를 통합하고 사용하는데 있다. 관련 기관들은 적당한 소프트웨어

---

10) Spiegel, Oct 27, 2003.
11) 2001년 미국에서 출시된 영화 '슈렉' 은 3D애니메이션으로 성공을 거둔 영화이다. 안면근육 애니메이션시스템 (facial animation system)을 통해 케릭터의 근육과 지방, 피부가 서로 반응하게 하거나 미세한 그림자까지 생성하게 표현할 수 있는 기술 셰이더(shader), 그리고 물, 용암, 진흙 등을 정밀묘사하기 위한 액체애니메이션시스템 (FLU)이 사용되고 있다.

를 응용하고 적절한 서비스를 이용해 정보를 생산하는 바 특정인의 질문에 대한 가치 있는 정보 내지 보고서를 내놓고 있다. 그러나 공개 자료에 있어서 내용의 질과 양, 자료의 성격과 관련해 명료성과 논리성, 자료검색 가능성 등 세밀한 상대 평가를 한 후에 사용하는 지혜가 요구된다.

◐ 공개출처 정보의 생산과정

엄밀한 의미에서 공개출처정보는 정보생산물이라기보다는 정보생산과정이라고 할 수 있다. OSINT 생산 과정에서는 실제필요로 하는 정보를 '누가 얼마만큼 잘 알고 있느냐'를 찾아내는 능력이 좌우한다. 또한 사람의 지식뿐만 아니라 가상공간 및 각종 매체에 축적된 지식을 찾아내 이를 신속하게 평가하고 자료의 타당성 여부를 확인하는 능력에 따라 그 효용성이 달라진다.

더구나 공개출처정보에서도 고객이 원하는 것이 무엇인가를 정확히 알아내는 능력을 필요로 하는데, 이는 사용자의 질문과 요구에 올바르게 답해야 하기 때문이다. 이런 의미에서 OSINT 생산이란 정보의 수요와 수집, 분석에 관한 인간의 전문 기술과 출처에 대한 지식은 물론 선진첩보기술을 통합하는 과정으로서[12] 이것을 다시 축약해 보면 다음과 같다

- 탐색(discovery) : 자료를 알고 보유하고 있는 사람이 누구인가를 파악한다
  (knowing who know)
  - 출처를 정확히 확인하고 획득 후는 다른 자료들과 비교 배합한다.
- 비교 확인(discrimination) : 자료의 성격이 어떤 것인가를 확인한다
  (know what's what)
  - 신속한 출처의 평가와 데이터를 검증한다.
- 선택 · 추출(distillation) : 무엇이 유용한가, 필요한 내용인가를 판단
  선택한다(know what's hot)
  - 정보의 요구와 질문에 답변할 수 있는 내용인가를 확인한다.
- 평가분석(analysis) : 전후관계의 판단, 비평적 안목과 가치 판단을 통해
  정보를 생산한다.(know what's methodology, analysis)

---

12) Robert Steele(2000), op.cit, p.109.

　－ 정보 사용자의 욕구를 충족시켜주는 분석으로 진행한다.

그러면 공개출처는 왜 중요하고 이를 생산해야 하는가. 이미 짐작하고 있듯이 현대 사회 구조에 있어서 국가정보부문 역시 민간 분야에 의존하는 비중이 확대되고 있다. 어느 정부든 간에 기업과 개인으로부터 귀중한 지식을 얻어 잘 이용할 수 있는 방법을 터득해야하며, 동시에 기업들도 공개출처를 효율적으로 이용하여 정보를 창출하는 방법을 배워야할 것이다. 그 이유를 다음과 같이 요약할 수 있다.

첫째로 공개출처가 정보분석 보고서에서 상당한 비중을 차지한다는 점이다. 미국 CIA의 경우에도 경제 분석과 같은 특정 분야에서 유용한 첩보의 95%를 공개첩보로부터 획득하고 있는 것으로 추정하고 있다. 또한 공개정보 자료는 비밀자료의 효과만큼 미치지 못하지만 정보 분석가와 정보사용자들에게 적절한 판단을 내리게 해주며, 그리고 비밀자료들 중 어떤 것이 필요한가를 확인할 수 있는, 즉 정보요구에 대한 수집의 방향을 구축할 수 있게 해준다.[13]

이런 추세는 일방적인 것이어서 중국의 경우도 공개출처를 매우 중시하고 있다. 중국의 정보수집 교범을 만들어 낸 「중국국방과학기술정보학회」 교수들이 저술한 「국방과학 기술 정보획득의 원천과 수단」에 의하면 정보란 '핵심 기술을 터득하기 위해 꼭 필요한 중요지식' 이라고 정의하면서 중국 군사 당국이 필요한 정보의 80%는 공개 자료에 의해 획득될 수 있고, 나머지 20%만이 비밀 자료에 접근해 얻어질 수 있다고 했다.[14]

둘째는 정보기관은 비밀첩보를 선호하고, 그것이 바로 민간 기관과 차별화 되는 것으로 여기지만, 그러나 공개된 자료를 도외시하고는 오로지 비밀 자료에 기초해서 어떤 결론을 내릴 수 없다. 실제로 정보 분석판단은 자기분야의 비밀첩보만이 아니라 그와 관련되는 모든 첩보내용에 대해 정통해야 하며, 입수된 첩보들에 대해 신뢰성 여부를 확인하는 작업을 게을리 해서는 안 된다. 미국 중앙정보국장(DCI)은 1992년 「정보공동체 공개출처 담당처」 (COSPO : Community Open Source Program Office)를 신설한 이후 CIA 및 정보공동체내 다른 정보기관이 공개적으로 입수 가능한 첩보를 수집, 처리, 배포하는 업무를 담당케 하는 공개 정보팀(OSU : Open Source Unit)을 2004년 이후 운영하고 있다. 여기서는 새로운 컴

---

13) Robert Steele, Open Source Intelligence: What is it? Why is the Important to the Millitary, Open Source Solution, 1996. vol, 2. URL- http://www.oss.net/proceedings.htm.
14) For Eastern Economic Review, Dec 23, 1999.

퓨터망을 구축하여 CIA분석관들에게 1,200종류의 공개 출판물에 대한 온라인 검색을 담당하고 하고 있다. 최근에는 기업체나 시민 단체조직이 만들어 내는 인쇄물이나 여러 정치, 경제 단체의 공개 자료들이 체계적으로 수집되며 적절하게 이용되고 있다.

이 뿐만이 아니라 러시아의 경우 무기 개발 및 수출 등 핵심 분야의 내용들, 전략미사일, 정밀유도무기, 폭탄과 어뢰, 전자 공격무기 등 최첨단 무기 정보를 전문 잡지들로부터 수집 이용하고 있다. 중국의 「국방과학기술정보학회」의 경우 수백 명의 인원을 고용해 1,000개 이상의 해외 간행물을 검색하고 있다는 사실은 이의 중요성을 말해준다. 모든 공개 자료는 비밀공작의 부족한 부분을 메워주는 역할을 충분히 해내고 있음을 반영한다.

셋째는 그러나 공개 자료에서 필요한 정보를 수집 사용하고자 할 때는 필히 자료의 신뢰성을 파악하는 것이 중요하다. 비가 많이 오는 홍수기에도 물이 귀한 것처럼 정보홍수 시대에서 무수한 자료들이 검증 여과 없이 유통되기 일쑤다. 심지어 네티즌(netizen)들의 e메일 주소가 편법으로 대량 암거래되고 바이러스 e메일까지 창궐하며 스팸 메일(spam mail)이 확대되고 있어 더욱 그렇다. 스팸 메일(광고, 쓰레기 메일)이 넘쳐나는 일, 인테넷 게시판을 떼로 몰려다니며 신변잡기와 욕설로 도배한 '사이버 훌리건' 들 탓에 네티즌들은 매일 수십 분을 들여 쓰레기 메일을 메우는 고통을 겪고 있다는 사실은 잘 알려진 일이다.

따라서 지적해 둘 것은 한두 가지가 아니다. 신문 등 일간지는 통상적으로 현재 또는 사후정보(事後情報)를 게재하고 있다는 점이고, 잡지도 지나간 사건을 정리하고 있거나 흥미 위주의 추측정보를 게재하고 있는 점에 유의할 필요가 있다. 그래서 정보 전문가들은 미디어 리터러시(media literacy), 즉 미디어를 소화할 수 있는 능력에 관심을 기울이어야 한다. 일본의 요시미 순야(吉見俊哉)는 우리가 매일 접하고 있는 TV나 언론 매체 등 갖가지 미디어가 어떻게 '현실' 을 구성하고 어떤 의미를 갖고 있는지 정밀하게 되새겨 봐야 한다며 미디어 리터러시를[15] 강조하고 있다.

결론적으로 어디에서나 의사소통이 가능한 '지구촌 마을' 이 형성돼 가면서 공개 정보는 무한적이다. TV 뉴스를 보면 지구촌 곳곳의 소식들이 쉴새없이 전달되고 있다. 인쇄 매체도 마찬가지여서 세계적인 신문들(WSJ, Business Week, News Week, Time 등)이 시공적

---

15) 미디어 리터러시(media literacy)란 정보처리능력이나 정보발신능력이 아니라 미디어에 대해 이야기 하거나 표현 하는 언어와 이미지가 어떤 문맥을 기초로 하고 있는가. 또는 어떤 의도나 방법으로 편집된 것인지를 비판적으로 읽고 거기서부터 대화형 커뮤니케이션을 만들어 가는 능력을 의미한다. 이에 대한 글은 요시미순야(吉見俊哉), "メディア．リテラシユの實踐", 松岡正剛, 『情報 文化の 學校』(1998), pp.36~38.

제약을 받지 않고 지구촌 어디에나 배달되고 있다. 그런가 하면 지구를 하나로 묶는 첨단 통신망이 국경을 넘어 확산되고 있다. 실제로 IBM, 지멘스, 소니, NTT, 에릭슨 등 다국적 기업들은 '디지털 하이웨이'로 불리는 첨단 통신망을 통해 육지와 하늘, 바다 속으로 연결시켜가고 있다. 이제 범세계적 차원에서 공개 정보를 선택해 사용할 수 있는 시대가 온 것이다.

7-1-2. 인터넷 자료(웹사이트)

현시대는 위성수신안테나, 인터넷, 다채널 TV, 케이블 TV 등 모두가 장벽을 꿰뚫고 안방까지 정보를 전달한다. 통신기기들의 발달로 더 강력하게 더 저렴하게 더 스마트하게 디지털화되면서 어떤 제약이나 감시 없이 정보를 소비할 수 있게 되었다. 프리드만(T. Friedman)은 이를 '정보의 민주화'라고 지칭한다. 정보의 민주화로 인해 모든 국경선 마을 경계를 넘어 다른 세상의 삶을 알게 되었고 어떤 통제나 격리도 어렵게 되었음을 의미한다.[16]

우리가 경험하고 있듯이 일상생활이 인터넷 장터(electronic bazaar)라는 사이버 신세계에서 진행되고 있다.[17] 사이버공간이란 우리의 육체를 뒤에 남겨 놓고 들어가는 탈육화된 정보 영역이라고 개념화할 수 있다. 더구나 현대사회는 On line상에서 문제 해결을 위한 의사소통이 더욱 확대되고 있다. 기업체는 인터넷을 통해 정보를 공유하고 온라인 커뮤니티와 지식경영을 꾀하고 있다. 예를들어 많은 사람들이 온라인 브레인스토밍(여러 명이 동시에 연상기법으로 토론에 참여하는 회의)에 참여하고 있다. 사람들 간에 정보를 공유함으로써 조직과 개인을 위한 지식경영을 실천하고 이다.

더 나아가 집단과 개인은 가상의 세계 속에서, 그리고 미디어 세계 속에서 서로의 전자적 관계망으로 존재한다. 인터넷이라는 열린 공간은 문화혁명을 가능케 하고 있으며 인터넷을 통한 정보수집은 시공을 초월하고 있다. 가상공간에서는 누구나 각 나라의 홈페이지에 들어가 원하는 자료를 열람할 수 있고 e-mail을 통해 서로의 의견을 교환할 수 있을 뿐더러 블로그나 채팅방에서 광범하게 소통되는 정보를 사용할 수 있다는 점에서 일종의 '등화현

---

16) Thomas L. Friedman, The LEXUS and the Olive Tree(New York : Anchor Books, 2000), pp.60~65.
17) Robin Bloor, The Electronic B@zzar : From the Silk Road to the eRoad (London : Nicholas Brealey, 2000), pp.175~178.

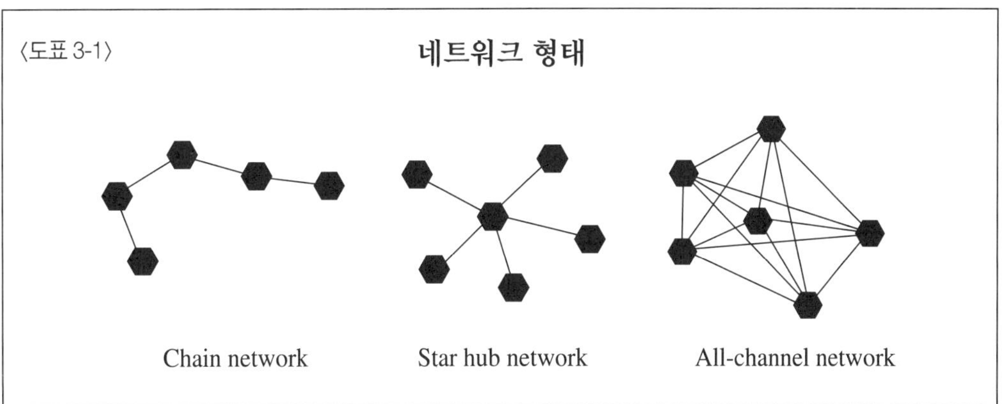

※ 자료 : Zalmay M. Khalilzad, John P. White, The Changing Role of Information in Warfare, CA : Rand, 1999. p.85.

상' (equalizing phenomenon)까지 나타낸다.

요는 지금까지 있어 왔던 물리적인 영토 분쟁이 아니라 가상현실의 공간을 누가 선점하고 정보 네트워크의 주인공이 되느냐가 초미의 관심사이다. 오늘날의 네트워크 사회는 기술, 정보지식의 총체이다. 사이버스페이스(cyber space)에서는 남녀와 노소의 구별이 없는 이른바 연령과 성(gender)의 벽이 무너지고 무한한 시간과 공간에서 인간적 커뮤니케이션이 이루어지는 세계이기도 하다. 그러므로 비즈니스 체계에서 네트워크의 원형은 모든 채널이 연결되어 있어 아이디어와 이익을 상호 나누고 이익을 분산시키는 등의 자원관리와 위기관리 등 행위자들의 역할이 중시된다. 이런 네트워크 형태는 일찍이 아래와 같은 3가지로 설명되었다. 〈도표 3-1〉

- 우선 연쇄 사슬 네트워크(chain network)는 사람, 상품, 정보들이 상호 한 라인상에서 이동하는, 즉 거점과 거점을 통해 끝없이 의사소통이 이뤄지는 형태이다.
- 허브와 바퀴살 네트워크(star, hub. wheel network)는 프렌차이즈(franchise) 혹은 카르텔(cartel) 구조처럼 하나의 거점을 중심으로 행위자들이 의사소통과 업무 협조를 해 가는 형태이다.
- 총망라 네트워크(all-channel network)는 대 · 소규모 거점 조직들이 다양한 그룹을 형성함으로써 모든 사람들, 상품 망이 상호의사소통이 이뤄지는, 곧 공동 업무의 추진 및 가능한 협력체계를 이뤄나가는 형태이다.

더구나 이제 모든 길은 전자유통고속도로(e-road)로 통할 것이라는 예측은 정보문화의 발전을 뒷받침한다. 요즘 e-비지니스를 지배하는 트랜드 중에 중요한 것은 정보를 완전 공개하는 오픈 북 기업(open book corporation) 경영이 발전하고 있다는 사실이다. 전통적인 경제에서는 많은 정보를 통제하는 사람이 더 많은 힘을 가질 수 있었으나 인터넷세상에서는 '지식의 공개'가 큰 힘이 된다는 말이다.

따라서 인터넷을 통해 개인적인 취미 차원에서, 직업적인 관심 때문에, 이상을 공유하고 있는 사람들끼리 뭉치고 생각을 나누는 인간관계가 형성되고 있다. 미국의 아이 빌리지(www.ivillge.com)는 여성을 위한 인터넷 커뮤니티로 이름나 있다. 이 커뮤니티에서 여성들은 직장과 가정에서 겪는 경험과 고통을 함께 나누고 해결 방법을 찾고 있다. 미국의 e비지니스 전문가 마틴(C. Martin)은 그의 책 『e비지니스 · com』에서 인터넷 커뮤니티는 이제 기업 활동의 새로운 무대가 되고 있으며 모든 비즈니스는 인터넷으로 통한다고 설명한다.[18]

이런 가상공간은 전문적인 정보관들에게도 유용한 장터이다. 미국 CIA는 컴퓨터를 통해 사용자들에게 미 CIA공개 데이터베이스뿐만 아니라 정보공동체내에서 존안하고 있는 모든 자료가 분류돼 데이터베이스를 통해 사용이 가능토록 하고 있다. 예를 들어 「미국자동차연구 평의회」(USCAR : United State Council for Automative Research)가 주관하는 「차세대 자동차 파트너십」(PNGV : Partnership for New Generation Vehicle)을 공동으로 개발하는 신기술, 이를테면 2004년까지 1배럴당 80마일(리터당 약 34km)까지 주행하는 '슈퍼카'를 생산한다는 것인데 지금까지의 기술개발성과는 웹사이트www.ta.doc.gov/pngv, 아니면 www.uscar.com에 그 내용이 공개적으로 올려지고 있다.

그런가 하면 존 네그로 폰테 미 국가정보부(DNI) 부장은 2006년 10월 31일 다국어판 인터넷 백과사전인 '위키피디아'(Wikipedia)를 응용한 정보당국 자체의 인텔리피디아(Intellipedia)를 개발해 이용하고 있음을 밝혔다. 동 인텔리피디아 시스템을 이용해 정보공동체들이 다양한 정보를 수집하고 분석하는데 모두 함께 참여할 수 있다. 현재 미 국가 정보국 산하 15개 정보기관들은 '극비' 문서 내지 국가정보평가 보고서 작성에 필요한 정보들을 처리하는 통로로 활용할 수 있다고 했다.[19]

물론 인터넷 정보가 국가정보판단에 얼마나 유용한가에 대해서는 부정적인 의견도 만만

---

18) Chuck Martin, Net Future, Price Waterhouse Coopers, e-Business Practice(역) 『e비지니스 · com』, p.41쪽 이하.
19) http://article.joins.com/article, 2006. 11. 22.

치 않다. 정보의 바다 인터넷의 지식검색을 통해보면 만문만답(萬問萬쏨)이 가능한 무한 자원의 세상이라고 할 수 있지만 검증 안된 단편적 정보일 가능성이 많다. 실제로 미 CIA의 「정보공동체 공개출처 담당처」(COSPO)는 인터넷 내용 중 실제로 가치가 있는 것은 1% 미만으로 평가했다. 그중 아주 유용한 사이트는 미국 내 50개, 보통 쓸 만한 사이트는 500개 정도 밖에 되지 못했다. 나머지는 포르노와 의견 개진이 주류를 이룬다고 했다.

그러므로 각 정보조직들은 정보충격의 핵심이 되는 인터넷을 통해 방대한 양의 자료를 신중하게 획득해 상용할 수밖에 없는 상황이다. 많은 자료들이 디지털형식으로 변환, 색인 분류되고 사용하기 쉽게 표준화되어 올려지는, 즉 디지털 환경으로 만들어 인터넷에 올려 짐으로써 시간적 가치를 제공해 준다. 결국 돈을 지불하고 시간을 버는 것이며 동시에 정권적인 차원에서 인터넷에 올려지는 정보를 수집하거나 유해한 정보를 차단하는 일들은 매우 중요한 업무가 되고 있다.

인터넷상에서의 정보생산 및 활용 가능성

- 인터넷은 공동 작업 환경과 첩보 공유에 매우 유익한 자원이다.
    - 시 · 공간적 제약의 극복으로 실시간 내에 정보획득이 가능하다.
    - 탈중심적이며 개방적으로 다양한 정보를 손쉽게 얻을 수 있다.
    - 인터넷을 통한 온라인 수집망과 오프라인 체계를 유기적으로 통합할 수 있다.
- 인터넷 용도는 다중적이고 무제한 적이다.
    - 징후 및 경고 전달의 역할이다. 세계적으로 일어나는 쿠데타, 시위, 폭력사건 등에 대해서 즉시 알려 준다.
    - 문화적 배경의 전달로서 종교, 문화, 여행 등 사람들의 생활 모습을 볼 수 있다.
    - 기본 자료 검색으로서 정치, 경제, 사회 등 기초자료, 카탈로그, 목록 등을 얻을 수 있다.
- 인터넷을 통한 공동체 혹은 가상 사회의 형성이다.
    - 쌍방향적 의사소통의 확대로 사이버 정보공동체가 형성되고 있다.
    - 대안적 공론의 마당이 마련되고 대등한 입장에서 커뮤니케이션에 참가할 수 있다.
    - 인터넷을 통한 산업 즉 디지털화, 인터넷 기반의 기업(B2B, C2B, B2C, C2C)이 확대되고 있다.
- 인터넷 주소와 블로그 등을 특별 관리한다.
    - 검색사이트에서 키워드를 이용검색 한다.

- 검색사이트의 카데고리를 이용하고 유익한 사이트는 즐겨찾기에 등록해 둔다.
- 링크를 이용하고 다운로드가 가능한 것을 적극 활용한다.

이렇게 인터넷은 지구상에서 가장 영향력 있는 매체이며 동시에 누구로부터도 간섭받지 않는 지휘체계와 접속망 속으로 사람들을 끌어드리고 있다. 예측하건대 인터넷 이후의 세계는 '음성관련 응용기술의 시대'가 될 것이다. 고속 인테넷과 무선통신의 결합이 이뤄지고 있는 것이다. 예를 들어 텔미닷컴(www.tellme.com)과 같은 것을 볼 수 있는데 이는 유무선 인터넷을 이용해 어디서나 개인정보를 관리할 수 있는 넷핌스(net.PIMS)의 시대가 열리고 있는 것을 의미한다. 인터넷과 개인정보 관리 시스템(PIMS)을 결합한 것으로 발전하고 있다.

7-1-3. 공개정보와 비밀 정보의 관계

현시대 인터넷은 사람들이 요구하는 정보를 골고루 갖게 해주는 역할을 한다. 하기 때문에 정치적 권력이 이것을 통제하기란 그리 쉽지 않다. 우리는 통제 받지 않는 정보의 세계에서 살아가고 있으나 원하는 고급정보, 유익한 정보를 얻는 것은 많은 기술과 지적훈련이 요구된다.

국가나 기업차원에서 양질의 고급정보를 생산하기 위해서는 정보 수집이 우선돼야 한다는 점을 앞에서 강조했다. 게다가 정보 수집을 위해서는 대상목표에 쉽게 접근해야하고 또 가능한 정확한 정보자료를 획득해야 한다. 다양한 정보수집의 방법은 어느 한 가지에만 의존하는 것이 아니라 다원적인 방법으로 이루어지고 있음을 반영한다. 따라서 공개정보와 비밀정보의 관계는 상호 보완적이다.[20]

그런데 특수조직들이 갖고 있는 내용이 절대적 비밀일지라도 그것을 끝까지 지킨다는 것은 불가능한 일이다. 때문에 많은 공개적 사건들을 통해서 조금씩 드러내는 만큼 여러 사실들에 대해 하나하나 주목할 필요가 있다. 공개정보의 축적과 분석을 통해서 고급비밀정보 전체의 윤곽을 파악해 낼 수 있다. 또한 비밀자료는 공개된 인간관계, 뇌물제공과 컴퓨

---

20) Gregory F. Treverton, Reshaping National Intelligence for An Age of Information, (Cambridge : Cambridge University Press, 2001). pp.8~10.

터 해킹 등에 의해서도 획득될 수 있다. 해외 유명 과학자들의 주소와 여행 기록 등 인물정보와 관련한 데이터베이스를 구축해 비밀정보에 접근할 수도 있다. 그렇기 때문에각 기관이 보관하고 있는 비밀자료만을 당장 고집할 것이 아니라 인간관계 등을 통해서 깃털을 포착하고 점진적으로 전체 내용을 파악해 들어 갈 때 몸통의 비밀자료까지 수집할 수 있다.

이런 의미에서 국가정보기관들은 공개된 정보를 그대로 사용할 수 있으나, 일반 사회단체에서 취급하는 공개정보와 경쟁하지 않는 것이 상식이다. 비밀정보를 수집 생산해 내는 것이 국가기관의 임무인데 반해 공개정보는 공공 영역 또는 공론 영역에서 광범하게 취급되는 정보를 의미한다. 하기 때문에 우리는 공개정보와 비밀정보와의 관계를 구분하고 이해 할 필요가 있다.

첫째, 공개정보는 대중 앞에 나타나는 모든 것은 누구나 볼 수 있고 들을 수 있으며 취할 수 있는 공공성을 갖는 정보를 말한다. 더구나 공공 영역은 과거와는 달리 조직, 국가, 기업, 신문, 방송이라는 제한 된 장소에 국한되지 않고 인터넷 등 자료유통 공간이 넓어지면서 동시에 공공 영역 자체가 투명해지고 있다.

둘째, 공개정보의 실재성은 바로 한 사람의 소유와 구별되는 우리 모두의 것이다. 하지만 이를 사용하는 사람, 기관들의 위치는 다르고, 나아가 다른 입장에서 수용된다는 점에서 공통적 본성과는 다른 대중 소비 사회의 성격을 갖는다. 곧 정보의 가치는 여러 사람들의 고유한 경험과 목적, 주관성에 의해 좌우된다.

셋째, 그럼에도 불구하고 공개정보는 다양한 차이와 조작에 의해 작동될 수 있다는 의미에서 개인이나 집단, 대중 매체에 의한 의도적 조작의 가능성이 존재한다. 더구나 정치적 행위의 장으로서 공공 영역은 국가장치와 이데올로기, 그리고 생산양식이 지배하는 한 '타자' 들에 대한 배제와 차이가 불가피하지 않을까 하는 점이다. 그 이유는 공개정보일지라도 이것은 '권력을 위한 정보' 로 직접 생산될 수 있기 때문이다. 다시 말해 약간의 크르트리마타(krtrimata, 인위성)가 불가피하지만 적어도 문제는 모조품이 진품 행세를 하는 것에 주의를 기울여야 한다

넷째, 특정내용이 절대 비밀에 쌓여있을지라도 그것은 시간이 지나감에 따라 노출된다는 사실이다. 일례로 미국의 「포린 어페어스」(Foreign Affairs)지 2001년 1, 2월 호에서 중국 천안문사태의 비화를 다룬 "톈안먼(天安門)페이퍼" 라는 글을 통해 1989년의 천안문사태의 실상을 분석해냈다. 이 자료는 498쪽에 이르는 비밀문서로 장양(張良)이라는 필명의 중국인이 제공한 것으로 천안문 대란 시 최고지도자였던 덩샤오핑(鄧小平), 리펑(李鵬) 총리 등

강경파들이 무력진압 결정을 한 것으로 확인되었다. 이 글이 던지는 의미는 당시 정치국의 회의록으로서 중국내부의 개혁파, 보수파간의 갈등을 엿볼 수 있으며 인민해방군의 동원 과정과 중국 대륙 50개 시에서 1억 명이 참가한 '천하 대란' 이라는 점이 처음으로 확인된 것이다.[21] 어떤 사건의 비밀유지 혹은 비밀의 절대성 유지가 매우 어렵다는 점을 반영한다.

결국 정보조직들은 공개출처의 역량과 다원적 출처의 필요성에 대해 잘 이해할 필요가 있다. 정보사용자들은 첩보의 더미에 빠져 생활하면서도 첩보의 상당량을 정보라고 믿고 있다. 또한 정보분석가들이 정보를 추출하기 위해 '가능한 자료'만을 가지고 정보를 생산 하고 있는 반면 '비밀첩보' 획득을 소홀히 하는 경우가 많다. 그 이유는 지나치게 비밀스럽 다거나 비용이 많이 들고 자료 자체들이 폐쇄되어 있기 때문이다.[22] 참고적으로 비밀첩보 는 공개출처 정보에 비해 아래와 같은 성격을 갖는다.

- 대부분 고도의 과학기술수집수단(SIGINT, IMINT)에 의해, 혹은 비밀공작을 통해서 얻은 내용들이다.
- 사용자 입장에서 보면 정보보고서가 많으나 적시성이 없어서 자연히 비밀스러운 자료를 요 구하게 될 때 얻어진 자료들은 비밀자료에 해당된다.
- 그러나 자료 획득비용은 공개출처비용에 비해 10~100 배가 더 든다.
- 기회비용의 경우, 시스템 부족일 때 특정 보유자들이 비밀 자료들을 독점하는 경향이 있다.
- 고급정보일 경우 조직원 모두의 공동이용이 제한적이고 차단되어 있다.
- 만약 노출, 공개 시 심각한 갈등, 긴장 관계를 초래하기도 한다.

다시 말하면 비밀출처 개척과 수집 방법을 이용하는 데는 대부분의 사람들이 알고 있는 것보다 더 많은 비용을 필요로 하며 설사 이해하고 있더라도 지불할 수 있는 예상 비용보다 실제로 더 많은 액수가 들어간다. 만약 국가의 재정 위기가 지속될 시 '작은 정부'를 지향 하게 되고 정보예산을 축소하는 사태로 번진다. 정보는 더 이상 돈과 무관할 수 없으며 단 순히 비밀유지를 통해 무능력을 은폐하는 수단으로 이용되는 경우도 많기 때문이다. 그러 면 왜 공개출처정보(OSINT)가 중요하고 필요한가를 검토하기 위해서는 아래 요소들을 살

---

21) Andrew F. Nathan, "The Tiananmen Papers" Foreign Affairs (Jan/Feb 2001), pp.2~22.
22) Bruce Berkowitz and Allen E. Goodman, Best Truth : Intelligence in the Information Age(Yale University Press, 2000), pp.10~12.

퍼봐야 한다.

- 적시성의 문제로서 공개출처로부터 정보를 신속히 입수할 수 있는가, 없다면 비밀 출처로 부터 입수할 수 있는가
- 출처의 배경과 관련해 공개출처로만 어떤 일을 해결할 수 없다면 그 상황의 전후 배경이 과연 비밀스러운가, 비밀자료가 정말 필요한가.
- 획득할 내용의 성격으로서 공개출처만으로 불확실성을 감소시킬 수 있는가, 없다면 보다 나은 결정을 위해 비밀스런 내용이 실제로 요구 되는가
- 효과적인 측면에서 공개출처의 본질인 자료의 공유성으로 쉽게 획득될 수 있는가, 아니면 정보기관이 운영하는 비밀공작이나 비밀조직을 통해서만 얻어질 수 있는 이른바 민첩한 첩보수집 능력으로만 해결될 내용인가.

이렇게 볼 때 공개정보는 '투명한 영역' 으로 볼 수 있지만 이것 역시 복잡하고 구체적인 사회경제 생활의 전부가 아니라는 사실이다. 곧 양이 많다고 하지만 거기에는 가름할 수 없는 '불투명한 층' 이 있는 것이다. 그러므로 불투명한 층을 해결하기 위해서는 비정상과 소란스러움을 넘는 '비밀의 층' 을 찾는 것이고 그 같은 배경은 결국 비밀 수집을 선호하게 된다. 또 한 가지 지적해 둘 것은 지식정보 활용과 관련해 정보기관(비밀정보 활동)과 일반학자 내지 연구자(공개정보 활동)들 간에는 몇 가지 대비점이 있다는 사실이다.

그것을 다음과 같이 정리할 수 있다.

- 정보기관의 정보활동은 상당히 신중하게 비밀로 이뤄진다. 곧 정보의 은밀한 수집을 의미하는데 반해 일반 학자들은 공개된 자료들을 사용하고 이를 축적해 사용한다. 그러나 솔직히 말해 정보기관의 첩보활동은 인간의 어두운 면 – 거짓말, 속임수, 배신 – 등에 대해 관심을 갖는다.
- 정보상품은 대개 국가조직 내 단일 소비자를 위해서, 그리고 최근 기업체의 경우처럼 최고 경영자 오너의 요청에 의해서 생산되고 소비되는 결과물이다. 반면에 학자들은 자료 빈곤 속에서 주어진 자료에 기초해 연구하며 생산한 결과물들은 가능한 널리 전파되고 대중적이다.
- 정보활동은 국가간의 대립과 경쟁 관계에서 국가이익을 우선시하는 활동이다. 하기 때문에

매우 위험하고 치명적인 내용을 취급함으로서 보안성 문제가 따른다. 반면에 학문 활동이 경쟁적이지만 그 목적은 공개적이고 평화적인 지식을 추구한다는 점에서 다르다.

● 반면에 일반 학자들은 개별 상황을 종합 분석한 일반 모형(패턴)을 찾는것이라고 한다면, 정보사용자는 특정 문제 상황을 검증하고 예측하여 특정정책을 설정하고 건의한다.

● 정보보고서는 특정 상황에 주안점을 두는, 즉 주관적 확률 추정치를 사용하는 경향이 있으나 일반 학자들은 변수 설정과 측정에 기반 한 통계적 확률에 의존한다.

7-2. 인간정보(HUMINT)

인간정보란 무엇인가?

그것은 말 그대로 인간으로부터 정보를 얻는 것이다. 에브라함 슐스키(Abram N. Shulsky)에 의하면 인간정보는 '공작원이나 탈출자, 망명자와 같은 인간출처로부터 특수정보를 얻어내는 것'으로 설명한다. 여기에는 해외 공관에 정보관을 외교관으로 파견해 수집할 수도 있고, 또한 비밀공작을 통해 공작원으로부터 정보를 수집하는 방법들이 이에 포함된다.

실질적으로 정보기관들은 예외적으로 불가능을 뛰어넘으려는 인간출처 정보나 스파이 비밀활동을 취급하고 있다.[23] 공개적인 인간정보(overt humint)와 비밀인간정보(clandestine humint)라는 구분이 있으나 엄격히 말해서 비밀인간정보 활동만을 인간정보 활동으로 규정할 수 있다. 그 이유는 노출된 환경에서의 인간정보수집 활동은 공개출처정보수집(OSINT)이라는 별도의 범주가 있기 때문이다. 그러나 공개된 것이거나 노출된 환경이라고 하더라도 실제로 목적의식을 갖고 대상 인물을 접촉하고 수집한다는 점에서 이 모두 인간정보에 해당된다고 할 수 있다.

미국 등 각 정보기관들은 인간정보의 운영과 함께 과학첩보수집 방식인 전자정보(electronic intelligence), 영상정보(imagery intelligence)에 더 의존해 왔다. 그러나 이런 방법도 불확실성을 제거할 수 있는, 국가안보위협에 적절히 대응할 수 없다는 비판이 제기되

---

23) Michael Herman, Intelligence Power in Peace and War(Cambridge : Cambridge University Press, 1966), pp.61~62.

어 왔다. 인간정보 없이 위성 및 항공정찰 등 과학정보만으로는 테러와 대량살상무기의 확산, 핵 물질 거래 등에 대해서는 별 도움이 되지 않는다는 견해가 지배적이다.

따라서 여전히 인간정보가 필요하다는 주장이 우세한데 북한이나 이라크, 이란, 리비아 같은 나라들의 경우 접근이 거의 불가능한 지역에서는 더욱 인간정보가 요구된다. 나아가 이러한 나라들은 불량국가나 실패한 국가로서 미국 등 서방진영을 속이려고 온갖 노력을 다하고 있기 때문에 확실한 인간정보가 필요하다는 견해이다.

전통적으로 정보 과잉, 정보 소통의 과잉 상태라고 하지만 국가정보기관(특히 미CIA)은 이러한 불량국가들에 대한 인공위성 사진촬영이나 통신 감청 등을 통해 그들의 의도와 관련 시설들을 분별할 능력을 갖고자 한다. 동시에 인간에 의한 첩보가 그러한 나라들의 진정한 의도와 능력을 판단하는데 매우 중요한 요소가 된다. 인간정보들은 상대방의 비밀을 철저히 규명할 수 있고 결정적인 실패를 줄일 수 있기 때문에 더 없이 인간정보가 선호된다.

7-2-1. 인간정보의 필요성

분명히 신호정보나 영상정보는 상대국의 미사일전력의 배치나 산업 활동을 탐지할 수 있는 유효한 수단이다. 그러나 안타깝게도 이러한 전통적 첩보수집방식은 오늘날에 있어 국가안보의 분명한 목표를 해결하는데 한계가 있다는 반성이다. 따라서 인간정보의 필요성을 아무리 강조해도 지나침이 없는데 인간정보는 흔히 첩보수집을 지휘 · 조정하는 정보관(I/O : intelligence officer)이나 주재관이 직접 수집하는 경우도 있고, 공작원이나 협조자를 활용해 수집하는 경우가 있다. 정보관 혹은 주재관의 신분은 외교관 및 정부관리 등의 공식직함을 가진 백색(합법적)정보관(legal officer)과 일반 민간인 신분으로 위장한 흑색(비합법적)정보관(illegal officer)등으로 나누기도 한다.[24] 정보 수집은 이들 정보관이나 공작원 협조자들을 통해 이뤄지는 것이 보통이다. 백색정보관은 주로 일상적인 활동을 통해서 정보를 수집하고, 흑색정보관은 신분가장(cover)을 통해 공작원이나 협조자를 운영해 특정 목표 집단을 대상으로 정보를 수집한다. 물론 흑색활동의 경우 가장신분과 첩보활동 구실에 따라 시간과 비용이 많이 들기 때문에 공작첩보망을 운영하기란 그리 쉽지 않다.

과학 기술정보 수집은 수집대상 자체에 접근하기가 어려운 반면, 인간정보는 첩보망 운

---

24) 염돈재, "첩보수집론", 문정인 편, op.cit, pp.92~96.

영에 따른 비밀연락과 가장구실 등 수집활동 특성상 매우 어려운 것이 사실이다. 또 수집된 첩보의 신뢰성의 문제, 기만정보(disinformation)일 가능성 등 여러 가지 문제점들을 지니고 있다. 그러나 인간정보는 사실(fact)를 확인하는 결정적이며 빅게임에서 이길 수 있는 긴요한 정보가 된다.

사실 미국이 공격당했다는 9·11테러는 인간정보의 결핍에서 찾고 있다. 기술 관료였던 터너(Stanfield Turner)전 CIA 국장은 인공위성과 전자정보자산들을 매우 신뢰하였지만 인간정보나 비밀작전을 통한 정보수집의 효력과 가능성에 대해서는 강한 회의감을 갖고 있었다. 그래서 터너국장 재임 시 820여 개에 달하는 비밀거점들이 폐쇄되었고 예산도 대폭 축소하는 일명 '할로윈 대학살' (Halloween Massacre)이 있었다.[25] 그러나 후임자 케이시(William Casey) 국장은 이와 달리 인간정보 특히 비밀정보수집의 중요성을 잊지 않았다. 그의 경험을 토대로 쓴 『히틀러와의 비밀전쟁』(The Secret War Against Hitler)에서는 비밀정보수집활동과 비밀공작, 그리고 조직적인 저항 활동들이 어떻게 생명과 재산을 보호할 수 있었던가를 밝히고 있다. 그는 인간정보가 미사일이나 인공위성보다도 더 중요하다고 믿는 가운데 전체주의 체제의 지휘부와 그 지휘 계통을 붕괴시키는 데는 유용한 잠재력이라고 믿었다.[26]

어느 것이 원인이고 어느 것이 결과인지 판별하기 어렵지만 냉전 종식 이후 미CIA는 소련 담당 부서 인원의 2/3와 무기전문가 25%를 감축하는 등 구조개혁을 단행했으나 그 이후 급격히 변화하는 환경에 적응하지 못했다는 비난을 받게 되었다. 그 이유는 여러 가지가 있으나 1996년 6월 25일 사우디아라비아 코바르 사원에서 일어난 트럭 폭탄공격과 관련해[27] 사우디와 서남아시아 내에서 활동 중인 테러단체의 움직임을 초기단계에서 확인·저지하는데 실패했다. 또 1998년 5월 인도가 실시한 핵실험을 사전에 감지하지 못했다는 비난을 받기도 했다. 그런가하면 미국 역사상 가장 수치스러운 9·11 테러의 예보에 실패했다는

<hr>

25) Peter Schweizer, Victory : The Reagan Administration's Secret Strategy That Hastened The Collapse of the Soviet Union(New York : The Atlantic Monthly Press, 1994), pp.10~11.

26) William Casey, The Secret War Against Hitler(Washington, D.C: Regnery, 1988), p.4.

27) 1996년 6월 25일 사우디 「다란」(Dahran)주둔 미군기지에서 일어난 폭탄테러는 최근 수년간 해외에서 미국을 대상으로 발생한 테러중의 최대 규모였다. 미국인 19명을 사상케 하고 500여명을 부상시킨 트럭폭탄공격은 서남아 지역에다 인간정보 협조망을 심어놓지 않았기 때문이며, 그리고 중동 내 테러조직의 필요한 첩보를 수집하지 못한 탓으로 보았다. 따라서 미국은 분쟁지역 최일선에 비밀공작원들을 배치해야 할 것이라고 주장하였다.(WP, 1997. 8. 22)

지적을 받고 있다. 2001년 9월 10일 아프가니스탄 서부 칸다하르의 동굴 속에 숨어있던 오사마 빈 라덴(Osama bin Laden)에게 모처로부터 통신위성(Immarsat)을 통해 '엄청난 사건이 곧 일어날 것' 이라는 교신을 녹음하는데 성공했지만 9 · 11테러 직전에 이뤄진 문제의 통화는 아프가니스탄 사람들이 사용하는 파슈툰어로 돼 있어 이를 이해하지 못해 결국 초대형 정보 실패를 가져왔다는 비판이다. 뿐만 아니라 조지 테넷(George Tenet) CIA 국장은 2001년 7월 "수주 안에 알 카에다에 의한 대규모 테러작전이 있을 것으로 크게 우려한다" 는 내용의 정보 보고서를 곤돌리자 라이스(Condoleezza Rice)국가안보보좌관에게 보고했으나 국가안보정보에 대한 보수적이고 현상 유지적인 자세, 그리고 관료적 타성과 해석의 차이로 인해 적절히 대응하지 못했다.[28]

이러한 실패는 곧 인간정보(HUMINT)의 필요성을 다시 한번 환기시켜주는 계기가 된 것은 물론이다. 「미국의 21세기 대비」와 9 · 11 테러 진상 보고서에서 잘 지적되고 있는데 미국은 과학정보화 시대가 본격적으로 열리고 있음에도 불구하고 인간정보활동에 의한 비밀 첩보수집활동이 필수적이며 그 중요성이 오히려 높아지고 있음을 다시 깨닫게 되었다. 그래서 미국 CIA는 공작담당 산하에 비밀 또는 공개스파이의 첩보활동조정을 임무로 하는 국가 인간정보 소요 사업 센터(NHRTC : National Humint Requirement Tasking Center)를 최근에 창설하였고, 또한 국방부에서도 1995년 10월 이후 4개의 군부대 내 인간정보조직을 증진시키기 위해 국방인간정보국(DHC : Defense Humint Service)을 새로 조직하였다.[29] 더욱이 미 CIA는 2001년 9월 테러사건 이후 아랍어와 아랍 문화에 잘 훈련된 인적자원의 절대 부족으로 인한 미국의 대 테러 전쟁의 효과적인 능력을 수행할 수 있는가에 대한 의문점이 제기되었다. 사실 아랍 전문가는 적어도 10년 정도 있어야 인적자원의 결핍을 극복할 수 있다는 지적이 있었다.

일본의 경우도 인간정보망을 잘 운영한다는 사실은 정평이 나있다. 일본의 강점은 자국의 경제력을 앞세워 세계 곳곳에 축적한 인적 네트워크를 통해 양질의 특종 정보를 입수하고 있다. 미쓰이 물산, 노무라 증권 등으로 상징되는 산업정보원들이 정부기관과 긴밀한 협조 속에 산 · 관 · 정의 정보복합 체제를 이루고 있다. 특히 21세기 첫 전쟁이라는 미국의 대 아프간 공격과 관련해 중동 지역에서 정보망, 특히 알 카에다(al Qaeda)와 관련된 정보를

---

28) Phillip G. Handerson, "Pearl Harbor and 9 · 11" , Current History, Sep 2003.
29) Washington Times, Jun 30, 1996.

입수하는데 일본의 인적 정보망이 큰 힘을 발휘하고 있는 것으로 전해지고 있다.

그러면 왜 이렇게 인간정보망이 필요한가. 인간정보는 적대국이나 전체주의 국가들 내에서 이루어지고 있는 음모들, 극단적인 환상에 젖어있는 불량국가들, 마약조직이나 테러조직을 밝혀내는 데는 매우 필요하다. 그러한 인간정보는 한 국가의 미완성 정책 즉 퍼즐 상태에 빠진 부분을 보충해 줄 수 있는 것으로 중요시되고 있다.[30] 더구나 인간의 오만과 편견 시기 등 부정성으로 이어지는 악마적 요소가 작용하고 하고 있는 상황에서 는 인간정보가 필히 뒤받침 되어야 한다. 미국 CIA의 임무는 전 세계에 걸쳐 있는 미국의 이익을 위협하는 마약 밀매 및 무기 확산과 테러 행위와 같은 분명한 목표를 탐지하는 형태로 바뀌면서[31] 인간정보망을 확대하고 있다. 일반 여행자로부터 탈출 난민, 전쟁포로, 귀순자, 잠재적국의 정치적 반대자 혹은 반체제 인사, 비밀정보원들이 모두 망라된다. 따라서 인간정보의 소스별 중요성과 그 비중에 따른 피라미드적 구성을 보면 다음 〈도표 3-2〉과 같다.[32]

그렇게 보면 성공의 금딱지는 아니더라도 복잡한 사회 문제를 해결하는 데는 인간정보가 한없이 중요하다는 사실은 더 말할 나위 없다. 9 · 11 테러의 배후 인물로 지목되는 오사마 빈 라덴은 2700만 달러의 현상금에도 불구하고 지난 6년간 체포되지 않은채 인터넷과 아랍권 TV 매체를 통해 계속 대 서방 성전(聖戰, 지하드)을 촉구하고 있다. 아프가니스탄 산악지역에 숨어 있는 것으로 추정되는 그는 '비활동성'에도 불구하고 '거대 권능을 지닌 개인'으로 이슬람 테러의 씨앗을 뿌리고 있다.

우리가 총칼이나 이념보다는 정보굴기(情報崛起, 뚫고 들어감)에 열중하지만 절실히 인간정보가 더 없이 필요한 시대이다. 오죽하면 사람들은 이성과 자존심을 버리고 점술가들의 유혹에 빠지는가. 미 국방정보국(DIA)은 1972년부터 1996년까지 24년간 과학기술시대에 맞지 않는 초능력자(ESP)들인 심령술사(心靈術士)까지 동원해 비밀정보 획득을 시도한 바 있다. 부족한 정보를 수집하기 위해 미 국방부는 장기간 2,000만 불을 들여 심령술사들을 통해 미지의 사실들을 위한 비밀사업(암호명 Star Gate)을 추진하기도 했다.[33]

또 다른 예로서 미국은 대 이라크 전쟁 종료를 선언(2003. 5. 1)했으나 안개 속 저항군, 후

---

30) 1997년 11월 19일 미 CIA 국장 조지 터넷(George Tenet)은 포드 전대통령기념도서관에서 '미CIA의 존속필요성' 대한 연설에서 이같이 강조하였다.

31) 1997년 7월 10일 조지 터넷은 CIA신임부장으로 취임하기 위한 인준 청문회가 있은 후 바로 가진 인터뷰에서 "CIA 임무 중 분명한 목표는 마약 및 무기 비밀판매, 테러방지를 위한 정보활동" 이라고 강조했다.(WT, 1997. 8. 22)

32) Michael Herman(1966), op.cit, p.63.

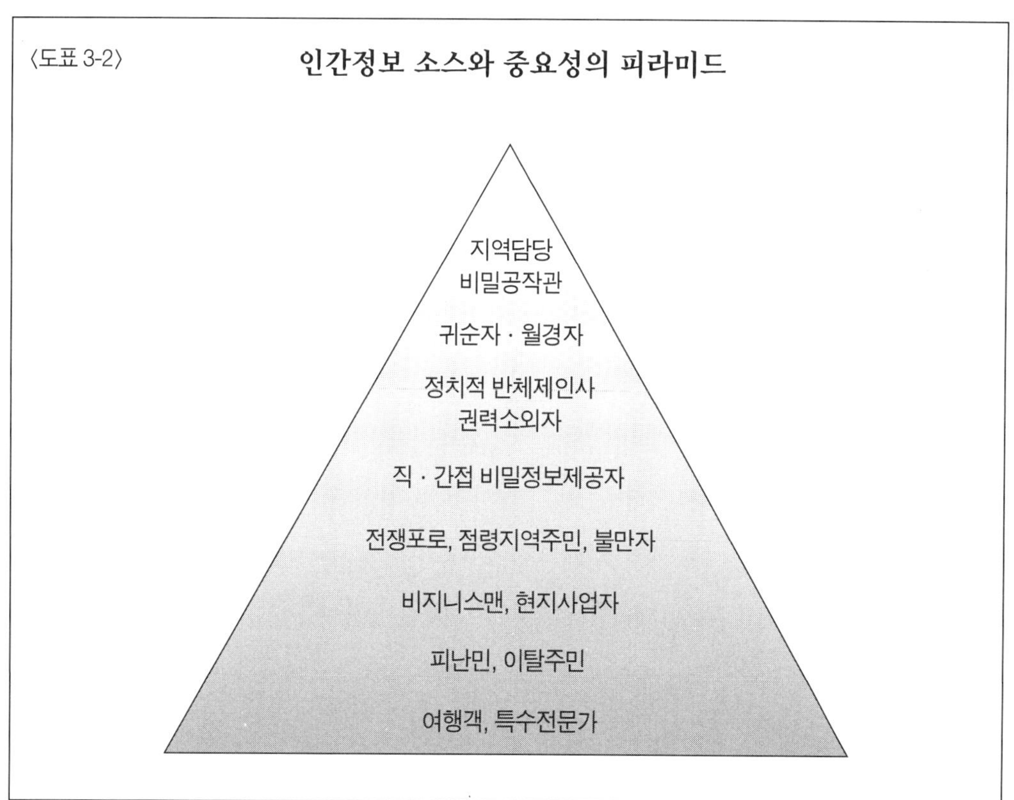

세인 추종 세력 등의 테러 공격을 도처에서 계속 받았다. 이라크전 지명 수배자 1호인 사담 후세인(Saddam Hussein)을 체포하기 위해 특수부대 델타포스와 CIA요원들을 동원하여 '쇠망치 작전'(Iron Hammer)으로 대대적인 저항세력 색출을 벌였으나 그를 잡지 못하는 상황이었다. 오랜 피신 끝에 후세인은 2003년 12월 13일 오후 티그리트 마을 한 농가 헛간 구덩이에서 체포되었는데 여기에는 결정적 인간정보 덕분이었다.[34] 결과적으로 디지털 시대일수록, 과학정보의 시대일수록 절실한 것은 인간정보라는 사실을 보여준다. 고객(사용자)이 원하는 것을 위해 어떻게 할 것인가의 문제는 바로 사람에 의한 정보수집이 관건이다.

---

33) 이와 관련 CIA는 Star Gate사업에 대해 검토한 결과 정보활동에 심령술사를 활용하는 것은 돈만 낭비하는 것이기 때문에 폐지해야한다고 언급했다. 그러나 미국은 포로가 된 조종사를 구출하거나, 한국의 비무장지대 내 설치된 북한측의 터널을 찾아내기 위해 심령술사들을 동원했는데 공교롭게도 이들은 터널위치를 정확히 그려냈다고 했다. 한마디로 텔레파시, 원거리 투사, 최면술 등 초능력에 대한 연구를 하면서 인간이 한계를 극복하고자 했던 것이다. 이 같은 기사는 Time, 1995. 12. 11, U.S. News & World Report, 1996. 1.27에서 볼 수 있다.
34) 결정적 첩보는 사담 후세인의 둘째 부인 사미라, 아니면 농자주인 등 친인척 5~10명으로 알려지고 있다.

7-2-2. 비밀 인간정보 수집(비밀 공작)

정보 요구가 다양해지고 그 대상도 넓어짐에 따라 자연히 정보수집의 범위와 방법 또한 확대되고 있다. 현재 정보 공동체가 당면하고 있는 문제는 민주화 및 시민사회의 활성화와 더불어 정보수집활동에 대한 법적 규제와 감시가 강화되고 있다는 사실이다. 그럼에도 불구하고 오늘날 정보공동체는 좀더 유용한 정보를 획득하기 위해 비밀정보활동(covert action)을 벌이게 되는데[35] 공개정보만으로는 정보판단이 어렵거나 정확성을 기할 수 없기 때문이다. 정보의 고부가가치를 높이고 차별화된 정보, 의사결정의 질을 결정하는 정보를 수집하기 위해 정보기관들은 능동적 비밀정보활동을 수행하는 것이다.

> "비밀공작 활동은 다른 나라에서 자국정부기관의 공개적 도움을 받지 않고 정치, 군사, 경제 상황에 영향력을 행사하기 위해서 해외에서 비밀리에 행하는 활동이다"

물론 이러한 비밀공작활동은 매우 오래된 전통이다.[36] 인간을 통한 정보 수집은 역사적으로 군사정보기관들에 의해 수집되어 왔다는 점에서 이해할 수 있다. 또한 전통적으로 국가정보기관들은 비밀공작의 유지는 물론 그 강화할 필요성을 늘 강조하여 왔다. 그러니 여기에는 분명한 결정적 차원이 있다. 즉 성공 가능한 프로젝트만 추진하라는 불문율이 지켜지기를 희망하고 있다는 점이다. 미국의 경우 1995년 이전까지는 군인들에 의한 인간출처 비밀수집 업무의 한계와 규칙이 각 군부대 소속의 정보기관들에 전달되었고 지나친 욕심이 아니라 엄격한 감독 하에 제한적으로 수행되었다.

다시 말해 비밀공작이란 어떤 방법으로도 필요한 정보를 입수하지 못할 때 최후 수단의 행위라는 점에서 여전히 중요한 활동으로 취급되고 있다. 비밀공작활동은 행정부가 준비하고 있는 전략적 공세에 있어서 핵심적인 수단이 된다.[37] 거듭 말하는 것이지만 미국 정보기관들은 국내에 있는 많은 정치, 경제, 사회 등의 조직이나 개인들을 통해 외국의 정보

---

35) www.admin@www.access.gpo.gov.

36) 비밀공작(covert action)은 비밀활동(clandestine operation) 개념에 가까운 의미로 '특수활동' 이라는 말로 사용되기도 한다. 비밀공작에는 선전공작, 정치공작, 경제공작, 준군사공작 등의 유형이 있다.

37) Bill Gertz, Enemies : How America's Foes Steal Our Vital Secrets—And How We Let it Happen(New York : Crown Forum, 2006), pp.11~15.

를 수집하고 있다. 예를 들어 외국을 방문하는 상업 대표단, 학계와 과학계, 종교인들과 선교사들을 통해 이루어진다. 또한 특별히 미국 내에 설치 운영되는 수집 공작망을 통해 외국의 학계나 과학계, 그리고 전문 직업인들과 무역업자 등과의 접촉을 통해 상대국의 전문적인 의견을 도출해 낸다.

그런데 일반 사람들은 국가 정보기관이 어떤 정보를 필요로 하는지에 대하여 거의 무지한 편이다. 오히려 정부에 협력하던 학자들이나 종교인들은 자기 정부에 협력하고 있다는 사실이 밝혀질 때 그들의 해외 활동을 방해받지 않을까 염려하게 된다. 외국인들은 체류하는 나라들의 정보기관들이나 보안기관들의 행태를 어느 정도 알고 있기 때문에 접촉하는 인물을 불신하거나 또는 자신들의 안전을 고려해 조심하기도 한다. 그래서 미 CIA에서는 성공 여부가 확실하지 않는 비밀공작에는 엄격한 거리를 두면서 비밀활동에 대한 의구심을 늦추지 않고 있다. 우리가 경험하고 있듯이 미국의 「국방인간정보국」의 업무 중에 80%는 공개첩보수집활동에 의해 충족되고 20%는 비밀 인간출처 개발을 통해 제한적으로 이루어지고 있을 뿐이다.

또 비밀 활동과 관련해 첩보 수집의 출처로서 이른바 제보자라는 형태가 있다. 그들 가운데 같은 동기를 가지고 있어 계획적이며 자발적으로 첩보를 제공하는 '신뢰할 수 있는 제보자'(confidential informant)가 있는가 하면, 아무런 주의도 기울이지 않고 무의식적으로 첩보를 말해 버리는 '우발적인 제보자'(incidental informant) 들도 있다. 정보기관은 이 두 가지 범주에 속하는 제보자가 될 수 있는 사람을 물색해서 공작원으로 양성시킨 다음에 언제든지 필요에 따라 이용할 수 있는 상태를 유지하고자 한다.

이런 준비는 말할 것도 없이 훌륭한 정보활동을 위한 기본적인 과제이다. 특별히 비밀접촉 시는 이상에서 설명한 보안이 무엇보다 필요하다. 또 비밀접촉을 진행함에 있어서 보안 평가를 위해서는 출처에 대한 자세한 신원정보가 요청된다. 일반회사의 주역이었던 사장 혹은 사원들을 불문하고 접촉 공작관은 계속적인 접촉을 할 수 있는 확실한 신원정보와 비밀 연락 방법을[38] 강구해 두고 접촉하게 된다.

정보조직에서는 생각하는 사람만이 앞서 갈 수 있는데 제보자들의 가치를 일단 인정하게 되면 그들을 조직적으로 잘 관리하게 된다. 수집이 정보의 기반이며 수집이 결여된 전체

---

38) 비밀연락 수단에는 직접접촉, 수수소(live letter box), 연락원(connection), 안전가옥(안가), 편의주소, 무인포스트, 전화, 우편, 팩스 이메일. 신문 등 대중매체가 있다.

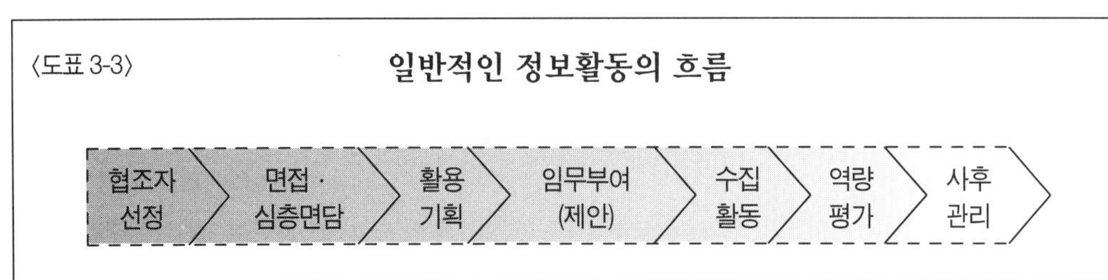

정보 과정은 거의 별 의미가 없다는 점에서 제보자 역시 수집차원에서 중요한 대상이다. 수집 시스템에서 보면 실무적 활동(예로서 정보생산, 평가, 사용하는 범주가 아닌)이지만 여전히 주목을 받을 수 있는 위치에 있는 협조망들이다. 특히 영국에서는 애국적인 제보자들이 정보조직의 중추를 이루고 있다. 영국에서는 전문적인 정보장교로 구성된 비교적 소규모의 중심 그룹과 첩보공작원이라고 불리는 극히 소수의 전문 요원들만을 운용해 국가이익을 관리해 나간다. 이러한 제도는 실제 면에서 큰 효과를 거두고 있는데 이는 전 국민의 정보 마인드가 자리 잡고 있음을 반영한다.

첩보 입수의 경우 또 하나의 주된 형태 중의 하나는 획득(procurement)이라는 개념이 있다. 획득은 공개 비공개적인 수단 방법으로 자료를 집합시키는 것이 포함된다. 다시 말해 첩보의 수집(collection)과 획득을 구별할 때 수집이란 공개된 출처들 이를테면 외국의 신문, 잡지, 라디오 청취 등의 자료들로부터 첩보를 발췌하는 의미가 있다. 반면에 획득이란 의도적으로 자료가 필요해서 모으는 것이다. 더 강조하면 수집자가 자기 책상 위에 쌓인 각종 출처로부터 단순한 자료를 발췌한다는 것보다는 의도적으로 유용한 자료를 얻기 위해 다양한 채널을 통해 애써 연구하고 실천하는 것을 의미한다. 그래서 획득이란 당장에는 사용하지 않더라도 어떤 특징의 첩보를 얻으려고 하는 적극적인 활동을 지칭한다.

때문에 좋은 정보를 얻기 위해서는 외국인들이나 해외 여행자들을 협조자로 만들기 위해 공작관은 다양한 기술들을 지니고 있어야 한다. 정보수집 기능을 확대하기 위해서는 협조받을 수 있는 사람을 설득해야 하며, 경우에 따라서는 유능한 세일즈맨이 되거나 그에게 도움을 줄 수 있는 일을 찾아내 접근한다. 그리고 심리학자와 같은 능력이 필요해서 만나는 사람으로부터 얻어지는 정보의 신뢰성과 정확성을 가려내 훌륭한 '정보 보고서'가 작성될 수 있도록 돕는 일이다. 새로운 출처의 개척과 훌륭한 접촉을 하기 위해서는 몇 가지 방법을 필히 배워야 한다.

첫째, 대외활동을 하는 정보관(I/O)은 대상목표에 관한 한 많은 외국인들을 비롯해 산업체, 은행, 과학기술분야 등 모든 분야에 종사하는 사람을 접촉할 수 있지만 가장 바람직한 대상 몇 명을 집중 선택하는 지혜가 필요하다. 정보활동에는 도처에 악령이 스며있고 광기가 있으며 사람들이 매설한 지뢰가 있을 수 있음을 염두에 두어야 한다.

둘째, 접촉할 인물이나 기관이 결정되면 그들에 대한 기본정보를 숙지하는 일이다. 대상목표로부터 얻을 수 있는 내용들, 심층 면담을 통해 얻을 수 있는 정보요구를 검토하여 그 활동가능성을 미리 점검하는 일이다. 다시 말해 공작활동은 즉흥적 연극이나 헤프닝도 아니라는 의미에서 공작활동에는 세심한 주의가 요구된다.

셋째, 정보활동 기획과 임무 부여를 위해서 접촉인물이나 회사가 갖는 영역에 대해 전혀 아는 체를 하지 않으면서 그들의 전 분야에 대해 관심을 인정해주는 자세가 필요하다. 또 출처의 전문분야에 사용되는 특수용어들을 이해함으로서 출처로부터의 신뢰와 친분을 유지할 수 있도록 한다. 이때는 아무런 보안조치 같은 것을 요구하지 않으며 비밀 사항에 대해서는 어떤 것도 협의하지 않는다.

넷째, 수집활동 시 가능하면 공작관은 새로운 회사 내에서 정책결정을 할 수 있는 최고위 인사들을 골라서 접촉한다. 일단 최고위 인사들과 협조 시 그 이하의 직원들은 자연히 따라오도록 돼 있다. 설사 고위 인사가 정보기관이 원하는 정보를 갖고 있지 않더라도 그 조직 내 다른 접촉 창구를 연결시키거나 지명해줄 수도 있다.

다섯째, 첫 대면 시부터 공작관은 상대방에게 가장 좋은 인상을 심어주기 위해 노력한다. 외국인을 접촉할 시 각 나라마다 성품과 관습이 다르기 때문에 접촉공작관은 목표인물에 따라 그에 걸맞게 행동해야 한다. 예를 들면 대상자가 이슬람교도이면 기독교 등 종교적 장식물을 착용하지 않는 것이 좋을 것이다. 정보관은 가급적 자신의 인종적, 민족적, 또는 종교적 성향을 나타내지 않고 동시에 대상자의 격식에 맞는 언행을 해야함은 물론이다.

끝으로 분명한 사실은 만약에 정보지원 내지 협력이 잘못돼 정보조직이 목적한 바와 전혀 다른 결과가 나올 때 이른바 정보기관들이 가장 우려하는 블로백(blow back), 즉 의도했던 바와 다른 역효과가 나타나게 될 때 정보공작 자체가 위험해지고 피해를 보는 상황이 발생한다. 그러므로 정보를 하는 사람은 항상 스스로 비관적인 마음가짐이 중요하다. 걱정과 비관 속에서 시작함으로써 '식은 땀'을 줄일 수 있다. 그러나 여전히 모든 권력자들은 정보기관을 통한 비밀공작의 필요성을 인정하고 있다.

7-2-3. 인간정보 수집의 기본원칙

정보를 수집하는데 있어서는 다양한 방법이 동원된다는 사실은 말할 나위 없다. 정보를 수집하는 방법으로는 연약한 거미줄을 쳐놓고 파리나 모기 등과 같이 곤충이 무심코 지나다가 걸려들기를 기다리는 거미 같은 방식도 있을 것이다. 그러나 꼼짝도 하지 않고 기다리는 거미의 위장된 '수동성'으로서는 부족하다. OK 목장의 결투처럼 싸우는 것이 아니라 능동적이고 계획적이며 특수하게 대상목표에 접근해야만 비로소 필요한 정보를 얻을 수 있다.

하기 때문에 인간정보수집에 있어서는 3가지 기본 요소가 있다. 즉 3R의 원칙으로 대상자와의 정기적(regular)인 회합이나 친목유지, 대상 지역에 언제라도 접근 가능한 활동 준비(ready), 그리고 대상 목표에 대한 신속(rapid)한 투입이라고 할 수 있다. 이때는 무엇보다 만나는 사람에 대한 정확한 신분 파악이 우선 시 된다. 대상자의 정확한 성명, 생년월일, 본관, 학·경력, 사회활동, 정당 활동 여부, 사상 신념체계 등 신상프로필을 모두 살펴보아야 한다. 심지어 목소리와 말투만으로도 손님의 성격을 파악해 내는 택시 기사와 같이, 아니면 한눈에 손님의 취향을 읽어내는 미용실의 헤어디자이너 들과 같이 다양한 사람들을 알아보는 방법을 배워야 한다. 인간정보 수집은 의사소통수단에 의해서 이뤄진다고 해도 과언이 아니기 때문이다.

● 특정인들에 대한 면담 유출방법

첩보 획득 활동에는 특정의 첩보를 제공할 가능성이 있는 사람과 면담하는 일이 포함된다. 여행하는 사람들이나 무관들, 또는 지역 경제 전문가, 일반 시민, 신문 기자 등 모든 대상자들은 심층면담(depth interview) 유출의 대상이 된다. 면담이 이루어지는 동안 면담 대상자로 하여금 수집자 자신이 바라는 면담 목적이 무엇인가를 알고 있다면 그는 자발적으로 첩보를 제공할 것이다. 첩보를 획득하기 위해서는 또한 어떠한 특정 지역을 직접 답사함으로써 그 지역을 실제 목격하거나 연구하는 일도 필요하고, 때로는 은밀한 방법을 피하고 공개적으로 조사할 수도 있을 것이다. 그리고 특정인만을 정보 제공자 내지 협조자로 보아서는 안 된다. 세상이 어떻게 변하고 시민들이 어떤 사고와 행동을 하느냐에 따라서 모든 시민은 정보의 출처가 되는 것이기 때문이다. 대학생, 회사원, 대기업의 임원, 의사, 경찰 등 모두가 포함됨은 물론이다.

그런데 정보관은 일반 사회적 만남과는 다소 다르게 눈과 귀는 항상 개방해 놓고 정보수집 의도를 은폐하는 등 주의 깊게 행동해야한다. 상대방에게 자신을 믿게 함으로서 정보수집이 가능해질 수 있으며, 심지어 반대로 자신도 모르게 대화 시 상대방에게 정보를 유출당할 수도 있다. 정보추출은 그 자체로 수집의 목적이 될 수도 있으며 부분적으로 유능하고 계속적인 출처로 활용할 공작원이나 중간에 연락하는 사람들의 자원을 발견하여 평가하고 물색하는 과정이 될 수도 있다.

그러므로 대인 면접법(personal interview)의 하나인 심층 면담 유출은 하나의 피의자 심문과는 다르게 두 화자(話者)의 전쟁이라고 할 수 있다. 기억을 풀어내려고 강요하는 화자와 '기억'에 대해 아무 것도 모른다며 냉소적인 입장을 취하는 두 사람의 화자가 벌이는 싸움이다. 정보관은 면접대상자들에게 쓰레기 같은 배열들이라도 좋으니 기억을 애원하게 된다. 그러면 왜 그런가. 면담유출을 성공적으로 수행하기 위해서는 무엇이 중요한가.

첫째로 대인 면접법은 조사자가 응답자를 직접 만나서 필요한 정보를 얻는 방식이다. 하기 때문에 시간의 디자이너로, 즉 정보관의 의도대로 시간을 쓸 수 있게 계획되어야 한다. 첫 대면 시간의 길이를 정할 경우에 있어서 출처의 가용 시간과 공작관이 판단한 잠재적인 정보 가치에 따라 결정한다. 훌륭한 공작관일 경우 짧은 시간에 그 출처의 잠재력과 가치를 판단해 가급적 빨리 자연스럽게 끝낼 수 있을 것이다. 무엇보다 중요한 것은 면접대상자로 하여금 첩보 내지 의견을 말하도록 하면서 대화를 자신의 목적에 맞도록 이끌고 나가는 자세를 견지한다.

둘째로 접촉 정보관은 출처(피 심문자)의 가치와 장래 필요 가능성에 대해 예측을 통해 출처와의 계속 관계를 맺을 것인가, 아니면 중단할 것인가를 결정한다. 즉 특정 이슈의 당사자인가를 정확히 파악하는 것이다. 만일 출처의 가치나 출처가 소속된 기관(회사)에서 더 이상의 노력과 시간을 투입할 가치가 있는지, 아니면 가치가 없다고 판단되면 '참고용'으로 분류해 다음에 이용하기 위해 보관해 놓는 방법도 있다. 언제나 정보관은 상대방의 육체 속에 감춰진 그들의 상냥함(거짓 행동)에 대비하는 것이 중요하기 때문이다.

셋째, 그러나 더 중요한 것은 정보관 자신이 무엇을 성취하려고 하는지에 대한 분명한 목표가 있어야 한다. 그래야만 출처가 갖는 정보량과 필요한 내용, 접촉 정보관에 대한 호의적인 반응정도에 따라 접촉 회수를 조절하여 업무내용을 수집할 수 있다. 이때에는 접촉 정보관 입장에서 주기적으로 접촉 인물에게 자신의 요구 사항을 말해주어 이를 수집토록 유도한다.

넷째, 면접 대상자의 기억을 재생산토록 하는 화술 동원이다. 화자는 어떤 알맹이 없는 무미건조한 내용으로 재미없는 내러티브의 형식을 취할 수 있다. 심문은 '사건'에 대한 기억을 되살리는 것으로 즉 기억의 역사를 살리는 것이다. 하기 때문에 심문자는 사진, 그림, 장식물들을 통해 기억을 살려내는 재생(reproduction) 기술이 필요하다. 덧붙여 두는 것은 정보관으로 하여금 '머리의 대화' 보다 '가슴의 대화' 가 때때로 성공을 거둘 수 있다. 타자에 대한 말 걸기는 하나의 기술이며 말하기 능력은 문화자본이다. 아니 대화중의 말은 상품(정보)의 가격표가 붙어 있다. 그러므로 아래 내용을 깊이 이해하고 실천토록 한다.

- 면담 유출대상의 잠재적 가치 평가
    - 잠재적 출처로서 특정 인물에 대한 접촉을 위한 구실 마련
    - 과연 선택한 사람이 잠재적 출처로서 가치와 역량을 갖고 있는지의 여부
    - 실제 면담 유출 과정에서 심문자의 가장 구실을 확실히 유지하면서 피심문자와의 대화 유지 기법을 연구
- 심층면접시 유의할 사항
    - 인간적으로 상대방에 대한 호의 및 관심 표명, 정신적 안정을 유도
    - 사전에 심문할 내용 준비 및 우선순위 결정
    - 상대방이 거절하거나 비협력할 시 대응책 수립(신분 위장정도 판단)
- 의사소통의(면접)의 진행
    - 자연스러운 대화 분위기 조성과 이상적인 대화 상황 견지
    - 질문기술(방법, 용어, 자세)의 응용과 진정한 커뮤니케이션 유지
    - 면접의 종결과 헤어짐의 미덕 발휘(예의 표시, 보안사항 당부)

그밖에 경고해 둘 것은 조사관(혹은 정보관)은 치명적인 나태함에 빠져서는 안 된다는 점이다. 어느 경우든 조사관은 매사에 주의하고 한결같이 부드러우면서도 확고한 목소리로 진행해야한다. 더욱이 해외여행을 하는 경우 혹은 국내 접촉 인물들에 대해 정보를 입수하고 있다는 점을 보여서는 안 된다. 접촉회사와의 관계에 있어서 큰 어려움에 부딪치는 경우가 종종 있는데 이는 출처가 협력의 대가로 어떤 구체적인 정보를 요구하거나 금품을 요구할 때이다. 이런 경우 현지 접촉관은 그가 어떤 대가를 요구하는지를 가능한 본부에 이첩하거나 답신을 받아 해결할 수 있다. 만일 접촉 인물의 요구가 충족되지 않을 시 계속 접촉

이 어려워지거나 갈등 관계에 놓일 수 있다는 점을 고려해야 한다.

또 중요한 것은 정보관으로 하여금 출처의 보호대책을 세워야 한다. 예를 들어 해외지사에 대한 접근을 시도할 시 정보관은 그 회사들의 직원 활동 내지 해외사업의 활동범위를 얼마나 파악하고 있는지 등에 관한 질문을 던져보는 것도 필요하다. 그러나 해외지사에 근무하는 사람은 자신이 제공하는 정보들로 인해 후일에 자기 회사에 어떤 불이익을 가져오지 않을까 매우 염려하게 된다. 이를테면 세금 추징을 당하거나 자기 회사의 기업정보가 다른 경쟁사에 넘어가지 않을까 하는 우려 말이다. 더 중요한 것은 정보기관의 개입사실이 노출될 시 앞으로의 외국회사나 주재국 정부로부터 곤란한 제재, 혹은 불이익을 받지 않을까 하는 두려움을 갖게 된다. 그러므로 정보관은 거미줄처럼 엉켜있는 법률과 보안활동에 관한 정확한 지식을 갖고 대처하는 자세가 요구된다.

끝으로 접촉 정보관이 주의할 점은 정보 제공자와의 모든 관계의 기본 원칙은 '출처의 보호' 라는 문제이다. 해외지사(출처)에게도 출처의 보호라는 사실을 재확인시켜주는 것이 필요하다. 어떤 일이 있어도 그가 제공한 내용은 물론 그가 넘겨준 문서 자료는 절대로 제공자의 대한 규제나 처벌을 당하지 않도록 세심한 주의가 요구된다. 정보기관에 대한 해외지사 요원들의 협력 사실도 비밀로 분류해 안전하게 보호해야하며 해외지사 요원들도 정보기관과의 접촉 사실을 비밀로 해서 상호 보안을 유지하려고 애쓴다.

◐ 외교관 · 무관을 통한 정보수집

외교의 원형(proto−diplomacy)은 바로 '은폐된 첩보외교' (crypto−diplomacy)와 실질적 업무의 분리가 불가능한 것이다. 1681년 아브라함 드 위끄포르(Abraham de Wicquefort)에 의해 쓰여진 「대사의 임무」(L' Ambassadeur de ses Fanctions)가 발표된 무렵부터 외교관은 '고귀한 스파이' (honorable spy)로 구별되기 시작했다.[39] 또 몇 십년이 지나서 프랑소와 드 깔리에르(Frnacoir de Callieres)는 「군주들과의 협상하는 방법에 대하여」라는 책에서도 이를 깨우치고 있다. 즉 "대사들의 중요한 임무들 중 하나는 비밀들을 밝혀내는 것이기 때문에 때때로 고귀한 스파이로 불렀다." 만약 그가 이 목적에 필수적인 (정보

---

39) J. Der Derian, "Spy versus Spy : The Intertextual Power of International Intrigue" in James Der Derian & Michael J. Shapiro(eds), International / intertextual Relations : Postmodern Resigns of World Politics (Lexington : Lexington Books, 1989), pp.163~168.

의)양을 계산하는 방법을 모른다면 그들의 임무는 실패한 것이나 다름없다.[40]

우리가 충분히 알고 있듯이 어느 나라나 기능별로 다양한 외교관을 주재국과 상호 협의해 상주시키고 있다.[41] 외교 공관에 나가는 외교관이나 상무관, 무관, 과학관들은 허가받은 (양쪽 모두로부터) 간첩이라는 사실이 암암리에 통용되고 있다. 특히 무관제도는 나폴레옹(Napoleon, 1808~1873) 시대 이후 생겨난 전통적인 활동으로서 자유롭게 활동할 수 있는 사람들이라는 의미에서 매우 중요한 위치로 취급된다. 첩보활동 세계에서 무관제도는 국제적인 합의 하에 활동하는 일종에 공인된 스파이들이다.

그런데 문제는 외교관들 특히 무관들의 임무 수행을 정보수집 차원에서 어떻게 제한할 것이며 반대로 허가받은 무관들은 이런 제한 요소들을 어떻게 극복할 것인가로 압축된다. 일반적으로 주재국은 무관들에 대한 관찰 활동을 제한하기 위한 조치들을 취해 왔는데 이는 크게 두 가지로 구분된다. 하나는 무관들의 활동을 제한할 수 있는 명시된 법적인 금지 조항이다. 예를 들어 접근금지 지역, 여행 제한, 사진촬영 금지 등의 장치들이 그것이다. 그리고 또 하나는 법적인 규제 조항들을 적용할 수 없는 경우에 일부국가들이 행사할 수 있는 조치들이다. 이를테면 행정적, 심리적, 신체적 난관을 조성하는 것과 같은 비공식적인 수단들이다. 이중에서 후자에 해당되는 것으로서는 교통수단의 방해 등을 들 수 있다. 무관이 공식 여행 허가를 획득해 여행하더라도 비행기 예약 시간을 변경한다든지 취소시키는 일 등이 그것이다.

◑ 시민으로서의 '현지인화'를 통한 정보수집

누구나 근대 사회가 시민사회라는 점을 알고 있다. 시민사회라는 용어는 평등, 자율, 출입의 자유, 계약과 의결의 자유, 구성원의 권리 및 의무의 인정, 그리고 다양한 사회적 규칙들에 기반하고 있다. 근대적이면서 연합적인 삶의 특징을 이루는 것이 시민사회이다. 하기 때문에 시민사회는 다중적이며 정보의 바다라고 할 수 있다. 어떤 나라에 대한 정보판단, 경제규모와 성장률의 평가, 그리고 주민들의 경제생활을 판단하는 것은 정보예측에 있어서 아주 중요한 의미를 지닌다. 경제분석가들은 특정 나라의 다양한 수치를 제시하면서 경제

---

40) F de Callieres, On the Manner of Negotiating-with Princes (Washington D.C. : Washington University Press, 1963), pp.27~28.

41) 우리나라의 경우 외통부의 전문외교관 이외에 주로 재경부, 국정홍보처, 산자부, 과학기술부 등 정부파견 주재관 (2001년 6월 190여명)을 운영하고 있다.

의 상대적 위치를 평가하고 있지만 일반주민들의 소비수준이나 제품의 질, 경쟁력 등을 적절히 수치화해서 평가하기란 여간 어려운 것이 아니다.

따라서 시민사회에서 어떻게 정보활동을 수행할 수 있고 시민들의 도움을 받을 수 있을까 하는 점이다. 다양한 논의가 가능하겠지만 우선 일반 주민들의 생활을 경험하는 이른바 '참여 관찰법'을 쓸 수 있다. 때로는 외교관들의 사교 모임이나 간편한 복장으로 거리를 찾아다니며 사람들의 모습을 살피지만 이것도 제한적이고 피상적인 내용일 뿐이다. 그러므로 좀 더 그 사회를 깊이 이해하기 위해서는 무엇보다 '현지인화'가 필요하다. 상대국의 사회를 조직적으로 경험하고 배우기 위해서는 그 나라 보통 시민으로 행동하면서 최대한 시민들의 일상생활에 참여하는 것이다. 현지 파견된 정보관은 적응능력이 좋은 카멜레온처럼 문화충격을 줄이면서 현지사정에 정통해야 한다.

그 지역의 사회사는 기생이나 과부, 비구니, 상인, 병사, 관리 등의 일상을 통해서 알 수 있다. 하기 때문에 정보활동에 있어서는 그 지역의 음식이 싫고 역겹다고 하면서 샌드위치만을 고집해서는 안 된다. 그래야만 사회적 세계와 그 구성원들, 그것이 내포하고 있는 위계질서를 규정하는 유행이나 사람들의 행동, 사유, 하비투스(habitus) 등 세속적인 기호들에 대한 이해가 가능하다. 정보를 하는 사람은 지인지감(知人之鑑) 즉 사람을 잘 알아보는 능력이 요구된다.

이런 결론에 이르게 되는 데는 어떤 나라는 거지들이 우글거리고 지저분해 사람이 못살 것이라는 선입관이나 '지역감정 증후군'은 별 도움이 되지 않는다. 경험적이며 역사적 언어들의 다양성을 이해할 때 인간 상호 이해에 장애가 되는 부정적 요소를 극복할 수 있다. 특히 정보관은 지금까지 알려진 많은 서적들과 연구를 통해 형성된 일련의 지식을 넘어 폭넓고 깊게 그리고 직관을 통해서 많은 판단자료를 수집할 수 있다. 필요한 것을 배우고 정보를 수집하기 위해서는 어떤 고생도 감수하겠다는 굳건한 마음가짐이 필요하다.

7-3. 과학기술정보(TECHINT)

정보활동이라는 것은 시간과 공간을 초월해서 수행된다. 아침 잠자리에서 일어나면서 하루 종일 활동하는 것으로 늘 쉬지 않고 '천사들이 갖고 있는 떡'(angel's bread, 시편 78 : 25)을 찾아내는 일이다. 푸코는 근대사회의 성격을 '스펙터클의 사회가 아니라 감시하는 사회'라고 했다. 인간 사회(특히 개인차원)에서 누구나 전면감시 장치라는 기제(machine panoptique) 안에 있다고 지적했다.[42] 이러한 진단은 과학기술에 의한 감시의 극단적 형태들을 반영한다. 이와 관련된 과학기술정보는(TECHINT)는 크게 영상정보(IMINT), 신호정보(SIGINT), 과학(징후)계측정보(MASINT)로 나눠 볼 수 있다.

현대 국가에 있어서 과학(징후)기술에 의한 정보수집은 군사작전이나 경제적 평가에 있어서 결정적인 중요 요소들이다. 적에 대한 공격을 위한 정보수집에 있어서는 반탐-C4ISR(Counter-Command, Control, Communication, Computing, Intelligence, Surveillance and Reconnaissance) 과 관련한 다양한 과학기술 장비들이 동원되고 있다. 정보전을 수행하는 작전개념(CONOP : Concept of Operation)에서 볼 때 군사위성과 무인항공기(UAV Predator), U-2 첩보비행기로부터 IMINT / SIGINT / EO-IR를, 그리고 Rivet Joint(SIGINT / S&T), Senior Scout(SIGINT / ELINT), 공중지휘통제본부(ABCCC : Airborne Battlefield Command and Control Center), 공중조기경보통제항공기(AWAC : 항공사진 및 Radar), 기타 상용위성들의 GPS 사진들은 과학기술정보수집 수단에 속한다.[43]

이들은 현대전쟁에서 모든 종류의 현장정보를 실시간적으로 획득할 수 있고 정보작전을 수행할 수 있으며 나아가 효과 위주의 교전으로 유리하게 전쟁을 이끌어 갈 수 있는 수단이 된다. 더 놀라운 것은 통신 감청을 통한 첩보 수집은 모래알과 같이 빠져 나오는 음성을 끌어 모으고 있다. 정보를 하는 사람들은 남의 음성을 듣는 것에 둔해서는 안 된다는 교훈이 있다. 누구든지 직관적으로, 심리적으로, 경험적으로 눈과 귀가 열려 있어야만 정확히 천사의 떡(정보)을 움켜질 수 있는 것이다.

또한 현대의 경제력을 가늠하는 첨단 기술 분야는 미래 시장을 창출하는 핵심으로 시장의 통제 능력과 국가안보에 있어서 더욱 중요해지고 있다. 과학기술정보는 국가경쟁력의 원천이 되고 있는 가운데 일종의 공공자산으로 경제전반에 결정적 영향을 미치고 있다. 각 국들은 경쟁적으로 과학기술분야에 대한 재정 지원과 함께 학계나 산업계간 협력을 증진시키는 정책을 적극 추진함으로써 정책결정자의 욕구를 충족시키며 경제 기술 자본을 형성해 가고 있다. 미 정보공동체는 비효율적인 첨단기술분야를 보다 민첩하고 효율적으로 운영

---

42) 전자감시사회는 통합된 전자망 형태를 갖춘 사회로서 현대의 커뮤니케이션과 정보테크놀로지의 결합된 전자망 사회의 성격을 상징한다
43) Zalmay M. Khailzad, John P. White, The Changing Role of Information in Warfare (U.S Air Force: Rand, 1998), pp.283~290.

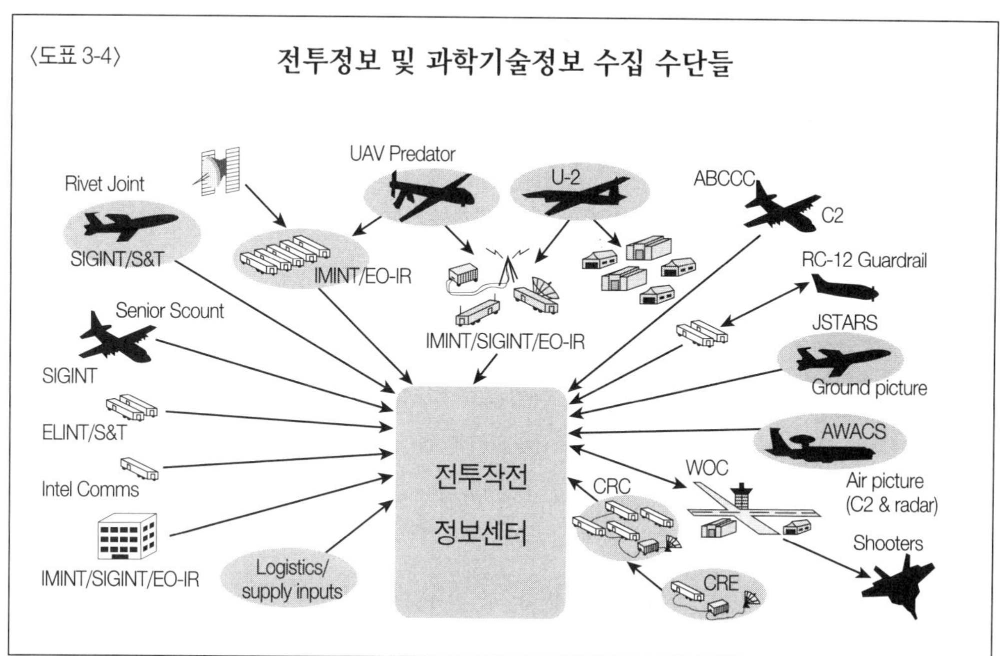

※ 자료 : Zalmay M. Khalilzad, John P. White, The Changing Role of Information in Warfare(RAND, 2000), p.285.

하기 위해 최근 국가정보부장(DNI) 산하에 '과학기술 획득 담당 국가정보차장(Deputy Director for Acquisition)직을 신설했다.[44]

7-3-1. 항공사진, 위성영상정보(IMINT)

과학기술 정보수집수단 중의 하나인 영상정보(IMINT : Imagery Intelligence)는 보통 사진정보(PHOTINT : Photo Intelligence)라고도 한다.[45] 이것은 미국이 이미 남북전쟁 중에 고무풍선 기구를 이용해 적정을 살피고 병사를 작전 배치하던 방식이다. 그 이후 항공기 발전으로 상대지역에 대한 항공사진정찰을 하게 되었는데 60년대 이후 미국의 U-2기, SR-71 기들에 의해 수행되었다. 항공기는 일부 전술지역감시를 위해 사용되고 있으나 현재는 주

---

44) U.S News and World Keport, oct 1. 2007.
45) www.admin@www.access.gpo.gov.

로 인공위성으로 대체되고 있다. 그밖에 일부 영상정보는 무인우주차량(UAVs : unmanned aerial vehicles)에 의한 영상획득 체계로 전환되고 있다.

그런데 영상(imagery)정보라는 용어는 일반적으로 생각하는 카메라와 같은 광학체계에 의해서 생산되는 사진과 다른 성격을 갖는다. 전통적으로 항공사진 정보는 광학체계에 의해서 생산되고 있으며 초기 위성사진에서도 촬영 후 현상할 수 있는 필름으로 생산되기도 했다. 그러나 현대의 인공위성 영상은 다분광 카메라(multispectral scanner)에 의해 영상을 신호 등으로 전환하고 그것이 수신된 이후 다시 영상으로 복원되는 절차를 밟는다. 또 자원 분포 상태나 열 추적 등을 위해 적외선 영상정보(IR)가 생산되고 있는데 이는 지표로부터 반사되는 열 에너지를 통해 영상을 얻는 방식이다. 이러한 영상들은 본질적으로 사진과 같은 것이 아니라 빛의 스팩트럼을 통한 반사에 의해서 생산되는 관계로 이것을 일반적으로 영상정보라고 한다.

그러면 영상정보로부터 얻어지는 물체의 판독 가능성 즉 '해상도'(resolution cell)가 얼마나 돼야 유효할까. 요는 분석관들이 원하는 영상의 판독 가능한 해상력은 대상 목표와 그 성격에 따라 물론 다르다. 군용위성의 경우에는 매우 정교해서 골프장 잔디에 굴러다니는 골프공을 식별할 수 있다거나 러시아 크레물린 광장에 주차돼 있는 자동차 번호판을 식별할 수 있다고 할 정도의 해상력을 갖는 것으로 설명된다.

그러나 실질적으로 군부대의 고사포, 미사일, 비행기 등의 군사 장비를 식별하고자 할 때는 몇 cm이내가 필요하고 다양한 인공물체를 비롯해 이동상황을 판단하기 위해서는 적어도 1m정도의 크기를 판독할 수 있는 해상력이 돼야 한다. 인공위성을 운영하는 국가들은 수많은 정보와 상품들을 만들기 위해 다른나라 국경을 넘나들며 매 평방m2 규모로 혹은 몇 Cm단위까지 촬영해 이를 판독하고 있다. 미국 등은 대외비 이상의 '사진해석지침서' 등을 만들어 모든 전략. 전술적 무기를 쉽게 식별해내고 있으며 각국의 경제건설 동향, 그리고 육상 해상에서의 물체이동을 추적해 분석함으로써 사용자의 정책 결정을 돕고 있다.

이해를 돕기 위한 상징적 사건을 꼽는다면 2001년 10월 미국의 아프가니스탄 공격에서 나타나듯이 정교한 첩보비행기와 위성을 통해 공격 지점에 대한 생생한 영상정보를 획득해 사용하였다. 이때 동원된 고(高)해상 위성으로는 Lacrosse/Vega(high-resolution satellite), KH-11 위성(Key Hole electronic imaging satellite)이 있고 항공사진촬영기로는 장시간 동안 나르면서 수cm까지 촬영할 수 있는 GNAT-750 Lofty View비행기, 드런이라고 불리는 저공 정찰기 프로데터(RQ-1 Predator), Hunter UAV, 파이니어(RQ-2 Pioneer), 고공 정찰기 글로벌 호크(RQ-Global Hawk) 등이 있다. 이들 비행기들은 40시간 이상 비행하며 전천후적으로 주요 목표에 대한 정교한 비디오 사진과 레이더 정보, 통신정보들을 수집해 이용하였다. 미국의 과학기술을 통한 정보 수집은 냉전 당시 주로 소련의 넓은 영토, 기후의 불규칙성, 접근불가능성을 극복하기 위해 동원된 것이다. 이후 적성 국가나 잠재적 경쟁관계에 있는 나라들에 대해 영상정보를 촬영하고 있으며, 달 화성 목성에 이르기까지 그 촬영범위가 전 우주적으로 확대되고 있다.

이것뿐만이 아니라 미국은 차세대 첩보 위성망 계획을 추진하고 있어 주목된다. 캘리포니아 우주항공 기업들은 향후 20년 동안 2만 명의 인원과 250억불을 들여 항시 지구상 모든 곳을 정확하게 촬영할 수 있는 첩보 위성망을 구성하는 계획이다. 「미국 과학자 연맹」(Federation of American Scientist)에 의하면 1942년 당시 12만 5,000명이 참가하고 현 달라 시세로 200억불 투입해 만들었던 맨하턴 프로젝트(원자폭탄 제조 프로젝트)보다 더 많은 비용이 들어갈 것으로 예상하고 있다. 물론 비밀스러운 작업이지만 미국 국가정찰국(NRO)에 의해 추진되고 있는 신형 첩보위성은 기존 위성의 2/3 크기로서 우주 밖 더 먼 곳에 위치해 일기에 관계없이 밤낮으로 사진을 촬영할 수 있다. 또 적이 탐지하기에 어렵도록 궤도가 높아지지만 기존 첩보 위성보다 20배 이상의 고해상도 사진을 얻게 될 것으로 보고 있다.[46]

실제로 미국의 인터내셔널 헤럴드 트리뷴(IHT)지는 2001년 2월 10일 미국이 총 250억 달러(약 33조 원)가 드는 새로운 첩보위성 시스템을 개발 중이라고 보도했다. 이 신문에 의하며 미국은 2005년 이후 현재의 위성을 대체한 첨단 위성을 쏘아 올려 지구의 모든 곳을 언제든지 촬영할 수 있는 능력을 갖춰가고 있다. 기존의 첩보위성들이 옛 소련 지역이나 기타 전략적 감시 지역에 치중했다면 새로운 위성들은 전지구적 차원의 감시망 확보를 목표로 하고 있다.

한편, 상용위성영상의 경우 고급영상처리 기술을 통해 흑백 영상에서부터 다중 스팩트럼 영상에 이르기까지 다양하다. 전천후 광학장비들을 이용해 다양한 해상력을 가진 영상(2m~30Cm 수준)을 획득해 사용할 수 있다. 현재 해상도 2m급 상용영상자료로 구소련의 비밀위성이 찍은 자료를 예로 들 수 있다. 미국의 1m급 영상은 2000년부터 각국에 일부판매하고 있지만 전세계를 모두 망라하려면 몇 년이 지나야 가능할 것이다. 그밖에 5m급 영상은 인도에서 입수할 수 있지만 원근감이 있는 입체 지형을 만드는 데는 어려움이 많다.

---

46) The Times, March 19, 2001.

사실 10m급 영상은 전투용 지도제작과 일반 공습, 항공 작전 연습과 같은 군사용으로 사용하기에 아주 좋은 자료이지만 작전 담당자 측에서는 이를 잘 이용하려 하지 않는다.

참고적으로 영상정보의 경우 미국에서는 첩보 위성 관련 업무를 총괄하고 있는 국가정찰국(NRO : National Reconnaissance Office)과 국가지리정보국(NGA)이 담당하고 있다. 이들 기관은 주로 영상정보처리과정(processing and exploiting imagery)에 대한 책임을 지고 각종 정보사진과 군용위성사진을 생산한다. 별들의 전쟁(star wars)을 수행하기 위한 과학기술, 공학, 군사력의 총합이며 전천후 첩보를 위한 수단으로 요약된다. 그밖에 일반 상업용 위성도 촬영해 초정밀 영상을 획득할 수 있는 상황이 되고 있어 경쟁력 있는 새로운 위성 개발시대를 열어가고 있다.

이렇게 볼 때 위성영상수집 기술의 비약적인 발전은 정보 세계를 크게 변화시키고 있다. 과학기술의 발전은 정보의 생산과 메시지의 저장, 그리고 상품성으로 직결 된다는 점에서 다양한 영상정보는 국가나 기업에 있어서 데이터 채굴(data mining) 대상이[47] 아닐 수 없다. 컴퓨터 발전과 함께 영상정보처리 시스템의 발전은 전투정보 혹은 경제정보 접근의 토대가 된다.

우리가 지금까지 살펴 본대로 영상정보가 다른 정보수집수단보다 분명히 많은 이점을 갖고 있다는 점을 알 수 있다. 그것은 우선 대상 목표를 실제로 보듯 생생하고 백 마디 말보다 더 확실한 증거가 되기 때문이다. 판단하기 어렵고 정책결정이 어려울 때 영상분석을 통해서 올라오는 내용과 그 실제사진은 그들에게 결정적 도움을 준다. 또 대상 목표를 찍은 영상은 그 자체로 정보가 되는데 군사훈련 상황, 무기 배치 등에 대한 판단을 보다 쉽게 내릴 수 있다. 그래서 미국 정보공동체는 '정보성 첩보' (Intelligence information)라는 용어도 사용한다.

그러나 영상정보의 단점도 있다. 그것은 우선 화질이 생생한 사진을 통해 실제모습을 볼 수 있으나 다른 관련 정보를 배제시키거나 급하게 영상만을 가지고 정책판단을 내릴 때 적지않은 문제가 발생할 수 있다. 다시 말해 영상자체가 확실치 않을 수 있으며 잘못 해석할 수도 있다. 전문적이고 숙련된 해석관들일지라도 오판할 수 있다는 말이다. 또 다른 단점은 영상정보는 '특정 시간 특정 장소' 에 대한 순간 포착의 실체들이다. 영상정보는 대상 목표

---

47) Data mining은 고객의 자료와 다른 해석의 여지가 많은 여러 정보원(源)을 바탕으로 실시간 검색을 실시하고 소비자의 행위를 예측할 수 있는 여러 가지 모델을 자동적으로 구축하는 기법이다. Colleen Mccue, Data Mining and Predictive Analysis: Intelligence Gathering and Crime Analysis(Butter Worth-Heinemann, 2006) 참조.

가 촬영되기 전후에 발생한 것은 사실상 알 수 없다. 다만 촬영시간과 그 장소에 대한 고정적이고 정적인 정보를 나타 낼 뿐이다. 따라서 대상목표의 과거 행태를 이해하기 위해서는 다시 과거의 사진이나 정보들을 비교하고 추적하여 관련된 첩보를 재추적하는 일이다. 하나의 영상은 모든 실제를 말해 주는 것은 아니기 때문이다.

7-3-2. 신호정보(SIGINT)

현대 정보사회에서 신호정보는 다양한 지상 사이트 혹은 항공기, 선박, 인공위성을 통해 수집되고 있다. 이러한 신호정보(SIGINT : Signal Intelligence)에는 통신정보(COMINT)와 전자정보(ELINT : Electronic Intelligence) 등이 포함된다. 미국의 국가안보국(NSA)은 미국의 신호정보활동 수행과 적의 신호정보 활동으로부터 미국을 보호하는 책임을 지고 있다.[48] 이러한 SIGINT는 양측 당사자 혹은 여러 사람들의 통신행위들에 대한 정보 가로채기(intercept)라고 할 수 있어서 이를 보통 통신정보(COMINT : communication intelligence)라고 한다. 또한 통신정보는 통신수단 및 첨단 무기들에 의해 전달되는 신호를 수집한다는 의미에서 원격측정정보(TELINT : telemetry intelligence)수집이라고 불려 지기도 한다.

나아가 통신정보는 현대화된 무기들로부터 발신되는 전파들에 대한 수집을 하게 되는데, 이때는 그 무기체계들이 작동하는 전파확산의 범위, 주파수와 같은 제요소들을 측정하는 수단이 된다. 이런 형태를 전자정보(ELINT)수집체계로 지칭되기도 하는데 각양의 주파수를 통해 일정한 시간에 일정한 간격으로 가능한 메시지와 목소리를 수집하는 방식이다. 주로 통신의 변화를 모니터 하는 이른바 '교신 분석'을 통해 어떤 암시와 긴박함을 발견할 수 있다.

이쯤 되면 통신정보들은 온전히 소유할 수 없는 특이성이 있어서 이해와 의사소통의 게임이라는 사실을 알 수 있다. 잘 알려진데로 미국 NSA의 정보역량은 매우 커서 여러 비밀의 흔적을 발견하는데 핵심적 역할을 한다. 미 볼티모어—워싱턴—파크웨이 주변에 위치하고 있는 NSA는 전 세계적으로 오고가는 통화 내용, 팩스, e-mail 등 모든 전자적 커뮤니케이션을 빨아들이는 '대형 진공청소기' 같은 것이라고 할 수 있다.[49] 마치 구름 위에 앉아서

---

48) www.admin@www.access.gpo.gov.
49) 미국 NSA에 대해서는 James Bamford, Body of Secrets : Anatomy of the Ultra-Secret National Security Agency(New York : Anchor Books, 2002)를 참조할 것.

세계의 모든 것을 엿듣고 있는 제왕의 형국이라고 할 수 있다.

뿐만 아니라 국가정보기관에 의한 통신 감청은[50] 초영역적인 정보수집수단으로서 보편적인 활동이다. 누구나 아무도 보지 않는 화장실이나 길거리에서 권력자를 욕한다고 할 때 경찰의 추적을 받을 수 있다. 또 핸드폰이나 팩스를 통해 의사소통을 할 때, 그 비밀을 온전히 유지할 수 없다는 것은 상식화되어 있다. 그러나 모든 통신 감청이 가능한 것은 아니다. 전 세계에 대한 통신정보 수집을 담당하고 있는 미 국가안보국(NSA)은 각국의 암호화 기술 발달과 도청이 어려운 광섬유 및 디지털 통신개발 등으로 매우 곤란한 국면에 빠질 때가 많다. 현대 사회가 '안테나 사회'가 되었지만 수집 만능 운운하는 것은 환각일 수 있으며 사실도 아니다.

그런데 미 국가안보국(NSA)의 세계적 도청 시스템으로서는 에셜론(Echelon)이 널리 알려져 있다. 1952년 트루만(Harry S. Truman,1884~1972) 대통령이 설립한 세계 최강의 통신 감청 기관으로서 영국, 캐나다, 뉴질랜드, 호주 등과 협력 하에 전 세계를 감청할 수 있는 전 지구적 도청시스템인 '에셜론' 구축을 완료했다.[51] 영국의 군사 전문지 Jane's Defense Weekly(2001. 1. 23)는 미국 NSA는 대만 전자정보처리 센터의 역량 및 기능을 강화 해왔다고 밝혔다. 외형적으로 미국 메릴랜드주 한 통신회사의 대만(臺灣) 지사로 위장하고 있는데 대만 북쪽의 양명산(陽明山) 비밀기지는 미 NSA가 실질적으로 주관하고 있는 통신정보 기지다. 대만정부 국방부와 협력해 대만 주변에서 각종 전자정보를 수집하는데, 특히 중국 인민해방군의 활동과 관련된 정보를 수집하는 것으로 알려지고 있다.

구체적으로 첨단 전자적 감시 시스템으로 자리 매김한 에셜론은 지구 전체를 영역별로 분할해 30개의 인텔넷(intel set, 통신위성)과 약 120개의 기지에 인원 38,000명으로 구성되어 항시적으로 감청하고 있는 것으로 알려졌다. 전 NSA국장인 스터드만(William Studeman)은 30분 단위로 100만 건의 정보자료를 검색한다고 했다. 헤아릴 수 없이 획득되는 정보는 단서가 될 만한 주요 단어를 걸러내는 '인지정보 시스템'(artificial intelligence system)인 '미멕스'(Memex)를 이용해 추출하고 평가 분석된다. 물론 공식적으로는 우호국간에 어떠한 산업 스파이도 부정되는 것과 마찬가지로 '에셜론' 또한 공식적으로 부인되

---

50) 감청은 국가기관이 정당한 법절차를 밟아 시행하는 것이고 도청은 불법적인 감청행위를 의미한다.
51) 2001년 6월 3일 유럽의회는 제2차 대전 이후 미국을 비롯한 영국, 캐나다, 호주, 뉴질랜드 등 미.영 동맹국들 소속 5개 국가가 공동운영하고 있는 '에셜론'의 실체를 폭로했다. 에셜론의 감청지역과 범위는 과거 냉전시절에 구소련과 동유럽에 집중했으나 이제는 전 세계의 통신위성, 이동전화, 전자메일, 팩시밀리로 확대되고 있다.

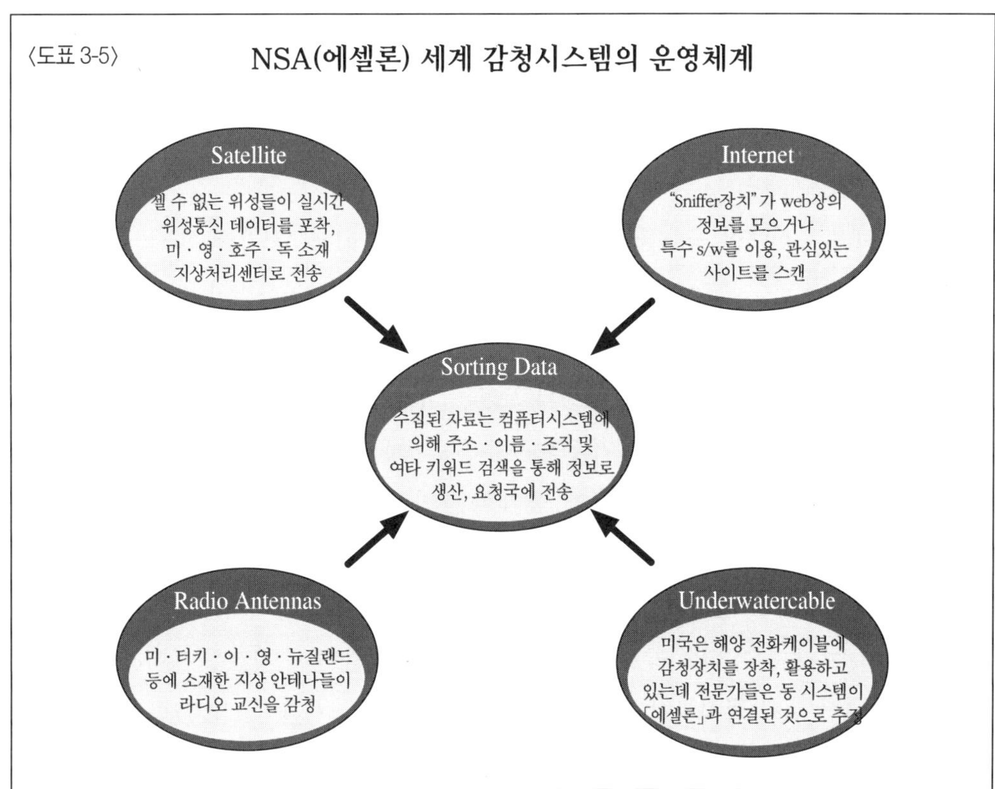

고 있다. 뉴질랜드, 호주에 있는 감청기지는 단지 군사첩보활동만을 수행하고 있는 것으로 알려져 있기 때문이다. 하지만 세계인들은 에셀론에 대한 의구심을 갖고 있는 것도 사실이다. 그것은 미 NSA가 고의적으로 또는 우연한 일로 미국 시민들을 감청하고 있는지, 아니면 수집된 첩보를 유관국과 교환하는지, 혹은 상업상 비밀정보를 비롯해 고위층의 부패에 대한 증거 자료들을 획득 시 어떻게 처리하는가 등에 대한 의문은 여전히 남아 있다.[52]

한편, 영상정보에서 지적되었지만 COMINT 역시 몇 가지 단점을 가지고 있다. 우선 상대방으로 하여금 활발한 통신이 있어야만 가능하다. 만일 대상목표에서 통신행위가 없거나 공중전파를 차단하는 경우에는 어렵게 된다. 더구나 상대방이 공중전파를 이용하는 것이 아니라 특수한 통신선(지하 케이블)을 선택한다면 통신정보 수집은 불가능하게 된다.

또한 대상 목표들이 자신들의 통신을 암호화할 때 어려워진다. SIGINT는 공격자와 방어

---

52) Washington Times, Nov 13, 1999.

자간의 암호싸움이라고 할 수 있다. 암호 해독자(crypies)는 어떤 암호도 풀어낼 수 있다고 생각한다. 그러나 컴퓨터의 발전으로 복잡한 일회용 암호 제작이 가능하게 되면서 그 해독은 어려워짐과 동시에 컴퓨터는 이러한 암호를 해독하는 능력도 함께 향상되고 있지만 한계가 있을 수밖에 없다.

뿐만 아니라 통신대상 목표들은 상대방을 혼란시키기 위해 '위장 교신'을 할 수 있다. 신호에 대한 여러 잡음을 삽입하면서 의미 없는 잡음을 보내는 듯하면서 위장 교신을 할 가능성이 있다는 말이다. 자신들의 통신행위가 상대방으로부터 가로채기를 당하지 않도록 하거나 암호를 해독하기 어렵도록 운영되고 있는 것이 일반적인 현상이다. 불규칙적인 주파수를 이용하는 등 비밀을 유지하기 위해 수많은 기법을 동원하고 있는 것이다.

이렇게 정보시장은 안보와 권력관계, 경제적 측면과 군사적 관계에서 정보가 코드화되고 교환된다. 그것은 실시간에서의 발생과 전파를 통해서 이뤄진다. 미국이 보스니아 내 대규모 학살 장소에 대한 정밀위성사진을 제공한다든지 각국에서 벌어지는 비밀 외교 회담을 확인하는 일, 그리고 UN이 이라크 내 독가스 저장소에 대한 증거 자료를 제시하는 등의 이면에는 대부분 CIA의 위성사진정보와 NSA의 통신정보가 실시간적으로 뒷받침되고 있다. 예로서 미국 측이 빈 라덴을 추적하는 사실들은 매우 흥미롭다. 미국의 위성을 관리하는 국가지리정보국(NGA)과 NSA는 바그다드 상공 수마일 위에 띄운 위성을 통해 빈 라덴(Osama bin Laden)과 사담 후세인을 계속 감시했다. 1990년대 초반 오사마 빈 라덴이 아프가니스탄으로부터 사우디아라비아로 돌아오는 당시부터 2년이 넘도록 빈 라덴의 활동 기지 사진을 찍고 그의 전화도 빠짐없이 도청했다. 미국 NSA에 설치된 방대한 전산장치는 빈 라덴의 성문(聲紋)을 미리 입수해 두었다가 계속 들어오는 위성사진과 도청망을 통해 그의 성문(聲紋)과 일치하는 부분들을 찾아냈다.[53] 두 기관의 과학기술수단에 의한 정보수집역량은 대단해서 CIA가 전체정보의 5% 가량을 제공하고 있는가 하면, NAS는 95%를 담당하고 있는 것으로 추정된다.

---

53) Simon Reeve, The New JACKALS, 한영택(역)『새로운 전쟁 : 빈 라덴 조직과 미래의 테러』(서울 : 중심, 2001), p.323.

7-3-3. 과학(징후)계측정보(MASINT)

과학기술정보의 핵심적 특성은 센서(sensor)와 같은 감지 수단 및 그 처리 장치들과 결합되어 상대방에 대한 생생한 정보를 얻을 수 있는 수단이다. 사진정보, 통신정보, 전자정보 등은 군 지휘관이나 정책 결정자들에게 폭넓은 능력을 제공하는 자료이며 어떤 목표물을 확인할 때나 정확히 타격 할 수 있는 전략정보 목표를 얻을 수 있는 수단이 된다.

그러나 정보전략 목표들도 시대 변화에 따라 그 중심 대상이 변할 수 밖에 없다. 가령 냉전시대의 주요 감시대상은 군사 활동에서 보이는 각종 대구경 포, 탄도 유도탄, 유인항공기, 잠수함, 핵폭탄 탑재 항공기 등으로 요약되지만 그러나 탈냉전 이후는 각종 첨단 미사일, 유·무인 항공기, 정보전 수행을 위한 무기 체계들이다. 더구나 현대 무기체계는 감시센서가 발달하면서 실시간 내에 감지할 수 있는 전천후 감시 체제를 비롯해 연중 지속감시 능력을 선진국가들은 갖춰가고 있다.

그런데 과학(징후)계측정보(MASINT : Measurement and Signature Intelligence)를 독립된 정보수집 활동이라고 말하는 사람들과 SIGINT 활동의 부산물로 간주하는 경우도 있다. 그러나 과학계측정보는 일반적으로 적외선, 레이저 등과 관련한 수단들에 의한 정보수집 및 지형, 기상에 대한 정보수집 방식으로 집약된다. 이러한 감시 능력은 과학기술정보 특히 징후계측정보의 발달로 향상되고 있는데 특히 TELINT와 ELINT의 발달과 함께 다분광 영상정보(MSI) 등 징후계측정보 기술들이 발달하는데 따른 수단이다.

그것은 우선 감시 센서로 꼽히는 적외선(IR) 열상 장비와 EO, H-Camera, SAR레이다(synthetic aperture radar), EMP수신기, 그리고 3차원 센서(IFF, ECCM), 초광대역 레이다(STC, MTI 다기능 레이다) 들이 있다. 이런 감시 장비들은 지구로부터 저고도 공전위성이나 고고도 정지궤도 위성에 탑재해 전 지구적이며 전 천후적으로 감시할 수 있는 수단들이다. 미국은 군용위성들을 통해 우주탐색 및 추적체계(SPADATS : Space Detection and Tracking System))체제를 갖추고 대륙간 탄도미사일(ICBM), 잠수함발사탄도미사일(SLBM)은 물론 지상과 공중, 수중의 입체 공간, 그리고 이동표적감시들을 통해 대량살상무기의 확산 등 현대전에 대비하는 체제를 구축해가고 있다.

또 다른 수단은 다분광 감지수단으로서 산업 발달수준이나 농산물의 작황을 평가할 수 있는 광범위한 지표정보를 얻는 수단이 있다. MASINT는 공장에서 배출되는 가스나 폐기물의 성분을 확인하는데 도움이 되며 특히 화학무기의 생산과 그 확산을 방지하기 위한 주요 수단이 된다. 그리고 농산물 병충해는 물론 토지이용과 관련한 정보를 폭넓게 평가할 수 있으며 강 하천 등 환경오염을 감시할 수 있는 수단들이다.

이렇게 볼 때 정보의 세계는 감추고 은폐하려는 측과 이를 찾아내려고 하는 사람들 간의 진실 놀이를 하는 것으로 집약된다. 정보의 속도가 지배하고 있는 상황에서 대용량의 정보를 의미하는 '메가' 와 초고속 인터넷 통신의 빠른 정보전달을 나타내는 '패스' 라는 의미가 통용되고 있다. 네트워크망을 운영해 경쟁조직에 이기면서 사용자의 요구에 즉각 대응할 수 있는 조건을 갖춰나가는 것이다. 정보사용자에게 "버튼만 누르십시오. 즉시 응답하겠습니다"라는 준비된 모습을 보여주고 있다. 따라서 이러한 감시 센서의 개발은 미 국방성이 말하는 외과수술과 같은 정밀교전(precision engagement)이[54] 가능해지는 것이며 전쟁수행 중에 살상과 비살상(nonlethal)목표를 구분하는 등 지휘관이 원하는 효과를 결정할 수 있다.

---

54) '정밀교전' 이란 미국의 경우 합동군이 군사작전의 전 범위에 걸쳐서 결정적인 속도를 유지하며 적을 압도하는 작전운용, 즉 목표물을 결정하고 감시하며 식별하며 추적하는 총 능력을 말한다.

제8장

첩보의 수집과 평가

제8장
첩보의 수집과 평가

여기서 말하는 첩보수집(information collection)이란 일반적으로 정보수집 단계에서 규정되는 개념이다. 그러나 그 의미는 수집기관이 출처를 개척하여 필요한 첩보를 수집하며 전달하는 의미보다는 광범위한 개념이다. 다시 말해 자료의 수집이란 광의의 개념으로 자료가 수집되어 실질적으로 보고서 작성의 근원이 되는 첩보나 과제 작성에 포함시켜야 할 제반 사항을 말한다. 여러 문헌, 지식, 경험, 강의, 연설문 등 모든 것을 망라하는 개념으로 사회 현상이나 인간의 활동들을 포함한 정보자료를 수집하는 활동을 뜻한다.

정보는 어떤 방법으로, 무엇을, 어떻게 수집하고 분석하며, 이용하느냐에 따라 그 가치와 영향력이 달라지게 된다. 엄격히 말해서 첩보자료 수집은 무작위적이며 비규칙적인 방법으로 이뤄진다지만 보통 첩보수집에는 수동적 능동적 태도가 있다. 첩보수집은 사람들이 사회적으로 만나는 현상들을 신체적 감각으로 받아들이는 형태로서의 수동적 방식이 있고 또 하나는 구체적인 질문과 목적에 따라 능동적으로 첩보를 모으는 방식이다. 많은 사람들은 끊임없이 정보를 수집하고 그 정보에 근거해서 판단을 내리고 적절하게 행동하기 위한 태도를 포함한다.

그러나 정보기관에서의 후자의 경우처럼 구체적 목표를 가지고 필요한 첩보를 사용자 요구에 맞춰 수집한다. 특히 첩보란 전문 수집관들로 하여금 조직이 필요로 하는 생자료(raw materials)를 획득하는 독점적인 권한을 통해서 얻어진 자료를 의미한다.[55] 그것은 국가정보차원이나 군사적으로 필요한 첩보의 수집은 물론 위성체계에 의한 수집, 수집 수단의 개발 등을 통해 시너지를 낼 수 있는 종합적인 수집운영을 반영한다. 현존하는 세계의 권력관계와 재생산 과정에 따른 정치적 이슈들, 그리고 경제와 군사행위들을 대상으로 수집하는 것으로 적대 국가와 불량 국가들에 대한 관련 정보가 관심 대상이다. 많은 정보 중에서도 비밀스런 정보는 국가의 이익과 사회의 공익을 확보하는 핵심정보다. 씨알 같은 핵심정보가 힘을 발휘하고 설득력을 갖는다는 의미에서 첩보활동은 매우 중시된다.

8-1. 첩보의 수집

첩보활동이 시작된 최초의 시기는 언제부터일까. 그리스 신화에 나오는 교활한 헤르메스로부터인가. 아니면 구약성서에서 보듯이 모세가 가나안 땅을 정탐하기 보낸 특명대사(Caleb, Jehoshua)들로부터인가. 구약성서(민수기 13:1~2)에서 보면 "……여호와께서 모세에게 일러 가라사대 사람을 보내어 내가 이스라엘 자손에게 주는 가나안 땅(Land of Canaan)을 탐지하게 하도록……" 했다. 이렇게 보면 인간의 정탐행위는 역사의 기록만큼이나 오래된 것이나 다름없다. 사실 첩보활동은 세계에서 두 번째로 오래된 직업으로 매우 명예로운 것으로 묘사되기도 한다.

두말할 나위없이 첩보활동은 위기와 위험 상황에서 비롯된 인간들의 생존 게임에 다름 아니다. 20세기에 들어와서 정보활동은 세계 정치에서 자체의 전문화된 제도, 자체의 기술, 자체적인 과학지식과 그 역할을 지니면서 체계적으로 조직화된 관료적 행위가 되었다. 정보기관들은 조직의 당면한 목적을 달성하기 위해 비밀정보활동이나 첩보공작활동을 포함한 여러 가지 수단방법을 사용한 것이다. 대부분의 고전적 문헌들에서 나타나는 첩보활동은 민첩하고 괴물처럼 분장을 한다거나 관속에 숨는 등 다양한 위장을 하면서 스파이 활동을 하고 있는 것으로 묘사된다. 가령 냉전 당시 미국과 러시아간의 스파이 추방사건이나 정보기관이 컴퓨터에 특수 프로그램을 설치해 컴퓨터 사용자가 두드리는 자판 내용을 모두 입수할 수 있다는 것들은 국내외적 정치의 실천 속에서 첩보활동의 중요성이 증가하고 있음을 반영하는 것이다.

---

55) S. Kent, Strategic Intelligence for American World Policy(Connecticut : Archon Books, 1965), pp.140~141.

그러면 우리나라의 공식적 정보활동은 언제부터인가. 몇 천년 동안의 기록을 모두 찾아 볼 수는 없지만 우리나라의 공식적 첩보활동은 고종황제의 항일 정보기관인 「익문사」(益聞社) 창설과 그 운영에서 찾아 볼 수 있다. 「대한제국」(1897~1910)이 1902년 6월 통신사를 가장한 황제 직속의 국가정보기관으로 「제국익문사」를 설립해 운영한 사실이 있는데 당시 요원들(61명)의 활동영역은 「제국익문사비보장정」(帝國益聞社秘報章程) 제5조~제8조에 자세히 규정되어 있다.[56] 국내에서의 비탐(秘探)활동 대상은 정부고위관리의 동정, 경성주재외국 공관원들의 동정, 국사범(해외 망명자) 및 외국인들의 국내인 매수, 그리고 간첩행위, 학교·종교단체·사회단체 등의 반국가적 행위 유무를 비롯해 외국인들 특히 일본인들의 침략행위에 대해 수집토록 하였다.

8-1-1. 수집 활동의 목적과 명확성 그리고 정보가치의 향상

국가나 기업은 정보자료들을 수집하고 분석함으로서 경쟁력을 갖출 수 있다. 이러한 정보자료는 여러 경로를 통해서 입수되고 분석에 이용될 첩보로서 취급된다. 수없이 많은 첩보자료들로부터 국가나 기업에 부합되는 정보만을 추출하고 선택해서 이용하게 되는 것이다. 따라서 자료 수집은 다양한 목적을 위해서 한번에 끝낼 수 있는 것이 아니라, 정보조직의 전 활동에 걸쳐서 계속되는 업무다.[57] 대개의 경우 정보의 획득이라 하더라도 그 활동의 대부분이 공식 기관의 사무적인 활동들이다. 다시 말해 군대의 정보장교나 정보기관 전문가들이 책상 위에서 계획하고 실천할 수 있는 일들이다.

우리가 인정하듯이 첩보를 수집할 때 겪는 일로써 생각할 수 없는 어떤 모험이나 멜로드라마틱한 요소가 없는 것은 아니다. 하지만 정보 수집은 개인적 운명과 동일한 현실, 이익 추구와 관련해 시공을 초월한 목적의식적 행위이고 호기심의 대상이다. 이런 첩보 수집의 대부분은 비밀활동과 공개출처로부터 얻어지는 경우가 많다. 오늘날 북한 등 폐쇄주의적 국가에 관한 정보의 경우에도 전체 요구량의 70% 정도는 공개출처로부터 입수한다고 보아야 할 것이다. 수집관은 항상 양질의 자료를 다량 수집해서 전문 분석관이 분석할 수 있도록 해야 하며, 수집관은 사회 현상에 대한 미세한 통찰력을 가지고 정보업무를 수행하여야 한

---

56) 이태진, 『고종시대의 재조명』 (서울 : 태학사, 2000), pp.387~402.
57) Michael Herman(1966), op.cit, pp.82~83.

다. 정보분석은 수집된 관련첩보나 자료의 질 그리고 양의 정도에 큰 영향을 받는다.

또한 정보수집에 있어서 무차별적 접근 자세(blanket approach)가 필요하다. 더 중요한 것은 실용적인 수집이 되어야 하는데 정보의 바다에서 많은 사람들이 정보를 공유하는 상태에서 어떻게 하면 좋은 정보를 선택하느냐가 핵심이 된다. 자료를 수집하고 이를 읽는다는 것은 우리가 생각하지 못한 미지의 지식을 염탐하는 것이며, 밀교적(密敎的)이고 신비적인 조직을 통해서 '고급스런 정보'를 수집하고 이용하는 일이다. 이 같은 예는 실로 많겠지만 미국 연방준비은행(FRB) 전 의장 그린스펀(Allan Greenspan)은 '자료 귀신'이라고 불릴 정도로 자료에 대한 관심이 남달랐다. 금융계의 황제인 그는 놀랄만한 양의 자료를 수집 분석하고 통계를 읽어내는 등 경제 데이터를 잘 활용하면서 경제변동을 분석 판단하는 것으로 정평이 나있다.[58]

따라서 정보는 '양치는 소년' 식의 사고방식으로는 여러 위험 신호를 놓치기 쉽다. 주마간산(走馬看山), 즉 말을 타고 달리며 강산을 구경한다는 것은 실제로 본 것이 아니다. 사물을 느리게, 찬찬히 보지 못한 것은 본 것이 아니라 단순한 관광에 지나지 않는다. 화가 김홍도(金弘道)는 그의 작품에 확인도장을 찍는 인장을 '기우유자'(騎牛游子)라고 새겼다. 그 뜻인즉 '느리고 어슬렁거리는 사람'으로 지칭했다. 일종의 느림의 철학이다. 정보수집에는 번득이는 찰나의 순간 감지가 중요하지만 오히려 느긋하게 열매가 익어가기를 기다리는 느림의 지혜도 요구된다.

이와 비슷함을 넘어 외부 세계에 대한 지식(정보)의 열정을 우리 선조들 가운데서 찾아볼 수 있다. 연암 박지원(燕巖 朴趾源, 1735~1805)의 「열하일기」(熱河日記)에서 보면[59] 청나라의 성경(盛京), 북평(北平) 열하(熱河) 등을 둘러보면서 중국인들의 이용후생(利用厚生) 관련 실생활 관련 정보를 수집하고 있음을 볼 수 있다. 당시 청나라를 배격하려는 조선조 보수파들의 비판을 받으면서도 정치, 경제, 사회, 천문, 지리, 문학 등 전 영역에 걸쳐 사회 참모습을 소개하는 실학사상을 소개하고 있다. 심지어 사람들에 대해서 웃는 자, 우는 자, 부르짖는 자, 노래 부르는 자, 눈먼 자, 발 저는 사람을 비롯해, 진귀한 새, 기이한 짐승, 아름다운 꽃, 나무의 상태 등을 자세히 묘사하고 있다. 박지원은 여행하는 땅이 하나의 '구

---

58) Robert Stein, Inside Greenspan's Brief Case. 김현구(역) 『그린스펀 따라잡기』(서울 : 시아출판사, 2003), pp.32~33.
59) 박지원, 『열하일기』(서울 : 하서, 1999)의 '도강록, 관내정사, 막부행정록'에서 중국의 풍속, 치란(治亂), 경목(耕牧), 이용(利用)등의 기록을 찾아볼 수 있다.

경거리'가 아닌 인간들 삶의 기호와 사물 그리고 미묘한 차이들을 발견하려고 했다. 이런 점을 인정해 국가정보원(NIS)은 2006년 2월 박지원의 「열하일기」를 '대중국 첩보 보고서' 라고 표현했다.

거듭 말하거니와 이러한 소식(정보)들은 당시 우리 사회발전에 큰 영향을 끼친 것들이다. 결국 자료의 수집 없이는 정보업무를 수행할 수 없고 핵심 정보 없이는 권력의 유지나 국가이익을 챙길 수 없다. 따라서 정보조직은 광범하고 조직적인 수집활동을 통해 이루어지는 것이며, 그렇지 못할 경우 그 존재가치를 상실하게 된다. 그러나 이런 자료의 수집업무는 여러 가지 어려운 방법론상의 문제가 항상 내재되어 있어서 동 문제들을 정확히 찾아내고 이를 해결하지 못할 때 위험에 직면하거나 비효율성을 면치 못하게 된다. 참고적으로 일본 타니구치 마사카즈(谷口正和)는 정보를 수집하는데 있어서 핵심 포인트 7가지를 간단히 제시했다.[60]

- 정보는 항상 밖에 있다
- 정보원(출처)에 대해 차이를 두지 않는다
- 비슷한 내용과 의미의 정보를 모은다
- 과제(정보 목표)를 항상 머리 속에 그린다
- 늘 메모하고 체크 한다
- 자신의 노하우를 계속 개발 한다
- 현상의 의미를 짧은 용어(언어)로 표현한다.

결정적으로 정책수립자들(예를 들면 대통령, 수상, 장관, 기업 사장)은 자기들의 책임을 수행하기 위해 다양한 고급정보를 필요로 한다. 그러나 직접 그들에게 전달되는 정확한 정보는 그리 쉽지 않다는데 문제가 있다. 정보기관에서는 정상적으로 많은 양의 첩보가 수집되지만 대통령이나 수상, 국가수반이 직접 그런 막대한 양의 첩보를 일일이 검토하거나 평가할 수는 없다. 또한 정보기관에서 수행하고 있는 수집활동이란 우연히 이루어지는 것도 아니다. 그것은 특정분야에 관한 첩보 수집을 목적으로 철저히 검토된 계획에 의거해 수행

---

60) 타니구치 마사카즈, 『プレビソの成功法則』 나성역(역), 『프레젠테이션의 성공법칙』(서울 : 일빛, 2002), pp.80~83.

되는 것이다. 이러한 관점에서 볼 때 특정한 첩보의 수집은 부여된 과제에 관하여 정통한 지식을 가지고 있는 전문가들에 의해 이루어진다고 할 수 있다.

여기서 말하는 전문가들이 가지고 있는 지식이란 그들의 교육적 배경에 연유되기도 하며 외국 사정이 밝은 데서도 얻어진다. 그리고 특정 문제에 관한 전문적인 지식을 가지고 있을 때 획득되기도 한다. 정보의 흐름은 구경거리에서부터 언어(담론), 음악, 예술 심지어 경찰이 갈보 집을 급습한 알몸들의 '진짜 모습'에서도 흐르고 있다. 나아가 수집관은 인터넷상에서 올라오는 제목만 보아도 내용을 짐작할 수 있도록 총체적인 지식이 요구되는 것이다. 분명한 것은 정보수집활동의 복적을 어디에 두고 행동할 것인가에 대한 명확한 설정이 있어야 한다. 정보를 하는 사람은 당의(糖衣)를 입힌 감기약으로 가장한 '독약'이 들어 있는 첩보 내용도 조심 해야 한다.

그리고 정보관은 귀를 기울이고 남의 말을 경청하는 훈련이 필요하다. 듣는 태도에 따라 대화의 깊이가 달라지고 숨은 말의 의미를 찾아 낼 수 있다.[61] 정보의 세계에서 첫 만남은 하나의 진검 승부로서 목숨을 건 승부다. 첫 만남에서 정확하게 사람을 관찰하고 사람을 알아보는 예리한 눈(眼力)을 가질 필요가 있다. 말콤 글래드 웰은《블링크, 첫 2초의 힘》에서 눈 깜짝할 사이 첫2초에 주목하라고 한다. 순간적인 판단(동양적으로 직감)으로 문제해결 능력을 키워나가야 한다고 조언했다.[62]

결국 첩보 수집자는 이와 같은 정보세계를 면밀히 조사함으로써 자기의 전문분야에 직

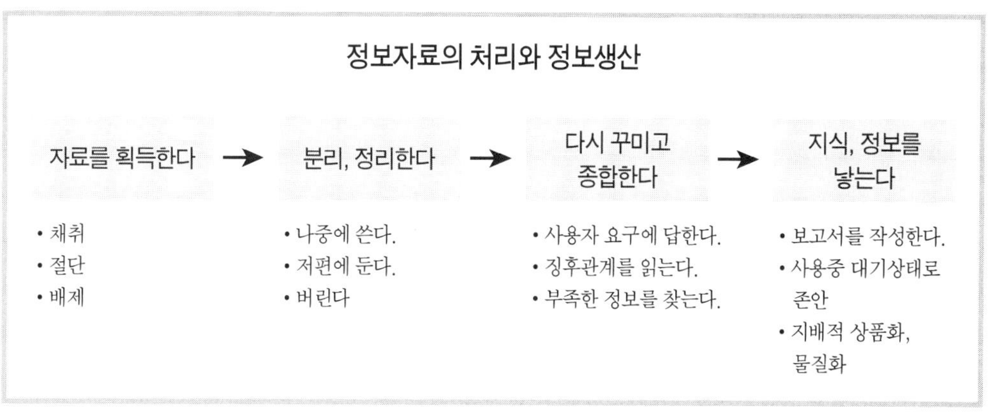

---

61) 우메시마 미요, 『이익이 되는 말 손해가 되는 말』, 정성호(역)(서울 : 가림, 2001), p.19~26.
62) Malcolm Gladwell, Blink : The Power of Thinking Without Thinking(New York : Back Bay Books, 2005), pp. 9~11.

접 또는 잠재적으로 관계되는 첩보를 탐구하는 일이다. 정보활동가는 자기 자신이나 자기가 속해있는 기관에서 기 알고 있는 첩보를 더욱 명확히 뒷받침해 주는 동시에 지금까지 알지 못했던 첩보가 담겨져 있는 항목을 발견하고, 그것을 참고로 하기 위하여 기록하고 존안해 두는 일들을 한다. 매우 산만하게 흩어져 있는 자료일지라도 하나하나의 항목이 종합되다 보면 유효한 첩보덩어리가 된다는 점을 누구나 다 아는 사실이다.

8-1-2. 첩보수집의 고려 요소

우리는 발 뿌리에 걸리는 돌과 고인돌을 구별해 내거나, 널빤지가 떡갈나무인지 소나무인지는 알 수 없지만 그들 사이에는 어떤 상사(相似, simultaneous) 관계가 있음을 이해하고 있다. 하지만 우리는 불행하게도 이것들을 확실히 구별해 내는 데는 여간 어려운 것이 아닐 뿐더러 무관심으로 지나칠 때도 많다. 정보를 수집해서 활용해야 하는 경우, 자료수집에는 일단 그 가치를 따지지 말라는 말이 있다. 하지만 직 · 간접적으로 정보의 가치를 따져보고 수집하게 된다. 정보는 이런 이유 때문에 최신의 정보, 2차 자료가 아닌 원천적인 것, 입수가 어려운 것, 비공개된 정보 등이 상대적으로 그 가치를 인정받게 마련이다.

특별히 불확실한 상황에서는 일반 자료보다 '특수한 지식과 정보'가 크게 요구되는 상황이고 이것이 정보기관들의 주요 업무내용이다. 이렇게 볼 때 수집은 유능한 도서관처럼 수행하는 수집활동을 의미하는 것이지만, 그러나 무엇보다 정보자료는 전문 분야의 특수 자료들로서 어떤 악 조건에서도 비밀스럽게 수집해서 유용하게 이용할 수 있는 자료까지도 포함하는 개념이다.

정보 전문가는 세상에 나타나는 사건들, 기호들을 포착해 설명하고 당면한 문제를 해결하며 정보를 생산하는 사람이다. 마치 들뢰즈(Deleuze)가 말하는 「대화」에서 암시하는 '말벌과 난초'의 관계처럼[63] 말벌(정보원)이 난초(출처)를 찾아다니는 것과 흡사하다. 거듭 강조하거니와 정보전문가는 첩보의 획득 활동에 종사할 때 경우에 따라서는 자기의 책상을 떠나서 현장으로 나가 스스로 관찰함으로써 첩보를 직접 수집하거나 협조자를 운영할 수도 있다. 효과적인 것은 제보자나 이해관계에 따라 첩보를 제공하는 개개인의 정보자료가 더

---

63) 들뢰즈(Gilles Deleuze)에 따르면 말벌은 난초의 재생산장치의 부문이 되며, 동시에 난초는 말벌을 위한 성적기관이 되는, 난초들은 꽃 가루를 옮기는 말벌의 매개의 의해서 씨앗을 맺는 관계로 상생하는 것으로 설명하고 있다. 『들뢰즈와 가타리』(서울 : 샛길, 1995), pp.181~182.

중요할 때도 있다. 자진해서 첩보를 제공해주는 사람들 가운데는 일상생활을 해 가는 보통 시민도 있고 정보적인 가치를 관찰한 다음 해외여행에서 돌아와 제출해 주는 여행자도 있다. 특히 오늘날에는 적대적 관계에서 탈출해오는 망명객들의 첩보가 매우 중요하게 취급되는 것은 말할 나위도 없다.

그런데 내가 발동을 걸어놓은 주요 주제는 '첩보 수집' 의 문제이다. 누구나 알다시피 자료수집의 대상이나 방법에 있어서 수집기관에서 통상적으로 수집한 첩보는 수 없이 많고 다양할 것이다. 정보자료는 특별 작전정보요구(OIR : Operational Intelligence Requirement)나 특별첩보수집요구(SRI : Special Requirement for Information)에 의해서 수집된 자료, 정보공동체들의 첩보 및 분석자료, 국내외 정기 간행물, 도서관 소장 자료, 외부 학술 단체들의 연구자료, 중요 인물에 대한 심층면접 자료, 특수 과제와 관련한 세미나자료 등이 모두 망라된다. 그러나 수집된 자료들이 다 유효한 것은 아니어서 이를 정리, 존안 하는 데는 시간과 예산의 낭비를 가져올 수도 있다. 그러므로 가능한 한 지게미가 아닌 가치가 있는 알맹이 정보만을 골라서 사용하는 지혜가 요구된다.

널리 인정되는 것이지만 축적되는 첩보는 거대하고 복잡한 어떤 장치를 통과해야만 한다. 그 장치로서는 생자료를 걸러내고 추려지는 첩보 처리 과정을 거치게 된다.[64] 많은 양의 정치, 외교, 군사, 경제 등 제 첩보들은 조직 내 분석관을 통해 정세판단자료로 평가되거나 종합된다. 그래서 정보를 다루는 사람들에게는 자료 수집 원칙이 필요한데 아래와 같은 주의가 요구된다.

- 전문 직원들이 무질서하게 각기 타 기관에 자료를 요구함으로써 타 기관에 대한 오해나 간섭 등의 부작용을 낳고 동시에 동일한 자료에 대한 중복 작업이 나타나게 되는 점을 피한다.

- 전문 직원들 자신이 개인적으로 자료를 수집하거나 자기만의 파일을 만들어 사용할 때(개인 도서실)가 있는데 이를 피해 조직적으로 자료 관리와 등록상의 혼란을 방지토록 한다. 자료는 저급한 수준, 객관적인 기준도, 중립적인 상태라는 어떤 표시도 없음을 염두에 두어야 한다.

- 정보자료 수집에는 조직의 목적상 판단 기준이 있어야 하는데 주로 ▲시 계열적(과거, 현

---

64) S. Turner, Secrecy and Democracy : The CIA in Transition, (NewYork : Harpper and Row, 1986), pp. 275~278.

재, 미래)으로 가치가 있는 것. ▲직접 또는 간접적으로 정보가치가 있을 것. ▲이제까지 몰랐던 새로운 내용을 갖고 있는 것 ▲적시성을 갖는 자료 등을 수집, 존안하는 것이 필요하다. 한마디로 지저분한 똥(쓸모 없는 자료)은 나가야 하는 것이다.

● 첩보수집은 가능한 해당 전문 지식을 소유한 사람들을 통해서 이뤄져야 한다.

예를 들어 산업첩보의 수집이란 임무를 부여받는 전문가는 산업분야에 대한 전문지식과 실제로 종사한 여러 경험을 가지고 있거나 아니면 학문적으로 연구한 경험을 가진 사람이어야 한다.

그뿐만이 아니다. 우리는 단지 몇 줄만 읽어보고도 중대한 내용이 담겨져 있는 항목이라는 사실을 발견할 때가 있다. 그것은 수집자가 가지고 있는 하나의 특수 기술이다. 해당분야에서 인정받거나 높은 수준에 있는 진짜 권위자라면 그러한 첩보를 재빨리 발견할 수 있다. 지금 당장에는 사용되지 않는 하찮은 내용일지라고 궁극적으로는 정부정책에 영향을 미치게 되는 내용을 포함할 수 있다. 하기 때문에 사소한 내용에 대해서도 수집활동은 계속 이루어 져야하는 것이다. 이러한 수집 형식을 일컬어 우리는 연구분석(research and analysis)이라고 말하는데 이때는 다음과 같은 요소들이 검토되어야 한다.

● 수집할 주제(대상)에 대한 확실한 범위와 포함할 내용의 명확한 설정이 필요하다. 정보 가치 판단을 정확히 하기 위해서는 그것들에 대한 주체, 논리적 주어, 결정적인 내용 등을 한정적으로 결정하는 일이다.
● 분석자로 하여금 자료에 대한 만족도, 자료의 가치와 형태, 출처 등의 다양한 고려가 가능토록 수집자는 주어진 첩보자료에 대해 꼬치꼬치 따져보고 또 따져보고는 습관이 필요하다.
● 수집된 사건내용들에 대한 주제별, 소 항목별 요인들을 모두 구성할 수 있거나 추출된 개별 요인들이 실제 계획된 대로, 그리고 의도한 내용이 얼마나 효율적으로 사용할 수 있는지를 점검한다.

그러나 이러한 가정들이 모든 것을 설명했다고 생각되지는 않는다. 정보를 하는 사람은 수집 패러다임의 변화를 읽어야만 하고 의미를 찾아내 교묘한 행동들을 추적할 수 있어야 하기 때문이다. 또한 좋은 정보의 수집과 생산을 위해서는 강한 버전(version)과 패러다임

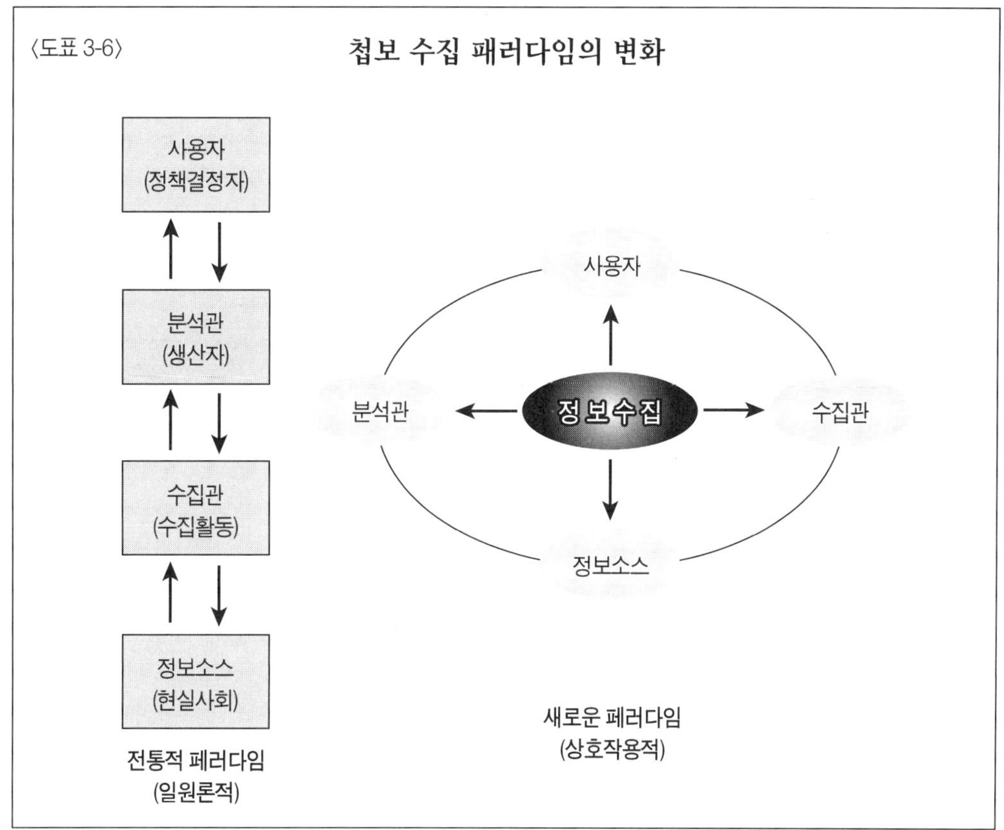

의 작용원리를 이해해야 한다. 위 〈도표 3-6〉에서 보듯이 정보수집에 있어서 과거 계선형 (線形) 패러다임은 이제 효과적이지 못하다. 주로 과거에 활용해 온 패러다임의 경우, 정보 사용자는 정보가 필요하면 분석관에게 요청하고 분석관은 해답을 준비하지 못할 때는 우선 수집관에게 요청하고, 수집관은 수집한 것이 없거나 어려우면 협조자(P/A)에게 달려갔다. 인정하기 어렵겠지만 출처자는 공개출처에서 관련 자료를 얻거나 정부 부처에 친척이 있는 것처럼 가장하거나 신문 기사를 뒤적여 비슷한 내부첩보 자료를 넘겨주는 것도 비일비재하 다.

그러나 새로운 다이아몬드형의 패러다임에서는 분석관과 사용자 모두가 직접 활용할 수 있도록 하는 모델이다. 누구나 거대한 규모의 공공출처를 사용하게 되고 또 복잡한 문제를 다루고자 할 때는 사용자와 수집관이, 아니면 사용자와 비밀출처간에 직접 접촉할 필요성 도 생기게 된다. 상호간에 명시적, 의존적 의사소통이 가능할 때 정보판단의 딜레마를 어느 정도 줄일 수 있을 것이다.

결론적으로 첩보자료는 정보보고서의 뿌리라고 할 수 있다. 분석관의 보고서 작성은 아름다운 꽃을 피게 하는 것이고 사용자에 있어서 정보지식은 과일과 같은 것이다. 사용자는 이 과일(지식 정보)을 먹든지, 버리든지, 축적해 둔다든지 하게 된다. 동시에 정보란 문제의식을 갖는 사람에게만 보이므로 정보전문가들은 부단히 자신의 능력을 개발해야 하며, 정보의 연속성을 갖도록 관련 자료들을 계속 수집, 축적해 나갈 때 정보보고서의 신뢰성은 한층 높아진다. 그러나 분명한 것은 정보처리의 경우 '합목적성'에 맞도록 해야 한다는 사실을 잊어서는 안 된다.

8-1-3. 첩보수집에 영향을 미치는 요소

앞에서 첩보의 자원들과 그 수집 방법들에 대해서 기술했다. 수집은 정보활동의 기본이며 수집이 없는 정보활동이란 단지 허구에 지나지 않는다는 것을 확인했다. 선진 국가들은 그들이 필요로 하는 정보를 수집하기 위해 다양한 수집 방법을 사용하고 있다는 사실도 이미 보았다. 다음으로 검토돼야 할 요소는 수집 활동에서 최우선의 수집목표를 설정해 시간적 요구(단기, 지금) 내에, 발생 가능한 위험을 피하면서 중단 없이 실행하는 일이다. 그러므로 첩보수집자는 단순히 '수집자'로만 이해되는 것이 아니라 정보생산과정에 참여하는 것이며 정보 흐름의 발견자이기도 하다. 수집활동의 목적과 명확성을 위해서는 다음과 같은 사항들이 고려되고 있다.[65]

- 최근에 일어나는 사건들을 중심으로 수집하되 정상적으로 입수되는 자료, 인터뷰 자료 등 모두를 수집 대상으로 한다.
- 향후 5년 이내에 혹은 지금 당장에 필요한가를 판단하고 시간성, 주기성, 지역성에 따라 체계화하고 기존 자료들과 비교 검토해 수집 여부를 확대한다.
- 입수된 자료를 정리하고 정보 상품으로 만들어 문서화된 보고서로, 비디오로, 내부 네트워크 상에 올리는 과정을 밟으며 정보를 축적한다.

---

65) The Council on Foreign Relations, Making Intelligence Smarter-The Future of U.S. Intelligence, http://www.copi.com/article/InteIRpt/cfr.html.

그런데 수집방법은 크게 수집하고자 하는 정보의 성격과 그것을 수집할 수 있는 정보요원의 '능력'에 따라 좌우된다. 미국에서는 이런 다양한 방법들을 'Collection Discipline' 또는 INTs라고 지칭한다. 정보수집방법들을 채택하고 결정하는 데는 여러 가지 영향이 작용하기 때문이며 사실상 경쟁 속에서 이뤄진다. 정보수집을 행하는 과정에서 부딪치는 물음은 무엇을 수집할 것인가. 또 어느 것을 수집해야 하고 당위성이 있는가 라는 지적이 제기될 때가 많다. 정보수집활동은 조직 내 의사결정과정과 어느 분야에 더 중점을 두느냐 등에 영향을 받기 때문이다. 그 선택과 결정은 관료적으로 조직된 위계 질서나 선택을 제한하는 다른 형태의 기구들로부터 나오게 된다. 그러나 이와 같은 방법으로 수집된 다양한 첩보를 체계적으로 분류하고 관리하는 데는 수집관으로 하여금 다음과 같은 활동 상황을 중시할 필요가 있다.

- 정보자료의 발생 원인과 이를 얻으려는 수집 차넬의 부단한 개척 의지와 관리
- 정보시장에 대한 끓임 없는 관심과 정밀조사 및 자료의 성격 판단
- 생명 있는 유가치 첩보를 수집하기 위한 인간정보망의 계속적인 조직화
- 목적의식적 수집활동과 충성심의 발휘와 전문가 집단의 구축
- 경쟁관계에 있는 타 기관의 사실적 기술적 경향에 대한 평가

이렇게 볼 때 사람들이 자신의 영역에서 상대방과 싸우고 경쟁 상대들보다 우위에 서려면 정보의 경영방식을 터득하는 일이다. 무관심한 눈으로 사물을 봐서는 정보관으로서의 책임을 포기하는 것이나 다름없다. 아니 정보를 훔치는 행위에는 위선과 위악(僞惡)이 적나라하게 작용한다는 사실도 지나칠 수 없다. 정보를 하는 사람은 이기적인 잔혹성과 공포를 느끼는 스릴, 그리고 염치를 저버린 음탕함이 지배하는 세계임을 이해할 필요가 있다. 따라서 첩보수집에 영향을 미치는 요소들을 보면 다음과 같다.

첫째는 정보예산의 제한성이다. 국가정보의 경우 정부예산에 영향을 받는 정보예산은 크게 첩보수집 비용과 그것을 처리하는 분석 생산하는 비용으로 나눌 수 있다. 냉전 시대에서는 이러한 예산의 문제는 크게 고려되지 않는 상태에서 적대 국가에 대한 첩보수집의 타당성과 필요성이 인정되었다. 그러나 탈냉전 시대에서는 핵심적 잠재적 위협요소가 사라지면서 정보예산의 삭감 논란이 일어나게 되었다. 더구나 인공위성에 의존하는 과학기술 수집체계는 많은 비용이 들어간다는 사실은 누구나 인정하는 바이다. 다시 말해 다양한 수

집체계를 동시에 운영하는 것은 항상 비용의 제약을 받게 된다는 뜻이다. 또 수집된 자료의 분석처리비용이 만만치 않아 모든 처리 과정(P&E : processing and exploitation)에 많은 비용이 들어가게 되어 결국 첩보수집에 큰 영향을 끼친다. 이른바 경제학에서 말하는 선택에 대한 기대비용(expected cost)과 한계비용(marginal advantage)이 충돌하는 것이다.

둘째는 수집 우선순위에 따라 영향을 받는다. 수집원 또는 첩보원의 수가 한정되어 있기 때문에 정책 결정자는 상호 경쟁적인 수집요구 사항 중 먼저 수집해야할 것이 무엇인가를 선택하는 것이 중요하다. 첩보수집대상의 우선순위를 정하는 데는 다양한 방법이 있을 수 있으나 무엇보다 정책 결정자나 사용자의 요구사항, 또는 긴급을 요하는 사건을 중심으로 정해진다. 이때는 과학기술방법 혹은 인간적 수집활동에 따라 수집요구를 충족시키는 것이지만 무차별적인 수집이 아니라 전략의 필요성과 이익에 따라 수집목표를 정하게 된다.

그런데 냉전이 종료된 이후에는 미국 정보의 최우선과제는 마약과 테러리즘, 핵 비확산, 러시아의 개혁과 안정, 발칸 반도와 중동, 북한과 같은 다양한 지역에서의 분쟁 충돌 등과 관련된 정보들이다. 이런 내용들은 클린턴 대통령 당시 행정부의 '대통령 결정 지시 35호'(Presidential Decision Directive 35)에서 언급된 내용들이다.[66] 그러므로 우선 수집체계에 따라 수집하더라도 새로운 기술개발, 잘 훈련된 인적자원, 그리고 요구분야에 따라 달라질 수 있다는 말이다. 또 비상사태가 발생되면 수집체계는 우선순위가 높은 것부터 조정되고 수집되기 마련이다.

셋째는 출처의 보호 여부와 수집방법의 공개―비밀 활동에 따라 영향을 받는다. 대체로 국가정보기관의 첩보수집 역량은 기밀사항(비밀 등급)으로 보호되며 이것은 정보기관의 생명이다. 만약에 수집역량이 공표되거나 그로 인해 상대국가로 하여금 수집활동을 방해하기 위한 조치를 취할 때는 자국의 수집체계는 무력화될 수밖에 없다. 따라서 첩보의 민감성과 수집방법 등에 따라 등급 분류가 결정되고 또한 비용이 상대적으로 많이 요구된다. 첩보수집과 관련한 내용의 비밀 분류는 첩보의 중요성에 따라 결정되며, 출처의 취약성으로 상대방에 노출될 경우 그것을 대체하기가 어려워진다.

이상에서 보듯이 첩보수집에서의 장애물들을 제거하기 위해서는 정책 결정자들 입장에서 자신들의 주된 관심 사항과 요구 목표를 알려주는 등 정보 담당관들과 계속 의사소통을 강화하는 것이 필요하다. 이때는 많은 첩보요구사항들 중에 과연 어느 것이 우선시되는가.

---

66) Mark M. Lowenthal, Intelligence From Secrets to Policy (Washington, D.C., CQ Press, 2000), p.76.

압도적인 이슈가 무엇인가에 대한 균형 잡힌 정보과정이 이뤄질 때 그 부정적 영향들을 줄일 수 있고 예산사용의 타당성을 인정받을 수 있다.

8-2. 첩보의 가치평가와 통제

앞에서도 설명되었지만 첩보의 수집과 획득으로서 정보기관의 기본적인 활동은 일차적으로 완결됐다고 할 수 있다. 그 다음으로의 진행은 첩보의 평가 작업인데 통상 첩보의 평가(evaluation)란 보다 고차적인 지적 업무를 의미한다. 그것은 첩보의 가존성(probability)과 정확성(credibility) 신뢰성(reliability)을 평가할 뿐만 아니라 보다 높은 수준에 있는 정책수립자를 위하여 첩보의 일반적인 중요성을 평가하되 첩보와 관련된 일반적인 정세와 관련시키는 업무이다.

그리고 첩보의 평가는 자료의 끊임없는 돌고 도는 순환체계에서의 인과관계를 추론하고 확인하는 작업이다. 많은 현상을 담고 있는 자료들이 전문적인 관찰과 검토를 거치지 않은 상태로 일단 인식하고 그 자료가 틀림없는가, 그리고 정치적 가치가 충분한가를 증명하는 절차이다. 현장에서 올라오는 첩보 자료들이 정보학에서 다루는 요소들이 모두 빠짐없이 설명되어 있는가. 혹은 입수된 첩보는 조직이 원하는 목표들과 의도(혹은 가설)에 부합되어 실제로 분석할 대상인가, 아니면 당면한 문제들에 대한 해결책이 될 수 있는가를 명확히 구별하는 행동이다.

이때 조심할 것은 첩보의 일차적 평가의 경우 첩보를 평가하는 사람과 분석관, 사용자의 조직적 맥락에서 이뤄지지만 관습(관행)에 의한 방법이나 권위에 의한 방법, 직관에 의한 방법이 주로 동원된다. 그러나 어떤 경우든 자료가 갖고 있는 모순과 결함을 발견 못하는 부정확한 평가, 예외적 현상을 별것이 아닌 것처럼 일반화하는 태도, 공정한 기준이 아닌 자기중심적 현상 이해방법으로 다루려는 태도는 지양되어야 한다. 정보관들은 첩보의 평가를 할 때 그것을 단순한 현상으로 존재(what is)하는 것이 아니라, 그 자료(현상)에 어떤 의미와 가치관이 개입된 당위(what should be)에 더 관심을 갖는 것이다. 이런 관계에서 보면 첩보 평가라는 기능은 정보기관의 주요 업무로서 모든 첩보는 수집되는 즉시 검증되어야 한다는 사실이다.

8-2-1. 첩보 평가의 문제

수집된 첩보에 대한 평가와 판단은 정보 분석관에 의해 이루어지는 것은 아니다. 곧 정보평가 작업은 높은 성직자들만이 치르는 의식처럼 이루어지는 것이 아니라 비밀정보 수집관들의 철저한 검증을 거치는 것을 말한다. 혹시 수집관들의 뛰어난 자질에도 불구하고 검증 과정을 거치지 않았다면 '본 자료는 평가되지 않은 첩보임' 이라는 경고문을 붙여서 전문 분석관의 오해나 잘못해석 되는 일이 없도록 하는 것도 좋은 태도다.[67]

여기서 '평가' (evolution)란 첩보처리 과정에서 '특별한 단계' 를 거치는 의미로서 어떤 첩보가 사실인가에 대하여 실무부서 수집관들의 판단을 존중하고 첩보를 평가하는 것이다.[68] 수집관 자신들이 수집한 첩보에 대하여 아무런 '코맨트' 가 없을 때 그 첩보수집 내용과 보고서는 필연적으로 하찮은 자료가 될 것이며 동시에 귀중한 판단기능도 상실하게 된다.[69] 예로서 2001년 9월 미국의 테러사태와 관련해 워싱톤 포스트(2001. 10. 12)지는 이라크의 전 정보기관원이 미 CIA관계자들에게 이라크국민회의(INC : Iraq National Congress)가 1년 전 바그다드 교외 살만 팍에서 회교극단주의자들의 보잉 707기 납치훈련을 특별 시찰했다고 제보했지만 동 발언은 미 CIA 관계자들에게 무시당했던 것으로 밝혀졌다. 곧 테러리스트와 특정 사건의 연계 가능성을 찾는데 실패한 원인이 된 것이다.

우리가 인정하고 넘어가야 할 것은 제1차적인 평가는 통상 하급 기관 수준에서 이루어지고 있다는 사실이다. 대개의 경우 자기 해당 부문에 들어오는 자료를 제일 먼저 직접 수령하는 담당관이 그것을 세밀하게 평가하게 된다. 그러나 이러한 사람들이 수행하는 평가 작업은 그 첩보에 등급을 정하는 일에 한정되어 있다. 첩보에 대한 '평가' 라는 개념은 첩보의 진위 여부와 첩보가치의 결정 문제 등 두 가지 점에서 그 의미를 갖는다.

그럼에도 여기서 수집 보고된 첩보내용의 진위 여부, 또는 사실 가능성 판단의 문제는 계속 제기된다. 첩보의 출처와 획득, 출처의 신뢰성과 능력, 접근의 가능성, 그리고 첩보획득

---

67) 어떤 사람은 첩보를 수집하는 사람들에게 평가업무까지 맡긴다는데 대해 의문을 제기하기도 한다. 그들의 주장은 "비밀첩보를 수집한 사람은 자기가 수집한 내용을 객관적인 입장에서 평가할 수 없다. 인간이 가지고 있는 욕망이 그렇게 할 수 없게 만드는 것이다" 라는 설명이다. 그런데 미 CIA는 수집부문과 분석 및 평가부문을 분리하고 있지만 그러나 첩보수집 활동에 종사하고 있는 사람도 효과적인 평가업무를 수행할 수 있다고 평가한다.

68) www.admin@www.access.gop.gov.

69) John A. Gentry, "Intelligence Analyst/Manager Relation at the CIA", in David A. Charters(others) Intelligence Analysis and Assessment (London : Frank Cass Co, 1996), pp.137~139.

과 관련한 주변상황들을 검증하는 일이다. 첩보수집관들은 출처의 신뢰성에 대한 평가, 당시의 주변상황 등을 제공할 책임이 있다. 또한 수집된 첩보 자체가 이미 입수되어 있는 기존의 첩보와 내용이 일치하는가, 또는 배치되는가, 아니면 새로운 첩보인가 등 이미 알려진 사실들과의 관계를 비교해 내용상의 논리성이 있는가를 살펴보도록 한다. 출처 또는 제보자의 신뢰성은 통상 검증 과정을 통해 A로부터 D까지의 문자로서 그 등급을 매기는 것도 한 방법이다. A라는 수준은 그 내용의 철저성과 신뢰성이 고도로 높다는 것을 의미하며, D 수준은 신뢰할 수 없는 출처이거나 아니면 아직 테스트되지 않은 출처로부터 들어온 첩보에 대한 등급을 나타낸다. 따라서 수집관들은 수집된 첩보들이 과연 현실성을 갖추고 있는지 혹은 확률을 결정하는 인자(factors)로서 가치가 있는지를 찾아보기 위해서는 아래 세 가지 요소를 살펴봐야 한다.

- 출처(source) : 출처는 평가를 위한 판단의 하나로서 일반적으로 보고된 어떤 특정 첩보와 관련성이 있는가. 혹은 출처의 신뢰성이 상대적으로 확보되는가 등이다. 그리고 모든 자료에 해당되는 것이지만 나름대로 비밀 출처들의 경우 A급, B급, C급 출처로서의 가치나 신뢰성이 있는가를 판단한다.
- 상황(situation) : 상황은 첩보출처의 진위 여부에 영향을 미치는 현장 설명으로서 어떤 매개, 개인들을 통해서 수집되는 외적인 증거를 의미한다. 첩보입수시의 그 자체는 사실 가능성에 대해 직접 영향을 미치는 것이어서 현장 상황은 매우 중요한 것이다. 그래서 비밀정보 수집 첩보를 제출할 때는 입수경위의 상황을 함께 보내주는 것이 필요하다.
- 파악(prehension) : 파악은 현실적 존재 관계성의 구체적 사실로 정의된다. 가장 구체적인 요소들에 대한 최초의 분석(혹은 최초의 느낌)을 통해 그것의 생성 과정에서부터 시작해 물리적 영역의 파악, 즉 순수한 것인지 아니면 불순한 것인지를 살피는 일이다. 그렇게 할 때 현실적인 실재들에 대해 긍정적 혹은 부정적 파악을 할 수 있으며 입수된 첩보의 위상도 높아지게 된다.

다시 요약하면 수집관의 입장에서 출처를 평가하고 입수 자료를 보고하는 업무를 잘 수행하기 위해서는 수집관 자신도 수집목적에 맞도록 입수된 첩보를 일차적으로 평가해야만 한다. 그래야만 사실 가능성에 대한 평가 작업을 정확히 할 수 있고 판단의 확실성을 담보할 수 있다. 물론 수집관이 실시하는 평가는 아무리 정확하고 심도가 있는 것일지라도 그것은 분석관에 의해 검토되고 확인되기까지는 잠정적이라는 사실이다. 요는 수집관의 주임무는 말 그대로 수집이며 여기서 논의되는 분석이나 평가 업무는 그 수집목적을 위한 수단이라는 사실을 충분히 인식할 필요가 있다.

둘째 문제로서 그러면 첩보의 가치는 어떻게 결정되는 가이다. 정보조직은 여러 가지 방법을 통해서 첩보를 수집해야하며 특히 위기관리 지역이나 주변국들의 정치, 경제, 군사 사항을 대상으로 할 때는 첩보의 가치가 더욱 중요해진다. 첩보가치의 결정은 정보처리 과정에서 중요한 단계다. 해당 첩보를 평가하는데 다음과 같은 4가지 요소를 통해 확인하는 것이 필요하다.[70]

- 첩보가 기존의 첩보요구와 어떤 관련성을 가지고 있는가를 먼저 확인한다. 수집 활동에 있어서는 특별히 곤란을 느끼지 않을 경우가 있지만 평가하는 활동은 실제로 어려운 일이다. 평가 활동에 있어서는 해박한 지식과 상상력, 그리고 직관력이 필요하다. 평가 결과는 때때로 정보기관으로 하여금 실수를 하게 하거나 잘못 밟아서 미끄러지는 바나나껍질 같은 역할을 할 때도 있기 때문이다.

- 첩보요구와 관련해 실제로서 사용자가 요구하는 정보목표에 충족되고 있는가 등의 첩보의 위치와 기여도이다. 모든 첩보는 이중적이며 다중적인 관련성을 갖고 있으며 이곳(here)과 저곳(there)에 따라 정보의 변형이 일어날 수 있다. 하기 때문에 정보 목표와 직접성이 있는가 아니면 공공성(公共性)을 갖는가. 혹은 사사성(私事性)은 없는가 등의 해석과 평가가 뒤따라야 한다.

- 수집된 첩보가 갖는 상대적인 중요성과 그 비중이다. 첩보의 범주 내지 유비성(類比性 : analogyes)과 잡다성(雜多性)을 억제하며 쓸데없는 첩보를 걸러내는 이른바 체계적 질서에 대한 광범한 주의력의 영역이다. 여기서는 개별적인 첩보의 인과적 계기 등을 포함해 현실적이며 다원적 대비를 통해 구성적 요소들을 밝혀냄으로서 그 자료의 위상(位相)을 판단하는 것이다.

- 수집된 첩보가 현재의 목적에 합당하고 예견되는 사건들과 관련해 적시성이 있는가이다. 현실 세계 속에서 일어나는 사건은 '어떤 시점'이 정해져 있다는 사실이다. 하나의 발생과

---

70) Douglas J. MacEachin, "The Tradecraft of Analysis : Challenge and Change in the CIA" ,Working Group on Intelligence, The Consortium for the Study of Intelligence(Washington, DC: Consortium for the Study of Intelligence, 1994), pp.330~332.

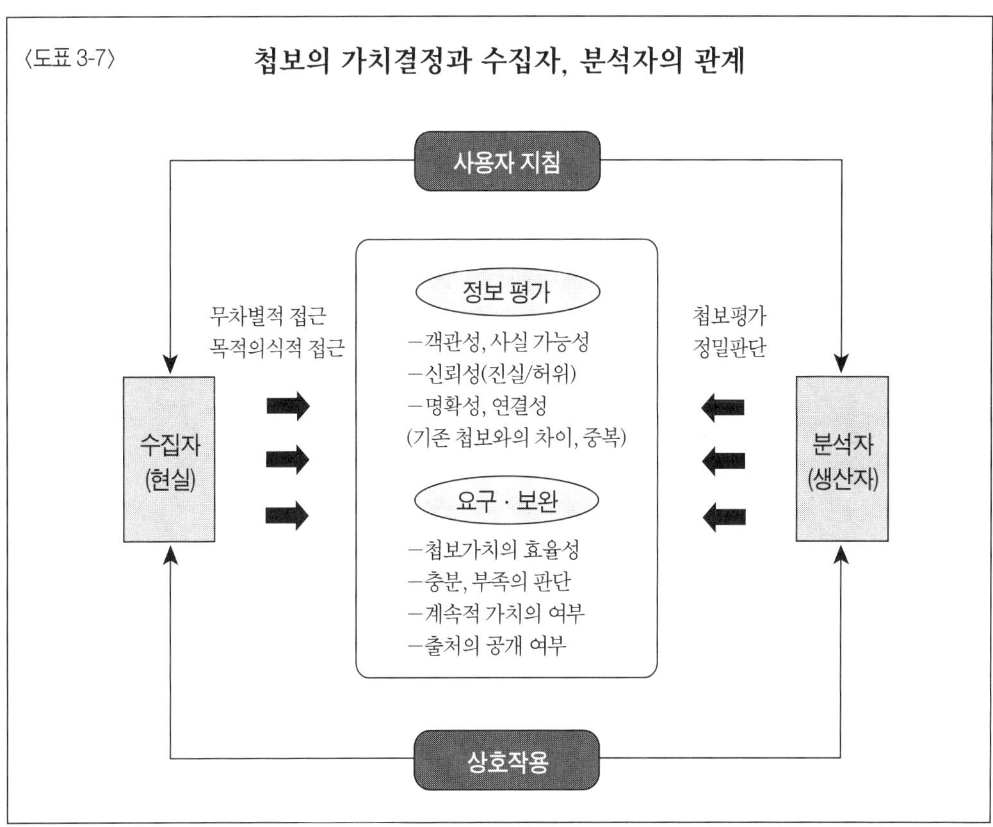

관련해 쓸데없는 것은 잘라내고 다듬어서 특성 있는 것을 일정 시간 내에 작성해 보고해야 한다. 설사 충분성과 논리성이 약하더라도 첩보의 전파는 다른 어느 요소보다도 '우선처리'의 성격을 갖는 것이다.

그러나 첩보들은 최적의 상태로부터 멀리 있는 상태, 적합성으로부터 떨어진 자료, 중립적이지 못하면서 변이성(variability)이 많은 것들로 가득 차 있다. 정보관들이 이런 첩보를 평가하며 타당성을 검증하고 신뢰성을 검증하려 하지만 경험적으로 몇 가지 주요한 요소들이 계속 작용한다.

● 첩보에 대한 평가의 주체는 곧 인간이라는 점에서 인간의 판단으로 아무리 이상적인 상황이 주어져도 인간적인 한계와 오류를 피할 수 없다는 사실이다. 개인 혹은 팀 구성원들의

평가가 아무런 오류 없이 정확하더라도 전체적인 평가는 부정확 할 경우가 생긴다.

- 그러나 평가가 혹시 잘못되거나 아니면 진리에 가까울 만큼 잘 된 것일지라도 그것은 '일시적인 가치' 라는 것이다. 평가가 사실 자체의 변화 또는 새로운 첩보를 입수할 때 그 가치나 내용은 다시 변할 수밖에 없다는 개연성이다. 모든 만물은 '운동' 그 자체이기 때문에 그러하다.

- 평가 작업은 여러 단계를 거쳐 이루어지는 유기적인 과정이라는 점이다. 개인의 평가가 잘되었다고 할지라도 그것만으로 평가가 끝나는 것이 아니라, 또 다른 사람들에 의해 평가될 수 있다. 따라서 각 단계의 처리를 담당하는 사람들의 지적이고 경험적인 수준에 따라 달라질 수 있다.

끝으로 정보활동에는 각양각색의 많은 함정이 있음을 시사한다. 때에 따라서 첩보를 획득하기보다는 생산한 정보를 사용하기가 더욱 어려울 경우가 있다. 정보보고를 받은 사람들은 어떤 특정의 보고를 허위이거나 또는 적이 조작하여 전파한 것이라고 미리 에누리하여 생각할 수 있다. 하기 때문에 첩보에 대한 타당성과 그 중요성 그리고 적시성에 대한 정확한 판단은 정보활동에서 본질적인 기준이다. 아니 오히려 수집관의 판단이 때로는 최종적인 결론일수도 있으며 또한 절대적일 수도 있다는 사실이다.

더구나 수집관은 첩보수집 자체가 목적이어서 적과 조우하는 것이고 최전선에서 활동하고 있기 때문에 그들의 판단은 결정적일 수 있으며 사용자로 하여금 적시성 있게 대응할 수 있다.

8-2-2. 첩보처리에서의 고려 요소

정보보고서는 첩보의 수집과 분석 과정을 거치면서, 그리고 주요 관심사와 그동안 축적돼 온 지식과 경험을 통해 생산된다. 때로는 보고서 작성 시에 어떤 비밀출처로부터 획득된 자료를 가지고 유익한 결과를 도출하기도 한다. 하기 때문에 어떤 자료를 에세이처럼 읽는 것은 실체가 아니라 구름을 보는 것에 지나지 않는다. 노자(老子)의 세계관에서 보이는 유무상생(有無相生)과 같은 이치다. 이 세상에서 독자적으로 존재하는 것은 거의 없고 유(存在)와 무(無)의 관계에서 존재하기 때문이다. 첩보처리는 보이지 않는 유무상생의 관계를 밝히는 것이며 상대방의 존재와 의도를 예민하게 판단하는 지혜의 싸움이기도 하다.

사실 정보기관 차원에서 첩보의 출처를 상실한다는 것은 첩보수집 통로를 잃는 것을 의미한다. 만일 그것이 정부의 정보누설로 발생했다면 그것은 출처와의 심각한 '신뢰 의무'를 위반하는 처사이다. 미국 CIA의 경우 출처의 보호는 CIA의 공작 부서가 가장 힘을 기울이며 보호하는 것 중의 하나다. 적어도 비밀수집공작을 한다는 것은 정보 사용자에게 유익하거나 그것이 앞으로 국가이익을 창출하는데 유용한 것이기 때문이다.

따라서 생산된 정보는 내부 상급선에 뿐만 아니라 외부의 정보 사용자들에게 배포해야 하는데 이때에는 반드시 출처에 대한 적절한 조치가 있어야 한다. 정보 사용자가 은근히 자기의 힘을 과시하기 위해서 정보의 일부를 공개하거나 또는 외국의 관리들과 대화하면서 이를 인용할 경우가 있는데 이런 위험성은 정도의 차이는 있지만 출처의 보안을 위험하게 만드는 행동이 아닐 수 없다. 아니 적성국의 경우는 출처의 생명은 물론 그와 관련된 정보관의 생명도 위태로워질 수가 있다. 이런 의미에서 첩보수집과 이를 처리하는 사람들이 염두에 두어야 할 요소들을 찾아보면 다음과 같다.

- 첩보의 질과 관련해 첩보를 제공한 사람의 태도와 의도는 무엇인가.
- 수집과정의 창조성과 성취도는 높이 평가할 만한가.
- 첩보의 분량과 관련해 감성적·추상적인 요소들을 어떻게 여과해 낼 것인가.
- 입수된 첩보를 어떻게 신속히 처리, 분석할 것인가, 첩보수집과 처리에서 발생하는 시간차를 어떻게 처리해야 하는가.
- 첩보의 출처를 설명하거나 공개할 것인가, 아니면 보안을 위해 '경고문'을 붙이거나 공개를 금지할 것인가. 혹은 열람을 제한할 것인가.
- 계속 출처에 대한 통제와 지휘체계를 유지할 것인가.

그러나 이상과 같은 첩보에 대한 처리 과정에서도 상호 상충되는 이해관계가 발생할 수 있다. 출처와 그 첩보내용에 대한 '확인'은 매우 핵심적인 것이지만 그리 쉬운 일이 아니다. 그 이유는 정보보고서에서 권위와 신뢰성을 유지해 줄뿐만 아니라 그 보고서의 내용을 명확히 증명해 주는 '확인' 작업이 어렵기 때문이다. 참고적으로 '확인'이라는 의미는 출처 혹은 첩보원에 관한 것으로 수집내용이 진실이며 그 출처의 신뢰성과 행동이 공정했다는 것을 의미한다. 정보사용자로 하여금 그 보고서를 읽으면서 다른 편견이나 다른 의도가 전혀 없다는 믿음을 부여하는 것이다. 또한 정보 사용자들도 보고서에 대한 믿음과 동시에 출처보호를 보장하기 위한 모든 방책을 발휘해야 한다는 점을 상기시켜주는 과정이다. 하지만 대개의 경우 시간에 쫓기고 자료의 한계로 인해 이러한 규칙을 지켜지기란 여간 어려운 것이 아니다.

8-2-3. 첩보의 선택과 여과능력 그리고 첩보자료의 정리 요령

갈수록 늘어나는 정보량은 가히 폭발적이라고 할 수 있다. 정보의 속도와 복잡성, 실시간으로 쏟아지는 정보들을 모두 처리한다는 것은 그리 쉬운 일이 아니다. 물론 정보가 범람하는 것은 나쁜 것이 아니라 좋은 일이다. 그러나 정리되지 않고 가공 편집되지 않은 첩보는 유해할 수도 있다. 이런 의미에서 늘어나는 정보량과 자료선택 문제를 놓고 고민하지 않을 수 없으며, 따라서 사람들(사용자)이 지금 어떤 정보를 원하는 것인지 알아내는 것이 핵심이 된다.

사실 사회는 유비 통신(유언비어의 약자) 혹은 '하더라 통신' (~라고 하더라)이라는 정보가 흘러 다닌다. 군사독재체제 하에서 언론이 탄압 받으면 보통 '정치현안 혹은 경제문제' 들이라도 애매하게 표현하는 경우가 많다. 하기 때문에 이런 사회 분위기에서는 단편 소식이나 유비 통신을 통해 소문이 입에서 입으로 전해진다. '발 없는 말이 천리를 간다' 는 말처럼 음성적인 사회망을 타고 흘러 다닌다. 입 소문은 보이지 않는 네트워크들 속에서 이동하는데 시민들의 정보교환은 입소문의 기본적인 주춧돌이다. 곧 수백만을 통해 많은 정보들이 유통되는 것이다.[71]

따라서 정보의 선택 내지 여과 능력은 매우 중요하다고 할 수밖에 없다. 정체를 알 수 없는 소음과 같은 정보, 이질적인 데이터를 여과시키는 것은 현대인들에게 필수적인 작업이다. 인터넷 콘텐츠 광장에 올려지는 정보들도 인터넷 토론장에서 매우 뜨거운 쟁점들을 제공하기도 한다. 매일 일어나는 사건들, 현실들은 눈에 보이는 문자와 기호들로, 언어를 통해 설명된다. 그러나 많은 사람들은 이렇게 밀려오는 자료들에 대해 논리적인 검증에 한계를 느끼면서 점차 어떤 이미지, 선입관, 감성적 판단에 의지해서 정보를 분류하고 의사를 결정하게 된다.

그러면 그 많은 첩보가 정책 결정자에게 제공되기까지 어떻게 조정되고 대조되며 또 어

---

71) Emmanuel Rosen, The Anatomy of Buzz, 형성호(역), 『입소문으로 팔아라』(서울 : 해냄, 2001), pp.17~20.

떻게 편집, 평가, 요약되는가의 설명이다. 설사 하나의 우연한 단편적인 첩보라 해도 결과적으로 고립되어있지 않고 그것이 전략적인 의미를 가지는 어떤 결과를 가져올 수도 있다. 그러므로 분석관은 수집된 자료를 필요에 따라 항시 사용 가능한 상태로 관리할 수 있도록 창의적인 자료 관리 방법을 익혀두는 것이 좋은 해결책이다.

◐ 첩보의 선택과 평가

일반적으로 자료는 원 자료(1차 자료)와 2차 자료 그리고 비밀성격의 대외비(對外秘) 자료로 나눌 수 있다. 여기서 원 자료라는 것은 입수된 당시의 형태 그대로를 의미하고 '대외비' 라는 말은 소속 기관이 타 기관의 접근을 막는 자료라고 할 수 있다. 그리고 이러한 자료들은 출처와 제목이 표시되어 있으나 '대외비' 라는 표시가 일체 없는 자료들도 있다.

대부분의 자료 수집은 조직의 목적과 관심 사항을 고려해서 부단히 수집되는 것이지만 정보조직이 완전하게 수집을 못하는 경우가 많다. 그래서 정보자료의 선택은 ▲정보사용자, 즉 정책 결정자나 기업이 추구하는 목적, 범위, 비전에 적합한 것이어야 하고, ▲조직의 방침과 계획에 부합되는 자료를 선택하되 장기적으로 효용성이 있어야 하며, ▲문제의 중요성과 시급성에 부합되는 자료로서 시간과 예산의 낭비가 없는 자료의 선택이 중요하다.

그러나 보통의 경우에는 쉽게 추적할 수 있고 정상적인 루트를 통해 들어오는 자료들이 대부분이다. 이때의 자료들이 과연 상층부가 요구하는 사항을 충족시킬 수 있는가, 아니면 현장 수집관에게 추가적으로 요구할 것인가를 놓고 망설이게 된다. 때로는 전화 인터뷰, 조직 내 네트워크, 인터넷에 의존해 보완할 것인가를 확인하게 된다. 게다가 중간관리자는 첩보 수준에 따라 흔히 NDA(now do it again, 다시 한번 해 보시오)을 요구할 때가 많다.

결국 정보의 선택과 평가는 전체론적 결론과 행동 그리고 궁극적 영향을 미치는 기본 업무라는 점에서 인텔리전스의 분석 생산의 첫걸음이 된다. 자료를 검토확인 하는데는 상식적인 수준에서 하는 것이 아니라 사회적 사건들 사이에 인과적 연관을 파악한다는 의미인데 이때는 정량적, 정성적 기준들을 적용해 선택할 수 있다. 〈도표 3-8〉

◐ 첩보자료의 분류

잡지책이나 신문에 나는 간단한 내용일지라도 말 그대로의 날 것으로, 갈기갈기 갈라진 자료들 역시 세밀한 의미를 갖는다. 그렇지만 정보 전문가들이 어떤 분석을 착수할 때 부딪치는 문제로서는 해당 자료가 많고 또 자기의 자료 철에 잘 정리되어 있어도 어떤 자료를

<표 3-8> 를 **정량적, 정성적 자료 및 분석 기준**

정량적(quantitative)	정성적(qualitative)
• 자료(표본)의 양과 범위	• 첩보의 가치(안정성, 일관성, 정확성)
• 공개 비공개 정보의 구분	• 사회 심리적 영향력
• 현장 · 사건의 탐색조사	• 내 · 외적 타당성과 신뢰성, 사실성
• 자료의 통제 · 선별 · 검사	• 예측과 대안성
• 분석 및 보고서 작성인원	• 정보 유통과 신속성

어디서부터 선택하고 사용할 것인가를 놓고 고민하게 된다. 그래서 분석관들은 항상 5W, 3H(Where, When, Who, What, Why, How, How much, Heart—의도)를 의식하며 자료를 수집하고 정리하는 습관이 되어 있어야 한다.

또한 일선에서 근무하는 정보 요원들은 상부로부터 과제를 부여받은 후 관련 자료들을 정리하고 분류한 후 부족한 자료들을 수집하는 경우가 많다. 이때에는 ▲자기 이외에 다른 기관에 손을 빌려야 하는 문제 ▲과연 인근 기관에 자료가 있다면 손쉽게 자료수집이 가능한가의 검토 ▲요청 사항을 서신이나 전문 혹은 공작을 통해서 얻을 것인가를 고려하게 된다. 물론 이러한 고민을 통해서 얻어진 모든 자료들은 어지럽게 쌓여있게 마련이다. 그래서 정보의 분류는 그 내용에 따라 신속히 이루어지고 간단하고 편리하게 체계적으로 정리되어야한다. 공공도서관이나 조직 내 자료실 등을 제외하고는 대부분 연구자의 위치에 맞게 분류하고 정리하는 것이 하나의 요령이다. 참고적으로 자료를 통해 정보가치를 향상시키는 방안으로는 다음과 같은 내용과 수단이 동원될 수 있다.

- 시간 순서대로 정리하여 과거, 현재를 통해 미래를 예측할 수 있도록 한다. 고대 그리스의 석물(石物)들은 3000년 전의 그리스 문화의 '증거'들이다. 불교 미술은 불교를 이해할 때만이 가능한 것처럼 역사적 시계열적 접근으로 자료들을 정리한다.
- 정보자료가 많아 혼란스러울 때는 원점으로 돌아가 다시 살펴보고 어디에 오류가 있는가를 계속 검토한다. 평범한 상식 속에 비범한 지혜가 있을 때 '오류'를 발견할 수 있다.
- 다양한 매스컴 자료들일지라도 이를 입체적으로 짜 맞추어 부가가치를 높일 수 있도록 한

다. 이를테면 공개자료의 경우 중앙지, 지방지, 경제지, 섹션지를 종합해 보면 심층적인 정보를 얻을 수 있다.

- 정보가 갖는 배경과 키워드를 발견하도록 노력한다. 동시에 활자화 된 것일지라도 과장되거나 왜곡된 것이 많으므로 '미끼' 정보를 조심한다. 특히 첩보수집에 종사하는 사람들은 상대방의 모략에 걸려들기 싶다는 점을 염두에 두어야한다. 상대방은 이쪽 정보활동에 대한 사전 지식을 갖고 있으므로 자료를 허위로 만들 수 있고 어떤 상황을 은익하거나 때로는 변조할 수도 있을 것이다.

- 정보의 3대 특성을 깊이 이해해야 한다, 즉 '집합' 으로 모이는 곳에 자료가 모인다는 것, 그리고 '확장' 으로 하나의 출력으로 눈덩이처럼 불어난다는 특성, '가치' 변화로서 정리하기에 따라 부가 가치가 크게 변한다는 점이다.

- 수집활동에 있어서 구두 정보(oral intelligence)라는 방법을 이용할 수 있다. 이것은 알고자 하는 특정의 지식을 가지고 있는 사람과 면담을 통해 수집하는 활동을 의미한다. 이러한 첩보의 출처에는 정보기관 이외에 전문가나 자국을 방문한 외국의 여행자 또는 해외여행 시 외국인들과의 면담을 통해서 중요한 첩보를 얻을 수 있다. 수집활동에 도움을 주는 '협조자' (P/A)는 자신과 함께 수고하며, 함께 일하는 동역자들임을 잊지 말아야 한다.

결론적으로 수집된 정보를 효율적으로 관리하고 활용하기 위해서는 특정 목표를 순서대로 기록해 두는 연대표 작성(chronology), 첩보내용 존안 카드에 출처 목록 제시(source listing), 사회 사건에 대한 특성별 유형별 관리(event patterns), 중요 사건 발생 가능성의 징후 정리(indicators) 등을 들 수 있다. 특히 분석에 이용될 자료는 정보조직 특성에 맞게 ▲ 동일한 계통, 동일한 내용, 유사한 종류를 한 곳으로 모으고 ▲모여진 자료들에 대해서는 그 중요성과 가치에 따라 분류하고 ▲가치 평가 등을 통한 특수 항목 등으로 나누어 분류한다. 그리고 정보자료를 분류하면서 필요한 정보와 불필요한 것으로 나누어지는데 불필요한 자료는 과감히 버리도록 한다. 결국 전문가로서 자기 자신이 직접 정리하는 것이 자신의 정보가 된다는 점을 알아야 한다.

◑ 자료수집과 비밀 유지

정보활동에 있어서 방첩, 혹은 보안 기관들은 자국의 실질적인 정보자료 등에 대해 가상적 혹은 잠재적인 적(敵)들에 대해 감시하고, 각종 스파이들의 활동을 차단하는 일이다. 사실상 많은 정보전문가들은 극적인 첩보공작은 아니더라도 자신들의 목적을 성취하기 위해 다양한 첩보들을 수집해 대응하고 있다. 또한 이러한 정보활동은 적·아(敵·我)의 관계없이 비밀리에 수행된다.

그래서 이러한 비밀스러운 자료들은 특수한 방법에 의해 수집되는 것이며, 그 방법 자체가 비밀인 것은 물론이다. 설사 고도의 정보기관이 생산하는 것이 단편적인 지식이더라도 비밀수단에 의해서 수집되는 것이어서 그 방법과 내용들이 마땅히 보호되어야 한다. 나아가 분석관은 출처를 계속 개척하되 일단 개척한 출처는 각별히 보호하여 통신보안과 신뢰성 등이 유지되도록 한다.[72] 자료의 획득 수단과 수집된 자료들에 의한 정보생산물은 제한적으로 사용되어야 하며, 고도의 비밀이 유지되도록 한다. 한마디로 전방위적 보안활동과 기능적 다중심주의(functional multicentrism)적 접근 자세가 필요하다. 그러나 비밀스런 정보는 어느 조직이던 항상 체계적으로 은밀하게 그리고 내적인 경계선을 처 놓고 있음을 염두에 두어야 한다. 외부로부터의 침입을 방지하기 위해서다.

8-3. 첩보수집 출처 개척과 장애요인

정보활동에는 어떤 철의 원칙이 있는 것은 아니다. 정보는 시간성, 공간성을 갖는 것이지만 정보활동에는 빨리 빨리라는 속도의 정보도 강조된다. 반면에 어떤 목표를 달성하기까지는 빈둥거리는 여유, 조용히 듣는 태도, 반복적 생활(훈련), 기다릴 줄 아는 인내, 술자리를 같이 하는 친화성도 요구된다. 그러나 정보를 하는 사람은 충성심과 성공을 확신하는 믿음과 절제와 절도 있는 행동 철학이 무엇보다 필요하다. 미국 중앙정보국(CIA) 조지 테넷(George Tenet) 전 국장은 이와 관련해 7가지 신조를 제시했다. '테넷주의' 라고까지 불리는 신조로서 ▲너 자신을 알라 ▲국가와 그 가치를 보호하고 공직에 복무하는 사람을 존중하라 ▲가슴 밑바닥에 울리는 소리를 잘 듣고 위험을 감수하라 ▲인간 만남에서 가능하면 많이 웃어라 ▲증오 및 온갖 편견과 싸워라 ▲타인을 늘 배려하라 ▲국가를 사랑하고 나라를 위해 헌신하라 등이다.[73]

---

72) S. Kent(1965), op.cit. pp.180~185.
73) Bill Powell, "How George Tenet Brought the CIA Back from the Dead", Fortune (Oct 13, 2003), pp.84~89.

그 외에도 정보를 직업으로 하는 사람은 일반적인 여행자들과는 달리 박물관이나 도시 풍경에 정신을 잃지 않고 1~2초의 순간을 통해서 '독특한 정보'를 찾아내는, 즉 짧은 '찰라'를 통해 촬영된 사진처럼 정확히 이해하고 설명할 수 있어야 한다. 관심 대상에게 계속 겸손하고 대화하다 보면 자신의 꿈, 손자 자랑, 최근 활동을 말하게 되고 결국 많은 말 속에서 내가 목적하는 첩보를 얻어낼 수 있다.[74] 자신이 소유할 수 없는 여자를 죽도록 찾아 나서듯 어떤 욕망으로 가득 찰 때 정보는 손에 들어오는 것이다. 누구나 욕망을 갖고 있다. 그렇다면 행동하라, 찾으라, 그곳에서 값있는 진주(정보)를 발견 할 수 있을 것이다.

8-3-1. 복합도전에 필요한 정보 상품

정보는 늘 잃어버린 적(敵)을 찾아서 사용되기를 원한다. 탈냉전 체제로 인해 주적이 사라졌다고 하지만 여전히 가상적이며 잠재적인 적들은 잠복해 있다. 지구촌화되고 국제화되는 가운데 국경선이 없어졌다고 하지만 국익의 추구, 지정학적 상황, 분리주의자들의 갈등 등 타인의 접근을 금지시키는 경계선은 여전히 남아 있다.

독일 사회학자 울리히 벡(Ulrich Beck)은 구체적으로 적(敵)을 분류하는데 ▲유동적인 적 즉 상황에 따라 교체될 수 있는 적들로 이슬람 근본주의, 제3계, 이라크들이 있다. ▲정부나 종교 또한 추상적인 적들이 될 수 있다. 곧 사방에 흩어져 있는 난민, 외국인 이민자들 그리고 일반적 질병들(마약 거래, 조직범죄)이 이에 속한다. ▲적과의 일시적인 차이뿐만 아니라 근본적인 차이를 가진 적으로서, 예로서 적대 관계를 도저히 극복할 수 없는 상황을 상정하고 있다. 그러나 우정의 관계가 설사 설정되더라도 인간은 배반을 그리워한다는 점을 잊어서는 안 된다고 경고한다.

때문에 냉전 체제가 무너졌다고 해도 안보 위협은 계속되는 상황이다. 이른바 해결하기 힘든 '복합도전'(complex challenges)으로 지구적 불확실성은 계속되고 있다.[75] 세계는 안보테크놀로지와 군사테크놀로지와 관련한 미래시장은 갈수록 확대되고 있는 것이어서 더

---

74) 시카가와 시키오(坂川山輝夫), 『귀를 열어 실속을 챙기는 사람, 입을 열어 발등을 찍는 사람』, 최윤정(역) (서울 : 중앙M &B, 2001), pp. 228~230.

75) 2007년 1. 24~28일 다보스에서 열린 세계경제포럼(WEF : World Economic Forum)에서 지적한 7대 불확실성은 ▲안보를 위협할 기후변화 ▲미국 경제의 연착육 문제 ▲서방과 중동 간 문화 충돌 ▲힘 잃은 핵확산금지 조약 ▲지적 재산권 보호문제 ▲펀드자본주의의 강화 ▲세계화에 대한 반감 등을 제시했다. 매일경제 세계지식포럼 사무국, 『다보스 리포트, 힘의 이동』(서울 : 매일경제신문사, 2007). p.35.

〈도표 3-9〉 **정보 상품의 효율성과 적응성**

속도	공간의 연결가능성	무형의 가치
• 수집·생산자와 사용자간의 실시간 운영 • 공간, 시간 사용의 최적화	• 온라인·오프라인의 상호작용과 통합 • 정보공동체의 의사소통 • 전 조직의 인텔리전트화	• 조직의 학습능력 • 예측능력 • 정보자료의 여과능력 • 우수한 인재, 전문성

욱 고급의 정보가 요구되는 상황이다. 분명히 말해서 정보는 단 한번의 일격을, 유일한 목적을 이루게 하는 요소로, 어떤 이익과 이해관계에 있어서 절대적 개입이나 철회를 결정해 주는 계기를 제공한다.

정보라는 상품은 초국적 사회 속에서 어디론가 흘러 다닌다. 정보는 정통적인 정보기관의 독점에서 벗어나 언론사, 기업, 출판사, 연구소 등 다양한 물질적 토대에 의해 이동한다. 그리하여 모든 정보는 권력생산 및 헤게모니 유지에 필요한 자원으로 집약되고 생산 전파된다. 모든 정보는 네트워크화 되면서 ▲24시간 이용 가능한 상태로(anytime) ▲실시간 처리 가능한 시스템으로(realtime) ▲공간적 연결성으로(anyplace) ▲상호작용 및 상호혜택의 관계로(interactive, interservice) ▲예측 능력(anticipating)으로 ▲여과 능력(filtering)으로 작용하는 것이다.[76] 한마디로 귀한 정보는 '어머니의 장롱' 처럼 닫혀 있는 것이 아니라 많은 행위자(agent)들에 의해서 변형되고 유통된다.

여기서 우선 정보의 24시간 이용 가능한 상태라는 것은 은행 거래나 인터넷상 거래가 24시간 운영되고 있는 것처럼 세계 정보가 시간과 공간을 초월해서 24시간 흐른다는 것을 의미한다. 사람들이 24시간을 이용한다는 뜻은 정보를 상품으로, 혹은 서비스로 생산해 사용자에게 제공되는 것을 말한다.

둘째, 정보의 실시간 처리 가능한 시스템은 현재 진행 중인 현실에 적응하며 상품과 정보를 요구자에게 맞춰 지역별, 시간별로 처리됨을 의미한다. 상품들이 구매자의 선택순간에 맞추려고 하듯이 '정보' 는 사용자의 욕구의 사이클에 초점을 맞추는 것이다. 곧 신속대응 시스템이 되어야 하며 사용자의 소리(voice of user)에 적극 대응하는 것이다.

셋째, 정보의 공간적 연결성은 정보통신의 발달로 모든 장소에서 접근 가능하도록 하는

---

76) Stan Davis and Christopher Meyer, BLUR : The Speed of Change in the Connected Economy, (1998), pp. 29~35.

것이다. 전화와 인터넷을 통해 무형적인 것뿐만 아니라 다양한 서비스를 어디서든 활용할 수 있도록 만드는 것이다. 다시 말해 정보의 효율성의 관건은 때와 장소를 가리지 않고 사용자가 필요시 접근할 수 있는 서비스를 제공하는 일이다.

넷째, 정보생산자와 소비자간의 상호작용인데 이는 정보를 생산하는 사람이나 사용자간에 상호작용의 혜택을 누리도록 하는 일이다. 정보생산의 영속성, 보다 진척된 분석 내용, 파악의 적절성을 통해 항상 다자(多者)들과의 새로운 전진을 수반하는 의미로 결코 끊어지지 않는 상호작용이 되도록 하는 것이다. 현 시대는 정보의 생산을 넘어 소비가 중시되는 시대임을 알아야 한다.

다섯째, 예측능력은 이제까지 경험과 관찰해온 경향들을 기초로 해서 다음에 일어날 일에 대해서 추측하고 준비하며 새로운 제안이나 예측을 할 수 있어야 한다. 첩보는 불완전한 실재성(deficient reality)을 가질 수 있고 때로는 단순한 현상일 수도 있다. 그러나 문명화된 직관과 사회과학적 성찰을 통해 시간적 계기(temporal occasion)를 판단하고 사건의 줄기를 내다 볼 수 있어야 한다.

다시 정리하거니와 첩보자료들은 정보 상품으로 가공되지 않은 상태일지라도 손에 들어오는 글(문자)들과 기호들은 정보가 '있음(sein)' 그 자체이다. 쓸모 없는 한 조각의 땅처럼 고정된 한계가 있는 것도 아니고 어떤 틀이 있는 상태도 아니지만 자료들은 우리들의 주위를 '배회' 하고 있다. 만약에 이 같은 텍스트들을 깊게 파악하지 못하고 성찰하지 않을 때 어떤 의미와 방향을 찾아낼 수 없다. 분명히 어떤 목적을 가지고 있을 때 그것을 실현시키는 아이디어가 거기에서 나오게 마련이다.

8-3-2. 수집관의 능력과 출처의 개척

정보수집에 있어서는 공간과 시간에 따라 그리고 국가들마다 다양한 방법이 동원된다. 오늘날에는 주로 외국 공관에 파견된 정보 참사관(Service Attache)들이 규칙적으로 수행하거나 해외에 진출한 기업 등을 통해서 수집된다. 하기 때문에 해외 공관에 주재하는 정보 참사관이나 직업적인 정보관이 자기의 사적인 향락을 위해서나 또는 눈을 감고 여행하는 일은 결코 있을 수 없다. 심지어 어떤 정보관은 공훈을 세운 대가로 특별 휴가를 받는다 해도 그 기간을 특수한 목적에 이용하고 있다. 휴가를 보낼 때도 정보관은 통상 자기 업무와 밀접한 관련성이 있는 장소에서 눈과 귀를 열어놓고 보내게 된다는 조직문화가 작동한다.

경험적으로 나오는 결과이지만 사람들은 늘 듣고 있는 연설이나 통상적인 말(잡담)이 아닌 문제의식 속에서 그리고 '느낌'을 통해서 유효한 첩보를 수집하고 있다. 분명히 정보활동은 노동이나 작업이라 하기보다는 끊임없는 '행위'의 영역이다.

그런데 미 CIA의 모토는 '필요한 것만 안다'는 원칙이 있다. 국가정보 목표를 한정적으로 집중하고 제한된 인원만 핵심공작에 투입한다는 얘기다. 또 생산된 보고서를 '알 필요'가 있는 관료들에게만 제한적으로 정보를 제공한다는 입장을 견지하고 있다. 국가핵심 목표는 물론 기업차원의 프로젝트와 관련한 정보전을 보호하기 위해 각 공작관들이나 핵심 사용자에게만 필요한 정보를 제공한다는 원칙인 것이다.

특히 공작국의 전문 공작 담당관(operation officer, case officer)들은 미 FBI나 경찰들과 달리 '수집의 기밀성'을 요구받는다. 미 CIA는 수집의 기밀성을 확보하기 위해 통상적으로 은폐(cover), 관련사실 부인(deniability) 등의 수단을 사용한다. 공작담당관(case officer)이 P/A(공작원 협조자)를 물색하는 경우가 있는데 특히 대상 목표에 직접 접근이 불가능할 때 다음과 같은 방법이 동원된다. 그것은 중개자 획득, 잠입 공작원 포섭, 배반할 수 있는 사람들에 대한 회유, 위장(신분, 활동)의 활용[77] 등이 고려된다.

❶ 중개자(접촉 공작원, access agent)는 손자(孫子)가 말하는 '생간'(生間)의 의미로써 공작담당관은 특정목표에 투입할 공작 후보자(협조자)를 획득해 이용한다. 접촉 공작원은 대상 목표와 직접 상관없는 외부 인사를 그 내부에 출입토록 하거나 내부 인사와 직접 접촉할 수 있는 외부인을 택한다. 또한 원하는 정보가 대상목표들 중 어느 조직에 있는가를 확인하고 대상조직 내 사람들 중 가장 많은 정보를 취급하거나 외부에 흘릴 수 있는 사람(불만자, 알콜 중독자)을 선정해 이용한다.

❷ 潛入공작원(penetration agent)을 이용하는 경우에는 리크루트 할 개인을 발견해 이를 훈련시켜, 잠입공작원으로 이용한다. 그러나 기업의 경우 인내력, 예산, 공작망 운영이 용이치 않으며 많은 시간이 소요된다.

❸ 조직에서 배반할 가능성이 있는 사람을 택해 배신을 유도한다. 이를테면 상대조직 내 핵심 간부들의 변절을 권유, 유도하거나 때로는 망명 가능한 사람들에 대한 고급 주

---

77) F. W. Rustmann, Jr., CIA, INC : Espionage and The Craft of siness Intelligence,(Washington, DC : Brassey's Inc, 2002), pp.25~37.

택, 정착금, 생활비 등을 제공하며 회유한다. 기업의 경우 '의자 먼저 않기 놀이'(musical chair)에서 탈락한 엔지니어, 디자이너 전문가, 시스템 관리자들의 기밀정보를 얻기 위해 배신을 유도한다.

❹ 위장의 활용으로 공작담당관(Case officer)은 자신이 원하는 대로 위장할 수 있어야 한다. 카멜레온처럼 자신의 색깔을 바꿔가며 활동한다. 이때는 신분의 위장과 활동의 위장이 있다. 전자는 특정 국가에서 일하기 위해 합법적인 신분을 유지(외교관, 무역상, 사회단체 임원 등)하는 방식이다. 후자는 일명 NOC(non official covered case officer)라고 하는데 이는 행동의 위장을 공식 / 비공식 위장과 달리 가명을 쓰거나 별개의 다른 인물로 행동(저널리스트처럼, 학자, 종교인)하는 흑색 정보관이다.[78]

분명한 것은 첩보수집이란 개인의 융통성과 그 기술에 따라 다르다는 사실이다. 게다가 사용자들이 정치, 경제, 사회적 요소들에 대한 적절한 정보가 부족하다고 느끼고 있다. 그래서 정보사용자들은 이런 결핍 현상을 극복하기 위해서 첩보수집의 3가지 요소, 즉 ▲수집원의 자질 문제 ▲출처의 보호 문제 ▲그러면서도 훌륭한 수집내용들이 충족되거나 개선되기를 원한다. 수집자들의 경험이나 각 개인적인 기술들을 활용해 첩보를 수집하지만 최대한의 유효한 생 첩보를 획득하기 위해서는 사용자의 지침이 요구도기도 한다. 설사 비밀 수단을 통해 정보를 획득하더라도 '정보 자산' 들은 시간이 흐름에 따라 노출되거나 외부로부터 감시 받기 마련이다. 매우 성공적으로 구축된 기술적 수집수단들이 무력화될 수 있다는 점에서 그리고 신의 비밀은 드러나지 않지만 인간의 이성으로 알 수 없는 비밀은 사실상 존재하지 않는다는 점을 염두에 두고 활동하는 것 자체가 첩보수집 기술이다.

그러나 정보기관들의 수집활동은 그 권위가 손상되거나 실패하는 경우가 있다. 다양한 첩보수집방법으로 비밀공작 비밀주의를 유지하면서 첩보활동을 하지만 영화 '007 첩보작전' 처럼 신출귀몰한 것은 아니다. 다만 무의식적이나 몰개성적이더라도 '정보마인드' 가 훈련돼 있어야만 살아있는 흔적을 찾아낼 수 있다. 훌륭한 수집관의 자격을 찾아보면 다음과 같다. 우선 논리적으로 결론을 내릴 수 있는 사고 능력과 풍부한 지식을 동원하고, 지혜를 동원할 수 있어야 한다. 수집기능이나 분석능력에 대한 타고난 사고능력은 별 차이가 없다는 점에서 첩보수집 능력을 향상시키기 위해서는 무엇보다 지적 훈련이 필요하다.

---

78) ibid, pp.32~33.

이를 위해서는 ▲본부 분석관으로 하여금 수집된 첩보를 정기적으로 평가케 함으로써 그들 스스로 자신의 첩보 평가 능력을 향상시키는 일이다. ▲수집관의 경우 수집출처에 미치는 영향 혹은 수집 공작의 실패를 염려하거나, 아니면 수집관의 개인적 이해관계로 판단을 유보하거나 회피하는 상황이 생기는데 이를 적극 피하도록 한다. ▲정보수집은 본질적으로 접촉인물(출처)과의 신뢰에서부터 시작된다. 수집원으로부터 단지 첩보를 받고 주기만 하는 일방 통로 방식은 오래 갈 수가 없다. 정보수집관은 상대방이 자의적으로 판단해 수집된 자료들을 남에게 넘겨줄 수 있다는데 유념해야 한다. 그러므로 자료의 상호교환은 양자 간에 신뢰관계를 강화할 때 도움이 되며 좋은 정보를 획득할 수 있다.

또 지적해 둘 것이 있는데 통상적으로 수집관 개인의 이해나 편견이 불가피한 것이지만 분석관 역시 어떤 견해에도 가끔 편견을 드러내거나 새로운 사실들을 피하려는 경우가 있다는 점이다. 이미 예정된 결론에 부합되는 방향으로 해석을 유도하는 경우가 그것이다. 설사 수집관은 분석관을 능가하는 어느 이상의 자료를 가지고 있더라도 그것으로 분석관 이상의 어떤 결론을 내릴 수 없다. 수집관 자신이 수집하는 모든 주제에 대하여 전문가가 될 수 없다는 한계를 갖고 있기 때문이다. 때때로 수집관 자신이 첩보에 대한 평가를 한다면서 시간을 낭비하는 것은 어리석은 행동이다. 주의할 것은 자신의 첩보에 대한 평가를 적당한 범위 내에서 마쳐야 하지만 정보수집의 목적과 배경을 늘 염두에 두고 행동하는 것이 요구된다.[79]

끝으로 수집관과 분석관은 어떠한 위치에서 출처를 개척해야 하는가의 문제가 남아 있다. 물론 개념적으로 보면 관련된 지식을 갖추고 있는 사람이 새로운 사실에 대한 확실한 평가를 할 수 있다. 그러나 수집관이나 분석관 모두가 훌륭하게 평가할 수 있는 첩보나 완전한 자료를 가지고 있더라도 어떤 문제를 정확히 판단한다는 일은 매우 어려운 일이다. 그러므로 사회 현상이나 눈에 들어오는 사물, 공개 자료로서의 논문이나 신문들을 멀리 할 것이 아니라 하나의 텍스트로서 현존의 형식으로 여러 가지 '흔적' 을 보유하고 있다는 사실을 기억해야 한다. 예를 들어 지나치기 쉬운 '나무 의자' 를 보았을 때 형태(외재성)만 볼 것이 아니라 질료의 이름(내재성)을 밝혀내고, 나아가 나무와 어우러져 있는 덮개들의 성질이나 가장자리들은 어떻게 처리하였는가를 살펴보는 노력이 필요하다는 얘기다.

---

79) 오마에 겐이치. 사이토 겐이치, 『맥킨지 문제해결의 기술』(Problem Solving Approach), 김영철(역)(서울 : 일빛, 2005), pp.147~171.

첩보 수집 목적 배경

수집평가하는 목적은 무엇인가	단순히 알고 싶은가 무엇을 설명하기 위한 보조 자료인가 무엇을 증명하기 위한 것인가
누구에게 보고하는가	외부(고객)인가 최고 사용자인가 내부 조직 내 관리자, 팀원들인가
결과물은 어떤 형태인가	단순한 데이터 모으기인가 데이터 분석이 이뤄졌는가 관련 자료들도 포한 되는가
시간은 얼마나 있는가	마감은 언제인가 시간이 중요한가 질이 더 중요한가

8-3-3. 첩보수집 및 처리 과정에서의 문제점과 고려 요소

하인리히 창클이 쓴 「지식의 사기꾼, 과학의 사기꾼」에서 보면 지식인과 과학자들의 '조작'을 비판하고 있다. 획기적인 연구결과를 발표하지만 그것이 조작되었다는 지적이다. 많은 사람들이 인위적 실수나 '위조' (forging)를 한 것으로 설명하고 있는데 사기꾼들은 가짜로 '위조' 를 하거나 미리 정해놓은 답에 맞춰서 측정값을 조작하는 다듬기(trimming), 혹은 입맛에 맞는 자료만 선택하는 '요리하기' (cooking) 등 장난질(hoaxing)을 한다는 설명이다.[80] 이런 점에서 지식 정보는 일단 의심의 대상이 아닐 수 없다. 정보는 '낯선 것' 이나 의심스러운 것에 대한 열정으로 가득 찬 활동이지만 '장난질' 에 당하기 쉽다. 그래서 길거리의 광고 100개를 지나치더라도 특별한 한 개의 광고에 관심을 갖고 주목하는 습관이 중요하다. 그만큼 세심한 관찰이 요구되는 직업이다.

첩보처리 과정에서 나타나는 장애요인과 그 원인에 대해서는 앞에서도 자주 언급되었지만 성공적인 정보프로세스는 이른바 휴리스틱(heuristic, 쉬운 방법 · 어림셈)과 바이어스

---

80) Heinrich Zankl, 『지식의 사기꾼』(김현정(역) (서울 : 시아출판사, 2006), pp.7~11.

(bias, 편향)를 줄이는 행동이다. 흔히 정보활동에서 나타나기 쉬운 것은 합리성－비합리성, 이기적－비이기적, 감정의 자제－비자제 등으로 인해 휴리스틱과 바이어스가 발생한다. 인간은 사회과학적 확률이론에 따라 판단하는 것이 아니라 주먹구구식으로 판단하는 경향이 많아서 휴리스틱(heuristic)한 방식 때문에 현실 인식의 편향 혹은 왜곡(bias)이 나타날 수 있으며 첩보의 세계에서는 미스터리가 많다는 사실이다. 따라서 정보기관들이 수집하거나 이에 사용되는 자료의 대부분은 국가나 기업 차원에서 나와야 하는데 첩보수집의 장애요소는 다음과 같은 것이다.

첫째, 첩보 수집 내지 비밀공작과정에서 비밀 유지가 곤란하다. 특수정보는 비밀로 보호될 때 특별한 가치를 갖는다. 그러나 정보세계에서 비밀 유지라는 원칙이 중요하지만 이 시대는 사실상 '비밀 없는 사회'라고 말 할 수 있다. 우리 주변에서 흔히 볼 수 있는 사건들에서도 알 수 있듯이 고위직의 학력 위조, 증여세 속이기, 증권의 시세 차이 등 부정한 단면들이 계속 폭로되고 있다. 더구나 비밀공작에는 무엇보다 사람을 통한 계획의 누설을 최소화하는 수단이 강구되고 있다지만 그렇치 못할 때가 많다.

그러므로 분석과정을 거치면서도 비밀 출처로부터 입수된 첩보내용이 포함되어 있기 때문에 통상적으로 비밀로 분류되어 취급되어야 한다. 공개첩보를 근거로 작성한 보고서일지라도 경우에 따라서는 특별 취급으로 보호되고 있다. 비밀 정보기관에서 작성했다는 이유만으로 구체적인 공적인 힘 권력코드로 작용할 수 있기 때문이다. 만약 노출시 국내외적 사건과 시류에 민감하게 다른 사람들에게 넘어갈 때 그 전염병이 강해지며 목적의식적 행동에 영향을 미칠 수 있다.

둘째, 첩보자료의 권위와 전문성 그리고 정확성의 문제이다. 세상은 허위와 기만으로 가득 차 있다. 정보공동체의 존재 이유는 정보 및 통찰력을 동원할 수 있는 권위와 전문성을 갖춘 보고서로 제공되어야 하며 또한 적시에 사용할 수 있어야 한다. 만약 정보기관이 이 일을 하는데 실패한다면 모든 것이 실패하는 결과를 가져오고 정보기관의 존재 이유가 없어진다. 수많은 양의 첩보를 근거로 해서 생산되는 보고서는 적시성이 있고 질이 좋은 보고서들이어야 한다는 점은 두 말 할 나위 없다. 분명히 정보보고서는 사용자가 어떤 행위를 할 경우 수행할 기회, 행위의 실천과 의견 교환, 정책결정(영향력)에 대한 새로운 업무, 새로운 상황에 적용하도록 도움을 주는 것이다. 하기 때문에 최초의 수집단계가 정확하고 진실성이 있어야 한다.

셋째, 첩보수집에 지나치게 많은 시간을 낭비하는 경우이다. 완벽한 첩보를 수집한다는 이유로 많을 시간을 끌었다면 그것은 완벽한 정보가 아니다. 완벽한 첩보보다는 좋은 정보가 필요하며 현명한 의사결정을 내리도록 도와주는 정보가 가장 중요하다. 지나치게 시시콜콜한 첩보까지 수집할 필요가 없다.[81] 인간의 선택이 합리적으로 효용기대치에 의해 이뤄진다는 경제논리가 있지만 정보에서는 가령 감정에 따라 비(非) 일관된 선택을 하게 되고 감성과 직감에 의해 정보를 수집하기도 한다. 의사결정에 필요한 모든 첩보를 입수하는 것은 비용으로나 물리적으로 불가능한 일이다. 복잡하게 변화하는 사회 속에서 오랫동안 정보를 모아 분석해도 결론을 낼 때는 이미 세상이 바뀌게 된다. 이른바 정보의 패러독스인 셈이다.[82] 설령 모든 첩보를 입수했다고 해도 그것을 정보로 생산 해 내는 일은 더욱 어렵다. 정보는 사회심리학적 영역에 속한다.

넷째, 첩보수집 과정에서 수집규모 및 사용가치를 인식하지 못하는 경우가 있다. 수집할 내용과 범위가 어떠해야 하는가 라는 질문으로서 "당신은 정말 더 많은 첩보를 필요로 하는가"와 관련돼 있다. 정보를 하는 사람은 사회현상을 성찰하는 직관과 상상 속에서 많은 자료를 모으려 한다. 사실 자료들이 없으면 한 장의 칼럼도 쓰기 어렵다. 정보 분석은 씨알이 없는 쭉정이 같은 첩보자료를 걸러내서 하나의 상품(정보)이 창조되는 것을 의미한다. 하기 때문에 분명한 것은 첩보는 양(量)이거나 절대적 크기가 아닌 질(質)이며 이것이 힘이라는 사실이다. 정보의 마지막 단계는 실행, 결코 시간을 낭비하지 않고 사용토록 돕는다는 점에서 첩보 활동의 포커스를 집중할 필요가 있다. 모든 것을 충족시키는 첩보는 없을 뿐더러 만병통치약 같은 첩보를 모두 구하려는 태도는 어리석은 행동이다.

마지막으로 첩보 수집의 불확실성과 미스터리(mystery)의 문제가 있다. 첩보 수집은 일반적으로 알려진 사실(known facts), 비밀(secret)스러운 내용, 속임수(disinformation)의 자료 그리고 미스터리를 다루게 된다. 첩보수집은 초역사적이거나 초정치적인 것보다는 '실시간의 사건' 들을 탐지하는 일이다. 하기 때문에 첩보활동에서는 '실시간의 사건' 들의 의미를 판단하는 것으로써 그 사건의 생명을 깊은 관심 없이 지나치는 태도는 바람직하지 않다. 곧 첩보 속에서 사건의 가치를 평가해야 한다. 첩보의 추상화는 절제되어야 하며, 비도덕적인 상황이 초래되지 않도록 주의한다.

그런데 '미스터리' 란 정보 세계에서의 늘 상징물처럼 인식되거나 상상력과 퍼즐의 세계

---

81) Robert W. Bradford and J. Peter Duncan, Simplified Strategics Planning : A No- Nonsense Guide for Busy People Who Want Results Fast!, 김소연(역) 『MBA에서도 가르쳐주지 않는 전략기획노트』(서울 : 2005), pp.55~56.
82) 사이토 요시노리, 『맥킨지식 사고와 기술』 서한섭 · 이정훈(역) (서울 : 거름, 2006), p.58~61.

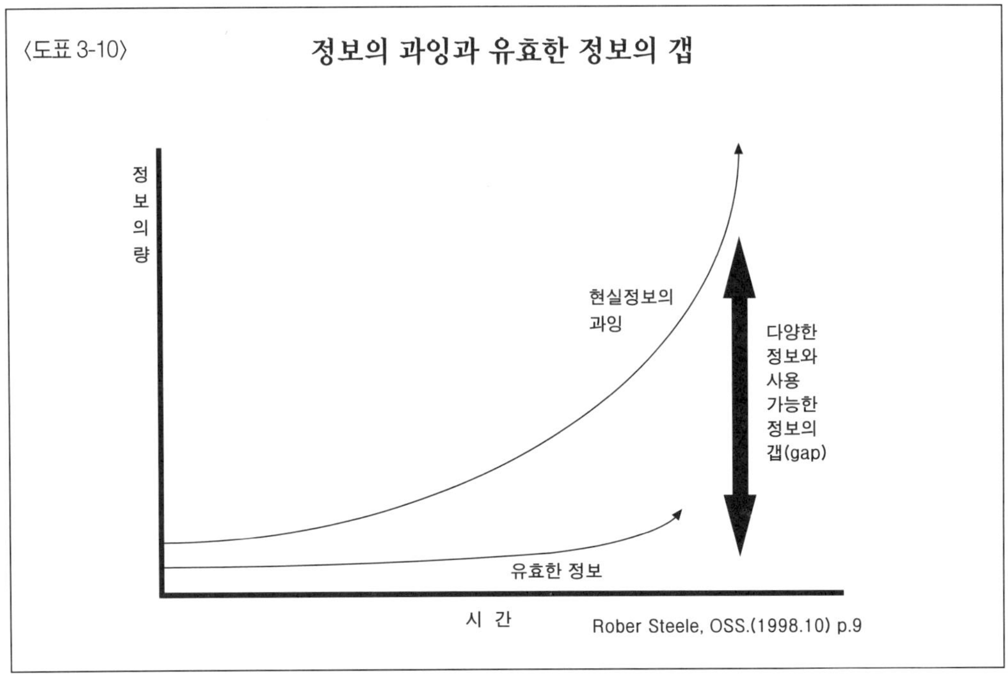

처럼 얽혀 있다. 그러나 사회는 신(神)에 의해 혼란스러운 것이 아니라 정책 입안자들의 그릇된 정책 선택에 의해 초래된다는 사실이다.[83] 다시 그 의미를 찾아보면 첫째, 일반적으로 잘 '알려진 사실'은 공개출처의 정보자료로부터 수집가능하고 이미 알려진 사실들이다. 각 나라마다 연구기관들에서 나오는 국가정책의 공식 문서나 군사력의 평가, 그리고 잡다한 기관들이 제공하는 신뢰할 수 없는 자료들 모두가 포함된다. 그러나 공개 자료가 과연 신뢰성이 있고 지속적으로 생산되고 있는가 하는 점을 살펴보는 일이 중요하다. 정보는 '이것이다'라고 규정하자마자 소멸되거나 그 가치가 상실되기 마련이다. 말하자면 정보는 신선한 기운이 상실된 통조림 깡통으로 남아서는 안 된다.

둘째, 흔히 '비밀정보' 자료는 스파이를 통해서만 얻을 수 있는 정보를 다룬다고 볼 수 있으나 이것만으로 믿을 만한 정보를 분석 생산한다고 할 수 없다. 가능하면 공개출처자료나 과학기술 정보 등을 통합해서 종합적 판단을 하게 된다. 사실상 비밀스런 정보는 그 출처가 중요하지만 이들 정보의 특징은 상당한 중요 가치를 갖고 있음에도 불구하고 과장되

---

83) Gregory F. Treverton(2001), op.cit, pp.11~13.

거나 불확실하다는 약점을 갖고 있다. 실제로 현실 사회는 인간 이성으로 파악할 수 있는 비밀스런 내용을 갖고 있더라도 지나치거나 사장되는 경우가 많다.

셋째, 자료 속에 있을 수 있는 '속임수' 자료로서 거짓 정보나 역(逆)정보로 인해 분석 판단에 혼란을 가져오는 정보를 말한다. 이 같은 정보자료는 분석과정에서 정확한 평가를 통해서 어디에 속임수가 있는가를 살펴보고 그 자료의 신빙성에 대한 검증이 필요한 영역이다. 무엇보다 우리는 허위사건(pseudo-event)과 유사정보(quasi-information) 속에서 살고 있는 있다는 점을 잊어서는 안 된다. 게다가 아우라(Aura : 靈氣)가 가득차 있고 비의적(秘義的 : esoterish)인 텍스트까지 읽어가면서 그 의미를 판단하는 것이 중요하다.

넷째, '미스터리'(mystery)란 이제까지 알려진 사실, 비밀정보, 과학기술 정보 등 모든 것이 주어졌음에도 불구하고 최선의 평가를 내리기 어려운 상태를 말한다. 더구나 현실은 정보의 과잉, 출처의 다양성, 과학기술의 발전, 그리고 불확실성 시대에 우리가 살기 때문에 오히려 정반대의 상황이 될 수 있다. 또한 미스터리는 이해가 상반되고 가치가 충돌할 때 정보판단 능력을 어렵게 한다.[84] 바로 이렇게 조직 내 의사 결정자(사용자)와 양질의 정보를 생산 지원해야 하는 부서들은 많은 문제점에 직면해 있다고 해도 과언이 아니다. 이런 문제점은 대체로 다음 세 가지의 위험 속에 쌓여있다고 볼 수 있다.

- 정보를 생산하는 측과 받아들이는 사용자측과의 인식 수준이 동일하지 못할 때, 아니면 문제의식이 쌍방 간 커뮤니케이션의 부족 등 '정보의 가치'를 서로 다르게 생각할 때이다.
- 필요한 첩보를 수집하고자 할 때 수반되는 문제점을 해결하기보다는 시간 내에 가능한 것만을 선택하여 사용하게 되는 경우이다. 어쩌면 적당주의적 해결 방식이다.
- 또한 편의주의 적으로 뉴스 기사 등을 수집하거나 요약하는 식의 부적절한 정보를 만들어 내는 경우이다. 이는 고의가 아니더라도 요령이나 형식주의에 젖은 태도이다.

잠정결론으로 현시대는 특정한 니즈에 맞춰 다양한 상품을 제공하는 맞춤형 서비스가 등장하고 있다. 온 디맨드(on demand, 주문형 서비스) 솔루션이 발전하고 있다. 같은 맥락에서 대부분의 정보소비자들이 원하는 것은 '주문형 정보'와 결과 지향적 솔루션을 요구한

---

84) Bruce D. Berkowiz and Allan E. Goodman, Strategic Intelligence for American National Security, (Princeton : Princeton University Press, 1989), pp.86~103.

다. 그러므로 고객(소비자)의 욕구를 파악하는 일, 그리고 이에 맞게 생산하는 '맞춤형 정보'를 제공하는 일은 첩보수집부터 시작된다. 나아가 정보기술과 비즈니스 업무처리의 융합으로 이른바 RTE(real-time enterprise)시대로 진입했다. 여기서 RTE는 무차별적 다량의 데이터 혹은 첩보가 아니라 필요한 정보를 전 조직에 걸쳐 개개인에게 지속적으로 전달하는 조직을 의미한다.[85] 이런 점에서 최초 첩보수집단계에서부터 실패가 있어서는 곤란하다. 정보를 확실하게 '사실'에 근거해야지 진리처럼 설명되는 수사(修辭)들만의 동원은 별 의미가 없다. 정보는 끊임없이 약동하는 사회현상, 이것도 산포(散布, dissemination) 현상들의 본질을 밝혀내서 어떤 정책결정 단계로 넘어가야 하는 것이다.

---

85) Michael Hugos, 딜로이트 컨설팅코리아(역), 『스피드 경영의 실행전략 RTE』(서울 : 21세기북스, 2006), p.13.

정보의 생산 과정

제9장
정보의 생산 과정

정보를 생산한다는 것은 사회 현상과 다양한 문제를 소개하거나 설명하는 것이 아니라 그 첩보로부터 의미 있는 정보를 만드는 작업이다. 정보는 어떤 쾌도(快刀)처럼 한마디로 잘라버리는 것이 아니라 사용자를 위한 가능한 예측과 정책결정의 방향을 제시하는 것이다. 또한 다양하게 방출되는 무질서한 자료에서 가치 있는 정보(첩보)를 찾아 낼 수 있으나 요는 정보의 질이 문제가 된다. 엄청난 정보의 과잉은 사람들로 하여금 거시적인 혹은 유형별로 인식하지 못하거나 쓰레기 같은 것 일수도 있기 때문이다.[86] 완전한 정보를 바라는 것은 사용자의 욕심이 될 수 있지만 분명히 잘 다듬어진 정보 상품은 맛좋은 음식과 같은 것이다.

우리가 말하는 정보 분석은 전통적으로 군사 분야에서 크게 발전해 왔다. 정확한 정보 분석을 토대로 작전이 이뤄졌고 이를 토대로 전쟁에서 승리했다. 지금은 실전 상황의 공포와 고통 등 가상 상황을 종합해서 입력한 시뮬레이션 데이터를 통해 모의 군사 훈련을 실시하며 대응하고 있다. 첩보위성을 활용해서 상대국의 부대전개상황을 파악하여 부대 진출을 위한 지형 정보를 상세히 전송하며, 첨단전투시스템을 통해 지도, 사진, 공격목표 등을

---

86) The Council on Foreign Relations, Making Intelligence Smarter-The Future of U.S.Intelligence, http://www.copi.com/article/InteIRpt/cfr.html.

TV 화면에 비쳐가며 전쟁을 지휘하고 있다. 무엇보다 여기에는 실질 상황의 정보가 동시적으로 지휘관과 병사들에게 정확하게 전달되는 시대이다.

한편, 기업에 있어서도 정확한 정보판단 사용은 중요하다. 핵심 사용자를 위하여 경쟁정보팀들이 기업조직을 위해 무엇을 할 것인가 하는 이슈들을 밝혀내고 사업개발에 필요한 정보를 분석해 내는 일이다. 특히 직원들이 매일 동일한 활동을 수행하며 시간을 보내는 것이 아니라 기업의 최고 가치를 창출할 수 있는 중·장기적 프로젝트에 대한 참여와 그 시간을 이용하는 것이 기업의 생존양식이다. 생산되는 보고서가 멱살잡이식 논쟁이나 주례사 수준의 칭찬을 하는 식의 보고서로서는 경쟁에서 결코 승리할 수 없다.

9-1. 사회과학에서의 분석의 의미와 방법론적 선택

정보분석 업무는 정보기관의 가장 핵심적인 기능이다. 미국 트루만(Harry S. Truman) 대통령은 CIA를 창설한 동기 중의 하나가 분석업무에 대한 기대였다. 당시 그는 CIA가 외교정책에 관련된 모든 정보들을 취합하여 이를 분석하고 정책적 편견이 개입되지 않은 시의적절하고 객관적인 평가 보고서를 제출해 달라고 요구했다. 이렇게 보면 정보보고서는 현실적인 정책결정에 필수적이다.

우리가 인정하고 있듯이 지금은 전 세계에서 발생하고 있는 정보의 홍수를 정책 결정자들이 어떻게 극복해야 할지를 상상해 보자. 정보기관은 사실과 허구를 구별해 내고, 객관적인 분석보고서를 생산해 내는 일이 일차적 업무다. 정보기관의 변화 내지 개혁이 있더라도 정보업무만은 계속되는 것이어서 더욱 그렇다. 각 정보기관들이나 그 구성원들은 나름대로의 방법론과 고유의 언어체계, 하나의 사회과학적 이론체계와 정교한 기술들을 보유하며 국가이익에 기여해 왔고 앞으로도 계속 될 것이다.

따라서 정보업무라는 것은 '증거'를 찾는 것이 아니라 사실 '증거가 없는 것에 관한 업무'(absence of evidence)라고 할 수 있다. 분석자가 정보내용을 얼마나 많이 알고 있느냐 하는 것이 아니라 분석자 자신이 모르는 것을 얼마나 현실적으로 확실히 생산해 내느냐가 관건이다. 아무리 강조해도 지나치지 않는 본질적 사실은 정보를 가공하고 생산하는 분석관들이 정보분석의 정확성과 신속성을 지켜 조직의 목표가 실패 없이 달성되도록 해야 한다는 사실이다. 마치 길을 떠난 사람이 '길은 과연 어디에서 끝나는가' 하고 푸념하겠지만 계속 가야만 목적지에 닿을 수 있듯이 정보활동도 끝이 없는 것이다. 그러나 어느 한 지점에서 사건을 만날 때 이에 대한 정확한 보고서를 만들 수 있어야 한다. 정책 결정자들이 유용한 정보를 효과적으로 활용토록 하기 위해서 분석관 자신들이 사회과학적 이론과 분석방법론을 이해해야 한다. 그 탐구의 논리들로서는 연역적 방법 귀납적 방법, 질·양적 방법론 등 모든 최첨단 사회과학 이론과 분석수단을 개발하고 익히는 것이 중요하다.

9-1-1. 정보분석의 의미와 일반 원칙

정보 분석이란 광의적으로는 분석관이 행하는 모든 정보활동을 뜻하는 경우가 많으나, 협의적으로는 자료나 첩보에 내포되어 있는 실제 의미를 파악하여 행동 지침의 기초를 추론하는 하나의 정보활동으로 요약된다.[87] 바꾸어 말하면 정보기관이 매일 방대한 양의 첩보를 검토 평가 분석하여 국가안보정책에 활용할 수 있도록 하는 작업이라고 정의할 수 있다. 정책결정자들로 하여금 변화하는 상황을 보다 정확하게 판단할 수 있도록 하는 분석과정은 사실(facts), 발견(finding), 예측(forecast), 정책대안(fortune telling)을 거치게 된다. 구체적으로 허만(Michael Herman)은 정보 분석과정을 5단계로 나눠 설명하였는데[88] 그것은 ①수집된 첩보의 분류 및 기록(collection) ②수집한 첩보의 신빙성과 신뢰성 평가(evaluation) ③첩보의 의미 판단(analysis), ④기존 자료 및 사실과의 대조(integration) ⑤분석 도출 단계(interpretation)이다.

결국 정보 분석이란 기존의 정보까지를 포함한 자료나 첩보에서 무엇이 중요한 내용인지 알뜰히 가려내고 그 의미를 해석하여 사용자에게 유용한 행동 지침을 제시할 수 있도록 논리적으로 재구성하는 것을 의미한다. 때문에 정보 분석은 폭넓고 다양한 소스로부터 명백하고(overt) 비밀스런(covert) 의미를 생산해 내는 작업이다. 그리고 분석은 언어의 짜깁기며 텍스트를 동원하여 그 의미를 창조해 나가는 이른바 '지식의 배설' 과정이기도하다. 물질세계에 대한 지각과 직관, 이미지 표상을 넘어서 살아있는 정신(창조성)을 통해 즐거운 마음으로 정신적 내용물을 생산하는 것이다.〈도표 3-11〉

그러나 정보를 분석 평가하는 것은 매우 특별한 능력을 필요로 하는 것은 물론이다. 단

---

87) HMSO, Central Intelligence Machinary (London: HMSO, 1993), pp. 21~22.
88) Michael Herman, Intelligence Power in Peace and War, (Cambridge : Cambridge University Press, 1996), p. 100.

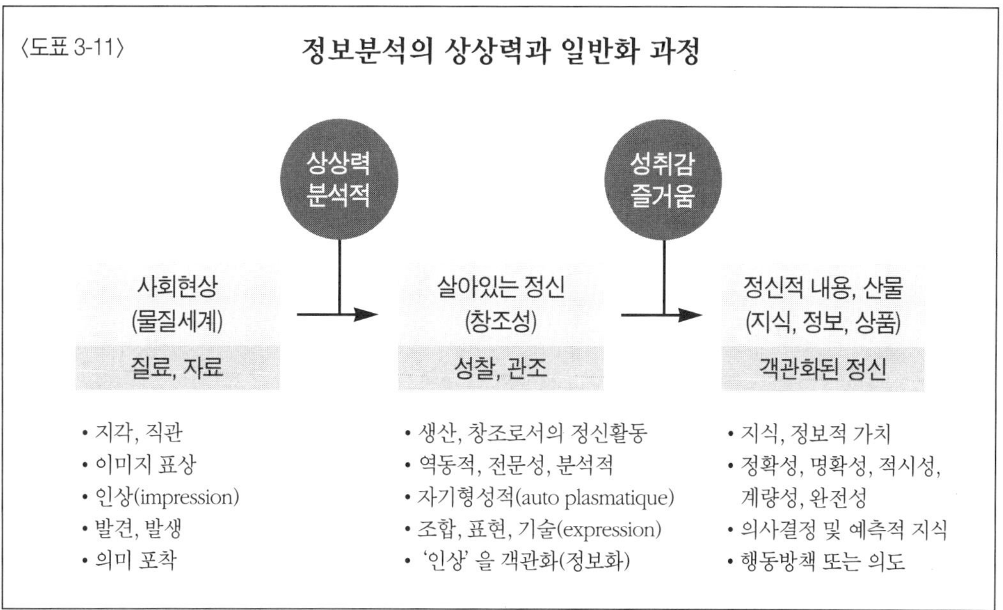

편적인 첩보들을 상호 연결시켜 만들어 낸 상품, 서로 다른 해석들 중에 가장 정확한 해석을 찾아내는 것도 매우 힘든 작업이 아닐 수 없다. 미 CIA의 분석 부서를 만드는데 기여한 셔만 켄트(S. Kent)는 사실들의 단순한 서술이 아닌 사회과학적 방법을 통해서 인과관계를 규명하고 미래에 대한 예측 판단을 하는 것이 중요하다고 했다.[89] 부연해서 정보생산을 위한 분석활동은 정보사용자의 요구와 활용 수준에 따라 달라지게 마련이지만 어떤 경우든지 다음과 같은 원칙들이 공통적으로 적용된다.

첫째로 정보 분석과 정책 결정은 상호 의존적이다. 일국의 정책이 어느 정도의 성공을 거둘 수 있는가 하는 것은 일반적으로 다른 사람이 인지하지 못하는 상황을 볼 수 있는 통찰력 등을 길러야 하며, 따라서 분석관에게는 폭넓은 지식은 물론 인접 과학 분야도 익히는 것이 필요하다. 더구나 분석관은 사유하는 능력에다가 판단하는 능력이 따라야 하는데 사

---

89) S. Kent는 정보분석 계명으로 ①분석관 자신이 지적으로 엄밀할 것 ②분석의 가정과 이로 인해서 파생되는 결론을 명백히 기술할 것 ③다른 기관의 정보판단을 고려할 것 ④정보판단에 대한 집단적 책임을 질것 ⑤언어구사를 정확히 할 것 ⑥경우에 따라 외부 전문가를 활용 할 것 ⑦분석적 과오를 인정하고 실수를 배울 것 ⑧정책결정자의 관심에 집중할 것 ⑨분석관 개인이 정책선호도를 반영하지 말 것 등이다. Stephen Marrin, "CIA's Kent School : A Step in the Right Direction," March 18, 2002, p.26.

물(현상)에 대한 인식 기능은 바로 판단력 속에서 행해지는 것이기 때문이다. 판단력은 사회과학적인 틀, 논리, 구조들의 의해 영향을 받는다는 것도 경험한 바의 결론이다. 특히 정보 분석이란 대립된 가치의 선택 과정임을 명심해야 하지만 분석과정에는 항시 자유롭게 사유하는 상태를 유지할 필요가 있다.

둘째로 분석관은 원인이 규명된 과거의 사실에 대하여는 명확히 설명할 수 있으나, 장래의 문제에 대해서는 잘못된 판단을 내릴 수도 있음을 항상 명심해야 한다. 대책 수립 시에는 또 다른 부작용이나 역작용도 고려하여 반대 입장에서 생각해 보는 습관을 길러야 한다.

이를 위해서는 자신의 정보 분석이 대립된 이해관계의 어느 한쪽에 편향된 직선적 사고에 의한 것은 아닌가 하는 점을, 그리고 자신이 분석하고 보고하는 대로 사용자가 항시 믿어 줄 것이라는 습관 속에서 가볍게 분석하고 있는 것은 아닌가, 아울러 자신만의 사회적이고 도덕적인 가치관에 기초해 분석하는 것은 아닌가 등을 스스로 점검해 보아야 한다.

셋째로 분석관은 통신정보나 영상정보 등 가치 있는 기술정보 사항이라 하더라도 분석관에 의해서만 그 중요성과 의미가 파악되고 제시될 수 있다는 점을 알아야 한다. 생자료를 접할 때는 항상 집착을 버리고 회의적 입장에서 검토해 보고 분석하는 것이다. 그리고 정보는 분석관의 분석 능력에 따라 그 의미가 변하게 된다는 점도 잊어서는 안 된다. 마치 똑같은 음식이더라도 상표를 바꾸게 되면 특별한 만족감을 줄 수 있는 것이 광고의 효과라고 하듯이 분석관의 수준에 따라 다르게 평가될 수 있고 받아들여 질 수 있다.

넷째, 정보 분석에 있어서는 항상 사회 현상을 성찰할 수 있는 사회과학이론과 방법들을 새롭게 탐구한다. 동시에 인간들의 생각과 행동 양식을 발견해야 하는데 규칙(rule), 역할(role), 수단(tool)을 상황과 장면, 지식에 대응해 편집할 수 있어야 한다. 정보 분석에 있어서는 전통적 경험주의에서 파생된 어떤 이론이나 응용 즉 어떤 이론적 방법과 접근을 통해 분석해 내기 때문이다. 무엇보다 텍스트 읽기, 상황 분석 등 모든 면에서 질적·양적 방법을 동원한 합리성을 도출하는 것이다. 양적 방법은 언어로 표현하면서도 수학과 그래프를 통해 정확한 진술 할 때 설득력을 갖는다.

다섯째, 정보 분석에는 정치, 경제, 학문, 인맥 등의 '새로운 관계'를 발견하는 것이다. 현대사회는 복잡하고 인접 영역들이 서로 얽혀 있는 사회로서 모든 것은 사회적 연결망을 형성하거나 진행 중이다. 다른 말로 표현하면 인간은 상호 호혜와 수혜 관계(the clientist tie)를 형성하며 교환하는 관계이다. 여기서 말하는 사회적 연결망은 공유되는 가치(특질)와 계층구조 그리고 상호의존적인 공간을 의미한다. 이런 틀 속에서 사람들은 최소한의 유대를 가지는 과정을 거치게 되는데 이것은 일종의 '관계'이다. 그러므로 정보 분석은 현재의 권력 행사들, 생산 양식에 기반해 기술되는 경우가 지배적이다.

여섯째로 정보처리 진행은 정보의 끊임없는 분활과 융합의 과정이다. 각 자료마다 독특한 특성을 가진 하나의 자료로 분활되기도 하고 분석자에 의해 철저히 연결되고 편집되는 것이다. 정보와 정보문화의 본질은 곧 '분활과 융합'에 있는 것이라 해도 과언이 아니다. 어떤 정보라도 위치와 시간, 그리고 사람들에 따라서 같은 정보라도 다르게 이해되고 사용될 수 있다는 의미이다. 문제의 핵심은 정보 분석에서 어떤 기법에 매달린다든지 창조적 상상력의 원천을 무시한 채 자료의 나열이나 언어의 피부만을 주무르는 것으로는 한계가 있다. 사실 정보 분석관들은 손에 쥔 분명한 증거가 아니면 정확한 평가 내리기를 꺼려하는 경향이 많다. 하기 때문에 사회과학적 기법도 중요하지만 풍부한 상상력과 창조적 의미를 밝혀내는 일이 중요하다.

정보 분석의 핵심 요소
- 일반 원칙
  - 정보 분석과 정보 사용자, 정책결정은 상호 의존적이다.
  - 적합성, 적시성, 융통성, 통찰력, 보안 의식이 요구된다.
- 분석 범위
  - 거시적, 중 범위, 미시적 접근방법의 균형이 이뤄지도록 한다.
  - 시기별, 영역별, 지역별로 성찰한다.
- 사회과학적 분석 방법의 동원
  - 질적 분석, 양적 분석기법의 상호보완이 요구된다.
  - 상관적 상호관계(규칙, 역할, 수단 등)가 있는가를 검토한다.
- 영향력 정도의 파악
  - 정보가 어떻게 사용될 것인가를 미리 예상한다.
  - 사용자가 어떤 의사결정을 할 것인가를 염두에 둔다.
- 가치 판단
  - 국익, 정치, 경제, 안보, 도덕. 법률문제의 순서로 판단한다 .
  - 권력, 윤리, 가치의 정합성과 갈등의 여부를 살펴본다.

따라서 정보를 분석 판단하고 평가하는 것은 모든 사고 체계에 근거해 판단하는 기술임을 말해 준다.[90] 이런 방법은 두뇌의 규격화되지 않은 자유로운 활동 속에서 가능한 일이다. 마치 어떤 생각이 났을 때 그것에 순서나 중요도를 매기지 않고 자연스럽게 생각날 때마다 그것을 모두 백지 위에 적어 놓는 것도 좋은 접근 방식 중의 하나다. 좀 더 이해를 돕기 위해 기본적인 방법으로 다음과 같은 실례들과 절차를 통해서 사고 체계를 정리할 수 있다.

- 문제의 파악 및 주제를 설정하는 데서부터 출발한다. 이를테면 조그만 선박(범선)으로 태평양 횡단에 관해 이야기한다면 '항해'(sailing)라고 종이에 적어 놓는다.
- 항해하고자 한다면 제일 먼저 떠오르는 것이 무엇인가. 제일 먼저 생각나는 단어부터 써 놓는다. 생각이 날 때마다 계속 그 생각들을 적어 놓는다. 하나의 연구 시작이다.
- 모든 주요단어들을 모아 사고체계를 만들어 도표화하고 군집화한다. 홀로 있는 개별 자료들은 너무나 빈약할 수 있다. 언제든지 버려질 수도 있다. 그러나 이들을 체계화할 때 각 자료들 사이에 관계가 생기면서 정보가 생산된다.

끝으로 정보 분석에 있어서도 많은 한계점과 취약점을 가지고 있다. 다시 말해 부정확하거나 신뢰도가 떨어지는 정보가 생산될 수 있다는 의미다. 또한 신뢰성을 고려하지 못하고 잡다한 정보에 근거하여 분석이 이루어질 수도 있다. 결국에는 잘못된 결론이 도출될 수 도 있고 정책 결정자들의 잘못된 의사결정이 내려져 국가나 기업에 큰 영향을 미치게 된다. 그렇다면 사용자가 정책결정에 있어서 정보보고서를 절대적으로 기대해서는 안 된다는 경고이다. 정보란 무지한 상태에서 의사결정을 하는데 오류를 방지하기 위한 최소한의 대책일 뿐이다. 정보란 가장 정교한 수집 시스템이나 훌륭한 사회과학적 분석능력을 동원하더라도 완전한 분석을 약속할 수 없는 한계점이 있다는 점을 간과해서는 안 된다. 정보는 단 한 건의 보고서로써 영원히 정의 될 수는 없기 때문이다.

---

90) 정보분석기법은 크게 질적분석기법(Qualitative analytic techniques)과 양적분석기법(Quantitative analytic techniques)로 나눠볼 수 있다. 전자의 경우는 브레인스토밍(Brain Storning)기법, 핵심판단기법(Key Judgenent), 경쟁가설(Competing Hypotheses)기법, 인과고리(Causal Loop Diaqram)기법, 역할연기(Role Peaying)기법이 있으며, 후자의 방법으로는 베이지안 기법(Bayesian Method), 합리적 선택이론(Policon / factions), 의사결정나무(Decision Tree)기법 등이 있다.

9-1-2. 정보 분석관의 현지 수집 및 현장에 대한 이해

좋은 책을 쓰는 사람은 자신의 서재에 몇 트럭 분의 자료를 쌓아놓고 집필한다. 그 만큼 자료가 필요하며 지적 욕심의 대상이 바로 글쓰기이다. 최근 들어와 지식사회에서는 지식의 통섭(統攝·지성통합, consilience)을 이야기한다. 사회 생물학적 의미에 가까운 '통섭'은 어떤 분야를 가로지르는 사실과 이론들을 연결해 지식을 모두 통합하는 것으로 풀이된다. 분자 수준의 미시 구조로부터 범우주적인 통합, 인간의 마음 등에 대해 통섭으로 '하나의 진리'에 도달할 수 있다는 것이다. 다양한 수준의 시공간과 복삽성을 넘나들어 결국 통섭으로 이어지는 인과 관계망으로 본다.[91] 마찬가지로 정보 분석자 역시 평상시에도 자료에 대한 욕심과 통섭적인 관심이 있어야 한다. 물론 이런 욕구가 지나치다 보면 많은 시간을 낭비하거나 매우 가치 있는 평가를 내리기가 매우 어려워진다. 분석관은 불완전한 자료를 근거로 해서 평가 분석해야만 하는 상황에서 늘 자료의 부족을 느끼게 된다는 말이다. 사실 급변하는 상황 속에서 분석관은 새로운 정보 분석 및 평가에 꼭 필요한 객관적 정보의 부족을 느낄 때가 많다.

하기 때문에 본부의 분석관들은 비밀공작을 통해서 입수하는 희귀한 자료들을 고대하는 경우가 많다. 대개의 경우 편의적인 신문기사 등 공개 자료들보다 인간출처의 고급 비밀정보를 제공해주기를 바라고 있다. 그리고 거의 모든 고급 기술정보 수집에 의존하려는 속성을 드러낸다. 이러한 분위기들은 정보공동체에 작용하는 현실 문제이지만 인간출처 정보에 더 관심을 갖게 되는 주원인이 되기도 한다. 현장에서 활동하는 수집관들의 첩보입수 상황을 잘 이해하지 못하는 경우도 있지만, 그러나 분석관의 판단에 있어서 자료의 한계를 느끼는 것은 일종의 분석관이 갖는 특성 중에 하나이다. 어쩔 수 없이 적은 양의 첩보(less contents)를 가지고도 분석하지 않을 수 없는 상황이다.

이런 가운데서도 분석관은 정보활동 과정에서 가능한 좋은 상품(정보)을 생산하고 사용자에게 제공하여야 한다. 분석관은 첩보를 축적해 두었다가 논리적 판단에 근거해 구체적 내용으로 분석 가공하는 사람이다. 수집되는 첩보를 읽는다는 것, 파악하는 것, 존안하는 것은 소리 없는 분석관의 창조적 실현의 한 형태이다. 자신의 분석 내용뿐만 아니라 수집관

---

91) Edward O. Wilson, Consilience : The Unity of Knowledge 최재천·장대익(역) 『통섭 : 지식의 대통합』(서울 : 사이언스 북스, 2005), pp.459 이하.

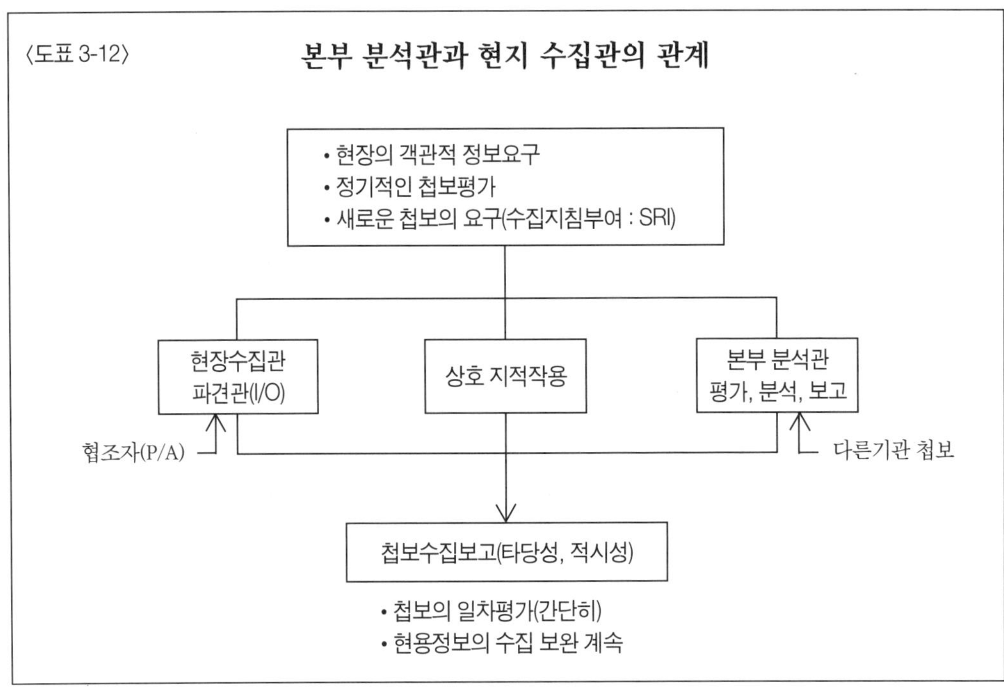

의 일차 평가 가치와 그 한계를 이해하는 것도 포함된다. 그런데 정보출처 및 수집자 위치를 놓고 볼 때 '원거리 정보'(long distance information)와 '가까운 거리'(proximate) 정보로 나눠볼 수 있다. 원거리 정보는 실질적으로 얼굴을 맞대고 충분한 의사소통을 통해서 얻는 가까운 거리 정보와는 상당히 다르다. 원거리 정보는 상호 신뢰가 우선 바탕이 되어야 하지만 조직적 대면 관계에서 얻는 정보일지라도 원거리 정보는 현실감이 떨어질 수 있다. 물론 가까운 거리 정보가 모두 좋다는 것은 아니다. 다만 수집자와 분석자 서로가 상대방을 알 수 있는 기회가 적기 때문에 상호이해가 부족할 때가 있을 수 있다. 그렇다고 분석관은 수집관의 의견을 아무런 근거 없이 무시해서는 안되며 그에 걸맞는 평가를 해야 한다. 다시 말해 분석관으로서는 수집관의 의견이 자신의 의견과 다르다는 이유만으로 그것을 무시해서는 안 되는 것이다.

이상을 다시 요약하면 분석관들은 어떤 목적을 위한 자료(도구)의 축적, 사고하는 방법, 실행 방법을 생각토록 해 정보를 판단하고 평가하도록 한다. 정보발생부터 수집—분석—사용되기까지 그 순서는 문제 파악(identify problem) 연구 실시(conduct research) ▲자료의 체계화(organize data) ▲분석 및 평가(analyzed access) ▲의견교환(communication action) ▲재검토(get feedback)등으로 진행된다. 이렇게 될 때 정보자료들이 어떤 의미가 있나, 어떻게 그것을 쓸 수 있나, 무엇이 잘못된 것인가, 아니 정말 내가 모르고 있었나 하는 것들을 발견하게 되고 결국 유용한 지식을 창출할 수 있는 것이다.

9-1-3. 분석 패러다임의 변화

전통적으로 지난 50여 년간 정보 분석은 '첩보자료'에 크게 의존하는 형식이었는데 그것은 자료의 수집과 분석, 존안, 제공 등의 업무였다. 그러나 정보혁명이 급진적으로 진행되면서 사회의 모든 요소들을 근본적으로 바꿔 놓는 계기가 되었다. 정보통신기술, 속도, SW의 혁명뿐만이 아니라 '개념상의 혁명'이 일어나고 있어서 정보기술(information technology)이라는 단어에서 'T'(기술)에 집중하는 것보다 새로운 정보혁명은 'I'(정보)에 초점을 맞추고 있다.[92] 다시 말해 기술(T)보다 정보(I)의 의미를 더 중시하며 정보가 어떻게 작동되는가를 중시하는 시대이다.

따라서 일상생활에서 만나는 모든 것은 단순한 자료(data)가 아니라 정보(intelligence)라는 개념이고, 또한 최고 사용자를 위해 의사결정(의도, 판단)에 필요한 것이 곧 정보라는 사실이다. 정보의 생산자(가공자) 입장에서는 수요자(사용자)가 의사결정을 하는데 어떤 정보가 필요한지 알 수 없을 것이다. 그러나 분명한 것은 같은 조직 내에서 개별 전문 분석관(지식 근로자)만이, 그리고 최고 사용자(경영자)만이 자료, 첩보를 정보로 전환할 수 있다. 이와 관련해 드러거(P. Drucker)는 최고 정보사용자가 자신의 의사결정을 내리는데 필요한 정보를 얻는데 다음 세 가지 질문이 필요하다고 지적한다.

- 우선 내가 함께 일하고 나에게 기대하는 사람들에게 어떤 정보(지침)를 제공해야 하는가. 어떤 형태로, 무슨 내용을, 그리고 언제쯤?
- 나 스스로는 어떤 정보가 필요한가, 그렇다면 누구에게 어떤 내용을 요구할 것인가, 그리고 언제 필요한가?
- 조직 차원에서 볼 때 자료 수집에서 기존의 오프라인과 온라인상의 자료들을 결합해 진정 '비어 있는 곳'을 채워나가는 새로운 패턴을 창출할 능력이 있는가?

---

92) Peter F. Drucker, Management Challenge for the 21st Century, (New York : Haper Business, 1999), pp.97~98.

위의 첫번째 의문과 질문은 다른 사람들과의 커뮤니케이션을 시작하는 단계에서 나오는 말이다. 인간관계 속에서 공통의 과제, 공통의 도전에 초점을 맞추는 질문이다. 말을 바꿔서 첫 관심은 내가 원하는 것, 업무에서 '필요로 하는 것은 무엇인가' 하는 것보다 오히려 '다른 사람들이 나에게서 필요로 하는 것이 무엇인가, 그리고 그런 사람이 누구인가' 를 가름하는 지혜의 질문이기도 하다.

두번째 질문은 자신이 필요로 하는 정보의 경우 자신이 속한 조직 시스템으로부터 나올 수 있지만, 그러나 전혀 별개의 외부에서 나올 수 있다는 사실을 지적하는 것이다.[93] 정보라는 관점에서 "내가 할 것은 무엇인가, 누구에게, 어떤 형태로" 할 것인가에 대한 대답은 역설적으로 오직(내가 아니라) 다른 사람에게 필요한 정보가 있다는 사실이다. 그러므로 이런 질문들은 단순해 보이지만 갑작스런 아이디어와 많은 경험, 끊임없는 노력이 있을 때만이 가능하다.

세번째 질문은 인터넷 공간과 오프라인의 융합 그리고 이를 운영할 자신의 숙달과 조직 내 인력의 문제이다. 지난 수십 년간 전통적으로 내려 온 정보활동과 그 임무를 고려 할 때 우리에게 필요한 정보는 무엇이고, 21세기를 살아가면서 '정보의 개념' 이 무엇인가를 고민하는 모습이다. 과거 전통적인 분석관, 특히 정부 내 분석관들은 전혀 사용자를 접촉하기 어려운 상태에서 많은 첩보를 취급하고 생산해 왔던 사실을 지적하면서 새로운 패턴을 추구하고 있다.

이런 질문의 요체는 주체 못할 구조적 환경과 제도화된 틀 속에서 그리고 비밀로 분류된 정보세계에서 뿐만 아니라 새로운 국제사회 네트워크의 형식의 강화로 전통적 분석패러다임이 전환되고 있음을 보여준다. 더구나 분석관은 정부조직의 정식 직원이 아닐 수도 있고, 수집관 또한 비밀계약으로 일하는 경우도 있을 것이다. 특히 중장기 특별보고서 작성을 위해 외부기관에 의존하는 '외주' (아웃소싱)도 가능하다는 뜻이다. 전문 정보기관 이외에도 다양한 민간 기업 수준에서 경쟁정보 분석이 이루어질 수 있으며, 또한 경험이 축적된 디지털 인력이 큰 역할을 하고 있다는 사실은 정보의 수집과 가공이 이제 일반화되었음을 의미한다.

그렇다면 정보 분석의 패러다임의 변화는 구체적으로 무엇이고 어떤 의미를 가지고 있을까. 이에 대해서는 우선 다원적 전문 출처에 의한 생산물들의 역할과 그 변화를 꼽을 수

---

93) ibid, pp.123~125.

있다. 21세기에 들어와 현대 정보 분석관은 활자화된 다원적 출처 보고서에만 초점을 두는 편협하고 자기 중심적인 관행에서 벗어나 사회적 관계, 사람들 간의 상호작용에 초점을 맞추기 시작한 점이다.

하기 때문에 유능한 분석관이라면 구체적으로 다음 사항을 준비할 수 있다. 즉 ▲현시대의 분석관은 공개출처 네트워크를 찾아내고 관리할 수 있어야하며 다양한 공개출처와 서비스 이용에 필요한 예산도 확보해야 한다. ▲동시에 분석관은 공개출처를 이용하여 전후 관계를 확실히 파악함으로써 보다 적극적이며, 논리적으로, 그리고 비평적 입장과 비밀 수집 수단들에 대한 확실한 관리사가 되어야 한다. ▲분석관은 정보 사용자가 접한 공개출처를 최초로 평가한다는 점과 정보사용자의 일반 정보수요에 민감하게 대처하는 일이다.

그다음으로 공개출처에 대한 다각적 분석이다. 분석관의 역할이 변화돼야 되는 것과 같이 분석관의 초점도 변해야 한다. 분석관은 보고서 제목만을 보고 이를 자르고 풀칠하는 것을 비롯하여 대부분 거의 쓸모 없는 자료들을 존안하는 전통적인 관행에서 벗어나는 태도가 요구된다. 분석관은 단지 전문가라는 입장에서가 아니라 그저 그 일을 누군가가 해야만 한다는 수동적 임무에서 과감히 탈피하는 일이다. 분석관은 자신의 분석결과가 주요 정책결정 사항에 큰 영향을 줄 수 있다는 자각이 필요하다. 정보생산은 '어떻게 만들 것인가'(how to make)에서 국가와 기업의 사용자를 위해서 '무엇을 만들 것인가'(what to make)로 목표가 변화돼야 하며 그것을 뒷받침할 수 있는 분석관에 대한 자질과 창조적 교육이 요구된다.

그밖에 정책결정에는 장기 투자와 같은 전략적 결정에서부터 다른 사람들과의 협상 시간과 장소를 선정하는 일, 그리고 조직운영에 참여하는 등 의사결정자들이 실제로 어떤 역량을 구사할 것인가? 하는 기술적인 결정을 할 수 있어야 한다. 공개출처들은 이러한 모든 분야에 도움이 되는 유익한 내용들을 포함하고 있다고 해도 지나친 말이 아니다. 유능한 분석관은 뉴스의 의미판단에 불과한 '상황보고'서나 상황처리 식으로 첩보 요약보고서를 작성해서는 안 된다. 그리고 사건이 한참 진행된 이후 획득한 첩보는 무용지물인 경우가 많다. 이미 획득된 첩보내용보다 실제 상황은 다른 방향으로 진행되었을 것이기 때문이다. 따라서 실시간 내에 주어진 상황의 위협 수준이 어떠한가를 구별하고 전략의 일반적인 개념을 명확히 체계화하는 능력을 검토하고 진행하도록 한다.

9-2. 정보의 생산과 장애요인 그리고 소비자

정보 분석 과정(analytical process)은 수집된 정보자료를 평가하고 분석해 정보사용자에게 제공하는 일련의 과정이다.[94] 그러나 정보 분석 및 판단은 다른 지식보다는 차가운 사회의 지식활동의 체계이다. 인간은 수학적이고 지적인 작용으로서 사회 내에 존재하는 특정 현상을 분석하게 되는데 이때는 연역적(reduction) 설명과 확률적인 설명, 기능적이며 목적론적인 설명, 인과관계의 발생론적 논증을 통해 주술적 세계로부터 사용자를 위한 지식을 생산하게 된다. 때문에 분석관은 풍부한 지식, 이를테면 실존주의나 현상학, 해석학에서 중시하는 체험과 정렬, 시간성과 역사성, 그리고 의식성과 정신적 의미를 깨달을 뿐만 아니라 사회적 실재를 찾아내는 사람들이다.

그러면 왜 정보행위를 사회구조와 관련시켜 인식해야하는가. 말할 나위 없이 정보의 생산은 바로 특정한 사회 상황의 무대전면과 후면에 대한 성찰을 하는 것이기 때문이다. 우리가 경험하고 있듯이 사회는 끊임없이 진보하고 발전하며 새로운 의미를 생산해 낸다. 정보분석은 앞면과 후면 지역에 대한 '신비화'를 벗기는 것이며 특히 사회구조 속에서 나타나는 인간의 행위들을 보기 위해서다. 무대 전면의 외양적 상황도 중요하지만 무대 후면에서의 은폐된 정보를 찾아내는 것이 더 중요하다. 주자학(朱子學)에서 찾아볼 수 있는 격물궁리(格物窮理), 즉 나무 한 그루 풀 한 포기에도 그것의 이치가 있으며 이를 끝까지 캐묻는 것과 같은 이치다.

그래야만 등장하는 대화와 비언어적 몸짓, 집단 혹은 국가 단위의 갈등, 상호 의식, 목표 불일치, 분노 등에 대한 확인과 평가가 가능해 진다. 레비스트로쓰(Lebi Strauss)는 진보와 발전의 방향은 꼭 같은 방향으로 계속 나가는 것이 아니고 '서양장기의 말' 처럼 여러 가지 방향으로 진행된다고 지적했다.[95] 하기 때문에 분석관은 자기 고집(편견, 아집) 속에서 나와 사회의 다양한 존재 양식을 지각 가능한 질서로 바라보는 것이고, 나아가 방법론적 변형들을 통해서 사회적 의미를 찾아내는 일이다. 더 중요한 것은 정보생산자는 사용자들의 정보요구와 목적에 대한 명확한 이해, 시간 내에 응답하는 자세, 문제 접근에서의 우선순위

---

94) Bruce D. Berkowiz and Allan E. Goodman, Strategic Intelligence for America National Security (Princeton : Princeton University Press, 1989), pp.30~38.

95) Jaimes Boon, "Claude Levi- Strauss", in Quentin Skinner, The Return of Grand Theory in the Human Science (Cambridge : Cambridge University Press, 1985), pp.160~164.

결정, 구성원들간에 충분한 커뮤니케이션, 정보 공유의 정도(비밀 제한) 등을 염두에 두고 진행하는 위치에 있다.

9-2-1. 분석의 세계와 그 적들 그리고 신중한 고려

　정보 분석의 원칙과 관련해 분석관이라면 무엇을 문제로 삼을 것인가, 아니면 어느 문제를 해결할 수 있을 것인가 하는 고민에 빠지게 된다. 또한 많은 사람들은 특정사안에 대해 의견을 달리할 수도 있고, 심지어 이론적 설명이나 판단 여부도 불확실할 수 있다. 따라서 불가피하게 나타나는 결론은 여러 가지 과학 이론들에 의한 실제의미를 비교하거나 등급이 매겨질 수 없다는 성질을 나타낼 때가 많다. 이것을 토마스 쿤(Thomas S. Kuhn)은 불가공약성(不可共約性, incommensurability)이라는 명제로 제시했다. 그가 말하는 요지는 과학, 정치적 영역에서 만족스러운 설명을 내리기가 매우 어렵다는 뜻이다.[96] 이는 정보 분석과 관련된 이론적 틀이 정형화되지 못했음을 의미하며 또 그렇게 될 수도 없는 것이다. 따라서 정보 분석에 있어서 어려운 점은 정보자료의 결핍 문제에 따르는 보고서의 질과 사용자의 요구에 잘 응답하는 것과, 또 하나는 자료 자체의 불확실성과 미스테리라는 두 가지로 지적된다.

　그러면 우선 자료의 결핍에 따른 문제들은 무엇인가. 사실 정보를 분석한다는 것은 쓰레기 같은 첩보로부터 권위가 있고 사용 가치가 높은 상품으로 만들어 가는 과정이다. 정보는 여러 흔적들 속에서 살아있는 현재를 포착하는 것이며 현상(사건)들에 대한 의미성의 차이(signifying difference)를 발견하는 일이다. 세계문제들을 다루는 분석이란 무엇보다 나라와 나라 사이에 관한 것 즉 외교정책이나 국가전략을 분석해 대처하는 것을 의미한다. 실례를 통한 확증을 제시하지 않지만 국가 정보기관들의 주 임무는 주로 대상국별 또는 지역별로 일어나고 있는 문제들을 다루는 것이다.

무우 씨앗 잘못 택해	농사 지으면	가랑무만 생긴다.
(자료)	(분석작업)	정보(불량보고서)

　또 다른 말로 정보의 결핍은 바로 '부족의 본질' 을 의미한다. 현실적으로 끝없이 정보에

---

96) Barry Barnes, "Thomas Khun" in Quentin Skinner(edt), ibid, pp.85~88.

대한 욕구가 작용하지만 늘 결핍을 느낀다는 뜻이다. 따라서 모든 정보활동에는 지나친 욕구로 인한 치명적인 함정이 늘 있음을 잊어서는 안 된다. 난공불락의 어려움이 많다는 이야기다. 정보 교리에서는 객관성이나 사물에 대한 어떤 명확한 관계나 설명이 충분치 않을 때 오히려 사실에 대한 묘사가 어려울 때 메마른 '법칙(규칙)'만이 제시될 뿐이다. 여기서의 법칙은 주관적인 것이고 사무적인 것을 말하지만 난공불락 시 판단 기능은 오로지 스스로의 몫이라는 점을 간과해서는 안 된다.

그러나 정보 세계에서 찾아볼 수 있는 정보분석 및 판단의 실패 사례들은 너무나 많다. 미국 CIA는 북한의 남침을 예상하지 못했다. 쿠바 미사일 위기 때 CIA 국장이었던 맥콘(John McCon, 1961~1965)은 당시의 모든 분석관들이 소련의 흐루시초프(N. Khrushchev)가 쿠바에 미사일을 배치할 것으로 믿지 않았다고 했다.[97] 소련의 붕괴 등 동구 공산권의 붕괴가 그토록 너무 빠르게 충격적인 정도로 진행될 것으로 아무도 예상하지 못했다.

전 CIA 요원인 에임즈(Aldrich Ames) 사건(1994)에서 나타난 그의 이중간첩 활동에 대해서도 미국 정보기관은 오랫동안 눈치 채지 못해 엄청난 충격을 주었다.[98] 27년간 방첩업무를 담당해 온 베테랑 FBI 요원인 로버트 핸슨(Robert Hanssen)은 1985년 이래 이중간첩으로 활동하면서 모스크바 측에 비밀문서들을 넘겨주는 일을 했다. 또 미국이 9·11 테러사건과 같은 비극에 대해 미연에 막아내지 못한 이유로 정보 역량을 잘못된 방향으로 사용했기 때문이라는 지적도 있다.[99] 이러한 사건들을 자세히 설명하지 못하지만 정보공동체에 크나큰 충격을 일으킨 사건들이며 실패의 잠재성을 인식할 수 있는 사례들이다.

이렇게 정보기관이 민감한 국제 상황(예로 소련의 붕괴 사항)에 대해 잘 예측하지 못함으로써 정보조직의 존재와 운영 방식에 대해 많은 비판이 있었다. 정보공작의 실패 등 정보기관이 수행한 일들에 대해서도 많은 논쟁을 불러 일으켰음은 물론이다. 그런데 대부분의 정보기관들은 그들의 실패를 수치로 여기거나 책임 추궁을 당할 것을 우려해 그 사실을 감추려는 풍조가 강하다. 이런 점에서 많은 실패에도 불구하고 조직의 개선과 자기 개혁의 기

---

97) Mark M. Lowenthal(2000), op.cit, pp.18~22.

98) 에임즈(Ames)사건이란 CIA 창설 이후 최대간첩사건으로서 미 CIA의 대소련 방첩과장을 역임한 Aldrich Hazen Ames가 1985년부터 9년간 소련을 위해 활동하다가 1994년 2월 체포된 사건이다. 그는 CIA가 포섭해 운영해 오던 소련 공작원의 신원 등 주요 비밀정보를 KGB에 제공하고 그 대가로 270만 불 이상을 받았다가 1994년 2월 FBI에 체포되었다. 이 사건은 국제사회에서 군사적 경쟁 대신 경제정보 수집 경향이 고조되면서 일어난 사건이고 미 CIA로서는 실패한 정보활동 사건이다.

99) Bill Gertz, Enemies : How America's Foes Steal Our Vital Secrets—And How We Let it Happen(New York : Crown Forum, 2006), pp.11~15.

회를 상실하는 등 계속 오류를 반복하게 된다. 특히 비밀활동과 연계된 문제는 '그럴듯하게 부인하는 것'(plausible deniability)으로 일관하거나 정보과정 자체가 은폐되기까지 한다.

9-2-2. 정보 프로세스에서의 장애요인과 실패의 수용

어느 조직에 있어서나 구성원들이 갖는 세계관이나 업무 처리의 능력, 그리고 상호작용하는 방법들이 다양하고 차이성을 나타낸다. 마찬가지로 국가 정보기관도 비슷하거나 오히려 많은 구조적 문제점이 있을 수 있다. 이와 관련해 정보공동체에서는 '정보실패'(intelligence failure)라는 용어를 사용한다. 정부의 실패, 시장의 실패, 정책의 실패라는 의미와 비슷한 맥락에서 ▲정책결정자의 편견이나 왜곡된 판단 ▲부정확한 첩보자료, 잘못된 정보분석 ▲정보의 정치화 등에 따른 의미로 해석된다. 계략적으로 국가이익이나 안보에 치명적인 영향을 끼칠 수 있는 현안문제들을 제대로 예측, 판단하지 못함으로써 국가이익이 상당히 침해받는 것을 의미한다.[100]

그래서 터너(M. A. Turner)는 왜 정보의 실패를 가져오는가를 문제삼는다. 그는 인력운영 체계의 경직성, 직원의 전문성 결여, 업무의 과학화 지연 등 문제점들을 지적한다.[101] 지금 지적한 세 가지 영역에 포함될 수 있는 것이지만 정보 분석이 특수 전문가들에 의해 이뤄지지 않고 수집 전문가들에 의해 이뤄진다거나, 연구와 분석이 상대적으로 경시되면서 수집 부서에 대한 인적 물적 자원이 집중되는 현상도 있을 수 있다. 크게는 최고 사용자 혹은 정책 결정자들과 하부 단위간에 상호작용이 왜곡될 시 올바른 정보 판단은 어려워질 수 있다.

따라서 정보처리 과정에서 발생할 수 있는 부정적 요소들은 첫째로 개인적 차원의 심리적인 장애요인을 들 수 있다. 개인적 차원의 심리적 장애 요소를 볼 때 그 이유는 복잡하겠지만 불확실성(uncertainty) 속에서 정보를 분석하고 대안을 수립해야 할 경우가 있다. 불확실성의 이유는 ▲상황을 판단할 수 있는 정보가 부족할 때 ▲신빙성이 없는 자료가 올라왔을 때 ▲서로 상반되는 내용, 이를테면 한 사건에 대한 설명이 서로 다른 시각일 때 ▲정보

---

100) M. W. Lowenthal, "The Burdensame Concept of Failure" in A. c Maurer(others), Intelligence : Poling and Process (Condon : westview, 1985) 참조
101) Michael A. Turner, Why Secret Intelligence Fails(Washington, DC. : Potomac Books, 2006), pp.173~176.

관 자신이 대안의 제시나 정확한 판단을 내릴만한 경험이나 지식이 부족할 때를 열거할 수 있다. 이럴 때에는 대부분의 사람들이 스트레스를 받거나 의식 무의식적으로 분석판단을 포기할 때가 있다. 또한 심리적 갈등과 스트레스를 받으면서 정보업무를 진행할 시 이념적 편견이나 자기가 선호하는 원칙과 지식 범위 내에서 끝내려는 경우가 발생한다.

둘째는 정보처리에 있어서 집단 차원의 장애 요인이 있다. 조직의 결집력이 약하거나 그룹단위의 내분과 갈등의 여지가 있을 때 정보업무에 부정적 영향을 미치게 된다. 그룹일체감을 방해하는 요소들은 상호 비난과 불신에 따른 문제로서 형식주의, 소외, 두려움들이 있을 수 있다. 사람에 따라 자신이 무식하다거나 아니면 무능한 사람으로 여겨질 것에 대한 우려, 조직으로부터 방출될지도 모른다는 히스테리와 갈등이 업무의 효율성을 저하시키게 된다. 그 결과 구성원들 중에는 지나친 열등감, 인내의 한계, 지위 고뇌, 아니면 의도적으로 집단에 타협하려는 시도가 생기게 되고, 때로는 상충하는 의견들에 대해 무조건 승복하거나 기존의 정보에 상충하는 정보가 묵살되거나 멀리하는 태도가 나타난다.

셋째는 관료조직 차원의 장애 요인을 들 수 있는데 위계조직 내 구성원들이 자신들의 이익과 그들의 관점에서 그리고 사용자 뜻에만 따르는 정보 획득과 분석에 전념할 때 정보프로세스의 모순이 쌓이게 된다. 즉 정책 대안의 제시나 평가를 내릴 때 자신들의 입맛에 맞도록 하거나 자신들이 원하는 결론만을 제시하는 일들이다. 다시 말해 관료 조직이 선호하는 정책대안만 강조할 뿐 경쟁적 대안을 창출하거나 다른 기관들의 정책대안을 무시하는 일이 나타나게 된다. 사람은 어려운 선택에 직면하게 될 때 어떤 선택이 가장 좋은지 또는 유익한지, 불리한지의 반응을 나타내면서 감성과 직감으로 대안을 선택하거나 아니면 '보이지 않는 손'을 따라가게 된다.

실제로 인간사의 80%는 '실패의 연속'이라고 할 만큼 우리의 삶은 실패에 더 익숙해져 있다. 성공과 실패는 같은 목적을 추구하는 동전의 양면과 같다. 탁월한 성공의 법칙은 성취의 과정에서 치밀하게 찾아낸 실패의 교훈일 것이다. 실패의 관리시스템을 갖추기보다는 땜질 처방을, 잘못된 정책에 대한 책임을 인정하기보다는 '희생양'을 찾는 것이 비일비재하다.[102] 그러므로 이런 정보업무 처리들은 결국 조직에 나쁜 영향을 미치게 된다 그것은 ▲어떤 정책을 수립하는 것이 어려워 교착 상태에 빠지기 쉽거나 ▲모든 것이 좋다는 식의

---

102) 예로서 하타무라 요타로(畑村洋太郎, 도쿄대 교수)의 『失敗學 : 실패를 감추는 사람, 실패를 살리는 사람』(정택상 역, 서울 : 세종서적, 2001)에서 실패의 학습, 실패에 대한 대응, 실패의 예증 등을 찾아볼 수 있다.

타협적인 정책대안이 나올 수 있고 ▲불안정하거나 실패를 잉태한 정책을 선택할 가능성이 높으며 ▲정보공동체 혹은 관련 부서들과의 합리적인 협력이나 정책결정이 지연된다.

또한 실패의 원인은 조직 내 정보가 제대로 흐르지 않거나 사전 대응력 준비가 미흡했을 때 일어나기 쉽다. 나무 가지만 보는 태도, 숲을 보지 못하는 전체론적 시각이 부족하면 실패할 확률이 높다. 그러므로 사회적으로 실패의 이유와 그 결과에 대한 공유가 중요하다. 한 단계 성장하려면 실패를 다루는 태도가 변해야 하고 실패를 통해 알짜 정보를 뽑아내는 방법도 숙지할 수 있을 것이다.

그러면 이러한 실패의 반복을 극복하기 위해서는 어떤 대책이 필요한가. 그 답은 각 조직들로 하여금 자신들이 개발하고 발전시킨 업무표준 운용절차(SOPs)이나 국가정보판단(NIE)지침에 의거 객관적이고 정상적인 방법으로 정보업무를 처리할 때 실패를 줄일 수 있다. 지나간 경험과 실패 사례를 정리해 실패감을 치유하고 실패를 긍정하는 문화를 만들어가는 것도 필요하다. 정보는 순백무독(純白無毒)할 수는 없지만 혼신을 다해 정보 상품을 만들어내고 사용자에게는 구급상비약처럼 작용하도록 하는 일이다. 잭 웰치(Jack Welch)는 '위대한 승리'에서 상위직 리더는 실패로부터의 회복력(resilience), 즉 직원을 평가할 때 실패에서 다시 일어날 수 있는가를 중시해야 한다고 했다.[103]

따라서 정보 실패를 줄이는 데는 우선 실패에 관한 정보가 은폐되지 않고 적절히 보고되어야 한다. 물론 실패한 극비 공작 사항을 공개하는 것은 어렵다. 하지만 누구나 예기치 않게 일어나는 실패 혹은 실패 가능한 사항을 사전에 예방하기 위해서는 제한적으로 연구할 필요가 있다. 어떤 사건이 시간 구조상에서 일어났을 때는 이미 늦은 것이다. 일어날 수 없는 것처럼 보일지라도 어떻게 보면 일어나게 마련이다. 곧 실패의 가능성이나 숙명 둘 중의 하나일 것이다. 요는 업무 담당자가 실패의 가능성을 인정하고 늘 긴급 상황에 대처할 수 있어야 한다.

마지막으로 실패를 조직 내에서 흡수하고 사고 재발을 방지할 수 있는 제도를 구축한다. 조직 내 은폐되거나 파묻혀 있는 실패 경험을 발굴해 공유하고 활용하기 위해 조직적 인프라를 구축하는 일이다. 정보의 판단이나 정책 결정의 지연은 아니지만 미국에 있어서 과거 불랙 먼데이(1987), 걸프전(1990~1991), 달러 급등(1998) 뉴욕 · 워싱톤 테러사건(2001. 9) 등 많은 위기상황을 경험한 사건들이다. 그로 인해 미국의 역할퇴조 혹은 세계 경제에 대한

---

103) Jack Welch, Wining (New York : Haper Business, 2005), p.90.

말세적 비관론이 나오기도 했으나 그 고난으로부터 벗어나는 미국 정부의 위기관리 능력은 놀라움을 금할 수가 없다. 여전히 미국은 실패에 이른 과정과 배경, 미세한 징후 등의 사실뿐만 아니라 구성원들의 주관적 지식과 경험 등을 담아서 역사적 실패의 본질을 이해하려고 한다.

이상에서 갖는 함의는 정보행위의 위험성(왜곡)은 사용자의 욕망과 대상 그리고 그 충족과의 차이에서 드러난다는 사실이다. 하지만 정보사용자들은 첩보전문가이자 언어학자이며 변장의 귀재였던 리처드 베트경(Sir Richard Francis Burtan)을 상기하지 않을 수 없다. 그는 정보행위에서 모호성과 애매성, 주관적이고 직관적인 사고를 극복하면서 그리고 20%만의 정보로 정책 결정하는 과단성을 보여주었다.[104] 하기는 보고서의 양이 많을수록 좋은 것은 아니어서 실제 보고서 중 10~15% 만이 알짜 보고서로 평가받는다. 현대인들이 독서량이 많고 초고속 인터넷으로 무장하는 등 정보량의 증가가 엄청나지만, 그러나 인간의 통찰력은 그리 향상되는 것 같지는 않다. 하기 때문에 정보량이 아니라 정보를 선택하고 판단하고 통제하는 인간의 능력이 무엇보다 중요하다는 사실이다.

9-2-3. 분석 부서들의 중첩과 소비자와의 관계

원래 정보공동체들에 속한 각 정보기관들은 상이한 역사와 임무, 그리고 지휘 계통을 갖고 있다. 미국의 경우 CIA를 제외한 모든 기관은 정책 부서 내에 존재하면서 국가이익은 물론 부서 업무에 봉사하고 있다. 정책 결정자들은 다양한 출처로부터 정보를 보고 받으며 국가를 관리해 간다. 국가정보위원회(NIC)을 구성하는 국가정보 관리자들 및 CIA의 부서장들은 모든 자료를 망라해 분석한 정보보고서를 대통령, 국가안보보좌관, 국방장관 및 국무장관, 나아가 관련된 정부기관에 제공할 책임을 지고 있다.

이를 위해서 미국은 분석기능을 중첩적으로 운영함으로서 독특한 정보요구에 부응하거나 경쟁적 분석기능을 발전시켜 가고 있다. 미국은 중첩적으로 보이는 3개의 기관을 두고 있는데 그것은 CIA 정보분석국(DI : Directorate of Intelligence), 국무부 정보조사국(INR : Bureau of Intelligence and Research), 국방부 정보국(DIA : Defence Intelligence Agency)

---

104) Robert D. Kaplan(2000), The Coming Anarchy : Shattering the Dreams of the Post Cold War, (New York : Vintage Books, 2000), p.94

들이다. 이들 분석국들은 '모든 자료'들에 대해 분석을 실시하지만 이들 기관 또한 전 분야에 대한 정보업무와 수집업무를 수행하고 있다. 또한 예로써 미 국방부에 속해 있는 정보기관들 즉 NSA, DIA, NGA(국가 지리 정보국) 등의 특별정찰활동 역시 업무가 많이 중첩되고 있다.

그리고 정보수집방법 또한 서로 분리되어 있지만 사실상 중복되는 경우가 많아 그들은 종종 경쟁을 하기도 한다. 각종 정보수집 방법(INTs)은 많은 경우 첩보수집 요청에 대응하기 위해 대기하고 첩보를 공급하기 위해 어떤 수집방법이 가장 적합한가에 관계없이 서로 경쟁한다. 요는 정보의 과정이 온라인·오프라인을 포함한 모든 정보를 수집하는 측과 정보를 해석하는 사람 그리고 이를 통합해 운영하고 사용하는 측면에서 나눠 볼 수 있다. 어쩌면 '메가 에디터'와 같은 일이 정보기관의 역할이다. 첩보자료가 많지만 이에 대한 판단과 식별 능력이 없을 때 그것은 많은 정보가 내장된 컴퓨터와 같은 것이다. 각 기관별로 쏟아지는 첩보를 소화하고 지식화하기 위해서 다양한 정보기관들이 운영되는 것이다.

또 다른 점을 지적할 필요가 있는데 업무의 중첩성을 의도적으로 용인하는 배경에는 두 가지가 크게 작용한다.[105] 하나는 정보사용자들, 정책결정자들이 다른 시각에서 서로 다른 정보를 요구하는 점으로 정책결정 선상에 있는 대통령, 국무장관, 국방장관, 합참의장 등은 그들 간에 필요한 정보를 수시로 요구하고 있다. 똑 같은 이슈들에 대해 일을 추진하더라도 각자 대응하는 방식이 다를 수 있기 때문이다. 또 하나는 부서별로 경쟁적 분석개념을 발전시켜가며 독자적 보고서를 내는 경우이다. 각기 다른 배경 지식과 안목을 가진 분석관들이 한 가지 이슈를 놓고 경쟁하며 독특한 아이디어를 토대를 가능한 '근접한 실제성'(proximate reality)에도 달하기 위해서다. 끊임없이 대두되는 사회현상들과 사건들에 대한 경쟁적 접근이 매우 어려운 일이지만 적어도 '집단적 사고' 또는 강요된 의견수렴이 되어서는 안 된다는 의미에서 경쟁적 분석기구들을 운영하고 있다.

그러나 생산자와 사용자의 관계는 조직의 문화, 극적인 사건의 이해 차이, 개인적 경험에 따라 달라질 수 있다. 예민한 실제문제들과 관련해 분석부서들의 업무 중첩이 일어나거나 소비자는 비슷한 보고서 혹은 같은 사건들에 대한 해석이 다른 보고서를 받을 수 있다. 또한 사용자의 구체적인 정보요청과 지침에 의거 작성된 보고서가 아닐 때도 많다. 칼과 음식 재료가 있다고 해서 모든 사람이 훌륭한 요리를 만드는 것은 아니다. 그러므로 우수한 정보

---

105) Mark M. Lowenthal(2000), op. cit., pp.12~13.

전문가는 정보생산에 대해 다음 세 가지의 기본적인 방식을 선택할 수 있다.

- 정보생산자로 하여금 이것은 '사용자(경영진)가 필요한 것이다' 라고 스스로 인지하고 정보를 생산하는 경우가 있다.
- 사용자의 구체적 요구가 있을 때까지 자료를 정리하며 기다리다가 지침을 받아 작성하는 경우가 있다.
- 생산자 자신이 먼저 사용자 입장에서 그가 어떤 의사결정과 행동을 고려하고 있는가를 질문하고 이를 기초로 해서 정보를 생산하는 경우이다.

일반적으로 정보팀들의 정보활동 중첩과 소비자와의 관계는 상호 의사소통이 어렵다거나 중간관리자들의 의사결정 과정에서 제 기능을 발휘하지 못하는 경우에 일어난다. 중간 정보생산자들이 수동적으로 일하는 경우에 발생하기도 하는데 이때는 사용자의 의도를 모르거나 단지 정해진 출처 혹은 솔루션만을 기다리는 상태에서 일어난다. 그러므로 어떤 중간 관리자는 사용자에게 어떤 정보가 지금 실제로 필요한 가를 질문하고 지침을 받아 처리하는 것이 지혜로운 자세이다.

9-3. 정보 분석관들의 전문성과 우선순위 결정

정보보고서는 첩보에서 분리된 부분으로, 잘라버린 후 남는 특별한 부분으로 그리고 어떤 분석에 사용되는 부분으로서 정책결정에 영향을 미치게 된다. 나아가 정보는 '현존의 양태' 와 변환, 수정이라는 성격을 갖고 있는데 그 의미는 눈 한번 깜박이는 순간처럼 변하는 성격을 말한다. 동시에 정보는 현존과의 관계를 가지는 이른바 존재성과 사실성, 세계성과 다양한 의미성을 갖는다. 그러므로 정보는 그 성격상 '벗기기와 감추기' 의 끊임없는 변형이 이뤄지는 가운데 적어도 진실의 세계를 밝혀내는 일이다.

하기 때문에 무엇보다 분석전문가는 인간자본으로서의 역할이 요구된다. 창조적인 경쟁시대에서 가장 중시되는 것은 지적재산인 소프트웨어나 음악, 영화가 아니라 바로 직원들의 머릿속에 들어있는 아이디어와 창의력이다. 조직 관리자는 예전과 같이 사람을 강제할 수 없는 상황에서 최선의 방법은 우수한 직원들을 발굴해 이를 자원화하고 붙들어 둘 수 있는 근무환경을 조성하는 일이다.

일반적으로 정보보고서 작성의 경우 잘 훈련된 인가자본으로서의 분석관에 의해 좌우된다. ▲정보자료의 가치와 질의 문제(즉 보편적이고 특수적이며 개체적) ▲자료의 양에 의해서(즉 적은 자료 무한적인 가치를 지니는 자료) ▲목적과의 관계에 의해서(즉 국가적, 개인적, 공공성의 필요) ▲선험적 분석수준(즉 조직 내 누적적 경험과 사회과학적 분석능력)들에 의해서 지식정보 생산 수준이 달라지게 된다. 자료만 준다면 원자탄이라도 만들 수 있다는 자신감을 가질 수 있지만 모범 운전수가 교통사고를 낼 수 있듯이 정보보고서는 하루 아침에 잘 쓸 수 있는 것이 아니다. 결국 철학자 소크라테스(Socrates)가 수사학(Topics)에서 지적하고 있듯이 사회는 로고스, 의미, 모방, 은유들과 끝없이 연결되어 있음을 간과할 수 없다. 훌륭한 보고서를 작성한다고 하지만 전문분석관이 없을 시 자칫 쓸모 없는 페이퍼 인텔리전스가 생산될 수 있다.

따라서 본 장에서 강조하고자하는 요체는 정보 상품을 잘 만드는 분석업부의 전문성 확보문제이다. 인식론적인 개념이 아니라 국가간, 개인간의 권력관계와 이익의 확보, 안보적 틀 안에서 생산되는 진술과 지식의 산물인 정보의 가치를 최대로 확대할 수 있는 조직과 전문성이다. 그밖에 정보를 하는 사람의 핵심 능력은 바로 공감력(共感力, empathy)이다. 공감력 있는 사람으로서의 지위와 역할을 다하기 위해서는 보고서를 잘 쓰며 경험을 축적하는 일 뿐이다.

9-3-1. 분석업무의 전문성 확보

인간들은 상상할 수 없는 오디세우스적인 도전에 늘 목말라 한다. 현실은 아닐지언정 최소한 우리의 무의식에서 어떤 도전성이 잠재해 있다고 할 수 있다. 마찬가지로 정보사용자들 또한 문제 해결의 확신을 가질 수 있는 도전적인 정보와 지식을 늘 요구한다. 하기 때문에 분석전문가는 분석대상(사건, 지역)에 대한 참신한 통찰력과 판단을 정책 결정자들에게 정확히 제공해야만 한다.

그러나 정보공동체내에는 전 분야에서 명실상부한 전문가로서 명성을 얻는 고위급 정보분석관들이 있지만 이런 사람들은 몇 명에 지나지 않는다. 따라서 전문 분석관이 인정받아야 할 요소가 많지만 핵심적인 요소를 보면 다음과 같은 것이다.

- 발생할 사태를 체계적으로 사전 예견하고 파악하는 능력(융통성과 사고 능력)
- 혼란스러운 자료와 무질서한 상황을 잘 연결시켜 처리할 수 있는 능력(취합, 분류, 분석, 판단)
- 사회상의 확실한 판단 및 상대방의 의도를 즉시 파악하고 대처하는 반응과 대안의 제시 능력

　특수 정보조직 내 분석관은 바로 이런 점을 인식하고 정보공동체 내에서 훌륭한 분석관들이 되도록 해야 한다. 또한 대부분의 정보기관들은 자체 내 분석관들의 자질 향상을 위한 교육 프로그램을 개발하고 실무 교육을 강화하고 있지만 경험적으로 몇 가지 분석관의 전문화 방향을 제시하면 다음과 같다.

　첫째로 보다 많은 분석관들에게 현장의 감각을 읽히도록 한다. 분석관들에게 대상 국가나 향후 활동해야 할 나라들에서 근무토록 하거나 여행할 수 있는 기회를 제공한다. 대상 국가들을 상당 기간 방문케 하는 것은 말할 것도 없이 분석업무를 수행하기 전에 정보 분석관들에게 주어져야 하는 최소한의 필수 선결 조건이다.

　둘째는 교육기회의 확대이다. 분석관들은 해당 전문분야의 국내외 대학이나 대학원에서 수학하고 민간분야 전문가들과 교류할 수 있는 기회를 갖도록 권장한다. 또한 해당외국어를 숙달하고 지속적으로 어학 실력을 유지할 수 있도록 한다. 학습방법에서도 변화가 요구되는데 현재 당면하고 있는 문제들이지만 모든 교육기관에서 근본적인 변화가 일어나야 한다. 지금까지의 방식인 강의(teaching)를 바꿔서 고객인 학생들이 모두 참여하는 학습(learning) 방식으로 전환하는 문제가 시급하다. 더 나아가 상호신뢰와 감성이 오고가는 '이야기식 소통'(story telling)이 요구된다.

　셋째는 정보보고서 작성과 관련한 글쓰기의 숙달이다. 정보보고서는 지적인 대중을 위한 글(예를 들어 시론, 논설)이나 학문적인 글이 아니라 정보공동체의 전문 집단 구성원들에 의한 특정의 사용자를 위한 글이다. 문체의 유식함이나 고상한 글쓰기가 아니라 짧은 언어, 평이한 단어를 통해 '숨은 의미'를 표현하는 것이다. 정보공동체에 속한 사람들, 혹은 사용자들 간에 최소로 인식되고 있는 배경 지식을 생략할지라도 6하 원칙에 맞춰 인과적 진술로 명료하게 드러내는 일이다. 분석 업무에서 보고서를 잘 쓸 수 없다면 당연히 고통을 받을 수밖에 없다.

　넷째는 전문성 확보를 위해 오랫동안 근무할 수 있도록 제도화하는 것이다. 분석관들은

다른 분야와 순환 근무를 하거나 승진을 위해 적당한 자리로 전보시키지 말고 특별한 전문 분야에만 상당 기간 일할 수 있도록 한다. 아울러 그들에게 축적된 전문성을 인정하고 포상 제도를 통해 높은 긍지와 자부심을 갖도록 한다. 국·실 단위의 간부들을 보좌하는 분석관들은 순환적으로 실무 부서에 파견해 정보사용자들의 세계관과 지휘 지침을 익히도록 한다.

끝으로 정보관의 실존적 정체성에 대해서 말한다면 정보를 직업으로 하는 사람들은 바로 열정이고 삶에서 끊임없이 인내력을 시험받고 있다는 점이다. 혹시 새로운 상황과 자료를 만나면, 사용자의 요구가 있으면 "이것을 어떻게 정보로 생산할까" 하는 의욕이 솟구쳐야 한다. 정보관 자신의 일거리를 만드는 것이 아니라 '맛있다' 하는 음식처럼 사용자가 잘 먹도록 만드는 활동이라는 사실이다. 이 모든 활동은 체계적인 특수 교육과 지적훈련에 달려 있다.

9-3-2. 집중적 분석기능의 구축

냉전 기간 중에 미 CIA 등의 정보 분석은 동·서 대립에 따른 중국, 소련 등을 비롯한 공산국가에 초점을 맞추어 왔다. 이들 국가들과 관련되는 대부분의 첩보는 주로 국방문제와 관련된 비밀 내용이었으며, 이를 취급하는 것이 곧 정보공동체의 주요 임무였다. 하기 때문에 군 기관의 경우 주요 첩보의 독점이나 중요성을 평가하는 문제 역시 자체 내에서 이루어지는 것이 상식적인 일이었다.

그러나 오늘날에는 각종 테러나 무기거래, 마약문제 같은 세계 문제들이 정보기관에 의해서 적절히 다루어질 분야로 대두되었다. 이런 첩보들은 사실상 여러 정보기관들에 의해서 입수가 가능한 현실이 되고 있다. 많은 전문가들, 즉 정책을 수립하는 기관이나 일반 학계, 연구소, 공공 도서관, 각종 미디어 회사 등으로부터 안보관련 첩보를 받을 수 있다. 또한 정보기관들은 이들의 도움을 받아야만 훌륭한 보고서를 작성할 수 있을 뿐만 아니라 고급 정보를 생산할 수 있다.

하기 때문에 정보공동체는 민간 기관이 갖고 있는 '전문성'을 갖고 있지 못하다면 정보기관은 오히려 공개첩보와 학계의 연구 보고서, 기업체 등의 광범위한 전문가들 의견을 잘 활용하여야 할 것이다. 새로운 세계 차원의 문제들을 분석하고 평가하기 위해서 정보공동체는 외부의 두뇌 집단, 학계 내 전문 지식을 갖춘 사람들이 모일 수 있는 하나의 공개적인 환경을 마련할 필요가 있다.[106] 이런 의미에서 집중적인 분석기능을 갖추기 위해서 다음과 같은 몇 가지 치료적 방법을 검토할 수 있다.

첫째로 훌륭한 정보생산을 위해서는 효율적인 통제와 엄격성을 유지하여야 한다. 그 중에서도 분석관은 정책과 기획 및 운영적인 면에서 풍부한 지식을 가지고 사용자의 의도에 맞추고 있는가를 확인한다. 정보생산(혹은 경쟁정보)과정이 하나의 프로세스라고 할 때 정보생산물 그 자체로서는 어떤 결실을 맺을 수 없다. 아무리 우수한 정보보고서일지라도 그것이 국가와 기업의 다른 활동과 연계되지 않으면 정보 상품의 가치는 노력한 만큼 효과를 낼 수 없기 때문이다. 정보 분석은 보이는 현상과 사건들을 하나로 묶어 보이지 않는 '의미'를 드러내는 일로서 자료들의 합침(분류·융합)과 하나로 묶는(분석)것이 바로 의미를 드러내는 작업이다. 특정의 의미 있는 정보 보고서는 국가와 기업의 다른 프로세스(전략)를 지원하는 상품으로 간주된다.

둘째는 정보활동 과정에 있어서 소비자와 생산자(분석관) 사이에서 일어날 수 있는 의견의 차이를 어떻게 조정하는 가이다. 자칫하면 과거와 같이 사람들 간에 의사소통조차 자유롭지 못하거나 닫힌 정보기관으로 흐를 때 왜곡된 정보를 생산할 가능성이 높다. 미국에서는 이런 문제를 놓고 두 측면의 상반된 논쟁이 제기되어 왔는데[107] 하나는 정보사용자와 현장에서 활동하는 정보요원들 간에는 다소 거리를 둘 필요가 있다는 입장이다. 만약 정책결정자가 정보요원과의 밀접한 관계를 유지한다면 객관성의 유지가 어렵다거나 입맛에 맞는 어떤 정책결정을 지지 반대하는 정보를 제공할 위험성이 있다는 판단이다. 다시 말하면 정보사용자와 정보생산자가 지나치게 가까운 관계를 유지할 경우 정보의 조작이나 '정치화'로 전락될 위험성이 증가할 수 있다는 뜻이다.

또 다른 하나는 위의 입장과는 달리 정보요원과 정책결정자간의 관계는 가능한 '가까운 거리' (proximate)에서 상호 작용해야 한다는 주장이 있다. 정보요원과 정책결정자간의 관계가 지나치게 멀어지면 정보공동체가 정보사용자의 요구를 잘 파악할 수 없게 되며, 따라서 유용한 정보를 생산할 수 없게 될 것이라는 우려이다. 사실 미국의 경우 이와 같은 '가까

---

106) 실례로 미국 CIA는 자국 내 최고의 전문가들을 초청해 공개회의를 주도적으로 실시하며, 전문적인 자문을 얻기 위해 정례적인 '검토모임' 을 운영하고 있다. 경우에 따라서는 연구프로젝트를 제공함으로써 특유의 관료주의적 병폐를 해소해 가고 있다. 그러나 일부 전문가들은 정보기관의 업무를 수행한다는 것 그 자체를 꺼리고 있어서 이들 전문가들에 대한 '보안조치' 등 번거로운 절차를 개선해 가고 있다.

107) Mark M. Lowenthal(2000), op.cit, pp.13~14.

운 거리'의 정보체계가 선호되었으나 정보의 정치화를 초래할 위험성이 있다는 지적이다. 그러나 실무 차원의 수집관과 분석자의 관계가 밀접할 때 긍정적인 힘을 발휘하게 된다는 의견이 많다. 1990년 말 이후 분석관들과 수집 요원들 간의 관계는 정보조직 내에서 많은 논란을 거듭하는 가운데 정보분석국(DI)과 공작부서(DO : Directorate of Operation)간의 협력 관계를 유지하는 방향으로 발전하고 있다. 단 공작원과 공작기법 그리고 분석기법들에 대한 보안을 철저히 유지하여야 한다는 조건이 따른다. 하지만 '있는 그대로의 사실'을 정책결정자에게 전달해야 한다는 것은 모든 수집관이나 분석관들의 의무요 윤리성의 핵심을 이룬다. 현실적인 의미에서 그것은 바로 정보의 존재 이유인 것이다.

셋째, 항상 현실 변화에 활용 가능한 정보 분석을 실시하여 사용자에 실시간대로 제공하는 일이다. 일반적으로 정보사용자들에게 엄청난 양의 정보보고서들, 이를테면 특별보고서, 일일정보, 중장기 판단 정보보고서 형태 등 다양한 정보가 제공되고 있다. 이런 정보는 사용자로 하여금 조직업무의 실재와 대외교섭을 원활히 하며 정책 결정을 잘 하도록 돕는다. 그런고로 정보보고서는 어떤 복음이나 설교적인 형식이 돼서는 안 된다. 과다한 장식이 동원되지 않고 간결하면서도 압축된 작품으로 정책결정 등 필요할 때 제공하는 것이다.

그렇지 않아도 사용자를 보좌하고 있는 측근들은 상보되는 보고서 자료들을 다시 분류하여 사용자가 필히 읽어야 할 내용만을 취사선택하거나 요약해서 보고하는 경우가 발생한다. 많은 보고서가 올라오지만 보고서의 중요성에 따라 자료들이 사장(死藏)되거나 파기되기도 한다. 때문에 특정 조건이 주어진다면 정보관은 조직 환경에 적응하면서 사용자의 기대 상태(expectation state)에 부응해야 한다. 각 구성원은 조직과 사용자의 기대에 따라 행동한다는 말이다.

하기 때문에 최근에 들어와서는 정보의 전파와 활용을 신속하기 위해서 첨단기술을 도입해 이른바 통합분배 정보체계(JDISS : Joint Distributed intelligence support system)같은 것을 구축해 관리해 오고 있다. 전 세계로부터 들어오는 공개출처와 현용정보를 컴퓨터 터미널로 받아볼 수 있게 되었음은 물론, 적절한 데이터를 컴퓨터로 검색할 수 있게 되었다. 이때 사용자들은 '키워드'를 통해 정보를 즉각 받을 수 있고 또 평가한 자료들을 요청할 수 있다. 게다가 정보 브리핑 내용들은 매일 보안장치가 돼 있는 화상회의를 통해서 이루어지고 있는 등 긴급 입수된 중요정보를 사용자에게 즉시 전달할 수 있게 되었다.

넷째는 마지막으로 완성된 보고서의 형식과 정확성, 혹은 균형 여부를 검토하고 비판하는 일이다. 보고자는 정보사용자에게 늘 '술이 담겨진 술잔'을 올려야 한다. 보고서로서의 명료성과 확실한 판단에 기초한 보고서를 통해 국가이익과 조직의 생산성을 높이는 것이다. 또한 정보의 분석 및 생산과 관련해서는 서로 다른 정보기관이 중첩적으로 작업하는 사례가 발생하기도 한다. 이때는 국가 정보기관을 비롯해 부문정보기관간의 견제와 균형의 원리를 구현해 정책 결정자들이 어느 사건에 대해서 한가지 시각에 고정되지 않도록 노력해야 한다.

처음의 명제로 돌아가 정보활동은 역사를 떠나지 않는다는 분명한 교훈이다. 지금의 정치, 경제, 사회는 물론 개인 체험을 비롯해 마약, 테러, 대량살상무기 등은 이 시대의 역사이다. 시간과 공간의 초월, 직·간접적인 인간의 만남과 대화, 의식과 무의식이 교차하고 있는 세상이다. 이런 현실에 대한 이해와 대처는 정보의 몫이다. 정보분석관은 단지 자료의 입력과 출력 장치로 기능하는 불랙박스로 작용하는 것이 아니다. 나아가 어떤 권력자의 요구에만 맞도록 주관적 정보만을 생산한다면 그 신뢰성과 진실성이 결여된다. 요는 사회과학적 연구 태도에다 의미성의 차이(signifying difference)를 밝혀내는, 그리고 헌신성이 필요한 영역이다.

9-3-3. 정보보고서 작성의 실제와 고려 사항

정보보고서는 문제 상황을 어떻게 간단명료한 문장으로 조직화하는 가이다. 곧 문제 상황에 기초해서 모든 수수께끼를 풀어 가는 과정이라고 할 수 있다. 이 보고서 내용은 작성자 개인이나 조직이 어디로 가는가. 분석관 자신이 말해야 하는 내용을 어떻게 조직화 할 것인가 하는 문제이다. 한발 더 나아가 주어진 상황에 함축된 의미를 파악하는 것이며 모든 함정을 피해 가면서 동시에 올바른 결론을 내리는 과정이다.[108]

이러한 보고서와 관련해 다양한 자료를 정리하고 명료화하는 데는 단 하나의 올바른 방법만이 있는 것은 아니다. 정보보고서를 정리할 때는 각각의 적당한 방법을 발견해 진행하는 것이다. 가령 100개 자료의 주제를 하나의 공통된 주제 내지 단지 한두 문장 정도로 요약할 수도 있다. 자료를 흐름도(flow chart)에 맞춰서 조직화하며 아이디어를 끌어내 인과관계, 그리고 구체적인 내용을 일반화시키는 작업이다. 만약에 분석관이 깊이 생각하지 않

---

108) John A. Gentry, Intelligence Analyst/Manager Relations at the CIA, David A. Charters, Intelligence Analysis and Assessment(London : Frank Cass&Co, 1996), pp.133~137.

고 무계획적인 초고를 작성하는 것은 하나의 작업노트에 불과한 것이다. 사용자들이 정책 결정과 이익 관리를 위해 쓸만한 정보를 얻는데 필요한 기본 요건을 검토하고 보고서를 작성해야 하는데 이때 기본 원칙을 보면 다음과 같다.

- 사용자가 핵심적으로 파악할 내용으로 구성(행동, 정책방향)한다.
- 보고서의 형식은 제목, 상황·사실의 나열, 평가의 순서로 진행한다.
- 결론은 정책결정자의 관심을 끌기 위해 서두 첫머리에서 제시한다.
- 문서 작성은 논리적, 명확하게, 간단한 어휘로 작성한다.
- 마지막 결론과 평가에서는 예측, 대안·대책을 간단히 제시(권고)한다.

따라서 정보보고서를 작성한다는 것은 불교에서 말하는 '아힘사'(ahimsa)의 지혜를 탐구하는 것과 같다. 조직 관리자는 항상 현실을 성찰하고 조직을 움직이며 외부세계를 자기의 세계관으로 보려고 한다. 하기 때문에 사용자를 위한 정보보고서는 다음과 같은 요소들을 염두에 두고 작성되어야 한다.

첫째로 유능한 정보전문가는 정보공급자로써 문제의 핵심을 잘 파악하고 사용자에게 도움이 되는 조언을 하는 일이다. 일례로 정보보고서가 '공자를 죽여야 한다' 고 하면서도 또한 편으로는 '공자를 살려야한다' 는 반응을 보이는 식으로 기술 할 때 그 보고서는 매우 무책임한 행동이다. 정보보고서는 애매하게 '이럴 수도 있고 아니면 저럴 수가 있다' 는 식의 결론을 내리는 경우가 있는데 이는 사실상 쓸모가 없는 것이다. 보고서 작성에는 작문 실력보다 자신의 아이디어가 더욱 중요하게 여겨진다.

그러므로 정보보고서의 의미는 주어진 '상황' 에 대한 종합 판단상품이다. 분석이란 자료를 통해 분석하고 이어 총체적 관점의 통일성을 견지하는 것, 다시 말하면 활동 중인 힘들의 상호작용, 저항과 충돌의 세계, 모든 게임들에 대한 진정한 관련성 속에서 숨겨진 의미를 정확히 판단하는 기술이다. 결코 정보판단이 누이 좋고 매부 좋다는 식의 방향 제시는 적절치 못한 결론이다. 더욱 조심할 것은 정보보고서는 사용자로 하여금 자신이 원하는 결론을 갖고 출발하여 원하는 정보만 취사선택하는 병폐는 필히 살아져야 한다. 정보기관은 망명자 혹은 자발적 정보 제공자로부터 얻는 정보보다 자체 수집된 정보를 신뢰하려는 편견도 바람직하지 않다.

둘째로 어떤 지휘관은 부적합한 방식으로 보고서를 검토하는 경우가 많다. 그것은 큰 줄

거리를 보지 못하고 작은 것들에 대한 관심, 단어 바꾸기, 생소한 언어에 대한 두려움의 문제들에 집착하는 경우이다. 심한 경우에 타이핑한 초고를 쓰레기통에 던져버리고 다시 시작하는 일도 있다. 일반적으로 분석조직의 문화는 소위 고참 수석분석관들의 경험적 권위가[109] 지배한다. 때로는 고참들의 이데올로기적 헤게모니(ideological hegemony)가 작용하기도 한다. 우리의 경우 언어 선택에서도 나도 모르는 사이에 '군대 언어' 나 아니면 일본식 표현들이 많이 사용되고 있음을 깨닫게 된다. 관례대로 적당히 보고서를 써대고 있는 것이다.

또한 수석분석관 내지 중간 관리자들의 검토에 대해서도 아래 사람들은 가끔 변덕스럽고 진짜 핵심도 모르면서 즉흥적으로 고치려 한다고 생각한다. 물론 지휘관들은 투시력을 가진 사람은 아니다. 그러나 지휘관이 고치는 것이 애매하고 혼란스러울지라도 실무 분석관은 비이성적 행동을 삼가고 가능한 해결책을 제시해 보아야 한다. 사실상 초고로서의 보고서 검토는 발견을 위한 것이지 최종적으로 상보(上報)되는 것은 아니기 때문이다.

셋째로 보고서 작성에는 '시간 내' 혹은 '제 시간' 이 존재한다는 사실이다. 보고서 작성 시의 시간표는 엄격히 '제 시간 내' 라는 원칙이 중요하다. 분석관은 소속 상관이 정한 마감 시간과 규칙에 자신들을 적응시켜야만 한다. 그러나 보고서를 작성할 시 '이 정도로 끝내자' 아니면 '충분한 시간을 갖고 쓰자' 는 상반되는 태도가 때때로 나타나게 된다. 하지만 정보의 세계는 '진행 중인 사업' 의 성격이 강하다는 점을 강조해 두고 싶다. 학문의 세계처럼 장기적인 지식의 발전과 실천적인 방식과는 다르게 사용자 중심에서 기한 내 보고서를 완성해야 한다. 현대 사회는 시간 절약, 시간 투자, 시간 낭비 등 시간에 가격표가 붙으면서 시간의 상품화가 촉진되고 있다는 점을 누구나 인정하고 있다.[110] 이런 의미에서 사실상 투자된 시간과 보고서의 질을 동등시하는 것은 경험적으로 잘못된 것이다.

넷째로 사회과학적 접근에서 'A가 B의 원인이다' 라는 인과적 논리에 대한 조심성이다. 물론 보고서를 쓰는데 있어서 만능의 법칙이 작용하는 것은 아니다. 곧 이상적인 규칙이나

---

109) '경험적 권위' 는 말리노프스키(Bronislaw Malinowski)의 인류학에서 자주 사용되는 언어로서 특정지역과 사람에 대한 일종의 육감과 느낌에 근거한 확신이다. 곧 일상적 생활로부터 이끌어내는 이해이다. 전문 정보분석국의 경우 오래된 분석관의 분석방법, 행위, 단어동원 등에 대해 신참자는 '도제식' 으로 업무를 배운다. 부연하자면 초임분석관들은 선배분석관들의 방법, 결과물, 그리고 사고 틀에 크게 의존하게 된다. 역설적으로 Thomas Kuhn이 말한 상호의존성과 누적성이 쌓여 가는 과정에서 배우는 것이다. 그래서 분석조직의 문화는 사실상 지적인 변동이 매우 둔감한 것이 현실이다.

110) Ivan Illich, Shadow Work 박홍규(역) 『그림자 노동』(서울 : 미토, 2005), pp.31~33.

지침들이 통용되는 것이 아니라는 점이다. 분명히 보고서 작성 시 치명적인 오류가 발생할 수도 있는데 이 점을 늘 조심해야 한다. '수학 문제가 안 풀릴 때는 처음으로 돌아가서 해결책을 찾으라' 는 말이 있다. 또한 자동차의 시동이 걸리지 않을 때 X, Y, Z를 점검하라는 안내 책자가 있다. 하지만 이런 지침들이 정확성과 확실성을 보장해 주지 않는다. 논문이 반드시 올바른 것이어야 한다는 강박관념이 작용할 때도 많다. 그러므로 하나의 정확한 방법에만 있다는 생각에서 벗어나야 한다.[111] 정보보고서 작성은 하나의 방법에만 매달려서는 곤란하다.

다섯째는 언어 사용에서의 명료성으로서 수동태 문장을 피하면서 능동태 문장으로 작성하는 것이 좋다. 보고서는 추상적인 명사, 형이상학적 개념들의 동원을 피하고 행위 주체입장에서 명료화하고 직설법을 사용한다. 허튼 소리나 다름없는 수식어는 애매모호한 문구들로서 정보 사용자를 혼란스럽게 만들 수 있기 때문이다. 일상적 습관에서 어떤 결론이나 평가가 어려울 때 추상적이고 의례적인 수식어가 들어가는 사례가 많은데 이것은 바로 실증적 타당성이 부족하거나 정교화된 보고서로 작성되지 못했음을 인정하는 것이다.[112] 요는 사용자가 이해하기 쉽도록 표현력에 맛이 있어야 한다. 언어의 신비와 말의 모호함이 아니라 쉽고 간결한 문장으로 의미(message)를 전달해야 한다. 동시에 정보의 내재적 가치를 담도록 한다.

여섯째, 보고서 작성은 무엇보다 자신에 대한 신뢰가 요구된다. 어떤 문제에 대한 이해와 확신, 그리고 이를 해결할 수 있다는 자신감이다. 이는 동시에 사용자에 대한 믿음(반응)을 제공하는 것을 의미하기도 한다. 전문지식인 입장에서 신뢰가 없다면 바로 작성자의 정서적, 지적인 자유가 은밀히 훼손되는 것은 물론 사용자의 판단을 해치는 것이 된다. 요리사들이 도미와 민어를 보면 각각 어떻게 요리해야 좋을지 본능적으로 알고 있는 것처럼 정보 분석관은 각양각색의 자료들을 볼 때 이를 편집하고 분석해 훌륭한 보고서를 작성할 수 있어야 한다. 그리고 보고서에서도 사용자의 눈길을 끄는 '정보패션' 이 있다고 생각된다. 다양한 그래프나 기호 등으로 사용자의 이해를 돕도록 하는 것이다. 정보는 하나의 상품이요 서비스 대상에 초점을 맞추는 일이다. 참고적으로 이상의 내용을 중심으로 보고서 작성의 균형적 시각을 제시하면 다음 〈그림 3-13〉과 같다.

---

111) Haward S. Becker, Writing for Social Scientist : How to Start and Finish Your Thesis, Book, or Article, 이성용. 이철우(역), 『사회과학자의 글쓰기』(서울 : 일신사, 2001), p.113.
112) ibid, p.32 이하

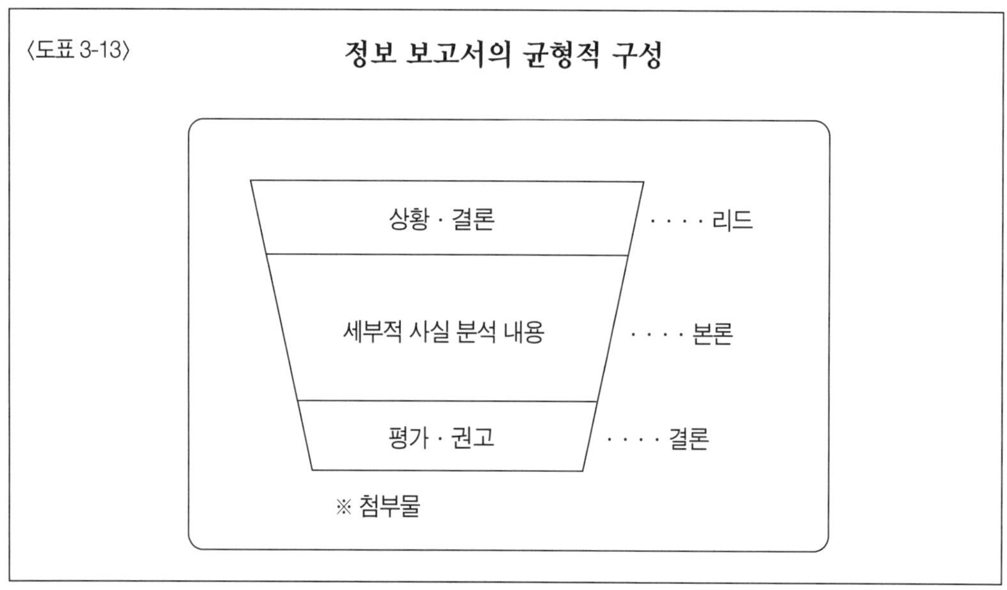

✳ 첫머리 주제문

모든 보고서는 서술 부문(description section)에서 목표와 예상되는 결과를 간략하게 제시한다. 여기서는 보고서의 포괄적 내용(목적, 내용, 방향)에 관한 정보를 알려주는 것이다. 첫줄부터 들어가는 '개요' 이지만 무엇보다 분석자의 의도, 상황이 무엇인가 하는 관점을 충분히 제시하는 부문이다. 조심스럽지만 보고서 초반부에 요약, 결론을 밝혀두는 것이 좋다. 일반 학술 논문들은 초반부터 결론과 평가를 내린다면 아무도 그 다음 부분을 읽지 않을 것이라는 우려가 있다. 그러나 정보보고서는 짧은 시간에 사용자로 하여금 판단을 내리도록 '축소 모형적인 내용' 으로 제시하는 것이다.

✳ 내용 구성(본문 작성)

정보보고서 작성 시 정확한 사회과학적 해석 틀을 이용한 분석이 동원되어야 하지만 단 하나의 방법을 고집할 필요는 없다. 수학의 법칙인 연산 방식이든 암중 모색의 발견법을 사용하더라도 정확성과 확실성을 확보하기란 그리 쉬운 것이 아니다. 따라서 내용 구성에서는 보고서에서 전달하고자 하는 내용이 논리적인 구조와 연계성을 갖고 있느냐가 중요하다. 하기 때문에 문장은 구문(론)의 요소들을 배열해 문장의 요소들 간의 관계를 잘 나타내는 것이 글을 잘 쓰는 습관이다. 그래야만 말하고자 하는 내용이 분명해지고 사고 체계가 더욱 구체화되며 명료화된다. 또 조심해야 할 것은 어떤 문제해결 방향을 제시할 때 지나친 정치 성향, 이데올로기적인 작업으로 흘러서는 안 된다. 개방성과 정직성을 견지하되 '상황' 의 진정한 이해관계를 밝혀서 허위의 가면을 벗기는 일이다. 직관적인 인상에 기초한 화사한 말 잔치는 보고서의 질을 떨어뜨리는 것이다. 정보의 가치를 어떻게 측정할 것인가의 문제가 있지만 보고서 작성시 주요 가정(key assumption)에 대한 설명수준은 주로 거의 확실(almost certain, 90%), 그럴 가능성(probably, 70~80%), 중간정도 확실(chance about even, 50%), 대체로 불확실(probably not, 20~30%) 거의 불확실(almost certainly not, 0%) 등의 용어를 선택해 사용한다.[113]

※ 결론 및 평가

보고서가 갖는 목표, 그리고 하위 목표들을 다시 요약하면서 그 결과를 제시한다. 사진기의 파인더(view finder)를 통해 모든 사물이 완벽하게 초점 안으로 들어오도록 조정된 것처럼 결론에서는 사건의 결과, 숨겨진 의미들을 드러내는 것, 이런 의미에서 사용자가 바로 사용할 수 있는 정보 상품으로 제공되는 최종 결과인 셈이다. 특히 결론에서는 허튼 소리가 들어가서는 안되며, 능동적이면서도 강한 느낌을 주는 문장으로 제시되어야 한다. 정보는 업무적으로 필요한 생산물이라기보다는 없어서는 안 될 중요 판단으로 엄연한 현실 문제에 대한 예측이기 때문이다. 또하나 지적해 둘것은 학술 논문이나 기타 행정부기관의 보고서에는 대책이나 방향을 제시하지만, 정보보고서는 원칙적으로 어떤 행동방책, 정책은 가급적 제시하지 않는다.

※ 별첨 : 참고 자료의 제시

본문 보고서 이외에 보충 자료가 필요할 시는 별첨으로 처리할 수 있다. 예비 자료는 최종 보고서 논의에 기반을 두고 있는 것으로서 분석자(창조자)와 소비자(사용자) 사이에 더 깊은 공감대를 형성하고 사용자의 이해를 돕는 자료이다. 또한 보충자료들은 분석관의 의도와 결과를 다시 한번 사용자에게 확신시켜 주는 것이고 정책 결정자를 돕는 것이며 나아가 논리의 가설, 예측, 암시의 근원으로 기능하는 것이다. 어떤 판단이나 평가의 완벽함은

---

113) 이와 관련 S. Kent는 확률단계를 거의 확실(93%), 대체로 가능한(75%), 중간정도 가능한(50%), 대체로 가능하지 않은(30%), 거의 확실치 않은(7%) 수준으로 표현했다. Sherman Kent, "Word of Estimative Probability", in Studies in Intelligence. vol.8 no4. Fall 1964.

이 세상에 속한 것은 아니지만 가능한 완전한 보고서가 되도록 한다.

이상과 같이 보고서 작성 원칙을 제시하지만 정보보고서를 잘 쓴다는 것은 여간 어려운 일이 아니다. 미국 전 CIA 국장 케이시(William Casey)는 CIA 내부 사보에서 "정보 보고서의 체계가 느리고 어색하며 정책 결정자들에게 적시에, 그리고 양단간에 분명한 전망을 내려주는 적절한 정보제공을 하지 못하고 있다"고 비판한바 있다.[114] 케이시는 정보 보고서에서 "사실은 혼돈할 수 있으나 잘못된 도표는 수천 마디의 말만큼 가치가 없다"고 하면서 분명하고 정밀한 보고서들을 써야한다고 강조했다.

의심할 여지없이 훌륭한 보고서, 예를 들어 국제 문제에 대한 정확한 국가정보판단은 수시로 정보사용자와 각국이 가지고 있는 안보기구인 국가정보위원회(NIC)에 보고되는 것이어서 그 중요성은 더해진다. 하기 때문에 주어진 상황이 무엇이든 간에 정보보고서에서는 ▲왜 문제가 되는가. ▲정보공동체가 선택할 해결 방식은 무엇인가. ▲완벽한 분석 혹은 충분한 해결책은 제시되었는가. ▲그리고 보고서가 최종적으로 의미하는 것이 무엇인가를 '사용자'에게 설명하는 것이다.

9-4. 정보의 배포와 자료관리 및 축적

정보수집과 분석이 아무리 효과적이고 잘 평가되었더라도 그것이 정보사용자에게 유익하게 활용될 수 있는 상품 형태로, 그리고 적시에 제공되지 않으면 소용이 없을 것이다. 더구나 현대사회는 정보를 소비하는 사회로서 생산된 정보를 사용자들에게 적절히 제공할 때 비로소 소비의 실천이 일어나게 된다. 따라서 분석관으로부터 생산된 정보를 소비자에게 전달되는 과정은 정형화되어 있다고 할 수 있다. 정보공동체의 임무를 수행하기 위한 분석 생산라인에 있어서 수시로 변하는 중요 사건들에 대한 분석 판단이 지적 생산물로 탄생하여 각종 형태로 보고되고 배포되는 것이다.

무엇보다 정보 보고서를 배포하는 경우 정보사용자가 즉시 받아 볼 수 있도록 해야 한다. 앞에서도 언급했지만 정보사용자들은 욕망의 전략가들이다. 문제 발생 시는 물론 사소한 말썽거리가 생기고 국내외적인 긴급성이 일어날 때 사용자들은 잘 평가 분석된 보고서

---

114) Peter Schweizer(1994), op.cit, pp.17~20.

를 기다리게 된다. 그들에게 생산된 지식정보는 매우 긴요한 것이다. 아니 정보보고서는 어둠의 작은 촛불일 수 있다. 그러므로 정보정책 결정자나 군사작전에 필요한 정보지원은 전 지구적 범위의 지휘통제, 통신체계와 동시성을 유지한다. 사실 여러 국가들은 통신 및 컴퓨터 시스템을 교체하면서 C4I 임무를 초월하는 기능 체계를 각 나라마다 갖추고 정보를 검색하거나 실시간대로 받아 보려는, 그리고 일련의 문제를 즉각 해결할 수 있는 온갖 지원체제를 구축해 가고 있다.

9-4-1. 정보의 배포 활동

아무리 가치 있는 정보라 하더라도 그것을 정보기관의 기록철에 철해둔 채 사장시켜 버린다면 그것은 전혀 소용없는 정보가 된다. 이러한 사실에 대해서는 정보팀 자신들이 충분히 인식하고 있다. 그래서 각 정보기관에서는 일반적으로 평가된 정보의 배포 활동을 그 기관이 수행하는 활동 중에서 '정보의 배포 활동'(dissemination of intelligence)이라고 말한다. 이 활동은 보통 정보기관 내의 독립 부서에서 맡고 있는데 '문서 수발처'라고 불리는 부서에서 배포의 기능을 담당한다.

정보보고서의 배포 기능은 인쇄물이나 e메일, 팩스, 컴퓨터망을 통해 보고서를 있는 그대로 직접 배포할 때 여러 가지 수단과 기술을 사용해 수행한다. 그렇지만 타당한 정보가 그것을 필요로 하는 사람들에게 제대로 배포되는지를 관찰하는 것도 배포 기능의 하나라는 점에서 정보의 배포는 본질적으로 많은 책임을 수반하는 지적활동이라고 할 수 있다.

정보순환 단계에서 보더라도 정보자료는 비밀등급이 부여된 이후에 배포처에 들어온다. 문서는 비밀의 정도를 표시하여 독특하게 분류된다. 비밀의 등급은 보통 Ⅲ급 비밀(Confidential)이 있고 다음은 Ⅱ급 비밀(Secret)이며 가장 높은 분류등급은 Ⅰ급 비밀(Top Secret)이다. 예로서 Ⅰ급 비밀의 내용은 미국의 '국가안보정책결정지침'(National Security Decision Directives)에 나타나는 전략적 지침을 들 수 있다.[115] 비밀성이 매우 높은 사항이

---

115) 미국의 안보정책지시는 주요 외교문제를 다루는 비밀문서이다. 이는 대통령의 고위보좌관들과 핵심 관련부처에만 하달되는 대통령의 공식문서로 통상 Ⅰ급 비밀로 분류된다. 내용별로 보면 소련체제를 붕괴시키기 위해 레이건 대통령은 1982년 3월 국가안보정책지시 32호에 서명하였는데 내용은 동유럽에 대한 소련의 통제를 무력화시키며 이 지역에서 반 소련활동조직을 지원하기 위한 비밀공작을 승인하는 것이었고 동 안보정책지시 66호는 소련의 경제적 요소를 무력화시키고, 그리고 75호는 미국이 소련과의 공존을 파기한다는 내용이었다. 자세한 것은 Peter Schweizer(1994), op.cit, pp. ⅹⅵ~ⅹⅶ. 참조

나 작전 내용을 담은 특정 문서는 각각 고유의 분류로 등급을 매긴다.

그런데 비밀문서의 비밀등급은 사실상 그 문서를 받아볼 사람, 부서에 따라 배포범위를 결정한다. 물론 비밀등급이 부여되지 않은 문서는 가능한 배포에 한계를 두지 않는다. 그렇지만 정부의 행정 관리자라면 설사 그 분류가 되어있지 않은 문서라도 비인가 자에게 넘겨주는 일은 없을 것이다. III급 비밀로 분류된 보고서는 배포에 한계가 있기는 하지만 그 내용을 알아두어야 할 많은 사람들에게 배포될 수 있다. II급 비밀로 분류된 문서는 배포에 있어서 더욱 제한을 받지만 그래도 수백 명에게 배포될 것이다. 그렇지만 I급 비밀로 분류된 문서는 극히 소수의 사람들만이 볼 수 있는 것으로서 때로는 2~3명 이내의 열람자에게만 허가되는 경우가 있다.

이렇게 등급이 높게 분류된 고급정보 혹은 비밀대화 시 미국의 경우 '스테가노그래피'(steganography)방식을 쓴다. 특수잉크로 쓴 비밀메시지로서 해독 방법을 서로 알고 있는 사람끼리 보고하는 형식이다. 전송되는 포맷 속에 암호화된 메시지, 동영상 사진 같은 것을 숨겨 보내는 방법으로 해독장비가 있어야 해독할 수 있다. 아니면 사람이 직접 휴대해서 전달해야 하는데 이러한 임무를 수행하기 위해서 특별히 선발된 연락원만이 비밀문서를 휴대할 수 있다.

하지만 일반적으로 배포 활동은 정보조직망 가운데에서 가장 취약한 영역이 될 때가 많다. 다시 말해 때때로 배포 부서의 일부 하급 직원들 가운데는 자기들의 임무를 기계적으로 처리하는 경우가 있다. 그들은 자기들이 갖고 있는 서류들을 형식적으로 읽어보고는 미리 작성된 배포 목록에 따라 수신인(처)을 결정 짓는 것이다. 그런 결과로 중대한 정보자료가 최선으로 이용할 수 있는 사람들에게 전달되지 않는 사실이 있는가 하면, 설사 전달된다 하더라도 이미 때가 늦는 경우도 있다. 또한 불필요한 사람들에게도 '배포처'에 들어 있다고 해서 무조건 보내는 사례도 있다.

관료주의적인 입장에서 보면 종교처럼 신성불가침의 것으로 되어있는 지휘계통은 또한 배포활동의 능률적이고 효과적인 수행을 방해하는 경향이 있다. 우리가 알고 있듯이 하나의 정보보고서는 비교적 계급이 낮은 실무자 수준에서 맨 처음 작성된다. 즉 그들은 자기의 직속상관에게 보고서를 제출하고 그 상관은 또 그 윗사람에게 상보한다. 때때로 배포 부서 자체 내의 비효율적인 수속절차와 지휘계통의 간섭은 실제로 필요한 부서—최종적인 정책 수립자나 지휘관—에 적시에 도달되지 못함으로써 그들이 필요한 행동을 취할 수 없도록 방해하는 경우도 있다. 이상의 내용을 다시 요약하건대 보고서 배포에서 필히 점검되어야 할 쟁점들을 몇 가지로 나눠 볼 수 있다.

- 보고서의 중요도 : 날마다 수집되고 분석되는 많은 양의 자료(정보) 중 어떤 보고서가 중요하고, 그리고 보고할 내용인가.
- 보고할 시기 : 얼마나 신속하게 보고되어야 할까. 즉시 전달할 것인가. 아니면 다음날 아침에 보고해도 되는가.
- 보고할 대상 : 최상급 직위 혹은 중간 단위 정책결정자 등 누구에게 보고되어야 하는가. 다수 혹은 소수에게만 전파, 보고할 것인가.
- 보고서의 양 : 많은 정보 소비자들에게 어느 정도 양으로 정밀하게 보고해야 하는가. 보고 시 내용을 어느 정도로 요약할 것인가. 길다면 얼마나 길어야 하는가.
- 보고서 전달 형식 : 보고하는데 있어서 가장 효과적인 전달 방법은 무엇인가. 보고 형식은 어떻게 할 것인가. 부서망에서의 팩스, e메일인가, 아니면 문서수발 계통을 밟을 것인가.

한편, 정보보고서 자체를 공개할 수 있는가의 문제를 분명히 해야 한다. 그것은 간단하지 않지만 첩보의 출처와 수집 방법을 위태롭게 만들지 않으면서, 또한 국민들에게 그릇된 정보가 아니라는 확신을 줄 수 있는 정보보고서가 작성되었을 때는 조심스럽게 공개할 수 있다. 그러나 조심해야 할 것은 공개 시에 사회에 미치는 영향이 어떠한가. 아니 공개 시 어떤 문제점 내지 긍정 / 부정성을 가지고 있을 때는 그 누구도 공개를 확실하게 권고할 수 없다는 점이다. 설사 그와 같은 내용이 어떤 지식인층이나 정책결정 집단에서 비슷한 내용의 이야기가 전해졌을 지라도 그것을 배포하려고 할 때는 신중을 기해야 한다. 어느 정도의 고위정책 결정자가 그러한 보고서를 받고 그것을 공개적으로 발표한다면 이는 결국 공개된 사실을 다시 확인시켜주는 결과를 가져와 국가안보에 손상을 가져올 수 있기 때문이다.

끝으로 대부분의 보고서 생산자들은 피드백(feed back)적인 반응을 받지 못한다. 그 이유는 고위급 정책 결정자들의 경우 이런 종류의 반응을 보일 여유가 없거나, 시간이 거의 없다는 사실이다. 또한 보고한 이후에 다른 쟁점과 연결시킬 것인가, 혹은 존안 할 가치가 있는지에 대해서조차도 반응을 보이지 않는다. 리처드 윌리엄스의 「피드백 이야기」에서는 정보생산 등 출력(결과)에 대해 입력(반응)이 없다면 의사소통의 부재를 가져온다고 지적한다. 가족 및 직원간의 문제는 바로 피드백을 잘 못한 결과로 보고 있다. 특히 새로운 프로세스 창출을 위해서 입맛에 쓰더라도 삼켜야 할 피드백으로 지지적 피드백이나 교정적 피드백을 강조한다.[116] 그러나 정보생산자 소비자 등 구성원간에 이성적 피드백 보다는 모멸적이고 형식적인 무의미한 피드백으로 반응할 때가 많다. 미국 CIA도 이런 문제에 직면해 있기는 마찬가지이다. 만약 공동체 내에서 이런 피드백 과정이 어렵다면 수집된 첩보내용 및 생산된 보고서에 대해 다시 검색해 볼 수 있는 정보처리 체제의 구축이 필요하다고 조언한다.

결론적으로 정보기관에서는 수집-분석 평가-배포라는 이 세 가지 기능을 각각 독립된 기능으로 취급하고 있으나 이 세 요소간에 아주 밀접한 상관관계가 깊다는 사실은 너무나 명백하다. 만일 정보활동이 능률적이며 또 정보가 국제정세를 신속히 판단하고 중대한 정책결정을 내리는 데 있어서 고유한 기능을 훌륭히 수행하려 한다면 이 세 가지의 기본적인 활동은 매우 중요한 일이고 조심스러운 것이다.

9-4-2. 정보 유통시스템의 구축

지식을 생산하는 많은 기관들은 엄청난 양의 정보를 신속하게 수집 평가해서 정보를 필요한 곳에 시기를 놓치지 않고 제공하고 있다. 동시에 충분한 양과 질 좋은 정보를 생산하고 이를 전달할 수 있는 정보경영체제를 구축하는 것을 최대 과제로 삼고 있다. 이것을 보통 '지식경영 시스템' 이라고 한다. 경쟁대상국들이나 경쟁기업들에 대한 정보를 체계적으로 관리하고 재사용하는 시스템이다. 만약 정보기관들이 이런 정보경영관리체제를 잘 구축하고 있지 못하다면 결국 '정보의 바다' 에서 방황하는 결과만을 낳게 될 것이다.

어쩌면 정보가 양적으로 부족해도 곤란하지만 지나치게 많아서 적절히 활용할 수 없다면 결과적으로 정보가 없는 것과 마찬가지다. 정보는 조직원 내에서 잘 유통되도록 해야 하는데 이를 위해서 정보공동체간에 정보생산 과정을 통해 의사소통 체계를 갖추는 일이 중요하다. 예를 들어 어떤 위기 징후를 포착하였을 때 정보 활용이 늦어지거나 정보에 대한 정확한 평가가 이루어지지 않았을 때 그 피해는 너무나 큰 것이다. 각국 정보기관들은 나름대로의 정보관리시스템을 갖추어 가려고 하지만 이런 목표를 달성하는 데는 여러 가지 어려운 점이 없지 않다. 그래서 정보유통시스템과 관련해 몇 가지 이슈가 제기된다.

---

116) Richard williams, Tell Me How I'm Doing : A Fable About the Importance of Giving Feed Back, 이민주(역) 『피드백 이야기』, 서울 : 토네이도, 2007), pp.27~30.

첫째로 정보보안에 대한 문제이다. 공개정보와 비밀정보를 조직 내 전용 네트 상에서 어떻게 처리하여야 하는가의 문제이다. 이를 해결하기 위해서 미국 CIA는 필요한 정보를 적시에 사용자에게 갈 수 있도록 정보처리 배분 시스템을 구축하고 있다. CIA는 기본 구상으로 인터넷과 같은 '네트화' 형태로 「CIA Link」라고 하는 CIA전용 인터넷에 모든 정보를 모아 전달하는 방식을 취하고 있다.

그러나 이는 공개정보와 비밀정보를 전 네트 상에 올릴 수 있느냐 하는 보안상의 문제가 발생한다. 각 정보기관은 공개정보와 비밀정보를 융합해서 종합적인 평가를 내리기 때문에 공개정보와 비밀정보의 취급 구분을 네트워크상에서 어떻게 할 것인가 하는 어려운 문제가 남아 있다. 이를 해결하기 위해 미국 CIA는 미 정보기관 사이에 이미 실용화되고 있는 Intel Link 방식에다가[117] CIRAS(Corporate Information Retrieval And Storage : CIA는 자신들의 조직을 Corporate라고 부른다)을 합쳐서 종래의 '보안분석 파일 환경' (SAFE : Secure Analysis File Environment) 시스템을 대신하고 있다.

일반적인 경우로 보기는 어렵지만 미국 CIA는 동 CIRAS가 기존의 SAFE에 비해 매우 좋은 것으로 여기고 정보의 개방성과 비밀유지에 타당한 밸런스를 유지하려고 한다. 그것은 무엇보다 사용자에게 보다 많은 데이터를 제공할 수 있다는 점과, 또 다른 하나는 정보검색 수단으로 복잡한 어휘 문제를 해결하는데 있어서 편리하다는 점이다. 즉 검색을 계속할 수 있는 반복 검색수단으로 「Retrieval Ware」라는 소프트웨어(검색 엔진)를 사용하고 있다. 그러나 이상적으로 한번의 검색만으로 종합 데이터베이스에 접근할 수 있고 필요한 정보만을 취할 수 있는 것은 아니다. 이러한 기법은 아직 완벽하게 개발된 것은 아니지만 그러나 여러 가지 의미를 내포하고 있는 하나의 단어가 문맥상 어떠한 의미를 갖는가를 자동 체크해 주는 데이터 채굴(data mining) 방식을 연구하고 있다.

둘째는 검색 기능의 고성능화와 자동 처리화의 능력이다. 이 기능은 작업과정에서 일련의 이름과 장소, 행위 등의 검색을 하는 일종의 정보 발췌(information extraction) 기능을 갖는 검색장비를 개발하고 있다. 이른바 정보처리 해석의 자동화라고 할 수 있다. 인트라넷 기반의 커뮤니케이션이 얼굴을 맞대는 직접적인 소통방식을 대신할 수 없지만 고성능 자동 처리 시스템을 활용하여 대부분의 업무를 속도 있게 처리함으로써 다른 경쟁정보 팀들보다

---

117) Intel Link란 다른 정보기관 내 컴퓨터에 있는 정보라도 원격거리에서 단말기를 조작하여 동 컴퓨터로 접근하여 정보를 인출하는 방식이다.

우위에 설 수 있도록 하는 것이다.

하나의 예로서 우리나라를 비롯해 선진 국가들에서는 차세대 인터넷언어로서 XML(eXtensible Markup Language : 확성기 표기 언어)[118] 시대가 열리고 있다. 새로운 영역의 e-비지니스가 늘어나면서 등장한 XML의 확산은 전자상거래(EC), 고객 관리(CRM), 전사적 자원관리(ERP), 전자문서 교환(EDI), 지식관리시스템(KMS), 데이터베이스관리 시스템(DBMS), 전자도서관 등에 효율적으로 기능할 것으로 보고 있다. 따라서 광대한 정보의 홍수 속에서 유용하게 정보를 활용하기 위해서는 무엇보다 검색기능의 고성능화와 자동처리가 필수적이다. 향후 정보처리능력의 자동화는 미국의 CIA 같은 기관에서 앞다퉈 개발하고 있다.

셋째는 필요할 시 언제나 자동접속(self-access)이 가능한 지식정보경영시스템의 구축이다. 정보수집과 분석이 효과적이라도 그것이 사용자 혹은 군 지휘관에게 잘 활용될 수 있어야 한다. 이를 위해서는 동시에 정보공동체 구성원 모두가 정보체계와 조화를 이뤄 상응할 수 있는 인력 체계의 구축이 요구된다. 우리는 군 작전의 예를 들어 이해할 수 있는데 군사무기와 군사력을 연구하고 증강해 가는 군 조직 및 여타 기관들(각 군)들과 국가정보공동체 간의 효율적인 정보체계를 구축해 가고 있다. 특히 위성정찰과 공중정찰을 수행하는 수집기관들(정보기관), 군사작전을 직접 수행하는 기관들 간에는 유기적인 통신채널과 정보감지 장치 그리고 컴퓨터 시스템으로 전환해가고 있다.

그러나 이런 여러 기관들의 핵심적인 활동 임무는 사실상 많이 다르다. 어떤 부서는 정보적 측면에, 또 어떤 기관은 통신 문제에 초점을 맞추고 있다. 정보, 조사, 3C(command, control, communication)기능과 밀접하게 연계되어 연합군, 또는 다국적기관들에 대한 정보체계를 갖추고 있다. 미국의 경우 정보기관의 최우선 임무 중의 하나는 군사작전을 지원(SMO : support to military operation)하는 것으로 되어 있다. 그 중에서도 군사작전 지원의 핵심은 전투정보지원업무인 DBA(dominant battlefield awareness)이다. 1995년 6월 도이치(John Deutch) 전 CIA 국장은 DBA를 언급한 데서 이를 잘 대변하고 있다. 그는 "전투 지휘관에게 실시간 또는 실시간에 가까운 시간 내 전투 지역에 대한 전천후적이고 종합적이

---

118) 차세대 인터넷 XML은 기존의 HTML(Hyper Text Markup Language)보다 기능이 확장된 것을 말한다. HTML로는 정보를 쉽게 인터넷에 올릴 수 있으나, 그러나 이 언어로 기록된 정보를 찾아내 활용하기가 어렵다. 곧 XML은 이런 단점을 보완한 것이다. 2001년부터 대기업, 정부, 대학. 연구소에 이런 시스템들이 구축되면서 XML 산업—XML솔루션, e비지니스, XML편집 · 검색기, XML디자이너 상품—이 발전해 가고 있다.

며 계속적인 감시와 정보를 제공하기 위해 영상정보, 신호정보, 인간정보 활동의 총화"라는 설명으로 DBA를 정의하고 있다.[119] 결국 DBA 임무가 전쟁의 안개 상황(fog of war)을 완전하게 제거할 수는 없지만 DBA의 올바른 운영, 필요한 정보를 즉시 사용자에게 배포함으로서 지휘관들에게는 전투 능력의 우위를 부여할 수 있다는 것이다.

한편, 기업의 경쟁정보에서도 마찬가지다. 미국계 IT 서비스 제공사인 Shell Services International(SSI)의 사례는 경쟁정보 활동이 지식 · 정보 경영을 얼마나 광범위하게 활용하고 경쟁지식 창고(CI Knowledge House)를 잘 활용하고 있는가를 보여준다. Shell사의 인트라넷상의 CI Know House는 Shell사의 경쟁사와 시장에 대한 깊이 있는 정보를 갖추고 있는 지식경영 시스템으로 꼽힌다. Shell사가 참고할 수 있는 경쟁사의 프로 파일, 이를테면 제품과 서비스, 조직과 상품의 강 · 약점, 시장진출 상황, 영업 방식, 시장접근 전술에 대한 정보를 갖추고 있다. 이 시스템의 가치는 핵심 사용자는 물론 전구성원의 대응력을 강화시키는 계기가 되었고 모두가 정보와 지식으로 무장해서 신속한 의사결정을 할 수 있도록 하였다.[120]

아울러 이런 추세는 또한 9 · 11 테러 사태 이후 정보저장(storage) 분야에 대한 관리가 중시되고 있다.[121] 기업체들의 스토레이지 관련 투자도 늘어나고 저장 시스템 전문 인력 양성 프로그램도 마련되고 있다. 여기다 정보 저장용량도 엄청나게 증가하고 있는데 기가바이트(1GB)의 1024배인 테라바이트(TB : tera byte)급 하드디스크드라이브(HDD)를 장착한 PC도 2007년부터 출시되었다. 이 같은 엄지손가락만한 크기의 메모리 칩 테라급 HDD는 음악 21만 곡, 영화 1300여 편을 저장 가능한 용량을 자랑한다.

9-4-3. 정보공동체의 필요성

어느 나라를 막론하고 전통적 가치와 문화 및 행동에 반대하는 적들의 위협에 직면하고 있다는 사실을 부인할 수 없다. 미국의 경우 국가안보를 위협하는 대량살상무기의 제한, 지

---

119) Mark M. Lowenthal(2000), op.cit, pp.180~181.

120) John E. Prescott and Sterphen H. Miller, Proven Strategies in Competitive Intelligence : Lessons from the Trenches, (New York : John Wiley & Sons, 2001), pp.47~50.

121) 정보저장(storage) 분야는 컴퓨터 작업을 통해 만들어지는 각종 데이터를 특별저장, 불시 사고에 대응하는 관리 업무를 말한다. 세계적인 정보저장시스템업체인 EMC가 수 년 전부터 260억 원을 들여 서울 여의도에 '인포토피아' 고객센터를 개설한 바 있다.

역 분쟁과 범죄로부터 방어하기 위해 정확한 정보의 획득을 위해 노력하고 있다. 수백만 명의 인명을 위협하고 사회의 핵심 가치를 파괴하는 행위들을 방어하기 위해 그리고 국가전체의 사기를 저하시키는 행동들을 미리 방어하기 위해 유효한 정보를 확보하는 일, 정보공동체들 간에 정보를 공유하려는 노력을 계속하고 있다.

그러면 정보공동체 속에서 정보공유를 장려하기 위해 어떤 프로세스가 필요한가. 이것은 바로 조직원들의 일상적인 업무와 관련돼 있는 문제이다. 전 세계에서 일어나고 있는 정보는 지식정보시스템에 통합되고 있으며 계속 입수되고 축적되는 정보는 즉시 평가되고 사용되며 전파되고 있다. 또한 정보기관에서 실질적인 정보요구를 하고 있는 정부부처 및 타 기관들 역시 독자적인 분석기능을 유지하고 있다. 미국의 경우 CIA가 제공한 내용들 혹은 자체적으로 입수 가능한 사항들을 활용해 분석보고서를 작성해 각 기관의 최고 책임자에게 제공하고 있다. 또한 특정한 쟁점 또는 처리과정에서 세부적인 문제를 다루게 될 때는 전문 분석관들의 도움을 받는다. 다른 정보생산기관들과 '연락관'을 두어 실질적인 지원을 받기도 한다. 어떤 정보사용자들은 정기적인 브리핑을 받거나 각자의 관심분야에 문제가 발생 시 브리핑을 받는다. 유효한 핵심 정보는 국가와 기업의 최종 이익을 담보하며 조직원들의 생계는 물론 미래를 결정하는 것이다.

특별히 지적해 두는 것은 정보공동체들 간에 긴밀한 관계, 정보의 공유가 이뤄지지 않으면 분석보고서가 유용하게 활용될 기회가 적어진다는 사실이다. 미국의 국가정보부(DNI)에서는 미 정보공동체 문화를 개선할 필요성을 깨닫고 반드시 '알 필요'가 있는 관료들에게만 정보를 제공하던 기존 방식에서 벗어나 '정보제공 책임'이라는 원칙에 따라 다양한 사용자들에게 관련 정보를 책임지고 제공하는 쪽으로 전환하고 있다. 나아가 대테러 방지법(IRTPA)에 의거 정보기관, 정부관료, 지방 기관, 민간기업, 심지어 외국 기관관도 테러위협 정보를 공유할 수 있도록 하기 위해 정보공유환경(information sharing environment)담당관을 중심으로 정부 각 부처 간 정보공유를 제도화 해 가고 있다.[122] 정보공유란 정보시장에서 가능한 정보를 소유 저장하여 공동 활용도를 높이는 것으로 정보를 독점하거나 공짜 소유, 공짜 심리가 작용하지 못하도록 하는 일이다.

이런 제도가 성공하려면 복합적인 정책이 필요하지만 무엇보다 정보사용자와 생산자간의 관계를 조직적으로 구축하고 정보사용자를 위한 특별한 전략적 계획들이 동원되어야 한

---

122) Mike McConnell, "Overhauling Intelligence", Foreign Affairs, July/August, 2007.

다. 다양한 구성원들로 하여금 자유롭게 정보소통이 이뤄지도록 하며 경쟁적 정보를 공유할 수 있도록 환경을 만들어 주는 일로써 미국은 각 기관별 협조 및 책임을 강화하기 위해 정보조정관(Mission Manager)제도를 운영하고 있다.[123] 그러나 정보공유가 조직 내 핵심 사항이지만 특별히 사용자가 요구하는 여러 게임 플랜을 충족시키지 못한다는 한계를 지니고 있다. 따라서 다음 몇 가지를 검토할 수 있다.

첫째는 정보공동체간에 정보 공유 및 전 자료에 기초한 성공적인 분석과 사용이 이뤄지도록 한다. 몇 사람 안 되는 정책 결정자들은 다양한 출처로부터 정보를 얻을 수 있지만 대부분의 참모들과 하위 정보사용자들은 다양한 자료들을 폭넓게 활용할 수 없다. 소수의 고위급 간부들만이 접하는 보고서가 있지만 이것만으로 적절한 조언과 판단을 내리기는 어렵다. 조직구성원들, 특히 분석관들의 경우도 마찬가지다. 모든 소속원들이 지적자본과 정보자본을 창조, 확대하는데 여러 가지 제약 요소가 현실적으로 많은 것이다.

물론 정보의 속성상 차단의 원칙과 비밀성이 작용한다. 그러므로 특별한 가치가 있는 것만 골라서 공유해야 하는가라는 문제도 제기된다. 그 배경에는 정보업무를 수행하면서 얻어진 노하우나 경험, 그리고 특수한 정보지식을 조직차원에서 공유하는데 한계가 있기 때문이다. 실질적으로 핵심정보를 공유하려면 이를 받아들이는 기관이나 개인차원의 목적, 가치인식의 변화가 우선 뒤따라야 한다. 정보공동체는 출처와 수집방법의 보호 원칙을 견지하면서 법 집행 기관들 간에 정보의 배포, 수사 활동과 관련한 협조체제가 무엇보다 필요하다.

둘째는 지식 · 정보를 공유하려는 의도와 목적에 대한 개인적이고 조직적 차원의 정확한 이해가 요구된다. 이를 위해서는 정보를 생산하는 사람이나 수용자간의 인간적인 신뢰와 정보에 대한 애착, 정보지식에 대한 공유문화를 인식하는 것이 필요하다. 혹시 형사소추의 가능성이 있거나 출처와 수집방법을 위태롭게 하지 않는 가능한 범위 내에서 관련 정보의 유통 등 직 · 간접 의사소통채널이 요구된다. 각 부처간에 정보 공유와 협력 통합이 그 무엇보다 필요한 이유는 어떤 독자기관 내지 개인이 필요한 정보를 자체의 힘만으로 처리하기란 매우 어렵기 때문이다.

---

123) 정보조정관 제도는 미국 DNI 내 특정 문제들의 정보수집 및 분석을 위해 정보공동체 부처간 통합과 성공적 임무를 완수하기 위한 운영관리제도이다. 예를 들어 현재 DNI 산하 레드 국가테러센터(NCTC) 소장이 대 테러 정보조정관을 겸임하고 있고, 디트라니 대북 정보조정관이 대북 정보 조정관을 맡고 있다. 기타 WMD, 쿠바 베네주엘라 문제 관련 정보조정관을 운영 중이다.

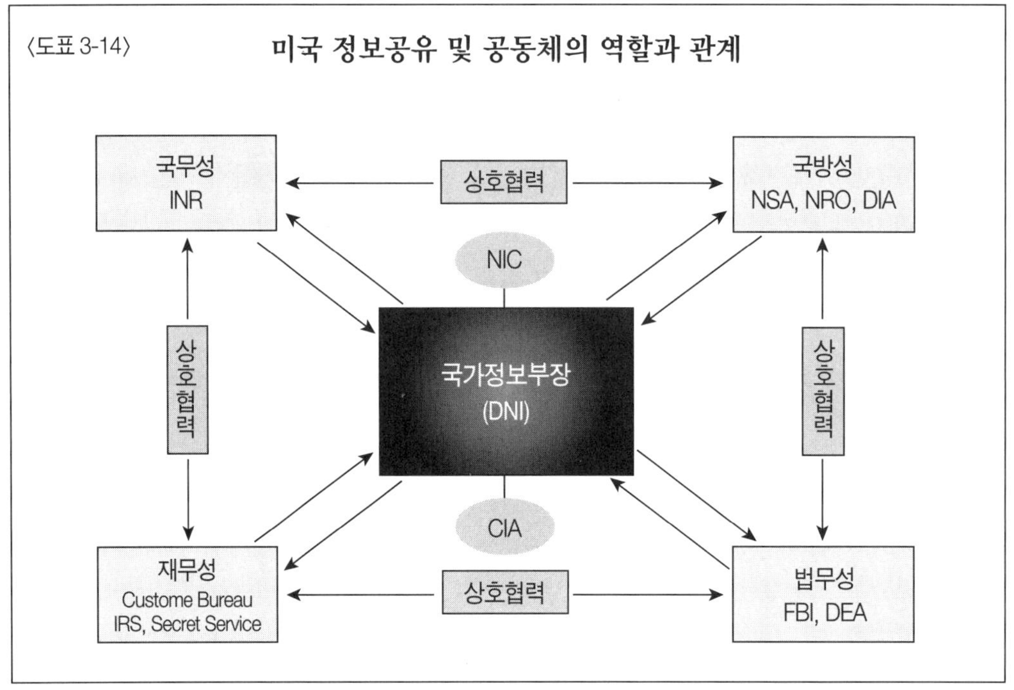

정보조직의 특성상 정보공유에 대해 매우 폐쇄성을 갖는 것은 경험적으로 다 인정하는 것이다. 정보의 개방성에 대한 위험성이 그만큼 많기 때문이다. 그러나 중·장기적인 프로젝트나 개인적 요구가 확대되면서 정보의 공유성은 더욱 필요해지고 이를 통해 훌륭한 연구결과를 얻기를 원한다. 정보공유시스템이 구축될 경우 많은 분석관들의 이용이 확대되고 나아가 개인 본인의 분석평가가 업무능력에 반영된다는 점에서 정보생산에 대한 보상과 성취감이 생기게 되는 것은 당연한 일이다.

셋째는 정보공동체망의 확보 및 의사소통채널의 구축이다. 현대사회는 의사소통시대로써 누구나 의사소통채널의 편리성을 느끼고 있다. 하지만 구성원 모두가 정보를 공유하지 못할 때 결코 효율성을 높일 수 없다. 결국 조직 내의 의사소통과 정보교환이 성공의 가장 중요한 요소인 것이다. 기업이나 공공조직이 국제경쟁에서 승리하려면 특정인들만의 정보 사유화(私有化)가 없어져야 한다. 경험적으로 보면 의사소통의 채널은 첩보의 수집, 분석, 교환, 배포와 관련된 것이나 일반적으로 조직원 상당수들이 의사소통 채널의 이용이 쉽지 않다고 느낀다. 정보공유의 수단으로서 공동구성체적 그룹웨어 등이 운영되고 정보기술을 통한 e-메일이나 인터넷으로 정보를 교환하고 있지만 말 그대로 쉽지만은 않다.

　　넷째는 정보공유로 인한 위험도를 면밀히 검토하는 것이다. 사실 지식정보공동체를 국가적으로 형성하는 데 있어서 간단한 해결책은 쉽지 않다. 당연히 이런 문제가 생기는 것은 해당 정보에 대한 국가공유, 그리고 정보기관들과의 독점적 공유 문제가 누적적으로 작용하기 때문이다. 실례로 ▲부처간 이기주의 ▲정보공개에 대한 보안적 측면(보안 누설의 두려움) ▲상호 인간적 신뢰 관계의 결여 ▲형식적인 공유 · 피상적인 협조관계라고 할 수 있다. 특히 수년간 막대한 비용을 들여 수집하고 평가한 비밀정보자료들의 가치를 중시하는 나머지 다른 기관에 형식적으로 지원하거나 껍데기 내용만 거래하고 있는 사례가 많다.

　　따라서 정보기관간의 책임과 능력을 구분해 조정하고 정보수집 분석 기능을 변화시키는 것과 함께 정보문화를 개선하는 것이 필요하다. 정보공동체간 협력이 성공하려면 ▲모든 민 · 관 기관의 보유 정보의 네트워크화 ▲특수전문가(인재)들의 교류체계 확립 및 활성화를 통한 종합적 인재수요 판단 ▲정부가 보유한 지적 자산 정보의 과감한 민간 개방 ▲법령과 예산 · 결산, 관보와 백서 등에 대한 디지털 정보화 ▲개인의 자질과 전문성의 확보로 집약된다.

　　결론적으로 지식정보공유를 위해서는 가치의 문제, 기술적, 조직적 기반의 확보가 필요하다. 표준화되고 유연한 지식체계, 지식 친화적 조직문화, 명확한 목표, 동기유발 방식의 변화, 다양한 지식전파 채널, 고위 경영자 층의 지원 등이 요구된다. 뿐만 아니라 실행 공동체에서는 구성원들의 실수나 그 가치를 인식하는 정도에 따라 예기치 않은 위험(risk)을 야기할 수 있다. 정보기관간에 불신적인 '틈새'가 약간 있더라도 악마적인 관계로 빠질 수 있다는 말이다. 정보의 공유 협력은 국가 간에 조직간에 대립보다는 상생관계를 만들어 가는 요체이다.

제**4**부

21세기 국가정보조직의 변화와 기업의 경쟁정보

국가정보기관들은 다양한 이유 때문에 창설되었다.
각국이 국가이익을 보호하고
어떤 곤경에 빠지지 않도록 예방하기 위해서 운영되고 있다.
세계정보기관들은 소련의 붕괴 등으로 군사, 외교 등에
집중되어 온 고유업무가 대폭 변화되면서
경제, 과학기술 분야의 정보수집 등
새로운 활동을 모색하고 있다.
말할 것도 없이
우리는 정보를 찾아 소유하고 소비하는 존재들이다.
유용한 정보는 독단주의를 극복하고 유혹을 제거할 수 있으나,
때로는 핵심정보는 법과 제도 이상의
권력을 행사하려는 '은밀한 권력자'에 의해 남용될 수 있다.

भारत सरकार

탈냉전 이후 안보환경 변화와 생존전략

제10장
탈냉전 이후 안보환경 변화와 생존전략

정보생산 및 소비시대에 들어와 더욱 복잡한 상황이 전개되고 있다. 낡은 패러다임적 단순 논리로는 해결 할 수 없다는 위기감 속에 각국 정보기관들은 새로운 변화를 시도하고 있다. 정보기관들은 기존의 이념적 접근으로서는 한계를 드러내게 되었으며 변화하지 않으면 안 되는, 민주적 운영, 민주적 리더십을 요구받고 있다. 거대한 적(敵)을 설정한 과거의 정보활동이나 낡은 틀을 벗어나지 못한 채 거액의 자금을 지불하면서도 유효한 정보를 수집하는데 어려움을 겪고 있는 것이 오늘의 상황이다.

더구나 2003년 이후 '유비쿼터스'(ubiquitous) 시대요 웹 2.0(사용자 참여형 인터넷)시대로 접어들었다. 모든 컴퓨터와 사물, 인간들이 시간과 공간을 넘어 접속할 수 있도록 네트워크로 밀접하게 연결되어 있는 상태를 지칭한다. 우리가 익숙해 있는 사이버 공간은 더이상 '가상공간'이 아닌 현실 세계와 같이 대화하고 게임도 하는 리얼한 일상적 공간이 되었다. 사이버스페이스가 현실과 대립되는 개념이라면 유비쿼터스는 온라인과 오프라인이 공존하는 영역이다.[1] 웹 2.0을 기반으로 하는 동영상 인터넷 콘텐츠가 발전하고 UCC(사용자제작콘텐츠)와 블로그 등을 통해 사회적 이슈와 정보가 넘쳐나고 있다.

---

1) 유비쿼터스에 대해서는 Richard Hunter, World without Secrets : Business, Crime, and Privacy in the Age of Ubiquitous Computing (NewYork : John Wiley and Sons, 2002) 참조.

참으로 무엇이 문턱 안쪽에 있고 어느 것이 바깥쪽에 있는지의 결정이 어렵고 다양한 의미의 기호와 언어들이 혼란스럽기만 하다. 땅 속의 나무뿌리들처럼 얽혀 있는, 어디까지 뻗어 있는지 알 수 없는 것이 탈 형태(de- formation)의 사회로 나타나고 있다. 재미와 함께 실용정보가 인터넷을 통해 다양한 실용정보가 흐르는 가운데 '즐겨찾기' 등을 통해 수천 명이 대화하고 있다. 네티즌들이 대화방에 올리는 이야기만 잘 사용해도 많은 정보를 얻을 수 있다.

그러므로 '문제가 되는 것, 문제가 일어나는 것' 들에 대한 정보활동의 전략적 접근이 곤란해지는 것은 당연하다. 아니 장기적인 정책정보보다는 단기 상황처리나 실적 확보에 급급한 상태를 면치 못하고 있다. 정보활동에 있어서 불확실한 한건주의가 팽배하고 있는 가운데 현대 정보기관들이 지난 50여 년간의 냉전적 사고방식과 조직체계를 벗어나 '정보 시대' 에 걸맞게 개혁해야 한다는 소리가 높다.

이를테면 국내정보와 해외정보 정보수집과 분석을 통합정리 하는 문제가 각 정보기관의 핵심과제로 대두되는 가운데 국가정보 기관과 부문정보기관과의 고유의 관점과 능력을 해치지 않으면서 효율적인 정보공동체를 만들기 위한 조직문화 창출에 힘쓰고 있다. 현재의 불확실한 시대에 대응하고 생존하기 위한 조직의 변화로 ▲사용자를 위한 정보 ▲조직과 구성원의 목표를 실현하는 정보 ▲국가안보 및 사회 안정에 도움이 되는 정보 등 윈―윈(win―win)전략 차원에서 이뤄지고 있다. 또 기업 차원에서는 정보수명주기 관리(ILM : information life cycle management)에 관심을 가질 때이다. 기업들이 필요로 하는 경쟁정보 내지 고객 데이터를 단순하게 저장하는데 그치지 않고 정보의 발생에서부터 활용에 이르기까지 역동적으로 관리해야 비용을 줄일 수 있고 효율성을 높일 수 있다는 인식이 날로 확대되고 있다.

10-1. 정보활동의 새로운 변화

국가 정보의 경우 정보활동의 목표는 국제 질서의 변화, 대외 정책목표 그리고 적법한 군사력의 이용, 인도주의적 접근과 개입의 타당성 등에 기초해 세워진다. 최대한의 현실주의적 전략(maximal realist strategy)을 추구하는 것과 맥을 같이하는 것이다. 국제 사회에서 비교우위 추구를 위해서 구사하는 다양한 전략들에 대해 로버트 아트(Robert Art)가 제시한 것처럼 집단적 세계 안보(global collective security), 집단적 지역안보(regional collective security), 협력안보(cooperative security), 봉쇄(containment), 고립주의(isolationism), 선택적 포용(selective engagement) 등에 따라 다양성을 띄고 있다.[2] 동시에 정보우위를 달성하기 위해 상대방의 컴퓨터시스템과 정보통신체계들에 대한 치명적인 영향을 미칠 수 있는 유·무형적 공격 행위가 새로운 영역으로 부상되는 등의 정보안보(information security)가 문제되고 있다.

또한 기술이 모든 산업의 핵심이 되는 환경 하에서 경제 스파이의 필요성과 동기가 계속 증대되는 상황이다. 외국 정부는 자국의 산업부문에서의 경쟁력 향상과 유리한 경쟁입지 확보를 위해 선진국의 개인과 기업 그리고 산업계와 정부 등을 목표로 각종 기술정보와 경제기밀을 수집하고 있다. 이 같은 산업정보에 대한 비밀 수집은 국내경쟁기업끼리도 마찬가지이다. 각국 나라들은 세계화와 WTO체제에서 경제마찰과 경제침체에 봉착하면서 정보전쟁을 벌이고 있는 것이다. 미국 등 기타 선진국들은 후진 개발도상국들의 경제스파이의 주요목표들로 떠오르고 있음은 물론이다. 그래서 이들 나라들은 현 경제·경쟁정보 시대를 맞아 국가안보에 대한 군사적, 이념적, 파괴적인 위협에 직면한 상태로 인식하며 적극 대응하고 있다.

국가경영의 정보 시스템에 대한 의존도가 높아질수록 정보시스템의 마비, 오작동 파괴는 물론 국가 전체의 혼란을 야기할 수 있다. 다시 말해 엄청난 경제적, 사회적 손실을 초래할 수 있다. 상대적 혹은 잠재적인 적들에 대한 정보수집과 정보체계에 영향을 미치는 '정보전'은 군사 작전뿐만 아니라 민간 사이버 영역에서 이뤄지는 경우도 많다. 일부이지만 경제정보전이나[3] 국가기반과 관련된 국가차원의 전략적 정보전(strategic information warfare)까지도 사이버전의 한 부분으로 간주할 만큼 그 범위가 확대되고 있다.

국가정보나 기업의 경쟁정보프로세스는 과학기술 발전과 함께 전략적 우위를 차지하기 위한 경쟁이다. 인텔리전스 생산자나 보호자, 인텔리전스를 창출하는 개인이나 집단들은 유익한 정보 획득뿐만 아니라 내부 지적 자산(intellectual capital)에 대한 보호정책을 수립해 추진하고 있다. 사이버 전쟁 혹은 정보전(information war)의 양상을 분류하는데는 민간

---

2) Yong Deng, "Hegemon on the Offensive : Chinese Perspectives on U.S. Global Strategy" Political Science Quarterly(Fall, 2001), pp.348~349.
3) 여기서 '경제정보전'은 정보전과 경제전이 결합된 형태로서 정보를 차단하거나 정보를 독점하여 자신들의 목적을 달성하려는 정보활동을 의미한다.

부분에서 '주요 정보기반보호'(CIP : Critical Information Infrastructure Protection) 와 군사 부문에서의 정보전(IW)으로 구분해 표현하기도 한다.

10-1-1. 정보세계의 변화와 새로운 정보이론 개발

신자유주의적 세계화는 자본의 거대함과 지구촌화를 촉진하고 있다. 전자과학과 정보기술, 생명공학 등의 발전으로 생산양식의 변화와 함께 비(非)물질적 문화가 다양화되고 지식화 되고 있다. 아울러 정보화 시대의 도래로 시간과 공간의 확대, 불확실성과 복잡성이 증대되면서 정보기관의 새로운 활동 논리와 기법이 필요하게 되었다. 미국의 경우 새 시대의 안보는 군사재편을 필요로 하고 있다는 평가와 함께 경제문제와 직결된 정보기관의 변화를 촉구하고 있다.

그러나 시민 차원에서는 정보활동의 강화 방침을 우려하는 목소리도 없지 않아 많다. 정보공동체는 첩보수집 등 업무 역량을 강화하는 데는 안보상 필요하다고 인정하면서도 국민들은 국내에서 법적으로 감독 받지 않는 첩보행위에 대해 우려하고 있다. 시민들은 정부의 감시와 통제가 바로 사생활 침해와 인권 문제들을 야기한다는 점에서 신뢰감을 보내지 않는다. 적대국의 정보활동이 우리의 핵심적 국가안보와 경제적 이익에 끼칠 수 있는 해악과 테러분자들에 의한 폭력을 전략적 국가이익 수준에서 구분하기 어려우며 대테러 활동과 방첩활동과 구분하기도 쉽지 않다. 물론 미국의 경우 정보남용방지를 위해 정보조직법 이외에 별도의 안전장치를 마련해 사생활을 침해하는 정보요원들을 통제하는 '해외 정보감시법'(FISA)을 운영하고 있다.

어떤 경우에도 합리적으로 미국의 정보활동을 감시하도록 의회에 감시책임을 부여한 '행정 명령 EO12333'을 따르도록 하고 동시에 정보에 밝은 언론들이 국내 정보활동에 대한 국민들의 우려를 해소시킬 수 있다고 믿는다.[4]

그 변화의 욕구는 우선 냉전 종식과 함께 경제 스파이들의 역할이 상대적으로 높아지는 여러 가지 변화를 가져오게 되었다는 점이다. 냉전 종식 이후 각국의 정보기관들은 어떤 역할을 수행하여야 하며 정부와 정책 결정자들을 지원하기 위해 어떤 분야에 정보활동을 수행할 것인가를 놓고 고민하기에 이르렀다. 정보조직의 기능 자체가 변하지 않았지만 정보

---

4) Robert Bryant(others), "America Needs More Spies", The Economist(July 12~18, 2003), pp.34~35.

목표와 그 우선순위들은 항상 변할 수 있다는 점에서 그 변화 요인을 요약하면 다음과 같다.[5]

❶ 소련의 붕괴로 인해 외국 정보기관으로 하여금 정보수집 우선순위를 재조정할 수밖에 없는 상황이 되었으며 그 재원 역시 경제와 기술정보수집에 집중하게 되었다. 그 양태는 목표와 수단에 따라 지리적 인접성, 민족적 인종적 연계, 업연성(業緣性), 지역 블록화 등을 배경으로 다양하게 이뤄지고 있다. 동시에 자국 내 보안정보도 더욱 강화되고 있다. 지엽적이긴 하지만 미국 정보기관들은 정보 · 군사 계통에서 일하는 아시아인을 의심하는 문화가 존재하고 있다. 이들이 간단한 규정을 위반할 시 언제든지 스파이 혐의를 받을 수 있다.[6]

❷ 냉전 당시의 군사적이고 이념적인 우방 관계는 다시 경쟁자 내지 경제적 마찰 요인으로 작용하는 가운데 미국의 경우 대테러전 수행방안으로 경제, 외교, 사법, 정보 등 국가역량을 총동원하고 있다. 독자적 혹은 연합작전 수행능력을 제고하며 선제공격 등을 비롯한 모든 군사적 가용 수단을 채택하고 있다. 특히 핵 재래식 전력 등 공격력의 제고, MD배치, 핵무기 개발 및 핵실험 재개능력 확충 등 신 3각 방위체계(new triad)를 구축해 가고 있다.

❸ 경제의 세계화로 인해 선진 국가들은 국가안보와 국력을 군사력보다는 경제력과 산업능력의 관점에서 측정하려는 경향이 높아지고 있다. 세계화와 지역경제통합이라는 두 개의 축을 중심으로 상호보완적인 측면과 갈등 요인들이 함께 공존하면서 산업정보는 물론 무역마찰에 따른 고관세, 비관세, 행정규제 등 통상제도 면의 경제정보수집 역량이 강조되고 있다.

❹ 뉴테러리즘과 관련한 정보수집 및 대책에 집중하고 있다. 테러에 대한 정의는 '시민을 위협하고 정부로 하여금 어떠한 행동을 하거나 하지 못하게 강요하고 일국의 정치

---

5) Michael Herman, op.cit p.34 이하 및 D. L. Boren, "The Intelligence Community : How Crucial" Foreign Affairs (Summer 1992), pp.52~55. J. H. Hedly, Checklist for the Future of Intelligence (Georgetown : Institute for Diplomacy, 1995), p.27이하.

6) 중국계 미군장교 제임스 이(James Yee) 스파이 혐의(2003. 9. 10), 중국계 미국 인권운동가 가오 잔의 군사전용이 가능한 컴퓨터 칩 80개를 미 상무부의 사전 승인 없이 중국에 수출해 150만 달러의 수입을 챙긴 사실, 중국계 이원 호 연방에너지 지부 산하 핵무기개발연구소 연구원의 피소(1999), 한국계 로버트 김(Robert Kim) 사건 등에서 찾아볼 수 있다. 중앙 · 문화일보 2003. 11. 27일자 참조

경제, 사회구조에 대한 심각한 위험을 초래하는 행위’로 정리된다. 테러의 유형은 보통 폭탄테러, 항공납치, 인질납치로 분류하지만 미국의 테러공격 형태에서 보면 무차별적인 대량 인명살상이요 동기를 분명히 하지 않은 것이 테러라는 점에서 대테러정보 수집은 오늘날 주요 임무가 되었다.

❺ 정보화시대를 맞이해 재산과 발명품을 보호하기 위해서 여러 법적, 제도적 장치를 마련하는 한편, 기존의 현행법들과 절차로서는 쉽게 해결할 수 없는 문제들이 나타나고 있다. 현재 여러 가지로 통용되는 규격들과 규정, 아이디어 그리고 경제정보들은 형법에 저촉되지 않으면서 동시에 몇 개의 단말기 키를 이용해 정보를 쉽게 훔칠 수 있다는 점에서 법적 적용에 큰 구멍이 발견되고 있다.

❻ 정부와 기업은 정보스토리지 즉 정보수명주기관리업무가 중요해지고 있다. 정보수명주기관리(ILM : information lifecycle management)란 정보를 단순히 저장만 하는 것이 아니라 인용빈도, 유효기간, 보존가치 등에 따라 분류하고 분류된 정보에 각각 ‘수명’을 부여해 종합적으로 관리하는 것이다. 정보를 시간의 흐름에 따라 생산―활용―유통―소멸시기에 맞춰 관리비용을 줄이면서도 가치를 높이는 것이다. 스토리지는 대규모 데이터를 디지털형태로 저장하는, 그리고 저장장치를 의미한다.

다음으로 지적할 수 있는 것은 시대 변화에 따른 조직의 혁신이다. 조직적으로 정보조직이 위에서 밑에까지 위계화된 질서, 창조적 자기 파괴를 해야만 하는, 그리고 선·후배들 간의 문화를 잘 조화시켜나가야 한다. 정보조직 문화란 하나의 유기체로서 살아 숨쉬고 혼란스럽기도 하고, 때로는 반대와 갈등도 있고 실수도 있는 모습이다. 흔히 어떤 조직은 효율적인 관리와 세련미를 보이고 어떤 기업은 저돌적 행동과 강인함과 질박함을 떠올리게 하는 기업 문화도 있다.

여기에는 눈에 보이지 않는 구성원의 사고와 행동, 그리고 지식의 공유 상태 등 조직의 경쟁력이 숨어있는 것이다. 뿐만 아니라 선진국들은 전자 행정(e-Governance)체제를 구축하며 전자민주주의(Tele―democracy) 시대를 준비하고 있다. 인터넷을 통한 정치, 행정적 서비스를 강화해 가는 전자행정과 전자민주주의의 토대인 네트워크의 접근성(accessibility)이 높아져 가고 있다. 그래서 미국과 같은 나라는 인터넷 서비스시장의 확대와 함께 전자행정 서비스를 묶는 정보담당 최고 정보책임자(CIO)나 ‘정보 장관’의 필요성을 제기하고 있다.[7] 그러면서 부단한 노력 순수함, 도전정신으로 임해야만 정책 결정자들을 돕는 행동 가능한 정보를 생산하는데 힘을 쏟고 있다. 이때에 고려할 요소들을 보면 다음과 같다.

❶ 이른바 '새로운 조직' 모델을 설정하여 정보조직의 재구조화를 꾀하고 있다. 정보의 다양한 흐름을 원활히 하기 위해서 무엇보다는 '조직 개편'이 필요시 한데 여기서는 중앙 중심적 위계구조를 벗어나 수평적 팀제 혹은 자율성과 협력을 중시해 가고 있다. 과거의 안보군사 전략의 필요에 의한 정보활동에서 이제는 상대방을 설득하고 감동시킬 수 있는 '가치 있는 정보'를 생산해 가는 융합의 조직으로 변화시켜 가고 있다.

❷ 정보기관의 모든 활동에 대한 비밀유지는 필수 불가결한 것이지만 현대 사회는 각종 비밀침투 기법의 급속한 발전으로 비밀보호가 더욱 어려워지게 되었다. 여기다 적시성을 상실한 비밀은 무용지물이 되므로 비밀의 신속 처리와 활용을 통해 효율성을 제고해야 함은 물론 비밀정보에 대한 보안관리가 더욱 필요하게 되었다.

❸ 현대의 화두인 개방과 의사소통 시대에 있어서 '민주화'도 준수되어야 하지만 정보기관이 사회와 격리된 특별한 존재로 인식되도록 하는 고유의 이미지도 철저히 보존해야만 한다. 개방과 공개, 공지가 중시되는 민주주의 국가에서 '작지만 알찬 비밀'의 원칙 하에 적절한 운영의 묘가 요구된다.

❹ 국가정보기관을 비롯해 군 정보 부대 등 부문정보기관들을 전문화할 수 있고 정보전문가 양성을 위한 종합적인 정보교육 기관의 설립이 필요하다. 아인슈타인은 '전쟁의 규칙을 만든다고 해서 전쟁이 일어날 가능성이 줄어들지 않는다'고 했다. 곧 전쟁준비는 늘 필요하다는 의미다. 전문정보교육을 통해 안보의 취약점을 찾아내고 잃어버린 연결 고리를 찾아 나서도록 하는 것이 필요하다.

❺ 국방안보 대외정책 등의 시너지 효과를 극대화하기 위해 정보공동체의 통합과 협력 체제를 강화해가고 있다. 미국은 정보관련 부처들의 정보를 종합하고 정책 결정과정에 실시간으로 전술적 결정을 지원하는 정보시스템을 만들어 가고 있다. 시대적 흐름에 따라 테러방지법을 제정하고 국가정보부(DNI)를 신설해 분산된 수집분석과 집행 간에 균형을 맞추고 있다.

---

7) 『문화일보』, 2001년 1월 8일.

결론적으로 정보수집활동은 냉전 시대 있어서 서방국가들의 기본적인 임무였다. 손자(孫子)에 따르면 훌륭한 스파이는 유혈 참사를 예방한다고 했다. 미국과 같은 사회는 스파이 활동 때문에 큰 비난을 받고 있지만 불확실성의 영역을 해소하는데 있어서 미 CIA는 매우 중요한 조직이다.[8] 국가이익을 보호할 수 있고 기업의 이윤을 확보하는데 중신적인 역할을 한다. 그러므로 국가정보조직 내 정보관들은 정보자원으로부터 정보생산의 전 과정을 숙지하고 이에 대응하는 마음가짐이 필요하다. 동시에 정보조직의 개혁과 인원 감축 등의 재구성 자체가 만병통치약은 아니어서 요는 정책결정을 하는 국가 지도자의 폭넓은 비전과 수용의지가 문제 해결의 관건이다.

10-1-2. 정보생산에서 정보소비시대로의 변화

대중사회를 특징 짓는 의미로 '소비사회'(consumer society)라는 말이 있다. 전혀 새로운 것은 아니지만 경제에서의 수요와 공급 측면에서 볼 때 '소비사회의 탄생'을 가져 온 것은 하나의 사회역사발전의 필연적 산물이다. 이와 비슷한 맥락에서 정보의 세계 역시 정보생산측면이 아닌 소비측면(consumption side)이 강조되는 사회로 접어들었다. 지금까지 정보의 공급자가 이익을 본 세상이었다면 이제는 정보를 소비하는 사람이 돈을 버는 날이 되었다.[9] 정보소비자는 정보자체가 관념체계로서가 아니라 실제 삶의 지식으로 혹은 정책결정 자료로서 사용된다. 《롱테일 경제학》을 쓴 크리스 앤더슨(Chris Anderson)에 의하면 현 시대는 정보의 시대(information age)를 떠나 지식 정보의 '추천 시대'(recommendation age)로 접어들었다고 했다.[10] 정보는 사람들이 퍼즐 맞추기 또는 소비의 대상으로 잘 선택해 소비하라는 것이다.

지식정보사회의 트랜드는 정보생산과 동시에 소비 촉진이 이뤄지는 시대이다. 현대인들은 알빈 토플러가 말한 정보의 생산과 소비를 동시에 추구하는 프로슈머(prosumer : production+consumer의 합성어)들이다. 정보생산자와 사용자 관계에서 보면 생산자는 정

---

8) Robert D. Kaplan(2002), op.cit, p.44.

9) Thomas Davenport and John Beck, The Attention Economy : Understanding the New Currency of Business, 김병조, 이동현(역) 『관심의 경제학』(서울 : 21세기북스, 2006), pp. 21~24.

10) Chris Anderson, The Long Tail : Why the Future of Business is Selling Less of More, (New York : Hyperion, 2006), 107

보소비자의 요구에 맞춰주는 것이어서 정보생산의 가장 주요한 키워드는 정보사용자(고객)이다. 정보생산자들은 최고 사용자 내지 조직 내 관리자들의 끊임없는 욕구를 충족시켜 주는 사람들로 일하는 것이다.

정보기관은 정보를 생산하고 전파하는 정보백과점이다. 정보는 일반적으로 내적 · 외적이라는 두 가지 성격을 갖는다. 내적인 정보는 자신의 생활 안정 욕망을 충족시키고 통제하면서 소비되는 것이며, 외적인 것은 사회적 권력관계에서 권력화 되어 남을 지배하는 수단으로 나타나는 경우이다. 그래서 정보담론은 정치적이고 이데올로기적으로 흐를 수 있다. 상대방에 대한 치명적인 타격을 줄 수도 있고 권력시나리오를 구성할 수 있기 때문이다. 정보 속에서 생각하는 사람만이 앞서갈 수 있으며 정보가 권력정치에서 핵심이며 권력 작동의 씨알이고 다른 권력의 침투를 방어한다. 나의 이익을 침해한 사람을 제거하는데 어떤 능력이 주어진다.

또 다른 설명으로 정보의 생산과 소비(수요와 공급)를 연결시키는 배경에는 무엇보다 ▲지식정보사회에서 자료를 실어 나르는 매체들이 엄청나게 확대되었다. ▲정보사용의 대중화는 고객이 원하는 정보에 보다 쉽게 접근할 수 있도록 해 주고 있다. ▲정보의 다양성 속에 사람들이 원하는 것을 찾을 수 있도록 도와주고 성공적으로 사용 가능성을 높여주는 시스템들이 발전하고 있다. ▲복잡화 불확실성 속에서 어떻게 정보를 얻고 믿을 만한 조언을 듣고 소비할 수 있는가 하는 좁은 범위의 의미가 작용한다.

더구나 과거 웹 1.0시대는 정보공급자가 정보의 생산에서부터 정보수집 분석 관리 배포까지 책임지는 체제였다. 지금까지 누리꾼(소비자)들은 단순한 수요자 입장에 있었던 반면에 웹 2.0시대는 이용자가 정보를 스스로 생산할 뿐만 아니라 기업 등의 상품, 정보 생산에서도 영향을 미치고 있다. 정보생산자는 다양한 정보소비자와 좋은 관계를 맺지 못하거나 사용자의 욕구를 염두에 두지 않고 오로지 공급자 입장에서 정보를 접근하는 것은 온당치 않은 방법이다.

오늘날 인터넷 업체인 구글이나 야후 네이버들은 정보를 중개하는 포탈시스템으로써 사회화된 브랜드가 되었다. 그것은 정통 오프라인과의 사회적 영향력 유대관계를 구축하면서 사람들의 접속이 급속히 증가하고 다양한 정보를 교환하고 공감하며 공동의 참여 속에 정보를 소비하는 곳이다. 이제 정보를 전략적으로 사용하는 사람은 자신이 정보이고 사회적이며 권력자이고 비밀스러운 정보을 만들어 낼 수 있게 되었다. 정보란 사용 가치적 아이디어요 클러스터로써 정보를 더 많이 보유하기보다는 더 잘 소비하는 이른바 똑똑한 지적

대중으로 살아가는 지혜가 요구되는 시대가 되었다. 과거에는 국가정부기관이 정보생산과 서비스 개발에 치중했다면 이제는 정보공유와 올바른 소비자의 지혜가 중시된다. 단순히 정보의 소유자가 아니라 정보제공자이면서 동시에 의사결정을 잘 이용하는 사람들로 가득 차고 있다. 생산된 지식정보상품은 한두 달이 지나면 그 효용성이 떨어지고 마는 것이어서 기회의 시간에 적절히 소비하는 일이다.

이런 의미에서 정보처리의 패러다임이 변하면서 생기는 고민은 바로 정보를 어떻게 사용하는가의 문제로 옮겨지고 있다. 정보의 소비자(고객) ➡ 차넬(조직 내 위계질서 혹은 인터넷 등) ➡ 생산자로 이어지는 새 정보순환모델로 전환하고 있다. 그만큼 정보소비자의 욕구가 중요해지면서 정보생산과 소비가 새로운 지식의 상품생산과 서비스를 동시에 만들어 가는 과정으로 변하고 있다는 뜻이다. 정보의 양과 질 및 서비스가 다양해지면서 타인과의 의사소통 아니면 공감분야가 넓어지면서 정보소비는 국가관리 및 사회발전과 밀접한 관련을 갖는 것이다.

그렇다면 현대의 창조자들은 다름 아닌 정보소비자들이다. 정보는 이제 필요에 위해서라기보다 감성적 니즈에 부합하는 소비의 즐거움을 제공한다. 명품을 소비하는 자가 '부자 티'의 이미지라면 정보를 많이 소비하는 자가 이 시대의 창조적 영웅들이다. 명품을 사용하는 사람이 사회적 위세와 차이를 나타내는 것이라면 남다른 특별한 정보를 소유하고 사용하는 사람들이 권력가들이고 지배자들이다. 그러므로 정보의 소비는 사람들이 꼭 필요해서 찾는 것이라기보다는 존재의 욕망을 채우려는 것, 불안정한 징후들을 지워버리고 존재의 의미를 확보하려는 행동이다. 그리고 정보는 사회적 차별화 게임의 수단이 되고 서열화되어 있는 사회체계를 흘러가며 소비영역으로 자리 잡고 있다. 권력자들은 가치 있는 정보를 과시적으로 소비하려는 것 자체가 자신의 권력유지와 명성을 얻기 위한 하나의 수단이 된다.

그런데 정보소비의 부류도 다양해서 전통적인 정보소비로서 군사전략과 안보적 관점에서 사용하는 전문 이용자가 있는가 하면, 기업에서의 소비자도 있다. 나아가 상품의 쇼핑처럼 싼값에 유효한 정보를 얻으려고 하는 일반 소비자들도 있다. 국가정보기관 내지 군 정보기관의 정보는 전문적 정보생산 소비자들이 "조직 브랜드"(organic brand)를 생산하고 소비하는 사람이라고 한다면, 경제에서의 정보소비는 자본주의적 이익관리 양식으로서 작용한다. 그리고 시민들 각자의 정보생산과 소비는 개인적 브랜드(private brand)와 이익관리라고 할 수 있다. 사람들은 신문 방송 블로그 들을 통해 개인적 브랜드를 생산하고 사용하는 것으로서 기본적인 정보 혹은 저렴하고 신뢰할 수 있는 정보를 찾아 소비하려고 한다.

또한 정보소비과정에는 두 가지 측면이 있다. 하나는 정보의 선택(selection)과 통합이고 다른 하나는 정보사용의 실패이다. 전자는 정보가 조각으로 혹은 조합으로 계속 흐르고 있는 것들을 선택하고 통합(syntagmatic)해서 지식상품으로 생산하는 것으로써 좋은 보고서는 집단적 및 체계적인 통제수단으로 아니면 다양한 잠재적 해결책으로 작용한다. 그리고 후자의 경우 분석 용어로써 자료를 비교 혹은 대조 분석할 때 부적절하게 판단하거나 혹은 사용의 실패로써 국가 이익상실 내지 정책의 실패를 초래하는 경우다. 따라서 현대 사회에서 정보소비가 갖는 의미를 간단히 요약하면 다음과 같다.

첫째, 정보는 조직구성의 한 요소를 이룬다. 정보는 조직이다. 정보는 정보제공자(informant)와 사용자(소비자)로 구성되어 정보소비사회를 구성한다. 정보는 자기중심적인 자신의 현실을 구성한다는 단순환 관념보다 사회적 구성(social construction)에 대한 큰 작용을 한다. 정보소비사회는 지식정보를 사고 파는 세계요 체제이다. 정보는 경제재요 소비재로서 실질적 힘, 수행적인 힘이거나 은유적인 힘으로 작동한다. 정보는 조직과 개인의 욕구를 실현하고 사용하기 위한 가치 척도로서 정보, 세상을 판단하고 정책을 결정하는 사용자를 위한 지식정보로 작용한다.

둘째, 정보는 사회적 '영향력 자본'으로 소비된다. 핵심정보는 정치 경제 사회 등 전 영역에 영향력을 행사하는 것, 많은 사람들이나 언론기관에서 그 정보를 사용할 수 있는 능력 있는 힘을 소유한다. 현대 사회에서 정보자체가 목적인 권력 헤게모니와 연관된 의무적인 사업이 되었다. 정보는 특정한 권력을 유지하기 원하고 갈망하며 끝없는 불만 속에서 새롭고 무엇인가 특별한 것을 추구한다. 사용자의 본질적 욕구는 정보에 의한 지배력과 영향력을 영구히 추구하는 것이다.

셋째, 정보자체는 '정보로서의 재화'(goods as intelligence)의 소비성격을 갖는다. 정보는 지식상품을 만드는 보완재이면서 투자 결정의 핵심이 된다. 정보의 물질적 재화로서 작용하는 것은 가시적이며 개인적인 소비의 성격을 나타낸다. 개개인에게 있어서 정보는 수행적 기능을 돕는 것이어서 정보재가 물질적인 구체화로 나타나는 것은 일상생활 속에서 정보를 어떻게 이용하는가에 달려 있다. 정보재는 물질문화의 범주로서 연령, 성, 계급, 직업, 관심 등에 따라 달리 표현된다. 정보경제학적으로 국가와 특정 정보소비계층, 기업에서의 경쟁정보로, 개인의 정보로서 소비되며 계층을 형성한다

넷째, 정보순환 자체가 정보의 생산과 소비가 동시 이뤄지는 프로슈머(prosumer) 성격

을 반영한다. 기업에서 보면 생산자이면서 동시에 소비자 역할을 하는 사람들이 늘어나면서 경제활동 구조자체가 크게 변하고 있다. 기업에서의 키워드는 소비자들의 참여로써 질 좋은 상품 콘텐츠를 개발하기 위해 생산 및 판매 관련 정보를 소비자로부터 얻고 공유하고 있다. 오늘날 소비자는 단순한 수동적 대상이 아니라 프로슈머로 등장하고 있는 것이다. 실례로써 LG전자의 '초콜릿 폰'이나 두산그룹의 '처음처럼'과 같이 2006년에 히트한 많은 제품들은 프로슈머가 참여한 제품들로 알려지고 있다. 마찬가지로 정보의 생산 분석 사용 등 구성원 모두의 참여와 공동 작업으로 이뤄지고 더 잘 소비하는 시대로 변하고 있다.

다섯째, 대중적 정보소비자들이 많이 늘어나고 있다. 정보소비는 아름다운 개인주의지, 리베로형 인간으로 살아가는 이른바 '지적대중'의 활동이 늘어나고 있다. 사이버공간에서 교수 연구원들도 아니고 전문적인 학업을 쌓은 것도 아닌 이들은 지식의 대중화와 함께 기존 지식인들의 담론을 수용하는데 그치지 않고 사이버공간에서 자신들의 새로운 지식과 논리를 제시하면서 일방적 수신자에서 새로운 '발화자'로 등장하고 있다.

고급정보는 특정전문가에게 필요한 것이지만 대부분의 정보는 일상 생활정보 성격의 대중적인 정보(popular information)들이다. 발화자들은 디지털 시대에 들어와 정보를 생산하고 전파하는 '집단 지성'(collective intelligence)[11] 시대를 반영한다. 전문 지식인들의 배타성, 보수성의 반작용에서 비롯된 대중적 지식인들은 학회, 학벌중심의 닫힌 구조에서 벗어나 자신들만의 색깔을 보이며 기존의 논리, 주장들을 비판해 가는 사람들이다.

잠정 결론으로 정보소비는 현대 사회를 반영하는 또 하나의 큰 트랜드다. 정보는 특별한 권력기관의 전유물도 아니며 사라들에게 '근사한 권력'으로서 의미를 갖는 것도 아니다. 그냥 퍼즐 조각 맞춰 가며 살아가는 우리들에게 일상적인 삶의 과정일 뿐이다. 여기다 UCC 열풍이 거세지고 있는 것도 사회변화의 트랜드다. 능동적이고 창조적인 역량을 갖춘 아마츄어 전문가집단(proteur : Professional Amateur)들에 의해 생산된 콘텐츠로서 PCC(proteur created contents)로 진보하고 있다. 뿐만 아니라 다양한 문화적 요구가 반영된 퓨전 콘텐츠(F-contents)가 보편화 될 것으로 예측한다. F—콘텐츠란 이용자의 다양한 문화적 욕구를 반영한 것으로 형식적으로는 온라인과 모바일의 융합이요 내적으로 재미(fun) 기능(faction) 감동(feel)이 어우러져 다양한 즐거움을 주는 콘텐츠다. [12]

---

11) 집단지성은 디지털철학자로 불리는 Pierre Levy 캐나다 오타와 대학교수가 1994년 출간한 「집단지성」에서 처음 사용된 말로써 '개인으로서는 할 수 없는 일을 집단은 가능케 한다'고 했다. 그리고 2004년 미국 뉴욕커의 칼럼니스트인 James Surowiecki가 '대중의 지혜'라는 개념을 도임함으로써 '집단 지성' 개념은 더 구체화되었다.

이 같은 배경에서 정보를 전문으로 하는 사람들이 현시대의 트랜드·코드의 변화를 읽지 못한다면 낙오될 수밖에 없다. 국가정보 전문인들이 사회과학자들처럼 변하는 시대와 사람들의 욕구체계를 이해하지 못한다면 그들은 정보의 세계를 이해 못하는 것이나 다름없다. 사회적 상황정의로 나타나는 현상들이 비(非)인간인가, 구조인가, 과정인가, 집단인가, 개인인가, 이념적인가 등 다중성을 살펴야 봐야 한다. 정보는 특별한 진리가 있는 것이 아니라 보편적이며 사회발전에서 새로운 문제를 해결하는데 필요한 것뿐이다.

10-1-3. 정보전에서의 사이버 공격과 대응

정보전은 현시대의 표징이며 국가의 전 영역을 압도하는데 필수적 수단이다. 하기 때문에 국가정보조직은 정보전을 수행할 능력을 반드시 보유해야 한다. 그 이유는 국가 통수권자의 의사결정을 용이하게 하고 동시에 그것을 보호하고 갈등과 분쟁 시에는 상대방의 정보전 능력을 저하시킬 수 있어야 하기 때문이다.

만약에 사이버 테러 혹은 사이버전(cyber warfare)이 현실로 다가왔을 때 국가나 기업, 개인들의 생명선이 정지되는 것은 물론, 사회 혼란과 공포감은 엄청나게 커질 것이다. 더욱이 현재 전 세계 인터넷 웹사이트수가 약 1억 143만개로 늘어나고 있는데 인구 중 약 2억 5,000만 명이 인터넷을 통해 국제화된 정보를 교환하고 있다. 이런 정보시대로 접어들면서 국가 간 혹은 특정 조직간에 '정보전'은 지구촌의 문제이고 국가와 기업에서의 정보안보의 대상이 되고 있다. 그것은 선전포고나 총성의 소리도, 전선(戰線)도 따로 없는 새로운 형태의 전쟁이다. 정보전은 물리적인 파괴가 아닌 해킹, 컴퓨터 바이러스, 고출력 전자총(high energy radio frequency gun) 등을 통한 주요 정보 시스템을 위협하는 방식이다.

정보전 혹은 정보작전은 자신의 정보와 정보체계를 방어하면서 상대방(적)의 정보와 정보체계에 영향을 미치는 모든 행위를 의미한다. 정보전은 또한 평상시, 분쟁 시, 모호한 상황에서 자신의 정보와 정보체계를 보호하기 위해 상대방의 정보와 정보체계에 영향을 주기 위한 행위를 포함한다.

그 중에서도 사이버 테러는 일반적으로 컴퓨터 네트워크를 통해 각국의 국방, 치안 등 각

---

12) 한국문화콘텐츠 진흥원, 『2007년도 문화콘텐츠 산업 10대 전망』(2007. 1.9)

종 컴퓨터 시스템에 침입해 각종 데이터를 임의로 고치거나 파괴함으로써 사회기반시설을 마비시키는 열린 회로에서의 탈법적 행위를 의미한다. 이러한 범주는 국가적 차원뿐만 아니라 일국 내 기업의 정보 시스템을 파괴하는 행위도 당연히 사이버테러의 범주에 속한다.[13] 나아가 정보조직은 불확실성이 높은 환경 속에도 '노력과 실패'를 되풀이하면서 창조적 성공모델을 구축해 가야하는데 정보전 의미와 예상 상황을 요약하면 다음과 같다.

첫째, 정보작전의 변수들로서는 '정보'에 대한 다양한 정의가 있듯이 ▲그 의미와 목적에 따라 공격수단(무기, 자원, 전파)이 다르고 ▲정보전에서의 전략. 전술적 차원이 상이하며 ▲정보전 목표의 경우 단순히 정보 획득인가, 전장 압도인가, 아니면 지휘통제의 교란을 위한 정보 네크워크의 파괴인가. ▲상황의 성격에 있어서 평화적인가 아니면 위기조성인가 혹은 분쟁을 야기하는 공격인가를 구분하는 지혜가 필요하다.

둘째, 분쟁 내지 갈등 시 혹은 인도적 구호 작업에 개입하기 위해서는 대개 정보전이 요구되는 상황이다. 이때는 무엇보다 ▲한 국가가 독단적으로 수행할 것인가 ▲다국적 국가 또는 다 기관 파트너들과 조화롭게 협력할 것인가 ▲상대로부터 컴퓨터 네트워크 방어와 기만행위에 대처하되 혹시나 실패 시 '피해 평가'를 할 수 있는 기준이 무엇인가를 고려해야 한다. 이러한 고려 요소를 검증하기 위해서는 평소에 부단한 연습과 엄격한 실험을 통해서 정보전 기법을 개발해야 한다.

셋째, 정보전의 지속적인 발전과 범세계적인 정보환경 변화에 대응하기 위해서 잘 훈련된 조직과 전문가를 필요로 하며, 동시에 정보통신의 기술적 우위를 확보해야 한다. 경쟁관계나 적대관계에 있는 나라들도 정보혁명을 이용하고 있을 것이며 잘 훈련된 인력과 정보전 능력도 보유하고 있을 것이다. 따라서 상대측보다 기술의 지속적인 개발과 장비의 현대화가 요구되며 정보전의 교리와 조직, 훈련과 교육, 인력개발이 이루어질 때에 비로서 성공할 수 있을 것이다.

넷째, 정보전의 영역이 해양, 지상, 공중 및 우주, 가상공간에서 이루어짐으로써 실시간대에 공격과 대응이 가능토록 하는 첨단의 정보체계를 효과적으로 운영할 수 있어야 한다. 정보능력이 바로 군사력의 중심이며 전쟁수행의 핵심으로 정보체계를 마비시키고 아군의 정보체계를 방호하는 노력을 집중해 적의 전쟁수행체계 자체를 혼란에 빠뜨리는 개념이

---

13) Byard Q. Clemmons and Gary d. Brown, "Cyber warfare: Ways, Warriors and Weapons of Mass Destruction", in Military Review, Sep-Oct 1999, pp.35~36.

다. 특히 정보체계는 전투원들 내지 정보 전사들의 분석과 기획 그리고 예측능력을 향상시킬 수 있는 수단이며, 동시에 의사결정을 지원하는 도구들이다.

국제사회 내에서 사이버전은 이미 오래 전부터 벌여왔는데 예를 들어 코소보 전쟁은 최초의 인터넷 전쟁으로 규정할 만한 것으로 정보전과 선전전에 있어서 사이버 공간을 통해 치열하게 전개된 전쟁이다. 그런가하면 전쟁이 일어나는 지역을 발신 기지로 해서 미국의 국방부 홈페이지 등에 조직적으로 엑세스(access)가 집중되고 있다. 공습 기간 중 '유고로부터 몰려오는 쓰레기'로 볼 수 있는 메시지가 대규모적이고 조직적으로 살포됨으로써 그 대응에 애를 먹었는데 이는 미국에 대한 악질적인 사이버 공격의 일종이었다. 이처럼 해커들의 특정 홈페이지 침입과 방해가 이전에도 있었지만 인터넷이 정보와 선전전에 대규모로 사용된 사실이 없었다는 점에서 코소보 전쟁은 가히 인터넷 전쟁이라고 할 수 있는 것이다.[14]

또한 지난 1997년 포르투갈의 인터넷 사용자들이 인도네시아 정부의 웹사이트를 점령하고 시위문구로 사이트 전체를 도색한 바 있다. 1999년 초에는 인도네시아 성향의 해커들이 반격을 개시해 사이버 공간 내 동티모르 최상위 '도매인' 장소를 제공하고 있는 아일랜드 '서버'를 24시간 동안 마비시킨 바 있다. 중국과 대만간에 일어난 사이버 전쟁도 매우 흥미롭다. 지난 1999년 8월초 양측의 해커들이 상대방의 웹사이트를 훼손시키는 경쟁을 벌인 결과 중국 측은 대만 정보본부 홈페이지에 자국의 국기를 게양하는데 성공했고 대만 측은 중국 정부 인터넷사이트에 대만 애국가가 울려 퍼지도록 하는 성과를 거두었다.

지금까지 사이버전은 국가 핵심 인프라인 금융, 통신, 에너지 보급 시스템이 심각하게 훼손될 상태에까지 이르렀다. 이는 하나의 예에 불과하지만 신중하게 이해해야 할 증거들은 이루 헤아릴 수 없을 정도이다. 이와 관련 이미 1996년 도이치(John Deutch) 미 CIA 국장은 상원 연설에서 '정보 시스템에 대한 공격은 어떤 형태로든 우리 일상생활에 커다란 혼란을 초래할 뿐만 아니라 국가 및 경제안보를 위협할 수 있다'고 증언함으로써 사이버전의 결과가 디지털시대 '진주만 공격'에 비견 될 만큼 치명적이라는 사실에 대해 경각심을 환기시킨 바 있다.[15]

---

14) 『每日新聞』, 1999年 7月 13日.
15) Der Spiegel, Aug 30, 1999.

따라서 우리는 현재 벌어지고 있는 정보전(IW)의 개념을 이해할 필요가 있다. 한국군 야전 교범100-1 '지상작전'에 의하면 정보전이란 "정보우위를 달성하기 위하여 자국의 정보와 정보체계를 보호하고 상대국의 정보체계를 교란 및 파기하기 위하여 실시하는 광범위한 활동으로 그 유형에는 정보작전(IO : Information Operation)[16], 경제정보전, 사이버전 등이 있다"고 규정하고 있다.

- 국가총력전의 차원으로 정보우위 달성을 위한 포괄적인 개념이다.
- 정보전의 영역은 군사 비군사 분야의 정보 및 정보체계를 의미한다.
- 정보전의 유형은 정보작전 경제정보전 해커 사이버전이 포함된다
- 정보전은 전·평시를 불문하고 적용된다.

또한 '정보전'에서는 '방어형 정보전'과 '공격형 정보전'으로 나눌 수 있다. 방어형 정보전은 공격형 정보전을 막기 위한 바이러스 점검, 암호화 및 정보망 보안체계 설치 등이 포함되고 공격형 정보전은 자료의 갈취 또는 훼손, 그리고 자료 접근의 차단, 허위 정보의 유포, 자료를 저장하고 공급하는 디스크와 시설을 파괴하는 것 등이 속한다. 따라서 이와 관련한 정보전은 구체적으로 무엇이며 어떤 종류들이 있는가를 구체적으로 알아보면 다음과 같다.

첫째로 해킹 기술로 직접 통신망에 접속하여 국가 중요 정보 시스템을 파괴하거나 자료를 유출 변조시키는 방법이 있다. 이러한 경우 해킹의 대상이 되는 목표는 인터넷에 연결되어 있는 모든 시스템이 목표가 될 수 있으며 침입자는 인터넷을 사용하고 있는 사람이라면 국가, 지역에 관계없이 누구나 될 수 있다. 특히 시스템의 하드웨어를 파괴하기보다 주로 소프트웨어나 자료를 공격대상으로 하고 있다. 정부나 공공 기관, 기업의 자료는 물론 주요 인적 정보까지 그 대상이 될 수 있다.

둘째, 하드웨어를 직접 공격하는 형태이다. 각 기관에 설치된 정보 시스템의 하드웨어를 근접한 위치에서 강한 전자기파를 발생시켜 정보 시스템을 파괴하거나 오작동 시키는 일이다. 이는 걸프전 당시 이라크 방공망의 교란에 활용한 방법들이 좋은 예다. 특정한 목표를

---

16) 정보전과 함께 쓰이는 정보작전이란 "전장(戰場)에서 정보우위를 달성하기 위해 아군의 정보 및 정보체계와 C4I 체계를 보호하고, 적의 정보체계 및 C4I체계를 파괴 또는 무력화시켜 전장의 주도권을 장악하는데 기여하는 작전"이라고 설명할 수 있다.

선정해 전자기파의 유효 거리까지 접근하여 공격하는 것이다. 또한 각종 컴퓨터바이러스를 유포시켜 저장된 자료와 시스템을 교란시키는 방법이다.[17]

셋째, 분산서비스 거부공격(DDOS)으로 불리는 부정적 접근 방법이 있다. 이것은 사용 권한이 없는 사람이 여러 컴퓨터에 부정적인 프로그램을 보내 그 컴퓨터들이 지령에 따라 목표 서버에 접근하고 표적이 된 서버가 과중한 부담을 견디지 못해 다운되는 것을 말한다. 최근에는 해킹 프로그램 등을 통해 입수한 ID와 패스워드를 부정하게 사용하여 홈페이지를 임의로 고치거나 메일을 열람하는 등 부정적 접근에 의한 피해도 급증하고 있다. 2001년 여름에 발생했던 '코드레드'도 미국 백악관을 공격하기 위해 서버에 부하(負荷)를 걸어 결과적으로 서버를 다운시켰으며 기업의 메일사용 불능상태에 빠진 경우도 빈발했다. 아마도 향후에는 바이러스와 해킹 기술이 결합된 '해커 웜'(Hacker Worm)의 확산이 우려되어 각국 정부와 기업의 대응책이 요구된다.[18] 그밖에 전문가들이 예상하는 정보전의 행위자와 유형들을 보면 다음 〈도표 4-1〉와 같다.

이와 같은 사이버 테러의 특징은 무엇보다 컴퓨터와 네트워크만 있으면 가능하다. 통신 기술 발전에 따라 무선 환경의 허점을 노린 데이터 누설 및 사내 시스템의 부정적 사용에 의한 데이터 악용 등도 늘어나고 있다. 2006년 이후 가상공간에서 스파이처럼 사용자 몰래 컴퓨터에 침입해 속도를 떨어뜨리거나 각종 장애를 일으키며 심할 경우 아예 컴퓨터를 마비시키고 개인 정보까지 빼 내가는 이른바 스파이웨어(spy ware)가 늘어나고 있다. 스파이웨어를 잡는다는 보안업체들의 안티 스파이웨어가 개발되고 있지만 스파이웨어 기준과 처벌 조항이 명확하지 않는 등 컴퓨터 사용자들의 피해가 극에 달하고 있다. 인터넷 포털은 스파이웨어 온상이 되고 있는 실정이다. 하지만 누구나 '눈에 보이지 않는 적'으로부터 표적이 될 수 있음에도 불구하고 아직 그 대책은 거의 없는 실정이다. 사이버 테러를 예방하고 유사시 대처하기 위한 전문가와 정보기술이 절대적으로 부족한데다 대부분의 기업들이

---

17) 그밖에도 신종 컴퓨터 바이러스가 세계를 위협하고 있는 사례가 많다. 2000년 5월 4일에 발견한 러브 바이러스(I love you)는 한 시간에 12만대, 하루만에 300만대가 넘는 컴퓨터를 감염시켰다. 전 세계 50여 개국의 4500만 명의 e-메일 사용자들이 이 바이러스에 감염되었는데 그때 공식 집계된 피해액만도 26억1000만 달러(한화 약 32조)를 기록했다. 또한 2001년 여름 맹위를 떨쳤던 '서캠'(Sircam) 코드 레드(Code red)에 이어 님다(W32/Nimda)에 의한 피해는 매우 컸다. 그 중 '서캠' 바이러스는 Hi! How are You? 라고 문구를 담은 전자 메일에 첨부파일을 담아 유포된 것인데 자체적으로 메일을 보내고 하드디스크를 파괴하는 기능을 갖고 있었다. 그리고 '코드 레드'는 윈도 2000 및 윈도NT를 기반으로 작동되는 윈도서버를 공격대상으로 삼아 잠복해 있다가 일정한 시점에 미국 백악관의 웹서버를 공격하기도 했다.

18) 『エコノミスト』, 2001年 10月 23日.

〈도표 4-1〉   **정보전의 행위자와 유형들**

주체	세부유형	목 적	위협수단
개인	회색해커(gray hats) 흑색해커(black hats)	유언비어 전파, 흑색선전(mayhem), 호기심, 재미로 하는 해킹(joyride) 돈벌이, 앙갚음(복수), 개인정보 수집	• 해킹(hacking) - Hacker, cracker - Phreaker - Intruder - Penetrator • 바이러스(Virus) • Cyber Terror Infor-Terror • Blackmail, 스팸메일 • 전자총(HERF)
사회조직	소집단 규모 범죄집단 정치적 테러리스트 심리적 테러리스트 반란, 반체제 집단 기업체	유언비어 전파, 속임, 변조, 훼손, 과도한 PING, 정보가로채기(snuffing), 돈벌이, 세력과시, 보복공격, 정치적, 이념적 목적 실현, 지지획득, 고통, 공포, 분열증 상태, 정부공격, 독립운동, 산업·경제정보 수집, 경쟁기업 공격	
국가단위	불량국가 경쟁국가간	저항, 공격수단, 스파이 활동, 분리운동, 상호공격, 경제정보 수집	※ 범죄화, 지능화, Global 화

※ 자료, Zolmay M. Khalilzad, John P. White op. cit. pp. 406-409를 재구성

비용 등을 문제로 충분한 대응책을 마련하지 못하고 있다.

미국의 NSA는 사이버전의 중요성을 인식해 고차원의 수학과 컴퓨터 관련 전문 지식을 보유하고 있을 뿐만 아니라 중동, 동아시아, 슬라브 지역 언어에 능통한 청년들을 모집해 사이버전을 대비한 다양한 훈련을 시키고 있다. 중국, 이스라엘, 프랑스, 북한 등의 국가들도 사이버전의 중요성을 절감하고 자체 사이버전 프로그램 개발에 주력하고 있다. 미 국방부는 "북한, 중국, 이란, 이라크를 미군 내 주요 컴퓨터시설 및 정보기술에 대한 공격을 시도할 수 있는 우선국으로 지목하고 있다"며 종합적 대응책을 마련해 가고 있다. 미국은 북한과 중국의 컴퓨터 해킹 능력이 미국 CIA의 수준에 도달한 것으로 평가하고 이에 대응책을 마련하고 있다.[19]

그 실례로써 미 육군은 최근 사이버전 훈련을 통한 병사들의 전투능력을 향상시키고 있다. 특기할 것은 미 육군은 헐리웃 영화업계와 제휴하여 시나리오, 줄거리 및 등장 인물에 대한 컴퓨터 시뮬레이션을 통해 잠재적 현실과 실제 현실간의 차이를 분석함으로써 참가자

---

19) 『문화일보』, 2001년 5월 28일 2면

들를 몰입시키는 가상현실(VR : virtual reality)을 개발하는 계획이다. 사이버전쟁을 대비하기 위한 컴퓨터시뮬레이션 테크닉 공동개발연구소인 「창의적 기술 연구소」(ICT : Institute for Creative Technologies)를 설립하고[20] 병사들로 하여금 가상공간에서 마치 코소보 또는 이라크 전쟁에서처럼 전투 참가를 좀 더 잘 준비할 수 있도록 하고 있다.

조지 W 부시(Bush) 미국 대통령은 사이버 테러에 의한 잠재적 안보 위협으로부터 통신망을 방어하기 위한 조치 즉 '사이버 안보'를 위해 2001년 10월 「사이버 보안국」(Office of Cyberspace Security)을 신설하고 그 책임자로 대통령 특별 보좌관제를 도입 운영하고 있다.[21] 미국은 사이버 보안국을 신설하여 사이버테러에 대비하고 인터넷 보안망을 강화하겠다는 조치이다.

가장 현실성이 높은 사이버 테러는 주요 국가 정보망에 대한 해커들의 침입과 컴퓨터바이러스의 창궐, 테러리스트들이 정보이동 통로인 광 케이블를 절단할지라도 모른다는 우려에 따른 것이다. 실제로 미국은 2006년 2월 워싱톤에서 국토안보부(DHS)의 국가사이버 보안처(NCSD : National Cyber Security Division) 중심으로 사이버테러를 가상한 '사이버 스톰'(cyber storm)시뮬레이션을 실시했다. 동 시뮬레이션 연습에서는 정부부처와 민간기업 등 115개 조직이 참가했다. 미 행정부는 원자력 발전소, 핵무기저장소, 송전시설 등에 대한 파괴행위, 가스 수도 등 공공시설에 대한 사이버 공격, 미군의 메인컴퓨터, 정부와 밀전한 관계에 있는 IT기업과 방위산업체에 대한 사이버 테러를 상정한 훈련이었다.[22]

또한 중국은 사이버전이 위기 사태 발생 시 재래식 무기의 불균형을 극복할 수 있는 절호의 기회로 간주하고 있다. 1999년 2월 미 국방성 보고서에 의하면 북경 당국은 컴퓨터 바이러스를 통해 외국의 전산망을 교란시키는 방법들을 개발하기 위한 연구진 구축과 기술 개발에 몰두하고 있다고 했다.[23] 이러한 활동은 국가안전본부 내 기술국(기술 수단을 이용한 정보수집), 조사국(수집 자료 조사평가), 전자컴퓨터국, 과학기술정보국(경제, 과학, 기술) 등 다양한 기구를 통해서 필요정보를 수집하는 한편, 전 차원의 방호(방첩, 감청 등)대책을 수립 운영하고 있다. 특히 중국인터넷 사용 인구는 1999년 초 210만 명에 불과했던 것

---

20) Der Spiegel, Aug 23, 1999.
21) 미국뿐만 아니라 호주는 사이버범죄 방지법을 채택(2001년 10월)했으며, 일본은 국제테러 대책본부를 신설(2001년 10월 1일)해 사이버공격 등에 대한 방어기술을 개발 중이며, 중국은 국내 통신망 보호를 위해 '정보화 영도소조'를 설립 운영할 계획이다.
22) 堀田佳男, "美中「電腦戰爭」はすでに 開戰狀態だ", SAPIO, 2006. 10.25. pp.8~10.
23) Der Spiegel, Aug 30, 1999.

이 2002년 초 3,370만 명으로 늘어났고 2005년에는 1억 3,4000만 명에 이르고 있어서 네티즌 규모에서 세계 1위를 차지하는 미국(1억 5,000만 명)을 추월하는 것은 시간문제로 보인다. 그러나 중국 정부는 e메일의 탐지와 인터넷검열을 강화하면서 반체제 조직들을 레닌주의적으로 감시하며 안보를 지켜가고 있다. 반중국적 정보를 차단하기 위한 검열시스템으로 개발 중인 진둔프로젝트(金盾工程)는 '전자판 만리장성'에 비유되는 네트워크 검열체제로서 중국 공산당 독재체제 유지를 위한 주민 감시망이다.[24]

그밖에 일본의 경우 방위성과 자위대의 컴퓨터 시스템과 네트워크에 대한 사이버 공격 등의 새로운 위협에 대처하기 위해 방위성과 각 자위대는 네트워크에 대한 상시감시, 시스템 감시, 긴급사태 대처 등의 정보 시큐리티 확보에 필요한 각종 기능과 권능을 가진 조직(부대) 체계를 구축해가고 있다. 또한 독일정보기관인 BND는 1988년 세계 컴퓨터 시스템을 대상으로 해킹 작전을 착수했는데 컴퓨터 전문가 36명이 프랑크프르트 교외를 거점으로 활동했다는 것이며, 1995년 프랑스에서는 아주 우수한 해커 25명을 모집하여 해킹을 모의한 바 있다. 그리고 걸프전 당시 미 국방부 컴퓨터 시스템에 침입한 러시아의 해커는 이 기간 동안 200번 이상 어려움 없이 침입할 수 있었다. 또한 Trap Door 장치에 의한 첩보수집도 행하고 있다. 컴퓨터를 이용한 또 하나의 첩보수집수단으로서 타국에 판매되는 컴퓨터 소프트웨어에 비밀리에 침입이 가능한 프로그램을 설치함으로써 정보를 훔쳐내는 기술이다.[25]

참고적으로 북한의 사이버전 실태는 어떠한가. 북한은 김정일의 지시로 정예 해킹부대를 운영하면서 남한의 각종 정보를 수집하고 있다. 북한은 8개의 직영 인터넷 사이트와 구국전선 등 26개 해외 친북 사이트를 통해 주한 미군 철수 주장, 주적개념 비난, 체제선전 및 각종 투쟁구호를 하달하는 등 사이버 공간을 이용한 대남공세를 강화해 왔다. 북한은 "인터넷을 국가보안법이 무력화된 특별 공간이며 항일유격대가 다루던 총과 같은 무기"로 보고 있다. 그래서 「조선인포뱅크」와 「한국 민주전선」 등의 인터넷 사이트를 직접 운영하거

---

24) 高濱贊, "美中が鎬を削る! これがネット 檢閱れめぐる 2008년 問題だ" SAPIO, 2006. 10. 25. pp. 11~13.
25) 이러한 정보수집 활동사례로서 소프트웨어 개발 「인즈라」사와 관련된 스캔달이 있었다. 즉 1980년대 전반 「인즈라」사는 법무부을 위해 재판준비절차를 간략화하는 'PROMIS' 라는 소프트웨어을 개발하였다. 그러자 법무부는 동 PROMIS가 고도의 정보기관능력을 갖추고 있음을 착안해 이 소프트웨어를 「인즈라」사로부터 돌려 받아 CIA와 NSA, 그리고 이스라엘의 「모사드」에게 넘겨주었다. 동 정보기관들은 이 소프트웨어을 자신들만이 사용한 것이 아니라 제3자를 통해 세계첩보기관과 정부 여러 기관에 판매했다. 이렇게 함으로써 미국 CIA와 NSA, 모사드는 타국컴퓨터에 보존되어 있는 극비정보를 한꺼번에 훔칠 수 있었다. (일본 SAPIO, 1996, 5. 8)

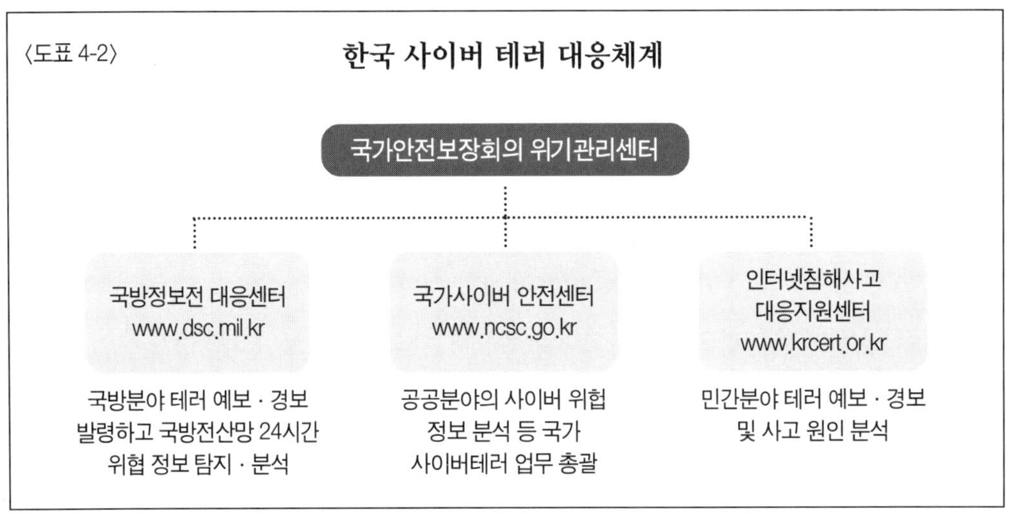

나 다른 사이트들을 이용해 「로동신문」과 「민민전」 방송 보도 원문을 게재하는 방법으로 e-대남 심리전을 전개하고 있다.[26]

그러면 우리의 현실은 어떠한가. 우리나라에서도 수많은 정보가 인터넷이라는 세계 장터에서 거래되고 있다. 누구나 세계 장터에 참가하지 않으면 실패할 수밖에 없는 세상이 되고 있다. 국내 해킹사고의 대부분이 국제해킹 사고로서 보안성이 취약한 우리나라 정보시스템이 쉽게 국제 해킹들에 의해 피해를 보는 사례가 많다. 국내 정보시스템의 보안체계를 강화하지 않을 경우 우리나라는 국제 해커들에 의한 피해가 계속될 것이다. 사실 국가, 공공기관의 전산망 해킹 사고에 대한 대응은 매우 미약할 뿐만 아니라 인력과 장비 면에서 취약한 부분이 많다. 더구나 국가 차원의 정보전에 대응하기 위한 조직이나 그 체제를 갖추지 못하고 있어 국가적 구심점이 요구되기도 한다.

우리 국방부는 1999년부터 김대중 대통령 주재로 열린 국정개혁보고회의에서 북한 등의 적대 세력에 의한 정보 침투를 막을 해킹 대응 특수부대를 1999년 말까지 창설하는 한편, 정보통신부는 1996년 4월 한국정보 보호 센터의 해킹 사고 대응 팀(CERTCC / KR)을 만들어 민간영역을 대상으로 활동 중이다. 국방정보 보호를 위해 ▲민 · 관 · 군간 협조체제의 구축 ▲정보보호 전문가 양성 ▲정보보호 시스템 평가기준 강화방안 등을 마련해 가고 있

---

26) 국방부 합동참모본부가 2003년 2월 25일 발표한 '최근 대남 심리전 실태' 분석자료(중앙일보 2003. 2. 26) 참조

다. 기민한 범국가적 대응 태세가 필요한 상황에서 우리는 국가안전보장회의(NSC) 위기관리센터의 지휘 아래 공공분야는 '국가사이버안전센터' (국가정보원), 민간 분야는 '인터넷 침해사고 대응지원센터', 국방 분야는 '국가전보전 대응센터' (국방부)가 담당토록 하고 있다.

그러나 여전히 부족한 점이 많다. 개선된 국가 사이버 안전매뉴얼을 만들어 공공 기관과 산업체 학계 연구소 등에 배포함으로써 예방활동을 전개케 하고 나아가 국민적 피해를 줄여가야 한다. 국가정보원 '국가사이버 안전센터' 등을 중심으로 국민생활이나 국가경제, 안보에 미치는 영향을 고려해 시스템의 보호 우선순위, 복구대상 등을 정해 적극적인 대응 체제를 갖추어 가야 한다. 우리 국방부 역시 미국의 경우처럼 사이버 방위군을 양성해 적의 통신망과 작전소프트웨어를 마비시키는 훈련도 필요시 된다. 적극적인 공격기술의 개발과 인력의 양성을 통해 해킹기술연구, 전파기술연구, 전자기파 폭탄 등 하드웨어 체계는 물론 심리전 연구도 동시에 이뤄져야 한다. 이런 사이버 공격에 대응하기 위해서는 다음과 같은 요소들이 가능토록 해야 한다.

첫째, 정보전 대응을 위한 범국가적 대응 체제를 갖출 수 있도록 관련 법규와 조직의 정비가 필요하다. 정보전의 조직과 기구의 정비로서는 국가정보기관 외에 각 행정부처에 정보전 담당관을 설치하고 정보전과 관련해 각 행정부처 상호간의 협력과 네트워크를 강화한다. 또 민간경제단체(경영자 단체)에 정보전 담당조직을 설치하여 경제정보활동에 관한 국내외 정보는 물론 타국들의 경제정보전 동향 등의 정보를 상호 교환한다. 특별히 국가의 안위를 지키기 위해 정보보호정책의 수립과 기술개발을 위한, 즉 사이버전(Cyber-War) 내지 및 전자정보전(EIW : electronic intelligence war) 에 대비한 제도와 기술구축이 필요하다.

둘째, 정보전의 개발 및 방어수준을 점검하는데 필요한 평가 제도의 도입과 대응능력을 파악 할 수 있어야 한다. 비록 기술력이나 인력이 확보되어도 이를 결집시켜 1/1000초를 다투는 전쟁에 대응하기 위해서도 지속적으로 정보 시스템의 개발과 응용이 검증되어야 한다. 사실 우리는 사이버 테러를 예방하고 유사시 대처하기 위한 전문가와 정보 기술이 절대적으로 부족한데다 대부분의 기업들이 비용 등을 이유로 충분한 대응책을 마련하지 못하고 있다. 대규모 빌딩 붕괴 같은 테러 행위의 위험성을 감안할 때 사이버테러라는 관점에서 본다면 어느 기업도 안심할 수는 없을 것이다.

셋째, 민간 기관, 기업, 정부를 포함하는 유관 기관들의 협력체제 구축이 필요하다. 사이버상에서 전쟁은 선전 포고 없이 진행되는 것으로 민 · 관 · 군간의 차이가 있을 수 없다. 그러므로 정부는 물론 민간 기업까지도 관련 정보를 수집, 보고, 공유하도록 한다. 특히 기업의 경제적인 성공은 기업의 이미지(브랜드)와 경영자의 수완에 달려 있다고 할 수 있으나 무엇보다 개인과 기업 차원의 고급정보를 어떻게 수집 생산하여 적용하느냐에 따라 달라질 수 있다.

결론적으로 웹 2.0시대에 맞게 사이버상의 정보전뿐만 아니라 동영상이나 사진 메일정보 자체를 보호하는 문제가 중요해 지고 있다. 이제는 국가기관이나 기업의 정보기술운영 전반에 대한 전문 관리자만의 몫이 아니라 국민 모두의 대응능력이 중요해졌다. 아울러 사이버전 요원, 전자정보전 전문가를 확보하는 한편, 암호요원의 육성도 함께 필요하게 되었다. 정보 기반 구조를 사이버테러로부터 보호하기 위해서는 정부, 민간 부분을 포함한 범국가적 정보전 대응 체제를 구체화 시켜야 한다. 국민들에 대한 정보 마인드 고취와 정보전에 승리하기 위해서는 초·중등학교 등의 의무교육과 고등교육에서 정보원화 교육을 강화할 필요도 있다. 공무원과 직장교육을 통해 국가의 공복으로서의 마땅히 안전보장 및 정보전에 관한 교육을 받도록 하는 것도 한 방법이다.

10-2. 9·11 사태 이후 정보활동의 조정과 생존전략

우리가 앞에서 보았듯이 과거 정보기관들은 동·서 대립구조 속에서 전쟁 억지 내지 핵 억지력 개념을 골간으로 하면서, 그리고 적대 관계라는 '단일 전선'에서 활동해 왔다. 서방의 정보기관들은 적극적 정보활동을 강화하면서도, 동시에 소극적 방어(방첩)활동에 중점을 두고 항상 소련 등 동구권의 공세에 대응해 왔다. 그리고 권력자들은 통치의 안정화를 위해, 정적(政敵)을 제거하기 위한 음흉한 정보공작을 벌리거나 도청을 지시하기도 했다.

각 나라들은 그들 나라에 속한 정보기관에 대한 투자를 확대한 결과 훨씬 유능하고 국가 관리에 있어서 필요한 조직으로 성장하고 있다. 선진국들은 훌륭한 공작원뿐만 아니라 거대한 위성 및 고공정찰비행을 통해 정교한 사진정보와 감청이 가능한 기술들을 개발하고 있다. 과거 냉전 기간 중 정보활동은 비용에 관계없이 전반적으로 많은 예산을 투입할 가치가 있는 것으로 인정받았는데 그 이유는 다름 아닌 생존이 바로 핵심 정보에 달려 있었기 때문이다.

말할 것도 없이 오늘날 미국과 같은 나라는 고도의 기술정보능력과 정보망을 운영하며

'네트워크 이데올로기'를 중시하고 있다. 이러한 능력은 곧 '잠재적인 적'에 대해 유리한 입장에 설 수 있었으며 군사, 경제, 정치적인 면에서 국력의 중요한 요소가 된다. 특히 급격히 변화된 지구적 환경에 대응하여 정보기관의 능률과 효용성을 개선하는 등 정보능력을 계속 키워가고 있는 것이 오늘이 현실이다.[27]

　나아가 국가이념에 바탕 한 정책을 실현하기 위한 행동을 통해 국제여론의 파악은 물론 자국의 이해를 납득시키기 위해 국제 사회에 대한 적극적인 정보 행위가 중요해지고 있다. 인터넷의 발달과 접속으로 신문과 방송 출판물 등 매스미디어의 전자화, 디지털화가 진전됨에 따라 전지국적 규모의 정보망을 활용한 정보전이 행해지고 있다. 모든 정보를 획득하고 정보의 우위를 점하게 되면 세계 지배도 가능하다고 믿게 되었으며 인공위성에 의한 영상정보 활용에서부터 사이버 등의 정보통신기술 발달은 이것들을 가능케 하고 있다.

10-2-1. 디지털 시대의 정보활동 영역의 개척

　각국 정보기관들은 적(敵)보다 먼저 자신을 알고 동시에 적이 알지 못하도록 차단하는 활동을 하게 된다. 또한 첩보 출처를 보호함은 물론 적의 심리전에 대응하는 전략을 수립하기도 한다. 그래야만 상대방에 대한 영향력을 확보할 수 있는 등 이른바 '정보전쟁'에서 승리할 수 있다. 미국 뉴트 깅리치(Newt Gingrich) 전 하원의장은 21세기 대 테러전은 정보전쟁이라 해도 과언이 아닌바, 각종 미디어를 통해 미국 사람 및 전 세계인들에 대한 테러 경각심과 올바른 정보를 지속적으로 제공하는 포괄적인 정보협력이 이뤄지도록 해야 한다고 했다.[28] 이런 의미에서 현대 정보기관들은 시대의 변화에 따라 군사적 경쟁 대신 보이지 않는 경제전쟁을 하면서 첨단기술정보 획득을 위한 첩보전을 벌이고 있다. 국제금융 분야 경제전문가를 육성하여 경제전에 적극 개입하는 등 정보활동 영역을 개척해 가고 있다.

　그리고 각 정부 부처나 연구소, 경제주체들은 업무의 조정을 통해 기업에 대한 정보지원 체제를 서두르고 있으며 이런 정보지원 체제를 통해 경제발전을 촉진하고 있다. 최근에는 수집된 정보를 관련 국내 업체에 제공하는 경향까지 보이고 있는데[29] 자국 기업에 대한 경

---

27) Bill Powell, "How George Tenet Brought the CIA Back from the Dead", Fortune, Oct 13, 2003. pp.88~94.

28) http://newt.accrisoft.com//index.php?src=gendocs&id=174.

29) Peter Schweizer, "The Growth Economic Espionage-America is Target Number One", Foreign Affairs(Jan-Fab 1996), pp.9~14.

쟁이익을 충족시켜줄 수 있는 유용한 활동으로 인식되고 있다. 따라서 각국의 정보 분석이나 정보활동의 변화 특징을 요약하면 다음과 같다.

첫째로 국가 이익관리를 위한 정보활동의 공격적 성향이다. 9 · 11 테러사태 이후 미 CIA는 법적으로 국내정보수집활동을 금지하는데도 미 정부가 테러를 방지한다는 취지로 2001년 10월부터 반테러법(일명 패트리어트법)을 시행하면서 국내 정보활동을 강화하여 왔다. CIA는 미 대배심원 재판정에 제출된 미국인들의 학력 재산 인터넷 이용 전화 통화 내역 등 광범위한 정보를 법원의 허가 없이도 사용할 수 있다. 또 동 법안은 해외에서 미국으로 보내는 e-메일 등을 CIA가 영장 없이 열람할 수 있도록 하고 있다. 그밖에 대외적 정보활동들, 예를 들어 베트남에서 경제와 문화를 지원한다는 구실 하에 대 베트남 무역을 강화하고 있으며, 또한 정치정보 수집을 위한 인적첩보망을 확장하고 있다. 미국은 베트남에 대한 민주주의의 공세 그리고 다양한 개혁지원을 통해 미국 정보기관들은 깊숙이 연계되어 있으며, 이런 관계는 장기적 관점에서 미국의 국익을 증진시켜가고 있는 것이다. 그리고 프랑스는 보스니아와 르완다에서 '인권문제'를 거론하며 경제정보수집과 야심찬 정치적 영향력을 확대하고 있다.

둘째는 정보소비자의 범위가 넓어지는 것에 대한 대응이다. 전문가들은 탈냉전시대에 들어와 정보기관의 활동 및 막대한 예산을 정당화하기가 점차 어려워지는 상황이 되었다. 구소련의 붕괴 이후 정보활동의 패러다임 변화가 필요한데도 이를 수용하지 않고 있다는 비판까지 제기되어 왔다. 그러나 구 소련이 더 이상 존재하지 않지만 잠재적으로 위협이 될 국가는 많으며 정보소비자의 범위도 정치 관료에서 경제전문가, 동맹국간의 협력, 심지어 NGO에 이르기까지 정보요구가 늘어나고 있는 상황에서 그 존재 이유는 더 커지고 있다. 덧붙이면 갈등 관계에 있는 국가들 간에는 과시적인 무력행사와 외교전을 전개하는 가운데 무력행사를 피하기 위해서 소산(dispersal), 위장(camouflage) 기만(deception) 등의 전술을 구사하며 상대방의 공격 능력을 저하시키려 한다. 어느 특정 국가에 대한 무력을 행사할 것인가에 대한 억지(deterrence)와 강압(coercion)은 무력행사 패턴에 속하는 특징들이지만 이때도 정보는 필수적이다.

셋째는 정보통신의 발전에 따른 폭넓은 공개정보 수집이다. 현대는 정보통신기술의 발전으로 정보기관이 수십 년간 해 오던 정보수집, 분석, 처리 등의 작업은 비용을 적게 드리고 불확실성도 낮출 수 있는 계기가 되고 있다. 오늘날 우리는 뉴스 각종 통계 전문가 논평 등 1분에 100건 이상의 소식을 접한다고 한다. 일반인들이 하루에 5,000개 이상의 광고와 메시지를 접하면서 살아간다.[30] 공개정보에도 좋은 정보가 존재하고 있어 제임스 울시 (James Woolsey) 전 CIA 부장은 모든 경제정보의 95%는 공개정보나 일반인도 접근할 수 있는 자료들로부터 얻고 있다면서 다만 5%만이 첩보활동으로 빼내는 본질적인 '비밀정보'로서 스파이활동이나 개인 접촉, 그리고 정찰위성을 통해 핵심비밀을 입수할 수 있다고 말했다.[31] 국경을 넘어 상당한 위험 속에서 수집하던 첩보를 인터넷상에서도 쉽게 접할 수 있게 되었고 강대국의 전유물로 여겨지던 고해상도 위성영상도 쉽게 구입해서 볼 수 있게 되었음을 말하는 것이다.

넷째는 정보복표 우선순위를 정해서 집중하거나 그 영향을 평가하는 일이다. 여기서는 전략목표, 전술목표로 나눌 수 있으나 일반적으로 중요목표(hard target)와 일반목표(global coverage) 그룹으로 나누고 있다. 클린턴 행정부 당시 대통령 정책지침 35호(PDD-35)에서는 중요 목표(상위 그룹의 이슈들)는 매우 긴급한 사항들로서 주로 이란, 이라크, 리비아, 쿠바, 북한과 같은 불량 국가들에 관한 문제들과 테러 무기 확산 마약, 국제범죄와 같은 다 국가들 간 문제들이 포함되었다. 물론 이러한 구분 역시 문제가 없는 것은 아니다. 정보기관들이 중요 목표 혹은 일반 목표로 구분해 대처하기란 매우 어렵다. 세상사는 복잡해서 일반목표에 들어있던 이슈들이 1년 기간이 흐르면서 긴급 사안으로 떠오르게 되는 사례도 생길 수도 있기 때문이다.

다섯째 정보분석과 수집부서간 협력 체제를 강화하면서 정보목표 분석 수준을 높이고 있다. 미국 국가정보부(DNI)의 정보활동 강화 방안 중에는 제한된 수의 분석관들에 대한 분석수준을 높이는 신분석기법의 개발을 포함하고 있다. DNI는 2007년부터 여름부터 각 정보기관의 유능한 분석관으로 구성된 이른바 '신속 분석지원 및 즉각 반응'(RASER : Rapid Analytic Support and Expeditionary Response)으로 명명된 핵심 분석관 그룹을 운영할 예정이다. 고난도 정보목표에 분석업무를 담당할 이들은 각 정보기관에서 뽑힌 엘리트 분석관 집단으로서 위기 상황에 신속히 대응하고 정보통합체의 효율성을 높이기 위한 조치들이다.[32]

---

30) New York Times, Jan 15, 2007.
31) Christian Science Monitor, April 6, 2000.
32) Mike McConnell, "Overhauling Intelligence", Foreign Affairs, July/August, 2007.

10-2-2. 정보활동의 조정

앞의 1장(2, 3항)에서 정보의 역할과 필요성에 대해 간단히 언급하였다. 아무리 민주화되고 개방화 사회로 발전되고 있는 추세이지만 오히려 국가 기관의 존재와 그 활동의 강화, 즉 다양한 정보수집과 그 행동방책을 강구하는 것이 매우 중요해지고 있다. 나아가 부처간에 혹은 국가간에 상충하는 정보활동을 조정할 통합조정기구가 필요해 지고 있다. 전통적으로 정부나 시민들은 진정한 힘을 가진 정보기관의 출현을 거부해왔으며, 정보엘리트들에 대한 거부감도 있었으나 현대는 이런 시각이나 아집은 '정보 시대'에 있어서 올바른 태도가 아니라고 여겨진다. 이제는 특정정보가 국가나 초국적 기업 혹은 개인들의 전유물이 아닐 뿐더러 정보는 흐르면서 누구에게나 이용가능해 지기 때문이다.

또한 우리가 경험하고 있듯이 테러 등 저 수준 분쟁(low-intensity warfare) 상태는 계속되고 있는 상황이다. 이집트, 알제리, 요르단, 사우디아라비아 등의 회교 테러 조직은 국가 및 권력의 대행자이자 하수인들로 활동하면서 회교에 적대적인 기독교, 유대교 및 힌두교 등에 테러를 행하고 있다. 이를테면 이슬람 원리주의자들은 재래식 무기뿐만 아니라 생물, 화학, 핵무기 무장을 강화하고 있어 21세기 최대의 안보위협으로 인식되고 있다.[33]

미국은 9·11 사태가 발생한 이후 모든 영역의 패러다임의 변화를 겪으면서 정보기관들을 개혁하고 조정하였다. 9·11 테러 진상 위원회는 정보기관의 통합성과 창의성의 부족, 정보부처간 정보공유와 상호교류 부재 등을 지적하며 '애국법'(Patriat Act, Anti-Terrorism Legislation)과 '국토안보법'(Homeland Security Act)을 만들도록 권고했으며, 이어 국가징보부(DNI) 신설과 대테러센터(NCTC)를 설치토록 했다. 국토안보부(DHS)의 설치는 정통적 범주의 경찰 특공대 긴급전문가 외교관 경제전문가 첩보원 등을 하나로 통합해 기동력 있는 조직으로 발전시키기 위한 조치이다. 이 같은 조정은 미국 영토를 대량살상과 테러를 자행하는 사악하고 잔인한 적들로부터 안전을 지키기 위해 '국토안보국가전략'(National Strategy for Homeland Security)에 따른 것이다.[34]

---

33) 미국이 2003년 국제안보현안으로 지목하는 것은 ①이스라엘과 팔레스타인간의 갈등과 보안장벽 ②러시아 인구 감소에 따른 자국관리문제 ③인도 내 힌두교와 이슬람교간 분열 ④AIDS와 아프리카지역의 군대위기 ⑤이란. 인도간 동맹 관계 강화 ⑥불량국가 미사일의 인공위성공격 ⑦군수산업 합병으로 인한 첨단장비개발 미흡 ⑧미 항모의 노후로 인한 해양전략 약화 ⑨인도. 파키스탄간 인더스강 수자원분쟁 ⑩도시화로 인한 시가전의 곤란 등 10가지를 제시했다. 자세한 것은 Philip S. Anton(others), "Headlines Over the Horizon", The Atlantic Monthly, July/Aug, 2003.

　더구나 정보 체계 개혁은 그동안 과학 기술첩보에 대한 과도한 의존으로 야기된 인간정보 경시와 정보 공동체의 통합성 결여 등의 문제를 해결하기 위해 정보예산과 인사권을 모두 가진 국가정보부장직(DNI)을 신설하고 그 자리에 존 네그로폰테(John Negroponte) 전 이라크 대사를 임명(2005. 5)한 바 있다. DNI는 실질적으로 CIA, 국방부 정보국, FBI, 국무부, 재무부, 국토안보부 등의 공작부서를 포함한 정보예산(약 420억불)의 80%를 집행 운영할 수 있는 서류상의 권한을 가지고 있다. 뿐만 아니라 미국 정보기관들 중 예산을 많이 쓰는 국가안보국(NSA)의 해외통신감청과 암호 해독, 국가정찰국(NRO : 첩보위성운영), 국가지리정보국(NGIA)의 예산도 관리하고 있다. 조직 면에서 DNI는 정보국장 대리 4명과 10개 정보부서장에 대한 임명권을 보유하며, CIA의 핵심 부서인 국가정보위원회(NIC) 및 대테러센터(NCTC)를 휘하에 두고 있다.[35] 미국은 이런 위험에 대처하기 위해 이미 현실적으로 누군가 이익을 보면 다른 사람은 반드시 손해를 본다는 제로섬(zero-sum) 법칙에 입각한 편협한 개념에서 떠나 인간의 기본적 욕구까지도 아우르는 '인간안보' (human security) 시대로 확대되고 있다.[36]

　참고적으로 우리는 미국이 중시하는 국토안보와 국가안보 차이를 이해할 필요가 있다. 국가안보(National Security)는 미 연방정부 헌법에 명기된 대로 '현세대와 후손들에게 보다 완벽한 연방구성, 정의의 실현, 국내 안전보장, 공동방위(common defense)의 제고, 복지 향상, 자유의 축복을 보장하는 것' 을 의미한다. 반면에 국토안보국가전략(National for Homeland Security)은 "미국의 근본가치와 제도의 보존 미국의 주권과 독립을 보장하는 것"을 목적으로 한다. 주요 기능은 국가안보와 관계가 깊은 연방 · 주 · 지방 그리고 민간 기구들의 노력을 조직하기 위한 포괄적인 기본 임무를 수행함으로써 미국 안보전략을 보완한다는 정치적 의미를 갖는다. 이런 차원에서 국가안보와 국토안보전략은 상호 보완적이

---

34) 국토안보의 정의는 미국 내 테러공격을 예방하고 미국의 대 테러취약성을 감소시키며, 공격을 받았을 때 피해의 최소화와 복구 위한 국가적인 협동노력이다. 그리고 그 목적에 있어서는 국가적인 협동노력을 통해 테러행위의 예방(prevent), 테러리스트 조직의 규명, 미국의 취약성 확인 및 감소시키는 일, 피해의 최소화 · 복구 등의 대책 수립이다.

35) Helen Fessenden, "The Limits of Intelligence Reform", Foreign Affair(Nov/Dec 2005), pp.106~113.

36) '인간안보' 란 실현실주의자들의 접근방법으로 전통적 · 군사적 요소뿐만 아니라 비군사적 요소들인 정치, 경제, 사회, 환경적 요소들을 포함시키고 있다. 그래서 민간안보 개념에는 경제안보, 식량안보, 건강안보, 환경안보, 개인안보, 공동체안보, 정치적안보까지 거론된다.(UNDP, 1994). 개념적 이해, 말 실제들은 Roland Paris, "Human Security : paradigm Shift or Hot Air? , International Security, Volo26 Nv02 Fall 2001), pp.28~101. 그리고 Barry Buzan, Reople, States, and Feas : An Agenda for International Security Studies in the Post - Cold War Era, (Bolder : Lynne Rienner, 1991)를 참조

고 쌍둥이 개념이다.

거듭 강조하거니와 국가안보를 위협하는 불안정한 국가나 강력한 호전적인 국가들 모두가 다른 국가에 중대한 위협이 될 수 있다. '불안정한 국가'는 정부에 대한 국민의 지지와 통합을 이끌어 내기 위해 보다 노골적인 적대 정책을 채택하게 될 가능성이 높기 때문이다. 따라서 '부상하는 국가'나 실패한 국가 혹은 전략적 동반자 관계(constructive strategic partnerships) 국가를 막론하고 자국의 안보를 위협할 수 있다는 의미에서 주변 국가들에 대한 문제해결 능력을 확보할 수 있는 정보수집 능력을 요구받고 있다.

그 대상들로써는 첫째로 불량국가 및 잠재적 위협국들에 대한 정보수집이다. 소련 등 현존 사회주의 국가들의 붕괴에 이어 미국은 군사전략 기본 모형으로 '불량국 독트린'(rogue doctrine)을 창안해 1990년대 말까지 적용하였다. 이는 냉전 이후 파웰(C. Powell) 전 국무장관의 제안으로 '불량 국가'라는 적대적인 제3세계 국가의 군사 위협에 대처하는 냉전수준의 잠정적 수단이었다. 일반적으로 이라크, 이란, 리비아, 북한 등이 포함되는 지역적국(regional adversaries)은 잠재적 군사력, 과거의 대서방 적대감, 대량파괴무기 개발과 보유 등으로 다른 나라들보다 위험하다고 평가한다.

그 중에서도 정보기관의 업무는 국내외적으로 일어날 수 있는 자국 국민과 주요 시설에 대한 테러분자들의 활동을 감시하는 일이다. 지난 2001년 9월 11일 뉴욕, 워싱턴에서 일어난 동시다발 테러 사건은 여객기를 자살 폭탄이라는 도구로 이용하는 미증유의 신종 테러 사건이라는 점에서 매우 놀라운 것이다.[37] 이런 재앙적 테러리즘은 마르크스주의 테러리즘과 달리 일상적 조직편성이 되어 있지 않다는 점, 그리고 테러를 위해 일시적으로 조직하고 목표가 달성되면 그 조직은 곧 해체되는 형태를 보이고 있다. 초국가적 테러는 21세기 국제사회의 가장 큰 위협으로서 문명대 비문명, 문명 대 야만의 충돌로 여겨지고 있다.

뿐만 아니라 각국은 테러리스트들이 생물·화학 무기들을 사용하여 테러를 시도할 가능성에 대비하는 정보 수집을 강화하고 있다.[38] 특히 미국은 2001년 10월 '부시 독트린'(Bush Doctrine)을 통해 "테러리스트를 지원하는 어떤 국가나 조직도 잠재적인 공격목표로

---

37) 2001년 9월 11일에 일어난 미국의 뉴욕 무역센터 테러에 인한 피해는 5,465명의 인명 살상과 직·간접적 재산피해 105억 달러에 이르는 것으로 잠정평가 되었다.

38) Jack Spencer and Michael Scardaville, "Understanding the Bioterrorist Threat Facts & Figures", The Heritage Foundation, Backgrounder, No1488, Oct 11, 2001.

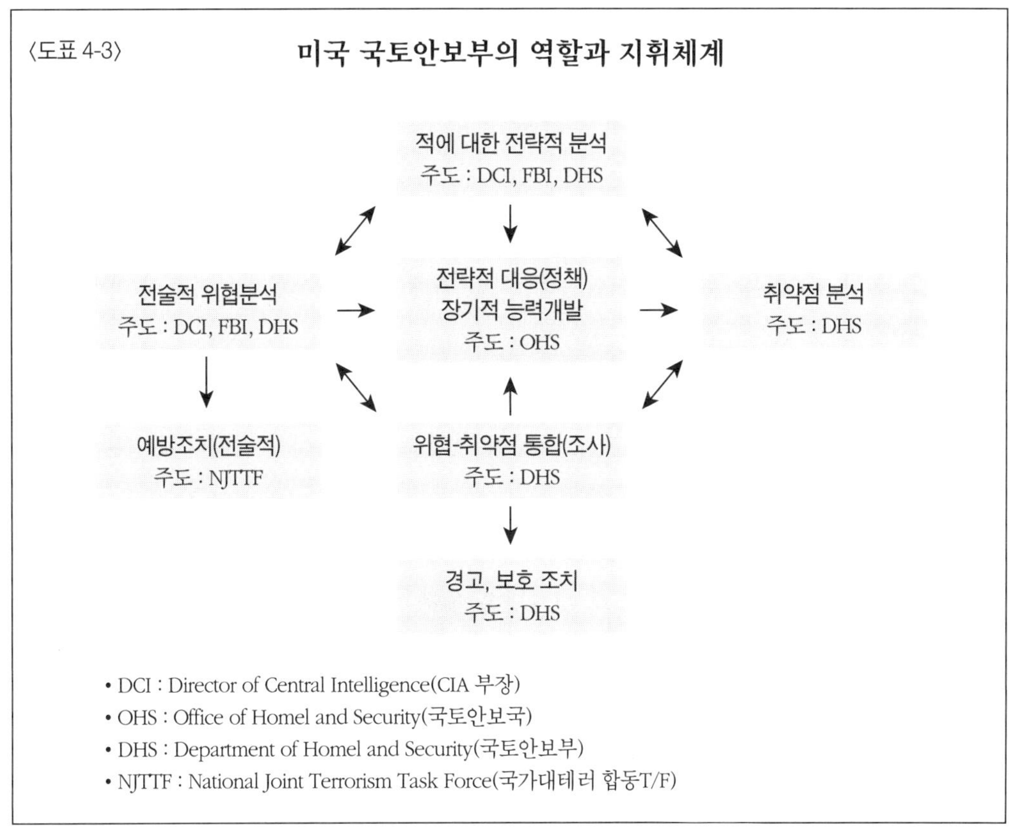

삼는다" 는 정책을 내 놓았다. 테러와의 전쟁 수행을 위한 원칙으로 나온 이 독트린은 모든 형태의 테러리즘을 근절한다는 확고한 방침이 되고 있다. 미국의 안보 패러다임은 이 같은 국제안보환경에 다양한 불안정과 불량국가 이외의 수많은 위협이 도사리고 있다고 판단해 실질적 안보환경 변화에 대응하고 있다. 인종 간, 내부적 갈등의 확산, 정치적 사회적 대변동 속에 국가 붕괴, 희귀자원의 확보경쟁, 심각한 환경 파괴 등이 이에 포함되고 있다.

둘째로 국제범죄활동 관련 수집이다. 국제적 조직범죄는 사회 어느 곳마다 침투해 활동하는 암적인 존재들이다. 오늘날 177개국이 인터폴로 알려진 「국제형사 경찰기구」(ICPO)에 가입해 조직범죄와의 전쟁을 벌이고 있다.[39] 또한 국제사회의 대응책으로 「국제금융대

---

39) 조직범죄의 개념은 회원국 간 아직 정립되지 않은 상태로서, 1988년 5월 제1차 국제범죄 심포지움에서 비합법적인 범죄 활동을 하는 인간 집단이나 조직으로 정의했다.

책반」(FATE)을[40] 만들어 마약밀매로 조성된 자금의 세탁을 감시하고 예방하고 있으나 구체적인 해결책을 찾지 못하고 있는 실정이다. 또한 불법 마약류의 생산과 유통 관련된 정보는 중요하다. 마약 정책의 주요 목표는 각종 방법을 동원해 해롭고 중독성이 높은 마약을 일반 사람들이 사용하지 못하도록 하는데 있다. 마약 범죄 감시대상 나라로 지목되는 미얀마, 태국, 라오스에 이르는 '황금의 삼각지대' (golden triangle)의 경우 전 세계 아편 생산량의 60% 정도인 3,000톤을 수출하고 있는데, 이런 밀매 루트는 서방전문가들의 관심지역이 아닐 수 없다.[41]

따라서 마약문제는 한 국가만의 문제가 아니라 국제적 문제이다. 미국 등 모든 나라들은 외국의 불법 마약생산을 감소시키고 또 마약이 자국으로 유입되기 전이나 유입된 것을 적발해 압류하는 일이다. 미국과 국제연합기구(UNO)는 1998년 '마약과의 전쟁' 을 선포했고 특히 미국은 2008년까지 '마약 없는 세상' 을 현실화시키기 위해 새로운 전략을 마련해 가고 있다. 미국 CIA와 FBI는 자신들의 첩보망을 통해 마약관련정보를 수집해 마약단속국(DEA : Drug Enforcement Agency)을 지원하고 있다.[42]

인터폴의 전문가들에 의하면 프랑스 Cosa Nostra 마피아조직의 경우 마약밀매로 1990년에만 총 거래 실적이 1,220억불 규모에 달했으며, 이 중 850억불은 돈 세탁을 하는데 성공한 것으로 보고 있다. 프랑스의 경우도 돈 세탁방지를 위해서 '자금세탁금지에 관한 법' 을 제정(1996. 5. 13)해 범죄자에 대해 징역 5년 또는 250만 프랑(50만 불 상당)의 벌금을 부과하고 있다. 또한 재정부 산하에 '비밀자금흐름방지 정보활동회' (TKAC FIN)를 창설해 자금세탁에 대한 조사권을 강화하고 있다.[43]

셋째는 재래식 무기 확산과 대량살상무기의 제조 방지 및 확산 관련 정보수집이다. 세계적으로 보면 북한 등 20여 개국 이상의 나라에서 대량인명 살상무기와 탄도미사일을 제조하고 있는 것으로 알려지고 있다. 미사일에 대해서는 강제적 국제조약이 존재하지 않고 그 관리를 위한 국제제도만이 있을 뿐이며 일반무기도 바세르나르 협정(Wassenaar

---

40) 국제적 차원에서 G7정상회담(1989, 7)의 결의에 따라 FATE가 창설되었다. 이 조직에는 중국, 러시아가 가입하지 않았으나 OECD회원국(26개국)이 가입하고 있다. 이 기관에서는 마약, 무기밀매 자금의 인터넷을 통한 거래, 스마트카드 등 새로운 거래도구를 통해 돈세탁 방지를 위해 노력하고 있다.

41) Time, Dec 23, 1996. pp. 20~21.

42) Gregory F. Treverton, op.cit, pp.167~168.

43) Le Monde, Oct 24, 1997.

Arrangement)이라고 불리는 제도에 의해 규제되고 있지만 그 효력은 미약할 뿐이다.[44] 신사협정만으로는 대량살상무기제조에 필요한 일상 상품이 무기로 전환되는 것을 저지할 수가 없는 일이다.

영국의 「분쟁·테러문제조사연구소」(RISCT)[45] 또한 핵 물질불법거래 실태와 핵 테러위협의 현실화 가능성에 대한 경고를 하고 있다. 지난 30년 동안 세계 도처에서 테러리스트들이 향후 언젠가 핵 및 핵무기를 이용한 공격행위가 현실화 될 것이라는 논의가 전문가들 사이에서 있었다. 특히 25년 전 Mason Willrich와 Thedore Taylor는 핵무기를 이용한 테러리즘의 위협을 최초로 공론화했다. 더구나 1990~1997년간 세계도처의 핵 물질과 관련된 불법거래의 적발 사례가 늘어났다. 언론 매체를 통해 공개된 자료들에 의하면 477종의 개별적 사례들이 이미 보고된 바 있다.[46]

흔히 빈자의 핵무기로 불리는 생화학무기를 이용한 테러전쟁은 새롭거나 가상적인 것이 아니라 지난 14세기 페스트 병이 창궐한 이래 꾸준히 전개돼 온 수법이다. 세계적인 생화학 테러의 주요 목표는 시민, 농작물, 가축 등이며 생화학무기를 만들 수 있는 물질을 주변에서 비교적 손쉽게 구할 수 있다는 이점 때문에 많은 테러리스트들의 관심 대상이 되었다. 생화학 무기는 고도의 기술력과 자금이 뒷받침돼야 하는 핵무기에 비해 제작비용이 100분의 1에 불과하지만 핵무기에 못지않은 효과를 지닌 대량살상무기(WMD)들이다.[47] 특히 생물 화학무기의 테러 발생 가능성은 계통상으로 가시화되고 있는데 지난 1997년 미국 내에서 생화학 작용제와 관련된 범죄수사는 총 건수의 30%였으나 1998년에는 62%로 2배 이상 급등했다.

넷째는 각국에서 은밀히 이뤄지는 뇌물 거래에 관한 정보수집이다. 미국 정보기관은 방대한 규모의 '국제뇌물거래 데이터베이스'를 극비리에 구축해 왔다. 미 CIA와 NSA 등 정보기관들이 세계적인 감청망인 에셀론 등을 이용해 대규모 국제무역 거래나 공사 수주와

---

44) 과거 공산권수출통제위원회(COCOM)는 공산권국가들에 대한 수출을 통제하기 위해 금수품목을 설정해 운영해 왔으나 이 기구는 1994년 3월말 해체되고, 1995년 12월 미국을 비롯한 28개국이 네덜란드 베세르나르에 모여 COCOM을 계승 발전시키기 위한 회담을 갖은데 이어 1996년 11월 Wassenaar체제를 공식 출범시켰다. 여기서는 재래식 무기, 민군겸용의 상품과 기술에 대외(이란, 이라크, 리비아, 북한 등)수출을 금지하고 있다.

45) 영국에 있는 분쟁·테러문제조사연구소(RISCT)는 국제분쟁과 테러리즘에 대해 연구하는 비영리연구기관으로서 산하에 있는 Conflict Studies 잡지를 통해 국가안보관련 주요현안들에 대한 보고서를 정기적으로 게재해 오고 있다.

46) Conflict Studies, Jan-Feb, 1999.

47) Jack Spencer and Michael Scardavill, op.cit.

관련된 각국의 뇌물 거래 상황을 수집해 미국 업체들을 지원하고 있는 것으로 알려졌다.[48] 미국은 외국 부패관행법(FCPA)을 통해 국제 거래를 따내거나 유치할 목적으로 해당 공무원들에게 뇌물을 제공할 경우 형사책임을 묻도록 돼 있다. 또한 경제협력개발기구(OECD)는 2000년 2월 15일 뇌물금지 협정을 제정해 국제 거래를 따내거나 유치하기 위해 해당국가의 공무원들에게 뇌물을 제공하는 행위를 범죄로 규정하고 있다.[49]

이를 실천하기 위해 미국은 재무부·상무부와 CIA간 경제정보 수집에 관해 긴밀한 협조 관계를 유지해 가는 가운데 1993년 미 상무부 국제무역 담당 차관으로 제프리 고텐(Jeffry Garten)이 임명된 후 미국 기업의 해외 계약 수주를 지원하기 위해 상무부에 경제전실(Economic War Room)까지 운영하고 있다.[50] 그밖에 재무부는 세계금융 분야의 중앙정보국이라는 별명을 갖고 있는데 미국이 대테러전에 나서면서 세계금융의 중심지인 월스트리트와 130여 개국의 금융기관에 대한 정보를 수집하고 있다. 동시에 재무부는 '해외자산통제법' 에 근거해 불량국가들과의 테러 마약 국제범죄 자금 등 금융거래 및 위폐 문제 등을 조사하고 있다.

이러한 개혁 조치는 다원화되고 불확실성이 높아지는 상황에서 증대되는 정보 욕구를 충족하고 나아가 정보조직에 대한 조정 통제의 필요성이 날로 증대됨을 반영한다. 조정통제는 그 기능과 실천을 계획하고 지시, 조정, 통제하는 것을 의미하며 정보활동 계획의 효과적인 업무수행을 목적으로 한다. 특히 조정통제는 맹목적 욕심이 아니라 정보조직의 발전 방향과 활동 방향을 위한 '의사결정 우위' 를 확보하려는 것으로 의사결정 우위(decision superiority)는 바로 정보 책임자들의 경험과 지식은 물론, 판단과 실패의 노하우, 기타 조직의 전문성과 관련되는 처리 과정을 통해 양질의 정보를 생산하기 위한 것이다.

10-2-3. 정보활동의 최첨단 과학화와 상업화

미국은 지난 수년간 미 공군과 첩보위성을 운영하고 있는 국가정찰국(NRO)의 지휘 하에

---

48) 『문화일보』, 2000년 7월 24일
49) OECD뇌물금지협정에는 29개 회원국 가운데 15개국이 서명했다. 지난 1976년 제정된 가이드라인은 ①뇌물을 제공하지 말 것 ②뇌물관행을 방지할 수 있는 경제통제시스템을 채택할 것 ③소비자의 민원에 대한 투명한 처리절차를 마련할 것 등의 내용이다. 그 후 2000년 6월 27일 다국적 기업가이드라인 개정안을 채택 뇌물방지협약실천을 위한 구체적 지침을 보강했다.
50) Asian Times, Jan 29, 1997.

첩보위성기술을 발전시켜왔다.[51] 암호명이 Key Hole인 최신형 첩보위성은 지구상공 150~300km에서 지상에 나란히 놓여 있는 2개의 사과를 구분할 수 있을 정도의 정밀성을 자랑한다.[52] 미국은 Key Hold 위성 이외에도 최소한 2기의 Lacrosse 레이더 위성을 운영하고 있는 것으로 알려지고 있는데 동 위성의 경우 구름에 쌓인 목표물일 지라도 지표면을 1m 단위까지 촬영할 수 있는 정밀성을 갖고 있다.

시사적이지만 미 국가정찰국(NRO)은 21세기를 맞아 '세계적 정보우위'를 목표로 발전시켜가고 있다. 특히 과학기술의 혁신과 발전을 통해 전 세계와 우주를 대상으로 한 정찰활동을 강화함으로써 국가안보는 물론 어떠한 전쟁, 군사 작전에서도 승리를 이끈다는 계획이다. 정보제국으로서의 세계적 지배가 가능한 수단들 즉 경제적, 군사적 정보능력을 확보하기 위해 국가정찰국이 미래지향적으로 어떻게 발전해야 하고 그 임무가 무엇인가를 다음 〈도표 4-4〉과 같이 제시하고 있다.

실제로 중국의 첫 유인 우주선 선저우(神舟) 5호 발사를 계기로 미국의 우주 첩보전은 가열되고 있는 양상이다. 미국의 국가안보국(NSA)과 국가정찰국(NRO)은 중국이 추진하는 우주 항공계획의 일거수 일투족을 지켜보고 있는데 심지어 첫번째 우주인이 왼손잡이인지의 여부도 정보가치가 있다고 하면서 중국을 감시하고 있다. 뿐만 아니라 국가 차원의 전 우주적 정보수집기술은 민간 기업에서도 큰 기대를 갖는 대상이다. 미 정부는 첩보위성기술의 상업적 이용을 허가(1994년)하면서 미국이 압도적 우위를 자랑하는 첩보위성 기술이야말로 '미국 기업이 돈을 벌 수 있는 분야'로 여기고 있다. 그 동안 미·러 양국이 독점하고 있던 우주 공간으로부터의 고해상도 사진도 민간첩보위성의 등장으로 누구든지 입수할 수 있는 시대에 접어든 것이다. 북한의 대포동 미사일 발사기지 전모를 밝힌 미국 스페이스 이메이징(SI)사 위성 '이코노스'가 촬영한 고해상도(1m) 사진이 팔리고 있다.

또한 유럽도 독자적인 첩보위성 개발을 추진하고 있는데 프랑스는 대낮에만 정찰이 가능한 소위 헬리오스(Helios) 위성개발을 시도해 왔으며 독일은 야간에도 활동이 가능한 호로스(Horus)위성개발을 추진하고 있다. 미국은 Cm영역까지 파악할 수 있는 고해상도의 첩보사진을 활용하고 있는데 반해 프랑스는 아직 1m 해상도의 Helios로서 공중첩보전에 대

---

51) National Reconnaissance Office, Defining the Future of the NRO for the 21st Century, Auguest 26, 1996. http://208.240.89.171/jpanel/jertoc.html.

52) 미국은 1990년대 초 이후 화물자동차 크기의 Key Hold위성 3기를 발사 운영해 오고 있는데 최소한 1시간 30분에 1회씩 300~800km 간격을 두고 지구궤도를 선회하고 있다.

<도표 4-4>   **미국 세계적 정보우위 목표**

Attribute	Past	Present	21st century
Mission	Denied Area Reconnaissance	Worldwide Intelligence	Information Superiority
Systems	Individual	Itegrated	Fully Integrated
Resources	As Required	Budget Limitations	Increasing Budget Limitation
Management	Single Purpose	Integrated	Cost Effective
Oversight	Limited	Expanding	Joint SECDEF/DCI
Acquisition	Streamlined	Becoming Burdened	Best Practices
Security	Highly Compartmented	Greater Openness	Streamlined System
Organization	Air Force, CIA Navy, Program Stovepipes	SIGINT, IMINT, COMM	Matched to Customers
Requirements	National Focus	+ Operation Focus	Near Continuous Global Collection
Customers	Limited Set	Expanding Set	Continued Growth

응하고 있다.

그리고 민간위성사진 판매 시장도 날로 확대되고 있는 것도 주목할 만하다. 러시아는 현재 2m해상도를 지닌 Spin-2 위성의 사진을 판매하고 있다. 인도 역시 5m정도의 해상력을 가진 IRS-IC / D 위성이 촬영한 사진들을 시장에 공급하고 있다. 프랑스는 Spot 위성사진을 판매하고 있는데 10m의 해상도를 지닌 영상이다. 프랑스 정보기관은 스페인 및 이탈리아와 공동으로 발사한 Helios IB에 이어 유럽 동맹국들에게 기상 조건과 상관없이 촬영할 수 있는 레이더와 적외선 카메라를 장착한 Helios-II 첩보위성을 운영하고 있다.[53] 일본 역시 정보수집위성을 개발하고 있는데 「내각 위성정보 센터」가 중심이 돼 지난 2003년 3월 28일 H-2형 로켓에 의해 2개의 정보수집위성이 성공적으로 발사됐다. 일본은 이로써 중국 등

---

53) The Sunday Times, Dec 5, 1999.

동아시아 지역은 물론 세계도처에 대해 1m 크기의 해상 능력을 가진 영상을 얻게 되었다.[54]

그밖에 2000년대에 들어오면서부터 3차원 디지털 공간의 영상정보가 실용화되고 있다. 1999년도에 발사된 1m급 고해상도 상용 위성인 미국의 스페이스 이메이징(SI)의 이코노스 위성 수신 관제센터 지상국을 2000년 12월 경기도 용인시에 설치 운영하고 있다. 용인지역 수신 관제센터를 통해 얻어지는 영상은 3차원의 입체 영상, 합성 영상 등 영상 정보를 사용자의 요구에 즉시 제공토록 하고 있다. 이렇게 고밀도 위성사진이 시장에 출하되는 것은 각국의 안전보장논의에 여러 가지 영향을 미칠 뿐만 아니라 군사작전 자체도 변경토록 할 가능성이 있다. 1m 크기의 해상도를 가진 것은 부대배치, 전차 및 미사일배치 상태까지 알 수 있게 되었다.

앞으로는 신속한 부대 이동과 같이 '군사 작전의 스피드화'가 아주 중요시되고 있다. 실제로 이라크 전쟁(2003. 3~5월)에서 찾아볼 수 있듯이 군사작전에 동원된 장비가 경량화, 기동화의 특징을 갖는다. 전통적 필수 장비를 제외하고 모든 군사장비가 경(輕)무장(걸프전 당시 중화기의 1/9 수준의 장비만 휴대)으로 기동성을 향상시켰다.[55] 이러한 실례는 아프가니스탄과 이라크 전쟁에서 잘 나타났다. 테러 배후로 지목된 오사마 빈 라덴 은신처로 알려진 아프가니스탄을 공격하고, 이라크 전쟁을 수행하는데 있어서 미국 중앙정보국(CIA)의 '그림자부대'로 알려진 특수 활동국인 SDA(Strike Damage Assessment)와 SOG(Special Operations Group) 소속의 준군사 작전 부대원들의 정보전은 매우 뛰어난 것이었다. 전투병과 조종사, 정보원 출신 150여명의 정예 퇴역군인들로 이뤄진 SDA요원들은 전쟁 전에 이미 아프가니스탄 남부에 침투해 현지인을 포섭하여 정보망을 구축하는 한편, 탈레반 지휘부의 은신처를 추적해 관련 정보를 미군에 실시간 제공함으로써 공습 효과를 한층 높이는데 크게 기여했다.

또 이라크 전쟁에서도 특수 작전단(SOG) 요원들이 사전에 전략 거점을 확보하는가 하면 후세인체제를 붕괴시키는 작전을 지원했다. 현지에서 특수요원들에 의해 얻어지는 정보는 무기정찰기인 프레데터(RQ-1 Predator)를 동원해 CIA 작전국, 미군사령부 등으로 전달돼 공습 지점과 목표물 등을 찍는데 이용했다. 미 CIA는 정보수집업무 이외에 외국 정부 전복,

---

54) 岡部いさく, "全貌分析：日本の 情報蒐集衛星", 『軍事硏究』, 2003. 8, pp.69~80.

55) 걸프전과 다르게 이라크 전쟁에서는 전쟁 수행 기간이 40일에서 26일로, 군사 목표 탐지 소요시간은 3일에서 45분, 병력배치 소요시간은 7개월에서 3개월로, 전체 폭탄 사용 규모는 1/7 수준으로, 중화기 휴대 규모는 1/9, 정밀 유도무기 사용비율 중 공중투하의 경우 8%에서 66%였다.

요인 암살 등 임무를 수행하는 준군사 조직을 자체적으로 운영하는 것으로 알려져 있다. 참고적으로 미국 특수 부대원들의 아프가니스탄과 이라크 전에서 보인 활동을 요약하면 다음과 같다.

1단계	2단계	3단계	4단계
SDA요원 잠입	다양한 정보수집	수집정보 CIA분석	공격 · 작전지시
CIA직접지휘	적의 관련정보 송신	프레데터 촬영 지시	공습명령
SOG요원편성	핵심간부추적	작전계획수립	B-51, 52, B-1B, F-14기
정보전문가 동원	특수부대진입로개척	지휘부추적	텔레반군 무력화

위와 같은 작전은 정보기술에 기초한 대테러 전쟁에서 잘 나타나고 있다. 테러리스트 오사마 빈 라덴(Osama bin Laden) 등을 색출하기 위해 아프가니스탄에 파견된 미국 병사들에게는 병기보다 더 중요한 것이 정보수집이었다. 미국 병사들이 착용하는 헬멧에는 비디오 카메라, 야간 투시 쌍안경, 무선 통신용 마이크로 폰 등이 장착되어 있다. 또한 병사들이 휴대하고 있는 정찰위성에 연결된 액정표시(液晶表示) 장치에는 우군과 적군의 소재를 표시하는 지도가 나타나도록 돼 있다.[56) 결국 아프가니스탄 이라크 전쟁에 소요된 비싼 전쟁 비용은 2007년 6월 말 현재 6,100억 달러(매달 120억 달러 투입)로써[57) 이러한 경비는 대부분 정보수집 등 정보전을 위한 투자에 사용되었다

미래전쟁의 양상은 기상천외한 로봇 무기로 상대의 경비 태세를 혼란시키고 그 틈을 이용해서 본격적인 공격을 하게 될 것이다. 공중, 지상, 수중에서 다양한 정찰 로봇무기가 실제 전장(戰場)에서 활동하는 광경은 마치 공상 과학소설에서 찾아볼 수 있는 상상의 이미지로 남는다. 머지않아 여러 모양의 최소형 정찰로봇 무기가 실용화될 것으로 믿고 있는데 예로서 미국 국방부 최첨단 무기개발 사업국(DARPA)에 2,000만 불의 예산을 투입해서 초소형 비행 정탐장비(약칭 MAV, 직경은 최대 15Cm, 무게 100g)를 개발해 미래전에 대비하고 있다.[58)

---

56) SAPIO, "テロ戰爭特殊に沸く美企業はこんなにある", Nov 11. 14. 2001. pp.80~81.

57) 미 의회조사국(CRS)이 2007년 7월 8일 발표한 금액이다.

58) 동 정탐장비 MAV는 하늘을 비행하는 새나 곤충처럼 전호좌우로 자유로이 이동함으로써 전시에 기존의 첩보비행기나 첩보위성보다도 훨씬 더 신속하고 정확하게 적군의 동태에 관한 정보를 수집할 수 있을 것으로 기대하고 있다. 이 장비는 군사적 용도뿐만 아니라 경찰의 대 테러용, 부상자 발굴 작업에 쓰일 것이며, 때로는 사설탐정의 정탐장비로서 애용될 가능성이 있다는 것이다.(FOCUS, Jan 4, 1998)

그밖에 비슷한 실례로 미국의 스탠포드대학 이안 쿠르(Ilan Kroo) 교수는 우표 크기만한 초소형 헬리콥터로써 Mesikopter를 개발해 실험 중이다. 미 항공 우주국의 재정 지원을 받아 연구 중인 동 Mesikopter는 강한 강풍 속에서도 비행할 수 있고 대기상태를 정밀탐사하거나 인간이 접근할 수 없는 위험한 지역에도 투입되어 각종 고난도 업무를 수행할 것으로 기대하고 있다.[59] 심지어 뛰어난 성능의 몰래 촬영(盜撮) 도청 장치로 초소형 로봇이 연구되고 있는 가운데 미국 연구기관에서는 나비, 물고기 모양의 정찰·공격 무기가 실용화 될 것으로 전망하고 있다.[60]

참고적으로 향후 미국 기업이 2000년대 국가안보를 지키기 위해 갖추어야 할 혁신기술을 제시했는데 그것은 ▲정보 처리와 첩보 관리에 필요한 소프트 프로그램 개발 ▲재생 가능한 에너지 개발로 대용량의 연료 전지와 개인 휴대용 소형 연료전지 ▲비살상무기의 개발로 인명손실이 없는 총탄 내지 충격파 무기의 개발 ▲보안장치로 첨단 탐지 및 추적시스템 개발 ▲생물무기(바이러스 박테리아)공격에 대비하는 예방접종약 개발 ▲전 세계 사이버망의 보호수단 개발 ▲개인용 경호 보안 시스템과 장비 ▲위험 탐지 가능한 조기 경보체제 ▲첨단 다기능 소재로 만든 군복이나 장비 등을 들고 있다.[61] 이 같은 미국의 국가안보에 필요한 혁신기술들은 핵심정보수집 및 첩보관리 기술, 고도의 센서 기술, 데이터 라우팅, 초고속 전산처리, 디스플레이어 등 핵심기술 분야로 모아진다.[62]

10-3. 각국 정보기관의 안보 및 경제정보 활동

지난 반세기 동안 정보조직들의 기능과 경영의 문제들을 놓고 많은 논의가 있었다. 사회주의국가들의 붕괴와 냉전 종식이라는 혁명적인 변화는 국제관계에서 지리적 측면(geo

---

59) FOCUS, April 3, 2000.
60) 미국 국방부의 첨단무기개발사업국(DARPA)이나 군사전문지(Defence News) 들에 의하면 마이크로전자공학을 이용한 무인 '마이크로공중기'나 수cm~수mm의 곤충 로봇을 개발하고 있다고 했다. 이 같은 내용은 『時事解說』, 2000年 5月 19日 참조.
61) Battelle 홈페이지, www.battelle.org(2003. 4)
62) 그밖에 미국의 신기술 R&D 기관인 Battele 연구소는 9·11테러 이후 보다 신속하고 안전하면서도 효율적인 군사정보활동을 수행할 수 있는 특수임무 군대가 필요하다고 주장한다. 이를 위한 주요 기술로는 고성능 컴퓨터시스템, 재생산 에너지, 비살상무기, 첨단탐지, 추적시스템, 개인경보장치, 첨단 다기능 소재 등을 제시했다. www.battele.org, 'news release' 2003년 10월 17일.

politics) 못지않게 지리 경제적 측면(geo economics)이 더욱 중요한 요소로 등장하게 되었다. 미국은 클린턴 대통령 취임 이후 국가안전보장회의(NSC)에 상응하는 국가경제회의(NEC)를 운영해 전문적인 경제전문가들로 하여금 정책결정을 돕도록 하는 한편, 정보기관들 역시 경제관련 정보를 광범위하게 수집·대응하는 능력을 갖도록 요구했다. 정보가 '경제적 실천양식' 이 되고 있는 가운데 '경제재' 로 중요시 되고 있음을 지적한 것이다. '정보결정론' 은 아니지만 최후의 심급(審級)에서 역시 정보가 매우 중요한 실천 양식이 되는 시대임을 시사한다.

지구적 변화에 따라 세계정보기관들은 정보목표를 다양화해 기업이 필요로 하는 정보수집에 나서고 있으며, 기업은 경영권의 방어와 고부가 가치상품을 개발하는 새로운 정보를, 그리고 시장을 개척할 정보를 필요로 한다. 특별히 국가정보기관을 비롯해 기업의 경쟁정보팀들은 양질의 경제정보에 대한 수집과 활용을 극대화하고 있다. 따라서 정보경영자는 기업을 위해서 무엇을 해야 하는가 라는 질문과 관련해 두 가지 답이 있을 수 있다. 그것은 우선 세계 정보조직들이 경제정보를 어떻게 수집하는가의 문제이고, 또 하나는 수집된 정보로 기업 활동을 어떻게 돕고 이익을 창출하는 가의 문제이다.

10-3-1. 경제정보의 중요성과 각국 경제정보 수집 동향

전 세계적으로 무역 불균형과 투자를 둘러싼 문제는 경제와 안보상 이해 관계로 발전한다. 가령 경제적 대립에 있어서 경제주체들은 다국간 무역 기구, 특히 국제무역기구(WTO)나 아태경제협력회의(APEC)에 의존해서 해결하려고 하지만 그 기대와는 달리 단기·중장기적으로, 지역적으로 충돌하고 있다. 더구나 WTO 가맹국들간에는 향후 대규모 포괄적 무역 자유화의 정책에 큰 영향을 받으면서 그 충돌의 가능성은 높아만 가고 있다. 120개국 이상이 가입하고 있는 동 조직이 다양한 경제와 정치제도 하에서 컨센서스를 얻어내는 것은 어떠한 상황에서도 쉽지 않은 일이다.

이런 상황에서 정보 분석관들로서는 상대국의 경제력을 정확히 평가해야 한다는 책임을 갖는다. 국가조직이나 기업의 정보팀들은 자체 수집된 자료를 많이 사용하지만, 한편으로 은행가들과 최고 경영자 등을 통해 의견을 청취하고 판단해야 하는 일이다.

그러면 국가 정보팀들이 경제정보를 수집하고 처리하기 위해서 어떤 효과적인 방법이 필요한가. 말할 나위 없이 정보조직은 디지털 시대에 맞게 인간자본(human capital), 정보망(intelligence net), 구조적 자본(structural capital)이 서로 연결되도록 해야 한다. 디지털 시대의 정보조직의 성공 열쇠는 지식중심, 정보중심, 네트워킹을 앞세운 새로운 조직으로 변하는데 있다.

미 CIA의 경우 냉전 시 소련을 향한 경제전의 내용과 그 전개 방향은 피터 시바이처(Peter Schweizer)의 책 『Victory : The Reagan Administration's Secret Strategy That Hastened Collapse of Soviet Union』(1994)에서 이해할 수 있다. 레이건 행정부의 외교안보팀은 소련의 붕괴 전략을 은밀히 세우고 CIA를 중심으로 경제전, 외교전, 군사전을 다 함께 폈다. 당시 레이건 행징부는 미국의 국가안보이익을 위해 국가정보기관과 관련한 연구기관을 100% 활용하면서 소련을 붕괴시키고 있음을 볼 수 있다.

그때 케이시(William Casey) CIA 국장은 소련의 달러 보유고와 변동 추세, 공장 가동 상태, 식량 사정 등 경제의 취약성을 정밀히 분석했다. 또한 그들은 소련의 지원을 받던 아프가니스탄, 쿠바, 앙골라, 베트남의 경제실패를 소상하게 분석하며 이른바 '역사적인 기회'를 기다렸다. 당시 레이건(Ronald Reagan) 대통령은 소련을 '악의 제국'(1983년 3월 8일 연설)이라고 강조했던 대로 거대한 소비에트 제국 소련은 1990년 경제전에서 실패하면서 결국 붕괴 국면으로 접어들었다.[63]

◉ 미국 정보기관의 개편과 비밀정보활동 강화

국가정보기관들은 냉전 종식에 따라 지금까지의 활동 목표를 상실했는가 하면, 권위가 손상되는 사건이 연속적으로 발생함으로써 전례 없는 자성과 변신의 과정을 거듭했다.

정보기관 관리들이 현실의 정확한 진단과 함께 새로운 테크놀로지의 출현을 이용하며 정보과학을 발전시켜 가는 것이 이를 반영한다. 미국 CIA의 경우 알렌 덜레스(Allen Dulles, 1951~1961년간 재직)부장 이후 양대 기능인 첩보 수집과 정치 공작의 비밀주의를 포기함에 따라 조직 활동의 '투명성'에 적응하기 위한 변신이 2000년대 이후 거듭되어 왔다. 게다가 소련 등 철의 장막이 붕괴됨에 따라 「제임스 본드」식의 정보요원들은 이제 외국어에 능통한 명문대 엘리트로 점차 교체되거나 최신의 경제 및 기술정보전문가로 채워지고 있는 추세다.

미국은 초유의 9·11테러 이후 CIA 내 신규 비밀 요원수를 4,500명 수준으로 늘렸는데

---

63) Peter Schweizer(1994), op.cit. pp.ix~xix.

본부 요원을 합칠 경우 2만 명에 이를 것으로 예상하고 있다. 2004년 9월 취임한 포터 고스(Porter J. Goss) 전 CIA 국장은 북한과 이란 등 적성 국가와 테러 단체에 비밀스파이를 심어 놓는 공격적 첩보 활동을 강화하라고 지시했다.[64] 미국은 대통령 행정 명령(2004. 11. 18)에 의거 해외주재 대사관에 외교적 보호를 받으며 활동해 온 기존 정보요원(백색 I/O)들과 달리 비공식 보호(흑색 I/O, 만약 스파이혐의로 체포될 시 미국 정부는 그 존재를 부인한다) 하에 활동하는 비밀요원 50%를 증원하도록 했다.

그 뿐만이 아니라 미 CIA는 해외 스파이 활동을 강화하기 위해 국가기밀정보팀(NCS : National Clandestine Service)을 신설했다. 국가정보부(DNI) 존 네그로폰테(John Negroponte) 부장은 2005년 10월 14일 정보업무를 강화하기 위해 국가안전보장회의(NSC)로 하여금 해외에서 인간 정보 수집 능력을 강화토록 했으며 이어 2005년 10월 1일 CIA 산하에 공개첩보를 취합 가공하는 공개정보팀(OSU)을 발족시켰다. 군사기지는 물론 국가기간 산업시설, 대기업, 식품공급업체, 비행기 트럭 열차 선박에 대한 공격을 대비해 '연방안보 준비제도' (FSRS : Federal Security Reserve System)을 만들어 국토안보를 책임지도록 했다.[65]

미국은 기존의 경제전쟁에서 살아남기 위해 정보조직에서 나타날 수 있는 '위선'을 버리고 적극적으로 첩보활동에 임해야 한다고 윌리엄 콜비(William Colby) 전임 국장은 강조하고 있다. 이 같이 CIA가 산업 스파이 활동을 적극 전개하는 배경에는 프랑스 등 각국 정보기관들이 산업분야 정보활동에 주력하고 있는데다가 미국 기업이 일본 기업 등에 추월당하고 있다는 우려에 기인한다. 최첨단기술의 보유와 조직에 대한 민주주의적 운영을 잘 하기로 유명한 CIA는 미국 기업을 위한 첩보 수집뿐만 아니라 '무역 외교' 부분으로 전환하고 있음을 볼 수 있다.

① 대방첩활동 강화

따라서 미국 CIA의 경우 최근 경제 활동은 주로 방첩과 첩보수집의 분야에 집중되고 있다고 보아야 한다. 우선 방첩은 미국의 산업 비밀을 훔쳐내려는 일부 유럽이나 아시아 국가들이 미국 내에서 행하고 있는 첩보활동을 저지하는 일이다. 미 CIA는 주로 외국 정보기관과 민간 기업이 자국 기업을 대상으로 전개하고 있는 산업스파이 활동을 감시 통제하고 있

---

64) Washington Post, 2004. 11. 24
65) Stephen E. Flynn, "The Neglected Home Front", Foreign Affairs(Sep/Oct 2004), pp. 20~25.

는 기관이다. 1993년 클린턴(Bill Clinton) 행정부 또한 CIA에 ▲통상협상업무지원 ▲타 기업의 불법적 합법적 거래 추적 ▲금융위기 경보 등 경제정보 수집을 지시한바 있다. 시장경제 체제 하에서 정부기관의 대민(기업)정보활동이 불가능하지만 미국 정부는 전반적 사회체제를 관리하고 통제력이 강한 프랑스와 일본 등의 대미 기업정보활동에 대해서는 단호하게 대처하는 모습을 보인다.

또한 미국은 세계 여러 나라를 무대로 삼아 활동하는 국가 정보관이나 기업인들(또는 영업사원)은 수집된 정보를 제 시간 내 수시로 보낼 수 있도록 경쟁적 하트라인(competitive hot line)을 개설해 놓고 있다. 경제정보의 경우는 상대방의 경제정책, 상품개발 실태, 고객관리, 경쟁사들의 제품구매층, 잠재적 고객이 될 수 있는가를 파악해 대응하고 있다. 기업은 경쟁정보 체제를 통해 반격 전략을 수립하기 위해 다양한 경제정보수집에 힘을 쏟고 있다.

다른 종류의 방법도 있다. 각국의 정보기관들은 자국이 처한 상황에 따라 독특한 형태로 발전하고 있는데 예로서 미 CIA는 급속히 변화하는 인터넷 시대에 국가첩보원으로 최신 정보기술을 습득하기 위해 첨단기술 분야를 육성할 수 있는 벤처자본회사를 운영하는 것으로 알려졌다.[66] 실리콘벨리 출신의 노련한 소프트웨어 전문가들을 선별해 새 기술을 개발하도록 비영리 회사인 In－Q－It라는 벤처기업을 만든 것이다.[67] 미 CIA의 벤처기업을 설립하게 된 것은 특히 벤처기업설립 장소로 실리콘벨리를 선택했다는 것은 첨단기술의 다양성과 급속한 컴퓨터기술발전을 염두에 둔 결정이다. 냉전 시대에는 대부분의 선진 기술들이 소수의 슈퍼 컴퓨터회사들로부터 나왔으나 점차 IT기술을 중심으로 한 다양한 응용기술은 첨단개발회사로부터 나오는데 따른 것이다.

CIA 차장을 지냈고 한때 In－Q－It사의 임원인 존 맥마흔(John McMahon)의 지적은 당연한 것으로 그에 의하면 현대는 엄청난 양의 정보들로 넘쳐나고 있고 그 결과 국가정보기관은 시대의 변화에 뒤처지게 되었다고 진단한다. 미 CIA는 이러한 필요성을 충족시키는 동시에 실리콘 벨리의 기발한 아이디어를 입수하는 탯줄 역할을 담당할 특별 기관이 필요하다고 생각한 것이다.[68]

---

66) New York Times, Sep 29, 1999.
67) In은 Intelligence를, It는 Information Technology의 이니셜을 사용했고, Q는 '제임스 본드' 영화 속에서 특수한 장치들을 발명해낸 a. k. a Q박사의 이름에서 따온 것으로서 Habro 장난감 회사의 온라인 분야 경영실무자인 Gilman Louie가 동 벤처기업을 주도하는 것으로 알려졌다.
68) New York Times, Sep 29, 1999.

② 경제주체들과의 협조체제 강화

이러한 방법은 물론 지금의 일이 아니다. 미국의 경우 해외에서 사업을 벌이고 있는 기업들과 자주 접촉하거나 CIA 본부로 그들을 직접 불러다가 CIA 국장이 직접 세계정세를 브리핑 해주고 세미나를 통한 상호 신뢰를 구축해 가고 있다. 해외에서 활동하는 기업들은 CIA 요원들의 은신처를 제공해주거나 주재국 방첩 요원들로부터 추적을 피하기 위해서 자신들 회사의 상사원으로 위장 활동할 수 있도록 여건을 제공하기도 한다.

의심할 여지없이 냉전 이후 CIA는 새 시대에 걸 맞는 존재 이유를 찾기 위해 고심해 왔다. 핵 기술 절취사건과 제3세계에서의 정치 불안 등 기존 개념의 안보문제에 주의를 기울이면서 동시에 무역 분쟁의 가능성, 분쟁 대상 국가들의 경제 동향을 포함한 '경제 안보'에 대해서도 적극적인 관심을 갖고 있다. 무역 분쟁과 관련한 정보를 수집해 정부와 기업 차원의 정책 결정자들에게 제공하는 것은 당연한 업무다.[69] 1993년 울시(James Woolsey) 미 CIA 국장은 미국 이익에 반하는 불공정 무역 관행이나 산업정보수집 활동을 전개할 것이라고 공언한 바 있다. 실질적으로 미국은 일본과의 자동차무역 분쟁과 관련해 일본 관리들의 통화 내용은 물론 CIA 동경지부의 수집첩보와 NSA의 전자통신 첩보내용 등을 협상 대표단에게 수시로 제공하였다. 이를테면 1995년 초여름 워싱턴, 동경, 제네바로 장소를 이동하면서 실시한 미·일 자동차 협상에서는 CIA 요원이 미 교섭단체 일원으로 동행하며 일본 측 교섭단과 업계 관계자들간의 전화내용을 도청해 미국 측 담당자에게 제공해 온 것으로 알려졌다. 이 같은 경제정보수집활동에 대해 미 통상대표부가 높이 평가한 적도 있지만 CIA의 경우 경제정보 활동의 성공 사례로 일컬어지고 있다.

그밖에 중국 언론들이 보도하는 것을 보면 미국 CIA가 중국 내에서 정보활동(공작활동) 지침을 정해 시행한다고 주장한다. CIA의 대 중국 공작방침은 1951년 미·중 관계가 악화됐을 때부터 틀이 잡힌 뒤 지금까지 수정을 거듭해 몇 가지로 압축해 운영한다는 것이다. 그 내용은 ▲물질을 이용해 중국의 청년들을 최대로 타락시키고 ▲영화, 서적, TV, 신식 종교 등 각종 매체를 이용해 (사상)전파 공작을 수행하고 ▲항상 일(사건)을 만들어 중국 인민들로 하여금 공개 토론을 하게 만들며 ▲끊임없이 소식을 만들어 중국 지도자들의 이미지를 추악하게 만들고 ▲어떤 상황에서도 중국 내 민주주의와 시민사회를 고양시키고 ▲중

---

69) Stanley Kober, "The CIA as Economic Spy : The Misure of U.S. Intelligence after the Cold War", Policy Analysis, Dec 8, 1992.

국 정부의 경제적 지출을 조장하며 ▲미국의 경제와 기술우위를 이용해 유·무형으로 중국 기업을 타격하며 ▲모든 자원을 활용해 중국의 전통 가치를 파괴하고 ▲중국을 반대하는 적들에게 암암리에 각종 무기를 지원해 그들을 무장시킨다는 주장이다.[70]

③ 첨단기술정보수집 강화

그 다음은 미국이 다른 나라의 첨단기술정보 수집과 그 기술 수준의 탐지이다. 미국은 해외 첨단기술을 탐지하기 위해 외교관 신분으로 가장한 정보전문가를 침투시켜 경제 부처 고위 관리에 대한 포섭공작을 전개하기도 한다. 이것은 외국기업이 가지고 있는 첨단기술 정보수집활동으로 정보기관의 이미지에 적합한 활동으로서 여겨진다. 일례로 과거 미국은 서독 프랑크프르트 중앙역 맞은편에 있는 삼성 광고판 뒤쪽에 위치한 사무실을 근거지로 해서 서독의 산업정보수집활동을 전개해 온 것으로 알려졌다.[71]

그러면 미국은 이런 경제정보전을 달성하기 위해 어떤 구체적 실행 계획을 하고 있는가. CIA측은 이런 목표를 달성하기 위해 모의 훈련을 통해 위험 요소를 보완하며 대응하고 있어 모든 것을 알아차리기는 쉽지 않다. WTO회의 등 모의훈련에서 주요 사안별 협상수준을 결정해 정책 결정자들에게 확실한 도움과 사전 준비를 하도록 하기 위해 활동하고 있다. 미 CIA는 1998년 아시아 경제위기의 범위와 파장을 제대로 예측하지 못했다는 비판을 받게 되자 경제 분석관들의 분석기법을 개선하고 정보화시켜 나갔다. 더욱이 경제정보의 중요성이 더 해감에 따라 각 경제 사안별로 시나리오를 만들어 분석 대응하고 있다.[72]

너무 확장되었지만 이제 미국은 무역분쟁국들인 EU, 일본, 중국 등을 비롯한 각국과의 분쟁 사항들에 대한 면밀한 분석은 물론 실제와 같은 시뮬레이션을 통해 혹독한 협상 과정에 임하고 있다. 지난 우루과이 라운드(1993)를 기점으로 CIA가 무역협상 관련 정보수집 활동을 강화하기 시작했다는 것도 이와 같은 맥락이다. 1993년 당시 협상이 막바지에 이르기 전에 CIA는 이미 프랑스대표의 협상입장이 수록된 보고서를 입수하여 협상에 활용했다는 후문이다.[73] 한 쪽에는 평화의 기술을, 다른 한쪽에는 경제의 기술로 그 정보기관의 존재 이유를 만들어 가는 것이다.

---

70) 『조선일보』 2001년 7월 26일 참조. 이 같은 내용은 중국 관영 신화사 통신이 7월 24일 보도한 '참고소식' 지(紙)를 인용보도 했다.
71) Udo Ulfkotte, Verschubsache BND (Munchen : Berlin, Koehler und Amelang, 1997), pp.302~304.
72) Financial Times, Aug 14, 1999.
73) ibid.

오늘의 시점에서 볼 때 미국의 다양한 정보활동은 기업과 국가의 강점을 구축하는데 필수적인 업무다. 클린턴 전 미대통령은 CIA 창립 50주년 기념식에서 "CIA는 민주주의를 수호하기 위해 최전선에서 싸워왔다"고 격려했다. 또한 정부의 정보공개 방침에 따라 미국 정부는 1997년 회계년도에 정보예산의 총액을 266억 불임을 최초로 공개하는 등 좋은 조직 발전 전략이라면 회계나 예산에 얽매이지 않는 정보활동을 강화한다는 태도이다. 실제로 2003년 정보예산은 약 420억 불로 늘어났다. 미 의회 등에서는 "냉전 후 비밀스파이활동을 지속해야 할 의미가 있는가" 라는 회의적인 반응도 있지만 대신 하이테크 등 경제 분야로 정보활동을 전환하는 데에 국민들은 대부분 찬성하며 예산 사용을 기꺼이 받아들인다.

◑ 일본의 정보활동 강화 및 경제정보 활동

일본은 과거의 자위적 안보 수준에서 벗어나 전지구적 차원의 안보역할 모델을 찾고 있다. 2000년대 들어와 미·일 동맹의 강화 및 '방위계획대강' (2004. 12개정)을 수립하는가 하면, 2007년 1월 방위청이 「방위성」으로 승격되면서 군사대국을 지향하고 있다. 북한의 핵과 미사일 개발 등 신 안보위협에 대응한 '보통 국가' 로서의 역내 안정과 평화체제유지를 위해 정보 역량을 강화하고 있는 것도 같은 맥락이다.

냉전이 해체되면서 일본은 국방안보정책을 새로 구성하면서 특별히 동북아 문제로서 두 가지에 기초하고 있다. 하나는 1998년 8월 일본 영공을 통과한 북한의 탄도미사일 발사 실험에 따른 WMD 프로그램 문제가 외교 안보과제로 부상했고, 또 하나는 중국의 성장으로 과거역사 문제, 대만 문제, 조어도(釣魚島)관련 중·일 영토분쟁 등 지역 안보문제들이 대두한 것이다. 따라서 일본은 자위대를 개편하면서 미·일 동맹 안보를 강화하고 대테러전쟁 대응 정보수집 분석 능력을 강화함으로써 다기능 탄력적 방위군(multi-functional flexible defence force) 체제로 개편해 가고 있다.

비슷한 맥락에서 일본의 내각 「내조실」은 냉전 이후 다양한 위협 요인 발생과 경제대국으로서의 국제적 역할을 확대해 나간다는 전략을 추진하여 왔다. 국익과 관련한 특수 전략으로는 안보체제 강화와 경제이익을 보호하는 독자 정보기관의 창설을 통해 고급 정보수집 활동 능력을 확대시켜 나간다는 목표다.[74] 일본정부는 해외 정보수집과 첩보역량을 강화하기 위해 외교공관에 정보관직을 신설하는 한편, 방위성 산하에 정보수집부대를 창설하고 있다.

따라서 2000년대 이후 일본이 '정보 대국화' 를 추구하는 동향을 보면 첫째로 일본은 내각정보조사실을 재편해 미국의 CIA와 같은 국가정보기관(JCIA)을 창설해야 한다는 주장이 일어나고 있다. 일본은 세계 경제 정보전에 대처할 대규모 정보기관이 없다는 것이 그들의 일관된 주장이다.[75] 일본 내에는 미국의 CIA 뿐만 아니라 한국, 중국, 프랑스 등의 여러 나라들이 주요 정보수집 활동을 적극화하고 있지만 일본은 현재 중앙 국가정보차원은 물론 경제정보 분야의 인재나 경험 축적, 노하우가 제대로 축적되지 않았으며, 이에 대한 조치가 늦어질 경우 심각한 위기국면에 처하게 될 것이라고 사카이 마사기(坂井正樹) 미국 전략연구소 연구원은 지적하고 있다.

이런 추세에서 일본은 국익수호 차원에서 경제 정보를 얻기 위해서는 각 기업이나 경제 관련 부처의 방첩대책뿐만 아니라 본격적인 정보기관을 창설하여 해외 경제첩보 수집활동도 병행할 수 있는 새로운 정보기관의 창설을 주장한다. 이런 주장은 그동안 활동해 온 정보기관뿐만 아니라 외무성 및 예하 재외 공관을 비롯해 일본의 경제무역기구(JETRO) 등을 유기적으로 연계시키기 위한 정례정보연락회의(가칭)의 상설화가 필요하다는 입장에서 잘 나타난다.

더구나 9·11사태와 중국의 부상 그리고 북한의 핵과 미사일 개발에 맞서 일본은 조직적이고 계속적인 정보활동을 강화하기 위한 정보 요소들(자료 수집, 분석처리, 정보의 사용, 배포)을 확대시켜가고 있다. 일본은 중장기적으로 아니면 연도별로 정보계획의 작성은 물론 정보요구에 의한 수집체계 확립을 필요로 하고 있다.

나아가 정보전 요원의 육성을 통해 해외 주재 특수 정보요원의 확보, 사이버전 요원, 암호요원 등을 양성하고 있다. 일본 외무성은 현재 미국, 영국, 중국 등 13개국의 해외 주재 공관에 정보수집을 전담하는 정보관 30명 이상을 파견하고 있는데 향후 5년 안에 100명으로 늘릴 계획이다. 아울러 정보관 신설에 따른 비용으로 77억 7천만 엔(770억 원)을 투입하

---

74) 전후 일본의 정보활동은 냉전체제 하에서 국가위기관리를 위해 구소련이나 미국, 중국, 북한 등 주요 국가들에 대한 정세분석이 불가피하다는 판단에 따라 1952년 총리부 설치령으로 내각관방 산하에 「내각조사실」이 창설되었다. 1957년 내각조사실은 국가수준의 종합정보판단기관으로 재 발족되었으며 1986년 7월에는 「내각정보조사실」(이하 內調室)로 명칭이 바뀌고 기능도 크게 확대되었다. 현재 일본의 정보기관은 「내조실」 외에도 총리부 산하에 「경찰청」과 「방위청」이 있고 법무성의 외청인 「공안조사청」을 비롯해 외무성의 「정보조사국」 등이 있다. 일본에는 미국 CIA와 같은 종합적인 정보기관이 없고 「내조실」이 국가정보기관과 같은 성격을 띠고 있으나 타 정보기관들과의 수평적 관계유지로 실질적인 부문정보기관에 대한 조정이나 통제기능을 수행하지 못하고 있다는 비판이 있다.

75) 吉野準, "日本を丸裸にる外國情報機關かゟ 國民を守る 「スパイ防止法」を 立法せよ", SAPIO, 2004. 9. 22. pp.31~32

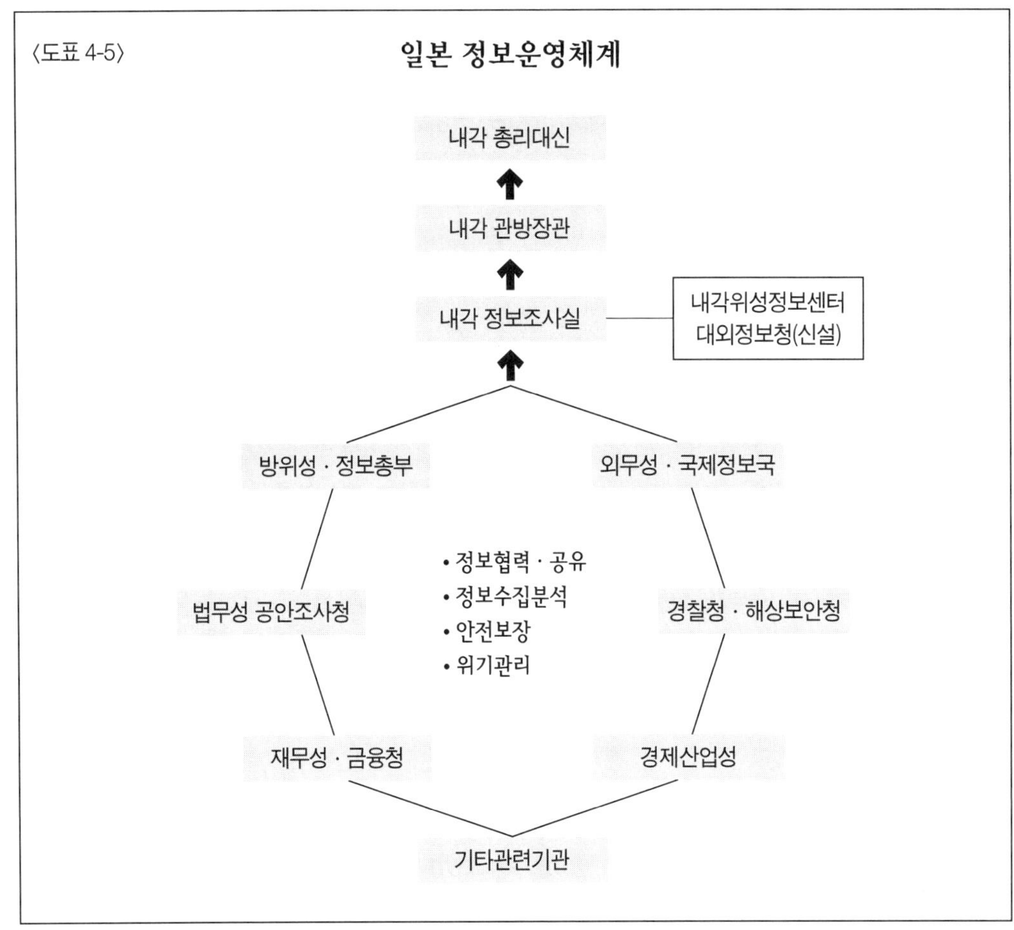

고 있다.

둘째로 국방정책을 총괄하는 통합정보본부를 설치하자는 것이다. 과거 일본의 군사정보 수집 업무는 주로 미 · 일 안보협력에 의존하면서 외무성이 파견한 무관과 육 · 해 · 공 자위대와 방위성 직속의 방위국 조사과에서 맡아왔다. 일본 방위성은 1996년 4월 체결된 미 · 일 신안보공동 선언에 따라 독자적인 '통합정보본부' (정보총본부)를 설치해 경제이익의 보호는 물론 첩보위성의 개발, 민간 단체를 활용한 첩보수집 활동을 강화한다는 계획이다.[76] 이들의 임무는 주로 ▲국가안보와 국방정책의 연구 ▲인접 국가의 동향 분석 ▲세계

---

76) 일본은 이미 6,500만불의 예산으로 도쿄 중심가의 2차대전당시 황군(皇軍)총부가 있던 자리에 설치하고 인원은 우선 1,650명의 요원으로 구성 1997년 1월부터 운영하고 있다.

각국의 상황 종합 ▲통신첩보 수집 등 4개 분야에 초점을 맞추고 있다. 더욱이 전국 6개 감청 기지에서 입수된 정보를 종합 분석하는 한편, 방대한 전자, 영상자료실을 설치해 정밀한 위성사진을 분석하는 등 정보활동영역을 전 세계로 확대해 간다는 구상이다.

실제로 방위성의 경우 해외 정보를 수집하기 위해 '중앙 정보대'를 설치하고 해외에 600여 명을 파견해 군사정보 수집활동을 강화하고 있다. 이는 군사대국화를 위한 정보수집능력을 확보해가려는 조치들이다.

일본이 첩보위성발사 계획을 추진하는 것도 일본의 독자적 정보능력을 강화하는 조치 중의 하나이다. 미국이 일본의 정보 분야에서의 독자성을 어느 정도 용인할지 의문시되나 점차 정보 대국화를 위해 한층 노력할 것으로 보인다. '통합 정보본부'의 신설은 일본이 군사정보분야에서 수십 년간 미국에 의존해 오던 것에서 탈피하게 됨을 의미하며, 나아가 일본 국방정책의 중대한 변화로 인식되고 있다.

셋째는 일본의 안전보장 차원에서 정보업무 자체를 개혁해 가는 측면이다.[77] 일본 정부는 정기적으로 정보 관련 부처의 고위급 방위정보회의를 운영하고 있다. 동회의 의장은 관방부 장관이 맡고 내각정보조사실장, 내각 안전보장실장, 외무성국제정보국장, 경찰청 경비국장, 방위성 방위국장, 공안조사청 차장 등이 참석하고 있다. 회의가 열릴 때마다 북한의 대량난민발생가능성이나 북한군사 동향을 비롯해 중국 지도자들의 건강상태, 독도 문제 등 민감하고 긴박한 현안들을 논의하고 있다.

한 발 더 나아가 일본 방위성은 유사시 자위대의 방위 출동 가부를 검토하는 '방위 정보회의'를 설치 운영해 오고 있다. 1998년 12월부터 동 정보회의를 설치 운영하게 된 것은 북한의 대포동 미사일 발사(1998. 8. 31) 직후 일본 정부 내 정보전달 과정에서 혼선이 발생한 것이 직접적인 계기가 되었다. 방위 관련 회의에는 '안보회의'가 있고 그밖에 1998년 10월 관방장관을 의장으로 하는 내각 정보회의가 설치돼 있다. 그러나 실제적으로 방위성 내에는 방위성 장관, 민간인 출신 간부, 군 간부들이 종합적으로 정세분석 및 대응책을 검토 할 수 있는 공동의 장(場)이 없다는 비판이 계속되어 왔다.

현재 방위성 내 정보처리시스템을 보면 정보본부로 일단 모아진 정보를 방위국에 전달하고 방위국 내에서 이를 분석한 후 방위국장을 거쳐 총리관저 및 방위성 장관에게 보고토

---

77) 『世界週報』, 2000年 5月 9日~16日, 森本敏, "米同盟軸に 大國でも 小國でもない 國に" pp. 22~23, 및 2000年 5月 23日, 小島朋之, "東아アジアの多國間 安全保障體制構築を" pp.14~15.

록 되어 있다. 그러나 북한 등 동북아 정세를 중심으로 한 국제정세가 긴박해지고 있는 등 위급 상황이 발생했을 시 자위대 출동 여부를 판단할 수 있는 체제가 미비하다는 판단이다. 즉 현 단계에서는 출동의 가부를 판단하기 위해 정보를 수집 생산하고 의사결정을 신속히 처리할 수 있는 방위 정보회의를 설치 운영하려는 것이다.

넷째는 해상력이 높은 위성영상정보 수집체계를 추진하고 있다. 1998년 11월 11일 '정보수집위성 추진위원회'가 내각에 설립되면서 같은 해 총 2500억 엔의 예산을 투입하는 등 영상정보 수집 및 분석 판독 능력을 확대해 왔다. 일본은 2003년 3월 28일 H-2형 로켓에 의해 2개의 정보수집위성을 최초로 발사한데 이어 2006년 9월 11일 또 3번째 정보위성을 발사했다. 그동안 일본은 '비군사' 부문에 한정한다는 이른바 '방위목적의 이용은 불가능하다'는 우주 개발 원칙 때문에 방위성과 자위대가 자체적인 위성을 보유할 수 없다는 입장을 견지해 왔으나 일본정부는 방위 목적으로 정찰위성 개발을 허용하는 우주개발기본법을 마련 시행 중이다.

현재 일본이 보유한 정보수집위성들은 해상도 1m의 능력을 구비한 위성들이다. 이들 위성은 미국의 정찰 위성(KH-11) 시리즈의 해상도(10~15cm)에는 미치지는 못하지만 영상정보를 촬영할 수 있는 다분광센서형과 SAR레이다(Synthetic Aperture Rader)를 탑재해 전지구상 임의의 지점을 하루에 1~2번 감시할 수 있게 되었다. 다분광센서 탑재형 위성은 흑백영상을 촬영하기 위한 전색성(panchronmatic) 센서를 갖추고 있는 정밀한 군 정찰 위성이다.[78] 일본은 고도의 군사적 분석 능력을 갖추게 되고 한반도의 군사적 움직임을 집중 감시하게 되었다.

더욱이 일본은 세계 최고수준의 한자 암호 해독과 기술을 보유하고 있는데 1,000명 정도의 인원이 전파 도청과 암호 해독업무를 담당하고 있다. 이들은 1971년 9월 13일 임표(林彪) 중국 공산당 부주석의 소련 망명 실패사건 당시 중국 내 군용, 민간의 비행 금지와 공중 전파량 급증상태에서 '중국 내 이상사태발생'을 감지해 낸 바 있다. 또한 1983년 9월 1일 대한 항공 여객기가 피격되었을 때 자위대가 감청한 소련전투기 조종사와 지상관제소와의 통화내용을 당시 일본정부가 공개함으로써 소련 정부는 여객기 격추 사실을 시인하지 않을 수 없었다.

이런 성과는 매우 역사적인 결과물로서 일본은 이미 1958년 당시 최첨단 고공 정찰기들

---

78) 岡部 いさく, op.cit. pp.69~75.

이 미군 기지에 배치되었고 지금도 오키나와에 전략 정찰기들을 운영하고 있는 등 최대의 전자정찰과 위성 수신장치, 그리고 전파 도청과 암호 해독기지를 보유하고 있었기 때문이다. 일본은 미·일의 정보협력체계에 의한 것이었지만 2000년대에 들어와 전역 미사일 방어체제(TMD) 도입을 위한 미·일 공동기술개발 연구, 정찰위성 도입, 탄도미사일 탑재 레이더의 기능 확충은 물론 각종 정보장비와 정보분석 요원들의 기능을 강화해 가고 있다.

한편, 일본의 경제정보수집방법은 기본적으로 공공 기관과 기업체간 이를테면 통상산업부와 각종 무역업체의 유기적 협조 관계를 중심으로 수집되고 있다. 일본의 공공기관은 각 기업체가 확보해 놓은 상용 정보망을 보완하며 정부에 협조해주는 형태이다. 일례로「미쓰비시」상사의 정보 수집부서는 미국 맨하턴 고층빌딩 내 2개 층을 모두 사용할 정도로 방대하다. 일본은 각국들과 '교류 협회' 들을 만들어 첩보수집 활동을 하고 있으며 특히 교육, 언론, 재정, 문화, 골프 등으로 세분화된 분과를 설치 운영하고 있다. 이외에도「마스시타」,「미쓰비시」,「히타치」등 대기업들도 수집된 첩보를「내조실」에 제공하는 등 정부를 위해 정보활동을 전개하고 있다.

끝으로 우리가 인정하고 넘어가야 할 요소는 일본의 첩보수집 능력이 세계 제일의 수준인데다 일본은 과거 식민통치 시대부터 장기 첩보활동을 해온 경험으로 지금도 각종 수단을 통해 첩보수집 활동을 해오고 있다는 사실이다. 일본은 아·태 지역에서 주도권을 발휘할 수 있는 국가로서 역내 국가들에 대한 영향력도 큰 만큼, 또 지역 내 특정 국가와의 경쟁관계를 고려한 정치적 우위를 확보하기 위한 정보전 능력을 확대할 전망이다. 미국이 냉전 종식 후 극동 군사력을 축소하고 CIA의 기능도 정치적 이익보다는 경제적 이익보호에 치중하는 추세여서 일본 역시 대외 경제정보 활동을 한층 강화해 갈 것으로 보인다.

◑ 중국의 경제정보 활동

중국의 정보업무는 중국이 추진하고 있는 4개 현대화와 조국통일사업 그리고 패권주의와 강권정치 반대와 밀접한 관계가 있다.[79] 정보활동은 정치, 경제, 군사, 이데올로기 면에

---

79) 중국은 공산당정권 수립이전부터「당 중앙조사부」(일명 西苑機關)가 중앙정부기관역할을 당당해왔다. 당 중앙조사부는 당시 북경 동북부 록미창(祿米倉)이라는 곳의 한 저택에서 해외간첩활동을 총지휘해 왔다. 이때는 농민이나 노동자출신이 아닌 지식계층인사를 활용하여 홍콩 등 해외에 '지하클럽' 을 설치해 운영해 왔다. 이들은 오락이나 음주, 마작 등 사교활동을 통해「통전」과 함께 정보수집을 수행 해 왔다.
중국공산당은 첩보요원양성을 위해 군 총참모부 제2부 산하에「중국인민해방군 외국어대학」(또는 중국인민해방군 工程技術大學, 혹은 중국인민해방군 793부대라고 호칭)을 설립했다. 그 후 동 대학은 단순히「793」이라고 불

서 중국에 대해 취하고 있는 미국 등 서방국가의 대 중국 정보침투를 비롯해 간첩활동이나, 사회주의 체제를 교란하는 행위에 대한 정보를 수집하고 있다.[80] 중국의 해외 정보기관으로는 「국가 안전부」(MSS : Ministry of State Security), 「국제 연락부」, 인민해방군의 「총참모부」, 「통일전선부」가 있으며, 이들은 각각 국무원, 중앙 군사위, 당 중앙정치국의 지휘를 받고 있다. 이 같은 3개 정보기관들은 현재 전 세계의 50여 개 국에 170여 개 거점을 운영하고 있다. 특히 중국 중앙정보기관으로는 「西苑機關」이라고 하는 당 중앙 조사부가 1983년 공안부의 방첩부서와 통합되어 오늘의 「국가안전부」로 개칭되어 운영되고 있다. 이들 정보기관들은 1990년 이후 서방이나 일본, 동구의 정보조직이 집중되어있는 홍콩과 마카오를 중심으로 정보업무를 조직적으로 수행하고 있다.

또 인민해방군은 조직과 예산·조직 인물 면에서 압도적 힘을 갖고 있다. 총참모부 내 제2, 3부가 정보공작 부대로 활동하고 그 산하에는 국제관계연구소(구 남경외국어 대학)에서 외국어를 배운 엘리트들이 배속돼 있다. 그밖에 국내통신 첩보활동의 핵심은 13만 명으로 추산되는 전화도청 팀으로 운영된다. 인민해방군 직접 지휘 하에 '민주·대만·인권' 등 특정 단어에 자동적으로 반응하는 시스템을 통해 모든 통화를 효과적으로 수집 평가하고 있다. 또한 해외에서 활동하는 중국 공작원 분류는 군에서 직접 대사관에 파견한 사람, 해킹이나 도청으로 정보를 수집하는 사람, 자발적 제공자들로서 일정 금전을 받고 중국 측에 정보를 제공하는 사람 등 다양하다.[81]

그동안 중국 공안기관들은 정치적 리스크의 평가와 위험 관리에 관한 정보 수집을 해왔다. 인민해방군 공안부(경찰)와 국가안전부에 속한 정보요원 약 30만 명이 안보와 방첩, 대

리어지고 있으며 오늘날 중국정보기관의 정예간부들이 대부분 「793」 대학출신들이다. 그밖에 간첩양성기관으로 1983년 「국가안전부」가 정식으로 발족되면서 설립한 「중국인민경찰대학」이 있다. 학교 이름만 보면 경찰을 양성하는 곳과 같은 것이지만 간첩을 양성하는 고등교육기관으로서 북경남부교 외인 대흥현 황촌(大興縣 黃村)부근의 단하(團河)에 위치하고 있다.

한편, 북경교외에 있는 「외교전신본부」(外交電信本部)는 과거 당 중앙조사부와 외무부가 공동으로 사용했으나 지금은 「국가안전부」와 「외교부」가 공동으로 사용하고 있는 통신정보기관이다. 여기서는 해외공관이나 해외거점과의 전문 등 송·수신업무를 담당하고 있다. 특히 해외에 주재하는 중국공관에는 전문이나 암호해독과 비문 관리 업무를 전담하는 이른바 '기밀요원'이 상주하고 있다. 더구나 중국의 3개 정보기관들은 거점규모에 따라 총조(總組), 조(組), 분조(分組)로 나누어 운영하며 요원들의 신분은 기자, 유학생 학자, 투자가, 무역기구 종사원, 기업인, 현지 거주인, 화교단체회원 등으로 가장하여 활동하고 있다.

80) 1996년 9월 총참모부 西山지휘센타에서 개최된 정보업무강화회의에서 중앙군사위 부주석 지호전(遲浩田)은 "새로운 국제환경하에서 정보업무를 강화하여 사회주의 건설 사업에 이바지하자"는 제목을 통해 이같이 강조했다.

81) Joshua Eisenman, アメリカも頭を抱える 中國スパイ網カ仕掛ける', SAPIO. 2006. 4. 12. pp.23~25.

외정보공작에 동원되고 있다.[82] 해외에 파견된 정보원은 대부분 공관요원으로 위장하여 수집과 공작활동을 행하는 등의 주요 현안문제들을 처리하는데 결정적 역할을 해 오고 있다. 주요 정보출처는 다양하겠지만 협조자들은 주로 화교들과 관련된 이른바 연줄(관계) 그리고 특정 외국인과의 두터운 인간관계를 통해 산업정보 등을 수집하고 있다. 그 중에서도 중국은 국가안전부를 통해 미국 등 여러 나라를 상대로 정보수집활동을 전개하고 있는데 실례로 미국의 중국문제 전문가로 통하는 Al Santoli는 중국의 첩보활동과 관련된 인물이다. 그는 중국정부가 미 의회에 영향력을 행사하기 위해 의원들을 중국에 초대하거나 중국계 미국인과 유명 미국 시민들을 상대로 로비 활동을 한 사람으로 지목되었다. 미 기업체들은 중국정부 인사들에 의해 미·중 현안 문제들이 좌우된다고 말한다. 예로서 친중국 인사들 중에는 중국 공산당지도자들과 10년 이상 관계를 유지해오고 있는 미국 내 원로 정치인들이 포함돼 있고 Boeing사, GM사, Motorola사 등의 거대한 기업들도 이에 해당된다고 밝혔다.[83]

중국의 경우 미국을 상대로 한 정보 수집은 매우 자연스런 접근 방법을 통해 이루어진다. 중국은 러시아와 달리 비밀서류를 얻는 대가로 현금을 지불하지도 않을 뿐더러 미국 땅에서 대상 목표에 쉽게 접근하는 형식도 아니다. 전 미 연방수사국(FBI) 중국 담당 방첩부 서장이었던 무레(Paul D. Moore)에 의하면 미국 정보기관에 탐지되지도 않고 검찰이 기소할 수도 없는 방법으로 '자연스런 접근'으로 중국을 여행하는 미국인 과학자나 중국계 미국인을 대상으로 환대를 하거나 민족의식을 자극하는 방법으로 정보를 수집한다고 한다.[84]

이렇게 보면 중국의 해외첩보수집 방법은 다각적으로 집요하게 수행되고 있는 것으로 보여 진다. 그 형태야 많겠지만 미국인을 상대로 한 정보수집에는 여전히 많은 어려움을 겪는다. 그 배경에는 ①필요한 정보를 얻는데 오랜 시간이 걸리게 되고 ②중국을 여행하는 미국학자들이 중요 사항을 쉽게 누설하지 않는다는 의미에서 어렵고 ③중국 사회 자체의 속박과 통제, 억압적인 분위기들이 지배함으로써 정보수집 경쟁력을 약화시킨다는 것이다. 종합해 보면 대상 목표에 대한 정보를 입수 할 수 있는 확률이 매우 낮다는 점이 지적된다.

하지만 중국의 정보 수집은 매우 집요하고 전통적인 방식이다. 중국은 핵 기술 연구와 관련한 다량의 정보를 얻기 위해 미 국방부에 각종 기술정보를 제공하고 있는 미「국방기

---

82) Roger Fallgot, "米歐露日台を 舞台に 暗躍する '中國情報機關' 30萬人の 標的", SAPIO, 2004. 9. 22, pp.27~30.
83) Insight, May 1, 2000.
84) Washington Post, Oct 18, 1999.

〈도표 4-6〉 　　　　　　　　**중국 정보기관 조직 체계**

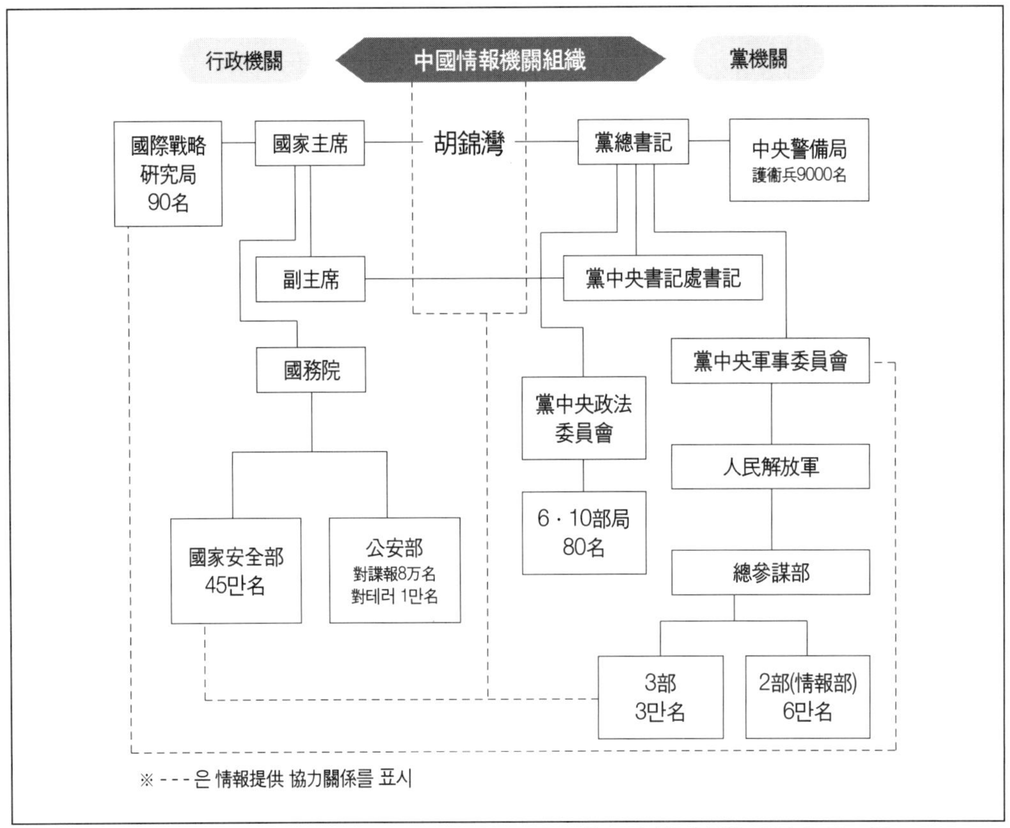

※ 자료 : Roger Fallgot, "米殿露日台を 舞台に 暗躍する '中國情報機關' 30萬人の 標的", SAPIO, 2004. 9. 22, p.29.

술정보국」(DTIC : Defence Technical Information Center)을 대상으로 끈질기게 접근하였다. 1980년대 초반 중국이 국내 연구에 의존한 무기 개발을 포기하고 해외로부터 기술을 들여오기로 결정한 이후 본격화되었다. 이런 활동에 가장 크게 기여한 인물은 1955년 미국에서 로켓과 미사일을 연구하다 스파이 혐의로 조사 받다가 중국으로 몰래 돌아간 치엔쉬에썬(錢學森)을 들 수 있다.

　이런 관계로 미국은 중국 스파이들에 대한 경계를 늦추지 않았다. 미국 연방수사국(FBI)은 미국 내 캘리포니아 주 실리콘벨리에서 처리하는 중국의 스파이 사건은 매년 20~30%씩 증가하고 있다고 했다. 중국은 인해전술로 전쟁을 했든 것처럼 정보수집에서도 같은 전술을 그대로 사용하고 있는 모습이다. 중국은 해외 첩보수집에 심혈을 기울이고 있는데 첩보의 80% 이상을 공개된 자료에서 수집하며 나머지 20%는 기업의 기술자나 과학자를 접촉하여 첩보를 빼내고 있다. 북경에 소재한 과학기술 정보센터는 해외에서 활동하는 4,000여 개의 첩보망과 연결돼 운영되고 있다. 일본, 미국, 유럽 등지에 실체가 없는 중국계 페이퍼 컴퍼니만도 3,000개 이상 있는데 이들은 대개 군사, 과학기술을 수집하는 스파이 조직들이다.[85]

또한 중국이 고도 성장을 계속하고 있지만 세계적 고유 브랜드를 만들어내지 못하는 기업의 상황에서 산업 스파이들을 집중 육성할 필요성을 느낀다. 동경, 뉴욕, 런던 등에서 활동하는 스파이들은 새로 나온 전자 제품의 카탈로그, 특허 정보 등을 수집, 인터넷을 통해 본국 정보기관에 보고한다. 중국의 대미·일 비밀공작에서 가장 많이 사용하는 방식은 현지에 위장 회사를 설립해 정보요원을 주재원으로 부임시켜 상거래를 통한 기술을 빼내고 있다는 것이다.[86] 중국 기업은 이러한 수집자료를 통해 유명 외국 제품과 같은 모조품(짝퉁)을 생산, 세계시장에 내놓기도 한다. 2005년 5월 호주 주재 중국 총영사관을 탈출한 천용린(陳用林) 1등 서기관에 의하면 중국 정부가 호주 내에 1000명 이상의 스파이를 잠복시켜 반체제 중국인들과 그 가족을 납치해 본국으로 강제 송환하는 일도 담당한다고 했다.

그밖에 FBI는 미국에서 이즈스 전투함, 핵잠수함, 항공모함, 무인 정찰기, 군함의 소음방지 시스 템(QED) 등과 관련한 자료 유출을 적발하였다. 호주에서는 미국계 스텔스 폭격기 기술, 러시아에서 로켓 관련 기술이 중국으로 유출된 사례가 있다.[87] 이렇게 보면 중국이 2003년 4월 이지스함을 건조한 것이나 유인 우주선 선저우(神舟)를 발사(2003. 10)한 것은 과학기술을 그토록 수집 축적한 결과와 무관치 않은 것이다.

또 다른 측면에서 중국 공안당국은 체계화된 지식의 창출과 동시에 정보 자산도 관리한다. 중국은 자국의 주권을 보호한다는 명목 하에 해외에서 유입되는 모든 산업경제정보에 대한 통제 강화 방침을 1996년 1월 16일 발표한 바 있다. 주요 내용은 먼저 뉴욕이나 동경 등 외부로부터 유입되는 주식시세 그리고 거래통계 등 신속한 산업정보 서비스를 제공하는 통신사에 대한 통제와 검열을 실시하고 있다. 그리고 중국 내 산업정보기사의 독점적 분배권을 신화사통신사에게만 부여해 중국 국경을 통해 유입되는 산업정보에 대한 검열을 실시

---

85) 『選擇』, "中國 對外諜報活動の 實態" 2005. 10. pp. 30~32.
86) 大野和基 ."日本の 最先端 技術を 盗む 中國 國家安全部", SAPIO, 2006. 3.22. pp.8~9.
87) Bill Gertz, Enemies : How America's Foes Steal Our Vital Secrets—And How We Let it Happen(NewYork : Crown Forum, 2006), pp.73~82.

하고 있다. 이 같은 조치는 국가 주권을 보호함과 동시에 국가 이익을 비방하고 위태롭게 만드는 범법자를 색출하고 처벌하기 위한 것이다.[88]

이처럼 중국이 경제 산업 정보수집에 심혈을 기울이는 모습에서 중요한 특징이 드러난다. 그것은 ▲대학, 연구소 등의 각 분야 전문가를 초빙해 직원을 교육시켜 경제 분석가를 양성하고 있다는 것 ▲대상국 연구소와 기업, 경제관련 부처에 정보원을 자국의 기업사원이나 언론인, 대학 교수 등으로 위장시켜 파견하고 있다는 것 ▲주요 대상의 고급정보에 접근할 수 있는 인물에 대해 높은 보수와 대학 교수 등의 보장으로 매수하는 것 ▲대상 기업의 컴퓨터망에 침입하거나 도청을 통해 대화 내용을 수집하는 것으로 대별된다.

결론적으로 중국 공안기관들은 안보문제를 비롯해 모든 기업에서 상품이 개발되고 제작되며 또 확산될 때 그 미래 가치들을 파악하며 대응하는 것은 그들의 주요 임무이다. 또 각국 정부나 기업들은 경제 관련 업무 이외에도 타국의 정보기관들에 의한 기업 침투에 대비하는 업무도 경계하고 있다. 방첩 문제와 관련해서는 최근 해외 스파이 활동이 각종 첨단장비를 이용하는 등 갈수록 그 수법이 교묘해지고 있음을 감안해 중국은 국가정보기관과 부문정보기관 그리고 기업들 간에 긴밀한 공조체제를 구축해가고 있다.

◐ 러시아 경제정보 수집활동

먼저 '계급의 적'을 대상으로 한 구소련의 정보기관들에 대한 이해가 필요하다. 러시아는 구소련의 국가보안위원회(KGB: Komitet Gosudarstvennoy Bezopasnosti) 조직을 계승하여 현재 ①해외정보부(SVR : 해외 첩보활동), ②연방보안부(FSB : 국내첩보활동), ③연방국경경비국(FPS) ④연방통신정보국(FAPSI)로 분리 재편되어 운영되고 있다. 그밖에 연방경호국(FSO) 군사 정보총국(GRU)를 비롯해 비공식 정보네트워크를 운영하고 있다.

특히 러시아의 해외정보부(SVR)는 1920년 12월 20일 Cheka(KGB의 전신) 내에 신설된 외사과를 기원으로 하여 2007년 현재 창립 86주년이 된다. 러시아 정보기관은 구소련 당시 KGB의 한 지부로 존속해 왔으나 보수파의 쿠데타(1991. 8) 실패 이후 당시 과도통치기구인 국가평의회가 중심이 돼 1991년 10월 22일 KGB를 해체함과 동시에 해외 정보기관과 독립국가연합(CIS)간에 새로운 정보조직으로 재편되었다. 이를테면 방첩기관과 국경수비위원회 등을 설치키로 하는 "보안기구재편에 관한 결정"을 채택함에 따라 새로운 국면을 맞

---

88) Time, Jan 29, 1996. p.15.

이하게 되었는데 1991년 12월 3일 러시아 의회가 「국가보안기관 재편에 관한 법률」을 채택함으로서 해외정보부를 설치할 수 있는 법적 토대를 마련하였다. 이후 1991년 12월 18일 옐친(B. reltsin) 대통령의 포고령으로 구소련 KGB 제1총국을 모태로 현재의 러시아 「해외정보부」(SVR)가 새롭게 출범하였다.

정보활동의 중추 기관인 해외정보부는 그동안 구조 개혁을 통해 국가기관에 대한 정책 결정에 참고할 수 있도록 관련정보를 수집, 생산하는 등 시대 변화에 맞추어 변신해오고 있다. 동 기관은 1991년 이래 인원을 30% 삭감한 것을 비롯해 활동목표를 냉전시대의 '대미전쟁'(對美戰爭)에서 광범한 국익보호 입장으로 바꾸어 지역분쟁이나 군비관리, 국제테러 대책, 마약, 대량살생무기의 밀수 대책 등으로 전환하고 있다.

더욱이 러시아 의회는 1992년 7월 8일 정보활동의 목적과 범위, 통제 등을 규정한 "해외정보법"에 따라 정보활동을 강화하고 있다. 여기서 나타난 특징은 프리마코프 해외정보본부장으로 하여금 1995년 10월 18일 핵무기 비확산, 러시아 국민의 통합과 군사 분야에서의 정보활동 강화를 골자로 한 「해외 정보법」 수정안을 의회에 제출, 사실상 만장일치로 통과됨으로써 국가기밀보호 및 안보 분야에서 해외정보부의 권한을 강화하게 되었다.[89] 「해외정보부」의 인원은 약 1만5천 명 정도로 정치, 경제, 군사, 과학기술 등과 관련해 해외 정보 수집 및 대량살상무기와 그 기술의 확산을 방지하는 임무를 갖고 있다. 여기다가 국제테러리스트들의 연계확인, 재외국민에 대한 안정보호 그리고 대외, 군사적 정책 방향의 수집과 지원 등을 활동 목표로 정하고 있다.

오랜 전통을 지닌 러시아의 정보기관들은 내무부 산하인 정규 경찰과 함께 Cheka, KGB, FSB 등 다양한 명칭으로 불리면서 오랜 세월 러시아인들의 육체와 정신을 감시해 왔다. 2000년대 이후 이들 정보기관들 사이에는 정규 경찰과 비밀요원을 함께 포함하는 '강력한 정보기관'(Super−Security Service)을 설립하자는 새로운 제안도 제기되고 있다. 더구나 이런 배경에는 푸틴(Vladimir Putin) 대통령 자신이 정보기관 출신으로 옐친 전 대통령이 신뢰했던 내무부보다는 자신이 속했던 정보기관을 선호하고 있다는 의미에서 그리고 최근 제

---

89) 러시아 「해외정보부법」의 중요 내용을 보면 우선 정보활동원칙(제4조)에서는 "국가안보기관들의 권한분담의 원칙, 합법성의 원칙, 개인의 권리 및 자유존중의 원칙, 상부입법 및 행정기관에 의한 통제 원칙에 따라야 한다"고 되어 있다. 그리고 정보활동 목적(제5조)에서는 정보활동은 정치, 경제, 국방, 과학. 기술, 환경 분야의 정책 결정에 필요한 정보를 수집 제공하는 것으로 되어 있다. 곧 러시아의 안보정책이 성공적으로 수행될 수 있도록 제반 여건을 조성하고 나아가 경제, 과학기술정보를 수집하여 과학기술의 진보 및 경제발전을 촉진시키는데 있다고 규정하고 있다.

정된 법이 정보기관으로 하여금 군대의 지휘계통에 간섭할 수 있는 가능성을 열어 놓음으로써 '연방보안부'(FSB)는 국내보안담당은 물론 군에 대한 감시역할과 정치권력을 회복해 가고 있다. 실제로 현재 러시아 정부 내 고급관료들 중 50%가 연방보안부와 군부출신자들로 채워지고 있어 과거 KGB의 부활을 꾀하고 있는 듯하다.[90]

이 같은 근거로써 이미 알려진 현재 러시아 권력망은 KGB 출신인 푸틴(Vladimir Putin) 대통령을 비롯해 고향인 베테르부르그의 KGB 동료들을 중심으로 크렘린(Kremlin)의 최대 파벌 '실로비키'을 형성했다는데서 알 수 있다.[91] 크렘린 간부들 중에 58%를 차지하는데 이들은 국가주의자들로서 강한 애국심과 사명감을 갖고 관리 자본주의와 민주주의를 지향하고 있다. 푸틴 대통령은 국방 외무 내무 비상사태 법무 등 5개 부처와 정보기관들을 대통령직속으로 두어 권력을 행사하고 있는 것도 무관치 않다.[92]

러시아 역시 최첨단 과학기술을 비롯해 세계 경제정보 수집을 강화하고 있다. 옐친 대통령은 지난 1994년 1만 5,000여 명의 해외 주재 정보원들에 대해 산업정보 수집활동을 강화하라고 지시한데 이어 7만 5,000여 명의 국내 정보요원들로 하여금 러시아 주재 외교관들의 대화 내용을 수록한 보고서를 작성 제출토록 지시하기도 했다.[93] 고르바초프(Mikhail Gorbachev) 역시 경제스파이 활동은 경제재건에 없어서는 안될 핵심 활동으로 취급했다. 미국 프랑스 일본 등 서방 국가들을 대상으로 한 국가보안위원회, 무역부, 국가대외경제위원회(GKES), 국가군수산업위원회(VPK)를 중심으로 기술정보수집이 이뤄지고 있다. 이런 결과로 구소련의 군사장비 개발 프로그램 가운데 연간 평균 5,000건 이상의 서방측 기술정보와 관련 문건들이 들어갔다는 평가도 있다. 1980년대 군수산업위원회가 유용하다고 판단한 물품의 90%는 군사정보총국(GRU : Soviet Military Intelligence)과 KGB 등이 입수한 것으로 알려져 있다.

한편, 러시아는 1995년 이후 서방 기술선진국들이 러시아 내 첨단산업 분야에 대한 수집 활동을 벌이고 있는 것을 차단하기 위해 보안전문가들을 모스크바나 베테르부르그 그리고 노보시비르크시 등 러시아 과학기술 중심지에 분산 배치하고 있다. 또한 러시아 정보기관

---

90) Vladmir posniak, "KGB復活でテロ制壓と 經濟支配に 乗り出したプユチソの野望", SAPIO, 2004. 9. 22. pp. 21~23.
91) 실로비키는 힘·폭력을 의미하는 실라가 어원으로 군·KGB·내무부·검찰·국세청 등 권력 부서 출신 인사들을 의미한다.
92) 名越健郎, "クレムリンを掌握した「シロビキ」ロミア大統領選プエソ壓勝"『世界週報』, 2004. 4. 6. pp.6~8.
93) Udo Ulfkotte, op.cit, pp.306~307.

들은 자국 내 진출한 외국 기업에 대한 감시와 통제체제를 강화하고 있는데 사회주의 붕괴 후 각 지방 정부의 대외경협활동이 활발해지고 있기 때문이다. 게다가 연방보안부(FSB) 등은 자본주의 시장으로 전환되면서 나타난 연방정부와 지방정부간의 마찰을 방지하기 위해 지방정부와 역내기업들 및 외국기업들과 합작하거나 자유공동개발 시 정보기관의 승인을 받도록 하는 조례를 발표했다.[94] 이 같은 개입은 자원개발 및 이익배당과정에서 정보기관의 역할을 정당화시켜 주는 계기가 되었으며 향후 러시아 내 사기업(私企業) 활동에 대한 정보기관들의 감시와 통제를 의미한다.

◐ 유럽 국가들의 경제정보 수집

유럽 정보기관들 역시 정보기관의 관료주의의 폐해를 지적하면서 조직 합리화로 정보활동의 효율성과 적시성을 높이는 한편, 21세기의 복잡한 정보수요를 충족시켜 가야 한다는 입장을 보인다. 우선 영국의 정보기관은 MI-5(Section 5 of Military Intelligence, 일명 SS, 국내 방첩담당)와[95] MI-6(Section 6 of Military Intelligence, 일명 SIS, 대외 비밀정보수집)기관[96]으로 나눠지고 있는데 이들 기관들은 냉전 이후 새로운 분야로의 활로를 모색하고 있다. 이들의 현안 문제로는 MI-5의 경우 국내안전은 물론 아일랜드 공화군(IRA)의 테러를 방지하는 것이 최대의 임무 중의 하나이며 MI-6는 마약과 러시아의 마피아, 홍콩 마피아에 대한 대책과 보스니아 헤리체코비나 등 지역 분쟁에서도 다양한 공작을 벌이고 있는 것으로 요약된다.

또 영국정보기관들이 독일 기업들의 팩스와 전화를 도청하여 주요 고객인 영국 은행들에게 산업정보를 제공하는 것은 이미 잘 알려진 사실이다. 예를 들어 영국 통신정보부(GCHQ : Government Communications Headquarters)의 경우 대부분 암호 해독을 담당하고 있는데 이들 기관은 통합전파조직, 통신정보 기획 등을 통해 국내외 유무선 통신을 감청하고 국제 상용 통신망을 검색하고 있다. 통신정보부는 영국의 롤 로이스(Rolls-Royce)사와 독일 BMW사 간 전략적 제휴를 앞두고 BMW사의 경영지도부의 움직임과 협상전략을 탐지

---

94) 러시아 지방정부들이 러시아 중앙정부와 별도로 외국과의 독자적인 경제활동 등 배타적인 경제적 자립움직임을 보이자, 즉 사할린, 하바로스크, 연해주 등 극동지방에서 시장경제 이행과정과 관련해 연방보안부 등 정보기관들의 개입이 제도화되고 있다.
95) MI 5은 대터러, 방첩, 국가전복방지, 보안, 정보관리 등을 수행하고 있다. 기원과 조직에 대해서는 Norman Polmar, Thomas B. Allen, Spy Book, (Random House, 1996)을 참조.
96) MI-6에 대해서는 Stephen Dorril, MI 6 : Fifty Years of Special Operations(London : Fourth Estate, 2000)를 참조.

하여 해당사와 관계 은행에 제공함으로써 제휴로 인한 이익을 최대화하는데도 기여했다.

그밖에도 영국 정보기관들은 독일 내 군수산업의 핵심 종사자가 6만여 명에 이르고 있음을 감안하여 독일을 대상으로 한 군수품 거래 관련 정보를 무차별적으로 탐지하고 있다. 그 결과 영국 브리티쉬 에로스페이스(British Aerospace)는 지난 1985년 경쟁 상대인 미국과 프랑스를 따돌리고 사우디아리비아와 100억 불 규모의 토네이도(Tornado) 전투기 판매 계약을 체결하는 성과를 거양하기도 했다.[97]

독일의 정보활동도 예외가 아니다. 독일의 정보기관은 수상실 산하에 연방정보국(BND)과 내무부 산하에 방첩기관인 연방헌법보호청(BfV) 그리고 국방장관 예하에 군 방첩기관(MAD) 등으로 정보공체를 이룬다. 독일 연방헌법보호청(BfV : Bundesamtes fűr Verfassungsschutz)은 1950년 설립된 내무부장관 관할 방첩기관으로 자유민주주의 존립을 위협하는 행위, 국가의 안보를 위태롭게 하는 이적행위, 폭력행위나 이를 준비하는 활동 등에 관한 정보를 수집 배포하고 있다.

독일 연방정보국(BND)은 한때 '아마추어들의 모임' 으로 비난받거나 정보부재 상황에서 예산 감축과 조직해체까지 요구하는 위기까지 맞았으나 1998년 하닝(Hanning) 부장이 오면서 새로운 조직으로 거듭나고 있다. BND는 독일 정치발전을 위한 수용중심의 서비스 공급기관으로 개혁해 나갔다. 그래서 BND에 무엇인가를 요구하면 쉽게 해답을 얻을 수 있다는 칭찬까지 받기에 이르렀다. 특히 이라크 침공과 관련해 "이라크에는 어떠한 핵무기 시설도 없으며 후세인은 알 카에다와 관련이 없다. 우리는 대량살상무기(WMD)와 관련한 어떠한 증거물도 갖고 있지 않다"는 판단을 내렸다. 이어 9월 11일에 일어난 테러는 "여객기에 대한 충분한 훈련을 받은 자들의 소행이며 주범은 오사마 빈 라덴과 그 추종자들이다" 라는 내용의 비밀보고서를 슈뢰더 총리에게 보고하면서부터 정보의 정확성을 인정받게 되었고 이를 계기로 해외정보를 강화해 가고 있다.[98]

독일 BND의 통신정보 수집부서는 매일 독일에서 수·발신되는 모든 무선전화 800만 개 회선을 감청하고 있다. 200개의 국제통신 위성 중 최고 10개를 탐지할 수 있다. 팩스 메일 전화통화 등 컴퓨터에 의해 의심이 가는 발신자와 수신자를 탐지하여 매일 1만 5000건의 첩보를 추출하고 이를 다시 수백 개의 검색어를 통해 걸러내고 있다. 이 가운데 70건 정도

---

97) Udo Ulfkotte, op.cit, p.303.
98) Georg Wedemeyer, "Antiterror-Zentrum BND", Stern Online, 2003. 11. 25.

의 내용을 통신 전문가들이 발췌하고 20건 정도가 전문 분석관들에게 전달되고 분석된다.[99]

독일 정보기관 내에는 1,000여 명의 도청 전문가와 100여 명의 전문 산업스파이들이 세계 도처에서 암약하고 있는 것으로 알려지고 있다. 특히 정부차원의 각 공관 이를테면 미국 공관에만 20여 명의 정보요원들이 활동하고 있다고 한다.

기왕의 독일 정보기관들의 모습을 살펴보면서 우리와 관련된 경제정보 수집 실례를 보자. 독일 뮌헨 소재 지맨스(Siemens—Zentrale)사는[100] 1994년 4월 한국의 고속 전철 수주(受注) 경쟁에서 TGV를 판매한 프랑스 알스톰(GES-Alsthom) 회사에게 패했다. 당시 업계에서는 지멘스사가 한국 측에 제시한 입찰가(40억 마르크)보다 10% 인하된 36억 마르크를 제시했음에도 불구하고 수주에 실패하였다. 이 같은 패배의 배경에는 프랑스 정보기관인 해외안보총국(DGSE)이 모종의 첨단 전자장치를 통해 한국과 지멘스간의 협상 과정을 도청하여 수주 경쟁에 승리했다는 사실이 밝혀졌다.[101]

한편, 프랑스 정보기관의 경제정보활동은 국내 기업의 보호는 물론 양질의 정보 서비스를 위한 권위기관으로서의 지위를 확보하고 있다. 프랑스는 1980년대 초부터 산업정보활동을 전개해 미국 등 선진국의 컴퓨터 우주항공기술 무기 시스템 등 첨단 기술정보를 수집해 기업들에게 제공해 왔다. 프랑스는 잘 훈련된 해외안보총국(DGSE)와 국토감시청(DST)이라는 정보조직을 활용하여 세계에서 가장 적극적인 경제정보수집활동을 전개하고 있다. 때때로 소련의 KGB 또는 스파이 소설과 같은 고전적 방법으로 최근 IBM, Texas Instrument 및 Corning사 등에 비밀공작원을 부식하는데 성공했다[102]는 보고도 있다.

덧붙이면 프랑스 정보기관인 해외안보총국(DGSE : Direction Generale de la Securite Exterieure)은 오래 전부터 사무실과 호텔은 물론 에어 프랑스(Air France) 1등석까지 첨단 도청장치를 설치하거나 산업스파이를 고용함으로써 각종 산업정보를 탐지해왔다는 것은 널리 알려진 사실이다. DGSE의 전임 정보부장인 삐에르 마리웅(Pierre Marion)은 재임 기간 중 인도의 항공기 구매 거래와 관련해 DGSE의 협조로 20억 불 상당의 이익을 남긴 일이

---

99) ibid.
100) 지멘스는 독일 뮌헨에 본사를 두고 있는 세계적인 발전설비, 자동화, 정보통신, 운송, 의료, 조명, 전자부품 등의 전문회사이다. 현재 193개국에서 약 42만 6천여 명의 임직원을 두고 있다.
101) Udo Ulfkotte, op.cit, p.300.
102) Peter Schweizer(1996), pp.11~12.

있었다고 공개한 바 있다. DGSE는 1971년 8월 고위 산업스파이를 통해 닉슨(Richard M. Nixon) 대통령의 금·달러 태환정지 선언에 관한 정보를 사전에 입수하여 보유 달러를 매각케 함으로써 달러화(貨) 폭락으로 인한 막대한 환차손을 방지할 수 있었다.[103]

그뿐만이 아니다. 프랑스 전 정보부장 삐에르 마리옹은 1981~1982년간 미국 기업에 대한 산업첩보활동을 위해 특별부서까지 창설했다. 프랑스 통산성은 자국 내 통신망으로 오고가는 모든 팩스에 접근해 기록할 수 있는 특수 기술을 완성했으며, 통산성은 일본 전신전화회사(NTT)의 팩스첩보(Fax Espionage) 내용을 통해 수집한 일본 내 미국 기업정보를 자국기업들에게 원가로 제공했다고 밝혔다.[104] 이런 스파이 전쟁을 인식하고 있는 미국은 프랑스 정보기관의 산업스파이 활동에 대비해 자국 시민들과 기업인들에게 주의를 당부하고 있다. 심지어 미국은 1991년부터 프랑스 항공기 승무원들이 승객을 대상으로 산업스파이 활동을 하고 있을 뿐만 아니라 좌석에 도청장치가 설치되어 있을 가능성을 경고했다. 미국은 자국내 관료들이나 기업인들이 프랑스 항공기를 이용할 경우 기내에서 사업 논의를 하지 말도록 환기시켰다. 미국 정부는 자국의 Boeing사, IBM사, Texas사 등 기업들이 프랑스 정보기관의 주요 정보 목표라고 경고하고 있다.[105]

또한 프랑스는 세계 도청왕국으로 지칭되어 왔는데 이 같은 사실은 1997년 4월 폭로된 '미테랑 도청 사건'에서 입증되었다. 미테랑(Francois Mitterrand) 프랑스 대통령은 재직 기간 중 수년간에 걸쳐 수천 명의 정치가와 언론인, 경제인들을 대상으로 광범위한 도청했다는 사실이 밝혀졌다. 또한 그의 후임자인 시라크(Jacques Chirac) 대통령도 소위 '국가안보 기밀'이라는 명목 하에 도청행위를 묵인해 왔다. 그 결과 현재 프랑스에서는 정부의 공식 허가 하에 매년 1만 6,000여 개의 전화선이 도청되고 있으며, 이를 통해 10만 건의 불법 도청이 추가적으로 자행되고 있다는 내용도 있다.[106]

그밖에 유럽연합(EU) 회원국 지도자들은 국제적 위기에 적극 대처하기 위해 EU 자체의 '연방정보기관' 설립을 추진하려 한다. 2000년대에 접어들면서 당시 독일 슈뢰더(G. Schrder) 총리와 자크 시라크 프랑스 대통령은 EU 자체군 창설과 관련해 EU 회원국 공동으로 '중앙정보참모부'를 구성하는 동시에 첩보수집 위성네트워크를 공유할 것을 제안한 바

---

103) Udo Ulfkotte, op.cit, p.301.
104) Asia Times, Jan. 29, 1997
105) The Sunday Times, Aug 6, 2000.
106) Udo Ulfkotte, op.cit, pp.300~301

있다. 또 유럽 의회는 이와는 별도로 신속 대응군 지원과 유로 화(貨) 방어를 위해 EU의 독자적인 정보기구 창설을 제안했다. 유럽 의회는 다국적군의 독자적인 정보수집능력 개발이 불가피 한 것으로 내다보며 EU의 경제통합과 함께 정보활동의 필요성을 주장하고 있다. 물론 동 안건에 대해서 영국은 회의적 태도를 보이는 가운데 국가 및 국제 조직과의 총체적인 정보교환 시도를 반대하고 있다.[107] 그 대신 영국은 비밀정보기관들의 고급 정보 공유에 비판적이면서도 가능한 자체 통신정보부(GCHQ) 감청소들을 곳곳에 확대하는 등의 미 정보기관과의 정보협력 관계를 유지하고 있다.

◐ 북한 대외정보 활동

원래 북한은 남조선 혁명과 공산화 통일이라는 국가안보목표를 달성하기 위해 '3대혁명 강화' 를 내세우며 각종 정보를 수집해 왔다. 북한의 '3대 혁명 강화' 는 ▲조선 혁명의 전국적 승리를 위한 북한을 '혁명의 기지' 로서의 역량 강화, ▲남조선 인민들을 각성시키는 남조선 혁명 역량 강화, ▲반제 반식민지주의 세력들과 연대해 국제적 혁명역량을 강화하는 것으로 되어 있다.[108] 북한의 국가정보기관들은 이와 같은 국가목표를 달성하고 현 김정일 체제를 지켜나가는 실천적 기구들이다. 이른바 '혁명적 정세' 를 조성하고 혁명의 '결정적 시기' 등 대 사변을 위해 준비하고 활동하고 있는 조직들이다. 특히 분단체제 속에서 북한의 첩보활동은 현재 김정일 정권의 유지, 국제적 지위획득, 북한에 대한 적대국의 활동 탐지, 핵과 미사일 등 군사무기 기술 등을 광범위하게 수집해 대응하는 일이다.

이러한 북한의 정보활동은 1945년 8월 해방과 더불어 공산주의 정권을 구축하는 과정과 함께 시작되었다. 김일성은 남한 내 공산주의 세력을 확장하기 위해 1945년 말 평양근교인 강동(江東)에 정치학원(일명 강동 학원)을 설립하고 남한 출신들을 중심으로 '정치일꾼' 들을 교육시켰다. 6 · 25전쟁 시기인 1951년 초 서울에 진입한 북한군은 '서울정치학원' 을 설치하여 정치군사요원을 양성하다가 다시 1951년 10월 '금강정치학원' 으로 개칭함과 동시에 인근 해주(海州)에 '송도정치학원' 을 증설하여 대남정보수집활동을 해 왔다.[109] 이어 1962년 개편된 '금성정치군사대학' 은 당 중앙위 직속 정치학교로 내려오다가 김정일의 생

---

107) The Sunday Times, Dec 5, 1999.

108) 김일성, 김일성 저작선집 제4권(평양 : 조선로동당 출판사, 1970), p.79.

109) 강인덕, 『북한전서』 하권(서울 : 극동문제연구소, 1974). p.58 및 권민웅, "북한의 정보, 보안체계", 문정인(편),
『국가정보론』 (서울 : 박영사, 2002), p.555~560.

일 50돌을 맞는 1992년 1월 '김정일 정치군사대학' 으로 개칭, 현재 대남 직파 간첩들을 양성하고 있는 등 국가정보조직으로 활동하고 있다.

원래 북한의 정보, 보안기구는 조직적으로 조선 로동당 중앙위원회 산하에 통일전선부, 대외연락부, 35호실, 작전부 등 4개 전문 부서로 나눠 운영되고 있다. 그리고 이를 지원하는 인민무력부 총참모부 아래에 정찰국(한국의 국군정보사령부)과 국가안전보위부(한국의 국가정보원)가 있다. 보안기구로서는 인민보안성(우리의 경찰청)과 보위사령부(우리의 기무사령부)가 운영되고 있다. 이들 정보기관들은 각 업무 영역별로 정보를 생산해 국가정책의 최고 결정자에게 올리고 있지만 수령의 위치인 최고 정책 결정자(뇌수)가 직접 조직을 운영하고 있다. 특별한 경우에는 '친필 지시' 를 통해 통치권자가 직접 업무에 관여하거나 정보공작 요원들에 대한 선발과 처우 등을 총괄하고 있다.

다음 〈도표 4-7〉에서 보듯이 대남 및 해외 정보사업의 총 설계는 통일전선부가 하고 작전부와 대외연락부, 35호실은 그 계획을 집행하는 기구들이다. 그 중 작전부가 남파 간첩들을 파견하는 일을 한다면 35호실은 해외에 기지를 두고 미국 일본 등의 대북 정책탐지, 대남 정보수집 및 간첩침투 테러 공작을 전담하는 행동대에 속한다.

북한의 공작원 선발은 노동당 조직부 305호실에서 진행한다. 노동당 305호실에서 추천된 공작원 대상자는 35호실 간부과에서 최종 검토를 받아 공작원으로 선발되어 3년간의 스파이 교육을 받은 후 외국 내지 적대국에 잠입하게 된다. 35호실(대외정보조사부를 1994년

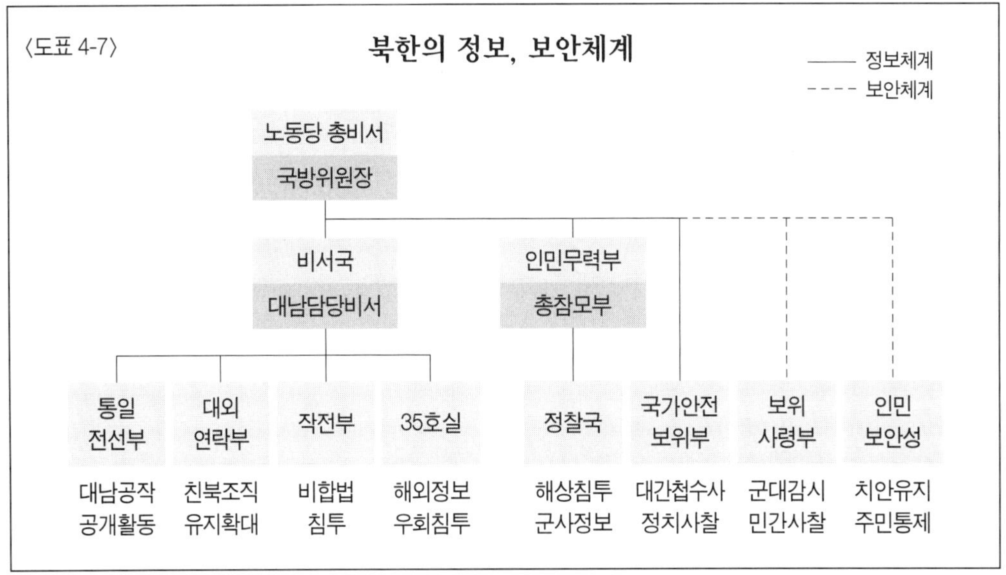

〈도표 4-7〉 **북한의 정보, 보안체계**

35호실로 변경)은 일본 마카오 홍콩 등 비수교 국가들에 무역상사와 통상대표부 등의 명칭으로 지사(거점)를 두고 있으며 모스크바, 베이징, 유럽의 불가리아, 아프리카의 탄자니아 이집트, 동남아시아에 태국 등 수교국들의 대사관, 무역대표부 등에 위장 무역상사를 내걸고 각종 정보를 수집하고 있다.

북한은 2000년대로 접어들면서 '핵과 미사일 문제'로 미국 등 국제 사회로부터 체제 변형 혹은 개혁 · 개방 압력을 받고 있다. 내부적으로는 심각한 경제 위기에 빠져들면서 '김정일 정권 강화와 체제 유지' 및 '사회 안전 담보와 경제의 발전'이 최우선 정책이다. 그러나 사회적으로 탈북자가 늘어나고 남북 교류가 확대되면서 자본주의 사상 침습과 주민들의 반체제적 일탈을 방지하는데 정보 · 보안 역량을 거의 소비하고 있다. 아직 반체제(dissent, dissident movement) 운동은 아니지만 전체주의국가의 체제적 모순이 심화되면서 나타나는 이데올로기적 회의, 사회적 범죄, 체제 비판의 봉쇄 등 체제유지에 정보역량을 쏟고 있다.

국가정보원(NIS)이 지난 2006년 8월 발표한 북한 직파 간첩 정경학(48세)은 노동당 35호실 소속 공작원으로 알려졌다. 정경학은 1991년 9월부터 1년간 공작원 전문양성기관인 '김정일 정치군사대학'에서 교육을 받은 후 1994년부터 대외조사부 소속 해외 공작원으로 태국에서 활동을 시작했다. 공작원 출신 탈북자들에 의하면 1978년 최은희 · 신상옥 부부납치사건, 1983년 미얀마 아웅산 테러와 1987년 858 KAL기 공중 폭파사건 등은 35호실 요원들이 자행한 사건들로 알려지고 있다.

한편, 북한은 과학기술발전에 힘을 쏟으며 다양한 군사 기술정보수집에 나서고 있다. 뉴욕의 북한 유엔 대표부와 유엔 사무처는 미국 내 첩보기지로 활용되고 있다. 북한 외교관들은 군사용으로 전용할 수 있는 이중용도제품(원자재, 첨단 부품) 구입을 시도해 대량살상무기 확산 활동을 측면에서 지원하고 있다.[110] 김정일 국방위원장은 핵과 미사일을 개발하고 경제침체를 극복하기 위해 경공업이나 산업시설을 정비하고 경제의 실리주의를 표방하면서, 동시에 과학기술 향상을 독려하고 있는 것이다.

북한의 경제정보 수집과 관련된 내용들(장비)은 항공모함에 필요한 레이더, 선박의 위치를 확인하기 위한 GPS Plotter, 수심을 측정하는 탐측기, 수중음향탐지기(Active Sonar), HF 통신기 등 이루 헤아릴 수 없을 정도이다. 이들 제품을 입수하는 경로는 ▲민간 생활용품으로 직접 합법적으로 수입하거나 ▲홍콩이나 마카오 등 제3국 경유루트를 사용하고 ▲일본

---

110) 미국 하원정보위 홈페이지 http://intelligence.House.gov, 2006. 9. 28.

을 포함해 여타 국가에서 구입하고 있으며 ▲소위 괴선박을 이용해 밀수 형식으로 취득하고 있다. 그밖에 김정일 등 수뇌부의 암살 징후 등 수뇌부의 안전 관련 자료, 수뇌부의 만수무강과 만년장수에 좋은 의약품을 수집하거나 남한 내 '전시 정밀 타격을 위한 좌표 확인'까지 하고 있는 것으로 알려지고 있다.[111]

특별히 북한의 대남 정보수집에 있어서는 합법적인 재정사업(외화벌이)과 대남 사업을 병행하며 전개하고 있다. 김정일은 지난 1992년 3월 대남공작부서인 3호 청사를 방문한 자리에서 '대남 혁명 사업은 합법적인 재정사업을 선행하고 이에 따라 대남사업을 수행해야 된다'고 지시한 바 있다. 이후 무역과 기업 거래에서 외화벌이 사업이 본격화되었는데 북한은 중국 베이징 단동 마카오 등지에서 기업 및 무역회사 약 300개 기업을 운영 하며 한국측 기업인들을 대상으로 남북경협을 추진하면서 동시에 대남 정보 수집을 해오고 있다. 노동당 비서국 산하의 무역 총회사를 비롯해 내각의 무역성 농업성 경공업성 등에서 운영하는 수출입 무역회사 그리고 인민무력부와 국가안전보위부 소속 등의 기업, 무역회사 들이 각각 활동하고 있다. 이들은 합법적 활동조로 자기 명함을 가지고 북한 대사관이나 무역회사, 국제기구 등에 머물면서 정보수집과 포섭 작업을 진행하고 있다.[112]

또한 북한은 정보통신(IT) 분야의 집중 육성을 통한 경제발전을 위해 관련 기술 수집과 제품개발에 적극 나서고 있다. 김정일은 1998년 2월 전국 프로그램 경연 및 전시회를 시찰하거나 2000년 5월 중국 방문 시 중국의 실리콘벨리로 불리는 '롄산집단'을 방문하는 등 정보산업의 육성을 강조했다. 북한은 이를 '주체의 과학정치'라고 선전하고 있다. 실제로 북한은 정보기술을 국가전략 산업으로 육성하기 위해 이를 총괄하는 기구로 노동당 군수공업부 산하에 '21국'을 신설해 21세기 정보산업의 시대를 열어가고 있다. 북한의 IT 정책을 주도하는 21국은 1998년 8월 발사한 대포동 미사일 개발을 실무적으로 지도했으며 또 '정보기술 산업 총회사'를 만들어 컴퓨터, 통신 등의 산업분야를 지휘하고 있다.

10-3-2. 산업스파이 활동과 대책

중국의 속담에 '부자는 가난한 사람이 배부르게 밥 먹는 꼴을 못 본다.'(富人見不 了窮

---

111) 2006. 7월 잡힌 직파 간첩 정경학의 진술내용으로 중앙일보(2006. 8. 22, 9.16)와 조선일보 9. 15일자 내용을 종합.
112) 우 정, "김정일 비자금과 대남정보수집", 『북한』, 2007. 6월호(pp. 169~176), 7월호(pp.150~157)참조

人砭飽飯)라는 말이 있다. 곧 인간이 자신과 어깨를 나란히 할 수 있는 상대방이 성장하는 것을 결코 원하지 않는다는 의미다. 남이 추격해 오는 것을 막으면서 어떻게 생존공간에서 독자 영역을 확보하고 해당 분야에서 계속 우위를 차지하는가의 문제가 바로 국가와 기업에서의 목표이다. 기업은 다양한 이익관리를 위해 다른 기업의 제품들과의 차별성을 유지하며 시장을 지배하고자 한다. 기업의 집중성과 우선순위 모델을 개발하기 위해 그리고 경쟁에서 승리하기 위해 양질의 산업정보가 필요하고 불가항력적인 남의 것을 훔치는 일이 생기게 된다.

일반적으로 산업스파이의 개념이나 정의는 나라마다 약간씩 다르다. 미국 법무부에서 말하는 산업스파이(Economic Espionage)란 "중요한 금융, 무역, 경제정책 정보, 독점적인 경제정보, 첨단기술 등을 불법적으로 또는 공작에 의해 획득하는 것"으로 정의하고 있다. 이 설명에서는 산업정보수집의 대부분을 차지하는 인터넷 등의 공개정보와 합법적인 수단에 의한 정보 수집은 제외되고 있으나 실질적으로는 이런 합법적인 정보활동 역시 미국 산업에 큰 해를 끼칠 수 있다고 해석한다.[113]

그런가 하면 산업스파이는 외국정부 또는 외국 정보기관의 직접적인 지원을 받는 기업이나 개인이 타국의 산업 비밀을 획득하는 행위로 설명하고 있다.[114] 1996년의 미국 산업스파이법(EEA : Economic Espionage Act)은 연방정부에 범죄자의 처벌 내용과 수준을 부여하기 위해 제정되었다. 미국 정부는 범죄의 장소가 국내이거나 인터넷상, 해외에서 일어나는 모든 정보도둑을 형사 범죄로 기소할 수 있게 되었다. 이 법률은 기업 비밀 내용을 "소유자에 의해 정당한 수단으로 기밀이 보호되는 정보"로 보고 있기 때문에 산업정보 보호 일반에 모두 적용된다.

또한 산업스파이 활동에서는 '독점적 기술 및 경제정보'(proprietary technology and economic information)를 불법적으로 타방에 유출한다는 개념이 포함돼 있다. 이는 "일반 대중들이 광범위하게 사용하지 않는 정보 또는 소유주가 그 정보를 보호하기 위해 일련의 조치를 취한 정보"를 빼 가는 것으로 이해된다. 이러한 정보는 경제적 자원, 기업 활동, 연구개발, 경제 정책, 첨단기술 등과 관련이 있는 내용들이다. 비록 이러한 것들이 진정한 의미에서 비밀이 아닐지라도 누출되면 세계시장에서 자국의 경쟁력을 약화시키거나 한 나라

---

113) Bill Gertz(2006), op.cit, pp.73~80.
114) http://www.mojoness.com/motherjones/MJ94/dreyfuss.html.

〈도표 4-8〉　　　　　　　　　**산업스파이 분류와 주체**

주체	내용
기업내부의 구성원들에 의한 행위	구성원(고용인)들의 실망과 불만족에 의한 돈벌이 행위 ※ 퇴직시 갈등 시 다른 기관에 정보유출(디스크, 비밀복사)
사설탐정기관에 의한 스파이 행위	A그룹이 B그룹의 정보를 입수하기 위해 사설기관의 고용인을 내세워 특정수집목표 달성 ※ 대부분 비합법적 수단
정보기관에 의한 전략적 산업스파이	세계경제질서 침해행위, 전략무기의 개발, 공급, 그리고 첨단기술과 상품시장개발 실태

의 경제와 안보에 치명적인 손실을 입힐 수 있다고 할 때 이를 산업비밀이라고 부른다.

　이와 관련해 산업스파이들의 활동과 그 내용은 기업목표의 수집 활동에 따라 크게 두 가지로 나누고 있다. 그것은 국가 핵심경영 및 대기업 수준의 경제정보와, 다른 하나는 중소기업수준의 개인기업 정보로 나눌 수 있다. 전자는 최첨단 특정기술들로서 생물공학, 유전공학, 의학, 환경공학, 고성능 컴퓨터 기술, 소프트웨어, 광 전자학, 화상인식 및 신호시스템, 세라믹, 나노 기술들이 포함된다. 그리고 개인 중소기업분야에서는 연구, 개발, 조달, 직원, 생산물, 분배, 판매, 마케팅, 생산라인, 재정 등 기업운영 정보들이 망라된다.

　하지만 산업정보에 관해 확고부동한 일관성이나 보편적인 목적과 의미를 지닌 정의 내지 설명은 만족스럽지 않다. 문제는 산업정보에 대한 훔치기가 변함 없이 반복된다는 사실에 무게를 둔다.

　산업스파이들이 정보를 수집하는 방법으로는 공개정보 수집방법을 사용하거나 비공개, 불법적인 방법을 활용하고 있다는 것은 누구나 잘 아는 일이다. 구체적으로 우선 공개정보 수집은 전자우편 또는 전문 학술지를 통한 정보획득을 말한다. 때로는 인터넷 등을 통해 필요한 정보를 수집하거나 국제 회의와 사업정보의 교환이나 합작 사업을 통해 수집하고 있다. 또 다른 유형으로 불법적인 방법으로 수출이 통제되거나 금지된 기술을 획득하는 활동이다. 이때는 수출통제 절차를 밟지 않고 해외의 기업을 이용하거나 제 3국의 유령 회사를 통한 물품 획득 과정에서 이뤄진다. 그 밖의 방법으로 산업스파이에 의한 산업비밀 내지 첨단기술에 대한 탈취 행위이다. 불법적으로 비밀기술, 비즈니스계획 등에 대한 거침없는 훔치기를 의미한다. 그러나 외부의 개입 없이 기업이나 개인의 독단적인 행위를 비롯해 공개적이고 합법적인 정보수집행위는 엄밀한 의미에서 포함되지 않는다. 그래서 일부 국가에서는 오랜 기간 동안 정부와 산업계가 긴밀한 관계를 유지해오고 있다는 점에서 외국 정부의 지원을 받는 산업스파이도 사실상 구분하기 어려운 것이 현실이다.

따라서 이러한 산업스파이들의 주체도 다양할 수밖에 없다. 산업스파이는 주로 ▲특정기업의 위촉을 받아 경쟁기업을 대상으로 행하는 경우 ▲고객들의 요구에 의해서 이뤄지는 경우 ▲공급자들의 요구가 있을 때 국가정보기구들을 대신해 수행하고 있는 유형들로 나눠 볼 수 있다. 그리고 미국이 1994년 국가방첩센터(NACIC : National Counterintelligence Center)를 만들면서 적시한 외국이 이용하는 침입방법으로 ▲전화 · 휴대전화 등에 대한 통신도청 ▲컴퓨터 네트워크 침입 ▲기밀의 도면과 서류, CD ROM, 플로피디스크 등 정보자산의 절치 ▲협박 목적으로 매춘부를 이용한 수집 ▲기업 비밀을 취급하는 경쟁사의 사원 매수 ▲기업에 두더지(공작원) 심어 두기 등 다양한 사례들이 있다.[115]

더구나 지식, 정보사회에 들어와서는 이 같은 행위는 더욱 치열해지고 있어 전 방위적 보안대책이 요구된다. 해외를 여행하는 미국 국적의 사업가들은 자신이 스파이들의 목표가 되었다고 느껴질 때 정기적으로 정보당국에 보고하도록 되어있다. 그 뿐만이 아니라 누구나 중요한 서류 가방이나 노트북을 상실하거나 도둑 맞을 수도 있다. 공 · 항만을 통한 입 · 출국 시 가방이나 컴퓨터 등을 오랫동안 검사하는가 하면 그들이 머물던 호텔을 검색하기도 한다.

비슷한 설명으로 이런 산업스파이 활동의 노출 사례는 헤아릴 수 없이 많다. 프랑스의 산업스파이 공작활동은 큰 위력을 발휘하고 있는 것으로 보인다. 2000년 초 프랑스정보기관요원들은 12억 파운드의 그리스 국방성 전차(탱크)구입 입찰에 참여했던 영국의 찰렌저(Challenger-2) 탱크에 방해 공작을 펼쳤다는 혐의를 받았다.[116] 그리스 정부가 250대의 탱크를 구매하기로 한 입찰에서 당시 참여한 4개국(프랑스, 영국, 미국, 독일)의 탱크 성능 테스트가 현지에서 있었다. 이때 상당수의 영국 탱크들이 자신의 정확한 위치파악을 하지 못하는 사태가 일어났다. 성능 테스트는 자신의 위치 파악을 위해 3~4개의 위성으로부터 원격 신호를 받아 목표물을 공격하도록 되어 있었다. 그런데 일부 탱크들은 위치 파악 시스템

---

115) F. W. Jr. Rustman, F. W. Jr. Rustman, CIA, INC : Espionage & The Craft of Business Intelligence, 박제동(역), 『CIA주식회사』(서울 : 수희재, 2004), p.187.
116) The Sunday Times, Aug 6, 2000.

에 이상을 일으켜 목표 타격 시 100야드 이상의 오차를 유발하는 약점을 나타냈다. 영국과 미국의 탱크들은 자신들의 위치 파악을 정확하게 하지 못했는데, 조사한 바에 의하면 프랑스 정보기관들은 전파방해장치들을 동원해 위성항법장치GPS(Global Positioning System)에 영향을 준 것으로 밝혀졌다. 원거리에서 위성신호와 같은 주파수의 전파를 강력하게 송출함으로써 통신 교란을 일으키고 결국 미국과 영국탱크들은 제 기능을 다하지 못했다는 것이다.

이렇게 경제정보 스파이들의 목표는 다양하여 정부 조달 물품이나 비밀 제품의 생산, 재생기술, 선도 기술개발 등 전략적 국익에 해당하는 전 산업부문이 포함된다. 한 나라의 국력과 안보의 중요성이 점차 증대되고 있는 상황에서 선진국들은 독점적 경제정보와 첨단기술의 유출 방지에 힘을 쏟고 있는 것이다. 미국은 동맹국들과 우방국뿐만 아니라 잠재적 경쟁자로 부상하고 있는 개발 도상 국가들까지도 경제정보수집 활동을 강화하고 있다. 미국은 한국을 비롯해 일본, 이스라엘, 프랑스, 대만 등을 산업스파이 경계 대상국으로 간주하고 있다.[117]

산업스파이로 인한 기업정보 탈취는 막대한 재정의 피해를 입게 됨은 물론이다. 자체의 제품을 생산하는데 투입된 비용뿐만 아니라 일반적으로 기업의 신용과 새로운 시장을 개척하는데 감당할 수 없는 손해를 보게 된다. 그러나 산업스파이로 인한 피해는 은폐되거나 기록되지 않는 경우가 많다는 점에서 경쟁첩보나 산업스파이 행위에 의해서 일어난 피해 범위를 알아내기란 여간 어려운 것이 아니다.

대략적으로 1987년 미국 산업이 전 세계에서 입은 피해를 238억불로 산출(1982년 피해조사 비율로 환산하면 직장 손실은 45만 개)했는가 하면, 1988년 조사에서도 미국 기업은 지적재산권 침해로 인해 입은 피해액이 430~610억 불로 추산하고 있다.[118] 미국 FBI에 의하면 1992년~1993년 사이만도 경쟁첩보와 산업스파이로 인해 17억 불의 손실을 입었다고 발표 했다. 이어 전 미 백악관 보안국 감시위원회는 경영정보 노출로 놓쳐버린 계약들과 추가적으로 연구개발 비용들을 합치면 1,000억 불의 손실이 있었고, 이로 인해 1990~1996년 사

---

117) 미국은 지금까지 정보출처보호와 외교적 논란을 피하기 위해 구체적인 국가명을 거론하는 것을 피해왔으나 NCIC는 산업스파이 활동의 대상이 되고 있는 기업들에 경종을 울리기 위해 처음으로 국가 명을 명시했다. National Counter Intelligence Center, Annual Report to Congress on Foreign Economic Collection and Industrial Espionage, 2001.

118) Office of Director of FBI, 1996. 2. 28

이에 6백만 명의 실업자가 발생했다고 주장했다.

더 많은 예를 들 수 있는데 포춘(Fortune)지가 선정한 세계 대기업들이 독점정보 누출로 1999년에 수십억 달러의 손실을 입었다고 한다. 이렇게 미국 기업의 경우 경제정보를 다른 나라에게 도난당할 경우 고용 감소는 물론 미국의 해외자본의 감소나 이민 정책의 어려움, 그리고 R&D 투자 유인의 위축 등 피해가 예기치 않게 나타난다. 미국의 포춘지가 1,000개 기업을 대상으로 조사한 산업스파이 관련한 문제점을 다음과 같이 지적하고 있다.[119]

- 미국 기업들이 입은 최대의 손실은 제조과정, 연구 개발과 관련된 정보의 누출이다.
- 인터넷과 정보시스템의 확산으로 기업특허 정보의 누출 위험이 증대되고 있다.
- 특허정보의 최대 위험 요소는 현지 계약근로자와 제품을 만든 장비 제조업자들이다.
- 기업체 근로자들의 대다수가 특허정보 보호에 무관심하다.
- 많은 기업들이 독점 정보의 가치를 평가할 만한 체계를 갖추고 있지 못하다.

요약하건대 지식·정보의 창출은 바로 금전으로 변화시키는 힘이 되고 경쟁력의 원천이 된다는 의미에서 산업 스파이 행위들은 계속 늘어 날수 밖에 없다. 고조되고 있는 이윤 의식은 신속한 경쟁과 단기적이며 즉각적인 이윤 창출을 위한 엄청난 압력에 처한 나머지 영업비밀과 노하우를 탐내고 있는 것이다. 또한 시장의 경쟁도 마찬가지여서 제품 개발과 새로운 상품을 개발하기 위한 싸움은 바로 각종 산업스파이 기법 개발로 연결된다. 산업스파이 문제는 급속히 발전하는 기술에서의 진보, 단기간 내에 달성하려는 이윤 의식, 시장에서의 무한 경쟁에 대응하려는 비도덕적 행위로 비난받는다.

10-3-3. 경제정보수집의 특징과 문제점

새로운 세계 경제질서의 전개는 혼란스럽기만 하다. 그 특징의 하나는 정보기술의 발전에 따른 글로벌화와 또 다른 측면은 경쟁 구조의 세계화에 따른 경쟁의 심화라고 할 수 있다. 전자의 경우 급속하게 변화하는 세계 시장환경에 대한 해외 정보들을 신속히 수집 활용

---

119) National Counter Intelligence Center, Annual Report to Congress on Foreign Economic Collection and Industrial Espionage, 2001.

할 수 있는 이른바 세계 시장에 적극 적응하는 일이며, 후자는 기술력이 곧 경쟁력이라는 기술패권주의가 심화되면서 국가 경쟁력 강화에 온힘을 쏟고 있음을 의미한다. 여기서 말하는 '국가경쟁력' 이란 특정국가가 다른 나라와 비교해 갖는 특정 분야의 경쟁력을 의미한다.

오늘날 경제정보수집 활동은 전통적으로 수행돼 온 냉전시의 군사, 안보 차원의 목표와는 상호 배치되는 면을 갖고 있다. 세계시장에서의 무한 경쟁은 생존적 선택이 아니라 주어진 숙명으로 이를 극복하기 위해서 경제 정보수집은 더 없이 중요한 요소다. 미국의 전 케이시(William Casey) CIA 국장은 미국 최고 경영자들, 특히 대 소련 경제전을 전개하는 과정에서 소련과 깊은 이해관계가 많았던 아처 다니엔스 미들랜드(Archer-Daniels Midland) 사의 드웨인 앤드리스(Dwayne Andreasa), 시그램사의 엣저 브론만(Edgar Bronman of Seggram), 펩시콜라사의 도날드 켄달(Donald Klendal), 체이스 맨하탄 은행의 챔피온 (George Champion of Chase Manhatan Bank) 경영자들이 참석한 자리에서 기업이 필요한 정보를 수집하기 위해서 정부와 긴밀한 협조관계 유지를 당부하였다.[120] 시사적이지만 미국의 경제정보수집과 이익관리는 정부 기업 정보조직들의 특수한 관계 속에서 운영된다는 점을 의미한다.

뿐만 아니라 미국은 경제적 이익과 세계를 지배하기 위해 경제 저격수(economic hit man)를 동원하는 것으로 알려지고 있다. 이들은 정교한 경제 이론과 실무 능력을 갖춘 전문가들로서 미국 기업의 세계 진출을 비롯해 다른 나라들로부터의 수주 활동을 지원하는 등 미국의 패권행진에 가담하는 사람들이다. 미국 정부와 은밀히 맺고 있는 일종의 '기업정치' (corporatocracy) 체제에서 경제 저격수들은 타국 기업의 경제 자문역이나 컨설턴트라는 이름으로 행동한다. 때로는 그 나라의 국고를 털기 위해 온갖 공작들, 즉 회계부정, 뇌물 제공, 협박, 선거 조작들을 동원하기도 한다. 여기서 기업정치란 기업과 정부, 은행이 손잡고 약소국가들의 경제를 조정하는 일종의 글로벌 금권정치 형태로서 이는 미국 국가시스템의 일부이다.[121] 극단적으로 보자면 미국의 경우 정부와 국제금융 그리고 다국적 기업들과 깊은 연결 고리를 이루며 경제와 안보문제를 풀어 가고 있는 것이다. 기업정치는 경제발전과 기술력 확보를 위한 관련 정보의 생산, 가공, 유통, 사용의 신속성과 적용은 결국 경쟁

120) Peter Schweizer(1994), pp. 228~232.
121) 이 같은 내용은 John Perkins, Confessions of An Economic Hit Mam (New York : Aplume Book, 2004), pp. x v ~ x v i , 261~266.에서 폭넓게 이해할 수 있다.

력을 갖추게 하고, 경제시스템과 사회 전체의 시스템을 변화시키는 은밀한 제도이다.

그런데 사회 시스템이 변하면서 분명히 기업과 국가차원의 필요한 정보는 경쟁적 대립 개념에서 얻어진다. 하나의 내 '안'(案)과 반대되는 남의 '안'을 합쳐서 의미 있는 자신들의 '합'(合)을 만들려는 것이다. 하기 때문에 각국들은 산업정보를 수집하기 위해 전 세계에 널리 퍼져 있는 인간 네트워크와 각 조직들을 통해 막대한 정보를 수집하고 축적하여 불확실성에 대처하고 있다. 미국은 국가정보통신기반구조(NII : national information infrastructure)를 통하여 산업경쟁력을 비교 평가하며 타국들보다 우세한 특정 분야인 네트워크 영역의 소프트웨어, 최첨단 기술들을 확보해가고 있다. 그 의미들을 간단히 요약하면 다음과 같다.

첫째로 세계 주요 정보기관이 경제정보 수집을 강화하고 있는 것은 세계 시장경쟁에서 실패할 시 실업과 빈곤 그리고 사회 불안 등으로 이어져 결국 국가번영을 이룰 수 없다는 위기 인식이 확산되었기 때문이다. 세계 각국은 '우호적 동맹 관계'로부터 경제경쟁을 포함하는 '평화적 경쟁 관계'로 인식되고 있을 뿐이다. 선진국들을 중심으로 경제체제의 혁신, 아이디어, 경쟁정보가 경제 성장을 이끄는 결정적 요소로 간주되고 있다.

둘째로 부정적 입장에서 보면 경제스파이 활동은 총체적으로 타국과의 교역 활동을 혼란시키며 다른 국가의 과학, 기술 기반을 흔들어 놓을 수 있다.[122] 하지만 클라우세비츠(Kare Von Clausewits)의 '전쟁론'에서 찾아볼 수 있듯이 상대방에 대한 정확한 분석은 물론 퇴진과 반격, 게릴라전의 전개 등 전략적 사고가 확고할 때 이들의 교란으로부터 승리할 수 있다. 기업들에 대한 전략적 지원 베스트 프랙티스(best practice), 업무의 프로세스 혁신을 위해서는 산업정보 수집은 필요 불가결한 요소이다.

셋째로 그러나 안보 일변도에서 첨단 과학기술정보 수집을 우선으로 할 때 자칫 총체적 국가안보의 헛점을 간과할 수 있다. 경제우선의 정보 역량만을 강화할 시 전통적이고 광범한 '안보' 개념을 소홀히 할 수 있다는 지적이다. 물론 정보화를 기반으로 하는 글로벌화, 시장 중심화, 고객 중심화, 융합화 등으로 요약되는 지금 상황에서 경제정보는 더 없이 필요하다. 더구나 미국 국방성은 2002~2006년도 연례국방보고서에서 국방정책의 목표 및 전략전개 방향을 ▲미 동맹국 보호 ▲도전세력의 등장 예방 ▲위협의 억지 ▲억지력 실패 시

---

122) http://nsi.org/library/espionage/allies.txt, Econmic Espionage : Information on Threat From U.S. Allies(Testimony.02/28/96. GAO)

적지점령, 체제 변경 등으로 설정하고 국가안보에 주력하고 있다.

넷째는 각국마다 국가 차원의 '조직의 힘'과 조직지(組織知)를 통한 경제정보수집 활동이 다양화될 전망이다. 지적 혁신, 지적 자본의 형성, 투자 대상의 설정 등을 위해서도 그렇다. 하기 때문에 이에 대응한 기업 활동 방향 및 목표를 체계적으로 마련해야 한다. 한마디로 타 조직들의 비밀스런 산업정보 훔치기에 적극 맞서야 한다. 이제는 각국 정보기관의 스파이 활동에 대해 주먹구구식으로 대응해 오던 자세에서 탈피해 보안장치를 강구해야 할 때이다. 일례로 경제문제를 논의할 때는 정보기관 등에 의해 도청장치가 쉽게 설치되어 있을 수 있는 일류 호텔에 투숙하지 않고 이름 없는 호텔을 이용토록 하는 것도 일종의 보안 대책이 된다.

다섯째로 경제스파이 활동이 발각될 시 관련 국가와의 마찰을 초래하게 된다는 사실을 잊어서는 안 된다. 지금까지 경제정보전이 발각됨으로써 국가간 외교 관계의 단절이나 군사적 긴장이 고조된 일은 없으나 앞으로 이런 사건이 발생할 시 관련 국가간 갈등을 초래할 수 있다. 다시 말해 경제스파이 활동이 필요한 것이면서도 동시에 매우 위험스러운 일이다. 일례로 1997년 초 독일에서는 미 CIA 요원이 독일 연방경제부 고위 관리를 포섭해 첨단기술 관련 정보를 입수하려다 실패해 관련자들이 추방된 사건이 있었다. 독일 정부는 미국과의 외교 정보협력을 고려해 사건을 조용히 해결했으나 독일 연방헌법보호청(BfV)은 자국에 대한 우방국 정보기관들의 스파이 행위를 중지토록 요구하였다.[123] 기업 활동의 목적과 이익을 추구하는 나머지 불법적인 정보접근을 하다가 노출될 시 경영프로세스(business process)뿐만 아니라 국가간 갈등을 빚게 된다는 점을 늘 염두에 두어야 한다.

여섯째로 미국의 국가 정보기관들의 산업 경제 활동 혹은 NSA와 같은 정부기관이 국민의 세금으로 수집한 정보를 과연 대기업들이나 사기업체에 제공해야 하는지의 여부이다. 국가 공무원들이 특정 기업을 위해 죽으라는 것인가 등의 비판적인 견해가 그것이다. 물론 사기업체 제공은 위험하다는 견해가 많다. 미국 국가정보위원회(NIC)의 에즈라 보젤(Ezra Vogel)은 미국이 기업을 지원할 목적으로 비밀경제정보 수집을 강화하지 않을 것임을 분명히 밝힌 바 있다. 유에스 뉴스 앤드 월드 리포트(U.S News & World Report)지와 아틀란틱 몬스리(Atlantic Monthly)지 발행인 모티머 죽커맨(Mortimer Zuckerman)도 공공 기관이 수집한 경제정보를 사기업에 제공하는 것은 자유시장의 원칙을 명백히 위반하는 것이기 때문

---

123) Spiegel, March 10, 1997.

에 금지되어야 한다고 주장했다.[124] 그러나 미 CIA 국장은 수시로 주요 기업 CEO들을 만나 정보공유 및 상호 협력 분위기를 만들고 특정사안들에 대해 그들의 의견을 듣고 정책에 반영하며 국가이익관리를 해가고 있다.

매우 중요한 점이 또 하나 있는데 그것은 각국 정부와 기업이 전 방위적 방첩 및 정보보호에 힘을 쏟고 있다는 사실이다. 보안 방첩 및 리스크 관리가 기업의 경영전략에서 중심적 업무로 등장하고 있다는 얘기다. 일반적으로 외국 경쟁사가 공개입찰에 응할 경우 자국 기업의 계약을 성공시키기 위해 관련자에 대한 매수와 같은 불법적 관행을 사용하는 경우에 이를 방지하기 위한 방첩활동이 필요하고 이를 지원할 필요가 있다는 견해이다. 정보기관이 자국 기업에 경제정보를 제공하는 등 조기경보를 해주는 것이 정당화된다. 다만 특정부분이나 기업을 지원하기 위해 비밀정보를 사용하지 못하도록 대비하는 것이 좋다는 단서들을 붙인다. 그러면서 정보기관과 기업간 긴밀한 협력을 주장하는 사람들 중에서도 현실적인 몇 가지 문제를 제기하고 있는데 그것은 다음과 같다.

- 정보기관으로 하여금 기업이 필요한 정보를 제공할 때 그 정보를 수집한 방법과 출처를 어떻게 보호할 것인가.
- 어떠한 기업에 정보를 주어야 할 것인가. 과연 특정 기업(다국적 회사)에만 줄 것인가. 아니면 국가 지원기업 및 국방과학기술 분야에만 지원할 것인가.
- 국내 기업 간 경쟁 기관에 있는 업체들일 경우 입수한 정보를 어느 기업에만 줄 것인가(아니면 모두 줄 것인가, 제공할 경우 그 기준은 무엇인가).
- 기업에 대한 정보제공이 정부의 암묵적인 보상 차원인가, 아니면 기업은 정보를 받은 대가로 정부에 어떤 의무 행위를 해야 하는가 등이다.[125]

이런 점에서 분명히 기업은 산업정보 스파이 활동의 위험과 효과를 고려하면서 시장수요에 대응하는 지식(정보), 인력, 자원 등의 통합 프로세스를 혁신하고 평가해야 한다. 기업 차원에서는 변화 과정에 포함되는 여러 가지 관점들 즉 관계성, 명확성, 통합성, 시대성, 적응성 등에 따라 경제정보를 수집하고 사용하는 것이 요구된다. 따라서 정보활동에 있어서

---

124) Asia Times, Jan 29, 1997.
125) Mark M. Lowenthal, op.cit, pp.170~171.

는 국익위주의 기본자세가 필요하나 몇 가지 조심할 사항이 있다. 국가급 최고정보책임자(CIO)나 기업의 최고 지식관리자(CKO)들은 개인, 집단, 조직의 경험, 이미지, 사안의 긴급성을 고려하여 리더십을 발휘해야 하는데 이때 주요 성찰 대상은 다음과 같다.

첫째, 국익 추구를 위한 군사, 외교, 경제적 행사를 발휘할 수 있는 정보를 수집 분석하되, 개인이나 어떤 집단을 위해서는 결코 사용하지 말아야한다는 원칙이다.[126] 만약에 국가권력에 의한 중대한 실패, 개인과 기업에 대한 국가 권력의 남용으로 인한 어떤 희생을 가져왔다면 그것은 역사의 운명에 의해서 거대한 비극이 아닐 수 없다. 또한 기업이 다급하다고 해서 '해적질 기업문화'에 의존하려는 태도는 가급적 지양돼야 하고 바람직하지도 않다.

둘째, 자국과의 우호관계, 동맹 관계를 유지할 수 있는 책임 있는 정보판단을 내놓아야 한다. 이때는 무엇보다 국제문제해결에 큰 도움이 되는, 즉 정보사용의 효율화가 중요하다. 국가전략계획 등에 활용하기 위해 정보 예측평가(intelligence estimate)와 정보요약(intelligence summary) 등 적시 정보를 통해 실시간적으로 상대방의 의도를 파악하고 사용자로 하여금 대응(경고, 위협 평가)토록 돕는 일이다.

셋째, 국가급 정보경영자들은 전 세계적 정치, 경제, 및 안전보장을 구축하기 위한 정보, 통신, 기술, 통상과 재정을 강화하여 급속한 변화 시대에 대응하도록 해야 한다. 우리에게 옳은 것이 타자에게는 옳지 않은 것이 될 수 있다. 이러한 목록들을 작성하는 것은 정보를 하는 사람이 순간적인 임기응변이나 만성적 예측 불능에 빠져서는 안 된다는 공통점을 갖고 있다. 때문에 정보를 하는 사람은 예언가처럼 활동하는 지식인들이 돼서는 안 된다. 사회가 불확실해지고 예언가처럼 행동하는 '난봉꾼'들이 설치는 현실에서 더욱 조심해야 할 사항들이다.

이상에서 보았듯이 잠정적 결론은 이렇다. 정보조직들은 핵심정보대상으로 6가지 차원의 정치, 문화, 국가안보, 금융시장, 기술, 환경 등 정보를 실시간적으로 다루고 전파한다.[127] 국가 정보가치(사용가치)라는 것은 실시간 정보를 통해 특정 문제의 해결 능력, 정책결정과 판단을 내릴 수 있는 객관적 내용이다. 잘못된 정보로 사람들이나 조직을 '미망'(迷妄)에 빠지게 할 뿐만 아니라, 이용 가치가 부재한 작품(보고서)은 조직에 대한 파괴이며 목적의 불시착이 된다.

---

126) http://www.acsp.uic.edu/oicj/pubs/cji/110203.htm, Economic Espionage and Corporate Responsibility.
127) Thomas L. Friedman, The LEXUS and the Olive Tree, (New York: Anchor Books, 2000), p.61~66.

경쟁정보의 실제 그리고 정보활동의 윤리 문제

제11장
경쟁정보의 실제 그리고 정보활동의 윤리 문제

현시대는 대내외적으로 통상 환경이 크게 변하면서 '진실의 순간' 이 혼란스럽기만 하다. 국내적으로는 한때 국제통화기금(IMF)관리 사태를 빚었고 세계화 속에 자본시장의 완전개방, 시장 개방 압력이 가해지고 있으며, 대외적으로는 세계무역기구(WTO), 아·태 경제협력회(APEC), 아시아·유럽정상회의(ASEM) 등과 같은 다자간 협상의 시대를 맞고 있다. 한국은 20007년 6월 미국과의 FTA 협상을 끝낸 데 이어 유럽연합(EU) 등과의 FTA협상을 벌리고 있다. 이제 상대적으로 분명하게 구분되었던 경계가 모호해지면서 신자유주의적 세계화는 전 지구적 시장의 확대로 이어지고 있다.

그런가 하면 세계화의 동력이 되는 것은 경제뿐만 아니라 의사소통방식의 변화도 촉진되고 있다. 인공위성과 전자 시스템의 발달로 사회의 근본적인 변화가 촉진되었다는 이야기다. 정보기술의 발달로 지식경제(knowledge economy)라는 새로운 단계의 사회로 변하고 있는 것도 같은 맥락이다.[128]

이와 관련해서 경영진은 경영판단의 법칙((business judgement rule)을 잘 수행하고 있는가. 무엇보다 전 직원이 회사이익을 위하여 합리적 판단의 기초 위에서 정직하고 성실하게 최선을 다하고 있는가, 아니면 시장 상황에서 소비수준과 물가 변동 등에 의한 부의 효

---

128) Anthony Giddens, www.joins.com, 2001. 7. 10.

과(wealth effect)가 어떠한지 등을 잘 이해하고 있는가 등이 제기된다.

　우리가 경험적으로 알고 있듯이 과거에는 정보를 얻기 위해서 많은 노력을 해야만 했다. 정보는 누구나 접근할 수 있는 것이 아니라 정보를 다루는 전문가 집단(communities of professionals)에 속한 것이었다. 그러나 정보사회에서는 많은 시간과 물리적인 노력을 안 들여도 클릭 한번이면 많은 정보 자료를 수집할 수 있게 되었다. 나아가 수많은 정보를 공유할 수 있으나 좋은 정보를 잘 선택해야 하는 지혜의 시대가 되고 있다.

11-1. 국가차원의 경제전쟁과 정보 그리고 기업의 경쟁정보

　정보조직들은 국가이익 관리를 위한 실행력과 이를 뒷받침 하는 의사결정구조가 변해야 한다는 과제를 안고 있다. 곧 과거의 성공이 장래의 성공을 보장한다는 발상으로부터 벗어날 때라는 의미다. 현시대는 국가차원의 경제전쟁과 기업의 경쟁정보활동에 필요한 분석대상의 정확한 설정, 분석도구(tool)의 개발, 정보통신장비 및 중첩적인 네트워크가 요구되는 상황이다.

　따라서 정보를 하는 사람들로서는 '늘 잘되고 있다' 라는 자만심을 버리고 보이지 않는 적들과 맞붙어 싸우는 사람들이어야 적을 격파하는 전투적 요원이 될 수 있다. 정보활동에 있어서 성공한다는 것은 다른 사람이 아닌 바로 자기 자신과의 싸움이기도 하다. 동시에 정원사의 손에 가위가 들여져 있듯이 정보활동에서도 상대방을 이용하고 그가 가지고 있는 정보를 수집해 소비할 수 있어야 한다. 국제 사회에서 경쟁자를 억제하거나 동료를 포용하는 정책을 펼치는 것이 결코 쉬운 일이 아니며, 따라서 정보활동에 있어서는 친구도 아니고 적도 아닌 관계로 활동하는 경우가 많다. 그러나 정보조직은 구조화된 개방성과 새로운 사람을(출신을 불문하고) 만나고, 새로운 아이디어를 경험해 보려는 의지가 필요한 집단이다. 이런 가치는 현대 지식 사회의 가장 큰 덕목이 아닐 수 없다.

　한편, 한 나라의 경제목표를 달성하려는 방식에는 국가마다 다르며 그것을 특징적으로 파악하려는 대상도 다를 수 있다. 게다가 한 나라가 어떤 경제체제를 가졌는가에 따라 자원의 배분이나 산업구조, 생산양식, 분배 등의 경제 질서가 달리 형성되며 경제력에 미치는 영향도 다르다. 따라서 경제문제는 경제정보의 주요 대상이 되는 것이어서 기업 내 경쟁정보팀들은 재산소유의 형태, 경제계획, 경제운영과 경제관리, 경제관리 기구 등에 착안하여

활동하게 되는 것이다.

특별히 기업들은 폐쇄형체계에서 벗어나 정보사회에 걸 맞는 정보우위와 정보 지배를 강화하기 위해 근본적인 변화를 멈춰서는 생존할 수 없다. 정보의 수집과 분석방법론의 개발, 시장에 대한 효과 측정(MOE : measures of effectiveness)의 문제를 해결하는, 그리고 알아낼 수 있는 것에 전력을 다하는 행동지향적인 경쟁정보팀이어야 한다. 기업에서의 경쟁정보팀들의 활동 결과는 정책의 내용을 결정하는 '전략 본부' 의 역할을 하는 것이다. 단편적이고 산만한 정책의 나열이 아니라 종합적 정책결정의 패키지가 나올 수 있도록 지원하는 일이다. 그래서 정보팀의 목적은 사용자의 권력과 정책, 책임 등 일체가 성공할 수 있도록 하고, 정치적 판단의 재료를 제공하는 일이다.

11-1-1. 경제전쟁

프랑스 사회철학자 자크 아탈리(Jacques Attali)는 정보를 향후 '희소성이 있는 자산, 경제의 원동력' 이 될 것으로 판단하고 있다. 그에 의하면 정보는 타인에게 주어도 없어지지 않기 때문에 본질상 무료 자산이지만 앞으로 정보는 인위적으로 특허나 암호화로 상업적인 가치를 획득하는 경제의 원동력이 될 것으로 본다. 정보는 통신 오락 컴퓨터 유전공학 같은 경제핵심 분야의 천연 자원이 될 것으로 내다보고 있는 것이다.[129] 이런 의미에서 정보를 둘러싼 전쟁은 계속될 것이며 '통치 지식' 으로 널리 작용하게 되는 것은 물론이다. 현대 전쟁은 대포와 총만으로 싸우는 것이 아니라 경제적 도구들을 통해서 싸우기도 한다. 그리고 금융 및 투자를 둘러싼 금융전쟁(financial war)에서 정보는 총알 같은 역할을 한다.

경제전쟁(economic warfare)은 국제적 갈등 관계의 한 부분으로 상대방으로 하여금 필요한 상품이나 서비스 그리고 국방 관련 산업정보의 거래를 차단하거나 영향을 미치는 활동이다. 경제정보전은 각 나라의 정치 군사적 전략을 파악하고 여기에 필요한 실질적 경제 행위들과 관련된 것이다. 예를 들어 1990년 이후 이라크 사담 후세인(Saddam Hussein) 정부에 대한 UN의 경제적 봉쇄나 2006년 미국의 북한 핵실험 과 관련한 경제제재 등은 경제전을 이해할 수 있는 사건들이다. 또 분쟁국이나 적대국이 소유하고 있는 해외 자산에 대한 동결을 하거나 해외 투자를 방해하는 것도 일종의 경제정보전이다. 하기 때문에 경제정보

---

129) 자크 아탈리(Jacques Attali), 『21세기 사전』, 편혜원 외(역)(서울 : 중앙M&B, 1999), p.269.

전에서 다루는 주요 요소들을 보면 아래와 같은 것들이다.

- 적국이나 이들 동맹국들의 대외 수출입의 통제와 금지, 그리고 상품구매를 거부하거나 금지하는 행위
- 적국들과의 무역을 은밀히 행하는 제3국가들을 감시하는 일
- 국방 관련 전략적 상품을 구매하는 행위
- 무역에서의 불공정 거래 혹은 덤핑을 하는 행위
- 적국 소유의 자산에 대한 억류나 몰수
- 적국의 경제 목표에 대한 군사작전(포격) 혹은 태업의 유도
- 적 지역에 대한 프로파간다, 경제적 실패의 선전 등 주민들에 대한 공황 심리 유도

미국의 경우 이런 경제전쟁은 1812년 유럽 시장에 개입하거나, 영국 상품의 불매운동으로부터 시작되었다. 1837년 3월 이후 일본에 대한 기름과 철강 구매를 차단한 사실은 좋은 예이다. 2차대전 이후에는 중공, 북한, 쿠바, 베트남 국가들에 대한 경제 봉쇄를, 1980년에는 이란, 리비아의 해외 자산들을 동결시켰던 것들이 포함된다. 또한 경제정보전은 평화 시에도 계속되었다. 미국정부에 있어서 주요 경제전의 수단은 바로 수출관리법(Export Administration Act)과 재무성 해외자산조정국(OFAC)이 있는데 대통령은 이런 기구들을 통해 다른 나라들의 국제무역, 대외정책, 국가안보 문제를 다루고 있다.[130]

2001년 출범한 미국 부시행정부는 대통령직속 기구인 국가안전보장회의(NSC)에 경제전문가를 참여시켜 국제경제 정책까지 포괄하도록 하고 있다.[131] 당시 부시 대통령 당선자는 재무부가 대일·중·러 정책에서 중요한 역할을 담당하는 등 대외 정책과 경제전문가의 협조가 더 절실해 졌다면서 NSC의 국제경제기능을 보강토록 했다. 이에 따라 재무부의 부장관급 5~6명의 경제팀이 NSC에 충원되어 곤돌리자 라이스(Condoleezza Rice) 안보보좌관과 다른 경제보좌관(NEC 의장)에게 함께 보고하는 방안이 채택되었다. 이후 국가경제회의(NEC : National Economic Council)는 국내 경제정책을 다루는 것에 비해 NSC는 과거 멕시코, 아시아, 러시아의 경제위기에 대한 대응 전략개발과 같은 국제경제정책을 담당하도록

---

130) Ethan Barnaby Kapstein, The Political Economy of National Security : A Global Perspective (NewYork : Mcgraw-Hill, 1992), pp.74~81.
131) New York Times, Jan 16, 2001.

한 것이다. 국제경제 문제가 차지하는 비중이 확대됨에 따라 국제경제 위기를 안보적 시각에서 접근하고 조기 경보도 강화하려는 의도에 따른 것으로 NSC는 현재 지역별, 분야별 22개부서와 전문가 100여 명으로 구성돼 있다.

또 다른 점을 지적할 수 있는데 미국은 자국 내 첨단기술보호와 민주주의적 기업 운영 및 신자유주의적 경쟁체제에 적응하기 위해 경제정보 활동을 강화하는 한편, 정보보안, 방첩에 힘을 쏟고 있다. 미국은 무역외교에서 CIA를 적극 활용하고 있는데 외국 대사관에 기업, 기술전문가를 배치하거나 직접 미 무역대표부(USTR) 회담에 배석해 경제협상을 지원하기도 한다. 외국 기업 내지 각국 정보기관의 대미 기업 정보활동 차단을 통해 '경제안보'를 지키고, 이를 위해 경제분석 기법을 자체 개발해 평가하기도 한다.

또 각국 기업의 불공정 무역관행과 산업정보보호 활동을 강화해 무역불균형과 지적 재산권 침해에 대응하고 있다.[132] 심지어 미 NSA의 전자통신 첩보내용을 분석 평가해 해당 기업과 협상 대표단에게 수시로 제공하고 있다. 상대측의 협상정보를 미리 탐지해 협상대표단에게 보고하거나 무역 협상 현장에 CIA 요원이 미국 교섭단체 일원으로 참가하기도 한다. 그리고 전쟁시에는 국방성(DoD)이 중심이 되어 경제전을 벌이고 평시에는 국가정보기관들에 의해서 다양한 경제전을 벌이고 있다. 예를 들어 상대방의 산업목표를 직접 공격하거나 적의 경제적 행위들에 영향을 미치는 행위가 포함된다.

이런 활동은 어제오늘의 일만은 아니어서 미국 CIA는 대 소련의 붕괴 전략을 은밀히 수립 추진했는데 그것은 다름 아닌 소련 경제전 전략이었다. 소련 진영에 대한 서방국가들의 기술 수출 통제를 강화했고, 전략방위구상(SDI : strategic defense initiative)을 포함한 하이테크 첨단무기체계 경쟁을 통해 소련의 재정 부담을 가중시켰다. 또 시베리아 천연가스 파이프라인 공사의 무력화를 통한 에너지 수출금지 등으로 소련 경제를 압박했다.[133] 당시 소련은 군수산업체 등 고급기술들은 서방으로부터 획득된 '남의 기술' 들이었다. 소련은 서방의 과학기술을 빼내면서 빼돌린 기술 관련 문서 번역 일을 하는 사람만도 10만 명 정도나 되었다. 당시 소련은 첨단기술의 연구와 개발을 위해 자기자본을 투입하는 것보다 상대방

---

132) 예를 들어 미국 무역대표부(USTR)는 2006. 3. 1. 한국의 '하이닉스 D램' 가격 담합 혐의로 하이닉스반도체 회사 등 4개 기업의 임원 4명에 대해 실형을 내렸다. 4명의 임직원은 각각 25만 달러(2억 4,200만 원)의 벌금과 5~8개월의 징역형을 받기로 합의했다. 미국 법무부는 2000년 반독점법인 '셔먼법' 을 개정해 담합 혐의자에 대해 10년 이하 징역형을 내릴 수 있다. 경쟁사끼리 동창회, 골프모임을 하면서 상품(반도체) 가격을 논의해도 셔먼법에 저촉된다.

132) Peter Schweizer(1994), pp.281~282.

기술을 훔치거나 구매하는 방법을 택했다. 사실 그때 CIA 국장인 케이시(William Casey)는 소련이 개발하고자 하는 기술의 50% 정도를 서방으로부터 획득한다고 내다봤다.[134]

또 이와 비슷한 예를 찾아볼 수 있다. 일본 정부와 기업들 역시 주요 제품 기술유출방지에 주력하고 있다. 경제통산성은 기업이 부품 조달을 위해 외국 하청업체에 넘겨주는 금형 도면(金型圖面), 설계도 등을 통한 기술유출이 심각하다고 지적했다. 당국은 기술유출의 유형별 대응책을 제시해 업계로 하여금 이들 조치에 대하여 지킬 것을 강력히 요구하고 있다. 특히 중국의 자동차산업이 조만간 일본을 위협할 것으로 예측하는 가운데 현지 진출업체들에 대해 기술제휴 방지노력을 촉구하고 있다. 향후 생산 설비의 해외 이전과 외국 업체에 대한 아웃소싱 확대 등을 통해 기술유출이 더욱 늘어날 것에 대비한 예비 조치들이다.

중국과 대만의 경우도 경제전의 모습을 띈다. 최근 중국의 자금이 대만 기업에 불법유입돼 향후 경제에 큰 타격을 가할 수 있을 것으로 대만정부는 우려하고 있다. 대만의 국가안전국과 행정부 관리들은 막대한 규모의 중국 자금이 대만 내 증권시장과 기업체에 흘러 들어와 자국의 경제를 흔들 수 있다는 판단이다. 중국계 명보(明報)와 성도(星島)일보는 중국이 대만의 공공기관과 기업 시민단체에 침투했다면서 대만은 7만여 명의 정보경찰을 동원해 증시에 상장된 대기업체와 대중국 투자기업 등 500여 개 기업을 조사했다고 밝혔다. 참고적으로 대만정부는 중국이 전통적으로 자국 인민들로 하여금 적성국 정부를 포위하게 만드는 이민위정(以民圍政) 정책을 사용했던 점을 경계하면서 1995년 이후 중국은 대만시민단체, 기업, 언론사들에 대한 우회 침투를 통해 반 정부활동을 조장했다는 것이다.[135]

이상의 몇 가지 예에서 볼 수 있듯이 민감한 산업정보는 경쟁기업에 고용된 '내부자'를 통하거나 내부 전산망에 침투해 획득하고 있다. 또한 국제법과 WTO 규약에 위배되는 것이지만 주로 무역관련 계약을 성공시키기 위해 뇌물을 제공하는 등의 불법적 방법들을 이용해 경제정보를 수집하고 있다. 불가항력적으로 일어나는 각국의 정보기관 활동의 일부는 타국 경제의 특정 영역의 성장요인, 시장 흐름의 동향, 수출금지 및 군·민 겸용 물품공급에 대한 규정 준수 등 각종 경제 데이터들을 수집하는 한편, 정보의 유출을 방지하려는 싸움을 계속하고 있다.

---

134) ibid.
135) 『조선일보』, 2002년 6월 17일 인용 보도.

11-1-2. 세계 시장의 변화 및 경쟁정보의 필요성

조각가가 파도의 모습을 포착하기 위해서는 그 물 속에 한껏 빠져봐야 하듯이 어떤 정보의 포착도 많은 노력과 성찰을 계속할 때만이 다양한 '의미의 포착'이 가능하다. 또한 정보팀들은 정보 권력을 행사하며 '술이 담겨진 술잔'을 통해 특정 목표를 수집해야 하는데 이때는 리더로 하여금 정확한 방향 설정이 제시되어야 한다. 변화가 급진적이고 전 영역을 압도하는 조직으로 변하는데 있어서 중요한 것은 바로 리더들의 통찰력과 경영의 기술들이 아닐 수 없다.

그런데 경쟁정보 활동이란 기업경영을 돕는 것이다. 여기서 경영(테크니테스)이란 의미는 일반적으로 기술자, 장인들이 능숙한 기능으로 경험과 이론을 바탕으로 조직을 관리하고 운영하는 기법이다. 기업경영은 기업차원에서 단지 이익을 내기 위한 수준에서 필요하겠지만 국가차원에서는 국가이익과 민족의 생존을 지키기 위해 '싸우는 사람들'을 위한 것이 정보경영이다. 과거에는 국가경쟁력이 단순히 생산성 향상에 달려 있었지만 현재는 정치, 경제, 사회 등 사회전체 구조의 효율성에 의해 결정되기 때문이다.

이제 각국은 보호무역주의와 민족주의적 경향을 띠면서 이른바 국제주의 포기라는 분위기까지 나타나고 있다.[136] 자유무역과 IMF 지원 문제를 놓고 충돌하기도 하며 금융지배를 통해 자국 내 문제를 해결하고 나아가 세계구조를 '자기 식'으로 바꿔나가고자 한다. 심지어 신진 엘리트들의 가치 기준은 범세계적 차원에서 리더십과 효율성, 고유의 사고방식 등을 극대화하면서 '양보다 질'을, 동일성보다는 '다양성'을, 포디즘보다는 도요티즘을 우선하는 시대로 넘어가고 있다.

그러면 국제 사회에서 경쟁 대상국들간에 어떻게 경제 성장력을 높이고 개방을 통해서 경제체질들을 변화시키며 기업의 투명성을 향상시키는가. 아니 세계 기업들이 어떻게 실패를 줄일 수 있는가를 놓고 경쟁하고 있다. 경쟁정보에서는 이러한 세계 통상 흐름에 대처하고 무한경쟁에 이기기 위해서 양질의 경영정보가 무엇보다 필요하다. 경제구조 혹은 그

---

136) 미국은 전통적으로 유지해온 국제주의(Internationalism)에 대해 염증을 느끼면서 국제주의 공포증(Global phobia)라는 신조어까지 나타나고 있다. 민주당의 경우 자유무역을 부정적으로 보는 「노조」들과 연계돼 있고 The Institute for International Finance의 William C. Cline과 같은 경제전문가는 국제주의를 크게 비판하고 있다. 그리고 노벨상 수상자인 Robert Solow도 경제적 불평등에 대한 해결방안이 수립되기 전까지는 현재의 '세계화' 조류를 더 이상 지속시키지 않는 것이 합리적이라고 지적했다.

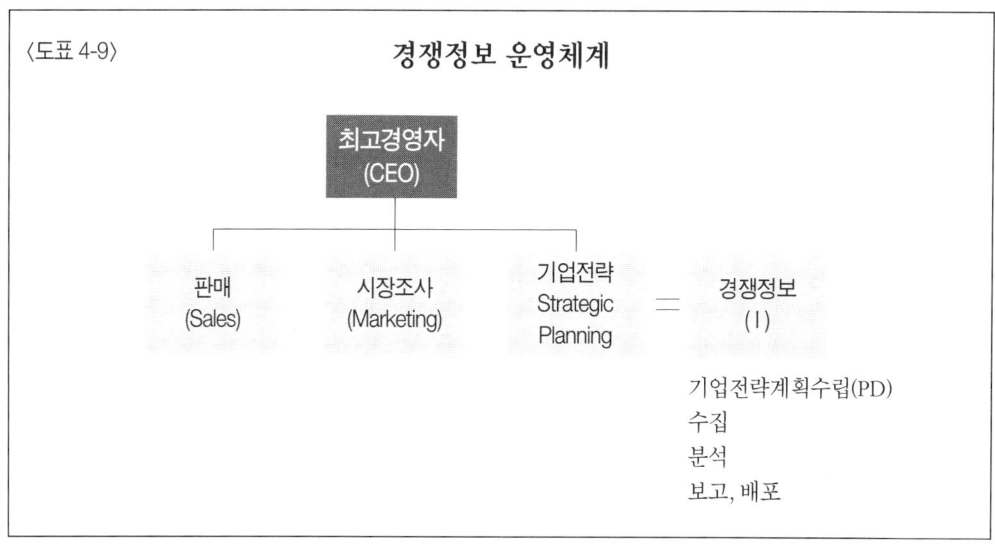

※ 자료 : Larry Kahantr, p.46

변화 내용을 다 설명할 수 없지만 기업지배구조는 물론 기업의 생산성의 향상노력, 내부 그룹의 업종간 상호작용의 창출과정(기업 간 제휴), 금융부문의 정보화와 효율성의 문제가 기업에서의 핵심 주제들이다. 그리고 기업의 위기관리 능력 등 복잡한 경영구조와 업무 프로세스는 물론 기술혁신체계들 모두가 경쟁정보의 대상이 된다.[137] 구체적으로 경쟁정보팀들은 기업의 프로세스, 기업역량을 이해하고 이와 관련된 정보를 수집해야 하는데 그 내용을 몇 가지로 제시해 보면 다음과 같다.

첫째로 경쟁정보는 기업의 전략적 기능을 돕는 것으로서 이를 위해 경쟁정보활동을 체계화하는 것이 필요하다. 최고 경영자의 책임은 미래의 경쟁에 대해 늘 준비하는 것이기 때문에 전략적 기능은 비즈니스 플랜으로 기업 활동의 위상과 기업역량을 관리하고 근본적인 변화를 추진하는 것이다.

● 미래를 주도적으로 만들어 가는 경영의 도전 계획을 수립한다.
● 변화를 탐색하고 예측할 수 있는 방법을 발견한다.
● 경영정보 사이클의 모든 요소를 통합적으로 운영함으로써 경영자는 적절한 행동, 변화의

---

137) Larry Kahaner, Competitive Intelligence(NewYork : Simon & Schuster, 1996), pp.16~18

패턴을 읽고 균형을 이뤄나가도록 한다

● 경쟁정보 관리자는 전략적 의사결정, 수시로 일어나는 기회와 위협에 대한 대응책을 최고 경영자에게 제공한다.

따라서 공식적인 경쟁정보 활동은 잠재적 경쟁사의 설정, 산업·경제 동향분석, 특정 사건(파동)에 관한 정보를 수집 분석하고 서비스를 제공하는 일이다. 때로는 기업본부에서 해외지사나 관련 부서에 '정보 수집' 지시를 통해 구체적으로 필요 정보를 수집하고 평가한다. 아무 정보나 요구하는 것이 아니라 경쟁사의 제품, 가격, 합병 그리고 타 기업들의 새로운 경영전략들에 대한 확실한 정보를 요하는 것이다.

절대적 증거가 되는 정보를 손에 넣기는 어렵지만 경쟁정보 네트워크를 형성해 필요한 정보를 얻거나 공유한다. 마켓트 리서치 분석가들, 경영컨설팅 회사원, 개인적 친분이 있는 타 기업 임원들을 상대로 정기적으로 만나고 아이디어를 얻거나 공유한다. 때때로 현장의 영업 사원들을 만나 복잡한 시장 환경과 고객 관리 시스템을 찾아낸다. 경쟁정보 담당자들은 중간관리자, 최고경영자들과 자주 접촉하면서 자신들이 제공한 경쟁정보가 어떻게 정책화되고 행동으로 옮겨졌는가를 계속 파악한다. 기업에서 실천의 토대가 되고 이익을 관리하는 인텔리전스를 어떻게 수집하고 창출하는가의 문제가 핵심이다.

둘째는 경쟁정보활동을 위한 핵심 인력의 양성 배치와 경쟁정보의 필요성을 조직 전체에 확산시키며 동시에 정보공유문화를 창출하는 일이다. 여기서 '핵심인력' 이란 축구경기를 비유로 말하면 수비를 잘하고 패스를 잘하는 사람보다 결국 골(gole)을 잘 넣는 사람이 최고라는 의미이다. 우수한 인재 10%가 나머지 90%를 이끌고 가는 일당백(一當百)의 능력자를 말한다. 경쟁정보활동은 회사 내 경쟁정보팀들이 중심이 돼 특정 지역 전문가, 해당 분야에 대한 경험을 가진 직원들, 아니면 국가 기관에서 특별히 정보수집과 분석을 했던 경험자들을 중심으로 구성할 수 있다. 미국 생산성본부(The American Productivity and Quality Center)는 선도적 기업들의 경쟁정보 활용과 관련한 학술회의(1997. 5)에서 세계 수준의 기업들은 경쟁정보팀들을 운영하는데 이미 설립 된지 7~8년 정도 된 기업이 있었고 평균 14명의 경쟁정보 전담 직원을 두고 있었다고 했다.[138]

---

138) John E. Prescott and Sterphen H. Miller, Proven Strategies in Competitive Intelligence : Lessons from the Trenches, (New York: John Wiley & Sons, 2001) pp.180~182.

- 효율적인 정보수집과 축적을 위한 틀(센터)을 구축하고 있다.
- 경쟁정보에 민감하고 반응하는 조직으로 만들어 운영했다.
- 핵심인력의 양성과 배치를 위한 경쟁정보 교육의 기회를 제공했다.

이것은 여러 기업에서 정보활동이 수행되고 있음을 의미하며 경쟁정보 네트워크를 유지하면서 효율적인 경쟁정보를 생산하고 있음을 반영한다. 이제 세계 수준의 기업들은 인텔리전스 창출과 프로세스에 큰 의미를 부여하고 있으며 경쟁정보를 통해 신뢰를 얻고 예측이 가능토록 하고 있다. 또한 경쟁정보가 왜 필요한가를 구성원들에게 인식시키는 한편, 이를 통한 정보공유문화를 만들어 가는 문제는 경쟁정보활동의 성공 여부와 직결된다. 경쟁정보의 필요성이 조직 내에 '내재화' 되어야 하며 개개인이 갖고 있는 정보와 지식, 노하우를 활용할 수 있도록 한다. 수시로 니즈를 찾아내고 피드백 하여 다양한 정보가 한곳으로 모이게 한다. 사실 최고 경영자(CEO)나 국가정보 최고사용자들은 5분 안에 주어진 모든 것을 충족시킬 수 있는 정보를 기다리고 있다.

셋째로 경쟁정보는 자신들이 경쟁하는 타 기업의 장점이 무엇이고 무엇을 배울 것인가를 판단하는 일이다. 즉 잘 나가는 기업들이나 세계 수준의 기업들과 비교해 무엇이 다르고 어떤 유사점이 있는가이다. 방법론적으로 중앙 집중화된 기업경영이 바람직한가, 아니면 기업분권화가 기업의 실패의 원인이 되는가 등의 비교이다. 또한 생산성 향상이 단지 정보기술(IT) 등 과학기술에 의존하는가 아니면 '인간 중심' 의 경영 원칙이 성공적인가 등을 비교해 기업경영노하우를 발견할 수 있다. 가령 A회사는 경쟁정보팀을 구성했다면 어떻게 구성했고 어떤 대상을 중심으로 활동하는가. 제품개발, 유통, 가용자원의 배분, 성과의 평가 등과 관련한 경쟁정보활동을 전담하고 있는 중역의 임명, 독립된 사무실은 갖고 있으며 나아가 최고 경영자가 경쟁정보에 실질적인 관심을 얼마나 갖고 있는가를 판단해 대응하는 것이다.

- 경쟁정보팀들은 기업의 가치를 정확히 측정하면서 타 기업의 '경쟁정보' 를 수집 비교 평가한다.
- 경쟁정보는 시장 현상을 탐색하고 미래 지향적으로 깊이 내다보는 사고방식이다.
- 경영진에게 상대적 경쟁기업의 시나리오를 발견하고 그것이 미치는 영향(긍정·부정)을 검토하여 그 대응 방안을 마련한다.

분명히 타 기업들과의 '비슷한 수준' 혹은 '따라가기' 와 같은 수준의 성장 발전 목표는 잘못된 생각이다. 비교 우위의 불평등한 조건이나 상이성은 기업 내에 너무나 많으며 구조적인 문제가 쌓여 있을 것이다. 그러나 비교 평가는 바로 근본적인 변화로 유도하는 길이다. 경쟁하는 타 기업들과의 비교는 무용성이 아니라 객관적 사실에 근거해서 비교할 때 경쟁적 우위를 지킬 수 있다.

넷째는 자기 기업의 관련 정보 유출의 위험성을 방지하는 일이다. 벌거벗은 노출(공개)은 아니지만 다원화된 세계에서 생존하기 위해서는 자기 기업의 사업 비밀을 지키는 것이 중요하다. 우리 경제가 어렵다고 하면서 외국의 경영기법을 무원칙하게 도입하는 경우 회사 비밀이 노출될 수가 있다. 미국의 컨설팅회사로 손꼽히는 매킨지, 보스턴 컨설팅 그룹, 아더 앤더슨 등이 한국 금융경제문제에 자문을 하지만 이는 컨설팅 자체가 우리 현실에 맞게 제도 개선을 하는 게 아니라, 미국식 제도를 그대로 도입하는데 급급한 나머지 제도의 토착화를 너무 등한시하는 경향이 있다. 더욱이 심각한 문제는 외국 경영회사로부터 자문을 받다가 자신들의 기업 관련 정보의 유출 가능성이 매우 높다는 점이다. 외국계 컨설팅회사를 보안수단의 대책 없이 끌어들일 때 지식경영, 인력관리, 기술경쟁 등 기업정보는 물론 경영자의 주관적 가치―가치관, 신념, 전략, 목표, 비전―들이 드러나게 된다. 정보보안 노출 시 일어나는 문제는 한두 가지가 아니다.

문제는 기업들이 '긴급 전략' 을 짠다고 하다가 기업정보가 빠져나가는 것은 너무나 흔한 일이다. 사실 많은 나라와 기업에서 중요한 기술과 경영정보가 잇달아 외부에 유출되면서 재계에 보안 비상이 걸린 지는 오래다. 대기업들은 기업보안관(CSO : Chief Security Officer)[139]를 두고 기업의 인원들과 임원들의 신변보호, 건물과 주요 자산에 대한 보안확보는 물론 컴퓨터 및 정보의 디지털 보안업무까지 책임을 지도록 하고 있다. 원래 보안(security) 문제는 국가의 안전보장과 국익 보호에 영향을 주는 비밀정보를 허가되지 않은 다른 사람들의 접근과 취득을 방지하는 것이다. 때문에 비밀관리 규정상 문서보안 시설보안 통신보안 전산보안 등 다양한 범위를 대상으로 한다. 전 세계는 9·11테러 이후 기업체마다 임원급 CSO가 중시되면서 각종 보안시스템을 갖춰가고 있다.

---

139) CSO는 종전의 CIO(정보담당임원)를 대체하는 개념으로 사용하기 시작했다. 미국기업에서는 그 동안 물리적 보안이 중시되어 전직 경찰관, 군인출신들이 보안담당관으로 선임됐다. 그러나 컴퓨터 데이터보안의 강화로 프로그래머 보안담당자가 중시되면서 CIO와 CSO개념을 하나로 묶어 현재는 CSO라는 용어로 대중화되고 있다.

11-1-3. 시장정보 수집과 기업정보의 극대화 전략

디지털경제의 키워드는 무엇보다 인터넷, 전자 상거래(텔레마케팅), IT 산업으로 요약된다. 디지털경제는 디지털 기술이 인터넷 산업과 기업생산, 상품성 등과 관련한 경제정책 등의 변화를 주도하고 있다.[140] 더구나 현대는 속도의 경제라는 의미가 강한데 정보의 본질은 속도를 나타내기 때문이다. 정보의 효용성은 사용자에게 도달하는 시간과는 반비례한다. 즉 가치가 있는 정보일수록 소수가 소유하고 있으며 많은 사람들에게 알려지는 순간 정보의 가치는 떨어진다. 인터넷은 바로 이러한 정보의 본질을 파괴하고 있는데 더 이상의 고급정보는 일부 특수 조직이나 특수층만의 소유가 아니다. 어느 누구도 관심만 있으면 얼마든지 고급정보를 검색할 수 있고 활용할 수 있는 시대가 되었다. 하기 때문에 기업이나 국가 조직들은 모든 기회와 수단을 활용하여 보다 적극적으로 세계를 대상으로 정보를 발신하고 소비함으로서 유리한 환경을 조성해 갈 수 있다.

그러나 비행기가 한없이 떠 있을 수 없듯이 경제도 호황을 오랜 기간 지속되기는 어렵다. 호황이 계속되다가 불황이 시작되면서 소비 및 투자심리가 위축되고 생산 활동이 둔화되면서 성장률이 떨어지기도 하고, 급기야 기업 도산이 늘어나게 된다. 이를 우리는 통상적 불황(recession)이라고 부른다. 그렇다면 직설적으로 성공하는 기업들이 생존 차원을 넘어 계속 성공할 수 있는 비결은 과연 무엇일까.

일반적으로 '변화'라는 의미에서 보면 사회발전에 상관없이 계속 현존 상태를 유지하는 분야는 거의 없다. 유연한 적응력이 없이는 기업의 영속성을 유지하기란 그리 쉬운 일도 아니다. 그래서 기업에서는 유연 프로세스(flexible process)를 강조하기도 하는데 말인즉 기업이 환경 변화에 대응하는 방식으로 '유연성을 내재화'한다는 뜻이다. 유연성은 시장 수요에 대하여 지식, 기술, 인력을 새로이 적응시켜 끊임없이 변화하는 환경에 적응하기 위해 변화의 내용, 연관성, 시대성을 파악해 구성원들로 하여금 변화에 대한 인지는 물론 이를 지속적으로 재평가하는 틀이다. 이때 경쟁정보 창출을 위해서 고려할 사항은 다음과 같다.

- 정보사용자들의 일방적 정보요구(SRI)보다 구성원(네티즌)들의 뛰어난 능력(수집력)에 의존하는 조직이 되어야 한다.

---

140) U.S. Department of Commerce, Digital Economy 2000, Economic and Statistic Administration, June 2000.

- 정보를 생산하고 발굴하겠다는 욕구가 필요하고, 정권과 체제변동에 관계없이 안정적인 관리(경영)를 할 수 있어야 한다.
- 니즈를 파악해 쉽고도 영향력(파괴력)이 큰 대표작(특상보고)을 만드는 일이다.

일반적으로 기업은 사람의 신체에 비유되고 있는데 인간이 지니고 있는 생명력과 기업이 가지고 있는 유연성이 향후 기업경영에 큰 영향을 미친다는 것이다. 이런 의미에서 기업들의 주요 관심사는 자본에서 아이디어로 이동시키는 등 기업환경을 개선해가지 않을 수 없다. 기업의 장기적 전략과 비전을 명확하게 설정하고 안정적인 제어장치를 확보하며 최선의 선택, 동태적 최적화를 달성해 가는 일이다. 이를 위해서는 경쟁적인 분석보고서가 생산돼 적시에 사용자에게 제공되어야 한다. 현실을 판단하는 분석 접근방법들이 다양하지만 요는 정밀성 내지 정확성이 확보돼야만 한다. 우리는 경쟁정보를 체계적으로 분석하기 위해서 몇 가지를 고려할 수 있다.

- 총체적으로 나타나는 경제현상, 추세, 패턴들을 판단한다.
- 주요 특정문제들에 대해 내용을 세부화하고 구체화한다.
- 보고서 내용을 통해 의사결정자가 주요 사안에 집중하도록 한다.
- 경쟁정보 분석결과는 의사결정과 행동을 돕는 판단이고 지식이다.

따라서 경쟁정보 분석보고서는 기업의 전체적인 능력과 이익의 잠재력을 평가하고 상대적 경쟁자의 위치를 분석하는 지식상품이다. 경쟁자의 반응을 시험하고 기업에 미치는 내적 외적 영향을 파악해 전략 변화에서 주도권을 잡는 방책이다. 구체적으로 경쟁정보에서 다뤄질 분석대상을 다음과 같이 제시할 수 있다.[141]

첫째, 핵심 취약성의 분석이다. 일명 급소분석(linchpin analysis)으로 이해될 수 있는데 이는 경영자들이나 중간 관리자들의 일상적인 생각을 바꾸거나 폐기하도록 하는 내용들을 다룬다. 분석자로 하여금 경쟁기업의 취약점을 찾아내고 자신들의 모든 가능성 탐색과 경쟁사의 의도와 판단은 물론 그 주변 사람들의 행위를 주의 깊게 살펴 판단하는 일이다. 예를 들어 경쟁사가 어떤 부적절한 불공정 행동을 할 때 이를 포착해 이용하는 지혜이다. 이

---

141) John E. Prescott and Sterphen H. Miller, op.cit, pp.160~162.

를테면 각국에서 경제의 주도권을 잡고 있는 기업들의 대 정계 로비 등은 매우 중요한 대상이다. 사실 각국의 재계는 천문학적 액수의 정치자금(미국의 경우 1997~1998년간 4억 2,000만 달러의 정치 자금을 기부)을 제공하며 재계의 장기적 이익을 확보하려 한다.[142] 미국의 경우 신용조합전국연합(Credit Union National Association)과 전국 자영업자연합(National Federation of Independent Business)이 있고 주로 대통령이 사업동향을 파악하기 위해 대기업(Exxon, Chase Manhattan, General Electric, GM, IBM) 등 유수 기업의 회장을 만나는 수준의 회사들이 있다. 그리고 일본의 경우는 게이단렌(經團連)들이 있다.

우리가 잘 알고 있는 미국의 마이크로 소프트(MS)사에 대한 불공정 거래 소송, 인터넷 관련 규제들을 놓고 벌어지는 한바탕의 소동들은 정계와의 정치 역학이 얼마나 중요한가를 깨닫게 하는 사건이다. 대통령 선거 시마다 정당별, 친 여당, 친 야당별 당파성이 작용하는 가운데 정치권에 대한 로비도 '철저한 경제적 이익'을 대변하기 위해 노력하는 과정으로 결국 정치적 색채를 띠게 될 수밖에 없다. 이러한 실례들은 상대방의 급소를 파악하는 대상이며 이를 통해 유리한 조건을 만들어 갈 수 있을 것이다.

둘째, 기회분석(opportunity analysis)이다. 기회분석은 미래에 대한 불확실성이 상대적으로 적을 때 적용되는 분석방법으로 선택할 수 있는 대안들을 놓고 가능성이 높은 순서로 제시해주는 보고서이다. 분석관으로 하여금 의사결정권자에게 생각하고 행동을 취할 수 있는 방법과 그 시기를 제공하는 내용이다. 단순히 상황에 대한 설명이 아니라 어떻게 (sollen)에 대한 해답을 갖도록 하는 것이다. 특정 경쟁상황에서 자신들이 직면하고 있는 위협과 기회를 분명히 밝혀주는 것이 기회분석 보고서다.

예를 들어 반도체 산업체들이 슈퍼컴퓨터의 개발과 이에 대한 통제를 어떻게 풀어 나갈 것인가를 놓고 고민할 수 있다. 많은 나라들은 최첨단 기술과 상품의 수출 증대 노력과 국가안보라는 양대 목표 사이에서 갈등을 겪는 상황이다. 미국은 국가안보를 위해 고성능 컴퓨터(일명 슈퍼컴퓨터로 High−Performance Computer) 수출통제와 관련 일정한 통제장치를 적용해 왔다. 미국 등은 2000년 1월 23일부터 국가위험도에 따라 4개 영역으로 분류관리 해 오던 수출통제 대상국을 재조정하고 통제기준을 완화하는 등 새로운 지침을 시행해 오고 있다. 2000년 1월 이전에는 초당 연산 속도 20억 회(2,000MTOPS : Millions of Theoretical Operation Persecond)를 갖춘 모든 컴퓨터의 수출을 통제해 왔으나 그 이후는

---

142) The Economist, Jun 26, 1999. p.42.

초당 연산 속도 65억 회 이상의 컴퓨터로 기준이 변경되었다. 기타 첨단 군사기술 분야의 소프트웨어나 하드웨어 개발에 고성능 컴퓨터가 이용될 것이므로 동 물품에 대한 판매를 금지하고 있는 것이다.[143] 다시 말해 명백해 보이는 위험한 무기 제조업자들에게는 고성능 컴퓨터를 접하지 못하도록 해야 한다는 취지다.

하지만 미·일간에는 슈퍼컴퓨터 개발경쟁을 벌이는 가운데 미국의 에너지부는 IBM사와 공동으로 2005년까지 자국 컴퓨터 처리 용량 및 능력을 일본의 경쟁모델보다 최소 3배 이상 높인다는 계획을 가지고 있었다. 일본도 NEC사를 앞세워 세계 슈퍼컴퓨터 시장을 선점하기 위해 상호 견제하는 모습을 보이고 있다.[144] 그렇다면 경영진은 미래의 사업 환경을 어떻게 창조할 것인가. 경쟁상대국들의 개발목표를 넘어 어떻게 경쟁우위의 기회를 만들 것인가를 놓고 분석하는 것이다.

셋째, 대안분석(alternative analysis)이다. 대안분석은 미래에 대한 불확실성이 매우 클 때 사용하는 분석방법으로 가능성의 목표 등 구체적 대안을 제시하는 것이다. 그 가능성이 발생하게 된 요인에서부터 그 목표가 현실화 될 경우 어떤 일이 발생할 것인가에 대한 설명이다. 분석관은 서로 모순되거나 상반되는 정보가 있을 때 사용자로 하여금 장기 전망을 살펴보고 의사결정을 하도록 하는 위치에 있다. 이런 점에서 대안분석은 기본결론도출(baseline conclusion), 중요가정(key assumption), 불확실한 영역의 확인(area of uncertainty), 사태의 가정이나 평가를 변경시킬 수 있는 요소의 순으로 정리하여 보고서를 작성한다. 그리고 경쟁정보차원에서는 시장의 규제, 기술정도, 경쟁상품 수준, 집약적 산업 실태 등의 상황들을 놓고 비교 평가하여 대안을 도출하는 것이 중요하다.

예를 들어 생명산업 개발동향을 어떻게 평가하고 이에 대응할 것인가 하는 문제는 기업의 대안적 방향을 잡는데 유익할 것이다. 우리가 알고 있듯이 생명과학 기술 분야는 세계기업과 국가에 있어서 중요한 대상이다. 생명공학산업을 발전시키기 위해 일본은 생물유전자원 등의 보존, 제공, 생물유전정보의 총체적인 게놈에[145] 대한 해석 등 지식기반정비를 서두르고 있다. 일본의 2020년까지 생명공학 관련 시장규모를 25조 엔, 신규창업 수는 약

---

143) Washington Post, March 12, 2000.

144) Der Spiegel, March 6, 2000.

145) 게놈(genome)이란 유전자(gene)와 염색체(chromosome)두 단어를 합성해 만든 말로서 생물에 담긴 유전정보 전체를 의미한다. 인간의 세포핵 속에는 한 쌍의 성염색체(여성은 XX, 남성은 XY)를 포함한 23쌍의 염색체가 있다. 염색체는 유전정보의 저장고로 길다란 DNA분자가 이중나선을 이루고 있다.

1,000개 사로 증가할 것으로 전망하고 경제구조의 변혁 및 창조를 위한 행동계획을 수정해 나가고 있다. 더구나 세계는 사생활(privacy) 차원에서 문제가 되겠지만 개인의 유전자 정보 수집도 가능해지면서 데이터베이스를 구축해 상업적으로 이용하는 시대에 대응해 가고 있다.

넷째, 경쟁가정분석(analysis of competing hypotheses)이 있다. 이는 경쟁사의 행동에 대한 다양한 분석 판단이나 설명을 가능케 하는 분석이다. 어떤 기업의 성공과 실패 사례를 놓고 왜 그런 일이 일어나는가 하는 가정을 만들어 해답을 풀어 가는 보고서다. 이것은 간단한 행렬 도표로 작성함으로써 분석관이 어려움에 처했을 때 가능한 가설을 설정한 후 풀어나가도록 하는 방법이다. 예로서 많은 기업들은 왜 국경을 넘어 투자를 하고 해외로 설비를 옮길 때 성공할 수 있는가 등의 의문을 갖고 풀어 가는 것이다.

사실 자국 내 임금과 토지 비용이 상승하면서 선진국들은 경쟁국으로부터의 압력을 피해 새로운 시장과 저 비용 생산 기지(low-cost production bases)를 택해 제 3세계로 진출하고 있다. 그야말로 국제 사회는 이른바 경제전쟁(economic warfare) 상태에서 경쟁력 향상이라는 목표를 향해 뛰고 있다. 다국적 기업들은 한 국가의 통제를 넘어 활동할 수 있는 초국가적인 지위를 계속 누리려 한다. 세율이 높은 국가에서 낮은 국가로 소득을 이전시키기 위해 허위 이전을 하거나 공장을 옮긴다며 자산을 해외로 빼돌리는 일도 일어난다. 심지어 연구소 설립을 통해 세금을 탈세하는 등의 방법으로 정부를 괴롭히기도 한다.

아무리 강조해도 지나치지 않는 본질적인 사실은 기업들이 글로벌리티(globality)를 높여가고 있다는 점이다. 기업하기 좋은 나라로 투자가 몰리는 것은 시장원리다. 실제로 선진국은 여전히 개발도상국들의 가장 큰 외국인 투자 대상국이 되고 있는데 미국 내 외국인 투자는 최근 5,600억 불에 이르러 현시가로는 6,380억 불이 되고 증시가로는 7조 불에 이르고 있다. 뿐만 아니라 전 세계를 걸쳐 직접투자를 많이 유치하고 있는 미국의 경우 1995년 말 투자 액수는 7,110억 불에 달하였다.[146] 미국은 자국에 대한 해외 투자 여건을 만들어 해외기업의 대미진출을 적극 돕는 결과이다. 또 미국은 지금까지 일본에 약 400억 불을 투자해서 1995년 한해 일본 국내에서 1,760억 불 이상의 매상을 올렸고 유럽 지역에 대해서는 3,630억 불 이상을 투자해 년 8,100억 불 수준의 매상을 올리는 등 미국 경영지식 수출에 가치가 높음을 과시하고 있다. 특히 미국은 국내 총생산(GDP)의 12% 가까운 하이테크 제품

---

146) Christian Science Monitor, Nov 27, 1996.

과 서비스가 해외 수출시장으로 팔려나가고 있다.[147] 이렇게 다양성 개방성 혁신성을 중심으로 한 창조적 자본 가치가 미래의 핵심이며 창조적 계급들에 의한 경쟁가정 분석을 통해 최대 이익을 창출할 수 있도록 해야 한다.

다섯째, 추세분석(trend analysis)이다. 분석가는 예측에 기반을 두고 복잡한 현상을 판단하는 것이지만 그것보다 그 밑에 흐르는 물결 방향성의 트랜드를 파악하는 일이다. 역사적 사건들로부터 현재에 이르는 다양한 현상들 속에 미래 지향적으로 함축된 의미를 밝혀 대안을 마련하는 방법이다. 예를 들어 인구 감소와 노령화사회 추세의 배경이나 특징을 밝혀내 대응책을 마련하는 것들에서 찾아볼 수 있다. 또 아시아의 경제발전 추세 등을 평가 분석해 해외 투자 계획을 마련토록 하는 일이다.

사실 세계화 추세에 따른 기업체질 개선 실태와 외국인 투자 트랜드 정보는 절대 필요하다. 기업은 우리가 생각하는 것보다 훨씬 빠른 속도로 변하고 있으며 세계 각 지역에서 투자자들의 마녀 사냥이 이루어지고 있기 때문이다. 전 세계에 걸쳐 외국인 직접투자는 1995년도 이후 이미 40%가 증가해 총 3,150억 불에 달하고 있으며, 일부 기업들은 더 많은 경쟁과 외국 기업으로부터의 합병 위협에 직면하고 있다. 따라서 현대의 경제는 외국인 투자의 역할을 다루지 않고서는 이해할 수 없는 세상이 되고 있다.

그뿐만이 아니다. 첨단과학기술의 추세분석도 매우 중요한 대상이다. 군사첩보 수단의 개발도 경쟁적이어서 주변부적인 약소국들은 이에 대한 대응책을 수립해 정보 종속에서 벗어나야 한다. 미국이 중심이 된 걸프전, 보스니아전, 코소보 사태, 아프간 공격, 이라크 전쟁 등 지난 10년 동안의 군사충돌에서 보듯이 정보, 정찰, 감시 등의 새로운 기능이 확인되었고 전쟁에서의 신경조직의 역할이 중시되고 있다. 특히 무인항공기(UAV : Unmanned Aerial Vehicle)로 불리는 첩보위성, 첩보기, 무선조종 무인기(Drone) 등을 주목하지 않을 수 없다. 동 정보 기기들은 은밀성, 기동성을 갖추고 있으며 인간의 생명을 위협하지 않으면서 공격에 쓰여지고 있다. 경제와 정보기술의 발전추세를 찾아내 우리의 경쟁력을 비교 분석 대응하는 것은 우리 기업의 생존의 길이다.

---

147) 『世界週報』(1997. 7. 22)는 미국계간지 Washington Quarterly지를 인용해 '미국의 동북아경제전략' (미국 동북아세아경제전략 : 금후 5년간의 전망)을 소개하였다. 여기서 미국은 G-7과 WTO 등의 노력에도 불구하고 각국 간 자유무역에 필요한 협력이 결여되었다고 지적했다.

11-2. 경쟁정보와 정보경영

경제의 세계화는 우리의 삶을 정보와 소비의 슈퍼마켓 속으로 내몰고 있다. 특히 정보는 전체 사회의 제도이며 지배력으로 나타나고 있다. 정보는 독자적인 영향력을 가질 정도로 권력적 소재로 작용한다. 그리고 사회적인 관계의 총화로 파악되면서 정보판단이 늦어지 거나 잘못되었을 때 우월적 지위를 유지할 수 없다는 현실성을 갖는다. 이런 점에서 정보책 임자는 현시대에 있어서 중요한 지위와 역할을 하게 된다. 정보 책임자는 사회적 실재들에 대한 의미와 이해를 정확히 해야 하며, 조직을 위한 '참여 관찰자'로서의 역할뿐만 아니라 정보경영을 성공적으로 수행해야 한다는 책임을 지고 있다. 정보경영론은 결코 허학(虛學) 이 아니고 실학(實學)이며 정보경영은 무엇보다 국가와 기업의 힘을 키워 가는 학문이다. 그래서 기업분야에 경영원리를 도입하면 기업경영이 되고 정보분야에 경영원리를 접목하 면 정보경영이 된다. 기업경영이란 기업의 가치와 효율성을 높이는 것이 목적이라면, 정보 경영은 정보의 이상과 목적, 효율성을 높이기 위해 경영부문을 끌어오는 것이다.

이런 관점에서 보면 경영학에서 일반적으로 쓰이는 스와트(SWOT) 분석전략도 정보경 영에서 필요하다. 자신(기업, 국가)의 강점(strength)과 약점(weaknesses), 기회 (opportunities), 그리고 우리를 위협(threats)하는 상대를 정확히 분석하고 올바로 대응하는 것이다.[148] 기업은 떠 있는 비행기처럼 상징되는데 이는 부의 창조를 위해 지속적으로 성장 해야함을 의미한다. 기업 경영자는 '경쟁정보' 차원에서 드러거(P. Drucker)가 제시하는 기초정보(foundation information) 생산성정보(productivity information) 역량정보 (competence information), 그리고 자원배분정보(information about the allocation of source resources) 들을 생산해 기업에 기여하는 일이다. 그리고 경쟁정보를 지휘하는 기업 의 경영자들은 비록 비즈니스 규모가 작더라도 글로벌 무대에서 어떻게 행동해야 할까 하 는 판단을 내놓아야 한다. 그럴 때만이 불확실성 속에서 예상치 못한 것들을 발견하게 되며 냉혹한 현실에서 승리할 수 있다.

또한 국가 기관에 속한 정보경영자의 경우에도 사심 없는 조정자(honest broker) 기능을 효과적으로 수행해야 한다. 경직된 구조와 리더십으로 직원들의 정신의 파괴를 초래해서 는 곤란하다. 정신의 파괴는 일종의 무사안일, 부패의 구조화, 비효율성의 원인이 되기 때

---

148) Peter. Drucker(1999), op.cit, pp.116~121.

문이다. 정보문화에는 부지런히 일하는 개미가 많아야 하지만, 더 중요한 것은 남이 꺼려하고 힘들어하는 새로운 영역을 찾아 나서는 것, 그리고 실패를 감수하는 이른바 '실패의 자유'가 보장될 때 조직문화는 더 한층 성숙될 수 있다. 그럴 때만이 국제적 감각과 유연한 관리 능력을 높여갈 수 있고 조직으로 성장 할 수 있다.

11-2-1. 불확실한 환경에 대비

정보경영에 대한 정의는 아직 미흡하지만 일반적으로 국가와 기업의 지식자본을 확대할 수 있는 경영절차이다. 정보경영은 국가와 기업차원에서 불확실하고 복잡한 환경 속에서도 국가의 안보와 기업의 이익을 위해 정보를 수집, 분석해 사용자를 위한 활동이라고 할 수 있다. 핵심 가치와 목적(조직 이념)을 확인하고 이것을 일관성 있게, 응집력을 가지고 건강한 몸(조직)으로 만들며 피(정보)가 잘 흐르도록 하는 경영이다.

그런데 인구의 증가, 도시 팽창, 자본주의와 기술, 그리고 소득 격차 등 인간의 조건이 어려워지고 있다. 한편으로 일부 불량국가들은 테러기술을 발전시켜 가고 있는 가운데 준 군사 집단들, 용병들, 산악 전사들은 그들의 이익을 틀어지기 위한 비도덕적인 활동도 확대하고 있다. 여기다 휴대폰과 폭발물 한 자루면 누구든지 권력자가 될 수 있는 세상일 뿐만 아니라 기업들은 유능한 소프트웨어, 프로그래머, 우주탐사, 기술경쟁 등 절망적인 경쟁을 강요받고 있다.[149]

그러나 국가적 애국심이나 기업가적 욕망들은 채워져야 하고 이익관리에 결코 실패가 없어야한다. 그야말로 닥쳐올 위기에 대해 '조심스러운 준비'가 잘 돼 있어야 한다. 미국의 전 국방부 장관 럼스펠드(Donald Rumsfeld)는 '1퍼센트의 독트린'을 제시했다. 힘있는 자의 논리지만 커다란 재난이 닥칠 수 있다는 단 1%의 가능성만 있어도 그것을 확실한 것으로 간주 대응 한다는 것, 100% 중 1%의 테러 가능성까지 본질적인 위협요소로 보고 예방한다는 원칙이다.[150] 물론 '조심스러운 준비'(anxious foresight)라는 마키아벨리의 개념은 정보세계에서 매우 어려운 것이다. '전쟁, 잔혹 행위 기타 안보 위해 요소들을 잘 예측할 수 있는가'의 문제이기 때문이다. 그러나 정보분석 판단은 미래의 사태들에 대해 희미하지만

---

149) Robert D. Kaplan(2002), op.cit, pp.8~9.
150) ROn Suskind, The One Percent Doctrine, 박범수(역) 『1퍼센트 독트린 : 보이지 않는 사람들이 움직이는 세상』 (서울 : 알마, 2007), p.251.

윤곽만이라도 제공할 수 있도록 미리 파악할 수 있는 작업임에 틀림없다. 그것이 바로 마키아벨리가 제시해 준 '조심스러운 준비' 라는 개념이며[151], 1퍼센트의 예방정책이다.

그러면 위기 상황일 때 마지막까지 진가를 발휘하는 정보경영 차원의 정보조직 문화는 어떤 모습이어야 할까. 아니 위대한 정보조직을 만들고 지켜가려면 어떠해야 하나? 그 답은 경쟁시대에서 기업이 흑자를 유지하듯이 경쟁정보팀들도 정보경영능력을 갖춰가면서 계속 기업의 흑자를 돕는 것이고, 때로는 무엇인가 정확하고 신뢰할 수 있는 정보를 만들어 사용자를 지원하는 일이다.

이를 위해서는 무엇보다 인간의 이해가 우선시 된다. 분명한 것은 기업의 성공사례들에서 나타나는 공통점은 '인간 존중' 이라는 점이다. 비전이나 전략을 수립하며 이를 실천할 사람은 과연 누구야 하는 문제인데 성장하는 기업들의 공통점은 한 사람의 신동(神童)이 아닌 '사람들 먼저' 라는 인간 중심의 경영이라는 사실이다.[152] 정보조직도 마찬가지여서 구성원들에 대한 인간적 고려가 우선될 때 적지 않은 위력을 발휘할 수 있다. 때문에 정보조직의 사용자들, 기업의 CEO들은 일상적으로 사회 현존과 인간들에 대한 철학적 이해가 필요할 때이다.[153]

매킨지의 변혁 프로젝트 예에서도 '사람 먼저' 라는 논리를 찾아볼 수 있다. 영웅적인 최고 경영자는 변화의 시대에 변혁을 주도할 사람으로 설명된다. 새로운 유형의 리더(RCL : Real Change Leaders)들은 ▲균형 감각을 갖춘 업무 성과의 기준을 독특하게 배합하는 것 ▲더욱 효과적인 직원이 되도록 구성원들에게 동기를 부여하는 것 ▲직원들로 하여금 자신들의 능력을 최대로 발휘할 수 있도록 만들어 가는 것 ▲조직 내 전체 구성원들이 조직의 변혁에 적합한 행동과 기술을 학습하도록 하는 것으로 요약된다.[154] 결국 대부분의 경영자들은 첫째도 사람, 둘째도 사람, 셋째도 사람이라는 평범한 진리를 중시하고 있다.

또 다른 해석으로 2000년대로 접어들면서 기업과 금융계의 영업 환경이 크게 변하고 있다.[155] 기업정보에서 필수적인 산업정보는 파멸의 올가미로부터 벗어나는데 기여하는 것이고 조직자본이 된다. 그렇다고 조직자본은 파국을 막는 눈부신 섬광이나 하늘로부터 갑자

---

151) ibid, pp.65~66.

152) Jim Collins, Good to Great : Why Some Companies Make the Leap...and Others Don't (NewYork : Haper Colins Pub, 2001), pp.41~43.

153) 이 같은 견해는 Tom Morris, If Aristotle Ran General Motor, 윤희기(역), 『아리스토텔레스 가 제너럴 모터스를 경영한다면』(서울 : 예문, 2001)pp. 69~77에서 찾아볼 수 있다.

154) John R. Katzenbach & the RCL Team, 『맥킨지의 변혁프로젝트 RCL』(서울 : 한 · 언, 2001), pp.31~38

기 내려오는 것은 아니다. 요는 산업정보 차원에서 한 순간의 전환점은 없더라도 산업계의 '진화'를 잘 읽어야 한다. 진화란 변화와 다른 개념으로서 적어도 '월스트리트 저널' 지들이 발표하는 신제품의 개발 동향, 시장효과, 경쟁력 우위방향 들를 포착해 내부 구성원들에게 효과적으로 확산시키고 국제시장에서 자신들의 경쟁위치가 어딘가를 깨닫도록 하는 일이다. 그 외에도 한 국가와 초국적 기업에 대한 신용평가를 참조할 수 있다. 일반 사(私)기업에 불과한 무디스, S&P, 피치 등 세계 3대 신용평가 회사들은 한 국가의 신용 등급을 수시로 매기고 있다. 신용 등급에 따라 주가(株價)가 오르락내리락 하거나 투자자들의 투자 결정을 하는데 결정적 역할을 미치기 때문에 이들 평가 정보는 매우 주요한 내용들이다.

이런 의미에서 기업에서의 CEO는 말 그대로 기업을 끌고 가는 최고 경영자의 지위와 역할을 갖는다. 최고 경영자는 큰배를 지휘하는 권한과 책임을 가진 선장과 같다. CEO는 남다른 권한과 투명하고 열린 경영을 할 수 있는 능력을 갖춰야 한다. 이를 위해서는 최고 경영자는 정보를 도구로 사용하는 방법을 정확히 이해하는 것이 필요하다. 그러나 이때 조심해야 할 것은 보다 많은 정보, 유익한 정보를 가진 사람들이 기업의 이득을 가져다 줄 것이라는 생각을 해서는 안 된다. 사실 위대한 기업으로 전환하는데 있어서는 정보가 부족해서 비틀거리는 기업은 그리 많지 않기 때문이다.

우리가 다 인지하고 있듯이 세계화 시장에서는 과학기술 금융 무역 정보 등이 통합되고 있다. 세계화 시대는 열린 체제요 지구체계적 사회이다. 보다 다원화된 시장, 마이크로 칩과 기술 등 정보의 민주화가 진행되고 있다. 이런 추세를 따라가지 못하는 기업이나 국가는 어려움을 겪게 됨은 물론이다. 과거처럼 최상층 소수가 모든 정보를 독점하는 상태에서 의사결정을 내리거나 변화에 적응하지 못할 때 이를 프리드먼(Thomas Friedman)은 '정보면역결핍증(MIDS : microchip immune deficiency syndrome)'이라고 했다.[156] 기업이 생산성과 경쟁력을 향상시키지 못할 때 그리고 빠른 세계변화에 대한 대응속도가 떨어질 때 어디서나 질명에 걸릴 수 있다는 뜻이다. 이런 점에서 기업들은 신속한 의사결정을 내리기 위해 기업조직 내에 정보 마인드 환경을 조성하고 정보탐색을 의한 네트워크 구축은 물론 정보

---

155) 그것은 ①인터넷의 확산으로 기업의 전략과 경제학 이론의 수정이 불가피하게 될 것이라는 점 ②전자상거래를 비롯한 인터넷사업이 확장됨에 따라 세계 각국은 새로운 경쟁 환경을 극복해야 하는 상황 ③꼭 그런 것만은 아니지만 미국의 NASDAQ의 열풍에 대해 즉각적인 반응(동조화)은 물론 기업과 주가의 평가수단도 미국의 영향을 받는다는 것이다.

156) Thomas L. Friedman(2000), op.cit, pp.76~79.

수집 분석 팀을 운영할 필요가 있다.

아주 멀리까지 확장되는 듯하지만 세계는 지금 지식정보경영 시대를 넘어 이른바 '정신경영'의 시대로 접어들고 있다. 선진국의 초일류 기업들은 지력(知力)을 넘어 정신력과 영감(靈感)이 새로운 경영 화두로 급부상하고 있다.[157] 토착민을 이해하는 것이 사업 성공의 열쇄인 것처럼 '내재적인 핵심'이 무엇인가를 성찰하고자 할 때 정신력과 영감을 얻을 수 있다. 경영에서도 엔돌핀이 돌도록 한다는 얘기다. 사랑을 할 때 상대를 즐겁게 하는 것은 엔돌핀의 힘 때문이라고 하듯이 정보경영에서도 사람들로 하여금 엔돌핀이 나오도록 할 때 놀라운 결과를 얻을 수 있다는 사실이다.

나아가 국가정보의 경우 사용자의 요구를 정확히 이해하고 유용한 정보를 생산하기 위해서는 경쟁위치(competitive positioning)를 확인해야 한다. 정보 사용자들도 기업의 최고 경영자들처럼 적어도 10년 20년 이후의 국제경제, 국제정치의 미래상을 예측하고 이에 대응한다. 예로서 ▲차세대에 가장 경제적으로 고성장이 가능한 국가나 지역은 어딘가 ▲미국, 일본 등의 경제력(GDP수준) 변화 양태는 무엇인가 ▲달러와 유로화 그리고 엔화 등의 통화체제의 특성은 무엇인가 ▲향후 전 세계가 착수해야 할 과제는 어느 분야인가(환경문제, 생명공학 등) ▲차세대 세계무역체제(거대한 자유무역권의 블록화)의 변화가능성은 어떤가 ▲10~20년까지의 심각한 분쟁 지역은 어디일까 ▲차세대 노동 형태들은 어떻게 변화할 것인가 등을 살펴봐야 한다. 분명히 정치, 군사적 동맹국들이라 할지라도 경제적으로 경쟁국이 될 것은 자명한 일이기 때문이다. 시사적이지만 일본과 동아시아의 신흥공업국(NICs)에서 나타나는 무역장벽과 거대한 무역적자는 국가안보에 미칠 중요한 요소가 아닐 수 없다.

그런데 필자가 몇 기업인들과 의견을 나눠 본 결과 중·소기업은 정보경영과 관련해 거의 관심을 갖지 못하고 최고 경영자의 취향과 관심도에 좌우되는 경향을 보였다. 중견기업들 역시 정보 취급 담당자나 전문팀이 없으며 비전공자가 보안 업무 등을 담당할 뿐이어서 사실상 정보수집과 분석 보안 업무가 매우 미약한 수준이었다. 다만 대기업의 경우 최고 경영자 직속의 전문부서 팀을 두고 있었으며 실무담당자들의 경우 일부 전공자 내지 유경험자로 구성해 특정 프로젝트 수행 시 활용하고 있었다.

---

157) 이러한 지혜, 영감, 영성을 최고 경영자의 화두로 되는 것은 Laurie Beth Jones, JESUS CEO, 송경근(역) 『최고 경영자 예수』(서울 : 한언, 2006)에서 찾아볼 수 있다.

여하간 기업의 경쟁정보팀들은 막연히 성공할 거라는 믿음과 결코 실패할 수 없다는 확신을 가지고 있더라도 현실적으로 닥쳐오는 냉혹한 사실들을 직시하는 규율이 필요하다. 동시에 확신에 찬 나머지 적당주의 혹은 낙관주의에 빠질 수 있다는 사실을 잊어서도 안 된다. 때로는 인생의 많은 난제들과 씨름할 때에 패러독스(역설)가 일어날 수도 있다. 정보는 끝없는 대답보다 오히려 질문과 의문으로부터 시작된다는 점 그리고 남의 일을 비난하기 전에 그 사건을 해석하는 자세가 중요하다. 그러므로 드러거(P. Drucker)가 말하는 기업 중심의 정보보고서들을 잘 이해하고 생산하는 것이 중요 임무다. 드러거가 제시한 경쟁정보에서 다루는 4가지 보고서 형태만을 찾아보자.

첫째, '기본 정보'로서 이는 국가정보에서 다루는 '기본 정보' 성격과 비슷하다. 오래되고 비교적 넓고 광범위하게 사용되는 기초자료들이다. 이런 정보는 의사가 환자의 건강을 진단할 때 정상적으로 체크하는 진단 즉 체중, 맥박, 혈압, 배뇨검사 등과 같은 것이 '기초정보'가 된다. 적어도 기업경영에서의 정상 혹은 비정상을 확인할 때 필요한 항목들이다. 앞의 제1장 경제정보에서 소개되었지만 한 나라의 경제체제, 자원동원 실태, 산업생산능력, 사회간접자본, 화폐 금융, 국민소득, 대외교역 등 기초자료가 이에 해당된다.

둘째, '생산성 정보'로서 이는 국가정보 부문에서 말하는 '현용정보'와 같은 의미로 이해할 수 있다. 이는 현실적으로 노동자를 비롯한 생산력 단위들의 생산성을 측정하고 대응하는 정보이다. 경제적 부가가치분석(economic value-added analysis)처럼 부를 창조하기 위한 경쟁력을 갖추는 진단 도구이다. 예를 들어 전통 산업을 재편해 첨단기술의 개발 동향 및 관련 산업, 생산양식의 GDP 비율의 평가, 산업의 연간 성장률의 평가 등을 들 수 있다. 첨단기술 산업의 경우 컴퓨터 지원 설계(CAD) 데이터 관리(PDM), 기업자원관리(RTP) 등의 기술개발 실태를 분석해 대응토록 하는 것이다. 또한 제조 분야에서 자원 절약형 인공지능 자동차, 환경 친화적 섬유소재 연구개발 그리고 고부가가치의 가전제품 생산동향들을 파악해 분석 평가하는 보고서들이다.

셋째 '역량정보'는 일종의 '판단정보' 형식으로서 자신과 상대방의 핵심 역량에 관한 정보를 취급한다. 시장가치 또는 고객 가치를 생산자 내지 공급자의 특별한 능력과 결합시키는 '핵심역량'을 구축하기 위한 것이다. 경쟁자들의 국가산업정책을 중장기적으로 평가하되 상대방들의 기술개발, 투자확대, 인재육성, 재정, 금융 등의 실질적인 운영체계 그리고 기업중심의 기술혁신, 지적재산권 등 시장 환경을 집중 평가하는 일이다. 동시에 경기 침체와 관련한 행정부의 경제관리 능력, 취약점, 경제위기 진단 등 현안 문제들을 평가 분석한다.

넷째, '자원배분 정보'는 희소 자원의 배분 즉 자본과 유능한 인적 자원을 어떻게 관리하고 배분하는가의 문제이다. 자원의 배분 정보는 현실과 부적합한 인적구조와 자본배분 문제들을 과감히 혁신하는 한편, 구성원들에 대한 보상, 동기 부여 그리고 성과급을 체계화함으로써 자원배분의 프로세스가 성공할 것인가를 다룬다. 그러나 이런 경우는 구성원들의 상호 이해가 필수적이며 동시에 정보분석과 평가에 의해서 이뤄져야 하는데 대부분 그렇지 못할 때가 많다. 구성원들이 갖고 있는 지식, 스킬, 능력에 따른 자원배분이 왜곡되거나 자칫 구성원 내의 갈등, 불신을 갖게 되어 생산성을 저해하고, 나아가 회사 자체가 분쟁에 휘말릴 소지가 있다. 따라서 자원배분 정보는 모든 가용자원의 배분뿐만 아니라 이로 인해 나타날 수 있는 갈등 현상들도 판단하는 것이 중요하다.

이상에서 시사 받을 수 있는 것은 과감한 발상의 전환이 필요함과 동시에 보고서를 잘 써야 한다는 점을 암시한다. 가치를 지니는 정보를 생산하는 것이 국가정보기관이나 기업의 경쟁정보팀들의 임무라는 점에서 그러하다. 그것도 다양한 정보보고서로서 사용자의 입맛에 맞도록 제공하는 일이다. 동시에 냉전체제 붕괴 이후 조직 내 정보처리 방식은 '알 필요'(need to know)에서 '공유할 필요'(need to share)로, 그리고 '정보제공책임'이라는 패러다임으로 전환되고 있다. 관련된 정보만 알 필요가 아니라 이제는 모든 정보를 모두 함께 공유하여 잘 소비하자는 것이다. 앞에서 설명한 정보생산을 넘어 정보소비시대라는 의미다.

11-2-2. 위험도 경고와 인텔리전스 요구

토마스 쿤(Thomas S. Kuhn)이 38년 전 논문에서 '과학 혁명은 단지 누적돼서 발전하는 것이 아니라 오랜 패러다임으로는 복잡한 현재의 상황을 설명할 수 없을 때 그리고 그것과 양립하지 않는 새로운 것에 의해서 완전히 또는 부분적으로 치환되는 현상'으로 보았다.[158] 말 그대로 사회적 진보에 따라 불가피한 패러다임의 이동을 설명하고 있는 것이다. 또한 기존 체제와 세계관이 극적으로 해체되는 과정에서 그리고 우리는 신 밀레니엄시대 속에서

---

158) Thomas S. Khun, The Structure of Scientific Revolution (Chicago : The University of Chicago Press, 1962), pp.92~94.

지구적 불확실성과 위험성이 날로 확대되고 있다. 이 같은 모습을 보고 울리히 벡(Ulrich Beck)은 현대 사회를 '위험 사회'라고 진단했다.[159]

따라서 국가경영이나 기업, 개인 모두가 일상적 위험사회 속에 존재한다는 의미에서 예기치 않게 닥치는 위험·위기에 대한 분석은 이 시대 핵심적인 작업이 아닐 수 없다. 여기서 말하는 위험분석이란 안보 시스템과 관련된 자산의 기밀성, 무결성, 가용성에 영향을 미칠 수 있는 다양한 위협에 대한 시스템의 취약함을 인식하고 이로 인해서 예상되는 손실을 분석하고 대응하는 것을 의미한다. 위험분석에 의해 산출된 결과를 기반으로 대상 국가안보시스템에 대해 대응책을 수립할 수 있으며 이를 통해 안보문제의 위협 수준을 감소시킬 수 있고 또 기업의 실패를 막을 수 있다.

알아차리기는 쉽지 않으나 정보의 중요성은 판단의 신속성과 그 대응에 있기 때문에 국가 단위의 경우 조기경보제도나 경고정보의 필요성을 끊임없이 제기해 왔다. 이런 제도는 미국 등 선진국에서 오래 전부터 광범위하게 발전되어왔는데 경고 정보체제는 특히 군대조직에서 적의 군사 행동을 경고해주는 징후 목표(indication and warning)를 지정해 관리하는 개념이다. 전투공간에서 적의 군사배치, 병력이동, 통신수단의 변화 등 사전 징후를 포착해 일선 지휘관들에게 즉시 제공함으로써 초기 단계에서 군사행동 정도를 판단해 대응토록 하는 것이다.

그런데 존 키건(John Keegan)은 전쟁에서 어떤 정보 활용으로 전쟁을 승리로 이끌었는가에 관심을 나타내면서 전쟁에서 정보의 중요성을 과대 평가하는 것을 경계한다. 전쟁에서 정보는 매우 중요한 요소지만 힘이 뒷받침되지 않는 정보는 쓸모 없는 것으로 보고 있다. 정보는 일반적으로 승리의 필수 조건일 수 있지만 충분조건은 아니라는 지적이다. 국가정보 차원의 방첩, 정보활동과 실제 전쟁에서의 작전정보와는 다르기 때문이다. 군사작전정보는 군사적인 이점을 획득하기 위한 그리고 전쟁에 필요한 단 기간에 국한되는 정보라고 한다면 국가 활동으로서의 첩보 정보활동은 연속적인 과정이요, 매우 오래된 것이며 전략적인 것으로 이해한다. 곧 전투에서는 사전 지식정보보다 현장 지휘관의 의지력과 전투력(무력)이라는 사실을 강조한다.[160] 그런 의미에서 그는 '행동개시 시간'을 중시한다.

따라서 모든 정보가 '결정적 판단'의 원천은 아니지만 '조기경보정보'는 전쟁에 대한

159) Ulrich Beck, 『위험사회 : 새로운 근대성을 향하여』 홍성태(역)(서울 : 새물결, 1997), pp.73~78.

160) John Keegan, Intelligence in War : The Value and Limitation of what Military can Learn about the Enemy. (NewYork : Vintage Books, 2002), pp.17~21.

전술적 판단자료이며 경쟁국의 위협을 평가하고 돌발적 안보 상황에 대하여 빠른 시간 내 정책을 수립하도록 하는 내용이다. 전쟁 중인 상황에서 지휘관의 번개 같은 판단과 의지력이 중요한 것처럼 경보 혹은 경고는 정보에 기초한 최고 경영자가 취할 수 있는 긴급처방이고 대응책이다. 미국 CIA의 경우 조기징후목록(warning watch list)을 유지하는 가운데 그 성격과 급박성에 따라 경고메모(warning management), 주간 경고(weekly warning forecast), 분기별 경고(quarterly warning forecast)를 통하여 잠재적 위협에 대비해 오고 있다. 잠재적 적국으로부터 전략적 전술적 기습을 피하자는 기능이다.

이때는 주로 정상적인 활동뿐만 아니라 일상적 변화와는 다른 예외적 사건 내지 특별징후들에 대한 포착을 강화함으로써 잠재적 목표의 능력과 취약성 그리고 군사행동을 감시하는 기능을 수행할 수 있다. 의심할 여지없이 '경고'는 비군사적 행동들, 예를 들어 환경 재난, 전염병, 국제범죄, 금융위기, 사이버공격 가능성들 모두가 경보의 대상이 되지만 특별히 정보에 기초해 사전에 사용자들이나 현장관리자들이 '행동 결론'(action conclusion)을 내릴 수 있도록 하는 정보 보고서들이다.

마찬가지로 기업 조직에서의 경쟁정보팀들은 불확실성과 위험 가능성에 대한 여러 가지 경고정보 보고서를 작성해 사용자들에게 인지시키는 임무를 갖는다. 기업에서의 많은 경쟁정보팀들은 정보를 효과적으로 수집 처리해 특수한 현상에 대한 정보를 조직하는 능력이 요구된다. 특수한 것, 예외적인 사건들이 정상적인 활동(확률 분포)에서 얼마나 벗어나 어떤 패턴이나 행동인지를 판단하는 경영보고서의 일종이 바로 경고정보 보고서의 형태이다. 만약에 아시아의 경제적 위기, 금융 위기를 판단하지 못하거나 정보의 부재로 대처하지 못했다면 이것은 경쟁정보팀들의 '경고정보'를 게을리 한 것이나 다름없다. 또 금융기관의 최고 경영자들이 아시아의 금융위기가 오고 있음을 인식하면서도 이를 방치했다면 '정보'의 의미를 망각한 것이다. 확실히 말해서 정보의 목적은 지식으로보다는 올바른 행동을 취하기 위한 준비 과정의 지침인 것이다.

또한 최고 경영자의 투자 계획을 검토할 때 투자수익률(ROI : return on investment), 투자 회수기간, 실질적으로 기대 가치가 확보될 수 있는가, 아니면 실패할 가능성 혹은 심각한 손실을 초래할 것인가 등에 대한 진단정보(diagnostic information)를 생산하게 된다. 이때 경쟁정보팀들은 그 결과에 대한 확실한 성공, 50% 정도의 성공, 거의 실패 등의 내용으로 작성해 경영자에게 상보해야 한다. 여기에는 동 프로젝트가 실패할 가능성에 대한 경고정보보고서를 작성하되 그 대상지역의 시장, 고객, 비고객, 산업, 금융 정보 등을 망라해 투자 실패의 가능성을 인식시키는 일이다.[161] 이 같은 진단정보의 성격은 경영자 혹은 사용자로 하여금 가정(assumption)에 대한 의문을 풀어주고 경쟁자 혹은 잠재적인 경쟁자에 대한 정보를 조직하는 기업정보(business intelligence)에서 다뤄지는 내용들이다.

따라서 기업에서의 조기경보시스템은 실제적이며 단기적인 동향뿐만 아니라 미래에 대한 전망과 시나리오의 구성이 요구된다. 일종의 정기적으로 혹은 상황에 따른 '가이드 전략'이 될 수 있는데, 모든 정보 소스를 동원해 시장 환경의 엄청난 변화, 불확실성, 복잡성을 판단해 미래에 대한 예측과 그것을 바탕으로 단기 혹은 3개월마다 조기경보를 하는 것이다. 이때의 진단정보 시나리오는 다음과 같은 과정으로 생각할 수 있다.

조기 경보 및 진단정보 시나리오

가정의 전제	현재의 상황파악	영향 마찰 분석	대안구축마련
• 성장가능	• 새로운 전개상황	• 긍정 · 부정적 영향	• A, B, C안 마련
• 실패가능	• 위험도수준	• 분쟁, 위기발생	• 경고 · 조기경보
• 사업의 포기, 유예	• 경쟁기술구조	• 조기경보토픽선정	• 전파, 추진

다음에는 경쟁정보팀들은 경영진(사용자)들에 대한 위험성 문제를 확실히 인식시키는 일이다. 그 위험성 도출은 조기경보시스템의 핵심 사항이지만 하나의 불확실성과 복잡성 가운데서도 희미하게 나타나는 신호(signal)들을 포착해 그 동향을 수집하고 분석해 시뮬레이션하며, 동시에 대응 체계를 갖추는 과정이다. 이를 위해서는 우선 정치 경제 산업의 동향은 물론 자국 내 시장 환경, 글로벌 환경, 지역 환경 등 모든 측면이 고려된다. 그리고 이런 문제 검토 내용은 조직 내 전구성원들, 일반 직원, 중간 및 고위 관리자, 기능별(생산, 행정) 사람들이 한 자리에 모여서 직접 검토평가하며 그 위험의 우선순위를 결정해 대응토록 한다.

우리가 하고자 하는 말은 분명히 정보보고서는 복잡한 문제일지라도 추상적인 판단으로 흘러서는 안 된다는 점이다. 기업차원에서 미국의 과학기술 인텔리전스에 대한 국가적 필요 수준을 파악하기 위해 1970년대 초반부터 운영해 온 국가과학기술정보관(National Intelligence Officer for Science & Technology)의 시스템에서 시사 받을 수 있다. 동 기관에

---

161) P. Drucker(1999), op.cit, p.219.

서는 국가 인텔리전스 토픽(NIT)을 세우고 이를 우선 순위화하여 니즈를 정확하게 파악해 대응하고 있다. 미국의 Motorola 역시 국가 기관의 NIT 파악 시스템을 도입해 Business Intelligence Process가 아닌 핵심인텔리전스토픽(KIT : Key Intelligence Topics) 프로세스를 적용했다.[162] 곧 조직 내 매니저들과 전략적 제휴, 기술개발 계획과 결정, 구체적 경쟁사들의 토픽을 밝혀내고 이에 대응한 인텔리전스 니즈를 충족시켜 나갔다. 결국 이런 방법은 국가 정보기관의 국가정보판단보고서(NIEs)나 특별정보보고(SIR : special intelligence report)와 비슷한 유형으로 간략하게 집약된 보고서들이다.

- KIT는 정보사용자(경영자)에게 경쟁사의 활동 변화를 인지시키며 조기경보 인텔리전스를 도출해 새로운 경쟁 전략을 수립하는 것이다.
- 조기경보 인텔리전스는 기업목표 달성에 있어서 경쟁사의 역할을 평가하되 경쟁사의 전략 계획, 경쟁전략, 조직과 인원, 재정 규모 등을 포함해서 그들의 의도를 파악하는 것이다.
- 경쟁의 제도화 및 그 수준이 점증하는 현실 그리고 정책선택의 압력과 조직실패의 비율(rate of organization failure)이 높아질 경우 새로운 경쟁의 변수들을 찾아내 분석한다.

그뿐만이 아니다. 국가 단위의 자원(기술 수준, 생산성, 인구)을 지키는데 있어서도 어려움은 한두 가지가 아니다. 위험을 피하는 수단으로 미국 CIA의 인텔리전스 전문가였으며 Herring & Association의 대표인 잔 허린(Jan P. Herring)은 핵심 인텔리전스 토픽(KIT)의 중요성을 강조하고 있다. 내용인즉 경쟁사에 대한 프로파일을 만들고 이를 평가해 현재와 미래 경쟁 환경(고객 경쟁사 시장, 제조 기술, 정치, 산업 구조 등)을 평가해 공통의 위협의 대응해야 한다는 것이다. 이들이 말하는 인텔리전스의 역량과 그 활용을 위해서 몇 가지 사항을 소개하면 다음과 같다.[163]

- 경쟁정보에 대한 광범한 니즈를 파악한다.
- 인텔리전스의 수집과 분석 역량을 강화한다.

---

162) Jan P. Herring, "Key Intelligence Topics : A Process to Identify and Define Intelligence Need", John E. Prescott and Sterphen H. Miller, op.cit, pp.242~244.
163) ibid, pp.243~245.

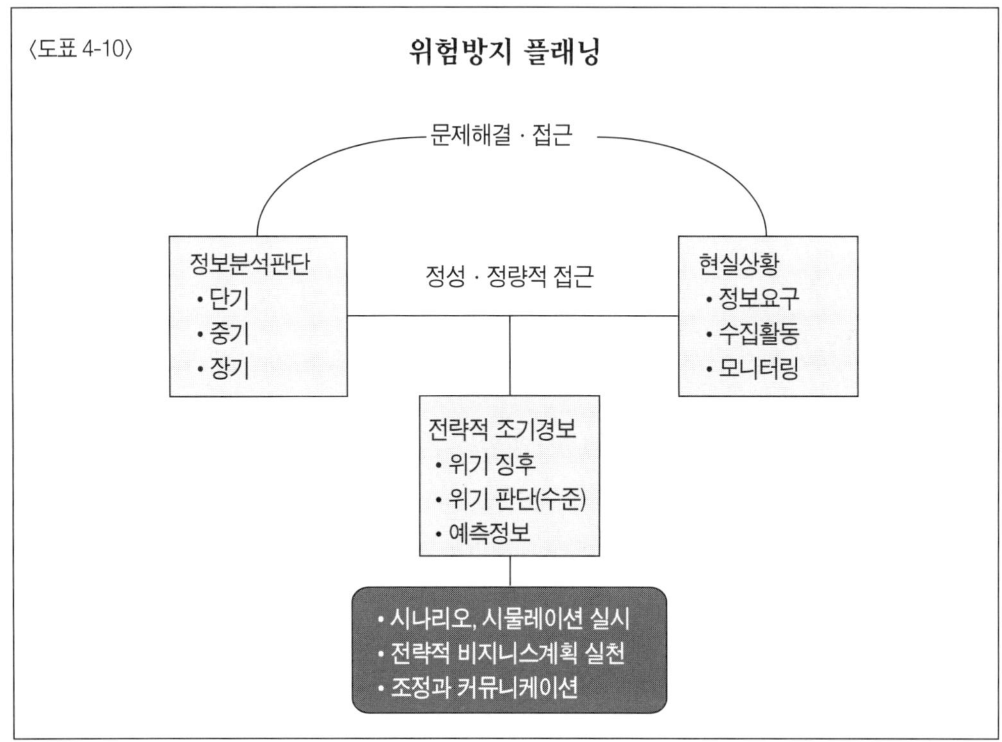

- 정기적인 인텔리전스를 이용할 사용자를 파악한다.
- 어떤 형식의 결과물을 사용자들은 원하는가(현용 판단정보 등)를 살핀다.
- 어떤 토픽으로 경쟁정보활동을 해야 하는가를 질문한다.
- 조기경보 인텔리전스의 영역(경쟁사, 고객, 공급자, 정부, 시민단체, 노조 등)에 대한 활동을 강화한다.

　이러한 위험 경고의 방법은 매우 한정적이지만 그래도 사용자의 요구에 정보팀들은 항상 준비돼 있어야 하고 이를 즉시 제공할 수 있어야 한다. 물론 사용자의 비현실적인 요구와 부당한 지시에 대해서는 거절하거나 다른 쪽으로 그 요구를 변경시킬 수 있도록 대안을 제시할 수 있다. 요는 경쟁정보활동은 수동적인 접근이 아니라 전향적인 방법으로 사용자들의 관심 사항을 질문하고 그들의 의사 결정을 고려한 정보요구를 파악해 충족시킬 때 위험을 줄일 수 있다. 조직 내 중역 및 사용자들과 정기적인 회합이나 현재 진행 중인 사항들을 수시로 알려줌으로써 계속 지침을 받을 수 있다. 사실 미래에 대해서 어떤 일이 일어날지, 그리고 시간이 흘러감에 따라 예측이 여전히 타당한 것인지를 판단하기란 매우 어렵다. 하지만 제1의, 제2의 전략을 추구할 수 있도록 노력하면서 작전(operation)을 수행토록 돕는 것이 우리가 지금까지 살펴본 내용이다.

의심할 여지없이 경쟁만으로도 서로 불행해지는 사회구조를 낳을 수 있다. 나의 이익을 상대방의 이익처럼 똑같이 올릴 수 있는 이른바 질적 비약은 매우 어렵다. 인터렉티브하고 상호보완적인 '공감 경제 시스템' 을 모두 추구하지만 국제 관계에서나 경쟁기업 사이에는 오히려 복잡계(complex system)나 프랙털(fractal 불규칙)이라는 개념이 나타날 뿐이다. 때로는 의사결정 혹은 정책 결정 과정에서 말하는 '죄인의 딜레마' 가 작용한다.[164] 사용자가 최적의 결정이라고 하지만 여러 가지 복잡한 사건이 발생하거나 위험성을 수반하게 된다. 경쟁사들에 대해 협력하다가 그 다음에는 상대방에 맞춰서 행동할 수 있고, 그 다음에는 네거티브한 행동을 하기 쉽다. 나아가 지식정보 시대요 경제의 시대에서는 고정적인 '동료' 를 만나기도 매우 어렵다는 의미다. 국제 사회는 더욱 그러해서 변별적인 전략을 세워야만 살아남을 수 있다는 경쟁의식이 작용한다.

각 나라 기업들은 '경제전쟁에서 승리하기 위해서' 라는 슬로건을 내걸고 있으며 정치지도자들 또한 기회 있을 때마다 국제 질서의 경쟁구도를 하나의 전쟁으로 표현하고 있다. 그러므로 기업의 경쟁정보팀들은 자기 개혁과 함께 해외 투자 및 시장성을 평가하기 위해서는 상대국에 대한 위험도와 부정적 요소 등을 평가할 필요가 있다. 저널리스트가 아니라 프로페셔널 한 입장에서 상품(지식)과 서비스를 생산하되 동시에 위험(risk) 가능성을 예측해야 한다. 모든 구성원들로 하여금 목적의 공유, 프로세스의 참여, 사람과 정보의 중요성을 인식하는 신뢰와 자율의 문화로 대체되는 기업문화를 창출해 가는데 핵심역량을 모으는 일이다.[165]

11-2-3. 정보자원관리 : 정보보안 활동

우리나라 제주도 한라산에서 서식하는 조류 '진박새' 어미는 자기 새끼들이 배설하는

---

164) '죄인의 디렘마' 는 공범용의자로 붙들려 온 죄수들이 다른 방에서 조사를 받는 두 용의자는 묵비권을 행사하는가(=협력), 상대방이 했다고 말하는가(=배신)의 에피소드에서 유래했다.

165) Sumantra Ghoshal and Christopher Bartlett, The Individualized Corporation : A Fundamentally New Approach to Management (London : Random House, 2000), pp. 286~288.

똥을 자기 입으로 물어다가 멀리 버리는 습관을 가지고 있다. 말할 것도 없이 천적들로부터 새끼들을 보호하기 위해서다. 마찬가지로 보안활동은 국가안전보장과 기업의 이익을 지키는 전선이다. 하기 때문에 행정기관 내지 정보조직에서 생산된 모든 정보들을 안전하게 보관하고 활용하기 위해서는 무엇보다 철저한 보안대책이 필요하다. 특히 국가안보관련 정보활동에는 비밀유지라는 원칙은 조직의 생명이다. 노출된 주요 비밀문서는 전함(戰艦)을 가라앉힐 수 있고 또 사적인 전자우편을 통한 컴퓨터 바이러스의 침입은 한 국가의 국방과 정보활동을 마비시킬 수 있다. 그러나 비밀디스크의 누출 등 그 보안대책을 아무리 잘해도 물 빠져 나가듯이 허술한 경우가 많다.

여기서 보안(Security)이란 사전적 의미에서 사회의 안녕 질서를 보존하고 유지하는 것, 또는 범죄, 각종사고, 간첩행위, 파괴공작, 전복, 공격을 포함하는 폭넓은 위험으로부터 사람과 재산을 보호하는 것으로 이해되고 있다. 또한 비밀내용의 구체적 적용범위와 관련된 문제를 이해하는 것이 쉽지는 않지만 보안활동이란 국가안전보장과 관련되어 있거나 기업경영의 비밀과 관련된 인원, 조직구성, 기자재, 시설, 통신 등 제반분야를 포함한다. 그리고 이는 경쟁국가 또는 적대국이나 비인가 자로부터 보호하기 위한 모든 예방활동을 의미한다.

그러나 정보자원관리 및 정보보안이란 국가별, 사용주체, 용도에 따라 그 의미가 조금씩 다르다. 통상 보안이란 국가나 개인, 조직의 존립을 확보하거나 경쟁에서 승리하는데 필요한 요소를 찾아 그것을 보호하는 수단을 의미한다. 국가차원에서는 국가안전, 국가이익, 각종 침해행위 등의 개념이 포함되는 광범한 의미로 해석되며 국가 보안업무가 앞에서 기술할 방첩업무의 일환으로 해석되기도 한다. 하기 때문에 정보자원관리를 위한 방첩과 국가보안이라는 개념은 동정의 양면과 같은 것이다

어느 국가를 막론하고 국가보안관리 업무를 정부가 관할하고 지휘한다. 각급 행정기관별로 자체 보안관리 업무를 수행하는데 각 단위 기관에서는 기관장 직속으로 보안 담당관실을 설치해 보안관리 업무를 관장한다. 미국의 경우 총무처장관이 대통령의 승인을 얻어 임명한 정보보안감시국장이 보안 관리를 위한 세부규정을 수립해 상위기관인 국가안전보장회의의 승인을 받아 각급 기관에 대한 보안 감사나 보안사고의 조사, 보안업무지도 및 조정 등 실질적으로 국가보안업무를 수행한다. 독일의 「연방헌법보호청」(BfV)은 각 부처 보안담당관의 지원요청을 통해 각 부처의 보안담당관실의 특별감사를 지원하거나 감사관을 파견해 보안교육의 자원과 자문 등을 통해 국가기밀을 지켜가고 있다.

그러나 이러한 시스템을 유지하고 보안을 지킨다는 것은 정보기관들의 심각한 고민이 아닐 수 없다. 시스템에 접근하려는 해커들을 걱정해야 할뿐만 아니라 시스템을 자유스럽게 이용하도록 하면서도, 한편으로는 정보자원관리 및 통제 문제 역시 만만치 않은 일이다.

그리고 각종의 정보보안제도는 국가 및 공공기관(각급 기관이라 한다)의 보안정책의 수립과 시행에 관한 효율적인 방안을 포함한다. 정보보안은 크게 Off line과 On line상으로 나누어 살펴 볼 수 있다. 우선 Off line은 전통적인 보안업무에 해당하는 방식이다. 여기서는 문서보안 인원보안 시설보안 통신보안 등을 주로 다루고 있다. '비밀관리규정'에 명시된 기본 원칙들, 이를테면 직무상 비밀을 작업하거나 관리해야 하는 사람들만이 비밀을 열람케 하는 일, 그리고 꼭 필요한 경우에만 비밀을 열람케 하는 등의 원칙을 지키는 것이다. 만약 보안 위규가 발생 시 혹은 국가기밀의 침해행위가 있을 시, 아니면 간첩죄 또는 공무상 비밀누설죄를 적용하는 문제를 검토하게 된다.

두번째는 On line의 보안업무이다. 정보자원관리의 핵심인 컴퓨터보안 혹은 정보시스템을 비롯한 인터넷 보안정책, 인터넷의 취약성과 보안정책 그리고 정보통신망의 보안모델, 전자메시지 보안관리를 다루는 분야이다.[166] 주로 컴퓨터보안(computer security)에서는 네트워크 보안 등 컴퓨터기기의 사용과 관련한 보안을 말한다. 여기서는 패스워드 비밀번호 네트워크에 대한 해킹들이 포함된다. 그래서 정보시스템에[167] 대한 보안정책은 핵심사항으로서 각급 기관의 보안관리 책임자가 자율적으로 보안정책을 수립해 운영하고 중요정보를 안전하게 보호할 수 있도록 하고 있다.

따라서 정부 각 기관이나 기업차원에서 정보의 외부유출을 감독할 보안책임자(CSO : Chief of Security Officer))의 필요성이 더욱 커지고 있다. CSO는 내부스파이를 색출하는 작업이 아니라 해당 정보자원의 관리를 통해 지식과 정보의 원활한 흐름을 유지하도록 도와주는 역할이다. On line상 정보시스템의 보안정책은 구체적으로 도입시기의 초기 정보 시스템의 보안정책, 정보시스템에 장착된 시기의 보안정책, 정보시스템 운영시의 보안정책으로 분류해 대응해 가고 있다.

뿐만 아니라 정보자원관리는 통상적으로 정보시스템의 운영과 관련해 보안책임 권한에 따라, 즉 보안에 대한 책임영역을 구분하기 위해 정보시스템을 전역보안환경(GSE : Global

---

166) 국가정보원, 『국가정보보안실무 기술 편람』(2001.2). p.35.
167) 정보시스템이라는 용어상 정의는 정보의 처리, 저장, 전달의 목적으로 구성된 정보통신 혹은 컴퓨터하드웨어와 소프트웨어의 집합으로 단일 보안관리 책임하에 있는 것을 의미한다.

〈도표 4-11〉　　　　　　　　**보안정책에 대한 고려 사항**

보안정책의 종류	내용
초기정보시스템 보안정책	• 정보시스템 도입단계나 초기운용단계의 단순한 환경 • 다음단계에서 적용될 정보시스템의 기초를 형성 • 초기 보안정책을 바탕으로 시스템도입의 결정이 가능
정보시스템 보안정책	• 정보시스템이 운용되기 시작되어 시스템용량과 기능이 확장되거나 용도가 확대되는 경우에 필요한 세부적인 보안정책 • 정보시스템을 실제업무에 운용시나 외부시스템과의 접속 및 서비스 개시 이전에 승인을 받기 위해 반드시 요구 • 정보시스템의 운용에 따른 서비스별 사용자별 위험분석 포함 • 세부적이고 기술적인 대응방법 및 절차를 포함 • 정보시스템의 보안영역에 대한 설명과 보안관리절차를 기술
운용 보안정책	• 정보시스템 보안정책에 대한 기술적인 세부사항을 기술 • 정보시스템의 세부적인 구성요소들에 대한 기술을 설명 • 보안목표를 달성하기 위해 필요한 보안기능의 메커니즘에 대한 설명 및 요구되는 메커니즘의 강도를 기술

Security Environment), 지역보안환경(LSE : Local Security Environment), 정보시스템운영보안 환경(OSE : Operational Security Environment)으로 나누어 각각의 보안정책을 수립해 시행한다.

이때 ①전역보안환경(GSE)은 정보시스템이 설치되어 있는 물리적인 장소를 의미한다. 정보보안담당관이 보안에 대한 책임을 갖고 보안대책을 수행함으로써 그 관리가 잘 되었는가 하는 결과를 평가하려는 것이다. 따라서 최소한 정보시스템이 있는 안전한 건물이나 사무실 등 정보보안 담당관의 직접적인 통제하에 있는 곳이다.

②지역보안환경(LSE)은 정보시스템을 둘러싼 안전한 물리적인 경계에 따라 영역이 구분된다. 그리고 어떤 경우에는 정보시스템의 관리자, 정보보안담당관간의 보안책임에 대한 개념적인 경계가 구분되기도 한다. 보통 지역안보 환경은 대부분의 정보시스템 보안대책을 시행하기 위한 가장 기초적인 중요영역이다.

③운영상의 보안환경(OSE)은 보안의 중요도에 따라 경계를 식별하는 보안조건으로 정보시스템 영역을 세부적으로 정의하고 있다. 즉 내부적으로 정보시스템 내부의 보안분활

구역(특별히 민감한 정보를 담고있는 디렉토리영역 등) 외부지역으로 지역보안환경과 전역보안환경과는 약간 다르게, 예를 들면 터미널, 프린터 혹은 다른 정보시스템과의 통신라인 등을 의미한다.

따라서 정보시스템에 대한 보안정책은 내부에서도 서로 다른 보안구역이나 영역들을 구별하는 것이 좋다. 정보시스템의 기술적인 보안기능을 완전히 기술하는 것은 매우 어려운 일이지만 보안대상은 운영보안정책에 포함되며, 운영보안정책은 특정 정보시스템 구성요소의 사용에 대한 요구를 기록하는 것이다.

그 다음으로 정보안보 정책을 이해할 필요가 있다. 현재 군 기관과 정보기관들의 네트워크는 기본적으로 외부와 접속되어 있지 않다. 그러나 최근의 네트워크화의 진전 등을 감안하면 금후 국방부를 비롯한 국가안보기관들 전체의 네트워크를 효율적으로 외부와 접속할 필요가 있고 동시에 외부로부터의 침입에 대비하는 보안대책이 요구된다. 또한 어느 조직을 막론하고 외부로부터의 위협뿐만 아니라 내부로부터의 위협(부정접속 등)이 점차 확대될 수 있다는 점을 늘 고려해야 한다.

또한 재외공관의 기본적인 통신과 정보관리시설에 대한 설비의 보안성 문제는 어느 나라를 막론하고 매우 중요시하는 대상이다. 재외공관의 대부분의 시설이 오래되었거나 보안네트워크장비들이 노후화 되어 있다. 즉 통신보안 시설들이 '보안기준' 에 얼마나 합당한가를 조사해 이에 맞는 개선조치가 필요하다. 만약에 이러한 조치들이 개선되지 않으면 정보보안의 노출은 물론 위기관리능력과 국익을 결코 보호 할 수 없게 될 것이다.

따라서 이러한 취약성에 정확하게 대응하기 위해서는 각 정부기관의 정보안보에 관한 기반(고도의 지식, 경험, 기술을 축적하는 것 등)을 정비하는 동시에 사이버공격에 대한 방어와 대처능력체제를 확보 할 필요가 있다. 국가정보기관이 축적한 정보 시큐리티에 관한 노하우와 능력을 가능한 한 외부에 제공함으로써 사회와 국민생활에 증대한 지장이 생기지 않도록 고도의 정보 시큐리티 확보에 적극적으로 공헌해야한다.

> 정보안보 정책이란 어떤 정보자산을 어떤 위협으로부터 어떻게 지킬 것인가에 관한 기본적인 구상 내지 정보안보를 확보하기 위한 체제 · 조직 · 운용을 포함하는 기본방침, 대책기준으로 구성된다.

그러면 정보안보 정책은 어떻게 이뤄지고 있는가. 그 해답은 간단치 않지만 일반적으로 정보시큐리티 확보를 이를 위해서는 무엇보다 실제환경을 전제로 한 고도의 정보자원에 대한 시큐리티 시스템을 평가한 후 각 국가기관들과 정보기관의 컴퓨터시스템과 네트워크에 필요한 장치를 설치하는 것이 필요하다. 그리고 각 정부기관의 컴퓨터시스템과 네트워크가 안전한 형태로 운용되도록 하기 위한 노하우 축적을 도모하기 위해 데이터베이스를 정비하는 것이다. 구체적으로 보면 다음과 같다.

첫째는 중앙단위의 행정기관이나 국가정보기관들은 업무 성격상 종래 보다 비밀에 해당하는 정보를 많이 취급하고 있으므로 보안성을 확보한다는 점에서 일정한 취급요령과 기술수준을 향상시켜야 하는 종합적이고 체계적인 노력을 해야 한다. 예로서 미국사회는 '안전'을 위해 같은 비행기내에 여러 명의 중역을 함께 태우지 않는 것이 철칙이다. 심지어 차량으로 이동할 때도 사고를 대비해 분산 탑승하도로 조정된다. 또한 정보자산에 대해서도 정비와 유지, 운용의 모든 국면을 독자적으로 실시할 필요가 있기 때문에 정보자산을 상세하게 분석할 필요가 있다.

둘째는 정보활동에 필요한 첨단장비의 개발과 운영의 문제를 검토한다. 각국의 정보활동 자산과 시스템은 계속 현대화되어 왔다. 지금까지 각국은 산업사회패턴에서 벗어나 새로운 시스템을 개발해 오고 있는데 1990년대 소련의 붕괴와 걸프전이 끝난 후 과학기술의 발전 및 정치현실의 변화는 이제까지의 시스템으로는 정보업무를 원할히 수행할 수 없음을 잘 반영해주고 있다.

셋째는 중요자료들을 원격지에 보관하는 것이다. 9월 11일 테러사건 이후 기업들이 테러사태로 입은 큰 피해를 입은 것 중에 하나는 그간 축적 해 온 컴퓨터자료들을 모두 분실했다는 사실이다. 뉴욕 세계무역센터에 사무실을 운영하고 있던 기업들 중 일부는 1993년 2월 폭탄테러사건 이후 동 빌딩이 테러공격 표적이 되고 있음을 인식하고 Sungard사와 EMC 등은 중요 자료를 원격지에 보관해 왔으며 또한 항상 보완할 수 있는 시스템을 갖고 있는 컨설팅사와 계약을 체결해 운영함으로써 데이터를 보호할 수 있었다. 또한 기업의 컴퓨터 시스템을 바이러스나 해커 테러 등으로부터 지키기 위한 관심도 크게 증가하고 있는데 Checkpoint사를 비롯한 '보수(補修) 소프트웨어' 업계의 매상고는 2000년 50억 불에서 2006년 140억 불에 이르고, 향후에는 더욱 빠른 속도로 증대 할 것으로 보인다.[168]

따라서 미국을 비롯한 선진국들은 정보활동장비를 자체 개발해 교체해 가고 있다. 그래

---

168) SAPIO, Nov 14, 2001.

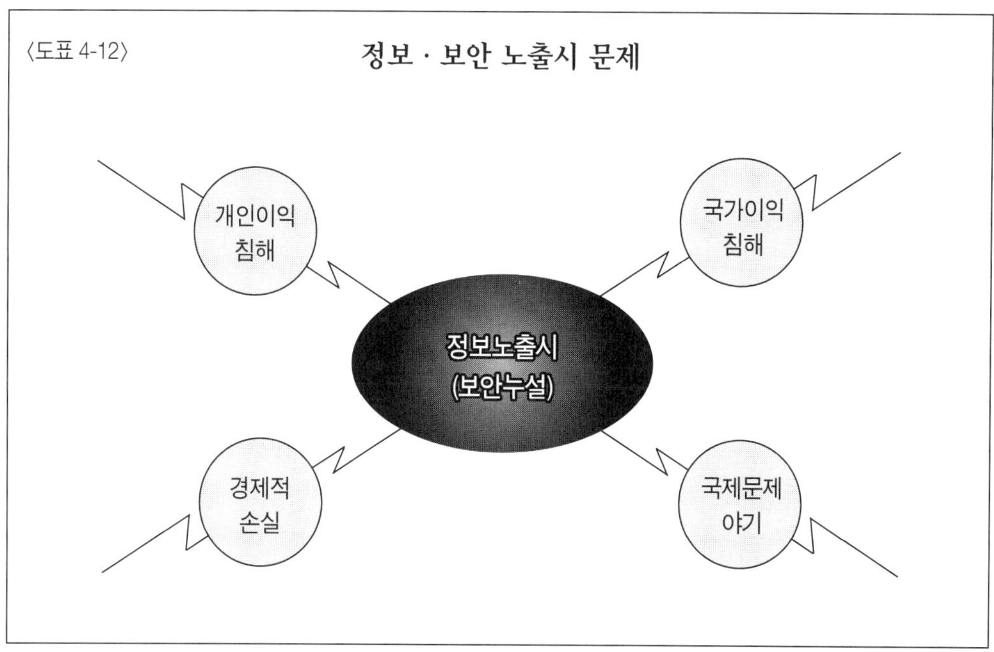

야만 정책 결정자들의 상세한 요구를 만족시킴은 물론 정밀무기시스템이 요구하는 정확한 데이터자료를 제공할 수 있기 때문이다. 세계 각국은 21세기를 맞아 '전자정부' 실현에 힘쓰고 있는 것도 같은 맥락이다. 이를 위해서는 정보 시큐리티 확보를 위해 인적. 기술적 기반정비 강화를 도모하면서 실제 환경의 정보 시큐리티 운용평가를 실시하여 이른바 기술평가기준체계를 구축하는 것이 필요하다. 세계 각국들은 빠른 시일 내 국방에 지장이 없는 범위 내에서 정보자원관리 및 정보장비 체계를 새롭게 수립하며 민간기업 등의 시큐리티 수준향상에도 힘쓰고 있다.

이제까지 강조했지만 정보보안 및 방첩관리 시스템을 타 국가보다 잘 조직하고 운영할 때 내 것을 지킬 수 있고 안보를 유지할 수 있다. 국내에서도 정보보안의식이 강조되면서 지문인식 솔루션 업체들을 중심으로 고급 주택이나 호텔, 군대, 대기업 등에서 생체인식 시스템을 설치하고 있는 것은 같은 맥락이다. 특히 국가기관이나 금융업계, 기업체들에서 보안관리 규정, 보안관리 시스템 등 솔루션들이 그런 대로 빠르게 진전되고 있다. 부연하자면 보안에 대한 On Line/ Off Line상의 관리체제 구축이 부족할 때 국가적 기업적 이익을 상실할 수 있다. 〈도표 4-12〉

11-3. 정보활동과 윤리 문제

우리가 발동을 걸어놓은 주제는 정보에 대한 이해요 정보활동에 대한 탐구였다. 정보활동에 대한 정의를 비롯해 비밀정보수집, 적대 국가에 대한 정보활동, 정보가 어떻게 생산되고 소비되는가를 어느 정도 이해되었을 것이다. 국가이익을 침해하는 상대들은 반드시 우리를 공격한다는 점을 명심해야 한다는 의미에서 정보 전략가는 '미처 생각하지 못한 것을 생각하는 사람들' 일 수 있다. 정보는 '장기 상황' 에 대비해야 하며 현 상황이 아무리 평화스럽다고 해도 각종 리스크를 미리 예측할 수 있는 활동이어야 한다.

정보활동은 어떤 현상에 대해 근본적인 물음과 성찰, 깨어있음에서 시작된다는 점도 설명했다. 이런 강조는 어떤 도그마도 부정(否定)할 수 있는 성찰적 비판 자세를 의미한다. 정보화는 좋든 싫든 역전될 수 없는 것이며 세계적인 추세라는 사실을 부인할 수가 없다. 다만 사람들로 하여금 자신에게 밀려오는 정보를 여과시킬 능력이 필요하며 잘 편집해서 소비할 수 있는, 곧 정보를 통제할 수 있는지가 시급한 문제로 대두되었다. 이쯤 되면 독자들은 정보의 현실과 윤리 문제가 어떤 관계인가를 생각할 수 있을 것이다.

정보화 시대는 사람들이 시 · 공을 초월해 사회적으로 만남의 관계가 유지되는 사회이다. 홀로 있는 시간은 거의 없을 정도가 되었으며 아니 혼자 있는 시간이 말소되었다는 지적도 있다. 데이비드 셍크(David Shenk)는 그의 책 「데이터 스모그」(Data Smog)에서 현대사회에서의 인간 만남은 하나의 도구화되었다고 말한다. 이제 사람들은 타인을 이해하기 위해서 만나지 않고 그저 정보를 주고받기 위해서 만난다고 하면서 만남 자체가 축복이 아니라 저주가 된 세상이라고까지 비판한다.[169] 그러면 데이비드 셍크는 왜 이런 극단적인 비판을 하고 있는가. 그것은 다름 아닌 '정보 과잉' 과 잘못된 정보사용에서 주로 찾는다.

정보 과잉은 정보 중독이고 정보 중독은 인간으로 하여금 기계의 노예가 되었다는 것을 지적한다. 우리는 홍수처럼 쏟아지는 정보들을 비롯해 집밖의 미디어를 뜻하는 OOH(out of home) 미디어 환경 속에서 '정보와 자극의 과잉' 상태에서 살아가고 있다. 실제로 인간은 정보 전달 장치 없이는 살수 없게 되었을 뿐만 아니라 정보의 속도는 인간의 능력을 초월해 버린 것으로 설명한다. 또 정보 과잉은 사람들에게 생각할 여유를 박탈하고 말초적으로 반응케 한다는 것이다. 정보 과잉은 모든 사람들을 전문가로 만들어 주는 것처럼 보이지

---

169) David Shenk, Data Smog, 정태석외(역), 『데이터 스모그』(서울 : 민음사, 2000), p.26 이하.

만 그러나 사실은 엉터리 전문가들로 가득 찬 사회가 되었고 결국은 온당한 의사 결정을 방해한다고 비판한다.

한편, 정보사용 혹은 소비에 있어서 단순한 권모술수가 아닌 '중용의 도'가 필요하며 명분과 실리 사이에서 '실리'를 택하게 된다. 이른바 정보의 사회적 책임(social responsibility of intelligence)을 다하는 사용이어야 한다. 국가 이익이나 기업 이익의 극대화만을 추구할 시 '진실의 상실'을 가져오게 되는 욕망이 작용하기 쉽다. 만약 정보를 과잉 확대 사용할 시 그것이 정보의 정치화(politicization of intelligence)가 되고 일상적 파시즘이나 권위주의 수단으로 발전될 수 있다. 거짓 진술이나 거짓 정보 자체가 권력의 수단이 될 때 꼭 필요한 정보임에도 불구하고 공공 영역 내에서 권모술수, 음모와 같은 비도덕적 수단으로 이용될 가능성이 높다. 정보가 곡학아세(曲學阿世) 수단으로 사용될 수 있다는 예기다.

그래서 아이젠하워(Dwight D. Eisenhower) 대통령 시절 정보부장을 지낸 델레스(Allen Dulles)에 의해 정해진 미국 CIA의 모토는 "너희가 진실을 알지니 그 진실이 너희를 자유롭게 하리라"이다. 이 말은 성경 구절 "너희는 진리를 구할 지어니, 진리가 너희를 자유롭게 하리라"(요한복음 8 : 32)에서 따온 말이다. 아무쪼록 정보사회는 '사실적 진실'에 기반 한 정보의 생산, 사용이 되어야 한다는 뜻이다. 혹시 정보의 정치, 이데올로기에 대한 종속은 정보조직의 자기 파괴로, 그리고 부정한 권력의 원천으로 옮겨가게 될 것은 뻔한 일이다. 정보의 권력화를 경계하는 소리는 어제오늘만의 일이 아니다.

현재도 국제적으로 관심을 끄는 스파이 스캔들에서도 역시 배신과 발각된 은신처, 그리고 공작원 등의 충격적인 폭로들로 가득 차 있다. 진실을 말하는 사람과 이를 부인하는 상호 텍스트성을 갖는 것이 '스파이 스캔들'의 모습이다. 허구와 사실에 관계가 마치 첩보 활동의 전부인 것처럼 나타난다. 그러나 정보활동은 정의롭지 못하게 어떤 복수, 죽음, 집단성으로 인한 약한 자들, 순수한 자들로부터 원(怨)을 사거나 한(恨)을 남겨서는 안 된다는 사실이다. 때문에 특정 집단의 자유는 항상 상대방의 구속으로 전가되는 것을 깊이 이해하고 이를 피하도록 해야 한다.

뿐만 아니라 정보는 만남의 관계에서 획득된다. 사람들은 시장에서 만나고 모든 거래가 끝난 뒤 이익을 계산하며 헤어진다. 친족 관계도 마찬가지다. 기업들의 경우도 기업 가치를 실현하기 위해 목표를 향해서 돌진하고 만날 때 필요한 정보를 획득하고 이를 토대로 그 경쟁에서 승리를 꿈꾼다. 그러나 경쟁정보의 수집에 따른 윤리적 문제는 다른 어떤 주제들 못지않게 관심을 불러일으킨다. 우리는 분명히 법적 윤리적 측면과 일탈(정보 훔치기)의 차이에는 '불안' 이라는 심리가 작용하기 마련이다. 법과 규범을 떠나서는 경쟁에서 오는 불안을 완화할 수 없다. 가령 구조의 문제, 가치배분의 문제가 있어서 '일탈' 의 욕구가 늘 있게 마련이다. 그러나 그런 일탈이 실패할 시 금전으로 변상하거나 아니면 상대방에 사과를 하더라도 이미 조직의 신뢰성은 상실되고 위기를 만날 수밖에 없다.

우리는 흔히 적대적인 정보기관 내부에 첩보원을 두는 것을 '침투' 라고 하며 은밀하게 적진 속에서 첩보활동을 수행할 때 '비밀 활동' 이라고 부르는 것도 정보활동의 복잡성을 의미한다. 하기 때문에 정보에는 조직에 몸담고 있는 구성원들과 정책담당자들이 겪는 주요한 윤리적 기준과 도덕적 딜레마가 있다. 정보활동에 속한 정보수집 및 분석에는 포괄적인 도덕적 문제들이 수없이 제기되기 때문이다. 그 내용들을 간추려보면 다음과 같은 것들이다.

첫째, 정보의 정의에서 제일 강조되는 점은 정보업무가 비밀리에 이뤄진다는 점을 강조한다. 정보의 비밀을 지키기 위해 때로는 자살을 택해 무덤까지 가지고 간다는 말이 있다. 역설적으로 비밀이니 첩보활동이라는 영역은 시민사화와 정부책임자들이 소중하게 여기는 개인생활 혹은 자유라는 의미와 대조를 이루는 개념이다. 정보조직 운영 면에서 비밀성이 정보에 필요한 요소라면 그것이 얼마나 필요하고 그 비밀성을 지키는데 많은 비용이 들고, 나아가 타자들로부터 비밀의 접근을 막는 수단은 완전한가 등을 묻지 않을 수 없다. 그러나 원칙적으로 예산, 비밀활동, 인원 등 모두는 비밀로 보호된다. 그리고 정보조직에서 일한다는 사실만으로 혹은 고급스런 비밀정보를 다루는 사람들이라는 점에서 소속 원들의 일상생활 전체가 통제받고 비밀스런 생활을 요구받게 되는 것은 당연할 일이다.

그러므로 중요 비밀정보의 수집과 비밀공작과 연계된 임무를 수행할 시 그 조직의 가치와 타협하거나 책임감을 갖는다는 점에서 조직원은 의심스러운 행동을 해서는 안 된다. 정보를 하는 사람에게는 베버(M. Weber)가 말하는 '책임 윤리' (verantwortungsethik)를 이해할 필요가 있다. 이것은 단순한 '심정적 윤리' (gesinnungsethik)와 대비되는 말로써 상식적인 선악의 구별을 넘어서는 정치사회 과정에 관한 공공적 책임 의식을 의미한다. 누구나 평화를 사랑하고 전쟁을 반대하는 상식적 지식이 아닌 정치사회 과정에서 공적인 행위를 수행한다는 책임 윤리가 강해야 한다. 때문에 모든 직원들의 위치는 선발에서부터 보직 관리, 적극적인 감사 업무를 통해 확실한 국가관과 충성심을 빈틈없이 평가받는 자리이다.

둘째 정보활동의 본래적 목적은 '국익' 을 달성하는 것이다. 각 나라마다 국가 목표(혹은 국시)가 있는데 그것은 국가 안보차원의 목적을 구체화한 것이다. 또 국가 관리자 혹은 국민 전체에 대한 유일한 지침이라고 할 수 있다. 따라서 정보활동의 윤리와 도덕은 바로 국익과 관련되어 있다. 더구나 정보활동의 목적이 정부의 정책을 떠나서는 있을 수 없다는 사실이다. 그러나 합법적인 정부들일지라도 도덕적 윤리적으로 의문시되는 결정을 내리고 그 실천 행동을 요구할 수 있는 것이 현실적 상황이기도 하다. 따라서 국익은 절대적으로 달성해야 할 목표이지만 또 한편으로는 위험하고 부도덕한 지침일 수도 있다.

미국은 대 테러 전쟁과 관련해 전쟁에 이기기 위해 언론에 거짓 정보나 역정보를 제공하는 것이 과연 옳으냐를 놓고 찬반으로 갈라져 논쟁을 불러 일으켰다. 가령 적을 동쪽에서 공격할 것이란 보도가 나오도록 유도한 뒤 실제로는 서쪽에서 적을 치는 '성동격서'(聲東擊西)식 언론 플레이의 정당성이다. 럼스펠드(Donald Rumsfeld) 미 국방장관은 '진실만을 말할 것'이라고 하면서도 '전황을 유리하게 이끌기 위해 적을 혼란에 빠뜨리는 전술적 속임수는 가능하다'고 말했다. 그러나 이런 의견에 대한 비판은 도덕적으로 정당하지 못한데다 장기적으로 정부의 신뢰를 떨어뜨리는 부작용이 심각해져 자칫 소탐대실(小貪大失)할 우려가 크다는 것이다.

셋째, 정보활동의 목적과 수단의 정당화 문제이다. 목적이 모든 수단을 정당화시킬 수 있는가 라는 물음에 있어서 그 대답은 '아니다'이다. 이러한 목적이 수단을 정당화시킬 수 없다면 어떻게 해야 하는가. 예를 들어 어떤 정치공작을 통한 불량 정권의 제거를 목표로 한다고 할 때 과연 그 행동이 도덕적으로 타당한가이다. 그러나 국제정치에서 나타나는 현상은 '이상주의' 보다 '현실 정치'가 우세한 것이 사실이다. 정치적 결정자들에게는 도덕적 요구보다는 현실 정치를 선택하는 경향이 많다는 의미다.

우리가 인지하고 있듯이 현대는 상상의 빅뱅시대이다. 정보경영에는 지식과 인간적 통찰력이 모두 필요하다. 기원전 1, 2세기 진(秦)과 한(漢)나라의 역사를 기록한 사마천(司馬遷, 145 BC)은 「사기」(史記)에서 정탐 활동을 하는 사람들은 부득이 야비하고 비도덕적인 사람들과 사귀게 마련이라고 했다. 만약 마약 갱단 내부에 침투하기 위해서는 암살자를 동원할 수도 있다는 내용과 함께 "위대한 행동은 사소한 것에 주저하지 않으며 큰 덕은 세세한 절차에 구애받지 않는다. 작은 것에 집착하고 큰 것을 망각하는 사람은 훗날 그 대가를 치를 것이다"[170]라고 기록해 놓았다. 그러나 정보기관이 과거 역사 과정에서 저지른 정보의

---

170) Robert D. Kaplan, Worrier Politics : Why Leadership Demands A Pagan Ethos(NewYork : Random House, 2002), pp.43에서 재인용.

남용, 결점과 실패가 있었다면 이를 거울삼아 더이상 국민들로부터의 어떤 저항감도 받지 않아야 할 것이다.

넷째, 정보보고서 작성에서 분석관과 정책 입안자들과의 관계이다. 거듭 말하지만 '정보는 진실 말하기'라는 원칙이 있다. 곧 사용자(권력자)에 대해서 '진실'을 말하는 작업이 곧 분석 업무이다. 그러나 '정보는 진실만을 말하기'라는 의미가 과연 윤리적 도덕적 연관성을 초월하는가, 혹은 사용자는 정보 분석관에게 자유스러운 가치를 추구할 수 있도록 허용하는가 아니면, 어떤 정책 의도를 내비치며 그런 방향으로 몰고 가는 일은 타당한가이다. 이런 가정들을 제시하는 이유는 보고서 작성 시 사용자의 입맛에만 맞춘다는 비난을 피할 수 있고, 동시에 정보사용의 왜곡 문제가 제기될 수 있음을 시사하는 것이기 때문이다.

사실 경험적으로 보면 정보 분석에서는 진실을 말하는데 매우 어려운 냉혹한 특성을 갖고 있다. 상대방의 의도를 정확하게 평가하기 힘들다는 이유로 분석관은 언제나 도망칠 구멍을 만들어 놓고 애매한 분석을 할 때가 있다. 정보의 세계에서는 진실만 듣기를 원하는 사용자도 있고 싫어하는 사람들도 있다. 분석관의 올바른 견해를 무시하거나 동의하지 않고 자기의 '숨은 의도'를 관철하려 할 때 분석관은 사용자와의 충돌을 피할 수 없게 된다.

하지만 분석관은 견해가 다른 사람들과 조금이라도 타협할 수 없다는 점이 강조된다. 분석관은 자신의 입장을 철회하거나 신뢰를 잃지 않으려는 나머지 타협을 하거나 무책임하게 상사와 싸우기 싫어서 직장을 떠나는 것은 바로 그 임무를 버리는 것이나 다름없다는 사실이다. 지나친 말이겠지만 하나의 조직이 거의 종교적이어야 한다는 이유는 엄격한 규율과 헌신성과 열정이 강할 때 성장의 기회는 다시 찾아오기 때문이다.

다섯째, 정보소비자는 개인 욕망에 따라 자신의 본능이나 육감, 직감, 정치적 이념에 따라 보고서를 사용하지 않는 것이 원칙이다. 어떤 문제가 입증되기를 갈망하면서 시간을 보낸다면 그 희망자체는 조직을 그런 방향으로 이끌어가게 되고 결국 엉뚱한 의사결정에 도달하게 된다. 정보사용자는 정책결정이나 정치인으로서 '정보이벤트'를 만들어 계속 뉴스거리의 중심에 서 있기를 바라는 경우가 많다. 지나치게 사용자 자신의 의도를 내비칠 시 분석관은 불확실하기 짝이 없는 비현실적 증거에 의존해서 분석을 하게 될 것이다. 이런 경우 '하늘이 준 선물' 같은 보고서를 기대하기 어렵고 자기 조직과 국가에 좋지 않은 결과를 초래 할 수 있다. 사용자의 생각과 정보의 왜곡은 엄청난 결과를 가져 올 수 있으며 특히 정보의 사용이 정치 권력적 코드에 고정되어 버리면 결국 정보사용의 실패와 두려운 교훈만이 남게 된다.

그러므로 윤리문제는 이분법적 도식에서 거론될 수 있겠지만 하나의 논쟁적 기원을 지니고 있다. 윤리 도덕적 논쟁은 정보의 세계에서도 불확실성, 불일치를 나타내는 일은 허다하다. 분명한 것은 경쟁정보는 윤리적인 방법을 통해 정보를 수집하고 또한 그 정보를 분석하여 이를 경영진에게 전달하는 원칙을 지키는 것이 중요하다. 더구나 세계적으로 지적 재산권에 대한 보호 정책과 감시, 법적 윤리적 문제가 수 없이 제기 때문에 다른 나라의 법과 관행, 윤리적 기준을 준수하며 행동해야 한다. 그 누구도 정보의 필요성과 가치를 폄하(貶下)하지는 않겠지만 양심이 빠진 정보는 영혼의 폐허일 뿐이다.

결론적으로 정보의 세계는 윤리와 도덕적 딜레마가 실질적으로 작용한다. 정보적 딜레마는 또한 구성원들뿐만 아니라 정책결정자 내지 사용자들로 하여금 올바른 윤리와 도덕적 차원을 결정하고 성찰할 수 있음을 의미한다. 어쩌면 정부나 기업의 활동에 있어서 정보는 조직과 개인들의 비정상적 선택을 용납할 수 없으면서도 때로는 용납된다는 심정적 윤리성을 띠고 운영된다. 그렇다고 대다수의 정보조직의 직원들은 정의와 국가 이익을 위한 '정보 전쟁 팀들의 활동이 과거 일부 직원들의 일탈 혹은 정치 변동기에 따른 비판을 받는 경우'도 있을 수 있으나, 그 정보활동 자체가 위정자들을 속이는 일은 적어도 없어야 할 것이다. 요는 국민들의 편에서 볼 때 정보공동체의 운영이 국익과 일치되고 엄격한 규칙과 원칙, 그리고 적절한 감독과 책임감을 갖는다면 윤리문제와 국가안보문제간의 괴리는 어느 정도 용납될 수 있다는 견해가 지배적이다.

정보의 개념이나 정의는 아직까지 제 각각이고 명쾌한 설명은 없었다. 하지만 인류의 생명이 시작된 그 어느 때부터 시작되었을 것이라는 추측은 할 수 있다. 인류의 역사와 함께 해 온 정보활동은 사회 발전과 더불어 필요하게 되었고 정보를 기억하거나 저장해 두는 기술이 다양해지면서 정보의 수집과 분석, 사용은 우리 생활의 일부가 되고 있다. 이제까지 '정보' 가 타도 대상이었지만 현실은 기묘하게도 숭배의 대상이 된 것이다. 정보는 배제의 대상이 아니라 이제 이익창출과 권력의 강화 수단으로 작용하고 있다. 따라서 이제는 '음지학문에서 양지화' 를 지향할 때이다.

그동안 정보라 하면 무의식적으로 남을 속이거나 조작해 상대방에게 피해를 주는 부정적 용어로 받아들임으로써 정보의 진화를 방해하기도 했다. 음흉한 억압 장치로서 두려운 대상으로 생각하다 보니 정보활동, 정보사용에 대한 국민의 인식은 부정적인 면도 있다. 게다가 일부 정보 사용자들은 당파적 정치적 의도를 들어내며 정보기관의 정치화 혹은 남을 억압 배제하는 수단쯤으로 사용한 점도 부인할 수 없다.

그러나 이러한 논제는 원래 정보의 개념과 맞지 않은 것이다. 지나친 정보에 대한 욕심이나 소유가 아닌 조직과 사회 속에서의 정보로 이해하고 소비하는 지혜가 필요하다. 정보는 정책의 배경이 되는 지식으로 초당적인 것이며 그 사용은 국가이익과 기업의 경쟁적 포지션을 정하는데 필요한 요소이다. 정보는 이제 특수·전문 지식에서 일반 지식으로 이행되는 가운데 사람들은 정보를 발췌하고 가공 사용하는 능동적인 소비자들로 변화되고 있다.

이런 점에서 이 책의 주요 내용은 정보의 일반적 특성, 첩보의 수집 방법 수단, 조직의 운영과 구성원들의 전문화 과정, 정보자료의 평가 분석 그리고 경제에서의 경쟁정보 필요성 등을 내용으로 편성 기술하였다.

필자는 이 책을 마무리하면서 이해를 돕기 위해 몇 가지로 요약했다. 첫째로 현시대의 에피스테메(episteme, 知의 핵심)는 부(富)의 원천인 바로 정보와 지식이라는 사실이다. 확실성과 관련성 시간성 논리성 객관성을 지니는 정보 상품은 현시대의 자원이다. 이러한 정보는 계속 생산되고 유통될 것이다. 알맹이 정보는 뉴밀레니엄 시대로 대변되는 21세기에도 더욱 '세계상'을 변화시키고 있는 핵심요소로 작용 할 것이다. 정부나 기업 국가정보기관들 모두가 경쟁력 있는 지식·정보를 창출하는 조직이며 누구나 또한 정보소비자들이다.

둘째로 현대의 모든 국가들이 글로벌 정보경제 체제를 구축해가고 있다. 정보는 정치, 경제, 사회의 변화는 물론 우리 생활전반에 대한 사고방식을 크게 변화시키고 있으며, 그것은 바로 정보가 새로운 권력의 핵심으로 작용하는 것을 의미한다. 또한 현시대는 글로벌 정보사회(global information society)로써 국내외적으로 정보 인프라 및 정보산업을 발전시키지 못할 때 정보 우위를 유지할 수가 없다는 사실은 자명하다. 국익을 위한 국가 단위의 정보활동과 기업의 경쟁정보들은 글로벌 정보경제를 갖추는 수단이 된다.

셋째는 세계 대부분의 국가들은 21세기 변화에 맞춰 정보조직을 조정 혁신하며 첩보전에 대비하고 있다. 9·11테러 이후 정보조직은 그 규모나 정보활동 범위에서 크게 확대되고 있다. 초강국인 미국을 지탱하는 힘은 경제력과 군사력 그리고 정보력이다. 미 CIA는 이 점에서 미국의 가장 제도화된 힘 중의 하나로 지칭된다. 미 CIA는 정치로부터 정보의 독립성을 보장받으며 국가안보를 위해 그림자 힘으로 작용하고 있다. 혹시 특정국가 정보기관이 만약 해체될 수 있는지 모르지만 정보기관이 수행하는 임무는 다른 조직에서 계속 담당해 갈 것이다.

넷째는 각 나라 정보조직들은 냉전적 구조적 조직 모델에서 유연성과 창조성을 중시하는 '프로세스 조직'으로 변화하고 있다. 불확실한 환경에서 자기 창조성이 강조되는 패러다임의 시대, 기계적 관계에서 창조형 모델로 변하는 시대, 인간의 한계를 초월하는 상상의 세계에 대응해 가는 전문가 독점 시대를 맞고 있다. 이를 위해서 각 국가들은 정예 정보 전문가들을 양성 배치하고 있을 뿐만 아니라 정보획득 및 분석 처리 인프라들을 개발 확대하는 등 정보지식 창조경영에 나서고 있다.

다섯째, 정보기관들의 정보 공유 및 효율성을 높이기 위해 새로운 정보통합 기관을 만들어가고 있다. 미국의 경우 국가정보부(DNI), 국토안보부(DHS) 설치 운영 등에서 보듯이 불확실하고 복잡한 '사회상' 을 예측하고 분석 대응하기 위해 흩어져 있던 정보조직들을 한데 모아 전영역을 압도하는 강력한 조직으로 만들어 가고 있다. 정보공동체간의 정보 수집 및 예산과 인사 문제 등을 포괄하는 정보활동업무를 조정하거나 통합해가고 있다.

여섯째는 안보 개념의 변화에 따른 정보활동 영역과 적용 범위가 크게 늘어나고 있다. 종래의 정치군사정보에서 뿐만 아니라 대량살상무기 테러 마약 질병 식량 환경 등 '인간안보' 전반에 걸친 영역이 포함된다. 단순한 정보의 수집과 생산이 아니라 가능한 모든 것에 사용하고 무엇에 대한 시도와 적용을 해나간다. 이런 시도는 전 방위적이고 경쟁적이다. 정보기능이 약화되거나 소홀히 하는 국가와 기업은 정보결핍으로 망한다는 사실을 유념해야 한다. 특히 정보를 다루는 사람들이 왜 정보를 수집하고 분석하며 누구에게 적시에 제공 활용토록 할 것인가를 늘 바르게 판단하는 일이 중요하다.

책 전체를 관통하는 내용에서 보듯이 사람들이 소유해야 할 정보 마인드는 우리 사회 안에서 하나의 관성적 합(合)으로 존재하고 있음을 시사한다. 정보는 특수한 직업 전문가에 의해 다뤄지고 사용자들은 이를 토대로 정책결정을 한다. 우리시대의 가치는 컴퓨터와 디지털로 대변되는 '텔레마티적 문화' 에 적응하면서 모든 사고양식과 가치체계를 새롭게 바꿔 나가야 한다는 디지털 신사고가 지배적이다.

돌이켜 보면 우리나라의 정보활동의 역사와 체계는 아직 부족한 점이 많다. 각국의 선행 정보기관들인 CIA, FBI, KGB, MI5-6들의 조직과 특성 문화를 그대로 베끼고 받아들이는데 급급하였다. 아니 우리는 정보 종속 상태에 있다는 자괴적인 자기 인식을 하게 된다. 그동안 우리의 정보조직문화는 프랑스의 철학자 자크 라캉의 '거울 단계' 이론에서 볼 수 있듯이 우리 자신을 비추기 위한 거울로서 정보의 선진 국가를 공부해 왔다.

그러나 남북한 대치 상태의 계속, 북한의 미사일 개발과 핵실험, 강대국간 헤게모니 경쟁구조가 첨예하게 대립하는 한반도 안보상황에서 정보자산의 확보는 우리 민족의 생존과도 연결되는 '정보의 자주' 문제가 대두된다. 우리가 선진 국가들의 정보학을 거론하는 것은 정보의 식민지적인 인식이 아니라 모방하고 배우지 않으면 결국 지식 정보 분야에서 식민화될 수밖에 없다는 의미에서 정보의 자주, 정보 동맹의 필요성이 한층 중요하게 되었다.

필자가 실타래에서 끌어내고 싶은 요소는 지식정보문화의 구축과 정보경영의 이론화이다. 우리가 경험하고 있는 것처럼 맹장수술을 받을 때도 한치의 오차도 없는 질서가 요구되듯이 정보경영의 이론과 방법론을 통한 성공적인 정보문화가 구축되도록 하는 것이 우리의 희망이다. 정보의 세계는 미스터리가 늘 작용하고 열정과 환상, 예기치 않은 오류와 사고가 일어나기 때문이다. 가장 냉정하고 기계적인 컴퓨터도 바이러스라는 무질서한 균을 만나게 될 때가 있고, 때로는 미국과의 정보협력도 어려울 때도 있다. 비유컨대 그리스 신화에 나오는 아폴로(지성, 미, 완벽한 질서)적인 것과 디오니소스(감정, 열정, 혼란)적이고 대립적인 성향이 공존하는 것이 우리가 살아가는 현실이다. 그만큼 정보활동의 최종 결과로서의 생산물, 곧 사용자를 위한 보고서 작성은 어렵다는 뜻이다.

이런 점에서 우리의 고유성에 맞는 특수한 인간 정보망(비밀공작)의 개척, 과학기술정보 수집 수단의 확보는 물론 예측이 가능한 분석 능력의 제고는 우리의 당면한 과제다. 국가정보기관들의 총체적 정보 자산을 확충하고 정권 변동에 흔들림 없는 독립성의 확보도 중요하다. 정책 결정자(대통령)의 정보조직의 관리, 보고서 사용의 지혜, 정치권 언론 시민 등의 민주적 통제장치가 이뤄지는 가운데 굳건한 국가 정보공동체가 되도록 해야 할 것이다.

그리고 정보조직들이 국민들로부터 신뢰를 받는 친사회적 봉사기관으로 인식돼야 하고 구성원들 모두가 애국심과 충성심을 남달리 보여야 할 것이다. 그래야만 정보조직들의 부정적 이미지를 해소할 수 있고 성공적인 조직이 될 수 있다. 정보를 하는 사람은 다른 행정직이나 기업경영을 하는 사람과 달라서 매일 잠재적 적국들 혹은 경쟁상대의 정보를 모으고 우리 자신의 비밀들을 지키는 등의 강한 책임 윤리가 요구되는 위치에 있다.

하기 때문에 정보를 직업으로 하는 사람들에게 경고해 둘 것이 있다. 정보 조직은 이른바 ‘정신적 운명의 화강암’ 과 같은 것이며 그 소속원은 국가와 민족을 위해서 일하다 비명에 갔을지라도 ‘무덤의 비석’ 은 결코 없다는 냉혹한 세계라는 사실이다. 하지만 신(神)만은 당신을 알아 줄 것이다.

끝으로 이 책은 지식정보화 사회 도래와 함께 그동안 저자의 머릿속에 살아 움직여 온 국가와 기업의 ‘정보의 세계’ 개념을 정리하여 늦게나마 출간한 것이다. 이 책은 정보 세계를 이해할 수 있고 정보경영 실제들을 제공하는데 저술의 목적이 있었다. 특히 오랫동안 국가정보대학원 교수로 있으면서 정보학 관련 책과 자료를 검토하는 한편, 일반 대학(원)에서 ‘국가정보학’, ‘고급 정보 세미나’ 를 강의하면서 정리된 누적적 경험의 산물이기도 하다. 국가정보와 경쟁정보를 핵심적으로 다루는 사람들의 업무를 돕고, 향후 정보를 직업으로 선택하려는 사람들에게 좋은 입문서가 되기를 바란다.

다만 여기서 밝혀두는 것은 이 책에서는 트렌치 코트를 입은 제임스 본드식의 스파이 같은 최첨단 정보활동 매뉴얼은 다루지 않았다. 그리고 소극적 의미의 정보활동인 방첩·보안 이론의 실제와 방법들 역시 이 책에서는 중점적으로 기술되지 않았음을 밝혀 둔다.

아울러 이 책이 나오기까지 새벽마다 기도하고 사랑으로 용기를 준 아내에게 감사하고 부족한 아빠에게 웃음을 안겨주는 두 딸에게도 고마움을 표한다. 뿐만 아니라 이 책을 아름답게 편집하고 발행해 준 자료원, 서동익 사장님에게 깊은 감사를 드린다.

2008년 3월

성남 분당 연구실에서   우 정(禹 晶)

참고문헌

[1~2부 참고문헌]

Baer, Robert. "Wanted : Spies Unlike Us" Foreign Policy, March/April, 2005.

Baylis, John & Steve Smith, The Globalization of World Politics(third edition). Oxford : Oxford University Press, 2005.

Berger, Peter L. and Thomas Luckman. The Social Construction of Reality, NewYork : Gorden City Double day, 1966.

Berkowiz, Bruce D. and Allan E. Goodman, Strategic Intelligence for America National Security. Princeton : Princeton University Press, 1989.

Betts, Richard K. "The New Politics of Intelligence : Will Reforms Work This Time", Foreign Affairs. May/June, 2004.

Blanning, Robert W. David R. King, Organizational Intelligence : AI in Organizational Design, Modeling, and Control, Washington : Computer Society Press, 1996.

Bryant, Robert, "America Needs More Spies", The Economist, July 12-18. 2003.

Brzezinski, Zbigniew. "New America Strategies for Security and Peace", Center for American Progress, Speech, Oct 28, 2003.

Braudel, Fernand. On History, Chicago : University of Chicago Press, 1980.

Buchanan, Mark 『NEXUS : 여섯 개의 고리로 읽는 세상』, 강수정(역), 서울 : 세종연구소, 2003.

Campen, Alan D.(others). Cyber War : Security, Strategy and Conflict in the Information Age, Virginia : AFCEA International Press, 1996.

Carl, Leo D. International Dictionary of Intelligence, Mclean : International Defence Consultant Service, 1990.

Carl, Leo D. CIA Insider's Dictionary of US and Foreign Intelligence, Counter Intelligence & Trade Craft. Washington, D.C : NIBS Press, 1996,

Clark, Stuart. "The Annales Historians" in Quentin Skinner(edt), The Return of Grand Theory in Human Sciences, Cambridge : Cambridge University Press, 1985.

Collins, Jim. Good to Great : Why Some Companies Make the Leap...and Others Don't, New York : Haper Colins Pub, 2001.

Davis, Stan and Christopher Meyer, BLUR : The Speed of Change in the Connected Economy, Massachusetts : Perseus Book, 1998.

Derian, J. Der "Spy versus Spy" : The Intertextual Power of International Intrigue, in James Der Derian & Michael J. Shapiro(eds), International/Intertextual Relations : Postmodern Reading of World Politics, Lexington : Lexington Books, 1989.

Derian, James Der. The Space of International Relations : Simulation, Surveillance, and Speed, International Studies Quarterly, vol.34, 1990.

Dertouzos, Michael L. What Will Be : How the New World of Information will Change our Lives(1997), 한국 경제 신문사(역), 『21세기 오딧세이』. 서울 : 한국경제신문사, 1997,

Drucker, Peter F. Post-Capitalist Society, NewYork : Haper Colins, 1992.

Drucker, Peter F. Management Challenge for the 21st Century, New York : Haper Business, 1999.

Foucault, Michel. Discipline & Punish : The Birth of the Prison, NewYork : Vintage Books, 1979.

Fukuyama, Francis. The End of History and the Last Man, NewYork : The Free Press, 1992.

Gates, Bill. Business @ The Speed of Thought : Using a Digital Nervous System. NewYork : Warner Books, 1999.

Gertz, Bill. Enemies : How America's Foes Steal Our Vital Secrets- And How We Let it Happen, New York : Crown Forum, 2006.

Giddens, Anthony. Mordernity and Self-Identity : Self and Society in the Late Modern Age. Cambridge : Polity Press, 1991.

Godson, Roy. "Intelligence and National Security", in Richard Shultz(eds), Security Studies for the 1990s (Washington. D.C. : Brassey's, 1999.

Goss, Porter J. "Speech and Testimony", 22 September 2005, https://www.gov/cia/public-affairs/speeches/2005

Gramsci, Antonio. Selections From Prison Notebooks(SPN), London : Lawrence & Wishart, 1971.

Habermas, Jürgen. The Theory of Communication Action vol Ⅰ, trans, Thomas McCarthy, Boston : Beacon Press, 1983.

Handerson, Phillip G. "Pearl Harbor and 9/11", Current History, Sep 2003.

Harrell, Kieth. Attitude is Everything : 10 Life Changing Steps to Turning Attitude into Action, 이상원(역) 『태도의 경쟁력』, 서울 : 푸른숲, 2001.

Heijden, Kees van der Scenario(1996), 김방희(역) 『시나리오 경영』, 서울 : 세종연구원, 2000.

Hechter, Michael. Principle of Group Solidarity, Berkeley : University of California Press, 1987.

Holt, Pat M. Secret Intelligence and Public Policy : A Dilemma of Democracy. Washington,D.C, : CQ Press,1995,

Jantsch, Erich. The Self-Organizing Universe : Scientific and Human Implications of the Emerging Paradigm of Evolution, 홍동선(역), 『자기 조직하는 우주』, 서울 : 범양사, 1995.

Kaplan, Robert D. The Coming Anarchy : Shattering the Dreams of the Post Cold War, NewYork : Vintage Books, 2000.

Worrier Politics : Why Leadership Demands A Pagan Ethos. NewYork : Random House, 2002.

Kahaner, Larry. Competitive Intelligence, New York : Simon & Schuster, 1996.

Kapstein, Ethan Barnaby. The Political Economy of National Security : A Global Perspective, NewYork : McGraw-Hill, 1992.

Knightley, Phillip. The Second Oldest Profession : Spies and Spying in the 20th Century, New York : Penguin, 1986.

Kapstein, Ethan Barnaby. The Political Economy of National Security : A Global Perspective, NewYork : McGraw-Hill, 1992.

Kauffman, Stuart. "The Evolution of Economic Web" in P. W. Anderson(eds), The Economy as an Evolving Complex System, Mass: Addison- Wesley, 1988.

Kent, Sherman. Strategic Intelligence for American World Policy, Princeton : Princeton University Press, 1965.

Kohler, Robert. "The Intelligence Industrial Base : Doomed to Extinction", Working Group on Intelligence, The Consortium for the Study of Intelligence, Washington, DC : Consortium for the Study of Intelligence, 1994.

Lash, Scott. Sociology of Postmodernism, 김재필(역), 『포스트모던이즘과 사회학』, 서울 : 한신문화사, 1993.

Libicki, Martin. Who Runs What in the Global Information Grid, CA : Rand, 2000.

Lowenthal, Mark M. Intelligence From Secrets to Policy. Washington, D.C., CQ Press, 2000,

Luhmann, Niklas. Trust and Power, New York : John Wiley & Sons, 1979.

Mazarr, Michael J. "Toward a Global Social Contract : Human Nature, Complexity and International Relations", CSIS Global Trends Research Paper 2000. Washington D.C.

Moss, Jones. J. The Learning Organization, Corby : Institute of Management, 1992.

Mazarr, Michael J. The Five Paradoxes Business Competition in the Knowledge Era, Washington D.C. CSIS, Global Trends Research Paper, 2000.

Morgenthau, Hans J. Scientific Man Versus Power Politics, Chicago : University of Chicago Press, 1946.

Mosco, Vincent, & Janet Wasco, The Political Economy of Information, 민글출판사(역), 『정보에 지배당한 사회』. 서울 : 민글, 1994.

Nye, Joseph S. Estimating the Future, Washington, D.C. : Consortium for the Study of Intelligence, 1994.

Powell, Bill "How George Tenet Brought the CIA : Back from the Dead" Fortune, Oct 13, 2003.

Prescott, John E. and Sterphen H. Miller, Proven Strategies in Competitive Intelligence : Lessons from the Trenches. New York : John Wiley & Sons, 2001.

Rifkin, Jeremy. The Age of Access: The New Culture of Hypercapitalism Where all of Life is a Paid- for Experience, NewYork : Penguin Putnam, 2000.

Reich, Robert B. The Future of Success : Working and Living in the New Economy, NewYork : Random House, 2000.

Rowen, Henry S. "Reforming Intelligence : A Market Approach", Working Group on Intelligence, The Consortium for the Study of Intelligence, Washington DC : Consortium for the Study of Intelligence, 1994,

Rotzer, Florian. Megamachine Wissen(1999) 박진희(역), 『거대기계지식』, 서울 : 생각의 나무, 2000.

Schiller, Herbert. Information Inequality, 김동춘(역) 『정보 불평등』, 서울 : 민음사, 2001.

Schweizer, Peter. Victory : The Reagan Administration's Secret Strategy That Hastened The Collapse of the Soviet Union, NewYork : The Atlantic Monthly Press, 1994,

Steele, Robert D. Open Source Intelligence : Executive Over View, Oct. 1998. OSS, www.oss.net/papers/white. Information Concepts&Doctrine for The Future. Open Source SolutionsInc., 1997.volume2, 1997) URL-[http://www.oss.net/Proceed.hlt1]

Stonier, T. The Wealth of Information : A Profile of the Post-Industrial Economy, London : Methuen, 1988.

Shaw, M. J.(others), "Distributed Artificial Intelligence for Multi-Agent Problem Solving and Group Learning" in Robert W. Blanning, David King, Organizational Intelligence : AI in Organizational Design Modelling Control. Washington : Computer Society Press, 1996, http://www.scip.org

Shrivastava, P. "A Typology of Organizational Learning System", Journal of Management Studies, Vol.20, 1983, I. Nonaka, "A Dynamic Theory of Organizational Knowledge Creation", Organization Science, Vol.5, 1994.

Shulsky, Abram N. Silent Warfare : Understanding World of Intelligence. Washington; Brassey's Book, 1993.

Suettinger, Robert L. "Overview : History of Intelligence Estimates", http://www.dni.gov/nic/NIC, 2006. 8.20

Thurow, Lester C. Fortune Favors the Bold, 현대경제연구원(역) 『세계화 이후의 부의 지배』, 서울 : 창림출판사, 2005.

Treverton, Gregory F. Reshaping National Intelligence for An Age of Information, Cambridge: Cambridge University Press, 2001,

Toffler, Albin and Heidi Toffler, Revolution Wealth. NewYork : Alferd a. Knopf, 2006,

Turner, Michael A. Why Secret Intelligence Fails(revised edition). Washington, DC. : Potomac Books, 2006,

Turner, Jonathan H. The Structure of Sociology Theory, 전대환외(역)『현대 사회학이론』, 서울 : 나남, 2001.

Ulrich Beck, Die Feindlose Demokratie, 정일준(역)『적이 사라진 민주주의: 자유의 아이들과 아래로부터의 새로운 민주주의』. 서울 : 새물결, 2000.

Watson, Bruce W(ed). United States Intelligence : An Encyclopedia, New York : Garland Publishing, INC. 1990.

Walker, F.A. Political Economy, London : MacMillan, 1988.

Wark, Wesley K. Twenty-First Century Intelligence. London and NewYork : Routledge, 2005,

Zelikow, Phillip. "American Economic Intelligence: Past Practice and Future Principle", Intelligence and National Security, vol.12, Jan 1997.

Office of the Director of National Intelligence, Strategic Human Capital Plan : The US Intelligence Community Five Year(June 22, 2006).

Commission on the Roles and Capabilities of the United States Intelligence Community, Preparing for the 21st Century : An Appraisal of U.S. Intelligence. 1996. 약칭 「CRCUSIC」 통일

Open Source Solution Inc., Open Source Intelligence Handbook, '96 vol.1. Open Source Solution Inc, 1996, URL-〔http://www.oss.net/proceedings.html〕

The Group of Lisbon, Limits to Competition, Massachusetts : The Time Press,1995.

The White House, The National Security Strategy of The United States of America(March 2006).

Department of the Navy Chief Information Officer "Knowledge vs Information" Harnessing The Power of Information. Department of the Navy, 1998.

Joint Vision 2020, WWW. DTIC. MIL/JV 2020/JVPub2. HTM

Permanent Select Committee on Intelligence House of Representative One Hundred Fourth Congress, IC21 : The Intelligence Community in the 21stCentury.
www.admin@www.access.gpo.gov/congress/house/html.

The Council on Foreign Relations, Making Intelligence Smarter- The Future of U.S. Intelligence, http://www.copi.com/article/InteLpt/cfr.html(1998. 9.17)

Joint Vision 2020, American Military : Preparing for Tomorrow. WWW.DTIC.MIL /JV2020 /JVPUB2.HTM.

OECD, The Knowledge-based Economy, 1996.

OECD, National Innovation System(1996)

문정인. "정보분석론", 문정인(편),『국가정보론』, 서울 : 박영사, 2002.

문정인 "정보기관의 민주적 통제", 문정인(편),『국가정보론』, 서울 : 박영사, 2002.

박형규. 이장우, "복잡성 과학과 기업조직의 관리",『복잡성 과학의 이해와 적용』, 서울 : 삼성경제연구소, 1997. .

염돈재, "국가정보기관과 산업정보", 문정인(편),『국가정보론』, 서울 : 박영사, 2002.

엘빈 토플러, 『제3물결』, 이규행 (역), 서울 : 한국경제신문사, 1993.

정명호, "학습과 모순 : 조직변화의 새로운 지평", 삼성경제연구소(편), 『학습조직의 이론과 실제』, 서울 : 21세기북스, 1996.

江畑謙介, "專守防衛, 國際貢獻, 美日安保堅持の 自衛隊が 指つべきの RMA用 裝備" SAPIO(2003. 8. 20 / 9. 3).

도몬후유지(童門冬二), 이정환(역), 『오다노부가의 카리스마 경영』, 서울 : 경영정신, 2001.

마츠오카 세이고(松岡正剛), "21世紀の 編集知のために", 『情報文化の 學校』, 東京 : NPT出版社, 1998.

마쓰오카 세이고(松岡正剛), 『知의 편집공학』, 박광순 역, 서울 : 지식의 숲, 2006,

田坂廣志, "コンソエシアムといぅ 戰略", 松岡正剛, 『情報文化の 學校』, 東京 : NTT出版社, 1998,

伊藤穰一, "緣と信用の ネットワエク", 松岡正剛, 『情報文化の 學校』, 東京 : NTT出版社, 1998.

大須賀節雄, "情報學の 見取圖:人間と 機械のあいたの情報構造", 松岡正剛, 『情報文化の 學校:』, 東京 : NPT出版社, 1998.

宮澤建一, 『업제화와 정보화가 기업을 바꾼다』 신창호(역), 서울 : 새날, 1996.

요로 다케시(養老孟司), 『바보의 벽』, 양억관(역), 서울 : 재인, 2003.

시카가와 시키오(坂川山輝夫), 『귀를 열어 실속을 챙기는 사람, 입을 열어 발등을 찍는 사람』, 최윤정(역). 서울 : 중앙M &B, 2001.

http://www.fas.org/irp/offdocs/dcid3-1.htm1, 2006.7 5.

http://clinton6.nara.gov/2001/01/2001-01-05-fact.htm1. 2006. 7. 8

wwwadmin@www.access.gpo.gov.

http://www.intelligence.gov/2-customers, 2006. 8. 4.

www.admin@www.access.gpo.gvo.2005.6. 7.

http://www.cia.gov/csi/book/htm1

http://www.intelliigence.gov/2-counterint.shtml, 2006. 8.26.

http://www.kimbook.com/ciover.htm.

http://www.USIS-istale.org il/publish/press/ Defense.

http://wwics.si.edu/NEWS/speeches/Fuerth.htm (2000. 7. 31)

http://www.cia.gov/csi/books/shermankent/4estimate.htm1, 2006. 8.27.

www.admin@www.access.gpo.gov(2002. 2.4)

[3~4부 참고문헌]

- Anderson, Chris. The Long Tail : Why the Future of Business is Selling Less of More, New York : Hyperian. 2006.

- Anton, Philip S(others). "Headlines Over the Horizon", The Atlantic Monthly, July/Aug, 2003.

- Attali, Jacques. 『21세기 사전』, 편혜원 외(역), 서울 : 중앙M&B, 1999.

- Barnes, Barry. "Thomas Khun" in Quentin Skinner(edt), The Return of Grand Theory in Human Science, Cambridge : Cambridge University Press, 1985, pp.85~88.

- Bamford, James. Body of Secrets: Anatomy of the Ultra-Secret National Security Agency, NewYork : Anchor Books, 2002.

- Becker, Haward S. Writing for Social Scientist : How to Start and Finish Your Thesis, Book, or Article, 이성용, 이철우(역), 『사회과학자의 글쓰기』, 서울 : 일신사, 2001.

- Beck, Ulrich. 『위험사회 : 새로운 근대성을 향하여』 홍성태(역), 서울 : 새물결, 1997.

- Berkowitz, Bruce and Allen E. Goodman, Best Truth : Intelligence in the Information Age, Yale University Press, 2000.

- Berkowiz, Bruce D. and Allan E. Goodman, Strategic Intelligence for American National Security, Princeton : Princeton University Press, 1989.

- Bloor, Robin. The Electronic B@zzar: From the Silk Road to the eRoad, London : Nicholas Brealey, 2000.

- Boon, James. "Claude Levi- Strauss", in Quentin Skinner, The Return of Grand Theory in the Human Science, Cambridge : Cambridge University Press, 1985.

- Boren, D. L. "The Intelligence Community : How Crucial", Foreign Affairs, Summer 1992.

- Bradford Robert W. and J. Peter Duncan, Simplified Strategics Planning : A No-Nonsense Guide for Busy People Who Want Results Fast!, 김소연(역) 『MBA에서도 가르쳐주지 않는 전략기획노트』, 서울 : 2005.

- Bryant, Robert(others). "America Needs More Spies", The Economist, July 12-18, 2003.

- Callieres, F de. On the Manner of Negotiating-with Princes, Washington D.C. : Washington University Press, 1963.

- Casey, William. The Secret War Against Hitler, Washington, D.C: Regnery, 1988.

- Clemmons, Byard Q. and Gary d. Brown, "Cyber Warfare : Ways, Warriors and Weapons of Mass Destruction", in Military Review, Sep-Oct 1999.

- Collins, Jim. Good to Great: Why Some Companies Make the Leap...and Others Don't, NewYork : Haper Colins Pub, 2001.

- Davis, Stan and Christopher Meyer, BLUR : The Speed of Change in the Connected Economy, Massachusetts : Perseus Book, 1998.

Davenport, Thomas and John Beck. The Attention Economy : Understanding the New Currency of Business, 김병조·이동현(역)『관심의 경제학』, 서울 : 21세기북스, 2006.

Deleuze, Gilles. 『들뢰즈와 가타리』, 서울 : 샛길, 1995.

Derian, J. Der. "Spy versus Spy : The Intertextual Power of International Intrigue" in James Der Derian & Michael J. Shapiro(eds), International/intertextual Relations: Postmodern Resigns of World Politics, Lexington : Lexington Books, 1989.

Dorril, Stephen. MI 6 : Fifty Years of Special Operations, London : Fourth Estate, 2000.

Drucker, Peter F. Management Challenge for the 21st Century, New York : Haper Business, 1999.

Eisenman, Joshua. アメリカも頭を 抱之る 中國スパイ網が仕掛ける ' ', SAPIO. 2006. 4. 12.

Fallgot, Roger. "米毆露日台を 舞台に 暗躍する'中國情報機關' 30萬人の 標的", SAPIO, 2004. 9. 22.

Fessenden, Helen. "The Limits of Intelligence Reform", Foreign Affair, Nov/Dec 2005.

Flynn, Stephen E. "The Neglected Home Front", Foreign Affairs, Sep/Oct 2004.

Friedman, Thomas L. The LEXUS and the Olive Tree, New York: Anchor Books, 2000.

Gentry, John A. "Intelligence Analyst/Manager Relation at the CIA", in David A. Charters(others). Intelligence Analysis and Assessment, London : Frank Cass Co, 1996.

Gertz, Bill. Enemies : How America's Foes Steal Our Vital Secrets- And How We Let it Happen, NewYork : Crown Forum, 2006.

Giddens, Anthony. www.joins.com, 2001. 7. 10.

Gladwell, Malcolm. Blink : The Power of Thinking Without Thinking, New York : Back Bay Books, 2005.

Ghoshal, Sumantra and Christopher Bartlett. The Individualized Corporation : A Fundamentally New Approach to Management, London : Random House, 2000.

Handerson, Phillip G. "Pearl Harbor and 9.11", Current History, Sep 2003.

Hedly, J. H. Checklist for the Future of Intelligence, Georgetown : Institute for Diplomacy, 1995.

Herman, Michael. Intelligence Power in Peace and War, Cambridge : Cambridge University Press, 1966.

Herring, Jan P. "Key Intelligence Topics: A Process to Identify and Define Intelligence Need", John E. Prescott and Sterphen H. Miller, Proven Strategies in Competitive Intelligence : Lessons from the Trenches, New York : John Wiley & Sons, 2001.

Hunter, Richard. World without Secrets : Business, Crime, and Privacy in the Age of Ubiquitous Computing, NewYork : John Wiley and Sons, 2002.

Illich, Ivan. Shadow Work, 박홍규(역)『그림자 노동』, 서울 : 미토, 2005.

Kaplan, Robert D. The Coming Anarchy: Shattering the Dreams of the Post Cold War, New York : Vintage Books, 2000. Worrier Politics : Why Leadership Demands A Pagan Ethos, NewYork : Random House, 2002.

Kahaner, Larry. Competitive Intelligence, NewYork : Simon & Schuster, 1996.

Kapstein, Ethan Barnaby. The Political Economy of National Security: A Global Perspective, New York : Mcgraw-Hill, 1992.

Katzenbach John R. & the RCL Team. 『맥킨지의 변혁프로젝트 RCL』, 서울 : 한 · 언, 2001.

Keegan, John. Intelligence in War: The Value and Limitation of what Military can Learn about the Enemy, NewYork : Vintage Books, 2002.

Kent, Sherman. Strategic Intelligence for American World Policy, Connecticut : Archon Books, 1965.

Khailzad, Zalmay M. John P. White, The Changing Role of Information in Warfare, U.S Air Force : Rand, 1998.

Khun, Thomas S. The Structure of Scientific Revolution, Chicago : The University of Chicago Press, 1962. pp.92~94.

Kober, Stanley. "The CIA as Economic Spy : The Misure of U.S. Intelligence after the Cold War", Policy Analysis, Dec 8, 1992.

Laurie Beth Jones, JESUS CEO, 송경근(역) 『최고 경영자 예수』, 서울: 한언, 2006.

Lowenthal, Mark M. Intelligence From Secrets to Policy, Washington, D.C., CQ Press, 2000.

"The Burden Some Concept of Failure", in A. C. Maurer(others), Intelligence : Policy and Process, London : West View, 1985

Mccue, Colleen. Data Mining and Predictive Analysis : Intelligence Gathering and Crime Analysis, Butter Worth- Heinemann, 2006.

McConnell, Mike. "Overhauling Intelligence", Foreign Affairs, July/August, 2007.

MacEachin, Douglas J. "The Tradecraft of Analysis : Challenge and Change in the CIA" ,Working Group on Intelligence, The Consortium for the Study of Intelligence, Washington, DC : Consortium for the Study of Intelligence, 1994.

Martin, Chuck. Net Future, Price Waterhouse Coopers, e-Business Practice(역) 『e비지니스 · com』, 2003.

Michael Hugos, 딜로이트 컨설팅코리아(역), 『스피드 경영의 실행전략 RTE』, 서울 : 21세기북스, 2006.

Morris, Tom. If Aristotle Ran General Motor, 윤희기(역), 『아리스토텔레스가 제너럴 모터스를 경영한다면』, 서울 : 예문, 2001.

Nathan, Andrew F. "The Tiananmen Papers" Foreign Affairs (Jan/Feb 2001),

Paris, Roland, "Human Security" : Paradigm Shift or Hot Air?, International Security, vol.26 no.2 Fall 2001

Perkins, John. Confessions of An Economic Hit Mam, New York : Aplume Book, 2004.

Polmar, Norman. Thomas B. Allen. Spy Book, Random House, 1996.

Posniak, Vladmir "KGB復活でテロ制壓と 經濟支配に 乗り出したプユチソの野望", SAPIO, 2004. 9. 22.

Powell, Bill. "How George Tenet Brought the CIA Back from the Dead", Fortune, Oct 13, 2003.

Prescott, John E. and Sterphen H. Miller. Proven Strategies in Competitive Intelligence : Lessons from the Trenches, New York : John Wiley & Sons, 2001.

Reeve, Simon. The New JACKALS, 한영택(역)『새로운 전쟁 : 빈 라덴 조직과 미래의 테러』, 서울 : 중심, 2001.

Rosen, Emmanuel. The Anatomy of Buzz, 형성호(역),『입소문으로 팔아라』, 서울 : 해냄, 2001.

Rustmann, F.W.Jr. CIA, INC: Espionage and The Craft of Business Intelligence, Washington, DC : Brassey's Inc, 2002.

Schweizer, Peter. Victory : The Reagan Administration's Secret Strategy That Hastened The Collapse of the Soviet Union, New York : The Atlantic Monthly Press, 1994.

Schweizer, Peter. "The Growth Economic Espionage-America is Target Number One", Foreign Affairs, Jan-Fab 1996.

Spencer, Jack and Michael Scardaville, "Understanding the Bioterrorist Threat Facts & Figures", The Heritage Foundation, Backgrounder, No1488, Oct 11, 2001.

Steele, Robert. On Intelligence : Spies and Secrecy in an Open World, Virginia : AFCEA International Press, 2000.

Steele, Robert. Open Source Intelligence : What is it? Why is the Important to the Millitary, Open Source Solution, 1996. vol, 2. URL-http://www.oss.net/proceedings.htm.

Stein, Robert. Inside Greenspan's Brief Case. 김현구(역)『그린스펀 따라잡기』, 서울 : 시아출판사, 2003.

Shenk, David. Data Smog, 정태석외(역),『데이터 스모그』, 서울 : 민음사, 2000.

Suskind, Ron. The One Percent Doctrine, 박범수(역)『1퍼센트 독트린 : 보이지 않는 사람들이 움직이는 세상』, 서울 : 알마, 2007.

Treverton, Gregory F. Reshaping National Intelligence for An Age of Information, Cambridge : Cambridge University Press, 2001.

Turner, S. Secrecy and Democracy : The CIA in Transition, NewYork: Harpper and Row, 1986.

Turner, Michael A. Why Secret Intelligence Fails, Washington, DC. : Potomac Books, 2006.

Ulfkotte, Udo Verschubsache BND, Munchen : Berlin, Koehler und Amelang, 1997.

Wedemeyer, Georg. "Antiterror-Zentrum BND", Stern Online, 2003. 11. 25.

Welch, Jack. Wining, New York : Haper Business, 2005.

Wilson, Edward O. Consilience : The Unity of Knowledge, 최재천 · 장대익(역)『통섭 : 지식의 대통합』, 서울 : 사이언스 북스, 2005.

Yong Deng, "Hegemon on the Offensive : Chinese Perspectives on U.S. Global Strategy" Political Science Quarterly. Fall, 2001.

강인덕,『북한전서』하권(서울 : 극동문제연구소, 1974.

김일성, 김일성 저작선집 제 4권, 평양 : 조선 로동당 출판사, 1970.

국가정보원,『국가정보보안실무 기술 편람』(2001.2).

국방부 합동참모본부. '최근 대남 심리전 실태분석' (중앙일보 2003. 2. 26)

권민웅, "북한의 정보.보안 체계", 문정인(편),『국가정보론』, 서울 : 박영사, 2002.

박지원,『열하일기』, 서울 : 하서, 1999.

이태진,『고종시대의 재조명』, 서울 : 태학사, 2000.

염돈재, "첩보수집론", 문정인(편),『국가정보론』, 서울 : 박영사, 2002.

우　정, "김정일 비자금과 대남정보수집",『북한』, 2007. 6~7월호

한국문화콘텐츠 진흥원.『2007년도 문화콘텐츠 산업 10대 전망』. 2007.

리처드 윌리엄스,『피드백 이야기』, 이민주(역), 서울 : 토네이도, 2007.

사이토 요시노리,『맥킨지식 사고와 기술』서한섭.이정훈(역), 서울 : 거름, 2006.

시카가와 시키오(坂川山輝夫).『귀를 열어 실속을 챙기는 사람, 입을 열어 발등을 찍는 사람』, 최윤정(역),
서울 : 중앙M&B, 2001.

오마에 겐이치. 사이토 겐이치,『맥킨지 문제해결의 기술』(Problem Solving Approach), 김영철(역), 서울 :
일빛, 2005.

요시미순야(吉見俊哉), "メディア.リテラシユの實踐", 松岡正剛,『情報 文化の 學校』, 東京 : NPT出版社,
1998.

우메다 모치오(梅田望夫), 이광우(역),『웹 진화론』, 서울 : 재인, 2006.

우메시마 미요,『이익이 되는 말 손해가 되는 말』, 정성호(역), 서울 : 가림, 2001.

타니구치 마사카즈,『プレビゾの成功法則』나성역(역),『프레젠테이션의 성공법칙』, 서울 : 일빛, 2002.

하타무라 요타로(畑村洋太郎).『失敗學 : 실패를 감추는 사람, 실패를 살리는 사람』정택상(역), 서울 : 세종
서적, 2001.

하인리히 창클,『지식의 사기꾼』, 김현정(역), 서울 : 시아출판사, 2006.

堀田佳男. "美中「電腦戰爭」はすでに 開戰狀態だ", SAPIO, 2006. 10.25

岡部いさく. "全貌分析 : 日本の 情報蒐集衛星",『軍事硏究』, 2003. 8.

高濱贊, "美中が 鎬を削る! これがネット 檢閱れめぐる 2008년 問題だ" SAPIO, 2006. 10.25.

吉野準, "日本を丸裸にる外國情報機關から 國民を守る「スパイ防止法」を 立法せよ", SAPIO, 2004. 9. 22.

名越健郎, "クレムリンを掌握した「シロビキ」ロミア大統領選プエソ壓勝"『世界週報』, 2004. 4. 6.

森本敏, "米同盟軸に 大國でも 小國でもない國に",『世界週報』, 2000. 5. 9. 大野和基 . "日本の 最先端 技術
を 盜む 中國 國家安全部", SAPIO, 2006. 3.22.

The Council on Foreign Relations, Making Intelligence Smarter-The Future of U.S. Intelligence,
http://www.copi.com/article/InteIRpt/cfr.html.

HMSO, Central Intelligence Machinary, London : HMSO, 1993.

National Reconnaissance Office, Defining the Future of the NRO for the 21st Century, Auguest 26, 1996.
http://208.240.89.171/jpanel/jertoc.html.

National Counter Intelligence Center, Annual Report to Congress on Foreign Economic Collection and
Industrial Espionage, 2001.

⇨ U.S. Department of Commerce, Digital Economy 2000, Economic and Statistic Administration, June 2000.

⇨ SAPIO, "テロ戰爭特殊 に沸く 美企業はユんなにある", Nov 11. 14. 2001.

⇨ 『選擇』, "中國 對外諜報活動の 實態" 2005. 10.

⇨ http://article.joins.com/article, 2006. 11. 22.

⇨ www.admin@www.access.gpo.gov.

⇨ http://newt.accrisoft.com//index.php?src=gendocs&id=174.

⇨ www.battelle.org(2003. 4)

⇨ ww.battele.org, 'news release' 2003. 10. 17.

⇨ http://nsi.org/library/espionage/allies.txt, Econmic Espionage: Information on Threat From U.S. Allies(Testimony.02/28/96. GAO)

⇨ http://www.mojoness.com/motherjones/MJ94/dreyfuss.html.

⇨ http://www.acsp.uic.edu/oicj/pubs/cji/110203.htm, Economic Espionage and Corporate Responsibility.

⇨ http://intelligence.house.gov, 2006. 9.28.

[찾아보기(1~2부)]

[ㅌ]

테넷 G 128, 223, 224
테러위협통합센터 53
토플러 A 27
톰스토니어 67
톰 슈튜어트 177
통섭 30
통제적 이성 233
투키디데스 144
트라스시코사 109
트루만 H 56
특수자 74
특수공작부대(SOG) 40, 52, 95
팀제운영 198

[ㅍ]

판단관 167
판단정보 49, 136, 138
판옵티콘 71
패러다임 112
패스티쉬 118
페리 W 145, 218
피드백 105
평화운동
포스트 모던 24
포스트코르브 31
포춘(지) 219
표준운영절차(SOP) 251
프레스코 107
프로이드 S 249
프랙틸 233

플로리아 뢰쳐 178

[ㅎ]

하버마스 J 231
하이테크 산업 · 무기
학습하는 조직 · 학습조직 187, 195, 229
한국 전쟁(6 · 25) 154
합동군 사령부 · 합동정보센터
항셍지수 105
해결하는 정보 165
핵심역량 174
핵심 인텔리전스 토픽(KIT) 29
행동을 위한 지식 27
행동의 정보학 231
행동 방책 139
허버마스 231, 248
헤겔 155
헤알화 105
현용정보 49, 136, 168
협력적 게임 237
협력적 조정 182
호혜적 이타주의
호혜성의 원리 237
환경정보 54
후세인 S 216
후천성 면역결핍증(AIDS) 92
휴먼네트워크

[숫자 & 영문]

C4I, C4ISR 56, 79, 200

[찾아보기(3~4부)]

[ㄱ]

[ㅇ]

우 정(禹 晶)

황해도 연백군에서 태어났으며 성결대학교에서 신학을 전공한 이후 연세대학 교육대학원에서 종교교육학으로 석사를 마쳤다. 미국 유타대학에서 사회과학을 공부하였으며 한양대학교 대학원에서 사회학으로 박사학위를 받았다. 이후 국제조사문제연구소와 국가정보대학원 교수로 정보사회분야 연구와 강의를 한평생 해왔다.

현재 한양대학 등 국내 대학(원)에서 지식정보사회 및 고급정보이론(국가정보학)을 강의하며《정보사회포럼》대표로 활동하고 있다.

주요 저서로서는《분단시대의 민족주의》(1998),《북한사회 구성론》(2000),《북한체제 연구》(공저, 2002)를 비롯해 '북한 사회의 구조적 변동과 김정일체제' '북한 지배층의 담화와 인민의 이데올로기 지형' 등 다수 논문이 있다.

정보경영론

2008년 4월 1일 1판 1쇄 인쇄
2008년 4월 5일 1판 1쇄 발행

지은이　　우 정
펴낸이　　김송희
펴낸곳　　자료원

우편번호　405-815
주소　　　인천광역시 남동구 간석3동 919-4
전화　　　(032)463-8338(대표)
팩스　　　(032)463-8339(전용)
홈페이지　www.jmg.kr
　　　　　www.olinews.com

출판등록　제42호(1992. 11. 18)
ISBN　978-89-85714-84-6　　93320

※ 책값은 뒷표지에 기록되어 있습니다.